正義로운 歷史
멋스러운 文化

새로 쓰는 광주·전남의 참모습

正義로운 歷史
멋스러운 文化

安鍾一　鄭鎭伯 編

사회문화원

하늘은 사람이 가는 길을 막지 않는다. (天無絶人之道)

천하에 할 수 없는 일이란 없다. 다만 그 뜻 세움이 굳세지 않을 따름이다.

(天下無不可爲之事 只爲立志未堅)

 역사란 무엇인가? 우리가 역사를 쉽게 규정하기는 어렵다. 그러나 역사는 우리 인간이 살아온 사회 생활의 기록이며, 시대 변천의 기록이고 또한 사회적 행동을 결정하는 사상의 기록이며, 사회 발전의 기록임에 틀림없다. 그러므로 키케로는 역사란 '인생의 교사'라고 말하였다. 그는 "우리가 만일 태어나기 전에 일어난 일들을 알지 못한다면 영원히 어린 아이로 머물러 있을 것"이라고 주장하였다.

 주지하듯 인간만이 역사를 가지고 있다. 동물의 생활 방식이 크게 진화하지 않고 있는 이유 가운데 하나는 동물의 세계에는 역사 의식이 없기 때문이다. 인간만이 자기가 살지 않은 과거에 일어났던 일에 대한 지식을 체계화하여 그것을 현재의 우리 삶을 비추는 거울로 삼을 수 있다. 이러한 인간의 역량은 역사의 진보를 이루었다.

 인간은 역사를 통해 과거에 대한 지식을 규제함으로써 현재를 관리하고 미래를 지배할 수 있다. 인간은 뚜렷한 목적 의식을 갖고 과거에 대한 집단 기억을 재현하기 위해 역사를 쓴다. 그러나 그 기억은 그것을 쓰는 사람의 기획 의도에 따라 다르게 구성되고 잘못 서술될 수 있다. 따라서 역사가가 새로 쓰는 역사 사실은 "역사가 자신이 과거에 대해 던진 질문 유형에 스스로 답변한 대답들의 집합"이다. 역사가가 관심을 두지 않은 과거 기억은 역사책에서 생략되며, 그래서 역사로서 기억되지 못한다. 역사가는 과거의 사실들 가운데 자신이 판단하는 것만을 선택해서 역사적 사실로 기록한다. 따라서 역사가의 역사 서술에 나타난 것은 기억되지만, 생략된 것은 망각으로 사라진다. 현실의 목적과 미래의 목표를 염두에 두고 집단적 과거 경험의 특정한 사실들만을 부각시키는 역사가의 역사 서술은 어떤 것을 특별히 기억하기 위해 그 밖의 다른 것을 망각시킨다.

 E·H 카아는 역사상의 사실은 순수한 형태로 존재하지 않고 또한 존재할 수도 없기 때문에 결코 순수한 채로 우리 앞에 나타날 수 없다고 하였

다. 말하자면 그것은 기록자의 마음을 통하여 항상 굴곡된다는 것이다.

이같은 맥락에서 광주·전남의 역사와 문화는 주류 역사가에 의해 선택되지 못한 '망각으로서의 역사'다. 주요한 역사 사실이 생략되거나 서술되지 못해 민족사에 제대로 기록되지 못하고 있다.

그렇다면 역사의 해악을 어떻게 방지할 수 있는가? 그것은 억압되었거나 잊혀짐을 강요 당했던 과거의 역사 사실을 다시 재현하려는 역사가의 역사 서술로 가능하다.

역사가가 연구하는 과거는 죽어버린 과거가 아니라 어떤 의미에서는 아직도 현재 속에 살아 있는 과거라 하였다. 역사란 결국 과거에 대한 집단 기억을 둘러싼 투쟁인 것이다. 누구의 기억을 역사로 구성하고 누구의 기억을 망각의 강에 빠뜨리냐에 따라 역사적 교훈의 내용이 결정된다. 역사를 쓴다는 것만이 역사를 만드는 유일한 방법이고 역사란 역사가와 사실 사이의 상호 작용의 과정이며 현재와 과거 사이의 끊임없는 대화라 하지 않았던가. 따라서 우리들이 역사책을 읽으려 할 때에 제일 먼저 관심을 두어야 할 일은 그 책 속에 어떤 사실들이 실려져 있느냐라는 문제보다도 그 책을 쓴 역사가가 어떠한 사람인가라는 문제다.

이 책은 민족사상民族史上 광주·전남 사회가 이룩한 정의로운 역사적 성과(義鄕)와 멋스러운 문화적 업적(藝鄕)을 정리하고 체계화하여 역사 교육의 방향을 올바로 정립하고, 지역·민족 공동체의 번영에 이바지 할 수 있는 역사 문화 교육의 실질적 방안을 마련하는 것을 목적으로 기획하였다. 다시 말해, 광주·전남의 제대로 된 역사와 문화를 주체적 입장에서 옹골차게 서술하여 그 참모습을 널리 전달하려는 취지다.

역사 교육의 참다운 목적이 올바른 역사관을 바탕으로 희망찬 민족 공동체를 건설하는 데 있다면 그에 걸맞은 역사 기록은 무엇보다 중요한 시금석試金石이라 할 수 있다. 우리는 이 책을 기획하면서 특별히 다음 몇 가지에 힘을 기울이기로 하였다.

첫째, 올바른 역사 인식을 가질수 있도록 광주·전남 지역의 역사와 문화를 거시적으로 구성하여 서술하고자 하였다.

둘째, 조선 시대와 근현대의 역사·문화에 비중을 두되 한 시대가 다른 시대 속에서 찾아내는 주목할만한 것에 관한 기록을 우선시하였다.

셋째, 우리는 이 작업을 집단적·공동적으로 수행함으로써 될 수 있는 한, 역사 서술상의 오류나 실수를 최소화하면서 지배 세력이 조작·기술해 놓은 왜곡된 광주·전남 상像을 극복하고자 하였다.

이 책은 제8장으로 구성되었다. 제1장은 광주·전남 사람들이 현재에 이르기까지 지내온 역사와 사회와 문화 전반을 개괄하였다. 이이화·문순태·김정호 선생의 명문장이 비단 위의 꽃처럼 아름답다.

제2장은 광주·전남의 고대 및 중세 사회에 관한 문제를 다루고 있다. 선사 시대부터 조선 후기 사회까지를 시대 순으로 검토한 글들과 사상사적 논문들인데 여기에 특별한 주목을 요청한다. 깃발을 내리지 않은 채 쓰러져간 위대한 빛이 반짝인다. 모든 역사는 사상의 역사라 하였다. 역사는 역사가가 연구하고 있는 사람들의 사상을 자신의 마음 속에 재현한 것이다. 2005년 10월 14일 '문화의 날' 행사와 관련하여 '전주'에서 발표한 김충렬 선생의 「기축 옥사의 시말과 그 교훈」은 읽는 이로 하여금 무거운 의무감에 사로잡히게 한다. 가슴 속에 답답히 맺혀 있는 것이 있어서(意有所鬱結), 말을 하지 않고는 아니 될 부득이한 것이 있는 연후에 말을 하는(有得已而後言) 간절함이 배어 있어 감동을 준다. 당대 최고의 지식인들이 가슴 속에 지녔던 고귀한 꿈이, 또한 생각 깊은 고려를 요구하는 비장한 가화佳話가 서럽고 눈물겹다. 당시 '호남 사상 정립을 위한 학술 대회'(한국사상문화원 주최)를 지원해 준 정동채 국회의원(전 문화관광부 장관)과 오종일 선생께 이 자리를 빌어 감사를 표한다.

제3장 광주·전남의 문화 예술은 광주·전남인이 창조하고 계승한 학문·문화·예술에 대한 '시간적 접촉'으로 광주·전남의 긍지를 높여 훈훈히 미소짓게 할 것이다. 박석무 선생의 「해남 강진의 유배지 문화」는 호남 학문의 계류系流와 조선 후기 실학의 대표적 학자인 정약용의 학문적 토대와 성과를 광주·전남의 주체적 입장에서 투철하게 투영하여 도저한 견해를 피력하고 있다.

제4장 동학 농민 운동과 항일 의병 전쟁, 제5장 일제 식민 통치와 민족 운동은 우리 민족, 광주·전남인의 처참한 궁지窮地를 그린 '통사痛史'이자 우리 민족, 광주·전남인의 저항을 그린 '혈사血史'라 할 수 있다. 역사를 서술한다는 것은 과거에서 현재에 이르는 그 시간적 경과, 그 사회적 조건 속에서 우리의 현 위치를 인식하고자 함이고 아울러 미래에 연결되

는 실천적 관심을 갖기 위함이다. 애국 애족을 위한 '신념의 행위 act of faith'에 고개 숙이지 않을 수 없다. 홍영기 선생의 노작에 경의를 표한다.

제6장, 해방과 분단, 제7장 민주화의 길은 우리 자신이 처해 있는 시대적 위치를 반영하고 있다. 변화와 발전의 과정에서 찾은 진실의 광장에 정의를 세우는 승리와 영광의 역사가 값지고 자랑스럽다.

제8장, 정해숙 선생의 새로운 통일 시대를 향하여는 오늘 우리가 몸담고 있는 조국의 현실과 민족의 미래에 대한 향념向念이 절실하다.

『정의로운 역사, 멋스러운 문화』가 간행되기까지 참여해 주신 필자 여러분, 특히 교정의 노고까지 아끼지 않으신 조청일 · 박병섭 · 장용준 선생, 사진 자료를 제공해 주신 신복진 · 김동현 선생, 전라남도청, 국립광주박물관, 광주일보사 김진영 사장, 전남일보사 박기정 사장, 전북 진안문화원, 함평문화원, 나주문화원, 강진문화원, 장성문화원, 화순문화원, 담양문화원 관계자 여러분께 심심한 사의를 표한다. 아울러 좋은 시를 전재하도록 혜량해 주신 고은 · 양성우 · 박광숙 선생(김남주 시인 부인)께도 깊이 감사드린다. 또한 김양균 · 김장환 · 김국웅 · 강정채 · 안순일 · 이돈흥 · 정태석 · 윤풍식 · 남평오 선생의 관심과 정의情誼에 가슴이 벅차다. 그리고 김갑제 · 정범도 · 박상수 · 정대하 · 강명호 선생 및 정유선 · 장은지 양의 협조와 가까이에서 사랑하는 마음을 보내 주신 이들의 따뜻한 눈빛도 잊을 수가 없다.

끝으로 조국과 민족의 고난 앞에서 기꺼이 몸바친 애국 지사, 굳세게 지조를 지켜 시대의 양심으로 그 개결介潔한 정신을 높이 드날린 선구적 지식인, 정신 세계의 창발과 문화 · 예술의 정화精華를 위해 애쓴 종장宗匠들, 역사의 주체이자 동력이면서도 그 이름과 존재가 가려져 있는 아름다운 영혼들에게 이 책을 바친다. 고원한 세계를 향하여 끊임없이 진보하는 많은 이들의 일독을 감히 권하며 날로 눈부시게 빛나는 갈맷빛 무등을 하염없이 우러러 본다.

2007년 6월

편자 씀

무등산 (신복진 사진)

제4장 1894년 동학농민 혁명과 항일 의병 전쟁

제5장 일제 식민 통치와 민족 운동

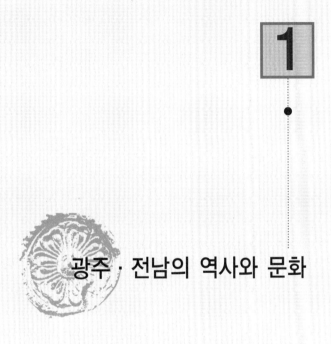

1

광주 · 전남의 역사와 문화

제1절
광주·전남의 역사

　　광주·전남은 우리나라에서 제주도를 빼고는 가장 남쪽에 자리잡은 지방
이다. 이곳에서 사람들이 살기 시작한 것은 신석기 시대부터라고들 보아
왔는데, 근래에는 신석기 시대 전의 유적도 발굴되고 있다. 그러므로 꽤
일찌감치 이 지역에 사람이 살았던 것으로 짐작된다. 이 지역은 대체로
동쪽으로는 지리산, 북쪽으로는 노령 산맥을 경계로 하고 영산강과 섬진
강을 낀 넓은 평야로 이루어져 있으며, 서쪽과 남쪽은 바다로 둘러싸여
있다. 그리하여 농업과 어업이 발달하여 산물이 많았다. 광주·전남은 행
정 구역으로 오랫동안 전라도로 불려 왔던 땅이 1896년 둘로 이 도와 전
라북도로 갈려짐과 함께 생겨났다. 따라서 전라남·북도 지역 전체에 걸
치는 것은 '전라도'의 것으로 함께 다루겠지만 되도록 광주·전남에 속한
문제들을 중심으로 하여 살펴보려고 한다.

마한과 백제의 땅

지리산(광주일보 제공)

　우리나라 역사 기록에 맨 처음으로 나타나는 이 지역의 이름은 마한이
다. 이 마한은 진한, 변한과 함께 삼한에 속했는데 대체로 기원전 1, 2천
년 무렵에 본격적인 부족 국가의 형태로 그 통치 체제가 이루어진 것으로
보인다.

　삼한은 북쪽의 고조선과는 한강을 경계로 하여 떨어져 있었고 북방 민
족의 영향권을 벗어나 바다 건너 중국과의 길을 트고 있었다. 그리고 경
기도, 충청도, 전라도, 경상도 일대에 자리잡고 몇 백 년 동안에 걸쳐서
한민족의 고유한 문화권을 형성하면서 북방과 접촉이 잦은 고조선과 대치
하였다. 풍년을 기원하는 음력 오월 단오나 풍년을 즐긴 음력 10월 상달
은 모두 농경 사회였던 이곳에서 유래된 것이다. 오늘날 '한국'의 '한'도
'삼한'의 '한'에서 유래한 것이다.

　5세기쯤에 백제가 남쪽으로 내려와 공주와 부여에 도읍을 정하자, 광
주·전남 땅은 백제의 통치를 받게 되었다. 이곳의 주민들은 적어도 2백
년이 넘게 백제 땅의 임자들로서 초기에는 전쟁도 없이 평화로운 생활을
누리며 학문과 예술을 발달시켜 왔다. 그리하여 북쪽에 고구려가 웅거하
자 바다로 중국 남쪽과 일본과 문화를 교류하였고 많은 절을 짓고 아름다
운 생활 도구를 만들어 썼다.

　이때의 전라남도 영암 사람인 왕인이 일본에 많은 경전을 전하여 미개

한 왜족을 교화시키는 데에 이바지하였다.

그러나 광주·전남의 땅은 백제가 660년 곧 의자왕 20년에 신라와 당나라의 군사에게 망한 뒤로 통일 신라에 속하게 되었다. 그러나 이곳의 백제 유민들은 당나라와 신라에 끈질기게 저항하였고 백제 옛 영토의 회복에 온 힘을 바쳤다.

통일 신라와 당나라는 백제의 옛 땅에 다섯 도독부를 두어 다스렸는데, 지금의 광주에 그 하나를 두었다. 곧이어 통일 신라가 광주에서 도독부를 몰아내고 그 땅 이름 무진주를 무주로 바꾸어 9주의 하나로 삼았다. 한편으로 통일 신라는 끈질기게 저항하는 백제의 유민에 대해 동화 정책을 폈으나 그들 문화의 중심은 어디까지나 경주에 두었다.

892년에 진훤(견훤이라고도 하나 본디 음은 진훤이다)이 백제 유민들의 신라에 대한 원한과 저항의 낌새를 엿보고 처음에는 지금의 전주인 완주를 근거지로 하여 신라에 반기를 들었다가, 나중에는 무진주를 차지하고 후백제를 세웠다. 후백제는 신라와 태봉까지 모두 고려를 세운 왕건에게 굴복한 뒤에도 무진주를 근거지로 하여 마지막까지 버티다가 왕건이 친히 군사를 이끌고 와서야 평정되었다. 그리하여 이 땅이 고려와 조선 왕조를 거쳐 오늘날에 이르렀다.

행정 구역과 군사 제도의 변천

이 광주·전남 땅은 통일 신라 때에는 무진주의 새 이름인 무주와 거기에 딸린 열 다섯의 군과 현이 되었다.

고려의 왕건은 광주·전남 지역을 나주·광주·승주(지금의 순천 지방)의 셋으로 나누어 다스렸다. 위 세 고을의 이름은 이때부터 생겨난 것이다. 그 뒤에 이 광주·전남의 땅은 한때 바다에 닿은 따뜻한 곳이라는 뜻으로 해양도라고 불렸다가 1018년에 지금의 전라북도 지방인 강남도와 합쳐 전라도라고 불렸는데 그때에 광주·전남 쪽에는 나주목이 들어서 그 아래에 군과 현, 열 다섯을 거느렸다.

조선 왕조에 들어와서는 이 광주·전라남, 북도의 땅이 한때 전남도, 광남도, 전광도로 불린 적도 있으나 얼마 안 있어 곧 '전라도'로 되돌아갔다. 영조 14년인 1738년에는 전라도가 전라좌도와 전라우도로 나뉘었는데, 전라좌도에는 지금의 남원군·순창군·임실군·무주군 같은 곳이 들어갔고 전라우도에는 나주군·광산군·영암군·영광군·함평군·장성군·남평군·무안군·장흥군·진도군·강진군·해남군 같은 곳이 포함되었다. 서울에서 오른쪽에 해당되는 우도에는 주로 서해와 닿는 고을들이, 서울에서 왼쪽에 해당되는 좌도에는 주로 내륙 지방에 속하는 고을들이 소속되어 있어 동쪽과 서쪽으로 나뉜 행정 구역을 보였으므로 지금의 전라남도와 전라북도와는 땅이 일치하지 않는다.

  1896년의 행정 구역 개편 때에 동쪽과 서쪽으로 나뉘었던 전라좌도와 전라우도가 남쪽과 북쪽 곧 전라남도와 전라북도로 다시 정비되었는데, 전라남도에는 광주·나주·영암·영광·순천·보성·흥양·장흥·함평·강진·해남·무장·담양·능주·낙안·무안·남평·진도·흥덕·장성·창평·광양·동복·화순·고창·옥과·곡성·완도·지도·돌산·제주·대정·정의 같은 서른 세 고을이 들어갔다. 1914년에는 이 도의 군이 폐합되어 부 한 군데—전라남도에서 맨처음으로 목포가 부가 되었다—와 군 스물 한 군데가 되었고, 1935년에는 광주읍이 부가 되고 이 부 밖의 광주 땅은 광산군이 되었으며, 1946년에는 전라남도에서 제주도가 독립되어 나갔다. 이 도의 행정 구역 중에 1949년에 광주·목포·순천·여수가 시가 되었고, 1986년 11월 1일에 광주 직할시(1995년 광역시로 개칭)로 승격되어 오늘에 이르고 있다.

  광주목은 조선 초기에 또 강진현은 임진왜란 뒤에 육군 지역 사령관인 병마 절도사가 자리를 잡고 해군과 함께 왜구를 막던 곳이었다. 해군 기지로 순천 도호부에 속했던 여수 땅에 좌수영을, 해남현에는 우수영을 설치했고 각각 지역 해군 사령관 격인 수군 절도사 곧 수사를 두었는데 좌수영에는 좌수사가 있었고 우수영에는 우수사가 있었다. 임진왜란이 일어나서 전라 좌수사였던 이순신이 크게 왜적을 막자, 조정에서 통영에 통제영을 두고 이순신을 그 첫 통제사로 삼아 전라도와 경상도와 충청도의 수군을 지휘하도록 하여, 전라남도의 해역이 특히 좌수영이 설치되었던 순천부 관할의 여수와 우수영이 있던 해남이 우리나라 수군의 중심이 되었다.

  조선 시대에 군함을 만드는 공장 곧 전선창이 보성의 온돌곶, 영암의 고위도, 나주의 죽포, 무안의 이산, 영광의 법성포에 있었으니 이 도에서 우리나라 군함을 반이 넘게 만들었다. 또 이 도는 고려 시대와 조선 시대

영산강 전경(광주일보 제공)

에 말과 소를 길러 국가의 재정에 보태었는데 그 목장이 녹도, 진도, 임자
도 같은 곳에 있었으며, 조선 시대 조세의 곡물을 서울의 용산강으로 실
어나르기까지 쌓아 두었던 조운창이 법성포와 영산포에 설치되어 이 두
곳이 크게 번성하는 항구가 되었었다. 1899년에는 제국주의 일본이 이 지
방에 일본인을 침투시키고 또 이곳의 넉넉한 물산을 수탈하려고 영산강
입구인 목포에 감리서를 설치하기도 하였다.

농업과 어업의 배경

이 지방은 전라북도와 함께 우리나라 농업의 중심 지역이다. 영산강 평
야를 중심으로 하여 쌀과 무명이 넉넉히 생산되었다. 또 대부분의 지역이
바다로 둘러싸여 있어 해양 활동이 활발하고 많은 해산물을 공급하였다.
최근세까지 우리나라 생산 활동의 중심이 농업과 어업으로 이루어졌고 상
업이나 공업 따위는 부수적인 것에 지나지 않았으므로 농-어업 중심의
이 도는 자연히 생활이 풍족하였고 따라서 인구도 다른 도에 견주어 많았
다. 조선 시대 중기인 1634년 곧 인조 12년에 논과 밭의 면적을 조사했
었는데, 거기에 따라 토지가 가장 많았던 세 도를 견주면 표1과 같다. 이

것은 그때에 장부에 기재된 것만을 조사한 것으로 「증보 문헌 비고」의 '전부고' 편을 참조하였다.

〈표1〉 1634년의 토지 면적

전라도	밭 171, 747결	합계 335, 580결
	논 164, 833결	
경상도	밭 175, 775결	합계 301, 819결
	논 126, 044결	
충청도	밭 159, 465결	합계 258, 460결
	논 98, 995결	

이 통계가 정확한지는 의심스럽고 또 시대에 따라 조금씩 수치가 달라지지만, 전라도가 가장 많은 논과 밭을 차지하고 있음을 볼 수 있다.

다시 「증보 문헌 비고」의 '전부고' 편에 따르면, 1904년의 토지 조사에서 전국에서 가장 토지가 많은 세 도가 표2와 같이 나타났다.

〈표2〉 1904년의 토지 면적

전라남도	147,161결	14.8퍼센트
경상북도	122,455결	12.3퍼센트
전라북도	102,511결	10.3퍼센트

위의 두 표를 견주어 보면 표1에서는 전라도가, 표2에서는 전라남도가 가장 많은 토지를 차지하고 있었다. 그것도 논으로 말하자면 이 지역의 자연 조건으로 보아 천수답은 적고 거개가 물을 풍부히 끌어 댈 수 있는 무논이었다. 따라서 전라남도가 가장 많은 쌀을 생산하였고, 나라에 바치는 전세도 가장 많았다. 또 이 도의 밭에서는 무명이 많이 재배되어 무명이 군대의 옷감으로 바쳐졌다.

이 지역은 어업과 소금의 생산도 전국에서 으뜸갔다. 고기잡이는 배와 어살로 이루어졌고 소금은 순천, 광양, 보성 같은 데에 설치했던 염창에서 구웠다. 어살은 전라북도 부안군 위도와 영광의 것이 가장 컸다. 「증보 문헌 비고」의 '재용고' 편에 나타난 대로 조선 왕조 후기에 어업세와 염세를 가장 많이 낸 곳이 이 지역의 고을들이었다. 이때에 대동법에 따라 쌀

운주사 (고려, 사적 321호)

로 환산하여 바친 어업세와 염세를 보면 충청도가 11,600섬이고 경상도
가 27,400섬이었던 데에 견주어 전라도는 42,900섬이나 되었다.

또 특산물도 많았다. 종이의 원료인 닥은 옥과 · 보성 · 광양 · 동복 것이
손꼽혔고, 종이는 순천 · 광주 · 남평 것이, 대 또는 죽물은 담양 · 장흥 것
이 손꼽혔다. 그리고 나주의 굴, 무등산의 수박, 영광의 굴비, 함평의 모
시, 무안의 낙지, 흑산도의 홍어, 완도의 김, 곡성의 감, 보성의 숫돌이 유
명하였다. 다음에 전라남도 거의 전체가 담배와 차의 명산지였고 그리고
해안 지방이 두루 청어와 고등어의 명산지였다. 특산물들도 조선 초기에
는 현물로, 조선 후기에 대동법이 실시된 뒤에는 쌀로 바쳐졌다.

특산물을 바치는 것을 공물이라 하였는데 이 특산물의 규정이 온통 부
정하게 정해져 주민들이 이루 말할 수 없는 고통을 겪었다. 보기를 들면,
전복이 제주도에서 많이 생산되는데도 나주에 배당을 해 놓으면 나주에서
는 제주도에서 그것을 사와야 했다. 이럴 때의 경비는 시세의 몇 곱이 들
며 이 사오는 일을 맡은 상인은 또 중간 착취를 하여 부담을 가중시켰다.

발달한 바닷길의 구실

이 조세들이 중앙으로 바쳐지고 또 다른 지방과 교역하는 사이에 운수 수단 특히 바닷길이 많이 발달하였다.

물길로 서울에서 남쪽으로 가는 길은, 한강을 넘어 동작 나루와 과천을 지나 천안과 공주와 태인으로 나 있었다. 태인에서 한 길은 장성으로 또 한 길은 정읍과 영광과 함평과 무안으로 통했다. 장성에서 또 길이 갈라져 한 길은 나주로 빠졌고 다른 한 길은 광주와 화순과 장흥으로 빠졌다. 한편으로 내륙으로는 전라북도 땅인 삼례 지방에서 구례·곡성·순천·여수로 통하였다.

이곳의 바닷길은 삼한 시대부터 활발하게 발달하였다. 삼한 때에는 주로 중국의 남쪽 지방인 복건성 같은 곳으로 배를 타고 많이 다녔고, 백제 때에는 중국 남쪽과 일본을 뱃길로 많이 오고갔던 것으로 기록에 나타난다. 통일 신라 때인 9세기 초에 중국 상인들이 우리 어민을 잡아다가 노예로 삼는 일이 많자, 장보고가 완도에 청해진을 설치하고 중국의 노략질을 막았다. 그뿐만이 아니라 그는 왜구도 소탕하면서 해상의 패권을 잡아 중국과 일본의 중계 무역지를 만들었다. 이 지역에는 고려 때에도 송나라의 상선이 끊임없이 오갔고 왜구의 노략질이 끊이지 않았으며, 샵 곧 타

흑산도(광주일보 제공)

일랜드, 사라센, 오키나와 사람들의 왕래도 잦았다. 이런 잦은 왕래는 순풍을 만나면 중국 남쪽과는 사흘 만에, 일본과는 이틀 만에 오갈 만큼 뱃길이 가까웠기 때문이기도 했다.

　조선 왕조에 들어와서는 외국과의 왕래보다 군사 목적과 조세로 거둔 쌀을 실어나르기 위해 바닷길을 개척하였다. 서울의 용산강에서 지금의 경기도 김포군 월곶면의 통진을 거쳐 아산만 · 변산 반도 · 법성포 · 임자도 · 흑산도로 해서 해남의 전라 우수영에 닿고 또 해남을 거쳐 마로도 · 추자도 · 완도로 해서 여수의 전라 좌수영에 닿았다. 이 뱃길로 법성포와 영산포의 조운창의 곡식을 실은 조운선이 해마다 3월에 출발하여 한달 남짓하게 걸려서 마포나 용산에 닿았던 것이다.

　이 도는 유람이나 물산 교역을 위한 해로나 육로도 여느 산간 지역과는 달리 상당히 발달하였었다고 한다. 따라서 유난히 다리가 많았는데 특히 함평의 학다리 곧 학교, 강진의 까치내 다리 곧 작천교, 벌교의 횡개 다리 곧 홍교가 유명하였다. 그리고 1910년에 제국주의 일본이 완성시킨 국도로 서울 · 광주 · 목포가 이어졌다. 그리고 1914년에 서울과 송정리와 목포를 잇는 호남선 철도가 놓였으며 이어서 전주와 여수를 잇는 전라선과 송정리와 순천을 잇는 광주선이 놓여 교통의 동맥 노릇을 했다.

학문과 문화가 두루 형성되어 인물이 많았다

　이 지역은 농업 사회에서의 생활의 안정과 따뜻한 기후 그리고 끈기있는 기질 덕분에 독특한 학문과 문화권이 형성되었고 많은 역사 인물이 나오기도 하였다. 그리하여 인물 많기로 경상도와 함께 쌍벽을 이루었다.

　광주 · 전남에는 불교가 융성했다. 백제와 신라 때에 걸쳐 많은 절과 불탑이 세워졌는데, 그 중심은 조계산의 송광사와 선암사, 장성 백암산의 백양사, 대둔산의 대흥사, 지리산의 화엄사, 무등산의 증심사 등이다. 신라의 의상이 태어난 뒤에 선종을 중심으로 한 전통이 이곳의 불교에 이어졌고, 고려에 들어와 풍수지리설로 유명했던 영암 출신 도선, 송광사의 불일 보조와 진각 혜심에 의해 이곳 불교는 더 탄탄해졌다. 조선 왕조에 들어와 불교가 비록 핍박을 받아 산 속으로 숨어들었으나 이 지역에는 임진왜란 때 의병장으로 활약한 서산 대사가 죽기 직전에 대흥사에서 가사와 바리때를 전하여 보관하게 하였거니와 나중에는 이 절에 초의 선사가 자리잡음으로써 저마다 불도의 맥을 잇게 하여 선풍이 면면히 이어져 왔다.

이곳에는 유학도 융성했다. 앞에서도 소개한 백제 때의 학자 왕인은 영암 사람으로 백제의 학문에 공헌하다가 유교 경전을 중심으로 한 많은 책을 일본에 전해 주고 또 그들을 교화시켜 일본 문화에 커다란 공을 세웠다. 고려에는 선종 중심의 불교가 성했으며 유교는 그다지 이곳에 전파되지 못하였다. 조선 왕조에 들어와서 다른 지역과 마찬가지로 이 지방 유학은 서원을 중심으로 하여 이루어졌다. 장성의 필암 서원, 광주의 포충사와 월봉 서원, 순천의 옥천 서원, 능주의 죽수 서원, 나주의 경현 서원, 보성의 대계 서원이 중심이 되었고, 흥선 대원군이 서원을 철폐시킨 뒤에는 포충사와 필암 서원만이 명맥을 유지하였다. 장성 사람인 김인후는 전통적인 정주학파로 많은 제자를 길러냈으며, 그 제자인 광주 사람 기대승은 퇴계 이황과 사단 칠정 논쟁을 벌여 유명하였는데 그때의 큰 유학자였던 퇴계는 나이 차이가 많음에도 불구하고 그를 제자로서가 아니라 동료로 대하였다. 또 보성 사람인 안방준과 박광전은 경상도 사람인 퇴계의 학통을 이어받아 이 지방의 교화에 이바지하였다. 또 광주 사람인 박상은 뛰어난 문장가로, 광주 사람인 이발은 조광조와 함께 도학 정치에 힘쓴 정치가로 이름이 꼽혀 왔다. 임진왜란 때에 영광 사람인 강항은 포로로 일본에 잡혀가서 그들에게 유교의 교화를 폈고, 그 기행문으로 유명한 『간양록』을 남겼다. 조선 왕조 후기에는 전라북도에서 태어나긴 했으나 이 도의 장성과 보길도에 들어와 살았던 유학자 기정진과 전우에게 이곳 사람들이 많이 찾아가 유학을 배웠다.

조선 왕조 후기에 현실 개혁을 제창하여 일어난 실학에도 이곳 학자들은 많은 관심을 기울였다. 17세기에 광주 사람인 정두원이 중국에서 자명종과 세계 지도를 얻어와 서양의 문물을 소개하였으며, 장흥 사람인 위백규는 과학과 기계에 대한 이론 같은, 이 지방에서 가장 많이 필요한 현실 개혁안을 내놓았다. 또 유학자이며 정치가이며 문장가로 유명한 창평의 정철과 해남의 윤선도는 저마다 「사미인곡」과 「오우가」를 남겨 국문학의 보배가 되게 하였다.

이곳에는 유배 문화가 이루어졌다. 전라남도는 섬이 많고 또 서울에서 멀리 떨어져 있어 함경도 다음가는 유배지였다. 따라서 이곳에는 귀양살

소쇄원

이를 한 이들의 유물이 많이 전해진다.

유교의 교양을 쌓은 유배자들은 유배지에서 글과 그림과 글씨를 가르쳤다. 이를테면 완도에 귀양왔던 명필 이광사는 원교체라는 독특한 서체를 펴서 뒤에 이 근방에서 허유·허백련·손재형 같은 화가와 명필이 나오게 했다. 조선 왕조 후기에 흑산도에 귀양온 정약전은 이곳의 물고기 종류를 수록한 『자산어보』를 지어 그 분야의 유일한 책으로 남겼다. 또 그의 동생인 정약용은 열 아홉 해 동안 강진에 귀양와 있으면서 초의 선사와 함께 이 지역에 실학을 꽃피게 하였는데, 그의 실학의 집대성인 『목민심서』는 바로 강진과 그 주변 고을에 대한 기록으로 유배지에서 쓴 것이다. 이와 같이 유배 문화가 유배지를 중심으로 하여 꽃피어 전라도 문화에 이바지하였다. 이런 여러 가지 전통 때문에 근래에 시인 박용철과 김영랑, 동양화가 허백련과 허건, 서예가 손재형, 그밖에 많은 문인과 예술가가 나오게 되었다고 볼 수가 있다.

이 지역의 기독교 역사를 살펴보자. 이곳은 전통 문화가 강했던 탓으로 서양의 문물을 느리게 받아들였다. 천주교가 조선 왕조 후기에 전래되어 많은 박해를 받고 순교를 거듭하는 동안에도 이 지역에는 순교자가 거의 없었으며, 한국 교구가 설치되고 나서 80년이 지난 1911년에야 전라남도 교구가 설치되었다. 신교도 1898년 쯤에야 목포를 중심으로 하여 선교되기 시작하였다. 평안도와 경기도 같은 곳에 견주면 백년쯤이 뒤진 것이다. 따라서 주로 선교사들이 시작했던 신교육도 이곳에서는 늦을 수밖에 없어서 광주 숭일 학교와 광주 수피아 여학교가 1907년쯤에 맨처음으로 설립되었다. 한국인이 세운 첫 학교는 1921년에 선, 광주 서중학교의 전신인 광주 고등 보통 학교였다.

나라 사랑의 전통이 강하다

　백제의 유민이 신라와 당나라에, 후백제가 고려에 끈질기게 저항한 것은 이곳 사람들의 나라 사랑의 표현으로 보아야 할 것이다. 이 유민들은 동쪽에서 일어난 신라와 북쪽에서 일어난 고려의 통치를 받으면서 끈기와 인내의 힘을 길렀다.

　이곳 민중의 이런 나라 사랑은 조국이 시대를 달리하여 어려운 상황에 놓일 때마다 표출되었다. 그 첫번째는 12세기 말엽에 삼별초군이 이 도에 왔을 때에 나타났다.

　고려는 북방의 몽고한테 침략을 당하여 도읍을 강화도로 옮기면서까지 쉰 몇 해 동안 싸웠으나 끝내 항복하고 다시 개성으로 돌아갔다. 그러나 비록 무지막지한 칼의 정치를 하던 최씨 무리의 사병이었으나, 삼별초의 군대는 해산 명령에도 불구하고 강화도에서 정부에 반기를 들었다. 이미 몽고에 항복하고 몽고와 야합한 정부는 삼별초군의 토벌에 나섰다. 삼별초군의 지휘자인 배중손은 군대를 이끌고 전라도 진도로 옮겨서 웅거하였다. 그리고 이 지방의 고을을 정벌하고 양곡과 병기를 거두어들였다. 이 일대는 중앙 정부의 통치권을 벗어나 삼별초군의 휘하에 들어갔다. 많은

장성 필암 서원 (김동현 사진)

이곳의 어민과 농민이 삼별초군에 가담하거나 그 통치를 받았다. 삼별초군은 서른 몇 개의 섬을 손에 넣고 해상 왕국을 건설하였다. 김방경이 몽고 군사와 함께 천 명의 군사를 거느리고 진도를 공격하자 삼별초군은 제주도로 옮겨가서 또 저항하였다. 삼별초군의 항쟁은 한 삼년 동안 계속되었다. 이 항쟁은 몽고에 대한 자주성과 강한 민족 의식에서 나온 것으로 이 자주성을 지키려고 정부군의 보복도 무릅쓰고 삼별초군에 호응했던 이 지역 민중의 용기가 없었던들 불가능했을 것으로 평가된다. 그 뒤에 고려가 백년쯤 동안 원나라의 굴욕스러운 지배를 받은 사실로서도 이들의 항쟁이 역사적인 의미를 지녔다고 하겠다.

조선 왕조 중기에 일어난 임진왜란 때에는 어느 곳보다도 의병 항쟁과 의병을 거드는 일이 이 지역에 활발하였다. 그때에 이 나라를 침범한 왜구는 한 부대는 경상도를 통하여 서울로 올라가려 했고 한 부대는 남해를 거쳐 전라남도를 통하여 서울로 가려 하였다. 경상도를 거쳐 간 왜구는 한달이 못 되어 서울을 점령하였다. 그러나 전라남도를 거쳐 올라가려 한 왜구는 한산도, 울돌목 같은 곳에서 주로 전라남도 청, 장년들로 구성된 이순신의 수군에 연전 연패하여 육지에 발을 붙이지 못하였다. 그때의 『선조 수정 실록』에는 다음과 같이 적혀 있다.

"임진왜란 때에 전라 좌수사 이순신으로 세 도의 수군을 거느리게 하였다. … 이때에 염전을 일구어 소금을 팔아서 저장한 곡식이 여러 만 섬이었으며 건물과 기구가 완비되어 있었고 백성이 군대로 모집되어 수효가 어김없이 채워져 있었다."

다음에 또 이렇게 기록하였다.

"임진왜란 뒤에 바다에 닿은 여러 고을에 수군을 뽑아 보내게 하여 바다의 방비를 더 튼튼히 하였는데 봄에는 방비하고 가을에는 돌아가게 하였다."(역자의 주/왜구는 춘궁기인 봄에 노략질하였으며 우선 먹을거리가 있는 가을에는 잘 나타나지 않았다.)

이로 보면 총질, 칼질도 한 번 못해 본 순박한 이 지방 사람들이 수군의 중심이 되어 씩씩하게 싸우는 것에 그치지 않고 스스로 소금을 구워 양곡을 저장하기까지 하였음을 알 수 있다. 이순신이 거느린 수군의 양곡은 조정에서 보낸 것이 아니라 전라남도에서 모은 것이며, 그 배를 만드는 나무도 완도와 변산 그리고 충청도의 안면도에서 베어 온 것이었다.

한편으로 이 지역의 육지에서는 경상도와 충청도를 거쳐 내려온 왜구에 맞서 의병이 활발히 일어났다. 광주 사람인 고경명은 의병 6천명쯤을 모아 북쪽으로 올라가 조헌의 의병과 영규의 승군과 함께 금산에서 왜적과 싸우다가 그의 아들 고종후와 함께 순절하였다. 이 도의 나주 사람인 김천일은 서울이 함락되었다는 소식을 듣고 몇 천 명의 의병을 이끌고 서울로 와서 권율과 협력하여 양화진에서 왜구를 물리쳤다. 그리고 진주로 내려가 김시민을 도와 싸우다가 진주성이 함락될 지경에 이르자 남강에 몸을 던져 순절하였다. 이 도의 광주 사람인 김덕령은 담양에서 수 천 명의 의병을 모아 순창과 남원에서 승리를 거두고 이어 진주에서 왜적과 싸웠다. 그는 힘이 뛰어났고 씩씩하여 많은 전공을 세워 명성을 팔도에 떨쳤는데 그를 시기하는 무리가 그가 난리통에 모반을 꾀한다고 모략하여 옥에 갇혀 죽게 했다.

그리고 나주 출신으로 혼자 몸으로 임금이 있는 의주에까지 가서 전라도의 사정을 보고하고 그 뒤에 이 지방에서 왜병과 싸우며 용맹을 떨친 소년 정충신과 화차 곧 한식 탱크 삼백대를 만들고 군량을 모으는 데에 큰 공을 세운 장성 출신의 변이중이 이름 높다. 이 밖에 많은 의병이 일어났었다.

병자호란이 일어나 한강 북쪽이 청나라 군대에 점령 당하고 임금이 남한 산성으로 들었고, 이 지역 사람들은 의병과 군대에 뛰어들어갔다. 그리고 구한말에 서양 세력의 침투와 일본의 침략이 있자 이 지역의 유림들은 척사 운동과 의병 운동에 참여하였다. 특히 장성 사람인 기우만은 기삼연과 함께 맨 먼저 의병 천명쯤을 모아 대일 항쟁을 벌이려 하였다가 정부군에 체포되었으며 나중에 풀려나온 뒤에도 항일 투쟁을 벌인 애국지사였다. 또 기삼연은 담양 추월산을 근거지로 하여 일본의 꼭두각시인 정부군과 일본군에 크게 저항하였으며 뒤에 체포되어 광주 장터에서 사형 당하였다. 동학 농민 혁명에 참가했던 많은 농민들도 이 의병에 적극으로 가담하였다. 그리고 그때에 최익현이 의병을 순창에서 일으키자 이 지역의 유림과 민중이 여기에 많이 참여하였다.

식민지 시대의 독립 운동

이 밖에 구한말에 이곳 출신의 가장 큰 애국자였던 이로 두 사람을 꼽을 수가 있다. 한 사람은 보성 출신의 나철(처음 이름은 나인영이다)이고 또 한 사람은 구례 출신의 황현이다. 나철은 을사조약이 맺어지자 이완용을 비롯한 오적의 암살을 기도하여 전라도 사람을 중심으로 하여 결사대를 만들었다가 체포되었다. 그 뒤에 풀려나와서 민족 종교로서 대종교를 창시하여 자주성과 독립 투쟁의 정신을 불어넣는 데에 힘을 기울였다. 이어 1916년에 구월산에 들어가 일본의 만행을 규탄하고 자결하였다. 황현은 나라의 운명이 다하자 구례에서 숨어 살다가 나라를 제국주의 일본에 빼앗기게 되자 절명시를 남기고 스스로 목숨을 끊었다. 그가 기록한 『매천야록』은 오늘날 구한말의 역사 또는 독립 투쟁 자료로 없어서는 안 될 저서로 남아 있다.

그 뒤에 광주·전라남도는 광복단 광주 지부의 군자금 모금이나 신간회 광주 지회의 활동과 같은 독립 투쟁 사업을 전국에서도 손꼽힐 정도로 활발히 벌였다.

삼일 운동 때에는 최종섭 같은 학생들이 독자적인 준비를 하여 10일에 광주 부동교 아래의 장터에서 만명쯤이 모여 만세를 불렀다. 그리고 목포, 순천 같은 곳에서도 만세 소리가 한 달이 지나도록 끊이지 않았다.

1929년에 일어난 광주 학생 독립 운동이야말로 이 고장 학생들이 주도한 역사에 빛나는 독립 투쟁이었다. 광주 고등 보통 학교 학생들은 온갖 민족적인 차별과 박해를 받아 오다가 그에 대항하려고 처음에는 성진회를 조직하였고 뒤에는 조직을 더 확대하여 독서회를 조직하였다. 이

김천일 선생 동상

한말 의병 어등산 전적지(김동현 사진)

회에 가담한 학교는 광주 고등 보통 학교, 광주 사범 학교, 광주 농업 학
교, 광주 여자 중학교 등이었다. 이들은 일본 사람 학교인 광주 중학교가
시설이나 교육 내용의 수준이 월등히 다르자 그 부당함을 지적하여 이의
확충을 주장하였고 동맹 휴학과 구속 학생의 석방을 요구하면서 투쟁하
였다.

  한편으로 광주에서 나주와 송정리로 통학하는 우리 학생과 일본 학생들
사이에 충돌이 잦았는데, 일본인 기자는 일본인 학생들을 편들어 보도하
였다. 그리하여 일본의 국경일인 메이지 절인 11월 3일에 그 행사와 아울
러 '누에치기 육백 만 섬 돌파 기념회'에 강제로 동원되었던 학생들이 돌
아오는 길에 일본인 학생들과 충돌하기도 하였고 일부는 일본 말 신문인
광주일보의 윤전기에 모래를 뿌리기도 하였다. 이러는 사이에 광주역 앞
에는 광주 중학교의 일본 학생들이 유도 교사를 앞세우고 백명쯤이 모여
서 야구 방망이 따위를 들고 "조센징 때려 죽여라"를 외치고 있었다. 우
리 학생들은 재빨리 서로 연락하여 몽둥이와 방망이를 들고 몰려들었고,
역 앞의 장작 장수는 빈손으로 온 학생들에게 장작을 던져 주었다. 이리
하여 삽시간에 역 앞은 난투장으로 변했고 경찰과 소방서원들이 우리 학
생들에게만 칼을 휘두르거나 물을 뿌렸다. 이 싸움은 점차로 치열해져 배

일 운동, 항일 운동으로 번졌으니, 유인물을 뿌리고 시위를 하다가 잡혀간 학생만도 칠팔백 명이 되었다. 이 소문이 퍼지자 목포, 서울, 평양을 비롯하여 전국에서 학생 시위가 벌어져서 이듬해 3월까지 계속되었다. 이것이 우리나라에서 순수하게 학생들로만 이루어진 독립 투쟁의 시작이었다.

6·25전쟁의 상처

8·15 광복 뒤에 이 지방 인사들은 한국 민주당에 많이 가입하여 반탁 운동에 앞장섰다.

그러나 1948년 10월에 여수에 파견되어 있던 국방 경비대 14연대 일부가 제주도 폭동 진압에 파견되는 것을 반대한다는 구실을 내세워 반란을 일으켜 여수와 순천의 우익 인사들과 경찰을 죽이고 그곳의 행정을 장악하였다. 이 반란군은 공산당의 지령으로 반란을 일으켰는데 여수와 순천의 행정을 장악한 뒤에 일부는 광주, 구례, 곡성을 거쳐 익산으로, 또 다른 일부는 벌교, 보성, 광주를 거쳐 익산으로 진출할 계획을 세우고 벌교와 곡성과 구례까지 나아갔다. 이때에 국군이 광주에 전투 사령부를 세우고 그 토벌에 나서 보름 만에 완전히 소탕하였다. 이 반란군의 남은 세력은 지리산과 백운산과 그 밖의 여러 산으로 들어가 게릴라로 변하였다.

6·25전쟁이 일어나서 이 지역은 다섯달 동안쯤 이른바 인공 치하에서 살았으며, 수복이 되자 그 기간 동안에 득세하던 사람들이 공비가 되어 지리산, 무등산, 월출산과 그 밖의 여러 산에 들어갔다. 특히 지리산으로 들어간 공비들은 끈질기게 버텼다. 남원에 설치된 서남 지구 전투 경찰 사령부가 국군과 협력하여 소탕 작전을 벌인 끝에 그들의 소굴인 영광의 불갑산, 능주의 화악산, 장흥의 유치골을 차례로 점령하였다. 특히 지리산에 있는 여러 만 명의 공비들을, 피아골 전투를 마지막으로 하여 1952년 3월에 완전히 소탕하였다. 이 여순 반란 사건과 6·25 그리고 공비의 준동으로 말미암아 이곳은 많은 해를 입었으며 그 피해는 임진왜란 때의 피해에 버금가는 것이었다. 더욱이 이 난리 때문에 신라 때부터 전해지던 송광사를 비롯하여 유명한 절 건물이나 유적이 대부분 잿더미로 변하였다.

여순 반란 사건 뒤와 6·25 난리 뒤에 공비가 가까운 산에 숨어든 전라

갑오 동학 혁명 기념탑 (김동현 사진)

남도 여러 지역의 주민들은 이 나라 어느 곳에도 유례가 없던 모진 수난을 당하였다. 낮에 받은 '낮 사람'의 지배에 이어 밤에는 '밤 사람'의 지배를 오랫동안 받으면서, 털리고 겁탈당하고 얻어맞고 목숨을 잃고 주눅이 들고 무서워하고 통곡해야 했다.

4·19 때에는 이곳에서 광주 고등 학교 학생들이 주축이 되어 서울과는 미리 아무런 약속도 없이 시위를 벌여 자유당 독재 정권을 무너뜨리는 데에 한 몫을 하였다. 7명의 희생자와 73명의 부상자를 낸, 이 독재에 대한 항거는 바로 광주 학생 사건의 정신을 이어받은 것이었다.

정치 권력의 소외와 수탈

이 지방에 대한 정치 권력의 소외는 신라가 백제를 멸망시키고나서부터 시작되었다. 앞에서도 말했듯이 신라가 이곳 백제의 유민을 푸대접하였고 이런 따돌림은 고려 때로 이어지면서 더 구체화되었다. 곧 마지막까지 버티던 무진주를 몸소 평정하고서 이곳에 회유책을 썼고 영암 출신의 도선을 국사로 받들어 국정을 자문케 하던 고려 태조 왕건은 죽기 몇 해 전에 후백제의 저항 정신을 미워하던 옹졸한 속마음을 마침내 내보여 자손들에게 다음과 같이 당부하였다.

"차령 남쪽과 금강 아래 지역은 산의 모양과 땅의 형세가 거슬리게 뻗어서 인심도 그와 같다. 그러므로 그 아래 지역 사람들이 조정에 들어와서 왕가나 왕의 인척과 혼인하여 나라의 권세를 잡으면 나라를 어지럽게 하거나 백제 통합의 원망을 품고서 임금을 범하기도 하고 난을 일으키기도 할 것이다. 또 그 전에 관가에 매여 있던 노비나 잡직의 천한 무리들이 권세가에 기대서 빠져나가려 하거나 또는 왕가에 붙어 간교한 말로 권세를 농락하고 정사를 어지럽혀서 재앙을 불러오는 놈들이 반드시 있을 것이다. 그러니 비록 양민일지라도 벼슬 자리에 있으면서 정사를 보게 해서는 안 된다."

이 대목은 이른바 유명한 「태조 훈요 십조」의 여덟째 조목이다. 풍수를 빗대서 지금의 충청도 일부와 전라도에 사는 사람들의 벼슬길을 막으라는 분부였다. 이리하여 적어도 고려 중기에 중앙 집권적인 관료 체제가 흔들리기 전까지 이 교훈은 크거나 작거나 지켜져 내려왔었다. 그러나 고려 후기, 늦어도 조선 왕조 중기에 이르러서는 이 제한이 무너졌고 따라서 많은 학자와 정치가가 이곳에서 나왔다.

또 1589년에 호남 지방을 중심으로 하여 전주 출신의 정여립이 모반 사건을 일으키자, 다시 등용 제한이 고개를 들기 시작하였다. 정여립 사건은 서인이 동인과 당파 싸움을 하다가 동인을 패배시킨 사건으로서의 성격이 짙었는데, 서인이 세력을 잡아 동인을 탄압하면서 동인이 많은 이 고장 인사들을 따돌렸던 것이다. 이것이 법으로 정해진 것은 아니었으나 조선 왕조 후기에 와서 서인 세력이 계속해서 집권해 나가자 더 굳어졌다. 이것은 함경도와 평안도가 조선 왕조 초기에 일어난 이시애의 난 뒤에 소외된 다음으로 전라도 사람들에게 씌워진 굴레였다. 그리하여 이곳 사람들은 과거를 보아 합격해도 대개는 좋은 자리나 높은 자리에 오를 수가 없었다. 이것이 구한말까지, 그러니까 노론이 집권하는 동안 줄곧 이어졌으며, 더러 전라도 사람으로 벼슬 자리에 오른 이가 있었다손 치더라

갑오 동학 혁명 기념탑 명문(김동현 사진)

도 노론에 빌붙어 허깨비 자리를 얻는 경우가 고작이었다.

그 동안 뜻있는 사람들이 이것이 옳지 못함을 주창했고 때로는 동정을 아끼지 않았으나 봉건적인 집권 세력에 의해 번번히 묵살되었다. 그러나 이것은 어디까지나 벼슬할 수 있는 자격이 주어진 양반 계층의 문제였고 민중 대다수는 원칙적으로 벼슬길이 막혀 있었다.

또 한편으로 전국에서 가장 비옥한 땅에 살던 이곳 민중은 가장 많은 조세와 특산물을 통치 세력에게 바쳐 왔었다. 일찍이 고려 시대에 스스로는 막그릇을 쓰면서도, 탁월한 예술 감각으로 이 나라에서 가장 아름다운 청자를 만들어 중앙의 지배 계급에게 바쳤던 것은 그만두고라도, 조선 시대에도 남자들은 농사지어 쌀을, 여자들은 길쌈하여 군대 옷감으로 무명을 중앙에 대어야 했다. 이 과정에서 중앙에서 파견된 부패한 탐관오리한테서 이 지역의 민중이 당한 수탈은 엄청난 것이었다. 딴 고장 주민들이 소출이 없어서 헐벗고 굶주렸다면, 이곳 사람들은 빼앗겨서 헐벗고 굶주렸었다.

이런 지역적인 따돌림과 수탈이 쌓여 오는 동안에 이들은 저항의 감정을 되삭이고 있었다. 이렇게 저항의 감정을 되삭이는 사람들이 그런 저항이 없어야 이득을 볼 사람들의 눈에 좋아 보일 턱이 없었다.

제국주의 일본의 식민 통치 기간에 이곳 농민들이 많은 수탈을 당한 끝에 고향을 떠나 도시로 나와서 거지가 되거나 토막민이 되거나 하여 빈민으로 전락하자 편견이 작용하였다.

이처럼 고향을 떠나 타관에 떠도는 사람이 가난하게 생존하는 모습이 결코 아름다운 것은 아니었기 때문이다. 또 8·15 뒤에 그리고 특히 6·25 뒤에 이 나라의 농업 사회 구조가 산업 사회 구조로 바뀌자 이곳의 농민은 빈곤한 계층으로 전락하여 객지에 가난하게 떠돌거나, 제 고장에 눌러 앉았더라도 궁핍을 면치 못하는 수가 많았다. 한편으로 정치 세력이 이 문제에 관련되고부터 이 소외와 편견은 아무도 그 책임을 떠맡기를 마다는 상태에서 깊어졌다. 이것이 갈등을 유발하고 갈등이 분열을 낳게 된다고 할 때에 이런 역사적인 배경을 모두 반성하는 것이 분열을 막는 처방이 될 것이다.

민중의 항쟁

조선 왕조 후기에 들어오자 농민 수탈은 막바지에 이르렀다. 정부에서는 조세라는 이름으로 공식으로 소출의 4, 5할을 거두어 갔으며, 특권층과 양반 토호가 작게는 만 석에서 크게는 수 십만석이 되는 대토지를 점유하고 있어서 농민들은 거의 소작인으로 전락하였으며, 벼슬아치들은 온갖 구실을 붙여 농민의 피를 빨았다. 이런 수탈은 농토와 농민이 가장 많은 전라도에 집중되었고 따라서 그 피해도 가장 컸다. 19세기 초에 쓰인 정 약용의 『목민심서』는 바로 벼슬아치들의 농민 수탈을 고발한 책이었고 그 책에 담겨 있는 내용은 주로 전라남도 강진 지방에서 일어난 현상이었다. 『목민심서』에서 그 실상을 대강 알아 보면 다음과 같다. 벼슬아치들의 수탈은 대개 삼정 곧 전정과 군정과 환곡을 통해서 진행되었다.

전정은 논밭의 소출이나 토산물에 대한 세를 대동법에 따라 쌀로 거두었던 제도였다. 군정은 열 여섯 살이 넘고 예순 살이 안 된 장정들에게 군세로 무명을 바치게 했던 제도였다. 또 환곡은 춘궁기나 흉년에 농민들에게 곡식을 빌려 주었다가 가을이나 풍년에 이자를 붙여 받는 제도였다. 그런데 벼슬아치들이나 구실아치들은 전정에 따라 거두어들인 조세 쌀이나 환곡 중에서 어느 하나를 몽땅 들어먹고 조사가 나오면 바꿔 채워 놓기, 세금으로 거두어들인 물건을 배로 서울에 실어나르다가 물에 젖었다

화순 백아산 전경 / 김동현 사진

거나 도둑을 맞았다고 핑계대고 더 거두기, 벼나 쭉정이나 돌이 많이 섞인 쌀을 빌려 주고 좋은 쌀로 되받기, 빌려 주고 돌려받는 사이에 곡식을 흘렸다고 핑계대고 더 받기 따위의 방법으로 농민을 괴롭혔고, 또 무명인 군포를 군정에 따라 거둘 적에는 어린애를 장정으로 만들어 걷기, 죽은 사람 몫을 걷기, 개나 소를 사람으로 만들어 걷기 따위의 짓이 어느 고을 할 것 없이 저질러졌다. 그뿐만이 아니라 가난한 사람이 주리거나 황달에 걸려 도망치면 이웃집, 일가, 동네에 공동 책임을 지워 거둬 갔으며 기우제를 지내거나 관의 행사가 있을 적마다 그 경비를 농민에게 부담지웠고 고을 원의 생일, 그 부임과 이임의 때에까지 축하금과 전별금을 거두어 갔다.

그리하여 견디다 못한 전라남도 농민들은 화전민이나 산적떼가 되기도 하였으며 반란을 일으킨 진주의 농민들에 이어 광양, 순천, 나주, 함평 같은 곳을 중심으로 하여 불길처럼 일어났다. 그들은 한 손에는 횃불, 한 손에는 몽둥이나 쇠스랑이나 대창을 들고 관가를 습격하거나 벼슬아치와 구실아치를 잡아 두들기거나 창고를 헐어 그득한 곡식을 민중에게 나누어 주거나 하였다. 이것을 수탈의 당사자인 지배 계층은 민란이라고 불렀다. 어쨌든 불이 한번 당겨진 이 민란은 해마다 일어나서 동학 농민 운동으로 결실을 맺을 때까지 예순 몇 해 동안 계속 되었으며 이 때문에 삼남을 중심으로 하여 팔도가 들끓었다. 이 민란은 조직이나 지도자가 있었던 것도 아니었고, 농민들의 살기 위한 항쟁이었다. 또 편견과 소외 그리고 수탈에 견디다 못해 맺힌 응어리와 분을 푼 것이었다.

1894년에 전라북도 정읍에서 전봉준이 동학 농민 운동을 일으키자, 이 지역의 농민들은 전봉준의 창의에 호응하였다.

전봉준은 조정 관리의 부패를 물리치고 일본을 배척할 것을 내걸고 고부에서 혁명의 깃발을 올렸다. 그리고 곳곳에 통문을 보냈는데 특히 전라남도 영광군 법성포의 구실아치의 궐기를 호소한 글이 유명하다.

전봉준은 전라북도 일대를 휩쓸고 이어 영광, 함평 같은 곳을 차례로 손아귀에 넣었다.

전라남도 서쪽 일대의 고을에 동학 농민군이 들이닥쳐 무기를 빼앗고 관가의 곡식을 농민들에게 나누어 주자 이곳 농민들은 너나 할 것 없이 여기에 뛰어들었다. 그리하여 동학 농민군의 주력 부대는 장성에서 기다리고 있던 정부군과 맞부딪쳤다. 월평에 진을 친 정부군과 황룡촌에 진을 친 동학 농민군 사이에 싸움이 붙었다. 그러나 정부군이 곧바로 무너져 달아나자 농민군은 삼십 리를 추격하여 성능 좋은 대포 같은 많은 무기와 그들의 목숨을 빼앗아 승리를 거두었다. 이 장성 전투는 황토현 전투에 이어 두 번째로 동학 농민군이 거둔 큰 승리였다. 또 농민군의 다른 부대들은 지금의 김제군과 정읍 땅에 속했던 금구에서 담양·순창으로 진격하여 전라남도 쪽의 농민들의 호응을 얻었다.

따라서 전라북도에 이어 전라남도의 대부분의 고을이 김개남의 지휘를 받은 동학 농민군의 손아귀에 들었다. 그 중에서도 영광·함평·무안·강진·영암·해남·나주·광주·보성 같은 곳이 농민군의 세력이 가장 격렬하던 곳이다. 그 해 6월에 전봉준과 정부 사이에 전주 화약이 맺어진 뒤에 전라도 53개 군 일대에 집강소가 설치되고 농민군이 고을 행정에 자문을 하였다. 그러나 실제로는 농민군이 자문했던 것은 아니고 행정을 장악했던 것이었다. 그 해 8월에 전봉준이 다시 거사하여 공주에서 싸울 때에 그 농민군의 구성원은 대부분이 전라도 사람들이었다.

동학 농민 운동이 이곳을 중심으로 하여 일어나자 경상도의 진주 지방, 충청도 지방, 경기도와 강원도의 일부 지방, 황해도 지방의 농민들도 격렬하게 일어났다. 그곳들은 바로 농민들이 주로 사는 지역으로 동학 운동이 농민 항쟁이었음을 말해 주는 것이다.

이때에 농민군이 5만 명이 죽었다고도 하고 20만 명이 죽었다고도 하는데 죽은 농민들이 거의 전라도 농민들이었음은 말할 것도 없다. 그들이 수탈에 견디다 못해 자기의 생존권을 찾으려고 목숨을 걸고 한판 대결을 벌인 이 동학 농민 운동은 민중 항쟁 역사에 길이 빛을 던지고 있다.

이 항쟁이 실패로 끝났을 적에 관군은 평야를 휩쓸며 농민군을 이 잡듯이 잡아 죽였고 일본군은 바다로 도망치는 것을 막기 위해 대포로 무장한 군함을 바다에 띄워 놓았다. 잡혀서 주리가 틀리거나 사지가 찢기거나 머리통이 깨지거나 하여 죽은 농민은 그 누구도 헤아릴 수 없을 정도로 많았다. 이 혁명 운동이 끝난 뒤에 농민군으로 싸웠던 일부 농민들은 산적 떼가 되거나 화전민이 되었고, 뒤에는 의병에 가담하여 목숨을 부지하였거나 섬 지방으로 숨어들기도 하였으며 만주 서-북간도나 일본의 탄광촌으로 흘러가기도 하였다. 그리고 그 저항의 정신은 일본 제국주의 시대에 소작 쟁의로 번져갔다.

제국주의 일본의 수탈과 소작 쟁의

제국주의 일본은 식민 통치를 시작하자마자 자기네 나라에 식량을 대 줄 곳으로 한국을 정하였다. 그리하여 이른바 조선 토지 조사 사업을 시작하였다. 이것은 농민이 그 전에 경작권을 가지고 있던 국유지와 그 밖의 공전을 강제로 빼앗겠다는 것이었다. 이어 동양 척식 주식 회사를 설립하여 그 토지를 관리하게 하고, 일본의 이민을 대량으로 받아들여 그 토지를 팔거나 빌려 주었다. 따라서 우리 농민들은 더 많이 소작농으로 전락하였다. 토지 조사 사업 뒤의 토지 소유 상태를 보면 표3과 같다.

〈표3〉 제국주의 일본이 한 '조선 토지 조사'의 결과

해	가진 땅이 1정보가 못되는 주민		가진 땅이 100정보가 더 되는 주민	
	한국인	일본인	한국인	일본인
1921년	2,282,936집	26,318집	426집	490집
1927년	2,609,846집	36,722집	335집	553집

특히 해를 가장 많이 입은 사람들이 전라남도의 농민들이었다. 그것은 농민 수탈의 앞잡이 노릇을 한 금융 조합이 전국에서 맨 처음으로 1907년에 광주에 설립된 것만 보아도 알 수 있다. 어업 조합도 이 도에 맨 처음으로 설립되었다. 그리하여 이곳 농민과 어민들은 더욱더 화전민이나 도시의 떠돌이 노동자나 거지로 전락하였다. 한편으로 대량 이민 정책에 따라 들어온 일본의 이민들은 지금은 나주시인 나주군 영산포의 동산 농장과 나주군 복암면의 포상 농장, 무안군 자방포의 대내 농장 같은 수백 정보의 큰 농장을 경영하였다. 이에 따라 점유권과 경작권에 따른 토지 분쟁이 곳곳에서 일어났다.

이때에 일본인 지주들과 한국인 지주들은 그 소작료로 수확의 반절을 거두어 갔고 또 농사짓는 데에 드는 돈을 농민에게 부담시켰다. 따라서 농민들은 실제 소출에서 적게는 60퍼센트를, 많게는 90퍼센트를 빼앗긴 셈이었다. 그뿐만이 아니라 일본인들은 모자라는 식량을 확보하려고 쌀 생산을 늘리려는 계획을 세워 우리 농민들의 피와 땀을 더 짜 갔다.

그때에 지주 계급이 부린 행패는 이만저만이 아니었다. 농민의 소작권이 인정되지 않았으니 지주는 소작인이 마음에 안 들면 언제든지 바꿨다.

그것은 소작이 말로 이루어진 탓이었다. 지주들은 농민들에게 고리채를 놓아 그것을 갚지 못하면 농토를 빼앗는 방법으로 토지를 늘려 갔다. 이 것은 지주들이 치부한 돈을 다시 투자하는 형식으로 이루어졌다. 국민 대학교 역사학과 교수 조동걸 씨의 『일제하 한국 농민 운동사』에는 "지주의 횡포는 소작권을 주거나 빼앗는 것을 무기로 하고 있었고 농감 또는 사음의 중간 착취도 잔학하기 그지없었다. 소작인은 때로는 그의 아내까지 바쳐 가며 소작권을 부지해야 했고, 아니면 죽거나 살기의 판가름을 놓고 소작쟁의를 벌여야 했다"라고 쓰여 있다. 마침내 이 지역의 농민들도 풀뿌리와 나무 껍질-이들은 자신이 생산한 곡식은 거의 다 빼앗기고 실제로 이런 것들을 먹었다-로도 연명할 수 없게 되자, 이처럼 생존을 위한 투쟁을 전개했다.

1922년에 맨처음으로 황해도 봉산군에서 쟁의가 일어나자 전라남도로 곧바로 불이 붙어 순천과 광양으로 먼저 번졌으며 이어 섬 지방으로 번져 갔다. 이 쟁의의 구호는 한마디로 소작료를 낮추고 소작인의 권리를 인정하라는 것이었다. 전라남도에서는 1923년부터 1925년까지의 세 해 동안 소작 쟁의가 가장 격렬하였는데, 이때에 일본 제국주의 경찰이 남긴 자료에 따르면 전국에서 일어난 중요한 쟁의 건수는 표4와 같다.

〈표4〉 1923년부터 세 해 동안에 일어난 중요한 쟁의

	1923년		1924년		1925년	
경기도	3건	331명	1건	151명	1건	21명
충청북도	10건	2,422명	2건	98명	–	–
충청남도	2건	78명	8건	226명	–	–
전라북도	6건	293명	1건	41명	–	–
전라남도	24건	1,620명	59건	2,990명	4건	1,514명

조동걸 씨의 『일제하 한국 농민 운동사』를 참조하였음.

전라남도의 쟁의는 대부분이 암태도·자은도·압해도·도초도 같은 섬에서 일어났다. 암태도의 경우를 보면, 세 해에 걸쳐 소작 쟁의가 있었는데 처음에는 소작료를 낮춰 달라고 온건하게 요구하다가 지주 쪽에서 폭력과 관권을 동원하자 같이 폭력으로 맞섰으며 굶어 죽어서까지라도 소작인의 권리를 보호하자는 '아사 동맹'까지 맺어 단식 투쟁을 벌였다. 법정

5·18민주화 운동 기념탑(김동현 사진)

에서는 공정치 못한 판결에 대들어 부인들이 어린아이를 꼬집어 울려서 재판 진행을 방해하기도 하였다. 어쨌든 암태도 소작 쟁의는 소작료를 40퍼센트로 내리게 하는 승리를 거두었다. 이 전라남도의 소작 쟁의는 바로 일본 제국주의의 농민 수탈에 대한 일대 저항 운동이었다.

1980년 5·18민주화 운동은 민주 항쟁으로서 한국 민주주의 운동사에 있어서 불멸의 금자탑이다. 5·18민주화 운동은 잘못된 역사를 바로 잡아온 광주·전남인의 오랜 저항 정신이 성취한 피땀어린 의거로서 한국 민주주의 발전에 획기적인 기여를 하였다.

이 지역은 이런 소외와 저항이 엇갈려 왔다. 또 수탈만 없었던들 자급자족할 수 있는 농경 지역에서 산 탓으로 보수 성향이 두드러지고 학문과 예술이 발달하였으며 풍류를 즐기고 모험과 대결을 싫어했다. 한편으로 소외와 편견 그리고 수탈 때문에 세월이 흐름에 따라 때로는 끈질기게 저항하는 기질이 나타나기도 했다. 소외는 밖에서, 저항은 안에서 나온 것이라고 볼 때 이런 기질들은 모두 역사의 산물이다. 교통과 통신이 발달하여 지역의 특수성이 줄어들고 있는 오늘날에 안팎이 다 이런 역사 배경을 다시 살펴보고 더 반성을 하는 일이야말로 개성있고 건전한 지역 문화의 발전과 지역 문화끼리의 화합을 위해 뜻이 있을 것이다.

이이화(한국사, 전 역사문제연구소장)

제2절
광주 · 전남의 문화

  그리스의 의학자 히포크라테스는 "따뜻한 곳에 사는 주민은 평화를 사랑하지만 추위와 더위의 차이가 심한 지방의 주민은 싸움에 뛰어나다"고 하여 기후가 인류의 정신과 성격에 주는 영향을 말했다. 아리스토텔레스도 "추운 지방 주민은 대담하고 따뜻한 곳 주민은 복종과 굴복에 만족한다"고 했다. 이처럼 기후나 지리 따위의 자연 환경이 사람의 삶과 성격을 규정하는 것에 대해 조선 시대의 학자 이중환도 "산수는 인물을 낳는다"고 했다. 이런 옛 사람들의 말을 빌지 않더라도 우리는 어느 지역의 문화나 역사가 그곳을 감싼 자연 환경과 사회 여건으로부터 큰 영향을 받았음을 본다.

  광주 · 전라남도는 삼한 사온의 기후 덕으로 살기 좋다는 한반도에서도 가장 살기 좋은 지역이다. 기후가 따뜻할 뿐만 아니라 산이 적어 농사짓기에 알맞다. 이 고장을 둘러싼 해안은 남쪽 멀리서 밀고 올라온 태평양의 난류와 중국 대륙에서 흘러내리는 양분 많은 황해의 바닷물이 서로 엇갈리는 곳이어서 바닷고기도 많이 몰린다. 이같은 지리 조건 때문에 일찍이 인류가 농업으로 정착하기 전인 신석기 시대부터 북쪽에서 내려온 것

으로 보이는 사람들이 따뜻한 곳을 골라 강가나 바닷가에 모여 살기 시작
했다. 또 이 고장의 서남부에 널려 있는 크고 작은 섬에도 사람들이 살았
으며 그들은 아무런 걱정없이 갯가에서 고기잡이 따위로 먹을 것을 손쉽
게 구해 가며 살았다. 그러다가 사람의 지혜가 발달하고 그 수효가 늘어
가자 이곳 선조들은 강을 따라 구릉을 골라 움집을 지어 거처로 정했다.
그들은 이런 거처에서 살면서 민물고기를 잡거나 짐승을 사냥하기도 했으
며 점차로 씨앗을 뿌려 농사를 짓기도 하고 그릇을 사용할 줄도 알게 되
었다.

함께 엿보이는 밝은 얼굴과 화난 얼굴

일찍이 농경 사회가 이루어진 지역이어서 이곳의 주민은 평화를 사랑하
면서도 자연의 재해에 대한 공포가 심해 자연신 숭배 사상이 깊었던 듯하
며, 자연의 섭리는 어쩔 수 없다는 체념이 그들에게 낙천성과 이상주의의
성격을 길러 주는 한편으로 적극성이 부족한 성격도 심어 준 듯하다. 이
같은 자연 환경이 길러 준 성격과 문화와는 반대로 반항의 성격도 심했으
니 그것은 사회 환경에서 비롯된 것으로 볼 수 있다.

이 고장 사람들은 자연에서 얻는 먹이로 자족할 수 있었기 때문에 남의
것을 탐낼 줄 모르고 살아 갔으나 언제나 가난한 지역 사람들이 탐내는
곡창 지대인 탓에 침략을 받아야 했고, 임금이 거처하는 서울에서 멀리

무위사 극락 보전

떨어졌던 탓으로 힘 강한 호족이나 벼
슬아치들의 법에 없는 수탈을 받아야
했다. 이 같은 사회 환경이 평화를 사
랑하고 낙천적이고 침략을 모르는 이
고장 사람들의 성격에 반항적인 다른
모습을 심어 준 셈이다. 이 두 가지 요
인은 이곳 문화의 특성을 나타내는 중
요한 기틀이 된다.

이 고장 사람들의 씨족 갈래가 정확
히 어느 쪽에 속하는지를 잘라 말하기
힘들지만, 이곳이 어떤 지역보다도 남

쪽의 풍습과 말씨가 많이 전해오는 곳임은 부인할 수가 없다.

삼국 시대 전에 이곳은 마한에 속했다. 마한은 일찍이 농경 생활을 시작했던 곳으로 주민이 5월에 씨 뿌리기 전과 10월에 가을걷이를 할 때면 하늘에 기원하고 감사하는 축제를 벌였다는 기록들이 있다. 특히 가을걷이 감사계에서는 술을 마시고 춤을 추며 신명나게 놀았다는 기록도 있다. 그때의 문화 흔적이 전라남도의 강변 산기슭과 섬들에 수없이 남아 있다. 특히 흑산도 같은 섬에는 그 전의 유

회엄사 각황전앞 석등

물인 빗살무늬 토기와 무늬없는 토기들이 곳곳에 많이 널려 있고 남방식 고인들도 그 어느 곳보다 많다. 나주군 반남면의 옛 무덤 무리는 마한 시대의 이곳 문화 수준을 잴 수 있는 좋은 본보기이다. 이곳은 4세기께에야 백제에 흡수된 듯한데, 그랬더라도 정치로는 백제에 속했지만 문화로는 북방과는 좀 다른 남방 특유의 문화권의 유습을 잘 보존해 갔다.

통일 신라가 망하고 왕건이 고려라는 통일 국가를 세우는 기틀을 잡게 된 데에는 이 지역의 공이 톡톡히 컸다. 그러나 고려를 세운 뒤로 왕 건이 차령 남쪽의 사람은 배역의 땅에 사는 사람들이니 쓰지 말라는 「훈요십조」를 남김으로써 이 지역 주민들에게 배신감을 맛보게 했다. 이 무렵부터 전라남도는 가장 많은 정치적인 패배자들이 쫓겨와 사는 귀양살이 땅으로 이용되었고, 조선 왕조가 서고도 이 유습이 계승되었으며 농민을 수탈의 대상으로 삼아 이들을 지배하고 수탈하는 봉건적인 농장이 발달했다.

이런 숙명의 역사를 걸어왔기 때문에 이곳 사람들 사이에는 체념해 버리고 유유자적하는 풍류의 사고가 밑바탕에 깔리게 되었고, 비록 후미진 구석에서 농사를 짓고 살기는 하지만 서울에 사는 고관 대작들보다 나라 사랑하는 마음과 의로운 마음이 더 강하다는 오기와 자격지심이 때때로 나타나게 되었다. 임진 왜란 때에 가장 많은 의병 활동이 있었고 동학 농

민 운동이 이곳과 그 언저리에서 나타났던 것은 이같은 심리가 주민의 마음 속에 깔려 있었기 때문이다. 이 양면성은 이곳 문화에 여러모로 나타난다.

문화재가 보여 주는 독특한 풍속

낙안 읍성 객사

문화관광부가 지정한 문화재로 광주·전라남도에 있는 것은 1980년 8월 31일을 기준으로 하여 155점인데 이 수효는 서울과 경상북도 다음으로 많으며, 모든 지정 문화재 수효의 10분의 1이 넘는 것이다. 서울은 조선 시대에 수도였고 경상북도는 신라의 서울이었던 경주의 유적지가 있는 고장이지만, 광주·전라남도는 역사에 한번도 왕도가 들어서 본 적이 없는 곳이면서도 이처럼 문화재가 많다. 비록 국보급은 14점이어서 많다고 할 수 없겠으나, 보물은 73점이나 되며, 천연 기념물은 28점, 무형 문화재는 9점, 민속 자료는 14점, 명승지는 4군데여서 나라 안에서 가장 많은 분포를 보인다. 천연 기념물이 많은 것은 그만큼 이 고장의 지리 풍토가 특색이 있음을 말해 주는 증표이고, 무형 문화재와 민속 자료가 많은 것은 그만큼 이 고장에서 사는 사람들이 독특한 풍습을 잘 간직하고 살아 오고 있음을 보여 주는 보기가 된다.

1907년에 나주군 다시면 동당리에서 나서 무형 문화재 제28호인 무명베 '샛골나이'의 제조 기능 보유자가 된 김만애 노인은 옛날부터 이 고장이 길쌈 고장이었음을 보여 준다. 샛골나이와 더불어, 오늘날에는 그 씨가 말라 우리 생활에 응용되고 있지 않지만 일본 제국주의 시대 중엽까지도 이 지역 아낙들이 자랑하던 한국의 옷빛깔을 내던 식물 물감인 쪽물이 유명하였다. 같은 길쌈일이자 무형 문화재 제32호인 삼베 '돌실나이'의 기능 보유자로 1914년에 곡성군 석곡면 죽산리에서 나서 그곳에 살고 있는 김점순 노인이 있다. 1906년에 담양군 담양읍 향교리에서 태어났고, 낙죽을 만드는 재주가 무형 문화재 제31호로 지정된 이동연 노인은 이 고장이 전통적으로 죽물을 가공하는 재주가 발달해 있고 대밭이 많음을 보여 준다. 1897년에 담양군 담양읍 향교리에서 난 고 김동연 선생은 같은 죽세 공예이자 무형 문화재 제53호로 지정된 채상 제조 기능의 보유자이다.

무형 문화재 제8호인 강강술래와 그 제33호인 광산 고싸움 놀이, 그 제51호인 진도 들노래는 광주·전라남도가 벼농사 문화권에 속하는 많은 민속을 지녀 오고 있음을 보여 주는 것들이다. 대보름의 만월을 보며 그 해의 풍년을 비롯 풍요로운 신인 용을 상징하는 고를 만들어 이를 결합시키고 싸움을 벌이는 고싸움 놀이나 농사를 지으면서도 몸짓, 손짓 하나하나에 가락과 사설을 넣어 부르는 들노래야말로 이 고장이 아니고서는 찾아볼 수 없는 독특한 민속이다. 무형 문화재 제72호로 지정된 진도의 씻김굿도 상여 소리와 함께 이곳의 풍속과 문화의 흔적을 살필 수 있는 좋은 본보기이다. 중부 지방과는 달리 흰옷에 흰 종이로 만든 고깔 차림새를 한 소박한 당골이 시나위 가락에 맞춰 극락 왕생을 빌거나 원혼을 달래는 씻김굿은 이 지역 사람들의 검박한 생활의 모습이고 예술의 표현이다.

이 굿은 진도에만 있어 온 것이 아니라, 이 도의 여러 곳에 '시껭굿', '시낑굿' 같은 이름으로 전해 내려왔다. 씻김굿을 하는 당골들은 갑자기 병들었다가 '신이 들린' 중부 지방의 무당들과는 달리 그 굿하는 재주를 세습 받는다. 이를테면 당골 집안의 며느리로서 시어머니에게서 그 재주를 전수받아 평생토록 익혔다가 그의 며느리에게 이어 준다. 따라서 씻김굿을 하는 당골은 춤과 노래와 사설을 평생토록 익힌 전문 예술인이다.

전라남도의 어촌마다 남아 있는 당산제나 풍어제의 풍습, 줄다리기와 달맞이굿들이 모두 풍년을 기원하는 마을(洞)제를 중심으로 하여 발전해 온 민중의 놀이요 굿이다. 특히 이 지역에는 이 같은 벼농사 문화권에서 흔히 찾아볼 수 있는 굿이나 놀이는 많이

강강술래

고싸움 놀이

발달했으면서도, 산간 지대나 다른 지방에서처럼 돌싸움이나 차전 놀이 같은 싸움을 전제로 한 유희나 훈련이 없는 것도 특징이다.

무형 문화재 제8호인 진도와 해남 사람들의 강강술래는 특히 전라남도 서남부 연안 지방에서 성행해 온 부녀자들의 추석 놀이로 원시 축제의 한 유습이라 할 수 있다. 학자들은 이 놀이를 원무 또는 술래 놀이라 하고 프랑스의 캉캉춤이나 중국의 카오카오춤에 견주기도 한다.

제 고장의 산천을 닮은 말씨

아무리 문화의 흥망 성쇠가 시대의 변화에 따라 역사와 운명을 같이 하기 쉽다손 친들 자연 환경이 한 지역의 문화에 미친 영향은 얼른 그 뿌리가 없어지지 않는다.

이 지역은 대륙과 해양이 맞닿은 데인 한반도 땅의 끝이다. 육지에서는 공생하는 관계를, 해양에서는 더부살이의 관계를 갖는다는 생태계의 이치가 사람에게도 적용된다는 듯이, 뭍과 물이 만나는 곳인 전라남도에서는 두 가지 부류의 사람들이 살아 왔다. 지배 계급은 농민과 어민에게 붙어서 인생을 즐기고 중앙 정부를 비웃으며 살아 왔고, 수탈당한 농민과 어민은 울분을 터뜨릴 줄 모르고 그것이 주어진 운명이요 하늘의 섭리인 것처럼 참아내는 미덕을 보이면서 살아 왔다. 이 농민과 어민은, 때때로 죽음마저 강요하는 수탈자를 향해 용기있게 반항하기도 하였으려니와 불쌍한 사람들끼리 서로 돕고 위로하려고 마을의 공동 행사나, 계나 두레 같은 조직, 또는 모정 같은 공동 시설을 하는 일을 잊지 않았다.

이 지역 농민과 어민은 예로부터 자연을 두려워하고 공경하기는 했을망정, 먹고 입고 사는 데는 별로 걱정이 없을 만큼 형편이 풍족했으며, 제 나름대로 얼마쯤 여분을 남길 수도 있었다. 가난함과 부유함도, 천함과 귀함도 위에서 말한 대로 하늘의 섭리라 생각했던 탓으로 마음이 어질고

착하여 공리성이 부족하고 낙천적이고 풍류적이고 이상주의에 흐르는 기운마저 있어 왔다. 이 낙천성과 숙명관이 이곳 사람들의 멋을 길러주었으나 이 멋은 억울한 일을 당하고 침략받고 수탈받는 데에서 느끼는 한을 동반했다.

풍토와 인종은 성격과 말씨를 만들고 그 말씨는 노래에 배어든다. 곧 한 지역 주민들의 인정과 감정과 풍습이 그들이 부르는 가락에 배어있다. 전라도 말씨는 마치 이 고장의 산과 내를 닮은 듯이 빠르지 않고 높고 낮음이 심하지 않으면서도 감정을 숨김없이 나타낸다. 이 말씨가 이 지역의 노래와 그 사설에 이어지는 것은 말할 나위도 없다.

육자배기에서 비롯된 판소리 가락

광주·전라남도의 민요는 전라북도의 민요와 함께 그 이음 소리와 떨림소리가 은근하고 끈기있어 다른 고장 사람이 흉내내기 어렵다. 꺾음 소리마저 소정음에서 소정음으로 흘러 떨어뜨린다. 마치 파도와 같고 폭포와도 같다. 잔잔한 파도를 닮아서 소리마저 춤을 너울너울 추지만 한번 성나면 폭풍처럼 몰아치고 폭포처럼 쏟아진다. 즐거움과 애달픔의 하소연을 풍부한 감정으로 가락에 실어 하는 노래이다. 너그럽고 조급하지 않고 조용하면서도 익살스럽고 멋과 아름다움을 다 갖추었다. 그런 노래와 '소리'가 육자배기, 판소리, 진도 아리랑이며, 이곳의 무가며 이곳의 농악이며 들노래며 시나위다. 사람들은 죽음을 노래하는 상여 소리마저 서러움을 뛰어넘어 즐거움으로 노래하고 표현한다. 즐거움에서 슬픔을, 슬픔에서 즐거움을 체험으로 느껴 왔기 때문일 것이다.

광주·전라남도 사람들의 혀는 풍요로운 감정의 부림을 받아 움직임이 자유스럽다. 그래서 혀를 놀려 만들어내는 말이나 소리가 뛰어나다. 6·25 전까지만 해도 들판과 산에서 농부들과 나무꾼들이 부르는

화엄사 각황전

쌍봉사 대웅전

상사도야 소리, 육자배기 소리를 흔히 들을 수 있었다. 가슴에 사무치는 한이 말이 되어 나오고 이 말이 소리로 연장된 것이다. 이런 현상은 길쌈하는 아낙이 품앗이 판 같은 곳에서 처음에는 중얼거리다가 그 다음에는 흥얼거리고 마침내는 속에 맺힌 사연을 노래 소리로 내뿜던 모습에서도 흔히 볼 수 있었다. 음악성이 높은 이곳의 민요나 노동요들은 이처럼 소리가 되어 터져나올 수밖에 없던 한많은 이 지역 사람들의 말이다.

이런 광주·전라남도 사람들의 음악적인 감정 표현은 악기를 다루는 데에서도 나타났다. 육자배기 소리와 상사도야 소리가 곳곳에서 들리던 시절에는 머슴들이 모여 자는 방에마저 북 하나와 피리 하나쯤은 있기 예사였다. 그래서 농악도 악기 연주의 솜씨가 뛰어나고 흥겹고 구성짐이 으뜸간다. 젓대·장구·북·피리 들을 다루는 명인도 흔히 이곳에서 태어났다.

흔히 판소리를 동편제, 서편제로 나누고 광주·전라남도의 판소리는 서편제에 든다고 분류한다. 그러나 엄밀히 말해 기교로 구분하면 동편제나 서편제나 모두 이 지역의 소리이다. 동편제의 창시자인 송흥록의 조카인 송우룡도 지금은 전라남도에 속하는 구례 고을 출신이요, 서편제나 강산제 유파의 명창들은 말할 것도 없이 전라남도 출신들이었기 때문이다. 판소리는 숙종 때부터 유행하였지만 실제로는 이곳 당골들이 무가로 쓰는 육자배기 소리가 발전한 이 고장의 노래인 셈이다.

이런 전통이 이 지방으로 하여금 이 나라 국악계와 대중 가요계의 많은 큰 별들을 낳게 한 것도 사실이다. 그러나 고향을 떠나 서울에서 터를 닦은 사람들은 오늘날 거의 모두 인간 문화재로 떠받들림을 받고 있지만 고향을 지키고 사는 이들이 빛을 보지 못하고 끼니를 걱정해 가며 사는 안타까움이 있다. 남도 판소리의 기능 보유자로서 지방 무형 문화재 제3호로 지정되었던 한애순 씨, 공대일 씨 같은 이가 그 보기다.

쉽게 말을 트는 사람들

이곳 주민들은 풍부한 어휘를 동원하여 때로는 섬세하고 때로는 거친 어조로 사고와 감정을 숨김없이 극적으로 표현하는 편이다. 이곳 사람들의 말이 영남 지방의 말처럼 욕이 많은 것도, 또 서울 지방 사람들의 귀에 거칠게 들리는 수가 있는 것도 그 까닭이 거기에 있을지도 모른다. 그리고 이곳 주민들은 존대를 해야 할 이 앞에서 깍듯한 말씨를 사용할 줄도 알지만, 어지간한 거리에 있는 사람 앞에서는 격식을 떨구고 말하고자 하는 경향이 있다. 따라서 서울사람에게는 이곳 사람들이 너무나 이르게 '말을 트는' 사람, 자기를 무시하고 '반말하는' 사람으로 비칠 법도 하나, 이것은 전통적으로 정이 깊은 사람들이어서 말하는 대상과의 사이에 먼 거리가 있음을 부정하고파 하는 기질에서 나온 습관으로 보아야 한다.

한국의 고유한 가사 문학은 시가가 산문 형식으로 변해 가는 중간 과정의 문학 형태라고 할 수 있다. 조선 시대에 들어와 발달한 이런 문학 작품으로 가장 오래 된 것으로 1401년에 나서 1481년에 죽은 전라도 사람 정극인의 「상춘곡」을 친다. 또 이 문학 형태는 전라도 사람 송순을 거쳐 전라도 사람 송강 정철에 이르러 꽃피고 고산 윤선도에게서 완성되었다고 할 수 있다. 특히 전라남도 사람들의 가사는 사실적이고 은일적이고 자연스러운 점에서 도덕과 교훈을 앞세운 영남의 가사와 크게 구별된다.

광주동 5층 석탑

백호 임제 같은 사람들의 호방하고 경쾌한 시풍이나 해학은 이곳의 산천과 사회 환경이 낳았다고 할 수 있으며, 방랑 시인 김삿갓이 제 고향 땅을 마다하고 이 고장의 화순군 동복면 땅에서 숨을 거둔 것도 우연한 일이 아니다.

광주 · 전라남도와 전라북도에서 발달했던 판소리는 그 소리는 음악이지만 그 사설은 문학 작품이다.

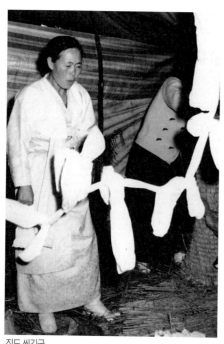
진도 씻김굿

국문학자 이병기 씨가 판소리를 극가라고 표현했듯이 단순한 가사가 아니요 연극의 대사를 겸한 시나리오이다.

이 지역의 시와 노래는 양반과 선비들만이 창조하고 즐기던 예술이 아니었다. 유배 온 선비를 비롯해서 승려와 촌부에 이르기까지 일상의 말과 노래를 글로 표현하면 그것이 바로 시가가 되었던 셈이다. 이미 백제 때에 불렸다는 「지리산가」나 「무등산가」, 「정읍사」, 「선운산가」, 「청학동가」, 「태평곡」, 「귀산곡」들이 이 지역을 포함한 전라도를 빛나게 하는 역사의 시가들이다.

그 뿌리는 오늘날까지도 이어 와 박용철·김윤식·박화성·전병순·차범석·김현승·박봉우·송기숙·문순태·이청준·천승세·한승원·오유권·이성부 같은 작가를 키워냈다.

미술의 전통을 낳은 귀양지

제주 대학교 교수인 양순필 씨가 조사한 것을 보면, 조선 시대의 국내 유배자 700명 중에 129명이 전라남도 지방에서 귀양살이를 했다. 그때는 제주도도 전라남도 땅이었으므로 제주도에 보낸 유배자까지를 합치면 그 수효는 178명이 되었다. 곧 국내 유배자의 25퍼센트가 전라남도에 귀양 보내졌던 셈이다.

더구나 귀양은 그 멀고 가까움이 죄질에 따라 정해졌던 것까지를 헤아린다면 전라남도에는 많은 죄인이 귀양왔을 뿐만 아니라 대부분이 중한 죄인이었음을 알 수 있다. 그러나 조선 시대에 귀양에 처해진 죄인은 사람을 죽인 살인범이나 도둑질한 잡범이 아니라 대부분이 권력과 관련된 정치인이거나 관료 계급이었다. 이들은 때때로 가족이나 노비를 데려오는 수도 있었고 귀양지의 관리들로부터 따뜻한 대우를 받기도 했지만, 대부분 홀로 보내져 기약없이 귀양이 풀리기만을 기다리며 울적한 나날을 보내야 했다. 이 때문에 모처럼 한가로운 시간을 갖게 된 이들은 지방 사람들을 말벗 삼아 외로움을 달래며 시를 읊고 그림을 그리고 글씨를 쓰고 글을 가르쳤다. 이것은 지방 관리들로부터 수탈을 당하거나 호족들에게 억눌려 살아 가는 이곳 사람들한테는 반가운 일이었다. 권력 다툼이 싫어 멀리 이곳에 숨어들어 살아 가던 양반의 후손들이 당파 싸움에 밀려 벼슬 길을 잃고 살아가던 양반의 후예들도 귀양온 사람들에게서 새로운 문물을 배우고 글씨나 그림이나 글을 익힐 수 있었다.

이들에게 이런 가르침을 준 유배자로는 굵직굵직한 인물이 많았다. 조선 때에 시작된 사색 당파의 첫 희생자로서 1498년에 일어난 무오 사화의 주인공인 형조 좌랑 김굉필이나 1454년에 나서 1503년에 죽은 조위도 전라남도 순천 고을에 귀양와서 죽었고, 그의 학풍을 이어받은 지치주의 신진 사류의 대표인 조광조도 전라남도의 능주 고을에 귀양와서 죽었다. 그리고 귀양 온 사람들이 특히 많아 그들에게서 많은 영향을 받고 예술의 고장이 된 곳이 진도이다.

더구나 이 지역 출신의 유학자들 중에는 많은 희생자를 낸 동인과 남인에 속한 사람이 많았으니, 남인 출신이었으며 아까 말했듯이 이 나라의 문학에 커다란 업적을 쌓은 고산 윤선도 같은 이는 보길도에서 자연을 벗삼아 살기도 했을 뿐더러 여든다섯 살로 죽기까지 세 차례에 걸쳐 스무 해 가까이 나라 안 여러 곳에서 귀양살이 했고 그의 증손자인 공재 윤두서 같은 이는 아예 벼슬을 단념하고 해남에서 그림에만 전념했다. 이 때문에 윤두서는 현재 심사정과 겸재 정선과 더불어 조선의 삼재라는 칭호를 받아 조선 전기의 회화 역사에 뚜렷한 발자취를 남겼으며, 그의 영향은 진도 출신인 소치 허유에 미쳐 조선 후기의 남종화의 큰 줄기를 이루게 했다. 그리고 허유가 나중에 제주로 귀양갔던 추사 김정희를 만나 가르침을 받을 수 있었던 것도 전라남도가 귀양지로 쓰여진 특수성이

없이는 불가능했을지도 모른다. 소치의 그림은 미산 허영과 남농 허건의 그림으로 이어지고, 같은 집안 사람으로 남종화의 대가가 되어 빛나는 업적을 남기고 1977년에 세상을 떠난 의재 허백련의 그림에 이어졌다.

전라남도에 귀양왔던 또 다른

곡성 돌실나이

선암사 3층 석탑

인물로 원교체라는 독특한 서체를 창조한 명필 이광사가 있다. 그는 1756년에 완도에 귀양와서 한 스무 해 동안 이곳 사람들에게 글씨를 가르쳐 주었다. 그런 전통은 오늘날까지 계승되어 현대 서예를 확립했다고 평가받는 소전 손재형 같은 빼어난 명필을 낳게 하였다. 진도에서 태어난 그는 어려서 진도에 귀양와 생활하던 정만조의 감화를 받은 그의 할아버지의 뜻에 따라 서울 유학을 했다가 다른 지방 사람과는 달리 서예를 공부해 해방 뒤에 독자적인 한글체를 개발하고 서울에서 서예 중흥과 후진 양성에 이바지하다가 1981년에 세상을 떠났다.

전라남도의 이런 미술의 전통은 마침내 서양화에도 이어졌으니 박수근, 이중섭과 함께 서양화가 이 나라에 들어온 다음에 가장 탁월한 작품을 남기고 세상을 뜬 세 사람에 드는 수화 김환기가 신안군 사람이다. 그리고 오늘날까지 서양화가 오지호와 동양화가 구철우·조방원 같은 이는 광주에서, 동양화가 천경자 같은 이는 서울에서 창작 활동을 해 왔거나 하고 있다.

이처럼 유배지로써 쓰이던 이 지역은 정치와 관리를 혐오하는 주민의 특성과 함께 풍류와 예술을 사랑하는 많은 예인 거장을 낳았다. 그뿐만이 아니라 이 분야에서 이곳 주민의 수준과 기호도를 높여 주었으니 오늘날의 광주·전라남도에는 접객업소치고 그림이나 글씨 한점쯤이 벽에 걸려 있지 않은 곳이 없다시피 되었다.

일찍이 실학에 눈뜬 개혁 정신

조선의 정치 이념은 주자학이었다. 고려 시대의 타락한 불교 이념을 제쳐내고 조선을 세우는 데에 기틀이 되었던 이 이념도 나라 안이 안정을 이루어 가자 점차로 타락하는 낌새를 보이기 시작했다. 그리하여 드디어 나라와 백성을 잘살게 하는 이념으로 쓰인 것이 아니라 서로 권력의 윗자리에 오르기 위한 정권 쟁탈의 수단으로 이용되기 시작했다. 이 폐단이 파당을 만들고 자기 편이 아니면 보복을 일삼는 사화와 사색 당쟁으로 발전해 갔다.

지도층이 이처럼 공리 공론에 얽매여 정권 쟁탈을 위한 싸움을 계속하는 동안에 백성은 도탄에 빠지고, 이웃 나라인 일본과 청나라가 이 땅을 넘보고 뛰어들어 임진왜란과 병자호란의 쓰라림을 맛보게 되었다.

이같은 변란과 사화가 거듭되는 동안에 이 지역은 사색 당쟁이 싫어 숨은 선비의 후손들과 당쟁에 져 벼슬길을 얻지 못하는 불우한 선비들이 몰려 사는 고장이 됐다. 더구나 전라남도와 전라북도의 땅은 전주 사람 정여립이 1589년에 반란을 일으켰다고 해서 조정의 지배 계급이 반역향으로 몰아붙이는 바람에 정치의 일선에서 멀어질 수밖에 없었다. 그때에 이곳 사람들은 비로소 나라와 백성이 잘사는 길이 무엇인가를 생각하게 되었다. 그러려면 공리공론의 주자학 말고 실생활에 쓰이는 학문 곧 실학이 필요함을 알았다.

이 무렵에 천주학이 이 나라에 들어오기 시작했고 청나라를 드나드는 선비들을 통해 서구의 근대 학문이 들어오기 시작했는데, 서울 언저리 사람인 반계 유형원이 그 영향을 받아 전라남도에 가까운 전라북도 부안에 눌러앉아 중농 정책과 사회 개혁론을 부르짖었다. 그의 학문은 성호 이익에게 옮겨졌고 전라남도 곳곳의 선비들에게 전해졌다. 그리하여 장흥군 관산읍 방촌리에서 학문에 전념하던 위백규는 『정현신보』라는 책을 지어 사회 개혁과 정치 개혁론을 폈고 『환영지』라는 지리서도 냈다.

나주 목사를 지낸 아버지를 따라 나주 고을에서 살았던 홍대용은 북경에 다녀온 북학파 실학자로 더 많이 알려져 있는데, 이 나라에서 가장 먼저 지구 자전설을 주장한 사람이었다. 그는 화순군 동복에 살던 노인 나경적을 만나 이 노인이 손수 만든 소리 나는 시계인 후종을 보았다. 그는 곧 그 노인과 그 노인의 문하생인 안처인을 모셔다가 그의 집 뜰안에 사설 천문대인 농수각

선암사 승선교

증심사 3층석탑

을 지었는데, 그것은 중국에까지 소문이 났었다. 이보다 좀 뒤늦게 화순 출신 하백원이 '자승차'를 만들어 농사짓는 데에 수차로 이용케 하고 만국 지도를 만들어 세상에 대한 눈을 뜨게 했는데, 그는 위백규와 나경적과 함께 전라남도 실학의 삼걸로 꼽힌다.

이처럼 이 지역 사람들이 조정에서 멀리 떨어져 살면서도 견문을 넓히기에 힘쓰고 창조적인 기량을 닦으며 나라와 백성이 잘사는 길을 글로 남기고 있을 때에 1801년에 다산 정약용이 이곳 강진에 귀양오게 되었다. 다산은 이같은 분위기 속에서 강진에 지내던 18년 동안에 그의 외가인 해남 윤씨들에게서 책을 빌어 보면서 서학의 이론을 덧붙여 한국 실학을 집대성하였다. 철학자 박종홍은 "다산이 만일에 전라남도 아닌 다른 지방으로 귀양갔던들 그의 업적을 남길 수 없었을 것이다"라고 호남 사람들의 소질과 학문 풍토를 칭찬한 적이 있다.

뒷날에 전라남도 사람들이 전라북도 사람들과 더불어 동학 농민운동의 중심을 이룬 것도 이 고장 사람들에게 오랫동안에 걸쳐 깔려 온 울분과 개혁 정신에서도 비롯된 것이라고 할 수 있다.

신앙심이 두터운 땅

옛적부터 이 지역은 농사를 짓는 사람이 몰려 살아온 곳이라 비와 바람 따위가 생활을 지배하게 되어 그 어느 곳보다 하늘에 의지하는 마음이 컸을 것이라고 짐작할 수 있다. 앞에서 간단히 설명한 씻김굿도 이처럼 하늘에 의지하는 원시 무속 종교의 의식이 오늘까지 전해 내려와 이루어진 것이다. 고등 종교라고 할 불교도 그 어느 지역에 못지 않게 성했다. 특히 이 지방은 도교 보호 정책에 밀려난 고구려의 승려들이 많이 옮겨온 곳이고 역사적으로 주로 지배만 받아 온 피압박 주민들의 땅이었으니, 그들이 마음 붙일 대상은 종교밖에 없었을 것이다.

통일 신라 때의 '아홉 산문'에 들던 가지산의 보림사와 동리산의 태안사가 각각 전라남도의 장흥군과 곡성군에 있고 철감 선사가 입멸한 곳도 화순군 이양면에 있는 사자산 쌍봉사이다. 고려 시대에 접어들어 조계종을 연 보조 국사 지눌이 전라남도 순천 조계산의 정혜사, 오늘날의 송광사에서 법문을 연 것이나 이곳에서 16국사를 낸 것도 이 고장의 풍토와 문화 수준의 소산이라고 할 수 있겠다. 승려들의 왕성 출입을 금지하고 전국에 선종과 교종의 사찰 18개씩만을 남기는 따위의 정책으로 불교를 억압하여 승려들이 왕성에서 멀리 떨어진 외진 곳을 찾아 뿔뿔이 흩어지던 조선 시대에도 그들은 풍토적으로 신앙심이 두터운 전라남도로 많이 찾아 들었다.

임진 왜란이 일어나자 승병을 일으켜 나라에 큰 공을 세웠던 서산 대사도 그가 불도를 익히던 시절에 전라남도를 두루 헤매었으며 묘향산에서 입멸하면서 자신의 가사와 바리때를 해남군의 대흥사에 두라고 유언한 것도 이 고장 사람들이 지닌 신앙심의 깊이를 통찰했기 때문이었을 것이다. 전라남도 사람들은 서산 대사의 깊은 뜻을 받들어 대흥사를 중심으로 하여 13명의 큰 종사와 13명의 큰 강사를 배출해 이 나라 불교의 법통을 잇게 했고 승려들과 더불어 "내 마음이 부처요 극락이라"며 그들의 불우한 마음을 달랬다.

불교를 억누르고 유교를 받들던 조선 사회에서 대흥사를 중심으로 하여 불교의 법통을 이은 이 지역 사람들은 제국주의 일본의 침략과 강점이 있게 된 뒤로 신앙심이 더욱 더 강해졌으니, 1918년에 제국주의 일본 총독부가 전국의 사찰을 30개 본산으로 나눌 때에 장성군에는 백양사가, 해남군에는 대흥사가, 승주군에는 송광사와 선암사가, 구례군에는 화엄사가 5 본산으로 버티고 있었다.

이곳 사람들의 이런 종교적인 신앙심이 이곳을 한말에 동학도의 터전이 되게 했고, 해남 윤씨 집안으로 하여금 천주교의 초기 순교자를 내게 했다. 곧 1791년에 그의 어머니 제사를

화엄사 사사자 3층 석탑

조광조 선생 유허비

지내지 않았다는 죄목으로 죽음을 당한 전라북도 금산군 진산면 출신의 윤지충은 해남 윤씨인 윤두서의 증손자였다. 윤씨 가문은 남인의 거두로서 1589년에 정여립 모반 사건의 누명을 뒤집어쓰고 일가가 몰살당한 광주 출신의 이발이 윤구의 외손자였던 탓으로 벼슬길이 막힌 대표적인 원한의 전라남도 집안이었다. 이 때문에 이 집안의 자손들은 천주교로 마음을 달랬고 윤씨 집안의 외손이었던 다산 정약용 집안까지 남인계로 몰렸으며 천주학에 물이 들었다.

오늘날 신도가 백만 명에 이른다는 원불교도 전라남도 영광군 백수읍에서 시작됐다. 대종사라고 부르는 박중빈은 백수읍 길룡리에서 태어나 스물 여섯 살 나던 1916년에 "물질이 개벽하니 정신을 개벽하자"고 외치며 원불교를 창시하였다. 원불교는 1924년에 전라북도 익산시로 옮겨가 오늘날까지도 총본부를 그곳에 두고 있으며, 원광대학교를 익산시 신용동에 설립하였다.

또 1909년에 대종교를 창시한 사람도 '친일 오적'을 죽이려다 실패한 전라남도 보성 출신인 나철이란 인물이다.

조광조와 기대승

전라남도 사람들의 종교적인 마음은 원시 종교나 불교나 동학이나 천주교에만 머무르지 않고 조선의 지배 사상이던 주자학에서도 큰 업적을 남겼다.

'지치주의'로 왕도 정치의 기본을 삼아야 한다는 이론으로 새 바람을 일으키다 1519년에 전라남도 화순군 능주 고을에 귀양 와서 죽은 조광조의 학풍은 전라남도에 가장 뿌리 깊게 정착했다. 기묘 사화로, 응교 벼슬을 하던 서울의 기준이 조광조와 더불어 귀양가 함경북도 온성에서 죽는 변을 당하자 그의 형 기진은 이 지역 광산군 임곡면으로 몸을 숨겼다.

기진의 아들이 기대승인데 그는 학문에 전념하여 퇴계 이황과 '사단칠정론'을 벌여 이 나라의 성리학을 한층 진보시켰다. 기대승의 가르침을 받은 제자들이 뒷날에 임진왜란이 일어나자 공리공론만을 일삼던 조정 관리들과는 달리 충의와 절의를 위해 의병을 일으키고 목숨을 바쳐 행동했다. 또 한국 성리학의 6대가로 불리는 장성군 진원면 출신의 노사 기정진은 단종 때에 순창에 몸을 숨긴 기건의 후손으로 호남 사람들의 충의 정신에 불을 지른 정신적인 지도자였다. 한말 의병의 많은 수효가, 이를테면 1909년에 일어선 의병의 경우에 그 60.1퍼센트가 호남 사람이었던 것은 모두 기정진의 가르침이 이 고장에 깊이 뿌리를 박았기 때문이다.

빼앗은 역사 없이 빼앗김만 받아 온 이 지역의 주민들은 양순할 때에는 양순하지만 불의를 보면 죽음을 두려워하지 않는 의기로 몸을 떤다.

마음씨 나쁜 관리들에게 토색질을 당해 와 불평이 많은데, 한편으로 뜻을 펴지 못하고 패배한 무리들이 수없이 귀양와 조정을 원망하는 소리를 들으며 살아 왔으니, 이곳 사람들에게 저항 기질이 길러진 것은 당연할지 모른다. 그러나 양순한 이곳 토박이들은 조금만 어루만져 주어도 고마워 어쩔 줄을 모르는 순박성을 잃지 않고 있다. 치정의 손길이 골고루 미칠 때에 이곳 사람들이야말로 남의 땅, 남의 것을 넘보지 않고 절의와 풍류에 따라 사는 사람들이 될 것이다.

풍류와 멋이 밴 특산물

광주 · 전라남도의 옛 조상들은 그들 주위에 있는 재료를 생활 용구로 만들어 쓰는 데에 특출한 재주를 가졌다. 또 전라남도의 문화에 밴 풍류와 멋과 미의식이 그들이 만든 물건에도 어김없이 발휘되었다.

일찍이 이것을 알았던 일본 사람들은 이 나라 통치를 맡자마자 이곳에 와서 공예품을 수없이 수집해 갔다. 이곳은 궁실이나 귀족들이 사는 서울과

연곡사 북부도

멀리 떨어졌기 때문에 공예품도 귀족들의 비위와 환심을 사기 위해 호화롭고 정교하게 만들 필요가 적었으므로 대부분이 자기가 쓰거나 이웃에 나누어 주려고 견고하고 투박하게 만들었는데, 그 공예품들은 그렇게 만들어졌으면서도 아름다움을 잃지 않았다.

조선 시대에 질 좋은 견질물로는 평안북도 영변군과 평안남도 성천군 것도 쳤으나 전라남도 나주의 유문수나 합사수는 이보다 더 이름이 있었다. 이 솜씨는 끊이지 않고 이어져, 앞서 말했듯이, 나주군 다시면 동당리 김만애가 보유한 무명베 샛골나이의 제조 기능이 무형 문화재 제28호로 지정되었다. 삼베도 관북 지방 것이 유명하지만 전라남도의 구례군과 곡성군의 삼베는 그 생산량이 관북 것을 앞질러 일본 제국주의 때는 조합이 여럿 생겼었고, 아까 살폈듯이 곡성군 석곡면 죽산리 김점순이 잊지 않고 보유한 그 제조 솜씨가 무형 문화재 제32호로 지정받았다.

고려 청자라 하면 얼핏 머리에 떠오르는 곳이 사적 제68호로 지정된 강진군 대구면이라고 할 만큼 이곳 사람들은 그릇을 빚어 굽는 솜씨도 뛰어났다. 강진뿐만이 아니라 이 지역의 여러 군데에서 구워낸 아름다운 청자와 분청 사기는 서해안에서 배에 실려 고려와 조선의 지배 계급뿐만이 아니라 왕실의 그릇으로 바쳐졌으며 지방 토호와 민중의 밥그릇이 되었다.

한편으로 지금은 전주 합죽선이 유명해졌지만, 조선 시대까지만 해도 나주 남평골의 합죽선이나 부채는 진상품이었고, 담양의 대삿갓, 영암의 참빗은 전국을 휩쓸었다. 대를 써서 그릇을 만들어 살아 가는 사람의 수효가 많고 보니 자연히 더 멋을 부려 만드는 사람까지 생겨나서 숯불에 인두를 넣어 달군 뒤에 대에 그림을 그려 만든 낙죽 제품과 속대에 물감을 들여 엮은 아름다운 상자인 채상도 나왔다. 앞서 살폈듯이 그 기능이 전해 와 담양읍 향교리의 낙죽쟁이 이동연이 간직해 온 재주가 무형 문화재 제31호로, 채상쟁이 김동연이 보유한 재주가 무형 문화재 제53호로 지정을 받았다.

구례는 목기로 유명했으며, 나주의 술상이나 목물, 영광의 농, 광양의 패도, 장흥의 놋그릇, 무안의 기와, 보성의 용문석, 함평의 돗자리 들도 이름났다. 장성의 창호지는 오늘날에도 옛

조계산 송광사

기술이 이어져 나라 밖으로 수출되고 있으며 해남의 옥돌 공예품도 전에는 일본에 수출했다. 광양의 패도쟁이 박용기는 옛 은장도의 기능을 이어와 그 재주가 무형 문화재 제60호로 지정을 받았고, 이 고장의 각궁은 경상도의 활 제조 솜씨를 무색하게 했다. 지금은 명맥만을 유지하고 있지만 진도의 청등 삼태기도

승주 낙안 민주가옥

전라도에만 있던 자랑거리였고, 나주와 함평을 중심으로 하여 이름을 떨쳤던 쪽물 염색은 명맥마저 끊겨 아쉽기 그지없다. 국악이 성한 곳이라 장구나 북을 만드는 솜씨도 뛰어나 원통북 · 가리통북 · 줄북 · 고장북 · 승무북 · 걸매북 · 못북 따위의 여러 가지 북을 만들어 왔다. 그리고 강진군 칠량면의 옹기는 오늘날에도 돛단배에 실려 삼남을 누빈다. 그러나 이 많은 민예품들이 공업화에 밀리고 값싼 기계 제품에 밀려 점차로 그 모습이나 손재주를 잃거나 변질되어 간다. 이를테면 광주에서 북을 만들어 무형 문화재 기능 보유자였던 판소리 고수 김명환 같은 이가 주문해다 썼지만, 요새 북은 옛날의 그 아름다운 무쇠못이 아닌 스테인리스 못이 박혀 있어 품위가 없다.

무등산에서 나오던 수박, 영산강 가에서 나오던 숭어알인 어란, 영광군 법성포의 굴비, 섬진강과 탐진강 가의 은어회와 은어 말림, 무안의 명산 장어, 고흥의 토화젓과 진석화젓 따위도 점차로 잊혀져 가거나 맛보기 힘든 이 고장의 이름난 특산물이다. 오늘날 세계에 이름을 떨치고 있는 인삼을 맨 처음으로 밭에 심어 산업화한 곳도 전라남도 화순군 동복면 유천리이다. 가까스로 목숨을 이어 가는 천연 기념물 제53호인 진돗개나 진도 홍주, 진도 미역, 완도김 들도 이 고장의 특산품이다. 김과 미역은 인공

양식품에 밀려 맥을 추지 못하고, 진돗개도 나라의 적극적인 보호 정책이 없으니 안타까운 일이다.

다시 일구는 차밭

이 지역 특산물의 가장 큰 자랑거리라면 차를 들 수 있을 듯하다. 고려 시대까지는 이 나라 사람들이 많이 마셨으나 조선 시대에 접어들어 거의 자취를 감춘 차는 이곳에서 간신히 목숨을 이어 왔다. 차를 마시는 습관이 온 나라에서 사라져 가던 조선 시대에도, 이 지역의 절과 일부 민가에서는 절 언저리와 동네 야산 및 대밭 같은 데에 흩어져 자라는 차나무에서 찻잎을 따다가 덖고 비벼 차를 만들어 가용으로 즐겨 마셨다.

그러다가 일본 제국주의 때에 이곳에 다시 차밭이 일궈지는 듯하더니 해방과 더불어 차 재배도, 차 마시기도 흐지부지하게 되었다. 그러나 1960년대에 접어들어 정부에서 외국산 커피의 수입을 제한하자 이곳의 찻잎은 서양식 홍차로 가공되어 이 나라에 선보였고 1960년대 후반에는 이곳에만 560헥타르가 넘는 차밭이 새로 만들어졌다.

십몇년 동안에 걸쳐 버림받던 이 차밭들이 뒤늦게 속차린 몇몇 사람들에게서 그 가치를 인정 받아 머지 않은 장래에 이 고장 농민들이 꾸려 갈 특화 산업의 하나로 눈길을 끌고 있다.

이곳에서 생산되는 개량종 차나무의 찻잎은 홍차로 가공되어 나오기도 하고, 일본식으로 쪄서 만든 '녹차'가 되어 전국에 대량으로 보급되기도 한다. 그리고 이 지역에 전통적으로 자생해 온 '조선 차나무'에서도 찻잎이 나와 덖고 비비는 과정을 거쳐 소량으로나마 보급되고 있다. 이에 앞서 의재 허백련이 세상을 떠나기 전에 무등산 차밭에서 딴 찻잎으로 '춘설차'란 차를 만들어 광주의 특산품으로 각광을 받게 하기도 했다.

김정호(언론인)

2

광주·전남의 중세 사회

제1절
조선조 사림의 성격과 광주·전남
사림 문화의 성격

1. 광주 · 전남 사림의 범주

'광주·전남 사림 문화'란 말은 학계의 보편적인 용어는 아니다. 다만 광주권 내지 전남 지역권의 사림 문화를 일컫는 말이라 생각된다. 근래 지방 자치 시대를 맞아 지역학의 특성을 찾는 연구가 활발해진 것은 고무적인 일이다. 그런데 이러한 지역학의 연구에 있어 유의해야 할 점이 연구의 범주 설정이다. 공간적인 범주는 어떻게 볼 것이며, 역사적 관점에서는 그 대상을 어떻게 한정할 것인가 하는 문제이다. 이는 지역성과 역사성이 함께 고려된 가운데 그 범주가 정해져야 할 것이다.[1]

필자는 광주·전남 사림 문화의 범주를 광주 · 전남 지역으로 한정하고, 이 지역과의 역사적 관련 하에서 연구 대상을 삼고자 한다. 이 글은 기존의 호남 유학 내지 호남 사상에 대한 여러 연구를 기반으로 하여 조선조 사림 문화에 있어 광주·전남 사림 문화의 위상을 짚어보는 데 목적이 있다. 이를 위해 도학적 · 성리학적 · 실학적 관점에서 그 위상을 가늠해 볼 것이다. 호남 사상 내지 호남 유학에 관한 연구는 이미 상당한 수준에 이

광주 향교

르렀다고 생각된다.[2] 이를 기초로 하여 조선조 사림 문화에 있어서의 광주·전남 사림 문화의 위상이 과연 어떠한 것인가를 고찰해 보고자 한다. 안진오 교수는 호남 유학의 영역을 도학·성리학·실학으로 규정한 바 있는데,[3] 팔자도 이를 세 영역으로 나누어 검토하고자 한다. 다만 임진 왜란 및 한말의 의병 투쟁을 통해 볼 수 있는 의리적 전통은 도학의 범주 속에 포함하여 다루고자 한다.

2. 조선조 사림의 성격과 역할 – 역사적·철학적 맥락에서

광주·전남 사림 문화의 실체가 무엇이고 그것이 조선조 역사에서 어떻게 기능하였는가를 살펴보기 전에 조선조 사림의 성격과 역할에 관해 고찰해 보기로 하자. 사대부와 비슷한 의미를 갖는 용어로는 사족士族, 사류士類, 사림士林 등이 있다. 사족은 학자 관료를 배출하는 족속을 의미하는데, 신분 계층을 나타내는 광의의 양반 개념과 비슷하고, 사류는 학자 관료의 부류를 의미하며, 사림은 '사대부지림士大夫之林' 즉 학자 관료들의 무리를 의미한다. 사대부 층이 넓어져 관직에 모두 수용할 수 없게 되자, 관직이 없는 지식인 선비들이 많아지게 되어 이들을 사림이라 부르게 되었다.[4] 그런데 이 사림이란 15, 16세기 정치적 상황과 관련하여 훈구 세력에 상대되는 의미로 주로 쓰였다.[5] 즉 15, 16세기 훈구 세력의 부조리에 대항하여 중앙 정계에 진출한 신흥 정치 세력을 가리킨다고 하겠다.[6] 물론 사림이라 하면 일반적으로 글을 읽는 문인 학자의 무리를 의미하는 것 같지만, 이는 너무 넓은 개념이므로 적절치 못하다. 우리나라에서 이른바 사림이나 사류는 대체로 유자儒者 집단 즉 유림 사회에 속한 사람들을 지칭한다. 그런데 유림이라 해도 거기에는 두 종류가 있다. 협의로는 아무런 관직도 갖지 아니한 처사로서, 오로지 학문과 행실을 닦는 '선비'가 이에 해당한다. 광의로는 관직의 유무를 불문하고 항상 학계와 야(민간)를 배경으로 삼아, 학덕을 닦고 속류 이상으로 처세하려는 사람들을 말한다. 따라서 그 개념은 사림과 성격을 달리하는 일파 즉 훈구파와 대조된다 할 수 있다.[7] 아울러 사림이란 지방에 근거지를 가지고 있는 독서

유희춘의 미암일기

인군讀書人群을 일컫는 말이다. 이들은 중앙의 정계에 진출하기보다는 향촌에서 유향소나 향청을 통하여 그들의 영향력을 행사해 오던 세력이었다.[8] 이들은 현실에 참여하지 않고 자신의 지조를 지키며 학문을 닦았던 선비들이었는데, 이들이 산간에 살았으므로 산림이라 부르기도 하였다.[9]

이렇게 볼 때, 조선조에 있어 '사림'이란 용어 자체도 매우 복잡한 내용임을 알 수 있다. 다만 넓게 보면 관직의 유무를 떠나 항상 학계와 재야를 배경으로 삼아, 학덕을 닦고 세속인과는 다른 처세로 살아가는 지식인 그룹을 일컫는다. 또한 좁게 보면 그 중에서도 아무런 관직도 갖지 아니하고 오직 학문과 행실을 닦는 지식인 그룹을 말한다고 볼 수 있다. 광의든 협의든 간에 공통점은 '학문'과 '덕행'을 중시하고 이를 몸소 실천하여 세속인과는 다른

모습으로 살아가려는 부류를 의미한다.

　그런데 사림이 이렇게 학문과 덕행을 중시하는데는 유교 문화, 즉 성리학적 문화 전통과 밀접히 연관되어 있음을 간과할 수 없다. 치열한 수기修己의 과정을 거친 사람이 사라 할 수 있는데, 그 수기의 내용은 성리학을 주 전공으로 하여 그 이념을 실천하는 것이다. 물론 훈구 가문 출신의 사림도 존재하고 있었다. 따라서 사림이 되는 일차적 조건은 학문적인 것이며, 성리학에 의해 교육받고 체질화된 사람들을 말하였다.[10] 16세기에 이르면 이 사림이 대거 배출되었는데, 훈구 가문에서도 배출되는가 하면, 사림으로 출발했다가도 동료사림들에 의해 훈신으로 배척받기도 하였다. 즉 사림이 되는 기준이 혈연보다는 '학행'에 있었던 것이다.[11]

　또한 사림 내지 사림파란 역사적 배경 하에서 잉태된 산물임을 잊어서는 안된다.[12] 멀리는 이성계의 조선 건국에 대한 정몽주 · 길재 등의 의리적 실천에서 그 연원을 찾을 수 있다.[13] 그 후 세종 때에 내불당內佛堂의 건립 반대 운동이 있었고, 세조 때에는 단종 복위를 꾀하던 이른바 사육신의 운동 그리고 불사이군의 뜻을 품고 일생을 폐인으로 자처한 생육신 등이 있었다. 그후 성종의 숭유 정책에 따라 신진 사림이 관계에 진출하게 되는데, 그들은 김종직을 중심으로 한 영남 중심의 사림 일파였다. 그의 문생들이 매우 성황을 이루었는데 그 중에는 영남 출신이 많았다. 그들의 기상은 지나치게 높고 언론은 매우 성하여 세상 사람들과 같지 않았다. 또 그 문도들이 모두 조야에서 활약하여 명성이 일세에 떨쳤고 그들끼리 서로 좋아하고 기려서 저절로 한패가 되었는데, 사림의 파당적 경향이 이미 이때에 엿보였다. 그들 신진 사림파는 훈구파와의 반목, 갈등에 의하여 사화라는 참혹한 화를 빚게 된다. 연산군 때에 무오 · 갑자 사화가 있었고, 중종 때에는 기묘 사화, 명종 때에는 을사 · 정미의 사화가 있어 수많은 사림들이 참혹한 화를 입었다.[14] 이러한 역사적 사건에 있어 사림파와 훈구파와의 갈등, 대립은 사안에 따라 역사적인 요인도 있었지만 근본적으로는 가치관의 차이에서 기인하는 것이었다. 사림파의 가치 정향이 '의리' 내지 '명분'에 있었다면, 훈구파의 가치 정향은 '실리' 내지 '현실'에 있었기 때문이다. 도덕적 가치를 중시했던 사림파가 현실 정치에서 패배를 맛보고 엄청난 희생을 겪어야 했던 것은 당연한 것인지도 모른다.

　이렇게 볼 때, 사림파가 비록 학문 수수나 학문 업적과는 별도로 고려말 절의파의 의리 실천을 가능하게 한 공통의 이념적 기반, 즉 성리학에서 연원한다 하더라도, 이와 동시에 당시의 시대적 상황 속에 이미 이들 사림파가 등장할 수 있는 충분한 여건이 조성되어 있었다는 사실을 간과해서는 안 된다. 이 점에서 조선조의 특수한 역사적 배경을 배제하고 사림파의 연원을 충분히 설명하기는 어려울 것이다.[15] 따라서 사림파의 형성 배경에 있어서 성리학적 이념의 배경과 함께 조선조의 특수한 역사적 배경을 함께 고려해야 할 것이다.

그러면 이들 사림파의 특성은 무엇일까? 그것은 '의리적 실천'에 있었다고 보여진다. 사림파의 학문적 연원이 성리학의 의리 실천이라는 기준에 따라 여말의 정몽주에서 비롯된다고 보는 점은 사림파의 형성 당시부터 이미 인정되었던 것이다.[16] 그 이후 사림파의 형성 전개 과정에서 중심적 가치가 되었던 것은 '의리적 실천'이었다. 이는 여말 조선의 건국 과정, 수양 대군의 왕위 찬탈 과정, 사화 등에서 사림들의 의리적 실천은 두드러졌음을 알 수 있다. 의리적 실천은 곧 정의의 실현을 의미한다. 왕도와 패도, 군자와 소인, 천리와 인욕, 선과 악, 옳고 그름을 분명히 구별하고 정의의 편에 섰던 이들이 사림파였다. 이는 매우 수준높은 도덕 의식의 발휘요 윤리적 실천을 의미하는 것이다. 이는 유교 본래의 특성이면서 동시에 성리학의 특성이기도 하다. 이러한 '의리 실천'의 기준에 따라 한국 유학의 맥을 짚어 보는 데서 정몽주-길재-김숙자-김종직-김굉필-조광조에로의 도통론道統論이 제기되고,[17] 그후 이것은 하나의 정설로 굳어지기에 이르렀다. 이는 학문 수수의 사승師承관계에 의한 학맥이라기보다 '의리' 중심의 역사관에 입각한 도통관이다. 이와 같이 조선조 사림 문화는 무엇보다 의리적 특성 내지 윤리적 특성이 매우 강했다고 볼 수 있다. 물론 조선조 사림의 학맥이나 학풍을 이와 같이 의리적 기준 일변도로 단선적으로 이해함은 문제가 있다는 지적도 유념해야 할 점이다.[18]

이러한 조선조 사림 문화의 의리적 특성은 필연적으로 사림 자신들의 자기 관리, 자기 결신自己潔身을 중시하게 되었고, 나아가 처세에 있어서도 도덕적 수범을 하지 않을 수 없었다. 더욱이 역사적 사태에 직면해서는 정의의 편에 서는 용기를 보여줌으로써 지식인의 귀감이 되기도 했다. 이제 이러한 조선조 사림 문화가 조선조 사회에서 어떻게 기여하고 역할을 수행했는가 검토해 보기로 하자.

첫째, 도덕적 가치를 보편적인 신념 체계로 승화시키는 데 크게 기여하였다. 유교 자체가 도덕적 특성을 갖는 것임은 물론이다.[19] 특히 이들 사림 문화는 의리적 특성이 두드러진 데서 도덕적 가치를 보편적인 신념 체계로 만드는 데 성공했다고 볼 수 있다. 조선조 사회에 있어 가장 중요한 가치가 도덕적 가치라는 인식을 보편화하는 데 크게 기여한 것이 바로 사림 문화였다.

둘째, 유교 문화 내지 성리학적 문화를 일반화하는 데 크게 기여하였다. 조선조의 입국 이념이 유교였기도 했지만, 특히 사림 문화를 통해 성리학적 문화를 시대적 교양으로 일반화하는 데 크게 기여하였다. 조선조 사회에 있어서는 유교 문화 내지 성리학적 문화에 무식해서는 생존하기 어려웠기 때문에 사림 문화를 통해 성리학적 문화를 국민적 교양으로 끌어 올렸다. 성리학적 교양은 곧 조선조 사회에서 살아가는 데 필수 불가결한 조건이었으므로 누구나 성리학적 교양을 쌓기에 게을리하지 않았다.

셋째, 사림 문화를 통해 지식인의 모범을 볼 수 있었다. 많이 배우기만 하고 실천성이 결여되어 있거나, 지식은 많으나 도덕적 실천에 문제가 있는 경우가 흔히 있었다. 특히 성리학적 관념성과 사변성에 치우쳐 역사 의식과 실천성이 결여된 지식인들이 많아 비판의 대상이 되곤 했었다.

그런데 사림들은 이러한 문제를 뛰어 넘어 지행을 겸비하고 학행·학덕을 함께 갖춤으로써 지식인의 모범을 보여 주었다. 학문의 일상화, 개인 수기에서 사회 정의에 이르기까지의 강한 도덕성, 수기와 경세의 겸비를 통해 지식인의 모델을 제시하였다.

그러나 이러한 정기능적인 역할에도 불구하고 역기능적인 측면도 있었음을 결코 간과할 수 없다.

첫째, 지나친 도덕적 우월감으로 지식인 사회 내지 대인 관계에서의 갈등과 분열을 초래하기도 하였다. 물론 사림들 자신이 수준 높은 도덕성을 지녔다는 자긍심은 탓할 바 아니지만, 이것이 지나쳐 군자와 소인의 이분법적 틀로 인간 평가를 하여, 대립과 갈등의 요인이 되었던 것은 반성할 점이다. 엄밀히 말해 인간의 도덕적 평가는 매우 어려운 문제임을 감안하면 도덕적 우월감에 의한 타인에 대한 무시는 잘못된 일이다.

둘째, 지나친 명분주의로 인해 국가 발전에 저해 요인이 된 점도 있었다. 사림들의 지나친 명분주의는 반대로 현실 문제, 경세 문제, 민생의 문제를 소홀히 하여 국력의 약화를 초래한 면이 없지 않았다. 특히 지나치게 문약에 흘러 국방을 소홀히 하고 실리를 경시하여 국력의 약화를 가져왔던 것은 반성할 점이다.

셋째, 경직된 이념과 가치관으로 인해 문화 수용의 폭이 좁았던 점도 반성할 일이다. 사림들은 유교 문화의 전문가이고 성리학에 의해 철저히 무장된 지식인들이었으므로, 유교 중심 내지 성리학 중심의 경직된 이념에 고착되어 문화 수용의 폭이 좁았다. 이러한 경직성은 윤휴·박세당 그리고 많은 실학자들에 의해 비판되기도 했었는데, 불교, 도가는 물론 같은 유학 내에서도 양명학 등을 이단시하여 용납지 않았던 것은 비판의 여지가 있다. 이렇게 볼 때, 조선조 사림 문화의 역사적 기능과 역할에 대한 평가는 균형있는 시각에서 이루어져야 함을 새삼 인식하게 된다.

3. 광주·전남 사림 문화의 실체와 범위

광주·전남 사림 문화란 무엇이며 그 범위는 어떻게 잡을 것인가? 앞에서 말한 대로 광주·전남 사림 문화란 말은 학계에서 보편적으로 사용하는 말은 아니다.

그러면 구체적으로 광주·전남 사림 문화란 무엇인가? 문화라는 의미에서 보면 철학뿐 아니라 문학·예술·역사·민속·종교 등 타 영역도 포함되어야 할 것이다. 그러나 여기에서는 유교 문화에 국한하여 다루고자 한다.

또한 전남 지역권과의 생장 연고生長緣故, 학연 관계, 학문적 활동을 중심으로 연구 대상의 범주를 한정하고자 한다. 이러한 한정과 제약으로 광주·전남 사림 문화의 실체를 말한다 해도 결코 쉽지 않은 문제이다. 여기에서는 주로 도학적 측면, 성리학적 측면, 실학적 측면에서 현저한 족적을 남겼던 사림들을 중심으로 다루고자 한다. 그렇지만 이 글의 목적이 광주·전남 사림 문화의 위상을 가늠해 보는 데 있으므로 여기에서는 광주·전남 사림 문화의 내용에 대해서는 간략히 소개하는 정도에 그치려 한다. 호남 유학의 계보와, 흐름 그리고 그 내용에 관해서는 기존 연구의 성과가 괄목할 만하다.[20]

호남 사림은 중종 대에 본격적으로 성립되지만, 학파의 분기는 명종 대에 이루어졌다고 볼 수 있다.[21] 그런데 이들 서경덕 계열들은 기축 옥사己丑獄事에 연루되어 중앙과 향촌 양쪽에서 서서히 세력을 잃어가고, 송순, 정철 계열은 사상적 경향 문제로 인해 중앙에서 주도권을 잃고 재지적在地的 기반 위에서 독자적인 학파로 형성시키지 못하면서 경기, 충청도의 율곡 학파에 개별적으로 흡수되었다.[22] 이들은 대체로 조선 초기 정치적 변동 속에서 절의를 고집했거나 정쟁에 연루됨으로써 받았던 정치적 박해를 피해, 전라도로 이주해 온 사대부 가문의 후예들로 연산군 대에 서서히 등장하여 중종 반정 이후 본격적으로 흥기하였다고 볼 수 있다.[23] 그 후 16세기에는 나름대로 재지적 기반을 가지고 다양한 학파를 이루며 활발하게 활동하였으며, 선조 초년에는 중앙 정계에서 주도적 역할을 하기도 하였다.[24]

그런데 이를 유학 내용 상으로 그 흐름을 살펴보면 도학·성리학·실학으로 나누어 볼 수 있다.[25] 다만 의병 투쟁의 측면을 도학 속에 포함시켜 볼 것인가 별개로 볼 것인가 하는 문제인데, 의병 투쟁이 곧 의리적 실천의 한 유형이라고 본다면 도학 속에 포함시켜 보아도 좋을 것이다.[26]

광주·전남 사림 문화는 대체로 15세기 도학의 흐름과 함께 자리잡게 되었다고 볼 수 있다. 그런데 그 계기가 된 사건이 담양 부사 박상, 순창 군수 김정, 무안 현감 유옥이 올린 「신비 복위 疏愼妃復位疏」였다. 이는 당시 많은 파문을 불러 일으켰고, 박상은 남평으로, 김정은 보은으로 유배되게 되었다. 박상은 큰 형인 박정에게서 배웠는데, 박정은 김종직과 교류하였다. 박상의 문인으로는 임억령·정만종·송순이 있고, 박순은 그의 조카이다. 특히 그는 김인후, 기준과도 교유함으로써 후일 호남 유학 형성에 많은 영향을 미쳤다.

또한 광주·전남 사림 문화에 있어 도학적 맥은 최부-유계린-유성춘으로 이어져 왔다. 최부는 김종직의 문인으로 해남에 살면서 윤효정·임우리·유계린 등에게 학문을 가르쳤다. 유계린의 문하에서는 유성춘·유희춘 형제가 배출되었다.

또한 최산두-김인후 계열도 도학에 있어 중요한 갈래이다. 김굉필은 순천 유배 생활 5년 동안 최산두, 유계린, 최충성 등 많은 제자를 배출하였는데, 김인후는 최산두에게서 배웠다. 김인후의 문하에는 정철·최경창·기효간·변성온·양자징 등이 있었다. 그밖에 기대승의 계부인 기준은 조광조의 문인으로 온성에서 유배되어 사사되었고, 그후 기씨 일가가 광주로 낙향하였다. 송흠은 장성 출신으로 연산 시대에 낙향하여 도학적 기풍으로 존경 받았고 양팽손·송순 등을 길러냈다. 그 밖에도 고경명의 조부였던 고운·조광조와 함께 지치至治실현에 앞장섰던 안처순·박소 등이 도학 선상에서 주목할 만한 인물들이다.

의병의 형태로 의리 실천에 나섰던 이들로는 임진왜란 때 김천일·고경명·고종후·고인후 3부자·임계영·박광전·최경회·김경수·변사정·양대박·심우신·민여운·임희진·강희열·김덕홍·김덕령 형제, 양산도·이종인, 황진·장윤 등이 있었고, 한말의 기우만·기삼연·전기홍·

조광조 적려 유허비

최제학·안규홍 등이 있었다. 그밖에도 전봉준의 동학 농민 운동이나 일제 하의 광주 학생 독립 운동 그리고 가까이는 광주 민주화 운동에 이르기까지 호남에서의 의리적 실천 운동은 연면히 이어져 왔다.

그런데 이러한 호남 사림의 의리 정신은 호남의 특수한 역사적 배경과도 무관치 않다는 점이다. 즉 정치적 격변기에 절의와 의리를 지키다가 정권에서 소외된 지식인들이 멀리 호남 지역으로 낙남한 경우가 많았다는 사실이다.[27]

다음은 성리학적 흐름의 맥을 짚어 보기로 하자. 성리학적 측면에서는 16세기의 김인후·박순·기대승·강항, 18·9세기의 이기경·기정진 등이 있어 광주·전남 사림 문화의 일익을 담당했다.

기대승은 1559년부터 1566년까지 퇴계와 사칠이기四七理氣 논변을 벌인 바 있는데, 이를 통해 자신의 학문적 깊이를 더했을 뿐 아니라 퇴계의 성리학 발전에도 하나의 계기를 마련해 주었다. 그는 이 세계 일체 존재는 이理와 기氣로 되어 있는데 그것은 서로 불가분의 관계에 있다 한다. 즉 기 없는 이의 세계나 이 없는 기의 세계를 부정함으로써 이기불상리理氣不相離의 관점을 철저히 고수하고 있다.[28] 그것은 그가 사칠론에서 퇴계처럼 사단칠정을 상대적으로 대거對擧해 보지 않고, 인간의 정은 칠정 하나뿐이고 사단은 그 가운데 선정善情에 불과하다고 보는 데서 잘 나타난다.[29]

기정진은 화담과 율곡의 주기적 경향을 비판하고[30] 이함만수설理涵萬殊

說을 주장하여 유리론唯理論의 성리학을 정립하였다.[31] 그는 기를 이 가운데에 포함하고 또 분수分殊를 이일理一에 융섭融攝함으로써 이일원론을 전개했다. 그의 이는 이분수의 이가 아니라 이일의 이를 의미하는데, 그것은 일과 분수의 통일체로서 기까지도 포괄하였다. 따라서 가능한 한, 기 대신에 분자分字를 써서 표현했다. 이일만을 보아도 그 가운데 이미 분이 포함되어 있고, 분수만 보아도 그 속에 이일이 자재되어 있다고 보는 것이다. 즉 본체와 현상, 이일과 분수 사이에 그 어떤 단절도 용납하지 않는 데 그의 참뜻이 있다.

끝으로 실학적 흐름을 짚어 보기로 하자. 호남 지역을 기반으로 한 실학의 흐름은 17세기 경세 치용 실학을 대표했던 유형원을 중심으로 위백규·황윤석·신경준·정약용·하백원·이기·이정직 등이 있었는데, 여기에서는 광주·전남 사림 문화라는 범주에서 유형원·황윤석·이기·이정직은 제외키로 한다.

위백규는 성리학자이면서도 학문이 박학하고 경세치용의 학문에 밝았다는 점에서 실학군에 포함시켜 볼 수 있다. 그는 윤봉구의 문인으로 전남 장흥에서 태어났다. 그는 학문이란 마음으로써만 하는 것은 무용하다는 생각으로 천문·지리·율력律曆·병서·산수의 학문에 정통하고 타 백공기예百工技藝의 실학에 관해서도 힘 썼다. 따라서 그는 성리학적 이기론에 치우치지 않고 경전의 암송보다 실제 생활의 편익을 더욱 중시하였다.[32]

신경준은 순창에서 태어나 성리학·제자백가·천문·지리·성음聲音·율여律呂·의학·복서卜筮·어문학·산학算學·역학曆學, 기타 해외로부터 유입되는 과학까지 널리 탐색 고증하되 한번 보고 들은 것은 잊지 않았다.[33] 특히 지리학과 언어학의 연구로 국학 연구에 큰 업적을 남겼다. 그는 18세기 중엽 실용과 실사구시의 학풍에 영향을 받은 데다 수리적인 두뇌와 박학한 지식으로 평생을 연구와 저술에 몰두하여 많은 성과를 올렸다. 그는 모든 학문을 철저히 이해하고 그 위에 새로운 주관을 확립하고자 하였다.[34]

정약용은 한국 실학을 집대성한 철학자로서 경기도 광주에서 태어났으나 '황사영 백서 사건'으로 투옥되었다가 전남 강진에 유배되어 18년간 유배 생활을 하게됨으로써 호남과 인연을 맺게 되었다. 그는 종으로는 반계磻溪와 성호星湖의 학통을 잇고, 횡으로는 북학 및 서학을 섭취하여 실학 사상을 집대성한 위치에 있다. 그는 자신의 학문 체계를 "육경사서六

經四書로서 몸을 닦고 일표이서一表二書로서 천하 국가를 위하여 본말을 갖춘 바"라 하였다.[60] 이처럼 그의 학문은 수기학修己學으로서의 육경사서(經典學)와 치인학治人學으로서의 일표이서(經世學)가 중심이 되었다. 이러한 이유에서 다산학을 '수사학적洙泗學的 수기치인의 실학'이라고도 한다.[35] 다산학은 경학이라 할 만큼 그는 유가 경전에 대한 깊은 연구를 통해 당시 정程·주朱의 경전 해석과 구별되는 창의성을 발휘하고 있다. 그런데 그 근본 정신은 바로 수사의 원류로 돌아가야 한다는 입장에서 정·주의 경전 해석이 도리어 근본에서 변절되었다는 시각이었다.

그의 실학 사상은 참으로 광범하여 경학뿐 아니라 정치·경제·군사·법률·문학·역사 등 광범한 분야에 걸쳐 5백여 권의 방대한 저술을 남겼다.

이렇게 볼 때, 다산의 실학 사상은 일면 반계, 성호 계통의 경세치용의 전통을 수용하면서, 또한 북학파의 이용후생의 정신을 받아들일 뿐 아니라, 특히 자주적 입장에서 유가 경전에 대한 창의적 해석 작업을 수행함으로써 실학을 집대성했던 것이다.

죽수서원

규남 하백원圭南 河百源(1781-1844)은 신경준·위백규·황윤석과 함께 호남실학의 4대가로 일컬어진다.[37] 그의 학문은 의리학은 물론 천문·지리, ·율력, 산수, 자승차自升車(양수기), 서화·도장圖章 등 광범한 분야를 망라하고 있으며, 특히 자승거를 발명하고 동국 지도를 제작하는 등 실학적 흔적을 많이 남겼다. 그는 약관의 나이에 송환기의 문하에서 주자학을 배웠고, 7대조 하윤구로부터 증조인 하영청에 걸쳐 형성된 실학적 가학을 이어 받았다. 하윤구는 당시 북경에 사신으로 가서 자명종·천리경·만국전도 등을 얻어 온 정두원鄭斗源과 친교가 두터웠고, 하영청은 신경준·황윤석·홍대용·나경적 등 당대 실학자들과 교유가 깊었다.[38] 하백원은 성리학과 실학을 겸했다는 점에서 특이할 뿐 아니라, 사상의 내용 면에서 명분 위주의 성리학적인 것과 실질 위주의 실학적인 것을 함께 지니는 포괄적인 성격을 갖는다.[39]

4. 광주·전남 사림 문화의 위상

1) 도학적(의리적) 위상

광주·전남 사림 문화가 조선조 사림 문화에 있어 어떻게 영향을 미쳤으며 그 위상은 어떠한 것인지를 검토해 보기로 하자. 먼저 광주·전남 사림 문화의 도학적 위상을 가늠해 보기로 하자.

본래 도학파들은 유학의 정통적 정신에 투철하고, 공과 사, 정의와 불의를 엄격하게 분별하였으며, 그들의 정신은 옳은 것을 위하여 생사를 넘어설 수 있는 우국애민의 의리 사상으로 전개되었다.[40] 도학파들은 사회 정의에 예민하고 비판 정신이 강렬하였으며, 세조의 왕위 찬탈에 항거하였던 사육신, 생육신 등의 절의파와도 기맥氣脈을 함께 하는 바 있었다.[41] 조선조의 도학파는 고려가 멸망하고 조선이 건국할 당시에도 참여하지 않았으며, 다시 세조 이후 이루어진 훈구 특권층에 대하여서도 비판적이었음을 알 수 있고, 사화와 희생으로 점철된 도학파의 의리 정신 속에서 한국 유학의 특징을 발견하게 된다. 이들 도학파의 의리 정신은 조선조에 와서 비로소 발생한 것이라기보다 한국 민족사를 통하여 맥맥히 흘러온 민족 정기의 발로라 할 수 있다.[42] 이처럼 도학 정치를 표방한 조선조에 있어서는 의리론이 정치 주체의 가치 규범으로 강화되어 이른바 '선비 정신'의 중추를 이루게 되었으며, 정치 주체들이 견지하는 의리론적 입장은 현실 정치의 실제적 국면을 좌우하는 중요한 준거가 되었다.[43]

이에 따라 사림 계통의 학자들은 한국 성리학의 연원을 학문 수수의 사실 여부나 학문 업적보다도 사대부의 의리 정신을 기준으로 파악하였다.[44] 고봉에 의하면 우리나라의 학문은 여말의 우탁·정몽주 이후에야 비로소 성리위기性理爲己의 학을 알았고, 세종 대에 이르러 예악 문물이 환연히 새로워지고 이름난 학자가 계속 나와서 비로소 밝아졌다고 한다. 이로써 우리나라의 학문이 서로 전해진 차례를 말하면 정몽주가 우리나라 이학理學의 비조가 되는데, 길재가 정몽주에게 배웠고, 김숙자가 길재에게 배웠고, 김종직이 김숙자에게 배웠고, 김굉필이 김종직에게 배웠고, 조광조가 김굉필에게 배워 그 연원의 정통을 계승하여 그 밝고 진실된 실질을 얻어 울연히 더욱 성대해졌다고 한다.[45] 이와 같이 고봉은 성리학의 학통을 정몽주-길재-김숙자-김종직-김굉필-조광조로 보고 있는데, 이는 퇴계·율곡을 비롯한 조선조 사림들의 보편적인 도통관이었다. 물론 이처럼 '의리'를 기준으로 한 사림의 도통관은 문제가 없지 않지만,[46] 주자 중심, 의리 중심의 도통관이 성리학에서 도덕적 실천을 강조하는 도학적 성격의 강화와 함께 나타나는 이 시기의 특징이라는 점이다. 다시 말하면 조선조 사림 문화에 있어 가장 중요한 척도가 '의리' 즉 도덕적 가치였다는 점이다. 이러한 조선조 사림 문화의 풍토 속에서 광주·전남 사림 문화의 도학적 위상은 어떠했는가?

연산군 중종 때의 호남 사림들은 재지적 기반을 바탕으로 경기·충청 지방의 사림들과 동등한 입장에서 활동을 하였으며, 학문적으로도 김굉필·조광조의 도학 정치 사상, 지치주의 유학과 크게 차별성이 없었다. 이는 1512년(중종 7) 소세양이 단종의 모후인 현덕 왕후의 능인 소릉의 복위를 주장한 것이나, 1515년 박상 등의 「신비 복위 소愼妃復位疏」 사건에서 잘 나타난다고 볼 수 있다.[47] 이 두 사건은 15세기 도학 시대를 여는 데 있어 매우 중요한 의미를 갖는다. 중종 반정에서 신수근이 박원종·성희안·유순정 등 반정 세력에 의해 제거된 후 신수근의 딸인 왕비 신씨가 1506년(연산 12, 중종 원년)에 폐출되자 그 부당함을 알면서도 어느 누구도 감히 입을 열지 못하는 상황이었다. 이때 호남의 미관말직에 있던 박상·김정·유옥이 반정 공신 박원종·성희안·유순정 등의 처벌을 주장하고 억울하게 폐위된 신씨를 복위시킬 것을 왕에게 상소한 것은 실로 용기있는 행동이었다. 이 상소야말로 조선조 의리 정신을 확립하는 기초를 쌓고 의리 정신을 형성하는 하나의 길잡이가 되었다. 이것은 결국 기묘 사화를 초래하게 되었고, 기묘 사화를 거치면서 사림들의 행위가 정당하였다는 신념이 고조되었으니, 조선조 문치를 이룩하는 정신적 밑바탕이 되었다.[48] 아울러 15세기 도학의 흐름에 있어 호남이 상당한 정도의 역할을 해 왔음을 역사적으로도 이해할 수 있다. 박상은 큰 형 박정에게서 학문을 배웠는데, 박정은 김종직과 교류하였으며, 최부崔溥는 김종직의 문인으로 그 문하에서 윤효정·임우리·유계린을 배출하고, 유계린 문하에서 유성춘·유희춘 형제가 배출되었다.

또한 순천 유배 생활 5년 동안 김굉필은 최산두·유계린·최충성 등을 배출하였고, 기묘 명현 최산두 문하에서 김인후를 배출하였다. 아울러 기묘 명현 기준은 사후 그 일족이 광주로 낙향하여 기대승을 통해 광주·전남 사림 문화의 중추적 역할을 하였다. 도학적 기풍으로 존경받았던 송흠은 그 문하에서 양팽손·송순 등을 배출하였다.

이렇게 볼 때, 15세기 도학 시대의 중심축이었던 김종직·김굉필·조광조의 학풍과 기풍이 직접, 간접으로 영향을 미쳐 15세기 도학 시대의 큰 흐름을 선도했던 것이 광주·전남 사림 문화였다고 평가할 수 있다. 이러한 도학적 기풍은 대내적으로는 부정과 불의에 대한 강렬한 비판과 저항으로 나타났고, 대외적으로는 침략에 맞서 국가를 지키려는 자주 의식으로 표출되었으니 이것이 곧 의병 투쟁이다.

광주·전남 사림 문화는 15세기 도학의 의리 정신을 계승하여 16세기말 임진왜란을 맞아 외적에 대한 의병 투쟁으로 나타났고, 한말에 있어서도 의병 투쟁 내지 독립 운동으로 나타났다. 고경명 삼부자를 비롯하여 양대박·김덕령 형제·김천일·임계영·최경회·황진·장윤·이종인·양산도 등은 임진 왜란 때 의병 투쟁에 앞장섰던 호남인이며, 기우만·기삼연·전기홍·최제학·안규홍 등은 한말 격동기에 의병 활동에 앞장섰던 호남인이다.

이렇게 볼 때, 15세기의 도학 정신은 임란과 한말의 위기를 맞아 의병 투쟁으로 이어졌음을 알 수 있다. 전자가 대내적 모순에 대한 의리 정신의 발로였다면, 후자는 대외적 모순에 대한 자주 정신의 발로였다고 볼 수 있다. 요컨대 광주·전남 사림 문화는 도학적 측면에서, 그리고 의리적 실천의 측면에서 조선조 사림 문화의 형성과 전개에 중요한 역할을 수행하였으며, 그 위치 또한 중요한 위상에 있음을 알 수 있다. '올바름'을 추구하고 '정의'를 실천하려는 광주·전남 사림 문화의 도학 정신은 이후 동학 농민 운동, 광주 학생 항일 운동, 광주 민주화 운동으로 계승되었다고 볼 수 있다. 따라서 이제까지 도학적 흐름을 주로 영남 중심으로 보아왔던 시각에 변화가 있어야 하겠으며, 그 만큼 조선조 사림 문화에 있어 광주·전남 사림 문화의 위상도 제고되어야 할 것이다.

2) 성리학적 위상

다음은 광주·전남 사림 문화가 조선조 사림 문화에 있어 성리학적 관점에서 어떤 역할을 하였고, 또 그 위상은 어떠한 것이었는가를 고찰해 보기로 하자.

김인후는 문묘에 배향된 18현의 하나로 16세기 조선조 성리학에 있어 중요한 위치에 있었다. 그는 성리 이론에도 밝았지만 도학적 측면에서 당대에 명망이 높았다. 그의 성리 이론에 관한 저술은 극히 적어 체계적인 면모를 볼 수 없음은 아쉬운 점이다.

　박순의 성리학적 식견을 알 수 있는 자료는 매우 제한적이다. 『사암집思菴集』에 실려 있는 율곡에게 보낸 극히 짧은 세 편의 글과 율곡의 글을 통해 짐작할 뿐이다. 따라서 체계적인 면모는 알기 어렵고 다만 그의 존재관의 일면을 짐작할 수 있다. 1575년경 그의 나이 52세 때 율곡과 극본궁원極本窮源에 관해 논의를 한 바 있는데, 박순은 화담의 기학적 관점에 서 있었기 때문에 율곡과 이견을 보이고 있었다. 그는 경전에 논한 바 음양은 모두 천지가 이미 생한 것으로부터 말한 것이지 일찍이 천지보다 먼저 미친 것은 아니라 한다. 그리고 장횡거張橫渠가 논한 바 청허일대淸虛一大는 이것이 궁극적 근원의 문제를 과거의 성현들이 미처 발하지 못한 바라 하고, 서경덕 또한 장횡거가 아직 다 말하지 못한 것을 미루어 언론을 다했으니 지극히 고명하다 할 만하다 하였다.[49] 이처럼 그는 장횡거, 서경덕의 기론적 세계관에 동의하고 이를 높이 평가하고 있다. 이렇게 볼 때, 박순은 전통 성리학의 이기이원적理氣二元的 세계관에서 다소 벗어나 기 중심의 존재 이해를 하고 있음을 알 수 있다. 이는 전통적으로 주리론이 일반화되어 있던 풍토에서 새로운 세계관으로 주목할 만하였다.

　기대승은 퇴계와의 성리 논변을 통해 자신의 학설을 더욱 이론적으로 무장하였다. 자신의 학문적 깊이를 더했을 뿐 아니라 퇴계의 성리학 형성에도 하나의 계기를 마련해 주었다.[50] 고봉이 우주론이나 인성론에 있어서 '있는 그대로'를 온전하게 보려는 태도, 즉 '이기불상리'의 세계관은 이후 율곡의 성리학에 영향을 주었다.[51] 특히 심성론의 측면에서 칠정 속에 사단을 포함시켜 보는 '칠포사七包四'의 논리는 율곡의 사칠론과 다르지 않다는 점에서 그 영향을 짐작할 수 있다. 이는 율곡이 퇴계·고봉의 사칠논변에 대한 평가에서 "왕복된 만여 마디 말이 마침내 서로 합하지 못하였으니, 나로 말하면 명언明彦의 이론이 나의 뜻과 꼭 맞는다"[52]고 한 데서도

화순 학포당

알 수 있다. 기대승의 사단칠정론은 그의 관심이 현실을 떠난 이상 세계나 사실을 떠난 관념적 세계, 그리고 심성에 있어서도 관념적이고 추상적이며 이상적인 심성이 아니라 현실적 인간을 중심으로 전개되고 있음을 알 수 있다. 이러한 기대승의 입장은 퇴계와 갈등할 여지가 있었으며, 반대로 율곡에게는 많은 영향을 미쳤다.[53]

이러한 고봉과 퇴계의 사단칠정론은 이후 한국 성리학의 전개에 있어서 매우 중요한 역할을 했다고 볼 수 있다. 한국 성리학의 특징이 곧 사단칠정에 대한 깊이 있는 연구라 할 때, 그 연구의 단서를 본격적으로 전개한 이가 바로 고봉과 퇴계라 볼 수 있기 때문이다.

고봉의 인간 이해는 유가의 전통적인 범주에서 벗어나지 않지만, 유학에 대한 주지적 편견이나 도덕적 편견으로부터 벗어날 수 있는 가능성을 주었다는 점에서 그 의미가 크다. 고봉은 인간의 본질을 덕성만도 아니요 지성만도 아니라고 보았다. 또 감성이나 자연 본능적 욕구만이 인간의 본질이라고 보지도 않았다. 진정한 의미에서의 인간 본질은 지성·덕성·감성·의지·욕구 등 일체를 포괄한 전인적 의미로서 인간을 이해하였다. 그것이 그의 성리학에 잘 반영되어 있다. 천지지성보다는 기질지성, 사단보다는 칠정을 현실적인 인간의 본질로 간주하는 그의 심성론은 분명히 전인적인 인간관에 근사하다. 이기론적으로는 이만의 본질이 아니라 기까지도 포함한 인간 본질을 전제함으로써, 지나치게 사변화되고 관념화되고 이상화되어 버린 인간 이해에서 벗어날 수 있는 가능성을 열어 주었다. 그것은 심의 이해에서도 잘 나타나 있다. 고봉에서의 심은 '합리기合理氣'의 구조이며 가변적인 활물活物로 간주된다. 그리고 그것은 지성·덕성·감성·의지 일체를 포괄한 전인적, 총체적 인간 정신이다. 따라서 고봉의 칠정이나 기질지성, 그리고 심은 이기를 겸한 것이고 선악의 두 가지 가능성을 갖는 것이므로 늘 불안하고 경계하지 않으면 안 된다. 즉 덕성이나 지성의 측면에서 보면 그것은 맑고 밝고 참되고 선한 것이지만, 감성이나 욕구의 측면에서 보면 흐리고 어둡고 거짓되고 악할 가능성이 있다. 반드시 경계하고 성찰하고 공구恐懼하지 않을 수 없다. 문제는 이 두 가능성이 항상 마주 서 있다는 점이다. 천리天理와 인욕人欲이 마주 서 있듯이 이 양자의 끊임없는 갈등과 대립의 장이 바로 우리 인간 삶의 현 주소이다. 물론 고봉에 있어서도 칠정보다는 사단, 기질지성보다는 천지지성이 인간이 추구해야 할 이상이요 돌아가야 할 고향임을 잊지 않는다.

그렇지만 고봉은 성인의 세계를 꿈 속에서만 그릴 것이 아니라 보통 사람의 상식적인 세계에서 그 가능성을 모색한다. 추상적이고 이상적인 접근이 아니라 보다 현실적이고 경험적인 입장에서 인간을 이해하고자 하는 것이다. 이러한 균형 잡힌 인간관은 유가 본래의 '인仁'의 정신에 부합하는 것이다.[54] 이러한 인간관은 퇴계와는 달리 율곡과 근사한 것으로 율곡 철학에의 영향을 짐작할 수 있다. 이성과 감성이 조화되고, 지성과 야성을 아울러 갖춘 인간상이 곧 바람직한 인간상이라 할 때, 고봉의 전인적 인간관이 갖는 의미는 매우 크다 할 것이다.

또한 기정진은 서경덕, 이황·이이·임성주·이진상과 더불어 조선 성리학의 6대가의 한 사람으로 일컬을 만큼[55] 특성을 지닌 성리학자였다. 한국 성리학의 역사에서 볼 때 16세기에 이언적·이황 중심의 주리 철학과 서경덕 중심의 기철학이 전개되다가, 이를 종합하고 조화해 보려는 관점이 기대승·이이를 통해 드러났다고 볼 수 있다. 이것이 다시 17세기 이후 기호·영남의 학술적 논쟁과 더불어 이를 중시한다든가 기를 중시한다든가 또는 이기 절충적 입장을 견지한다든가 하는 다양한 흐름을 보여 왔는데, 퇴계류의 주리론이 극단화되어 나타난 것이 기정진의 성리학이라 할 수 있다. 그는 당시의 성리 논쟁을 이일원理一元의 틀 속에 용해시켜 나름대로 극복하고자 이일분수理一分殊 내지 이함만수理涵萬殊의 논리를

빙월당

창출하였다. 이는 전통적인 이기 이원론과는 다른 것으로,[56] 이기를 독립된 실체 개념으로 보지 않고 기를 이 속에 포함시켜 본 것이다. 그는 이의 절대성을 말하면서 기를 이의 종속 개념으로 이해하였다. 기의 같지 아니함은 이가 그렇게 시킨 것이니 천하에 어찌 이밖에 기가 있겠느냐고 하여,[57] 이기일체의 이일원론을 전개하였다. 기정진에 있어 기는 이와 똑같은 실체 개념이라기보다 "이가 유행하는 손과 발"로서 이에 종속되고 부속된 것으로 격하

되고 있다. 그의 이러한 유리론唯理論은 이의 발용과 주재력을 강조하는 데서 더욱 뚜렷해 진다. 그는 서경덕과 이이가 기의 발용을 "기틀이 스스로 그러한 것이지 이를 시키는 것이 따로 있는 것은 아니다"라고 한다든지, "저절로 능히 그렇다"라고 하여, 기의 고유한 기능과 특성으로 규정한 데 대해 비판하였다. 즉 기가 이에 순종하여 발하는 것은 기발氣發이 곧 이발理發이요, 이에 좇아서 행하는 것은 기행氣行이 곧 이행理行이라고 한다. 기의 발과 행은 진실로 이의 명령을 받는 것이니, 명령하는 것은 주인이요 명령을 받는 것은 종이라 하였다.[58] 이처럼 기의 발과 행을 말하면서도 그 발과 행의 운동인을 이에 둠으로써 이존기비理尊氣卑를 철저히 하였다. 아울러 그는 기를 이 가운데 포섭하고 또 분수를 이일에 융섭함으로써 이일원론을 전개하였다. 즉 전체로서 이일만을 보아도 그 가운데 이미 분이 포함되어 있고, 분수만 보아도 그 속에 이일이 자재되어 있다고 보았다. 즉 본체와 현상, 이일과 분수 사이에 그 어떤 단절도 용납하지 않은 데 그의 참뜻이 있다. 이처럼 그는 다른 주리론자들과는 달리 이기불상리의 원칙을 중심으로 이기 관계를 정립하였다. 대체로 다른 주리론자들은 이의 절대적 근원성을 확보하기 위해 이기불상리理氣不相離보다는 이기불상잡에 충실하여 기와 대비되는 이를 강조하는 주리적 특성을 드러낸다. 그러나 기정진은 이기불상리의 원칙에 더 충실하여 기를 '이중사理中事'로 포섭시키는 논리적 관계를 정립하고, 이와 기는 현상 속에서 함께 존재하지만 명령을 내리는 자와 명령을 받는 자의 관계에 있다고 보았다.[59] 이와같이 그는 당시 주기론적 사유에 대해 이의 가치적 우위성과 기에 대한 이의 주재성을 극대화시켜 주리적 사고를 극단화했던 것이다.

이러한 기정진의 성리학은 중국에서조차 찾기 힘든 창의적인 철학으로 높이 평가되며, 한국 성리학의 다양성과 창의성을 발휘하였다는 점에서 의미가 크다. 더욱이 영남 유학이 퇴계 이후 주리적 특성을 더욱 강화해 나가 이진상·곽종석으로 이어져 전개되었다면, 기호 유학에서는 이항로와 기정진이 대표적인 주리론자로 자리매김될 수 있다. 이들 주리론자들의 특성이 그렇듯이 기정진도 19세기의 민족적 위기 앞에서 투철한 우환 의식을 갖고 「임술의책壬戌擬策」, 「병인 소丙寅疏」를 올려 삼정의 개혁과 위정 척사, 내수 외양론內修外攘論을 주장하였다. 이러한 현실에 대한 적극적인 태도는 그의 주리론적 가치관이 반영된 것으로 인간의 존엄, 정의 확립, 의리의 실현이라는 의미를 갖는다.[60]

이렇게 볼 때, 광주·전남 사림 문화권의 고유한 성리학적 특성을 단적으로 설명하기는 곤란하다.[61] 다만 광주·전남 사림 문화의 성리학적 맥락에서 대표될 수 있는 박순·김인후·기대승·기정진이 나름대로 조선조 성리학에서 중요한 위치에 있음을 알 수 있다. 김인후는 문묘에 배향된 18현의 한 사람으로 도학과 성리학의 양면에서 16세기를 대표하는 위치에 있었다. 기대승은 전통 성리학을 충실히 계승하는 입장에서 이기이원의 세계관을 기초로 이기불상리와 이기불상잡을 아울러 보고 있다. 박순은 기 중심의 세계관으로 치우쳐 있고, 기정진은 이 중심의 세계관으로 치우쳐 있음을 알 수 있다. 결국 각기 다양한 시각에서 철학하고 있으면서도 기대승·기정진의 성리학적 위상은 매우 높게 평가될 수 있음을 알 수 있다.

3) 실학적 위상

호남은 실학에 있어서도 매우 중요한 위치에 있다고 볼 수 있다. 경세치용 실학의 비조로서 높이 평가되는 유형원, 성리학을 하면서도 실학적 학풍을 지녔던 위백규·황윤석·신경준·하백원, 한국 실학을 집대성했다고 평가되는 정약용, 한말의 대표적인 실학자였던 이기·이정직 등이 있었다. 그러나 여기에서는 광주·전남 사림 문화라는 측면에서 위백규·신경준·정약용·하백원을 중심으로 실학적 위상을 가늠해 보고자 한다.

신경준은 문자학과 지리학에 깊은 관심을 가졌던 실학자로서,[62] 호남 실학의 중요한 위치에 있다. 임란 이후 피폐한 조국의 현실을 냉철히 비판한 반계의 경세치용 실학은 이후 두 줄기로 나뉘어 전개되었다. 하나는 성호를 거쳐 근기 지방 실학파를 형성하였고, 또 한 줄기는 신경준을 거쳐 호남파 실학을 형성하였다.[63] 그의 문자학과 지리학에 대한 관심과 연구는 우리 것에 대한 관심이요 국학에 대한 뜨거운 애정이라는 점에서 실학풍의 공통적 기반이 된다.

또한 위백규는 홍직필이 "호남의 학문이 하서·고봉을 거쳐 손재·목산·공公에 이르고 있다"[64]고 할 만큼 광주·전남 사림 문화의 중요한 비중을 차지한다. 그는 율곡을 존경하고 흠모하여 율곡의 『성학집요聖學輯要』와 『만언봉사萬言封事』를 본받아 『만언봉사류萬言封事類』를 올렸다. 이는 실학자 일반에서 보듯이 우환 의식의 산물로서 당시의 시폐를 개혁하려는 의지의 산물이었다. 그는 경세·지리·역사·예·국어국문학 등 다양하고 박학한 저술을 많이 남겼다. 그의 명저 『환영지』는 한국인 최초의 세계 지리학에 관한 저술로서 당시 우물안 개구리 같았던 편협한 선비들에게 세계관에 대한 활로 모색이었다는 점에서 중요한 의미가 있다.[65]

정약용은 강진 유배 이후 18년 간 호남과 인연을 맺으며 이곳에서 실학 연구의 생애를 보냈다. 그는 종으로는 반계·성호를 이어받고, 횡으로는 선진 유학·성리학·북학·서학·양명학·고증학 등을 섭취하여 한국 실학을 집대성하는 위치에 있다.[66] 그는 수기의 학으로서 육경 사서의 경학 연구에 몰두했으며, 일면 치인의 학으로서 일표 이서의 경세학을 저술하였다. 경학적 측면에서는 당시의 성리학적 경전 해석에 견해를 달리하며 수사학洙泗學의 원류로 돌아가려는 노력을 보였다. 이는 다산학의 자주적 표현이며 또 창의가 잘 나타나는 바로 높이 평가된다. 또한 실학의 내용 면에서는 경세치용을 기본으로 하면서도 북학파의 선진 문물, 기술 도입 에 적극적인 관심을 보여 개방적이고 이용후생적 일면을 보여준다. 또 경학 연구에서 볼 수 있듯이 실사구시적인 학문 태도도 엿볼 수 있다. 이렇게 볼 때, 다산의 실학은 다양한 실학의 물줄기가 모여 이루어진 실학의 큰 바다라고 볼 수 있다. 그것은 단순한 종합이 아니라 선진 유학·성리학·양명학·서학·고증학 등과의 상호 교섭 속에서 성취된 창의적인 실학이라는 점에서 더욱 큰 의미가 있다. 한국 실학을 대표한다고 볼 수 있는 다산 실학의 생장지가 바로 호남이라는 점에서 조선조 실학은 호남에서 그 결실을 맺게 되었다고 보아도 좋을 것이다.[67]

하백원은 이러한 호남 실학의 전통을 이어 가학의 영향 하에서 성리학을 하면서도 실학적 관심에 몰두하였다. 그는 몸소 과학적 지식을 활용하여 자승거(양수기)·자명종을 제작하였고, 기하학적 지식을 토대로 척도도법尺度圖法 등의 새로운 지도 제작법을 사용하여 「동국지도」를 만들기도 하였다.[68] 이는 김정호의 『대동여지도』보다도 51년이나 앞선 것이며,[69] 새로운 지도 제작법을 활용한 것으로 산하와 교통로의 표시 등이 오늘날의 지도와 거의 같을 만큼 자세히 그려져 있다.[70] 요컨대 하백원의 학풍은 성리학과 실학을 겸비하고 있음을 알 수 있고,[71] 유학 본래의 내실과 외실을 구유하고 있다는 점에서 높이 평가된다.

이렇게 볼 때, 호남 실학은 근기 실학과는 달리 호남이라는 지역적 환경에서 자생적으로 발전한 독자성을 지니고 있다는 점에서 그 특징을 발견할 수 있을 것이다.[72]

5. 주류로 평가되어야 할 광주 · 전남 사림 문화

호남 유학은 영남 유학과 기호 유학에 가리어 그 실체와 위상이 제대로 평가받지 못한 것이 사실이다. 근래 이 지역을 중심으로 한 호남학의 연구열은 매우 의미있는 작업이며, 이를 통해 괄목할만한 성과를 나타내고 있음은 다행한 일이다. 특히 호남은 그동안 부정적인 인식 속에서 소외되어 왔고, 마치 국가 발전의 장애인 양 냉대되어 온 것이 사실이다. 그것은 분명 왜곡이며 편견이었다. 오히려 호남은 의향 · 문향 · 예향으로서 높이 평가되어야 할 것이다.

이 글에서는 조선조 사림 문화의 특성이 무엇인가를 살펴보았고, 광주 · 전남 사림 문화의 실체와 함께 그것이 조선조 사림 문화 속에서 어떠한 위상을 갖는가를 검토해 보았다. 사림 문화의 특성은 첫째로 의리적 실천에 있었다. 정의와 불의를 구별하고, 선과 악을 나누고, 옳고 그름을 변별하여 항상 정의와 선, 옳은 것의 편에 서서 살아가려는 높은 도덕 의식을 발휘하였다.

둘째는 자기 관리, 자기 수양을 중시하여 도덕적 수범을 보여 주었다. 사회 정의 실현이나 치인治人은 곧 자기 수양이 전제되어야 한다는 관점에서 자기 수양을 중시하고 이를 실천함으로써 도덕적 모범이 되었다. 그런데 광주 · 전남 사림 문화의 흐름은 대체로 도학적 측면, 성리학적 측면, 실학적 측면으로 전개되었다고 볼 수 있다. 임진왜란, 한말에는 의병 투쟁이 활발하였는데, 이 또한 의리의 실천이라는 측면에서 도학의 범주 속에서 이해하였다.

그러면 광주 · 전남 사림 문화는 조선조 사림 문화 속에서 어떤 위상을 갖는 것인가? 각 영역별로 정리해 보기로 하자. 먼저 도학적 위상을 가늠해 보기로 하자. 먼저 도학적 위상을 가늠해 보면 그동안 학계의 시각은 도학하면 영남 학파가 중심이고 그 이후 근기의 조광조로 계승되어 왔다고 보았다. 근래 호남 유학의 연구를 통해 이러한 관점은 잘못된 것이며, 수정되어야 한다는 타당한 논거를 충분히 갖게 되었다. 비록 여말 선초의 도학의 출발은 영남이라 하더라도 15세기 이후에 있어 도학의 흐름에서 볼 때는 영남과 쌍벽을 이루어 전개되었다는 평가를 할 만하다. 더구나 소세양의 소능 복

고산서원 문헌

위 상소나 박상 등의 신비 복위 상소는 그것이 15세기 도학 시대를 여는 데 결정적인 계기가 되었고, 이후 조광조, 김굉필의 도학풍이 호남에서 부식되어 융성한 결실을 이루었다는 점에서 그렇다. 그리고 이러한 도학의 물줄기는 임진왜란, 한말의 민족적 위기 속에서 의병으로 분출되어 호남 의병의 위용을 유감없이 보여 주었다는 점에서도 그 논거를 찾을 수 있다.

성리학적 위상에 있어서도 그동안 학계의 연구는 영남·기호로 대별되어 온 것이 사실이다. 그러나 근래의 연구를 통해 이미 16세기 한국 성리학의 전성기에 있어 박순·김인후·기대승 등이 호남을 중심으로 상당한 수준의 성리 연구를 하고 있었음을 알 수 있다. 박순은 기 중심의 세계관을, 김인후는 성리와 도학을 겸비한 인물로, 기대승은 퇴계와의 성리 논변을 통해 각각 자기 몫을 하였다고 볼 수 있다. 특히 기대승은 당대 최고의 석학이었던 퇴계와의 성리 논변을 통해 퇴계 성리학의 발전에 계기를 마련해 주었고, 뒤이은 율곡 성리학의 선하先河가 되었다는 점에서 중요한 위치에 있다. 더구나 한국 유학사에서 보면 고봉과 퇴계의 사단칠정에 관한 논변은 중국에서조차 별로 문제시 되지 않았던 사단칠정의 문제를 본격적인 철학의 주제로 삼아 이를 이론화하여, 한국 성리학의 특성이 될 만큼 장기간의 연구 성과를 이룩했다는 점에서 중요한 의미를 갖는다.

또한 19세기의 기정진은 조선 성리학의 6대가로 일컬어졌는데, 이 중심의 성리학을 전개하여 중국에서조차 보기 힘든 창의적인 성리 이론을 창출했다는 점에서 높이 평가된다. 그러나 호남 성리학 공통의 어떠한 특성을 발견하기는 어렵다. 또 그것은 자칫 견강부회가 될 수 있다는 점에서 유의해야 한다.

끝으로 실학적 위상 또한 기호 내지 근기 실학의 범주에서 다루어와, 호남 실학의 위상이 제대로 평가되어 오지 못한 바 있다. 근래의 연구를 통해 호남 실학의 실체와 위상이 새롭게 조명되고 있음은 다행한 일이다. 호남 실학은 넓게는 유형원으로부터 위백규·황윤석·신경준·정약용·하백원·이기·이정직을 포함한다. 특히 유형원은 조선조 후기 실학의 비조로 일컬어질 만큼 중요한 위치에 있고, 정약용은 조선조 실학의 집대성이라는 위치에 있다. 이 두 사람의 위상만 해도 호남 실학은 결코 과소 평가될 수 없다. 여기에 위백규·황윤석·신경준·하백원·이기

고산서원 그림 지도

·이정직 등도 저마다 나름대로의 실학적 특성을 갖고 역할을 하였다고 볼 수 있다. 특히 다산의 실학은 종적으로는 반계·성호를 잇고, 횡적으로는 선진 유학·성리학, 북학·서학, 양명학·고증학 등을 섭취하여 한국 실학을 집대성하는 위치에 있었다. 경학적 측면에서는 성리학적 경전 해석과 견해를 달리하며 수사학의 원류에로 돌아가고자 했으니, 이는 다산학의 자주적 표현이며 창의의 소산으로 한국 철학사에서 빛나는 결실이다. 또한 실학의 내용 면에서도 북학파의 사상을 적극 수용하여 기술 개발, 개방적 통상을 통해 이용후생과 부국 강병을 추구하였다. 더구나 그의 민중관·입법론·치자론 등은 가히 혁명적일 만큼 근대적인 발상으로 높이 평가된다. 한국 실학을 대표한다고 볼 수 있는 다산 실학의 형성지가 바로 호남이라는 점에서 호남 실학의 위상은 재평가되어야 할 것이다.

이렇게 볼 때, 광주·전남 사림 문화에 있어 도학적 위상, 성리학적 위상, 실학적 위상은 모두 재평가되어야 한다고 결론할 수 있다. 그것은 잘못된 평가, 경시된 관점에 대한 올바른 교정을 의미한다. 광주·전남 사림 문화는 도학적 측면, 성리학적 측면, 실학적 측면에서 모두 주류의 하나로 자리매김되어야 할 것이다.

유학의 본령이 올바름(義)과 이로움(利)을 아울러 갖춤에 있다면, 광주·전남 사림 문화 또한 일면 의리학(도학, 성리학)과 실학을 함께 갖추고 있음을 알 수 있다. 조선조 사림 문화의 특성이 의리적 실천과 자기 수양에 있었다면, 광주·전남 사림 문화는 이 점에서 중핵적 위치에 있었다고 보여진다. 민족사의 고비마다 호남의 의리 정신은 유감없이 발휘되어 왔다. 이는 조선조 사림 문화의 계승 발전이라는 측면에서 의미가 있다. 이는 현대 사회가 지나치게 경제주의, 실용주의로 치닫는 데서 도덕적 위기, 윤리적 위기를 초래하고 있음에 비추어 의리 정신의 실천과 도덕적 자기 수양은 더욱 더 요구된다 할 것이다. 여기에 광주·전남 사림 문화의 현대적 의미가 있다. 아울러 그동안 의리적 실천에 치중했다고 평가되는 호남 정신은 광주·전남 사림 문화의 또 한 측면인 실학 정신을 발휘하여 현대 산업 사회, 과학 기술의 시대를 여는 데도 기여해야 할 것이다. 이를 통해 의리와 실리, 윤리와 경제, 도학(성리학)과 실학이 조화되는 광주·전남 사림 문화가 아름답게 개화되기를 기대한다.

황의동(철학, 충남대학교 교수)

주

1) 황의동, 호남사상의 학술사적 흐름(유학을 중심으로), 『다산학보』, 제16집, 다산학연구원, 1998, 127면.

2) 안진오, 『호남유학의 탐구』, 이회, 1996.
   오종일, 호남실학사상의 특질, 『다산학보』, 제14집, 다산학연구원, 1993.
   정병련, 호남지성의 인맥과 학맥, 『다산학보』, 제16집, 다산학연구원, 1998.
   이해준, 기묘사화와 16세기 전반의 호남학파, 『전통과 현실』, 제2호, 고봉학술원, 1992.
   이해준, 호남문화의 지역성과 기질성, 『다산학보』, 제16집, 다산학연구원, 1998.
   고영진, 『조선시대 사상사를 어떻게 볼 것인가』, 풀빛, 1999.
   홍영기, 한말 호남의병의 봉기와 그 활동, 『다산학보』, 제16집, 다산학연구원, 1998.
   황의동, 호남사상의 학술사적 흐름, 『다산학보』, 제16집, 다산학연구원, 1998.

3) 안진오, 『호남유학의 탐구』, 이회, 1996, 13면.

4) 이성무, 『한국역사의 이해』, 집문당, 1995, 89면.

5) 이종태, 도학적 실천정신의 착근, 『조선유학의 학파들』, 예문서원, 1996, 60-61면.

6) 이종태, 같은 곳.

7) 이병도, 『한국유학사』, 아세아문화사, 1987, 152면.

8) 이기백, 『한국사신론(개정판)』, 일조각, 1979, 245면.

9) 안진오, 위의 책, 19면.

10) 정옥자, 『조선 후기역사의 이해』, 일지사, 1994, 17면.

11) 같은 책, 49면.

12) 이종태, 위의 글, 65면.

13) 같은 곳

14) 이병도, 위의 책, 153-154면.

15) 이종태, 위의 글, 65면.

16) 이종태, 위의 글, 63면.

17) 『高峰集』, 論思錄

18) 정옥자, 위의 책, 50면.

19) 황의동, 『율곡학의 선구와 후예』, 예문서원, 1999, 19-20면.

20) 호남유학의 철학적 연구 성과로는 안진오(호남유학의 탐구), 오종일(호남실학사상의 특질), 황의동(호남사상의 학술사적 흐름) 등의 연구가 대표적이며, 사상사적 연구로는 이해준(기묘사화와 16세기 전반의 호남학파), 정병련(호남지성의 인맥과 학맥), 고영진(16세기 호남사림의 활동과 학문)의 연구가 대표적이다.

21) 고영진 교수는 호남 사림을 크게 서경덕 계열과 송순 계열로 구분하고, 서경덕 계열에는 박순, 노수신, 윤행, 윤의중, 박응남이 있고, 송순 계열에는 송순, 김인후, 나세찬, 기대승, 임형수, 임억령, 양산보, 양응정, 유희춘, 오겸, 박상, 이항 계열들이 이에 속한다고 하였다. 그리고 이 송순 계열은 뒤에 정철, 고경명, 김천일, 이후백, 신희남, 정암 등 서인으로 연결되었다고 하였다.(『조선시대 사상사를 어떻게 볼 것인가』, 170-173면) 또한 이해준 교수도 호남 인물의 배출이 집중된 시기가 중종, 명종대였다고 한다.(『기묘 사화와 16세기 전반의 호남 학파』, 142면)

22) 고영진, 위의 책 185면.

23) 고영진, 위의 책 189면.

24) 고영진, 위의 책 168면.

25) 안진오, 『호남유학의 탐구』, 13면.

26) 황의동, 호남사상의 학술사적 흐름, 『다산학보』, 제16집, 다산학연구원, 1998, 128면.

27) 〈高峰集〉, 四七理氣往復書, 高峰上退溪四端七情說: "夫理氣之主宰也 氣理之材料也 二者固有分矣 而其在事物也 則固混淪而不可分開."

28) 위의 책, 高峰答退溪論四端七情書, 第6節: "……然七情豈非兼理氣有善惡 而四端者豈 非七情中理也善也哉."

29) 노사의 관점에서는 율곡 철학을 主氣的이라 이해했지만, 필자의 견해는 이에 동의 할 수 없다.

30) 배종호, 『한국유학사』, 연세대출판부, 1978, 261면.
　유명종, 『조선후기성리학』, 이문출판사, 1985, 517면.

31) 안진오, 『호남유학의 탐구』, 49면.

32) 이강오, 여암 신경준의 소사문답, 『한단석교수 정년기념 논문집〉, 1993, 826면.

33) 『유교대사전』, 박영사, 1990, 831면.

34) 『與猶堂全書』, 第1條, 自撰墓誌銘: "六經四書 以之修己 一表二書 以之爲天下國家 所 以備本末也."

35) 이을호, 『다산 경학 사상 연구』, 을유문화사, 1981, 20면.

36) 안진오, 『호남유학의 탐구』, 143면.

37) 안진오, 위의 책, 157면.

38) 같은 책, 173면.

39) 유승국, 『한국의 유교』, 1980, 186면.

40) 같은 책, 198면.

41) 같은 책, 199-200면.

42) 강광식, 조선조 유교 정치 문화의 구조와 기능, 『조선조 유교 사상과 유교 정치 문 화』, 한국정신문화연구원, 1992, 22면.

43) 윤사순, 『한국유학논구』, 현암사, 1985, 50면.

44) 『高峰集』, 論思錄: "我國學問……麗末有禹倬鄭夢周 始知性理爲己之學 及我世宗朝禮 樂文物煥然一新 名儒繼作 學術始明 以東方學問相傳之次言之 則鄭夢周爲東方理學之 祖 吉再學於夢周 金叔滋學于吉再 金宗直學於叔滋 金宏弼學於宗直 而趙光祖又學於宏 弼 繼其淵源之正 得其明誠之實 蔚然尤盛矣."

45) 김홍경, 조선초기 관학파의 유학 사상, 한길사, 1996, 19면.

46) 고영진, 『조선시대 사상사를 어떻게 볼 것인가』, 풀빛, 1999, 169면.

47) 안진오, 호남 정신과 국가 발전, 『다산학보』, 제16집, 99면.

48) 『思菴集〉, 卷4, 答李叔獻書: "凡經傳所論陰陽 皆從天地之已生而言之 未嘗及天地之先 也 張子所論淸虛一大 此窮源反本 前聖所未發也 花潭又推張子之未盡言者 極言竭論 可謂極高明也."

49) 황의동, 호남 사상의 학술사적 흐름, 『다산학보』, 제16집, 137면.
　이을호, 한국 실학 자생론, 『다산학보』, 제16집, 65면.

50) 이을호, 한국실학 자생론, 『다산학보』, 제16집, 65면.

51) 『栗谷全書』, 卷14, 論心性情: "往復萬餘言 終不相合 余曰明彦之論 正合我意."

52) 황의동, 고봉의 성리학, 『호서문화연구』, 제10집, 충북대 호서문화연구소, 1992, 73면.

53) 황의동, 고봉 기대승의 인간관, 『한국 근세사상의 윤리적 재조명』, 한국국민윤리학회, 1999, 6, 18, 52-53면.

54) 현상윤, 『조선유학사』, 민중서관, 1948, 67면.

55) 황의동, 고봉 기대승의 인간관, 『한국 근세사상의 윤리적 재조명〉, 한국국민윤리학회, 1999, 6, 18, 52-53면.

56) 현상윤, 『조선유학사』, 민중서관, 1948, 67면.

57) 현상윤, 위의 책, 385면.

58) 『蘆沙集』, 卷4, 答景道: "要知理氣一體 氣之不齊 亦理之使然 天下寧有理外之氣也."

59) 같은 책, 卷12, 猥筆: "氣之順理而發者 氣發卽理發也 循理而行者 氣行卽理行也.....氣之發與行 實受命於理 命者爲主 而受命者爲僕."

60) 박학래, 리일원론에 기초한 개혁론자들, 『조선유학의 학파들』, 예문서원, 1996, 543면.

61) 황의동, 호남 사상의 학술사적 흐름, 『다산학보』, 제16집, 1998, 147면.

62) 안진오 교수는 호남 성리학의 특징을 理氣一元論으로 규정하고, 氣를 우선으로 하고자 하는 의식에서 호남인의 적극적인 기질과 행동적 철학을 낳게 되었다고 한다. 아울러 적극적인 의지는 단순한 기질에서 나타난 것이 아니라 情의 실체인 이성을 내포한 性을 발현하려는 노력이었다는 점에서, 의리적이고 본연성을 이탈하지 않는 근본정신이 그 안에 있었다고 하였다.(호남정신과 국가발전, 『다산학보』, 제16집, 100면) 그러나 이러한 견해는 일리가 있으나 박순이나 기정진에게서 보이는 것 처럼, 일률적으로 理氣一元論으로 규정하는 것은 다소 무리가 있다.

63) 강신항, 여암 신경준, 『실학논총』, 전남대 출판부, 1983, 443면.

64) 하성래, 위백규의 생애와 사상, 『실학논총』, 449면.

64) 『梅山文集』, 卷41, 存齋魏公墓誌銘.: "湖南之學 由河西高峰 至于遜齋木山公...."

65) 하성래, 위백규의 생애와 사상, 『실학논총』, 451면.

66) 황의동, 호남사상의 학술사적 흐름, 『다산학보』, 제16집, 178면.

67) 안진오, 호남정신과 국가발전, 『다산학보』, 제16집, 103면.

68) 안진오, 『호남유학의 탐구』, 170면.

69) 이현종, 『圭南文集』, 해제

70) 안진오, 위의 책, 171면.

71) 같은 책, 172면.

72) 오종일, 호남실학사상의 특질, 『다산학보』, 제14집, 다산학연구원, 1993, 28면.

제2절
기축 옥사의 시말과 그 교훈

1. 들어가는 말 – 기축 옥사己丑獄事의 사실 규명과 재평가

어떤 역사적 사건을 지칭하는 제목은 그 사건의 내용을 규정하거나 사건을 처리하는 입장을 짐작하는 데 중요한 역할을 한다. 예를 들어 동일한 건물일지라도 그 건물의 이름을 어떻게 붙이느냐에 따라서 그 건물의 용도를 파악하는 데 다양한 견해의 차이를 가져올 수 있는 것과 같다. 이 글의 제목을 '기축 옥사'라고 하였는데, 이에 대해서는 옛날부터 많은 논란이 있었다. 그런데 공식적인 기록을 통해 언급된 과거 사건의 제목이 당파에 따라 각기 다르게 해석되었고, 또한 시간이 지나면서 달라지기도 하는 등 아직까지도 정식적인 역사적 평가는 이루어지지 않고 있다. 필자가 이 글에서 '기축 옥사'라고 한 것은, 근래에 이 사건을 연구하는 학자들이 일반적으로 사용하는 것을 따르면서, 한편으로는 여러 기록을 살펴보면 '기축 옥사'라는 제목으로는 그 내막을 파악하는 데 막연하고, 자칫 사건 전말을 다른 일반 옥사를 다루듯 비교적 단순한 내용으로 치부해버리기가 쉽기 때문이다. 그러므로 본론에 들어가기 앞서 다양한 제목(명칭)을 살펴보고자 한다[1].

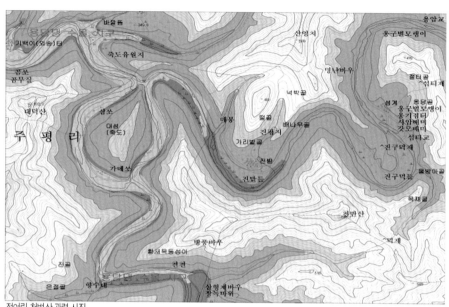

정여립 천변산 관련 사진

 1) 이 사건을 다룬 당시의 위관委官은 정철鄭澈이었고, 문사랑問事郎은 이항복李恒福이었다. 근래의 연구나 당시 사건 후 불거진 구무론構誣論으로 치죄治罪된 사실로 보아서는, 정철의 위관 처사는 공명 정대하지 못했다는 것이 지금까지 이루어진 연구의 공론이다. 그러나 이 사건을 함께 처리한 책임자로 볼 수 있는 이항복은 사건 처리 당시에 이미 위관 정철과는 처리 입장이나 방법이 달랐다. 이항복이 남긴 기록들은 비교적 중립적이면서 공과 사가 분명하여 공정하였다는 평을 받는다[2]. 그런데 그가 문사랑이라는 하위 직책을 맡고 있었기 때문에, 그의 주장은 사건 처리에 크게 영향을 미치지 못하였고, 최고 책임자라고 할 수 있는 위관 정철과 그의 당여黨與들에 의해 사건 처리가 좌우되었다. 반면 이항복의 영향력은 미미했기 때문에 그에 대해서는 책문보다는 공정했다는 평이다. 그리하여 이 사건에 대한 후세의 논의에서도 사건 처리의 한 당사자였었음에도 불구하고 거의 거론됨이 없이 사건으로부터 자유로운 편이다. 이항복은 그의 저술에서 '기축옥사'에 관해「기축옥사의己丑獄事議」와「기기축옥사記己丑獄事」두 편의 글을 남겼다. 필자가 이 글의 제목을 '기축 옥사'라고 설정한 것은 이 기록의 제목을 따른 것이다[3].

 2) 기축 옥사에 대해서 비교적 구체적으로 열기列記하고, 또 많은 사람

들이 보는 『연려실기술燃藜室記述』에서는 '기축 정여립지옥己丑鄭汝立之獄'이라고 제목을 뽑고, 그 밑에 '동인 기축록 청점東人己丑錄靑點; 서인 기축록 홍점西人己丑錄紅點'이라고 소주를 달고 있다. 기축 옥사 발생의 전주가 되는 사건의 핵심 인물이었던 정여립의 이름을 직접 제목에 넣은 것이 특이하다. 그러나 여기에서 주의를 기울일 것은 옥이라는 글자 앞에 사건 성격을 규정할 만한 아무런 형용어가 없다는 것이다. 말하자면, 역옥逆獄이라든다 무옥誣獄이라든가 하는 규정이 없다는 것이다. 아마도 이것은 기술 당사자가 소주에서도 밝힌 것처럼 동서 양당을 의식하고 비교적 초연한 입장을 취하기 위해서 그랬던 것 같다. 사건 당시 이 사건을 주도한 서인의 입장이라면 아마 옥자 앞에 역逆자가 붙어야 했고, 반대로 동인 입장이라면 무誣자가 붙었어야만 했으리라 짐작된다[4].

비교적 중립적이고 공평한 입장을 취한 이항복의 글에서도 정여립의 사건을 역옥으로 보고 있으면서, 뒤에 정여립의 역옥이 진신사류縉紳士類들에게 확대되어 희생된 최영경崔永慶 등에 대해서는 무옥으로 단정하고 있으며, 이발李潑·이길李洁·백유양白惟讓 등에 대해서는 역모에 동참한 것으로는 보지 않으면서도, 역적 정여립과 친여親與했고 인진引進했다는 이유를 들어 책임은 면할 수 없었다고 내용을 분류해서 규정하고 있다. 사건을 처리한 담당자의 기록임을 감안하면, 이 분류는 상당히 설득력을 갖는다고 보여진다.

3) 그런데 학문을 연구하는 데 문자옥文字獄으로부터 자유로운 편인 현대 학자들의 연구 논문을 보면, 아직 밝혀지지 않는 사실들을 다루고 있어 주목을 끈다. 비록 아직도 조상의 당색黨色에 따라 입장을 달리 하는 학자도 없는 것은 아니지만, 그들의 글들은 설득력을 갖추지 못하고 있기 때문에 인정을 받지 못한다. 현재 기축옥사에 관한 연구는 기탄없이 진행되고 있는데, 4백여 년 간 끌어 온 시비 논쟁을 공평하게 처리할 것으로 기대한다.

근래 발표된 글 가운데 가장 주목받는 것은 김용덕金龍德 교수의 『조선후기 사상사 연구朝鮮後期思想史硏究』[5]이다. 이 책의 「정여립 연구」에서 언급된 내용 일부를 소개하면 다음과 같다. 종래에는 정여립이 역모逆謀가 발각되자 죽도竹島로 도망쳐서 아들과 함께 자결한 것으로 알려져 있는데, 그럴 경우 정여립 스스로 역모를 시인하는 것이 되고, 그와 관련되어 일어나는 동인 명류名流들에 대한 일대 제거 작업은 당시 정치 제도나 토역討逆 추세로 보아서는 충분히 명분을 지닌다고 할 수 있다. 그렇지만 만일 그 사건이 서인 당여黨與들에 의해 조작된 구무構誣였다면 정여립 에 대한 역사적 평가는 달라져야 하며, 그 사건에 연루되어 희생된 동인 명류인 최영경 · 이발 · 이길 · 백유양 등에 대한 옥사는 무옥誣獄이고, 나 아가 무오戊午 · 갑자甲子 · 기묘己卯 · 을사乙巳 등 사대 사화에 이은 사화 로 규정할 수도 있다는 것이다.

동인의 후예가 집필한 「정여립 부자의 자문自刎」에 의하면, 이 사건이 서인 당여인 송익필宋翼弼 · 정철 등이 뒤에서 모의한 간악한 구무構誣였 었다는 것인데, 비교적 공정한 입장을 취한 것이라고 평가받는 『동소 만 록桐巢漫錄』에는 "여립이 진안 죽도사에서 쉬고 있을 때, 선전관과 현감 이 몰래 가서 쳐죽이고 나서, 마치 여립이 자문自刎한 것처럼 꾸며 소문 을 냈다"(汝立方游, 鎭安竹島寺, 宣傳官與縣監, 亂撲殺之, 以自刎聞)라고 기록되어 있으나, 조선조에서는 이것이 공론화되지 못하고, 근래 들어서 여러 정황 증거들이 제시됨으로써 그 신빙성이 굳어지고 있다. 김용덕 교 수의 논문은 『동소 만록桐巢漫錄』의 기록을 사실로 입증하는 데 결정적인 내용을 담고 있다[6].

4) 정여립에게 얽힌 사건이 역모라는 역사적 평에 대한 그 진실 여부는 아직 미해결 상태로 남아 있다. 그렇지만 그 사건에 연루된 최영경과 이 발 형제의 억울한 죄명은 사건이 발생한 후 얼마 지나지 않아 무옥으로 밝혀졌고, 그들은 신원 복작復爵 또는 증작贈爵되고, 위관 정철은 파면되 어 추방되었다. 그렇다면 이 사건에 대해서는, 정여립의 역옥과는 구분해 서 사화라는 이름을 붙여야만 한다. 사실 기축옥사로 희생된 사류 명사의 수는 천 여 명에 이를 만큼 앞의 4대 사화보다 많았고, 그 박해는 훨씬 잔혹했다. 어떤 학자의 연구에 의하면, 임진 왜란 발발 3년 전에 일어난 이 사건을 계기로 수많은 인재가 죽고 민심이 흉흉해졌기 때문에, 왜로倭 虜들은 좋은 기회로 여기면서 내심 쾌재를 부르기도 하였다고 한다.

김용덕 교수는 "기축년 당시에 이미 일부에서는 역적을 사화로 보는 논 論이 있었음을 알 수 있거니와, 『동소 만록』에서는 『회천 잡록懷川雜錄』 을 인용하여 성문준成文濬(牛溪 成渾의 아들)이 윤해평尹海平에게 보낸 글에 '기축옥을 사화로 규정하였다'(以己丑獄爲士禍)하며, 정홍명鄭弘溟

천변산에서 바라본 서당터

(정철의 아들) 또한 이정랑李正郞에게 보낸 서신에서 당시의 견문을 직서直書하여 '기축옥을 기묘 사화에 견주었다'(乃以己丑獄, 疑之於己卯)라고 하였다"고 한다[7].

이러한 언급이 기축옥의 처결 책임자였던 정철의 아들과 그 사건을 배후에서 조종한 성혼의 아들에게서 나왔고, 아울러 기묘 사화에 견주었다는 것은 정치 사상사적으로 중요한 의미를 갖는다. 기묘 사화는 훈구 세력에 맞선 신진 사류들이 조광조趙光祖를 중심으로 유교 정치의 이상인 지치주의至治主義를 주창한 것에서 비롯된 것으로, 조선 유학사 특히 16세기 이후 한국 유학의 도통道統 맥락에 해당하는 것이기 때문에, 기축옥사를 기묘 사화의 재현으로 본다는 것은 사상사나 당색사黨色史에 지각 변동을 일으킬만한 명분과 의미를 갖는다는 것이다.

사실 기축 옥사에서 정여립 역모에 구무 연루되어 희생된 동인측 신진 사류들은 이발·이길 등을 비롯하여 모두 자기들을 기묘 명현의 여서餘緖로 보았고, 조광조의 지치주의를 실현하는 것을, 정치적 이상과 사명을 공공연히 자인하면서 주장하였다. 그러므로 기묘 사화에 견준다는 당시의 여론이 아주 허무한 것은 아니었음을 짐작할 수 있다.

5) 오늘날의 민주주의 입장에서 본다면, 정여립의 역모 사건은 민주·방벌放伐·민귀군경民貴君輕 등에 대한 자각과 실현을 자기自期하고 자임自任한 당시로서는 상상할 수 없는 파천황적 사건이었다고 재평가해야 할 것이다.

그러나 정여립의 언행은 절대 군주 체제에서는 역적으로 몰리기에 십상이었다. 비록 그의 사상이 유가 정치 사상의 정도였을지라도 당시의 상황은 그것을 용납할 리 없었기 때문이다. 이에 정여립에 대한 역사적 평가는 다음과 같이 논정論定될 수 있다. 당시 사건 연루자들은 거의 모두 신원되었지만 정여립만이 역적으로 낙인찍힌 것을 보건대, 그의 언행은 역모로 간주되었음이 분명하다. 그렇지만 당시의 정치 현장과는 별도로, 그의 사상은 분명 참신하고 획기적인 것이었다. 김용덕 교수는 다음과 같이 결론을 내리고 있다. "정여립의 이와 같은 천하위공天下爲公의 사상은(확실한 것은 그가 불사이군적不事二君的 소위 절의節義를 정면으로 부정하고, 천하는 공물公物이니…, 왕통에 따르는 동성내 계승同姓內繼承이 절대적인 원칙이 아니라, 누구든 유자격자에게 왕위가 전해져야 한다는, 요순의 선양禪讓을 이상적인 왕위 계승 방식으로 강조한… 선각적 사상), 약 230년 후 다산茶山에 의하여 「탕론湯論」으로 개화하여 결실을 맺게된다. 군주는 간접 선거에 의해 선출되어야 한다는 「탕론」의 취지는 근대적 민주 사상과 거의 같은 것이며, 그것은 멀리 정여립의 선구적 사상과 북학파의 합리적 사상을 계승 발전시키고, 오랜 유배 생활을 통하여 절감한 세습 군주제의 모순을 지양하는 방도로서 제시되었던 것이다. 이와 같이 정여립은 다산 정치 사상의 원류로도 재평가되어야 할 것이다."

2. 기축 옥사의 기인起因(1)

1) 신사 무옥辛巳誣獄 : 안처겸安處謙의 옥

기축 옥사를 날조하고 그 처리를 뒤에서 조종한 사람은 서인 모주謀主 송익필宋翼弼(1534-1599)이다. 송익필은 왜 이러한 엄청난 일을 꾸며서 동인 명류名流들을 죽음으로 몰아 넣었는가? 그것은 개인적인 혈원血怨을 갚기 위해서였다. 즉 당의黨議를 조종하고 집권자를 사주하여 반대 당을 역모의 소굴로 몰아서 개인적인 원한을 철저하게 갚은 사건이 기축 옥사의 특징이다. 그러므로 기축 옥사는 이전의 4대 사화에 비해 가장 비열하고 잔인무도한 옥사였다. 이렇게 송익필이 동인에 대해 혈원을 품게 된 것은 그의 부친 송사련宋祀連이 꾸민 '신사 무옥辛巳誣獄'에서부터 그 연원을 찾을 수 있다.

송사련은 천인 출신이다. 신사 무옥의 화수禍首가 된 안처겸安處謙은 좌의정 안당安瑭의 아들이요, 할아버지 안돈후安敦厚는 송사련의 외할머니 중금重今의 상전上典 관후寬厚의 형이다. 안처겸은 관후의 종손從孫인 셈이다. "처음에 안당의 아버지 돈후가 늙어 상처를 하자 형 관후의 노비 중금을 첩으로 삼았다. 이때 중금에게는 전부의 소생인 딸 감정甘丁이 있었다.(송익필의 묘비에는 감정이 돈후의 딸이라고 새겨져 있지만, 사람들은 안당의 자손들을 부추겨 돈후의 서녀가 아니라 전부前夫 소생이라고 함)…, 감정이 뒤에 갑사甲士 송린宋璘에게 시집가서 낳은 아들이 송사련이다. 안씨 가문에서는 송사련을 친자제처럼 돌보아 주었는데, 그것이 바로 상전의 은애를 배반하고 무옥誣獄을 일으켜 안씨 가문을 멸문케 한 것이다.[8]" 참으로 경악 통탄할 일이다.

그러면 송사련은 왜 그러한 비인간적인 일을 꾸몄을까? 그것은 천함에서 벗어나고 출세를 하기 위해서였다. 그야말로 출세를 위해서 못할 짓이 없었던 것이다. 신사 무옥의 내막은 다음과 같다. 안당은 1519년에 일어난 기묘 사화 때 우의정을 지내면서, 영의정 정광필鄭光弼과 기묘己卯 명현들을 구출하려다가 도리어 파직되어 삭탈 관직된 강직한 사람이다. 파직된 뒤 그의 아들 안처겸이 지우들과 모여 기묘 원흉인 심정沈貞과 남곤南袞을 제거해야만 나라가 바로 선다고 시폐時弊를 논한 일이 있는데, 그 자리에 함께 있던(안처겸이 송사련을 그만큼 믿고 그런 자리에 참석하게 한 것이다) 송사련이 마침 안처겸의 모친상 때의 조객록弔客錄과 상여군 부喪輿軍簿를 증거로 고변을 한 것이다. 이 무옥으로 안씨 가문은 물론이고 공초供招에서 언급된 공모자들 모두 화를 입었다. 그리고 이 고변의 공으로 송사련은 후한 상과 함께 절충折衝 장군이 되고 종신토록 국록國祿을 받을 수 있게 되어, 공신에 준하는 출세를 하게 되고, 그와 함께 고변에 참가한 송사련의 처형 정상鄭錦(서얼)은 사품四品 군직軍職에 임해지고 죄인들의 전택田宅과 노비를 하사받았다[9].

송익필의 비문대로 감정이 송돈후의 서녀라면, 그의 아버지 송사련은 외갓집을 멸문지화로 몰아 넣은 패륜자인 셈이고, 감정이 송돈후의 서녀가 아니더라도 자신을 그렇게 보살펴 준 상전의 은혜를 원수로 갚은 패역자이다. 그러나 그는 버젓이 출세하여 사대부와 교류하며 득의양양했으니, 인세人世의 슬픈 일면이 아닐 수 없다.

이에 대해 김안국金安國은 "사련이 20여 년 간 녹을 먹은 것은 고변한 대가인데, 그러나 그 고변 내용은 역모가 아니라 모모 대신을 언급한 것에 그치고, 그 거사 시기도 이미 지난 뒤에 고변한(사실상 거사도 없었던 일) 것이므로 치죄治罪받아 마땅하지, 공으로 기록될 것은 없지 않은가?"라고 하였다. 송사련은 일녀사남을 두었다. 아들은 인필仁弼·익필翼弼·한필翰弼·부필富弼이다.

2) 송익필 가문의 환천還賤

송사련의 이러한 패륜 패역적 간악과 다른 가문을 무고로 멸문케 한 잔인함은 60년 뒤 그대로 자기 자손에게 보복으로 돌아왔고, 더욱 격해진 혈원血怨은 앙갚음으로 표출되어 기축옥사를 통해 이발·이길 형제와 노모 및 치자稚子를 참살하는 악순환을 불러 일으켰다.

송사련의 그러한 악행과는 달리 자식은 버젓이 자랐다. 딸은 종실 한원수宗室韓原守에게 출가하고, 아들 넷은 모두 능문능변能文能辯의 지모가 뛰어나 이이·성혼·정철 등과 격의 없이 지냈고, 제자들도 많이 양성하였다. 그런데 이렇게 뛰어난 것이 도리어 화를 불렀다. 그는 서인의 최고봉인 이이·성혼·정철 등의 배후에서 조정하고 교사하는 모주謀主 역할을 했는데, 이것이 동인들의 가장 강력한 적으로 부각되어 제거 대상이 된 것이다.

이에 앞서, 1519년에 일어난 기묘 사화는 선조 초 50년 만에 신원 복작復爵, 증시贈諡되었고, 따라서 기묘 사화의 여파로 일어난 신사년 안처겸의 옥사는 무옥으로 밝혀져서 송사련은 반좌지율反坐之律로 추죄追罪되었다. 그러자 수단과 방법을 가리지 않고 출세에 혈안이 되었던 송익필 형제는 죄인의 자식으로 낙인찍혀서 과거를 보지 못하게 되자, 서인 정상의 그늘로 숨어들어 온갖 계모計謀를 동원시켜 서인 당세를 이용하여 재기의 날을 갈고 있었던 것이다.

송익필 가문이 결정적으로 된서리를 맞은 것은 그의 신분이 안당 가문의 속량받지 못한 천비의 손자라는 것이었다. 동인은 이 약점을 잡고 송사련의 무고로 인해서 멸망한 안당의 후손 윤玩(일명 庭蘭)을 부추겨서 환천還賤시켜 줄 것을 법사法司에 제소하여, 마침내 감정 자손(송익필 가문) 70여 명을 환천시켰던 것이다. 여기에는 동인이 전력을 기울였고, 그 주동자는 영수 격인 이발이 지목될 수밖에 없었다. 『동소 만록桐巢漫錄』에서 "송익필의 혈원은 이발에게 집중되었고, 기축옥이 그의 계략에서 나왔다면 이발 가문을 멸문으로 몰아 넣은 것은 이에 대한 앙갚음이라고 보지 않을 수 없다"라고 기록된 것은 보복의 악순환이 얼마나 무서운가를 반성하게끔 한다.

3) 정여립과 송익필의 대립 및 이발과 정철의 반감

정여립의 생년은 1540년 전후로 추정된다. 이이와 정철은 1536년 동갑이고, 송익필은 이들보다 두 살 앞선다. 그럼에도 이이가 정여립과 송익필을 천인薦引하는 입장에 있었던 것은 조달무달하였기 때문이다. 그러므로 정여립이 이이와 성혼 문하에서 아낌을 받던 때의 정여립과 송익필 두 사람의 관계는 비록 나이 차이는 있었어도 좋은 사이였다. 그 후 서로 원수가 된 것은 이이가 죽은 뒤, 정여립이 스승을 배반하고 동인쪽에 붙고, 이발 등과 가까워지면서부터이다.

환천還賤되어 쫓겨다니는 신세가 된 송익필은 동인 세력이 몰락하고 서인이 세력을 잡아야만 혈원을 갚고 옛 영화를 되찾을 수 있다고 생각하였다. 그렇기 때문에 이발을 비롯한 동인들에게 어떻게 해서든 죄를 씌워야만 했고, 결정적 기화奇貨가 된 것이 정여립의 대동계大同契 조직과 활동 및 질세경군疾世輕君하는 사상이었다. 이러한 정여립의 행위를 역모 상황으로 교묘하게 선동 조작한 사람이 송익필 형제이다. 정여립과 송익필 사이의 사혐私嫌 여부는 알 수 없지만, 송익필이 혈원을 갚는 데 가장 적절한 인물이 야심이 많은 정여립이었기 때문에, 정여립은 죽임의 대상이 되었던 것이다.

다음은 이발과 정철의 관계이다. 이발이 정철보다 여덟 살 아래였으므로 만약 관계가 원만했으면 형으로 대우해야 할 처지였다. 그리고 정철이 이발의 아버지 이중호李仲虎(1516-1563)와 동직同職에

천변산 석축 성벽

있었으므로 선배先輩(流)로 대접하는 것이 마땅하였다. 그러나 색목이 달라서였던지 아니면 그 이전에 집안끼리 소원한 일이 있었던지, 이발 형제는 정철에 대해서 지나칠 정도로 불경하였다. 그 대표적인 사건이 이발이 취중에 정철의 수염을 뽑은 일이다. 어떤 기록에는 이발이 아니라 그의 동생 이길(1547-1589)이라고 되어 있다. 그러면 정철과 이길의 나이 차이는 열한 살이 된다[10]. 많은 기록들은 이 발염拔髥 사건이 훗날 이발 형제가 정철에 의해 죽게 되는 원인으로 규정하고 있다.

4) 최영경(1529-1590)과 혼철渾澈의 사혐私嫌

정여립은 물론이고 동인 당여黨與의 주요 인물들이 기축 옥사에 연루된 것은, 당시 역모 처리의 특징으로 보건대(불문곡직하고 적적賊의 입에서 이름이 거론되면 우선 같은 역도로 몰아 죽이고 그 다음에 시비 허실是非虛實이 가려지는 것이 상례였기 때문에 "不問形迹之虛實, 一信賊招而已"「鄭蘊語」) 억울하게 희생되는 경우가 많았는데, 최영경 역시 영문도 모르고 죽은 억울한 희생자였다. 그러나 최영경이 정여립과는 무관하다 할지라도, 정철로서는 제거해야 할 대상 가운데 핵심 우두머리였기 때문에, 얽혀 들어가지 않을 수 없었다.

최영경은 평소 공공연하게 정철을 '색성소인索性小人'이라고 매도하여 정철의 원한을 샀고, 이에 정철은 최영경을 중심으로 교류하는 동인 명류들을 모두 이기異己로 단정하여 일망타진의 대상으로 치부하였다. 송익필의 목적이 정여립을 역적으로 몰아 이발 등 동인 세력을 제거하는 데 있

한림대

었다면, 정철은 나아가 이 사건을 기화로 자신과 대립하는 사람을 모두 몰아내고자 한 사원私怨 갚음의 목적도 있었던 것이다. 송익필과 정철은 서로 자기 목적을 달성하기 위해 밀접하게 공모했던 것이며, 그 결과는 정철이 자작해서 위관委官이 되고(말하자면 사건 처리의 맨 앞에 나서고) 송익필은 뒤에서 음모하고 소장을 날조 교사하는 등 사건 처리의 결정적 증거물을 꾸미는 일을 하였던 것이다.

이후에 기축 옥사 가운데 최영경 관련 사항이 먼저 날무捏誣로 밝혀져 동인이 일대 반격에 나서게 되고, 정철은 '살사殺士'의 공분公憤을 받고 선조에게 '간악한 성혼과 독극한 정철'(奸渾毒澈)이라는 노여움을 사서 삭탈 관직되어 귀양갔다. 동인들은 이를 교두보로 삼아서 이발을 위시한 기축 이화權禍자들의 복권을 추진해 나가게 된 것이다. 그러나 정여립의 역모 사건 자체는 동인들도 더 이상 문제삼지 못하였는데, 그에 대해서는 서인들의 더 이상 물러설 수 없는 반발이 있었기 때문이다[11].

여기서 짐작할 수 있는 것은 최영경을 위시한 진신사류縉紳士類들을 죽인 것과 이발 형제를 위시한 동인 중심 인물들에 대한 구무構誣가 사실이었음을 시인한 셈이라는 것이다. 다만 정여립의 역모 사건은 조선조 말에 와서야, 즉 왕권 정치가 종말을 고하고서야(물론 그 이전 정다산 같은 이는 정여립의 사상을 높이 평가하고, 이발 형제 등의 유교 정치의 지치주의와 조광조의 개혁 이상을 실현하려고 한 그의 기상을 높이 평가하여 직접 동남 소사東南小史를 척집撝輯한 것을 효시로 볼 수 있지만) 역사적 재평가를 하기 시작했으니, 기축 옥사의 진정한 평가는 사건 이후 4백여 년이 지나서야 받을 수 있게 된 것이다. 특히 정여립과 관련된 사항이 일방적으로 음해 매도된 사건임이 밝혀지는 상황에서, 그가 4백년 전 왕권 정치 아래에서 오늘날의 민주 정치 제도의 뿌리와 같은 당시로서는 가히 파천황적 혁명이라고 할 수 있는 생각을 하고, 교육을 시키고 조직을 꾸리고 실현을 도모했다고 하는 것을 감안할 때, 뛰어난 정치 사상가로서 그 위상을 다시 정립해야 할 때가 왔다고 보여진다.

3. 기축 옥사의 기인(2)

1) 동서 분당과 양전론자兩全論者 이이의 죽음

동서 분당의 시단은 척리戚里와 신진 사류 사이의 갈등에서 시작해서 기존의 구재舊在 사림과 신진 사림의 대립으로 확대되고 급기야 파당으로 굳어져서, 이후(16세기 후반 이후) 조선조 정치 학술 심지어 예절 풍속에 이르기까지, 서로 모함과 비방의 분열상을 이룬 고질적 병폐를 낳게 되었다.

그 시단은 다음과 같다. 선조 6년(1573) 외척 심의겸沈義謙(1535-1587)이 대사헌이 되자, 정언 정희적이 경연에서 이를 척리에 대한 특지特旨라고 반대하였다. 그러나 왕은 사람됨이 중요하지 외척이라 안 된다는 것이 말이 되느냐고 화를 내었다. 그럼에도 불구하고 동환俉들은 물러서지 않고 이번에는 집의 신응시가 정희적의 말은 공론이니 왕은 너무 나무라지 말라고 가세하였다.

중종 때의 훈척의 발호와 명종 때의 인순왕후 윤원형과 같은 외척의 난정에 의해 사화를 입은 신진 사림들이 다시 훈척들의 발호가 있어서는 안 된다는 경계심에서 명종 비(인순왕후)의 동생인 심의겸의 권로權路 진출을 막으려 하였다. 여기서 왕이 그 사람됨의 현부賢否가 중요하지 외척이 무슨 문제냐고 한 것은, 심의겸이 그의 외숙 이량(1520-1571)이 사화를 꾸며 사림을 숙청하려 할 때 왕의 밀지를 받아 기대승과 함께 이량을 탄핵하여 실각하게 한 일이 있어, 비록 척신이지만 사림의 존숭을 받는 인물이었기 때문이다.

이에 앞서 심의겸이 사인舍人으로 있을 때 공사로 윤원형의 집을 찾은 일이 있는데 윤원형의 사위 이조민과 친분이 있어서 그의 방에 들어갔는데, 의외로 침구가 많아 동숙하는 사람이 누구누구냐고 묻는 가운데 그 중 김효원金孝元(1532-1590)의 침구가 있어 불쾌하게 여겼다고 한다. 당시 김효원은 과거를 보진 않았지만 이미 문명을 지녔기 때문에 심의겸은 평소 김효원을 존경하였는데, 세도가에서 무식 잡배들과 혼숙하고 있는 것을 실망했기 때문이다. 심의겸은 김효원보다 세 살 어리지만 환로가 빨라서 이의吏議에 있을 때(1572)에 김효원이 문과 장원, 사가독서 등 사림의 중망衆望을 얻어 동문 선배인 오건吳健(1521-1574)과 김계휘金繼輝에 의해 전랑銓郎에 천거되자, 이를 전일 윤원형 집에 기숙한 사실을 들어 극구 반대하였다. 그럼에도 불구하고 김효원은 전랑銓郎이 되었다. 그 후(1575) 심의겸의 아우 충겸忠謙(1545-1594)이 이조 정랑에 천거되자, 이번에는 김효원이 이조가 척리의 소굴이 될 수 없다 하여 반대함으로써 등용되지 못하였다. 이에 심의겸과 김효원은 함원啣怨 관계가 되어, 이것은 다시 심의겸을 두둔하는 패와 김효원을 옹호하는 패로 갈라져 사림의 분열이 생기기 시작한 것이다.

본래 나이로 보아 김효원이 위이고 심의겸이 아래이지만, 심의겸은 이미 기존 사림 세력에 속해 있었으므로 사림의 구파로서, 그 주위 인물들은 나이가 지긋한 사람들이었고, 김효원은 영남 사림의 종장 김종직의 연원으로, 그 주위 인물들은 비교적 젊은 층이었다. 후에 구 사림舊士林은 서인당이 되고 신사림新士林은 동인당이 된 것은 이러한 인맥을 배경에 두고 있기 때문이다. 여기서 밝혀둘 것은 인명 사전이나 여러 기록에 김효원을 조식과 이황의 문인으로 배속시키고 있는데, 사실은 선배 최영경과 후배 이발 형제 등과 함께 김근공과 민순에게서 배운 고양高陽의 척행학파擵幸學派의 대표 인물이다. 문명이 난 뒤 최영경과 조식 문하에 들어가 오건의 후배가 되고 김우옹(1540-1603)의 동문이 되었다. 뒤에 기축옥사 때 연루된 동인이 거의 모두 척암 김근공擵菴金謹恭, 행촌 민순幸村閔純, 남명 조식南冥曺植의 문인들이었던 것은 이러한 학파와 지연을 통한 교류 때문이었고, 그에 따라 김효원이 전랑에 있으면서 신진 사류를 대거 천인했었기 때문이다.

김효원이 동서 분당의 기수起首로서 심의겸과 같이 외지로 물러나 일체 시사에 간여하지 않아 기축옥사와 직접 관계가 없는 것으로 되어 있으나, 이발 형제를 위시한 신진 사류들이 그들의 정치 이념과 노선으로 기묘 명현과 조광조에게 맥락을 연결시키는 것도 김효원이 김종직의 사림파의 기치를 들고 나온 것과 깊은 연관이 있는 것임을 구명할 필요가 있다.

호암사(이발 이길 선생 배향)

동서 분당이 심화되자 묘론廟論이 분열 대립되고, 사림이 패를 나누어 시국이 어지러워지자, 비교적 중립적 입장에서 이를 수습 융합시키려고 노력하려다가 양쪽의 협공을 받아 오해 속에서 불운한 생을 마친 이가 율곡 이이(1536-1584)이다. 동서 분쟁이 격화되자, 이이는 우상 노수신에게 동서 분쟁을 막는 방법으로 그 발단이 된 심의겸과 김효원 두 사람을 외직으로 내보낼 것을 건의하고 이를 실현시켰다.(이것을 兩全之計라고 한다) 그러나 이는 실효를 거두지 못하였다. 왜냐하면 이미 묘당廟堂에는 동서 분당으로 대립된 인물들이 자리를 잡고 있었기 때문이다.

이이는 서인에 속했지만 그의 양전론兩全論은 오히려 동인을 비호하는 격이 되었다. 그는 서인들이 윤두수의 조카요 담수의 아들인 윤현(1536-?)을 전랑銓郞에 천거하자 오히려 이를 막고 신진 사류의 중심 인물인 이발을 전랑으로 천거하였다. 그리고 서인들(李海壽·鄭澈·具鳳齡·辛應

時)이 김효원을 '일을 그르치는 소인'(誤事小人)으로 몰아 척출斥出을 주장할 때에도, "그는 호명지사好名之士일 따름이다. 그대들의 말대로 소인은 아니다. 사류들의 중망重望을 받고 있는 그를 척출하면 사림이 들고 일어나 조정은 큰 상처를 입을 것이다"하고, 끝내 듣지를 않았다. 이에 정철은 고향으로 내려가면서 다음과 같은 시를 보냈다. "그대의 뜻이 산처럼 끝내 움직이지 아니 하니, 나는 물과 같이 흘러가 기약이 없네(君意如山終不動, 我行如水幾時回) 결국 이이는 서인들에게서도 오해를 받게 된 것이다.

하루는 대사간 홍성민이 이이에게 "이성중이 지평이 되었는데. 물론物論(이는 서인들의 논을 말한 듯하다)은 탄핵해서 체직시켜야 한다고 하는데, 그대의 생각은 어떠한가"라고 묻자. 이이는 "이게 무슨 말인가? 성중은 과오도 없거니와 파당도 짓지 않은 사람이다. 다만 김효원과 친하다고 해서 공격한다는 것은 부당하다"고 하였다. 그러나 이성중은 탄핵을 받고 물러나고 사류들은 경악하였다. 이에 이이는 한수·남언경 등과 시사를 논하면서 정계에서의 은퇴를 결심한다. 한수와 남언경이 극구 만류하자, 이이는 "상하 모두에게 불신을 받는데 어찌 하겠는가"하고 물러났다[12].

이이가 물러나자 동서 분당의 추세는 기름과 물이 되어 끝내 사투를 벌이는 극한 대립으로 치달았다. 동인은 이발이 주축이 되고, 서인은 정철이 중심이 되어 급기야는 기축 옥사라는 참극에까지 이르게 된 것이다.

2) 정여립의 배사 부동背師附東과 대동계의 초화招禍

호암사 경내

정여립에 대한 평은 선악 호오의 두 극단이 있다. 사람이 일단 역모에 몰려서 죽임을 당하는 처지에 놓이게 되면 있는 일 없는 일을 마구 꾸며져서 극악무도한 사람으로 매도되게 마련이니, 여기서는 역모로 죽은 뒤의 악평은 제쳐두고, 역모로 몰리기 이전의 평심平心에서 썼을 것으로 받아들여지는 평만을 열거해 보기로 한다.

정여립(1546?-1589)의 본관은 동래, 자는 인백仁伯(김효원의 자와 같다), 여러 대에 걸쳐 전라북도 전주 남문 밖에서 살았다. 부친은 군수 희증希曾이다. 처가가 있는 금구에서 살다가 과거에 급제, 벼슬을 버리고 돌아와 글을 읽어 이름이 일도一道에 자자하였다. 박학강기博學强記하고 논의풍생論議風生하며 기백성장氣魄盛壯하여 이이가 천하 기재라 절찬하면서 거두어 문하에 두니, 이로부터 청명淸名이 조야에 빛났다.

이이는 정여립을 문도 가운데서도 특대하였고, 정여립은 이이를 공자에 비유할 정도로(공자는 익은 감이요, 율곡은 덜익은 감이라고까지 했다고 한다) 경복敬服하였다. 이러한 사생의 관계는 정여립이 전랑의 물망에 올랐을 때, 율곡이 이를 제지하고 수찬에 천거하고서부터 사이가 벌어졌다고 한다. 그러나 율곡 생시에는 속내를 드러내지 않다가, 율곡이 죽자 묘당 탑전에서 스승 율곡을 비방하고, 서인에서 등을 돌려 신세新勢를 타고 있는 동인에게 반부反附하였다.

제자로서 그 스승을 욕하는 것을 사람들이 좋게 볼 리 없다. 서인은 물론 동인들까지도 그의 심술心術을 부정하게 여겨서 경원시하였는데, 마침내 왕도 정여립을 미워하기 시작하였다. 정여립은 사면초가가 되자, 율곡과는 생전에 사생의 의의誼(義)를 끊었으니, 배사 망은背師忘恩 행위는 아니라고 변명하였다. 이에 율곡의 조카 이경진李景震이 마침 율곡의 서랍 속에서 율곡이 서거하기 직전에 정여립이 보낸 동인을 공척功斥한 서신을 발견하고 이를 왕에게 올렸다. 왕은 대노하고 "정여립은 오늘의 형서刑恕로다"라고 내쳤다[13].

조정에서 설 자리를 잃은 정여립은 고향으로 내려갔다. 그러나 그는 동인 수뇌들과 여전히 교통하면서 정계에 영향력을 발휘하였다. 이때 동인 중에서는 이발 형제 등에게 정여립과 절교할 것을 권하기도 하였으나, 그 인재가 아깝다면서 듣지 않았다고 한다. 정여립이 고향에 내려가 그의 학식과 명망, 능란한 통솔력을 발휘하여 많은 제자를 가르치고 한편 대동계라는 광범위한 인맥을 포섭, 질서있는 조직과 내실있는 운영으로 사람들의 신망과 존경을 받았다. 대동계란 본시 향약과 같은 것으로 율곡의 서원 향약西原鄕約과 여씨 향약呂氏鄕約을 참작한 것으로, 여러 곳에서 시행되는 것이기 때문에 그 자체로서는 역모의 의심을 받을 까닭이 없었는데, 정여립의 대동계는 내용이 좀 다르고 규모가 점차 커지면서, 정여립 본인도 그것을 기반으로 역심이 생겼는지 모르지만, 특히 서인 쪽에서는 이를 모역으로 유도해 갈 좋은 계기(寄貨)로 삼을 수 있었던 것이다[14].

정여립의 대동계를 역모의 소굴로 몰아가는 쪽에서 본다면, 그는 우선 조선조의 신분 질서와 사회 분업을 해체하는 또 다른 하나의 모델이 되었다. 그 조직에는 사대부에서 양민 서민 노비 걸인 심지어 승려들까지도 통섭하여 일체를 이루고 있다. 왕권과 기득권 층인 사대부들이 볼 때 이는 큰 위협이 아닐 수 없다. 더욱 놀라운 것은 200년간 조선조 왕권을 지탱해 온 절대 불가침의 이념인 불사이군의 충성 복종을 거부하고, 천하는 공물이니 일성一姓 전유專有의 왕권 세습을 부정하는 논리였다. 이는 조광조의 개혁적 지치주의와는 차원이 다른 그야말로 파천황의 혁명론이라고 볼 수 있다. 조광조는 왕권이라는 큰 틀 속에서 개혁을 시도했고, 그를 이어받았다고 하는 이발 등 신진 사류(동인 수뇌)들 역시 과격한 개혁 주장도 있으나, 역성 혁명을 도모하지는 않았다. 물론 이런 것들은 정여립이나 대동계에 있어서, 동기론에는 속할지 모르나 결과론으로까지 나타나지는 않았으므로 역모의 증거가 될 수는 없다.

그런데 대동계는 미증유의 막대한 힘을 발휘할 수 있다는 조직이었다는 사실이다. 그 단적인 예가 경내境內에 왜구가 쳐들어 왔을 때 서인 남언경이 속수무책으로 당하자, 정여립에게 구원을 요청하여 대동계의 구성원을 동원하여 평소 단련된 전투력으로 왜구를 물리친 사실이다. 이로 보면 대동계는 단순한 과실상규過失相規 · 예속상교禮俗相交 · 환난상휼患難相恤이라는 사회적 기능만 갖춘 것이 아니라, 국가가 위급한 상황에 놓여 있을 때 동원될 수 있는 전쟁 수행 능력도 보유하고 있었다는 데 주목할 필요가 있다.

음이 성하면 양이 시기하고, 신권이 강해지면 왕의 의혹을 받는 법이다. 지방의 세력이 지방의 방위에 큰 힘이 되기도 하지만, 중앙의 왕권에서 보면 위협의 대상이 될 수도 있다. 이러한 점을 역이용하여 모역의 준비 세력으로 몰고 간 것이 서인이요. 그 증좌를 조작하고 부추겼으며 선동하여 함정으로 유인해 가는 데 앞장 선 자가 정철을 위시한 송익필 · 송한필 형제이다.

"송한필은 황해도로 잠입해서 성명을 바꾸고 자칭 조 생원이라 하면서, … 해서海西 우맹愚氓들을 유혹(혹세무민)하기를, 전주에 성인이 났다. 그가 곧 정수찬鄭修撰이다. 그는 길삼봉吉三峯이라는 사람과 왕래하는데, 삼봉은 하루에 삼백리를 가고, 용지勇智가 무쌍하여 또한 신인神人이라고도 불린다. 너희들은 그를 찾아가면, 다음에 관작이 굴러들어 올 것이다,

하면서 교생校生 변숭복邊崇福·박정령朴廷齡 등 몇몇을 세작細作으로 전라도로 침투시켰다. 정여립은 이들이 세작인 줄 모르고 후하게 대접해 보냈다"고 한다[15].

이로 보면 "중의연이 자칭 요동인이라고 하며 열읍列邑과 제산諸山을 돌며 말하기를; 내가 요동에서 동국東國을 바라보니 왕기王氣가 있었고, 한양에 와 보니 왕기王氣는 호남에 있었고, 호남에 와 보니 왕기는 전주 남문에 있더라"하는 등[16] 도참설과 정감록까지 동원하여 정여립을 성인이자 역성 혁명의 미래 왕이 될 것이라는 유언비어를 퍼트린 것은 정여립 쪽이 아니라 서인 송익필과 송한필 쪽의 역모 함정이었음이 분명하다. 정여립이 옹유한 대동계의 조직과 실력이 그러하고, 유언비어로 동요된 민심이 그러하다면, 이는 일단 역모의 조짐으로 왕권력의 주시를 받기에 충분하고, 또 어쩌면 정여립 자신이 우쭐해져서 역심에 불을 지피고 있었는지도 모른다. 무를 유로 만드는 구무構誣가 먹혀 들어가는 것이 역변 고발인데, 제갈량보다 지모가 뛰어났다는 송익필이 이만한 단서와 세작을 통한 공작을 해 놓았다면, 역모로 때려 잡는 것은 어려울 것이 없었을 것이다.

4. 기축 옥사의 시말

1) 역변逆變 고발에서 역옥逆獄 성국成鞫까지

선조 22년 10월 2일 한밤중에 황해도 관찰사 한준, 재령 군수 박형간 등이 전 수찬 정여립이 역모를 일으켰다고 고변 장계를 올렸다. 왕은 즉시 삼공三公, 육승지六承旨, 금부 당상禁府堂上의 입대를 명하고, 입직 총관 및 옥당 상하번玉堂上下番도 모두 입대하게 하였다. 다만 검열 이진길만은 들이지 못하게 하였다. 이진길은 정여립의 생질이었기 때문이다. 먼저 왕은 제신諸臣들에게 내막을 알리지 않고 다만 삼정승에게 정여립이 어떤 인물이냐고 물었다. 이에 영상 유전과 좌상 이산해는 잘 모르겠다고 대답하고, 우상 정언신만이 다만 글 읽는 사람으로 안다고 답하였다. 그러나 왕은 글 읽는 사람이 이런 짓을 하느냐며 밀계密啓를 상하床下에 내던지고 승지를 시켜 읽게 하였다. 흉모의 내막이 알려지자, 신하들은 모두 목을 움츠리고 등에 땀을 흘렸다[17].

호암사

동시에 사람들은 어리둥절하였다. 설마 정여립이 역모를 했겠는가? 하고 믿어지지 않았기 때문이다. 우상 정언신이 이의를 제기하였다. 고발 내용이 "얼음이 얼면 금강을 건너 한강에 이르고, 연도沿道의 봉화와 역졸의 왕래를 끊고 범궐犯闕할 계략이라고만 하고, 구체적인 역병逆兵 동태가 없는 채 다만 모인의 제보라고만 하였으니, 이는 근거가 없는 설로 분란을 일으키고자 하는 음모가 있으니, 발설자를 참형에 처하자"고 하였다. 고변이 전라도가 아니고 황해도에서 올라왔다는 것도 이상하였다. 황해도는 서인의 소굴이었기 때문이다. 그리고 동인들은 고변자를 무고로 몰고, 정여립의 면죄를 변명하는 상소문까지 준비하고 있었다. 그리고 정여립이 직접 올라와서 왕 앞에서 무고임을 밝힐 것이라고 정여립의 상경을 고대하고 있었다.

사람들은 모두 믿지 않고 왕도 반신반의하며, 우선 선전관과 금부 도사 등을 전라도와 황해도에 보냈다. 여기서 주의할 것은 역모가 일어났다고 하는데, 토역할 군사를 출동시키는 것이 아니고 고작 금부 도사나 보내는 사건에 대한 대처는 처음에는 설마 설마하면서 정여립을 잡아 올려 국문을 해보자는 생각이었던 것 같다. 말하자면 역모에는 반역군의 실체적 동태가 있어야 할텐데 그런 것은 없고 그저 계략을 하고 있다는 결과론이 아니라 동기론에 그치고 있었기 때문이었던 것 같다.

이렇게 조야가 손에 땀을 쥐고 정여립의 상경을 고대하고 있는데, 7일 도사 유담의 장계가 올라왔다. 전주 정여립 집을 포위하고 보니 정여립은 이미 도망가고 없었다는 것이다. 정여립이 도망쳤다면 역모는 사실로 인정되는 것이어서 동인들은 아찔하고 숨을 죽일 수밖에 없었다. 8일에는 황해도에서 죄인이 잡혀 왔다. 이때까지도 역옥은 확정되지 않았다. 이길은 정여립의 도망을 『후한서後漢書』에 나오는 장검張儉에 비유하였다[18]. 장검은 시왕時王의 노여움을 사, 죄 없이 죽는 것이 억울해서 쫓겨다닌 자이다.

이날(8일) 왕은 황해도에서 잡혀온 죄인을 친국했다. 그런데 이들은 모두가 거지요 빈민이었다. 왕이 하도 기가 막혀 웃으면서 설마 정여립이 반역을 해도 이런 자들과 모의했겠는가? 했다고 하였다. 왕이 너희들이 반역을 했느냐고 묻자, 반역은 모르고 반국叛國은 했다고 했다. 그래서 반국의 뜻을 되묻자 따뜻하게 입고 배불리 먹는 것이라고 대답하자 이내 방면해 주었다.

그런데 사건은 일전 직하 역옥으로 굳혀져 갔다. 17일 선전관 이용준의 장계가 올라왔다. 진안 죽도로 도망간 죄인을 생포하려고 하자, 정여립이 자결했다는 것이다. 역모의 주모자가 자결했다면 이는 역모한 것이 사실이 되고, 죄인의 입에서 나올 말이 없으니 나머지 도당들은 문서나 다른 죄인들의 공초에 의지할 수밖에 없게 되었다. 평소에 정여립과 친하게 지낸 동인 인물들이 줄줄이 엮어 들어가 일망타진된 것도 역모 사건 처리를 주도한 서인 특히 정철과 송익필에 의해 마음대로 조작 무옥誣獄을 일으킬 수 있었던 것도 이 때문이다.

호암서원 묘정비

이에 앞서 판돈영 부사 정철은 11일 고양에서 급히 달려가 왕을 알현하고 정언신 대신 우상을 받고 위관委官이 되었다. 정철은 이미 정여립의 도망을 알았고 자기가 들어가서 위관을 맡아야 한다고 결심했었다고 한다[19]. 서인들의 조작과 그들 계획의 진행이 성공적으로 이루어져 가고 있음을 알만 하다. 모든 조작은 정철과 성혼 및 송익필 등에 의해 빈틈없이 진행되고 있었던 것이다. 뒷날 기축옥사를 무옥誣獄 사화로 보는 것은 이 때문이다.

2) 정여립 도피 사건에 대한 의혹

기축 옥사가 무고요, 정여립이 도망한 것이 아니라 정철과 송익필 등의 치밀한 계략에 의해 유인, 박살된 것이라는 주장이 나오고 있다. 그것도 그럴 것이 만일 정여립이 상경하여 고변 내용을 부인한다면 정언신의 건의대로 고변자는 주살되는 역전 현상이 일어나기 때문에, 고변한 쪽으로서는 어떻게든 정여립을 모르는 사이 유인해서 죽여야 했기 때문이다.

고변을 모의한 쪽에서 유인하여 살해하였을 것이라고 김용덕 교수는 다음 네 가지 가능성을 들어 추정하고 있다. 첫째, 고변 측 기록에 따르면 그의 도피는 안악의 교생 변숭복의 급보로 이루어지는데, 아무리 급하더라도 수사 자료가 될 문서를 고스란히 놓아두고 떠나는 우를 범했을 리 없다는 것이다. 둘째, 도망치는 사람이 행선지를 알릴 리 없고, 방향을 속리산 같은 깊은 산 속으로 택하지, 곧 손길이 미칠 죽도로 갈 리 없다는 것이다. 셋째 150년 뒤에 나온 『동소만록桐巢漫錄』에는 그가 죽도에 가서 고변 사실조차 모르고 쉬고 있을 때 추포 관군이 덮쳐서 박살을 내고, 유인잡이로 앞세웠던 변숭복도 입을 막기 위해 죽였으며, 생포하려고 했는데 정여립 자신이 자결한 것처럼 꾸민 것이라고 한다. 넷째, 김장생이 엮은 『송강행록松江行錄』을 보면, 고변이 있자 모두들 의 상경을 고대하고 있을 때, 정철은 그의 도망을 미리 알고 있었고, 서둘러 자기가 위관이 되려고 궁궐로 달려 갔다는 것이다. 즉 정철이 정여립이 도망했다는 것을 이미 알고 있었다는 것은 바로 자신이 그 일을 꾸미고 사주한 것이기 때문이라는 것이다[20].

　여기에 필자는 다음을 덧붙이고자 한다. 첫째, 자결을 하기 전에 정여립은 먼저 변숭복을 칼로 쳐서 즉사시키고 또 아들 옥남을 칼로 쳐서 쓰러뜨리고 자결했다고 했는데, 자결할 만큼 냉정한 사람이 아들의 죽음을 확인하지 않고 자결했을 리 없다는 것이다. 자기가 자결할 정도로 역모를 자인했다면 자식도 살아남지 못할 것이라는 것을 알고 같이 죽는 것을 택했을 것이라는 생각이다. 변숭복은 정확하게 죽이면서 자식을 잘못 쳐서 살려둘 리 없다. 옥남과 춘용을 살려둔 것은 고변자 측이 그들로부터 자복을 받아 내기 위해 일부러 빈사 상태로 살려 둔 것으로 짐작된다. 둘째, 고변을 알고 도망을 쳤다면, 그렇게 주위의 아무 방비도 없이 빈손으로 갔을 리 없다는 것이다. 정말 역모를 꾀했다면 급히 대동계 조직을 동원 서울로 쳐 올라갔어야 하지 않겠는가? 『부계기문涪溪記聞』에 다음 이야기가 있다. "8월 그믐께 이길이 사인舍人이 되고, 처자를 거느리고 상경하는 길에 금구를 지나는데, 정여립이 나와 종정원鐘鼎院에서 전별주를 나누다가, 정여립이 젓갈에 술을 찍어 소반 위에 모반의 뜻을 노출하였다고 한다. 이에 놀란 이길이 일어나 길을 재촉하여 공주 차현車峴에 이르렀는데, 정여립이 보낸 무사 10여 명이 길을 막고 있었다는 것이다. 이길도 마침 임순이 딸려 보낸 무사와 종자 형제 등 여러 명을 대동하고 있어서 위험을 모면했다"라고 기록하고 있다. 이것이 사실이라면, 정여립이 얼마나 철저하고 세심하게 역모 누출을 억제하고 있었는가를 미루어 알 수 있지 않은가? 보통 사람도 아닌 정여립 같이 기민하고 병법을 아는 사람이 아무 방비도 없이 도망쳤다는 것은 도저히 납득할 수 없다.

3) 기축 옥사의 전개 과정

① 옥사가 일어난 처음에는 우상 정언신이 위관이었으나, 정여립과 9촌 친이요 정여립의 도당이라는 대간의 탄핵을 받고 파직되었다. 이에 대신 우상으로 임명되고 위관을 맡은 사람이 정철이다. 정철과 같이 보직된 사람이 이조 참판 성혼이며 문사랑問事郎으로 예조 정랑 이항복(1556-1618)이 임명되었다. 역모 사건이 일어난 지 열흘만에 추국청推鞫廳이 짜여진 셈이다.(어떤 기록에는 11월 8일에 위관이 되었다고 한다)

15일에는 황해도 죄인 이기 등이 정여립과 동모했다고 승복하여 처형되었다. 17일에는 안악 수군水軍 황언윤·방의신 등이 승복하여 처형되고, 선전관 이용준의 정여립이 자결했다는 장계와 함께 그 시신과 자제인 옥남과 춘용이 압송되었다. 19일에는 친국에서 옥남과 춘용의 승복을 받고 처형하였다. 옥남의 나이 17세였다. 2일7에는 정여립과 변숭복의 시신을 저자에 내걸고 백관이 서립序立했다. 이날 정여립의 조카 이진길이 불복 장살되었다. 이때까지만 해도 정여립과 직접 왕래한 도당들만 처형되고, 정여립과 친했던 진신 사류縉紳士類들에게는 아직 손을 뻗지 않고 있었다.

그런데 정여립 집에서 나온 제천문과 일곱장의 임금을 비방하는 문서가 국청에 올려지자 상황은 급변하였다. 분노한 왕은 "평소 정여립을 숭장崇奬하던 자는 모두 잡아들여 문초하라"고 하였다.

② 11월 2일, 고변이 있은 지 한달 만의 일이다. 왕으로 하여금 독기와 분노에 떨게 하여 옥청의 공포 분위기를 형성한 다음, 정철 무리들은 서서히 동인 당여들을 죽음에 몰아넣기 시작하였다. 그 시단이 호남 생원 양천회의 상소이다. 자칭 자기는 호남에 살고 있기 때문에 누구보다도 정여립의 역정逆情에 대

호암서원

해서 상세히 알고 있다고 전제하고, 정여립이 비록 전주 지방에 있으나 "멀리서 조정의 권세를 조종하고 있다"(遙執朝權)고 하여, 이 역모는 기실 조정에 있는 정여립 친교들과 연관된 일이라고 공모 범위를 조정 관원에게까지 비화 확대시켰다. 이 소장에 거명된 사람이 이발·이길·백유양·정언신·정언지 등이며, 이들은 "결사위우結死爲友, 상위심복相爲心腹"이라는 말을 붙여 관계의 친밀성을 강조하고 있다.이에 대해 『일월록日月錄』은 "이 소장이 고변 이전에 나왔다면 몰라도 조헌과 뇌화부동하여 옥사가 방장方張할 때 나왔다는 것은 이상하며, 적어도 군자의 소위는 아닌 비겁한 짓이며, 따라서 누구의 교사를 받고 쓴 것이 아닌가 의심이 간다"고 비판한다.

③ 4일에는 예조 정랑 백유함白惟咸(유양의 사촌 동생)의 고발이 있었다. 여기에는 이발 형제 외에 김우옹이 더해지고, "이 당여들은 제거하지 않으면 편안할 수가 없다"는 말을 강조하고 있다. 이 고발로 백유함은 왕의 칭찬을 받고 사헌부 헌납이 된다. 7일에는 양사에서 정언신·백유양·김우옹·정언지·이발 형제를 척퇴하라는 소청이 올려졌다. 12일에는 친국장에서 정여립의 조카 정집의 입에서 정언신·정언지·홍종록·정창년·이발·이길·백유양 등이 동참자라는 말이 나왔다. 그런데 참으로 모를 일이 벌어졌다. 위관 정철이 오히려 연좌 죄인들을 두둔하고 나선 것이다. 그는 왕에게 "이들은 정여립의 좋은 면만 보고 사귄 것이지 그 악한 면을 몰라서 그랬을 것입니다. 천하에 어찌 두 정여립이 있겠습니까?"하고[21] 완형을 청했다. 이에 이들은 죽음에서 벗어나 멀리 귀양에 처해졌다. 그런데 이를 공초한 정집이 처형될 때, 큰소리로 "내가 요구한 대로 이름을 대면 살려준다고 해서 거짓 고발한 것인데, 왜 약속을 지키지 않고 나를 죽이느냐"고 음모를 토설하고 죽었다고 한다. 참으로 교묘하게 옥사를 사류들에게로 몰아가고 있었음을 알만한 대목이다. 이로 보면 기축옥을 사화라고 보는 것은 이유가 있다고 하겠다.

④ 그러나 이 일이 있은 지 꼭 한 달만에 역옥은 다시 극변하였다. 이발·이길·백유양 등이 거명되고, 이진길이 선산 부사 유덕수한테서 얻었다고 고발하였다. 이에 옥사는 크게 번져 김제 군수 이언길, 선산 부사 유덕수, 참봉 윤기신·유종지 등은 장살되고, 홍가신·이위빈·허당·박의·강복성·김창일 등 수십 명이 삭출금고削出禁錮되었다. 그런데 이 무고도 정집과 마찬가지로 위관 정철 쪽에서 사주한 것이 밝혀졌다. 무고자의 입

을 막으려고 선홍복을 처형할 때, 홍복이 양심 선언을 한 것이다. "내 죄가 죽어 마땅하다. 영선의 말을 곧이 듣고 무고한 사람들을 모함해 죽게 하였으니, 이제 괴한愧恨한들 어찌하겠는가" 하였다는 것이다. 영선이란 의원 조영선을 말한다. "정철이 조영선을 매수해서 선홍복을 사주하게 한 것이다."(『卦一錄』) 이러한 비열하고 극악무도한 위관 정철의 조작에 대해서 김용덕 교수는 "겉으로는 관대한 듯 변호를 하면서, 이면에서는 살육을 교사함이 극에 이르렀으니, 기축옥의 전개는 이와 같은 수법이 관용되었던 것이다"라고 하였다.

5. 기축 옥사를 일으킨 저의
– 이발李潑 가문의 단멸斷滅

알고 보면 기축 옥사에서 가장 큰 참화를 입은 것은 이발 가문이었다. 역모의 괴수 정여립 가문의 멸문은 그런대로 자취지화自取之禍라는 평이 적용될 수 있기 때문에, '성즉군왕成則君王, 패즉역적敗則逆賊'이라는 논리로 보아 역적으로 처형됨은 억울할 것도 없다. 그러나 이발 가문은 다르다. 역괴와 친하다는 이유만으로 동모同謀의 근거도 없이 꾸며진 공초에 의해 대질도 없이 처형한 것은 왕법王法도 수치스러운 일이며, 당한 자 측에서 보면 이런 원통함을 금할 수 없다. 역괴와 친한 것으로 말한다면, 그를 천인한 사람이 이이와 성혼이고, 한때 이이가 말한 쌍벽의 하나가 정철이고 보면, 그들이 먼저 처형되어야 하고, 적어도 피혐하거나 자퇴했어야만 했다. 그런데 그 서인 중추가 그 옥사를 다스리는 위관으로 가진 보복지계報復之計를 다 쓰고 엉뚱하게 옥사를 사화로 끌고 갔으니 천인공노할 일이다. 그러므로 이발 가문에서 보면 이는 송익필의 환천還賤에 대한 혈원血怨 보복과 정철의 이발 형제에 대한 앙갚음의 증오심이 결합해서 이루어진 무옥임이 틀림없다. 『동소 만록桐巢漫錄』에서 "기축옥己丑獄, 용어익필俑於翼弼, 이성어철而成於澈"이라 하고, 『동남 소사東南小史』에서 "송지혈원宋之血怨, 심어동암深於東巖. 기축지옥己丑之獄, 출어송우의出於宋尤疑"라고 한 것은 무옥의 본의를 정확히 짚은 것이라 할 수 있다. 그렇다면 사실은 기축 옥사를 일으킨 궁극 목표는 이발 가문을 멸망시키려는 데 있고, 그 수단으로 정여립의 역옥을 이용한 것이라고 할 수 있을 것이다.

1) 이발 가문의 참화

선조 22년(1589) 12월 18일 선홍복宣弘福의 무고로 다시 잡혀온 이발은 혹독한 고문을 받고 운명하였고, 열 하루 뒤인 29일에는 아우 이길 역시 장살되었다. 큰형 이급李汲도 이때 죽었다고 하니, 이것은 적당수구들에 의한 계획적인 협감 처사挾憾處死임이 틀림없다.

『괘일록卦一錄』은 이발에 대해 다음과 같이 기록하고 있다. "이발은 사람됨이 중후하고 어려서부터 학문에 뜻을 두어 척암 김근공菴金謹恭과 습정 민순習靜閔純에게 배우고, 수우당守愚堂 최영경(1529-1590)과 가장 친했다. 뜻을 굳게 하고 힘써 배워 홍가신 · 허당 · 박의 · 윤기신 · 김영일 · 김창일 · 김우옹과 동지지우同志之友가 되어 모두 원대遠大를 기약하였다. 알성 문과에 장원하자 화문이 자자했고, 막바로 전랑에 배해지자 사론士論을 부식扶植하고, 조정암의 구정을 회복하고자, 경연을 출입하면서 매양 왕도를 진달陳達하고, 기강을 떨치고, 사정邪正을 분명히 하는 것으로 책무를 삼았다. 처음에는 우율牛栗과도 교분이 있었으나(그의 銓郞은 栗谷이 薦引한 것임), (동서 분당 후) 조금도 구합苟合하지 않아 사이가 점점 벌어지고 서인들의 심한 미움을 받았다. 이에 시사時事가 뜻대로 되지 않음을 알고, 부제학으로서 인물의 사정을 극론하는 글을 왕에게 올리고 고향으로 물러났다. 아우 이길도 응교 벼슬을 버리고 함께 낙향하였다. 형과 학문 처신이 같아 지나치게 강직한 것이 흠이었다. 역변이 사림 중에서 일어나자, 화를 면하기 어려울 것이라는 것을 알고 조용히 올라와 교외에서 대죄하다가 국청에 끌려왔다. 왕이 "너는 왜 벼슬을 그만 두었느냐?" 묻자 발은 "늙은 어머니 때문입니다. 다행이 큰형 급汲이 은허恩許를 입어 정읍에서 어머니를 봉양하므로 아우 길과 상경한 것입니다"하자 왕이 웃으면서 "늦었다"고 하였다. "발의 형제는 넷이다. 막내가 직인데, 복자卜者가 직은 길하나 삼형제는 모두 흉하다고 하였다. 직은 일명一名도 이루지 못하고 요절하고, 발과 길은 명사가 되고, 급도 음보蔭補로 벼슬을 하여 모두 길상하다고 하고, 복자의 말을 믿지 않았는데, 이에 이르러 모두 신복하였다." "김응남金應南(좌의정)의 아들 명룡命龍과 홍가신洪可臣(판서)의 아들 절이 길의 사위다. 처음에는 화가 미칠 것을 두려워서 이혼을 하려 하였으나, 명命이라 여기고 그만 두었다. 길의 사위 두 사람도 장하杖下에서 불복하고 죽었다." 그야말로 삼족이 멸망당한 것이다.

2) 이발 노모와 치자稚子의 참살: 기축 참옥의 극치

이발 삼형제를 모두 죽였으니 이것으로 복수극은 마칠 줄 알았다. 그런데 다음 해(선조 23년 1590) 5월, 이발 형제가 처형된 지 반년 만에 적당 원수들은 마침내 이발 가문의 씨를 말릴 음모를 꾸며 끝내는 노모·치자稚子·가인·문생·고리故吏까지 모조리 장살하는 수성만악獸性蠻惡을 저질렀다. 이해 5월에 채지목 등의 투소投疏가 들어왔다. 내용은 김극조金克秕가 일찍이 광양원으로 있을 때, 군기軍器를 많이 만들어 이발 형제의 역모(不道)를 도왔다는 것이다. 이 고발이 있자, 14일에는 이발의 나머지 식구인 노모·치자·가솔 들 모두를 붙잡아 처형하였다. 86세 된 어머니 윤 부인과 열 살의 아들 만귀萬貴는 압사장살壓沙杖殺되었고, 3살과 5살 어린 아이들은 자루에 넣어 박살하였다. 사람으로서는 할 수 없는 이 참경을 보고 옥리들도 모두 고개를 돌리고 울음을 터뜨렸다고 한다[22].

『일월록日月錄·기축록己丑錄』에는 이 당시의 참상을 다음과 같이 적고 있다 "발의 노모가 형장에 임함에 불연히 꾸짖기를 '형법의 남용이 너무 지나치지 않느냐? 내 자식이 어찌 이런 죄를 지을 수 있단 말인가?' 하였다. 또한 아들은 말하기를 '아버지의 평소 가르침은 들어오면 부모에게 효도하고 나가면 군국君國에 충성하라 하셨지 역적의 일은 들어본 적도 없다'고 하였다"고 한다[23]. 이 말을 들은 왕이 노하여 "이런 말이 어찌 이 아이 입에서 나온단 말이냐" 하고 장살을 명하였다. 이로 보면 국청에 임한 왕 자신도 이미 이성을 잃고 감정에 치우쳐 옥사를 처리한 것이 틀림없다. 그러지 않고서야 어찌 순진한 어린 아이이고, 입효출충入孝出忠을 말했는데도 아무리 역모 가담죄로 처형된 죄인의 자식일지라도 가상히 여기지 못할망정, 그 말을 하였다고 오히려 장살을 명하는 것은 왕 스스로 윤상倫常을 부인하는 실성한 작태가 아닐 수 없다. 뒷날 당시의 문사랑이었던 이항복은 다음과 같은 차마 못할 말을 왕에게 올렸다 "정적鄭賊과 상친相親하다는 이유로 장하杖下의 죽임을 명할 수 없었던 것은 차치하고, 팔십 노모를 연좌시켜 고사拷死한 것은 성세聖世의 큰 누累가 아닐 수 없습니다. 신은 죽기 전에 이 말씀을 꼭 드리고 싶었습니다"라고 하였다. 문사랑의 입에서 이 말이 나왔다면 당시의 치옥治獄이 얼마나 이성을 잃은 남살濫殺이요 만행이었음은 부인하지 못할 사실이 아닌가?

이 국정鞫庭에서 고변 화수禍首 김극조와 이길의 두 사위·문생·고리故吏·노복 10여 명이 한 사람도 구차한 말 한 마디도 하지 않고 불복한

자산서원

채 조용히 취형就刑하였다. 가히 이발 가문의 효우 신의孝友信義가 얼마나
장중하였는지를 실증할 수 있는 광경이라 하겠다. 종장은 비극적이었으나
그의 여운은 아름다운 이야기(佳話)가 아닌가? '비극의 황홀'이라는 말이
있고, "의중어태산義重於泰山 사경어홍모死輕於鴻毛"라는 말이 있다. 죽음
앞에서 일호의 흩어진 언행 없이 죽임에 임한다는 것이 어찌 쉬운 일이겠
는가? 이발 형제와 같이 글 읽은 선비로서야 당연하다고 하겠지만, 노모
와 치자로서는 어려운 일이고, 특히 노복들의 순명은 더더욱 어려운 일이
아닐 수 없다.

　그리고 이러한 멸문 참살이 송익필이나 정철의 혈원 보복의 소치라는
것을 짐작할 수 있는 것은 다음의 사례가 있기 때문이다. 전라도사 조대
중이 추형追刑되었다. 조대중이 임사臨死에 시 한 수를 지어 집관들에게
주었는데, "지하에서 만일 비간을 따라 간다면, 외로운 혼은 오히려 웃음
을 머금고 슬퍼하지 않으리"(地下若從比干去, 孤魂含笑不須悲)라고 하였다.
이 시는 마침내 왕에게 올려지고, 왕은 또 한 번 진노했다. 말하자면 조대
중의 처형으로만 끝날 수 있었는데, 그 시로 말미암아 화가 가솔에게까지
미치게 되었다는 것이다. 왕은 이성을 잃고 "조대중의 처 첩 자 녀 제 질
을 모두 잡아들이고, 조대중을 육시 처참하라"고 특명을 내렸다. 조대중

의 처첩이 잡혀와 압슬형을 받았다. 이 때 위관과 금부 당상이 "역적과 호역은 그 죄의 경중이 다릅니다. 지금 호역으로 대중을 처리하면서 그 처첩까지 형을 가하는 것은 형정의 대체에 어긋납니다"라고 아뢰어, 조대중의 가솔을 풀어 준 일이 있다. 이로 보면 이발 가의 노모·치자·가인·노복들도 형벌의 공평상 의당 면형되었어야만 한다. 그럼에도 불구하고 죄인 당사자들보다 더욱 목불인견할 참독慘毒한 혹형을 가했다는 것은 사사로운 원한을 갚기 위한, 왕명을 가탁한 예정된 복수극이었음을 증명하는 대목이라고 할 수 있다.

6. 기축 옥사의 사화로의 전변
– 처사 최영경의 고략拷掠과 사림의 반발

선조 23년(庚寅) 2월, 사헌부에서 "전사축前司畜 최영경이 역적과 가장 친후親厚한 자이니 삭탈하라"는 글이 올라 왔다. 왕이 불허하였다. 이전의 수법처럼 겉으로는 관대하게 구해주는 척하다가 실지로는 음모를 꾸며 함정에 몰아 죽이는 교묘한 옥사를 다시 일으킨 것이다. 조대중·유몽정 등의 처형으로 전라도 일대의 동인 인물을 거의 다 죽인 뒤에[24], 이번에는 타망打網을 서울과 진주 쪽으로 돌린 것이다. 정철 등 서인들은 이발 가문의 멸문만으로는 동인 세력의 뿌리를 철저히 제거한 것이 못되니, 그 소굴의 중심 인물인 최영경을 제거해야 비로소 발본색원이 된다고 보았기 때문이다. 마른 하늘에 벼락이라고 할까? 정여립의 역모를 배후에서 조종, 신출귀몰하는 인물이었으니 그가 길삼봉이라는 소문이 경향 각지에 떠돌고 있었는데, 그가 바로 수우당守愚堂 최영경이라는 고발이 들어와, 처사 최영경을 왕정에 잡아 온 것이다. 실로 상상하기 어려운 무날誣捏

곤재 정개청 선생 시비

115

수법이 마지막으로 펼쳐진 것이다.

다행히 최영경에 대한 옥사 기록은 당시 추관推官의 한 사람으로 깊숙이 그리고 소상하게 옥사 진행 과정에 관여했던 이항복(1556-1618)이 직접 쓴 기록이 그의 문집에 실려 있기 때문에 비교적 정확하게 개모槪貌를 파악할 수가 있다. 특히 이항복의 수기에 의하면, 그의 옥사에 임하는 입장과 처리 기준이 정철과 이견을 지녔던 부분이 밝혀져 있으므로, 옥사 처리 당시에 이미 정철의 처사가 공정치 못하였음이 드러나 있어 여간 귀중한 자료가 아닐 수 없다. 그 기록을 요약하면 다음과 같다.

"이항복의 「기축옥사의己丑獄事議」에 의하면, 당시 이항복의 입장과 처리 원칙은 역적이면 역적이고 아니면 아니다 라는 시시비비, 시비결시 이분론是非決是二分論을 취하고 있다. 그래서 그는 정여립의 역모는 역모로 처리하지만, 그와 친하다는 이유로 많은 사류들을 망타網打하는 것에 반대하였다. 그는 "진신 간에서 하나의 정여립이 나왔다는 것이 이미 성조聖朝의 수치인데, 왜 둘 셋의 많은 정여립을 만들려고 하느냐 '진신지간搢紳之間, 출일여립出一汝立, 이시대변己是大變. 부개유양여입호夫豈有兩汝立乎'"라고 하였다. 가담한 증거도 없는데, 동조했다고 단정하는 것이 평소 사귀면서 오고간 사적인 서신뿐인데, 그곳에 언급된 말만 가지고 역모의 공모로 몰아서는 안 된다는 말이다. 그래서 정여립의 역옥은 정여립으로 끝내야지 그것을 기화로 다른 효과, 즉 당색이 다르고 평소 의견이 다르고 사혐을 품었다고 해서 그것을 갚기 위한 옥사 확장을 반대하였던 것이다. 이항복은 당시 당색은 서인이었다. 그러나 그의 입장은 초당적으로 공정하였고, 그의 원칙은 취사논사就事論事, 취리논리就理論理라는 문제 자체만을 논하자는 단순화 주의였다. 다음은 그의 입장을 밝힌 글의 일단이다. "역적이란 개념은 알기 어렵지 않다. 역모를 했으면 역적이고 역모를 하지 않았으면 평인일 뿐이다. … 발潑 등은 평일에 역신을 끌어 들여 현직顯職에 오르게 하였으니, 역모 사건에 연루되어 죽은 것으로, 이는 세勢이다(이는 진실의 理가 아니라, 당시 상황과 정서로 작용한 사事요 사정私情이라는 의미) 그러나 조정의 법으로 논하자면, 마땅히 사실의 유무를 물었어야지, 세에 좌우되어 죽임에 처하게 한 것은 부당하다. 나는 아직도 당시 국청에서 의계議啓한 것을 기억한다. 사실이 없으면 역모에 공참한 것이 아니고, 역모에 공참하지 않았으면 범신凡臣이다. 무엇을 더 간택할 것이 있는가?"

이 얼마나 공정하고 명쾌한 계의啓議인가? 그러나 그는 문사랑으로 건의권은 있어도 결정권은 없었다. 그러나 후세에 이 문제를 거론할 때는 자신도 도매금으로 팔려 만고의 시비총중에 휩싸일 것을 염려하였기 때문에 문서로 남기고자 한 것으로 보인다.

왜냐하면 그는 특히 후세에 문제가 크게 벌어진 것으로 최영경의 무옥처리에 가담했었기 때문에 최영경 무옥에 대해서는 소상하게 기록하고 있다. 그의 「기기축옥사記己丑獄事」의 전반문前半文은 다음과 같다.

"기축 역옥이 일어나자 모두들 적당으로 길삼봉吉三峯이 상장이고, 정팔룡과 정여립은 그 다음이라고 떠들었다. 이에 조정에서는 길삼봉을 잡아들이라는 명을 각 도에 내렸다. 각 도에서 잡혀온 사람이 부지기수였다. 적당 가운데 이기와 이광수 등이 있었는데, 그들은 다음과 같이 말하였다. 전주 길삼봉 집에 가보니 삼봉의 나이는 60가량이고 얼굴은 쇳빛이며 중키에다 조금 뚱뚱하더라고 하였고, 혹자는 삼봉의 나이는 30가량이고 키가 크고 호리호리하였다고 하며, 혹자는 나이가 50가량이고 수염이 길어 배꼽까지 닿고 얼굴이 희고 길었다고 하였다. 그 후 적당 김세겸은 삼봉은 상장이 아니라 적당의 졸개로서 진주에 살며 나이는 30가량이고 하루에 300리를 간다고 하였다. 또 어떤 적당은 삼봉은 나주 사족士族이라고 하였다. 마지막으로 박문장이라는 자는 삼봉은 성이 길吉이 아니라 최삼봉崔三峯으로서 진주 사노라고 하였다. 얼마 후 외간外間의 소문이 분분하였다. 삼봉은 진주에 살고 나이가 60정도이며 얼굴이 쇳빛이고 호리호리하며 수염이 배에 이르고 키가 크다라는 말로 집약되어 삼봉이 곧 진주의 최영경이라고 지적하는 자까지 나왔다. 또 어떤 자는 다음과 같이 구체적으로 증명까지 한다. 지난 해 한 선비가 전주 만장동을 지나 보니, 적賊 만여 명이 모여 활쏘기를 하는 데, 최영경이 수좌에, 정여립이 차좌에 앉아 있더라고 하였다. … 나는 이 말을 듣고 괴이하고 의심을 품었다. 그런데 여러 가지 각기 다른 형용 중에는 상통되는 점이 있어 하나로 모으면 최영경으로 집약될 수 있고, 실지로 적도 중에는 막바로 최영경이라고 공소하는 자도 있었다. 이에 나는 이 국옥鞠獄에 무슨 곡절이 있음을 깨달았다. 즉 교묘하게 함정을 만들고 최영경을 삼봉으로 뒤집어 씌워 몰아넣으려고 먼저 낭설을 퍼뜨려 사람들을 소문에 익숙하게 한 다음 고발하려는 계책인 것 같았다.”

　“최근에 제원濟原 찰방이 이를 전라감사에게 고하고, 감사는 비밀리에 경상 우병사 양사영에게 이첩하고, 양사영은 이졸吏卒을 풀어 최영경을 체포하고, 집을 뒤져 이황종 편지 속에 극도로 시정時政을 비판한 것이 있어서, 이것으로 인해서 역옥은 사림의 화로 번졌고, 옥사는 더욱 확장 증대되어 조야가 숨을 죽이는 지경에 이르렀다. 이때 나는 문사낭청問事郎廳이 되었고, 정철은 위관이 되었다. 하루는 정철이 뒤채에서 쉬면서 나를 불러 최옥崔獄에 대해 물었다. 나는 평소 이 옥사에 대해서 불만이 있었으므로 ‘옥사가 일어난 지 벌써 해

자산서원

가 바뀌었는데 이제 와서 영경을 삼봉이라 지목하고 근거없이 유언비어만 믿고 처사를 가두었으니 불행하게도 만일에 죽으면, 필시 공론이 일 터인데, 상공은 그 책임을 어떻게 지시겠습니까?’ 라고 대답하였다. 정철이 크게 놀라 ‘나와 영경은 비록 평소 의견이 맞지 않아 서로 불편한 관계이었던 것은 사실이지만, 어찌 그를 해치는 데까지 이르게 하겠는가? 이는 본도本道의 와전訛傳에서 나온 것이니, 나와 무슨 상관이 있단 말인가?’ 라고 하였다. 나

는 다시 ‘그의 무근함을 알면서도 좌시불구하는 것은 추관推官의 도리가 아니지 않는가? 이름하여 역옥이라 하면서 죄수가 너무 많아 추관이 일일이 심리하기도 어렵고 특히 영경은 죄수 중에서도 더욱 무근無根한 자요, 그는 효우로 이름난 처사인데, 왜 구출하지 않는가?’ 라고 하였다. 그러나 정철은 ‘내가 마땅히 극력 구해救解해야지’ 라고 하였다.”

"그 후 다시 국청이 열렸는데, 영경이 간략하게 시사 문제와 정철 및 우계와 의견이 갈라져 모함을 받는 이유를 진술했다. 국청이 끝나자, 정철은 뒤채에서 급하게 나를 불러 가보니, 정철은 화가 난 기색으로, '그대도 공사供辭를 들었겠는데 그게 무슨 말인가? 그대의 최공崔公은 심히 불쾌하다'고 하였다. 나는 웃으면서 '나와 영경은 평소 모르는 사이인데, 어떻게 그대의 최공이라고 말할 수 있는가? 상공이 화

자산서원

가 난 것은 시사를 언급한 것 때문이 아닌가?' 라고 하자, 정철은 그렇다고 하였다. 나는 다시 '그러면 상공은 처음부터 영경을 몰랐단 말인가? 영경이 시배時輩들과 다른 것은 무엇인가? 그의 논의가 같지 않다는 것이 아닌가? … 그것을 엄한 국청이라고 해서 구차스럽게 이왕의 일을 다 묻어 두고 구구한 아첨의 말로 면죄부를 받으려 한다면, 그것이 어찌 영경이겠는가? 영경으로 말하면 그 공사供辭가 지금이나 처음이나 변함이 없다는 것이다. 이것이 그를 높이 살만한 일이거늘, … 그러나 이런 것은 논할 것이 없고, 문제는 그가 길삼봉이냐 아니냐 하는 것이다. 논의가 다르다는 것이 이 옥사와 무슨 관계가 있단 말인가?' 라고 하였다. 이에 정철은 환히 웃으면서 '공의 말이 맞다', '내가 그것을 미처 생각하지 못했다'고 하였다."

그 후 정철은 유성룡을 끌어들여 구해救解를 하는 척하였다, 그러나, 마치 이발 형제 등을 풀어주었다가 다시 얽어 넣어 죽인 수법대로, 최영경은 다시 나국拿鞫되어 끝내 옥사하였다.

『혼정록混定錄』에 의하면, 정철은 성좌省坐에 앉아 최영경을 가리키며 저 놈이 나의 목을 이렇게 자른다고 하면서 손으로 자기 목을 그으며 크게 웃었다. 그러자 유성룡이 "여기는 희언할 자리가 아니라" 하니, 정철은

"그래서 사람들은 유성룡은 근신한 군자고, 나는 희망戲妄한 군자라고 하는 것을 아는가? 근신과 희망戲妄이 비록 다르지만 군자이기는 마찬가지가 아닌가" 하였다. 그리고 이산해를 돌아보며 하는 말이, "나의 이 말은 장난이 아니다. 만일 내가 영경을 구살殺할 때 사실로 나타날 것"이라 하였다고 한다. 위의 여러 기록들은 정철과 성혼이 최영경을 구살했다는 피할 수 없는 철증鐵證이라고 볼 수 있다.

그런데 특히 이항복의 양심 선언 같은 기축 옥사에 관한 글은, 문집을 재간하면서 고치고 첨삭하여 그 내용이 백팔십도 바뀌었다, 오히려 정철과 성혼이 최영경을 살리려고 힘쓴 것처럼 만든 것이나, 처사 최영경을 죽인 죄의식과 세상의 공론이 얼마나 무서웠으면, 그것을 교묘히 피해서 서로 책임을 전가하고, 그것도 모자라서 문집의 조상 문자를 날조 하였을까?

여기서 후세를 경각시키기 위해 이항복의 「기기축옥사記己丑獄事」가 날조 증편된 시말을 밝혀둘까 한다. 이는 이미 허목과 윤선도의 글에서 적시摘示되기 때문에 이미 알려진 일이고, 그렇기 때문에 『연려실기술』 편저자도 앞 부분의 반(앞에서 번역한 부분)만 싣고 뒷부분 반은 삭제하였으며, 그 이유로 허목의 「수우유사守愚遺事」를 인용하고 있다.

이항복의 기축옥사 문자는 서로 필사해서 전해졌던 것 같다. 그런데 강릉에서 『백사집白沙集』 초판본을 낼 때, 이는 서인들 특히 정철과 성혼에게는 불리하니까, 아예 빼버리고 싣지를 않았다. 「가장家狀」·「행장行狀」 등에도 기축옥사의 문사랑을 했다는 직함만 나오고 내용이 없다. 그런데 원숭이도 나무에서 떨어진다고 하였던가? 기축옥사의 구살을 단적으로 증명할 만시挽詩가 있었는데, 그만 이것을 모르고 문집에 싣고 있다. 그것은 이항복이 구살된 정언신의 아들 정율의 죽음을 애도하고 참회, 자책하는 만시挽詩이다. 그 내용은 이러하다. "대저 생명이란 잠깐 왔다 가는 것, 뉘라서 일찍 죽고 오래 삶을 말하랴? 저 오면 곧 가는 것의 이치를 나는 먼저 알았노라. 그러나 그대를 위해 이렇게 애통해 하니, 속세의 정을 끊을 수는 없구려. 입이 있어도 속 시원하게 말 못하니, 눈물을 삼키면서 흐느낄 뿐이라오. 누가 예리한 가위로 나의 가슴을 이렇게도 아프게 찌르는가?"(鄭慄挽. 大抵本如寄, 誰將論久速? 其來卽是歸, 玆理吾先燭; 然且爲君哀, 所未能免俗; 有口豈復言, 有淚不敢哭; 撫枕畏人窺, 吞聲潛飮泣; 誰持快剪刀, 痛割吾心曲?!) 이 시의 내용 정서로 보아, 그를 죽게 한 추관으로서 죽은 친구에게 마지막 보내는 양심 선언 즉 사죄의 글이 아니고 무엇인가? 이 시를 보고 사림은 놀라고 특히 정철과 성혼의 자손을 위시한 서인들은 경악을 하였다.

그러면 이 시는 어떻게 세상에 알려지게 되었는가? 고산 윤선도(1587-1671)의 유고에 의하면, "기축 역옥 때 상신 정언신이 체포되었다. 그의 아들 율이 아버지의 원통함을 호소하다가 분사憤死하였다. 아무에게도 만장을 구할 수 없고, 또 감히 만장을 쓸 자가 없었다. 이항복과 율이 지분知分이 있었고, 또 옥사의 문사랑으로 있어서 누구보다도 지원극통至冤極痛함을 아는지라 만시를 보냈는데, 이를 광중壙中에 같이 묻었다. 그 후 율의 아들이 장성하여 천장遷葬하느라 무덤을 열었더니, 이 시가 나온 것이다"고 한다. 이 시가 나오자 사림은 들끓었다. 이에 당황한 정철의 아들 홍명(1592-1650; 송익필과 김장생의 문인)등이 이 시를 삭제하고, 강릉의 판본에 없었던 「기기축옥사記己丑獄事」 뒷면에 마치 백사의 글인 양 이어서 날조된 글을 첨가해서 간행하였다. 내용은 전반부와는 전혀 다르게, 정철이 선류善類들을 구하느라 노력했다는 내용이다. 이것을 분간하지 못할 사림이 아니었다. 당시 남인의 영수인 허목과 윤선도가 이를 규탄하고 나온 것이다. 서인 측에서는 모함이라고 하면서 왕에게까지 억울함을 풀어달라고 호소하였으나, 누가 속아 넘어 가겠는가? 글을 읽어보면 날조된 것이 명약관화하기 때문이다.

7. 기축 옥사의 반전

1) 정철의 실각과 동인의 반격

선조 23년(1590) 10월, 최영경이 옥중에서 죽자, 그때까지 숨을 죽이고 있었던 사류들이 더 이상 피해를 보고만 있을 수는 없다는 기세로 역옥 구무자들, 특히 그 괴수 모주라고 할 수 있는 정철을 공격하고 나섰다. 실로 역옥이 일어난 지 장장 1년 만의 반전이었다. 처음 탄핵소가 올라갔을 때에는 왕의 뜻이 쉽게 움직이지 않았으나, 선조 24년(1591) 6월 23일에 대사헌 이원익, 집의 김륵, 장령 조인득과 윤담무, 지평 이상의와 정광적, 대사간 홍여순, 사간 권문해, 헌납 김민선, 정언 이정신과 윤엽 등 양사의 관원 모두가 이른바 복합 상소를 올렸다. 예기치 못한 양사의 복합 상소에 왕은 당황하였다. 그 내용은 "전 영돈영 정철·백유함·유공진·이춘

자산서원

영 등은 서로 파당을 만들어 조정을 혼란으로 몰아 넣고, 이를 틈타 이당異黨 혐인嫌人을 모함하여 죽이고자 호남 유생을 사주하여 상소문과 공초에 명경名卿 석유碩儒들을 끌어넣어 사류를 도륙하였다"는 것으로, 그간 역옥 사건의 구무 내막을 상달한 것이다. 이에 왕은 더 이상 정철을 두둔할 수 없어서, 그를 멀리 귀양 보내라고 하였다.

왕이 뜻을 돌려 점차 기축 옥사에 대한 처리를 후회하는 기미를 보이자, 양사는 더욱 정철 등의 흉죄를 폭로하면서 압박하였다. 왕은 "정철의 다른 죄는 고사하더라도, 그가 호남 유생들을 사주하여 구무소를 올리게 해서 일대 명경 사대부들 가운데 자기와 다른 자를 모두 역당으로 얽어 넣어 모두 도륙하려 하였다. 그러나 그 세가 궁하고 말이 딸리자 마침내는 일간까지 사주해서 임금인 내게까지 협제脅制해가며 자기의 사혐을 갚았으니, 이는 옛 간신사에 찾아 보아도 유례가 없다. 그 마음의 참독함이 사람의 기를 막히게 하도다"고 비답을 내렸다. 이러한 왕의 비답으로 판결은 끝이 났다. 그리고 남은 것은 정철 등 간신들을 처형하고 억울하게 역모로 몰려 죽거나 내쳐진 사류들을 신원 복권하는 일이다.

이때의 서인들의 곤혹상과 정철의 후회 막급하는 모습을 『연평일기延平日記』에서는 "처음 정철이 역변을 듣고 고양으로부터 입경할 때, 이귀와 신경진이 함께 정철을 찾아가서 옥사를 공평 진정鎭定하게 다스릴 것을 건의하면서, '망사亡師(율곡 이이를 가리킴)께서 대감을 아끼셨는데, 만일 오늘의 처사가 사류를 실망시키면, 그 누가 망사에게 미칠 것입니다'라고 하였다. 그런데 정철이 위관이 되면서 옥사를 확장하고 무고한 사람을 남살하는 등 이성을 잃은 처사를 하자, 이귀는 수개월 동안 정철을 찾지 않았다. 하루는 길에서 만나게 되었는데, 이귀가 외면하자 귀에게 이속吏屬을 보내서 꼭 만날 것을 청하였다. 이에 귀는 '성문준(우계 아들)과 함께 찾아가 시사時事를 극언하며 공이 우리의 말을 듣지 않아 일이 이 지경에 이르러 그 누가 망사에까지 미쳤으니 한이 됩니다'라고 하였다. 정철은 묵묵히 듣기만 하고, 후회 막급이라고 탄식하였다"고 기록하고 있다.

2) 최영경의 신원

이화羅禍 인물에 대한 신원 복권은 역옥 진행 순서의 역순으로 이루어졌다. 신묘(1591) 9월, 강해와 양천경(최영경을 무고한 자)의 옥사로 최영경이 무고로 죽은 것이 밝혀지자 이들은 처형되고, 부제학 김성일의 최영경 설완소雪寃疏가 받아들여져 최영경은 신원 복직되었다. 갑오甲午(1594) 5월, 권유의 추증소追贈疏에 의해 대사헌으로 증직되고, 그 뒤 왕이 사죄하는 뜻으로 뇌사비까지 세워졌다. 이에 앞서 계사癸巳 12월에 정철이 죽었다. 정철은 강계로 귀양갔다가 임진 왜란이 일어나자 소환되었다. 말하자면 혼란스러운 난리통에 슬그머니 복권된 셈인데, 갑오 5월 20일, 최영경이 추증 신원되면서 정철의 관직은 추탈되었다.

이렇게 정여립 역옥에서 마지막 죽임을 당한 최영경의 신원은 1년 만에 이루어지고 4년 만에 추증까지 되었는데, 이른바 호남 육현六賢 즉 이발·이길·정개청·유몽정·조대중·이황종 등의 신원 복직은 쉽게 풀리지 않았다[25]. 여기서 비록 육현은 아니지만, 잠시 백유양에 대한 유사를 살펴보고, 호남 육현에 대한 유사遺事의 특징을 적시해 볼까 한다.

백유양은 수원 사람이다. 부사 인호의 아들, 을사 명현 인걸의 조카이다. 문과에 급제하여 관이 부제학에 이르렀다. 사정邪正이 분명하고 논의가 강직하였으며 현사賢師들과 노닐었다. 정여립 문서 가운데 "내 아들이 자네 아들이다", "정철은 오국소인誤國小人이다"등을 기록한 편지 여러 장이 나왔기 때문에, 모역 동참으로 몰려 죽었다. 아들 진민이 역옥 초에 무날誣捏이라는 소를 올리려다 붙잡혀 죽었다. 아우 여민與民도 당숙 백유함의 밀고로 장살되었다. 부자가 모두 죽은 복소지화覆巢之禍를 당한 것이다.

백유양 가문의 단멸도 이발 사문의 종장과 같이 정철과 백유함의 악랄하고 잔인한 구살극이있다. 백유양의 네 부자가 모두 죽자, 죄를 지을까 두려워서 아무도 장사를 지내주는 사람이 없었

자산서원

는데, 서얼이 나타나 지성을 다해 치상을 하였다. 백유함이 이를 보고 "네가 누구냐"고 묻자, "백유양의 서자"라고 대답하였다. 그러자 백유함이 "그러면 왜 나에게 찾아와 인사하지 않으냐"고 호통을 치자, 서자는 "궁경천물窮卿賤物이다 보니 미처 찾아뵙지 못해 죄송합니다"라고 하였다. 백유함은 후환을 염려하여 그 서자를 역적 치상죄로 얽어 장살하였다. 종형제간이요 당숙질 사이에서 일어난 골육상잔이 이토록 참극을 빚고 만 것이다.

육현 가운데 이발 형제에 대해서는 앞에서 많이 언급되었으므로 여기서는 뒤 사현四賢들에 대해서만 살펴보고자 한다.

3) 호남 육현의 신원伸寃

① 유몽정柳夢井: 문화인이다. 호는 청계淸溪, 부제학 희저의 손자이다. 생진시에 합격, 유일遺逸로 집의를 거쳐, 기축옥사 때 남원 부사로 잡혀와 죽었다. 아들 호는 소청으로 신원되었다

② 정개청鄭介淸: 철원인이다. 호는 곤재困齋, 유일로 전생시주부에 배주되고, 「도덕립본설道德立本說」을 써 올렸다. 곡성 현감으로 나갔다가 사귀辭歸하여 학문에 전념하였다. 호남 제일의 대유大儒로 꼽힐 만큼 박학하고 특히 예문에 밝아 학자가 운집하였다. 영의정 박순의 경중敬重을 받았다. 일찍이 선조가 일본이 쳐들어올 것을 걱정하여 군신들에게 만일을 대비해 누구를 장수로 삼으면 좋겠냐고 묻자, 영의정 박순은 정개청을 추천하였다. 그는 유술儒術로 명망이 높을 뿐 아니라, 실은 병법에도 밝은 장재將材라고 극구 칭찬하였다.

그가 기축옥에서 죽게 된 것은 정철을 "속 마음을 감추고 거짓 행동을 일삼는 사악한 자"(節情僞行, 非正人也)라고 평하여 정철의 미움을 샀기 때문이다. 나주 사람들이 그가 정여립과 통래하였다고 고발하여 잡혀와 죽었다. 정개청이 나주 훈도를 지내면서 많은 교화를 폈는데, 그 제자들에 의해 모함을 받고 죽은 것이다. 그러나 정개청의 죄목에는 다른 이화자罹禍者와는 달리 일종의 문자옥文字獄의 성격을 띤 것이어서 주목된다. 정개청이 죽은 뒤 유성룡은 임금에게 "정개청은 평생 경술행의經術行義로 자려自勵했는데, 우연히 논저 하나 때문에 멸신에 이르렀다"고 아뢰었다.

문제가 된 논저는 『동한 절의 진송 청담설東漢節義晉宋淸談說』인데, 그

요점은 다음과 같다. 동한 절의의 병폐가 생기자 그의 반작용으로 위진 시대의 청담 淸談이 생겨나 급기야는 오호십육국의 난을 불러들였다는, 이를테면 절의와 청담의 말폐를 거론한 것이다. 이것은 뒤에 『주자 어류 朱子語類』를 보다가, 주자가 정이천의 말을 빌어 진송 청담이 동한 절의의 말폐에서 나왔다고 한 대목이 있어, 이를 저술로 논설한 것이다. 이리하여 서인들 즉, 기축 옥사를 다스리는 자들에 의해 '배절의론排節義論'으로 확대 해석되어 결국 역적 행위를 음으로 선동하거나 두둔하는 불순한 글이라 하여 처형된 것이다. 정여립의 「제천문祭天文」과 맥을 같이 하는 문자로 국시론의 문제까지 일어났던 것이다. 그리하여 정개청을 "개청은 아직 반역하지 않은 여립이요, 여립은 이미 반역으로 드러난 개청이다"(介淸未及之汝立; 汝立已反之介淸)라는 극언으로 평하였다.

③ 조대중曹大中: 창녕인이다. 호는 정곡鼎谷, 봉사 세 명의 아들이요, 이황의 문인이다. 문과에 합격하여 전라도사로 갔다가, 정여립의 역모로 무고되어 죽었다. 임사臨死에 추관推官에게 준 시문이 말썽이 되어 참시의 화를 입은 일은 앞에서 밝힌 바 있다. 그런데 그가 왜 정철에게 미움을 받게 되었고 어떻게 구무되었는가는 다음과 같다. 조대중은 학행이 강의한 사람으로 정평이 나 있었다. 정철과는 같은 도道에 있으면서도 상종하지 않았다. 조대중이 문과에 급제하자, 정철이 그를 만나고자 하였으나 끝내 거절하였다. 이것이 정철의 미움을 사게 되어 역옥이 일어나자 얽어 넣어 죽인 것이다.

처음 조대중이 도사로서 순시하는 도중에 보성에 이르러, 역변 소식을 듣고 나서 대동하던 관기를 보내며 서로 눈물을 흘린 것이 정여립을 위해 조상하고 행소行素하였다는 소문으로 퍼져 대간의 고발을 받고 장폐杖斃되었다. 이에 대해 황신이 진위도 가리지 않고 마구 잡아다가 죽이는 것은 너무하다고 항의하고, 만일 조대중이 길사吉士라면 역적과 망교妄交한 것을 후회하고 그랬을 것이고, 간인이라면 역적과 친하다는 것을 숨기기 위해서도 눈물을 보였을 리 없다고 하였다. 대간은 잡아오자마자 죽인 것이다. 또한 담양 부사 김여물이 토포사討捕事로 화순 조대중의 집에 들린 적이 있는데, 마침 정여립이 자살했다는 소식을 듣자, 조대중은 국적國賊이 죽었다고 하니 우리 오늘 술을 실컷 마셔보자며 서로 대취한 일이 있었다. 조대중 초招에 증거로 이 일을 말했는데, 의주 목사로 부임하려던 김여물이 이 사실을 증명하고자 금부를 찾아 갔으나 금부에서 들어주지 않았다. 이로 보아 정철은 미리 죽일 작정을 하고 있었던 것이다.

④ 이황종李黃鐘(자료 부족으로 잠차치론暫且置論)

이상 호남 육현의 신원은 최영경의 신원 증작에 비해 늦은 편이다. 호남 유생들은 일찍부터 신원의 소를 올렸으나 뜻을 이루지 못하였고, 광해 원년(1609)에 이르러서야 삼사가 움직였고, 인조 3년(1625)에 가서야 이발과 정개청 등이 신원되고, 백유양·유몽정·조대중 등은 그보다도 더 늦게 신원되었다. 역변이 일어나 억울하게 죽은 지 35년이라는 한 세대를 지내고 나서야 천일天日을 보게 된 것이다.

8. 기축 옥사가 남긴 과제

1) 정여립의 사상

정여립의 사상은 재평가되어야 한다. 정여립의 반역 문제는 아무도 다시 거론하지 못한 채 조선조를 마감하였다. 즉 정여립은 조선조의 모반자라는 낙인을 끝내 지우지 못했다는 것이다. 만일 지하에 고혼이 있다면, 이를 슬퍼하고 후회하고 사죄하는 정을 지니고 있을까? 그의 생전의 문자와 언행으로 보아, 그의 고혼은 결코 후회도 없고 슬플지라도 조선조에 대해 사죄의 정을 더더욱 가질 리 만무하다. 오히려 그는 자기 소신이었던 진정한 유교 정치로써 선양제도禪讓制度·선현흥능제도選賢興能制度·조민벌죄弔民伐罪의 방벌放伐 행위 등의 민귀군경民貴君輕의 세상을 이루지 못한다면, 조선조와 같은 나라에서 지성인으로 산다는 것을 부끄럽게 여겼을 것이다. 즉 그에게 있어서 여전히 왕권 중심의 정치 권신들의 발호로 정의와 공도가 억압되는 조정에서 이른바 신원이라는 형식상의 복권을 받는다는 것은 무의미하며, 그것은 속으로는 자기와 같은 정치 이념이 나오지 못하도록 회유하면서 한편으로는 강제하는 고도의 정치 기교에 말려드는 것이 된다고 경계하고, 단호하게 "그래 나는 너희들과 같은 그러한 정권에 대한 역적이다. 끝까지 나는 역적으로 있겠다"라는 항변을 하지 않았을까?

우득록

짓궂은 생각일지 몰라도, 만일 정여립이 유인되어 박살되지 않고, 국청에 잡혀와서 자신을 변명하거나 또는 당당하게 자신의 정치 이념을 밝히는 기회를 가졌더라면 어떻게 되었을까? 이야말로 경천동지로서 사람들의 간담을 서늘케 하고 군왕이 낯을 들지 못하는 광천화일하光天化日下의 일대 논쟁이 벌어졌을 것이다. 왜냐하면 이것은 정포은의 고려 사직과 함께 한 죽음이나 사육신의 단종 복위 사건에 얽힌 죽음 등 충절의 죽음과는 궤를 달리 한 것이기 때문이다. 만일 그 장면이 실제로 펼쳐졌다면 어찌 되었을까? 조선조 정치 사상 아마도 획기적인 일대 사건으로 기록되었을 것이고, 어쩌면 조선조는 건국 200년 만에 문을 닫거나 아니면 혁명을 통해 거듭 태어나는 신생국이 되었을 것이다. 아쉽게도 정여립의 그러한 파천황, 즉 인간 무대와 연극 내막을 바꾸려던 혁명 사상은 광천화일하에 들어보지 못하고 그늘에서 잉태되다가 봉합되고 말았다.

조선조는 끝난 지 오래이다. 정여립에게 모반죄가 사해지건 그렇지 못하건 그 자체로는 아무런 의미를 지니지 못한다. 이제는 그 정권의 힘의 논리나 자기 정권을 지키기 위해 취해 온 이념 사상도 강제성을 지닐 수가 없다. 이제는 그야말로 광천화일하에서 그의 이념과 사상 및 학문 이론 자체가 공명정대하냐 그렇지 못하냐를 놓고 적자지심赤子之心과 냉철한 이성으로 진지하게 논구할 때이다. 말하자면 4백여 년 간 역적으로 몰려 죽고, 그의 이념 사상이 묻혀 버려 신심영육身心靈肉이 다 죽었던 정여립이 다시 살아나 조선조를 향해 항변하고, 자기의 정치 소신과 이상을 아무런 제재도 받지 않고 자유로이 피력할 때가 왔다는 것이다. 이러한 조짐은 벌써 2백년 전에 전주가 있었으니, 그것은 바로 다산 정약용(1762-1836) 선생의 「탕론湯論」과 「동남소사東南小史」로서, 이미 많은 학자들이 제기하고 있는 바이다.

2) 정개청의 이념

끝으로 기축 옥사에서 비롯된 또 하나의 중요한 이론 논쟁을 일깨우고자 한다. 기축 사화에서 이난罹難한 명사들은 모두 학행을 지녔다고 하지만 정식 논문을 갖춘 저술을 남긴 이는 곤재 정

우득록 목판

개청뿐이다[26]. 『미수기언眉叟記言』에서는 "공의 저서 『수기手記』 9권과 『우득록愚得錄』 3권은 이미 옥사 당시 세상에 알려져 있었고, 왕이 이를 읽어 보고 '이는 고인의 서書를 읽은 자이다'라고 집으로 돌려주었는데, 모두 유실되고 『우득록愚得錄』만 세상에 전한다"고 하였다[27]. 그의 저술 중 문제가 된 것은 앞에서 이미 언급한 『동한 절의 진송 청담東漢節義晉宋淸談』의 「배절의론排節義論」문제인데, 절의의 명名과 실을 논하고 그 말폐를 지적한 것은 학설로서 아직도 논의해 볼 가치가 있는 주요 명제이고, 정여립의 '하사비군何事非君'이나 '유덕자 위왕설有德者爲王說' 등과 더불어 이제는 되살아 날 수 있는 학문상의 문제이다.

그리고 정여립이 역적으로 몰려 죽자 아무도 다시 거론할 수 없었던 것과는 달리, 정개청의 학문은 그의 신원과 더불어 호남의 대표적 학자로 추숭되어 서원이 세워지고, 식은 잿더미에서 피어나는 불티처럼 되살아나고 있었다. 그런데 이를 보고만 있을 서인이 아니었다. 그들은 계속 「배절의론排節義論」을 왕권에 대한 배반 이론으로 몰아, 그의 서원은 세워지고 헐려지기를 반복하는 곤욕을 면치 못하였다. 마치 동서남로의 당쟁이 정개청의 문제로 집중된 것처럼, 그것이 힘 겨루기의 상징처럼 떠올랐던 것이다. 이를테면 이는 일종의 문자옥 싸움인데, 이에 대해 당시(仁·孝·顯年間) 남로南老의 싸움에서 예송禮訟과 함께 이론 논쟁의 핵심이었음에도 불구하고 사람들은 예송은 기억해도 정개청을 둘러싼 이념 논쟁에 대해서는 아는 이가 적다. 남로 싸움에서 희생된 남인의 대표적인 학자 윤선도는 특별히 「국시 소國是疏」(1658)를 올려 신변伸辯하고 있는데, 여기에 '국시國是'라는 소장疏章의 제목이 시사하듯이, 정개청의 「절의 청담설節義淸談說」은 국시 즉 조선조의 정치 이념의 문제로까지 확대되어 격상되었던 것이다. 이 글은 지금 『고산유고』에 실려 있는데. 그 분량이 무려 2만여 자나 된다. 이 문제 역시 조선조가 명맥을 유지하고 있었을 때에는, 더욱이 기축 역

자산서원 묘정비

옥에서 배 절의排節義로 단정되어 죄목이 되었던 것이므로, 늘 수세에 몰려 변명하기에 급급한 것이었으나, 지금은 그러한 불리한 상황에서 벗어나 자유로운 논쟁을 전개할 수 있는 시대이므로 역시 광천화일하光天化日下에서 당당히 겨루어 볼만한 명제로 제기될 만하다고 생각한다.

이상 기축 옥사의 모든 문제가 다시 밝혀지고 새로 평가된다면, 오늘날 우리가 민주화를 위해 피를 흘린 민주화 운동사의 실마리를 멀리 4백여 년 전의 기축옥사, 특히 정여립과 정개청의 사상과 이념 속에서 찾을 수 있고, 또 거기까지 연원을 소급할 수 있는 기나긴 역사를 자랑스럽게 되새겨 볼 수 있을 것이다. 역사는 되새겨 보는 데서 이치를 찾고, 사필귀정으로 다시 밝혀질 때 교훈을 얻는다고 하지 않았던가? 부디 이 문제가 다시 거론되어 공정한 심판을 받았으면 하는 마음 간절하다.

김충렬(전 고려대 명예교수, 철학)

주

1) 기축 옥사는 그 진행 과정과 사건 내용의 轉折로 보아서 는 처음에는 기축역옥이었다가 다음에는 정여립과 친하다는 이유만으로 무고하게 많은 士類(특히 東人 계열의 선비들)들이 참화를 입었기 때문에, 이는 기축 사화로 보아야 하고, 다음 최영경의 경우는 완전히 날조 構誣된 것이기 때문에 己丑誣獄이라고 이름 붙이는 것이 옳은 듯하다.

2) 그러나 『宣祖修正實錄卷33』, 677쪽 하단을 보면, 이항복이 정철과 같이 옥사를 처리했다는 악평이 있고, 이를 다시 이항복이 쓴 기축옥사를 들어 이는 사실무근인 모함이라고 사관은 적고 있다.

3) 근래 민족문화추진회에서 영인한 『白沙集』권63에는 「鄭慄挽」이라는 시는 실려 있으나, 「己丑獄事議」와 「記己丑獄事」 두 편의 글은 누락되어 있다. 이는 강릉초판본을 채택한 것이기 때문인 듯하다. 그러나 이 두 편의 글은 중요한 역사적 증거가 되는 문자이므로, 많은 학자들이 보는 영인 총서임을 감안할 때 유감이 아닐 수 없다. 다행히 1977년 曺龍承 老丈께서 영인한 『白沙集』에는 시 「鄭慄挽」과 「己丑獄事議」 및 「記己丑獄事」 세 편의 글이 모두 실려 있어, 앞으로 기축옥에 관한 자료를 찾는 사람에게 자료 인멸의 어려움은 없다. 다만 이 자료를 참고할 때 주의할 점은 「기축옥사」라는 글은, 미수 허목이 밝혔듯이, 그 글 뒷 부분에 날조한 위작이 첨가되어 있으므로 잘 구별해서 읽어야 한다는 것이다. 비교적 공정하게 문헌을 이용하고 있는 『燃藜室記述』권14 영인본 299-300 쪽에서는 앞 부분 반만 싣고 뒷부분은 아예 인용하지 않고 있어서, 이것이 선인 학자들의 당시 안목 기준이었던 것 같아, 참고하였으면 싶다.

4) 『연려실기술』권14, 「宣祖朝故事本末」에는 작은 제목을 ʻ己丑鄭汝立之獄ʼ과 ʻ己丑黨籍ʼ으로 나누어 뽑고 있다. 아마도 앞 제목의 글은 逆獄 성격을 띠고, 뒤 제목의 글은 주로 동인 士類들이 연루되어 일망타진 당한 사화의 성격을 띠고 있어 구분한 것으로 보인다.

5) 을유문화사, 1977.

6) 필자의 이 글에서 인용하는 김용덕 교수의 논문은 『조선 후기 사상사 연구』제3편 「정여립 연구」에 실려 있다. 이 글을 쓸 때 필자의 서재에 이 책이 없어서 정신문화연구원 기획처장인 朴炳練 박사가 영인해서 보내준 것을 읽었음을 밝혀둔다.

7) 『桐巢漫錄』의 저자는 南夏正(1678-1751)으로 숙종과 영조 때 사람이니, 그의 글은 기축옥사 후 약 150년 후에 쓰인 것이다. 김용덕 교수는 의견을 덧붙이기를 "약 150년 전의 기축옥사에 대해서 구태여 새 사실을 조작하였으리라고는 생각되지 않는다. 아마 동인 계열에서 전승되던 설을 直書하였다고 보여진다"고 하였다.

8) 安寬厚의 노비 重今의 딸 감정이 관후의 동생 돈후의 庶女인지 아닌지는 참으로 판단하기 어렵다. 陰陽之事는 은밀하게 이루어지므로 당사자만이 알 수 있고, 특히 그 어머니만이 알 수 있는 일이 아닌가? 李選이 쓴 송익필의 행장에는 ʻ祖麟直長娶順興安氏某官某之女ʼ라고 쓰고 있다. 감정이 안돈후의 딸이라는 것이다. 여기에는 그가 서녀라는 말도 없고 당당한 양반가의 규수로 인식하게끔 하고 있다. 그러나 비교적 직필을 좋아하는 송시열의 묘비문에는 송익필의 조모가 안씨 가문의 종이었다는 사실과 그의 딸이 안돈후의 딸이 아니라 첩으로 들어오기 전에 이미 잉태하고 왔으므로 안씨 가문의 자식이 아니라는 문제로 일어난 還賤 사건의 내막을 적고 있다. 설사 안돈후의 서얼이라할지라도 안씨 가문에서 인정하지 않으면 노비의 자식이 될 수밖에 없지 않은가? 지금 같으면 유전자 검사를 해서라도 확인할 수 있지만, 당시 같은 신분 사회에서는 남자 쪽에서 받아들이지 않으면 신분 보장이 어려웠다.

9) 「辛巳安處謙獄」(「幷出己卯黨籍補」,「黃兎記事合錄」)에 대해서는 『연려실기술』권8, 영인본 574-589 쪽에 상세히 밝혀져 있다. 이때 構誣되어 죽은 이는 모두 기묘 명현들과 친한 강직한 선비들이었다. 그래서 기묘 당적에 補入된 것이다.

10) 「趙憲上疏文」에 의하면, 정철과 이발의 부친 이중호는 玉堂 동료였는데, 이중호가 『近思錄』을 가지고 정철에게 질문한 일이 있었음을 감안하면 이발 형제는 마땅히 제자의 예로 정철을 대했어야만 하였다. 그러나 출세한 뒤에 정철을 업신여기고 취중에 그의 수염까지 뽑았으니, 그 후 정철은 이발이 못된 말을 하면 곧 그의 얼굴에 침을 뱉었다고 한다. 둘 사이가 원수지간으로 틀어진 것은 이러한 연유에서 비롯된 것이라고 한다.

11) 『宣祖修正實錄』권25, 608-609쪽. "鄭澈, 白惟咸, 柳拱辰等交相朋比, 濁亂朝政, 欲陷異己之人, 敎誘儒生上疏, 名卿士流驅入逆類, 欲盡殲滅.…上命移配極邊.…傳敎奸臣鄭澈, 所構陷排斥者如有其人, 並收敍擢用.…. 鄭澈賦性狡猾奸毒…."

12) 이 東西 分黨의 시발과 전개 과정은 『연려실기술』권13,「宣祖朝故事本末·東西黨論之分」, 영인본 199-227쪽에 실려있는 글을 요약 정리한 것이다.

13) 「己丑記事」『연려실기술』권14, 영인본 265-267쪽 참고. 刑恕는 『宋史』「奸臣傳」에 나오는 스승을 배반한 패역자이다. 처음에 程頤에게 배우고, 司馬光에게 出入하다가, 뒤에 背師附勢하였다. 즉 출세하자 그의 스승과 그를 발탁해서 길을 열어준 은인을 배반하고, 時勢를 타고 있는 권력자에게 아부한 사람의 표본으로 일컬어지는 자이다.

14) 일반적으로 鄕約 혹은 大同契라고 하면, 시골 백성들이 서로 돕고 격려하면서 살아가는 좋은 조직이자 제도라고 생각하지만, 생각하기에 따라서 꼭 그런 것만은 아니었다. 특히 선조는 그런 것을 좋아하지 않았다.「宣祖修正實錄」권8, 영인본 446쪽에 다음과 같이 기록되어 있다. "珥曰: 近日群臣, 急請行鄕約. 故上命行之, 臣以爲鄕約太早也, 養民爲先, 敎民爲後, 民生憔悴莫急於今日, 汲汲救弊, 先解倒懸然後, 可行鄕約也."

15) 『연려실기술』권14, 영인본 269쪽 참조.

16) 『연려실기술』권14, 영인본 268쪽 참조.

17) 『선조수정실록』권23, 영인본 583-587쪽에 이 당시의 상황이 상세하게 기록되어 있다.

18) 『後漢書』「列傳·張儉傳」에 나오는 인물이다. 죄를 짓지 않았음에도 왕에게 잡히면 억울하게 죽임을 당할 것을 두려워하여 성명을 바꾸고 숨어 다니며 진실이 밝혀지기를 기다렸다고 한다. 이를테면 정여립의 도망은 사실 역적죄를 지은 것이 아니라, 역모로 고발되었으므로 우선 소나기를 피해 보자는 식으로 임시 몸을 피한 것이라는 변명이다. 그러나 이것은 앞과 뒤가 맞지 않는 일이다. 왜냐하면 「선조수정실록」권23, 548쪽에 정여립이 이길을 金溝에서 전송할 때 젓가락에 술을 찍어 소반 위에 수상한 글을 써서 이길은 역모를 의심했다고 기록되어 있기 때문이다.

19) 정철은 이미 송익필과 음모를 꾸며, 정여립이 상경하여 眞否를 왕 앞에서 변명할 경우에 고변이 날조되었다는 사실이 발각될 것을 염려하여, 미리 사람을 보내 유인 박살하고 도망 자진한 것으로 일을 만들었기 때문에, 일의 전개를 미리 알고 있었던 것이다. 이것은 정철의 제자이며 서인의 명사인 김장생이 쓴 「松江行錄」에 그 당시의 상황을 적어 놓고 있기 때문에 의심의 여지가 없다.

20) 김용덕은 앞에 책 464-470쪽에서 확증을 근거로 자세하게 밝히고 있다. 이것은 문제를 푸는 결정적인 논술이라고 할 수 있다.

21) 정철의 이 말은 이항복의 건의를 받아들여 왕 앞에서 군자인 양 생색을 낸 것이 아닌가 한다. 『白沙集』「己丑獄事議」의 글 내용과 같다.

22) 국법에 역적 죄인에게는 三族을 멸하고 가산을 藉沒했지만, 역적과 친해서 부역한 죄인에게는 당사자만 처형하고 가족들은 죽이지 않았다. 그러니까 이발 가문을 멸문시키기 위해서는 그를 역모의 주동자로 몰았어야만 했으므로, 蔡之穆을 시켜 역적 모반 내용을 날조하고 고발하게 한 것이다. 이렇게 해서 이발의 역모 사실이 꾸며지자, 그의 가족 사위 제자 노복들까지 모두 끌려가 처형된 것이다. 말하자면 이발은 정여립과 똑같은 역적 죄인이 된 것이다. 그의 신원이 다른 연루자들보다 늦게 풀린 것도 이 때문이 아닌가 한다.

23) 이발 가문의 滅門慘寃에 대해서 「선조수정실록」권25, 607쪽에는 다음과 같이 기록되어 있다. "拷殺李潑, 母尹氏及其諸子. 潑洁家屬, 繫獄二年. 大臣彌縫得免刑鞫. 亦不敢請釋. 至是獄事已完, 獨潑之家族未決. 命皆訊鞫. 尹氏年八十二, 潑子命哲年十歲. 右議政李陽元監鞫, 以爲老耄童孺, 不可施刑. (王)不許. 命哲壓膝不服, 尹氏年八十餘, 受杖亦不服而死. 潑兄縣監汲, 前已拷死. 其子晚生, 順生, 亦斃於杖下. 潑之子孝童, 洁子孝孫, 皆繫獄, 孝童病死, 孝孫因壬辰亂, 大開獄門得放, 以疫疾夭死. 闔門無免者."

24) 「선조수정실록」권24, 599쪽에는 "尹又新이 全州府尹이 되어 조정의 지시에 따라 사람들을 모아 놓고 역적에 가담했으면서도 벌을 가볍게 받았거나 모면한 자가 있으면 고발하라고 다그쳤다. 아무도 대답하는 이 없었다. 그러자 이번에는 서면으로 써서 바치라고 하자 어떤 이의 글에 '南川魚, 北山雉'라고 적혀 있었다. 이게 무슨 말이냐고 묻자, '南村 某人의 이름엔 龍字가 있고 北村 某人의 字는 子華이다'라고 하였다. 이에 서로 고발하기 시작하여, 刑死者가 70여 명이나 되었다고 한다. 억울하게 죽은 자가 너무 많았다"라고 기록되어 있다.

25) 「선조수정실록」권41, 701쪽에는 "호남인 崔弘宇가 鄭介淸·李潑·李洁·柳夢井·曺大中 등의 伸寃疏를 올렸다"고 기록되어 있는데. 여기에는 李黃鐘이 누락되었는지 빠져 있다.

26) 비록 이발이 南平에 퇴거해 있을 때 『七書講義』를 저술하였다고 하지만 전하지도 않고 또 그 내용이 문제되지도 않으므로, 이 글에서는 논외로 한다.

27) 『연려실기술』재인용.

정여립鄭汝立

양성우(시인)

팔도에 말 전하게
정여립이 일어섰다고 말 전하게
그러면 그렇지 이 막된 세상에
우지끈 뚝딱 휩쓸어 버려야지
골 깊은 무주 진안 숯장이, 점 놈, 농투산이들
모조리 일어섰다고 말 전하게
굶어 죽으나 매 맞아 죽으나 다 같은 이 시절에
숨어서 갈아둔 잘든 칼
그 어디에 쓸 것인가

오나가나 적수공권
죽든지 살든지 깨지도록 부딪치고
살아생전 못 푼 한을 한꺼번에 다 풀리라
어서 가서 말 전하게
낭떠러지 피 솟는 언덕
장수 임실 약초꾼 개백정들 모조리 앞세우고 드디어 땅을 차고
정여립이 일어섰다고 말 전하게

제3절
무등산권 사림 문화와 문학의 특성

1. 지역 연구의 출발점에서

무등산권의 문화는 사림 문화, 시가 문화, 가사 문화 등으로 그 이름이 많다. 원래 높은 산은 이름이 많은 법이니, 다양한 이름이 오히려 당연한 것이라는 생각도 든다. 그런데 우리처럼 무등산권이라고 하여 연구를 하는 곳도, 전국적으로 살펴보면 매우 드문 일이다. 사림 문화라고 문화권의 특색을 말하는 것도, 안동 지역에서 '유교 문화권'이라고 부르는 이외에 잘 사용하지 않는다. 또 어느 지역을 시가 문화권이니, 가사 문화권이니 부르는 경우도 우리 고장밖에 없다. 그래서 오늘 우리가 무등산권이니, 사림 문화니, 시가 문화니 하고 말하는 것은 매우 특별한 명명을 하고 있다는 사실을 알아야 한다.

이렇게 우리 지역에 대하여 의미를 부여하려고 애쓰는 일은 우리가 우리 지역을 사랑하는 애향심이 남다르기 때문일 것이라고 생각한다. 또 광주 전남권은 어느 지역보다 많은 재야 향토 사학자들의 활동으로 말미암아, 향토사 연구의 선진 지역으로 꼽히고 있다. 그러한 여러 가지 이유로 우리

소쇄원

지역의 문화에 대하여, 무언가 이름을 붙이고 연구하려고 하는 것이다.

우리 지역에 대하여 특별히 이름 붙이고, 연구하는 이러한 일은 매우 필요한 일이다. 지역 연구는 새로운 세기인 21세기를 맞이하여 매우 중요한 과제로 떠오르고 있기 때문이다. 지방 자치가 일찍부터 발달한 일본은 지역학 연구가 기본으로 되어 있다. 그런데 우리나라는 이제 그 출발점에서 있다고 할 수 있다.

지역학 연구를 말 할 때, 전국을 보통 '서울·경기학', '호남학', '호서학', '영남학', '영동학' 등의 5대 권역으로 나눌 수 있다. 여기에서 우리 지역을 연구하는 일은 '호남학'이라고 할 수 있다. 내가 생각할 때는 '호남학'도 다시 5대 권역으로 나눌 수 있다. 그리고 '호남학' 가운데 '무등산권'이 가장 중심이 되는 문화권이다. 이때 '무등산권'은, 대체로 그렇게 생각하지만, 오늘날의 행정 지역으로 볼 때 광주를 중심으로 나주·화순·담양·장성 지역을 포괄하는 것이다.

무등산권의 문화는 역사적으로, 사상적으로 또는 문학적으로 다양하게 살펴볼 수 있다. 필자는 무등산권 사림 문화와 문학의 특성이라는 주제 아래, 문학 분야에 한정시켜서 말 하고자 한다.

2. 무등산권 문학 작품에 대하여

무등산권에서 차지하는 문학의 비중이 얼마나 될까 하고 생각해 보고자 한다. 사실 무등산권에 얼마나 많은 작가들이 있었으며, 얼마나 많은 문학 작품이 있었는가에 대하여 아직 전반적인 검토가 이루어지지 못하였다. 물론 전국적으로 어느 지역 문화권에 대하여 문학적인 검토가 충분하게 이루어진 예가 없다. 전국 단위의 문학 연구에서 눈을 돌려서, 지역 단위의 문학에 관심을 갖고 연구해야 된다고 최근에야 생각하고 있으며, 이제 그 시작의 단계에 있다고 말할 수 있기 때문이다.

특히 우리의 고전 문학은 한문학 작품들이 압도적으로 많이 생산되었기에, 우리 지역의 한문학 작품들을 정리하고 있지만, 아직 시작에 불과한 단계이다. 그 이유는 여러 가지이지만, 우선 전국적으로 22군데의 한문학과 내지 한문 교육과가 있는데, 이 지역에만 별로 한문학과가 없는 것도 그 이유의 한가지이다. 그래서 무등산권에 활동하던 수많은 한문학 작가들, 작품들이 아직 충분히 검토되지 못하고 있는 상황이다.

무등산권에 속한 지역에 얼마나 많은 작가들이 있었는가는 우선, 무등산권에 소재한 문인들의 관련 문집의 수로 추정해 볼 수가 있다. 전남대학교 인문 과학 연구소에서 발행한 『광주권 문집해제』나 『전남권 문집해제 Ⅰ,Ⅱ』 등에 수록된 작가들을 대상으로 살펴보아도, 그 일면을 알 수 있다.

여기에 실린 문집을 남긴 문인의 수는 『광주권 문집 해제』에 실린 310여명, 『전남권 문집해제』 가운데 실린 무등산권 문인 약 160명을 합하면 무등산권의 문인은 약 470여명으로 집계할 수 있다. 물론 이 책들은 서로 중복되기도 하고, 또 미처 싣지 못한 문집들도 많이 있어서 완전하다고 볼 수 없으며, 또 문집이 없으면서도 문학 작품을 남긴 사람들이 있을 것이다. 거칠게 추정해 본다면, 무등산권에서 활동하였던 고전 문학 작가의 수는 약 500여명 가까이 되리라고 생각할 수 있다.

아마 문학 작품을 남긴 무등산권 작가의 수는 그래도 대충이나마 짐작할 수 있지만, 작품의 분량이 얼마나 되는가에 이르면 현재로는 통계 자료를 만들지 못하였다. 그렇지만 무등산권에서 제작된 한시의 수는 문집당 백여 수 정도만 잡아도 아마도 5만여 수는 넘을 것이라고 생각한다.

또 19세기말까지 알려진 무등산권의 가사 작가는 14명, 작품 수는 26편

가량 되고, 무등산권의 시조 작가는 18명, 작품 수는 151수가량 된다. 물론 시조는 훨씬 더 많은 작품이 있었으리라 추정된다. 이 자료들은 이번 발표를 위하여 처음으로 통계를 내본 것들이어서, 아직 정확한 것은 아니다. 앞으로 몇 년 안에 모든 정확한 통계를 내고 자료 목록을 작성할 예정이다.

그런데 무등산권 관련 작품을 말할 때에, 우리는 두 가지로 나누어서 생각해 보아야 한다. 먼저, 바로 무등산을 대상으로 창작한 무등산 관련 작품들이고, 다음으로는 무등산권에 거주하였던 작가들과 그들의 작품을 폭넓게 살펴보는 일이다. 이제 이러한 두 가지 면을 간단하게 살펴보고자 한다.

3. 무등산 관련 문학 작품

우리는 무등산권 문학 가운데서도 특히 무등산 관련 문학을 주목해야 한다. 언젠가 광주 시청의 홈페이지에 들어가 보았더니 무등산을 매년 7 백만 명 이상 오른다고 되어 있었다. 그에 비하여 무등산에 대한 연구는 아직 너무 소홀하다는 생각이다. 몇 년 전에는 광주시에서 『무등산-문화유적 조사』라는 책이 만들어졌지만, 이 안에는 문학에 대한 내용으로는 민속 자료의 항목에 「전설」만 약 30여편 가량 실려 있다. 이 때는 한문학 연구가 이루어지지 않았기 때문이다.

무등산에 대하여는 「무등산가」라는 백제의 노래가 있었다는 기록이 있지만, 그 내용은 알 수 없다. 다만 무등산에 성을 쌓아서 안락하게 지내게 되었으므로, 이 노래를 지어 불렀다는 기록만 남아 있다. 따라서 19세기 말 경까지 무등산에 대한 문학 작품은, 위에서 말한 전설 30여 편 이외에는 모두 한문학 작품으로 남아 있다.

나는 1994년 서울에 있을 때 우연한 기회를 얻어서 월간 『예향』에 「선현들의 무등산 등정기」라는 이름으로 무등산 유산기遊山記를 번역하여 몇 차례 연재한 적이 있다. 아마 무등산이라는 주제로 문학 작품을 연구하려 한 첫 시도였을 것이라고 생각한다. 그 후로 지금까지 나는 무등산 관련 문학 작품을 틈나는 대로 조사하고 있다. 현재까지 조사한 바로는, 무등산을 오르고 나서 쓴 한문으로 된 등산기가, 옛 말로는 유산기라고 한다. 약 16편

가량 남아 있다. 그리고 무등산을 대상으로 쓴 한시는, 1942년에 132수가 실린 『서석 유람』이라는 한시집까지 합한다면 약 3백 수가량 찾았는데, 문집에 더 있을 가능성이 많다. 이제 그 가운데 몇 작품을 들어보겠다.

내가 생각하기에 무등산을 오르고 남긴, 가장 이른 작품으로는 대각 국사 의천大覺國師 義天의 「유 제 서석산 규봉사留題瑞石山圭峯寺」라는 시이다. 고려시대 천태종天台宗을 열었던 의천은 1086년 중국에서 귀국한 후 선암사仙巖寺에서도 잠시 머물렀으며, 아마 그 무렵 무등산을 올랐던 것으로 생각되지만, 확실하지는 않다. 다음은 오언 율시로 된 이 시의 후반부이다.

인간 세계라고 믿을 수 없으니
세상 밖의 소식일 뿐이로구나.
어느 때 공을 높이 세우고
이곳에 깊이 숨어 여생을 늙을까.

시인은 무등산에 깊이 숨어 여생을 늙기를 바란다고 하였으니, 그만큼 무등산을 높이 보았다. 오늘날도 여생을 숨어 사는 예인이나 지사들이 많이 있을 터인데, 평생을 의탁할만한 산인 것은 분명하다. 또 고려 시대의 유명한 기행 시인 김극기의 무등산 시도 빼놓을 수 없다. 그의 시 「규봉사」는 이렇다.

명승을 밟으며 속세의 자취를 막아내니
그윽한 곳이라 도의 마음 더해지네.
어떻게 속세의 인연을 끊을까
가부좌하면서 무생無生을 배우리라.

김극기는 우리나라 전역을 돌아다니지 않은 곳이 없을 정도로, 그의 발자취를 많은 시로 남겼다. 그가 무등산을 올라가보고, 그 명승에 얼마나 감탄하였기에 속세의 인연을 끊고 싶어하였던 것일까.

고려 시대를 지나 조선 시대에는 더 많은 사람들이 무등산을 올랐을 것이며, 더 많은 작품들이 남아 있다. 그 중에 조선 전기에 무등산을 올라서 시를 남긴 유명한 문인은 바로 『금오신화』를 썼던 매월당 김시습이다. 그의 작품에는 칠언 절구로 「등 무등산登無等山」과 오언 율시로 「규봉난야圭峯蘭若」라는 두 수의 시가 있다. 그 가운데 첫 번째 「등 무등산」 시이다.

초목이 무성한 산 푸른 기운 감돌고
높고 낮은 돌길 희미한 나무들.
사당과 절들 큰 나무만큼 많은데,
하늘이 가까워 손으론 별을 만질듯.

무등산 돌길을 오르면서, 사당과 절들이 얼마나 많았는지 나무만큼 많다고 하였다. 1460년경 김시습은 호남 지역을 유람하였고 「유 호남록遊湖南錄」이라는 작품집을 남겼는데, 그 속에 위의 무등산 관련 시가 실려있다. 이처럼 무등산을 오르고 한시를 남긴 기록은 일찍 고려 시대부터 나타나고 있으며 조선 시대로 들어서면, 훨씬 더 많은 한시가 창작된다. 그런데 유산기를 남긴 경우는 상당히 늦다고 할 수 있다.

현재 무등산 관련 첫 산문 기록으로 세종 때에 관찰사를 지낸 권극화의 「서석 규봉기」가 『와유록臥遊錄』이라는 책에 남아 있지만, 이 글은 간략한 소품문으로 남아 있어서, 작자의 구체적인 유람 흔적이 보이지 않는다. 본격적인 유산기로는 15세기 후반 정지유鄭之游의 「유 서석산기遊瑞石山記」가 현전하는 최초의 무등산 유산기라고 할 수 있다.

16세기에 들어서면 본격적인 무등산 유산기들이 나타나게 되는데, 우리는 드디어 불후의 작품인 고경명(1533-1592)의 「유 서석록」을 만나게 된다. 오늘날까지 무등산을 오른 사람들은 수없이 많겠지만, 이 작품처럼 장편의 작품을 남긴 사람은 없다. 작품의 발문을 중국인 서광계가 쓰면서, "서석산이 이 글로써 길이 빛날 것인즉, 산천도 또한 다행한 일"이라고 말하였다. 17세기 후반이 되면 다산 정약용茶山 丁若鏞(1762-1836)의 「유 서석산기」도 기다리고 있다. 알다시피 다산은 부친을 따라서 화순에서 독서하며 산 적이 있었는데, 그 무렵 무등산을 올라갔고 등산기를 남겨 놓았다.

19세기 무등산 유산기로는 학포 양팽손의 10세손인 만희 양진영(1788-1860)의 「유 서석산기」나, 또 화교 조봉묵(1805-1883)의 「유 무등산기」 등을 들 수 있다. 특히 화교 조봉묵의 작품은 참 좋은 작품인데, 결말 부분에 다음처럼 시작된 한시도 실려 있다.

식영정

기이하구나 천 조각의 돌
옥같이 솟은 흰 구름의 봉우리.
묻노니 푸른 하늘이여
이제 오르면 또 언제나 허락하실까.

무등산에 대한 경외의 마음을 가득 나타낸 시인데, 유산기들에 이처럼 시가 실린 경우도 자주 보게 된다. 19세기 마지막 작품으로는 우암 송시열尤庵宋時烈의 9세손인 연재 송병선淵齋宋秉璿(1836-1905)의 「서석산기」를 들어야 할 것 같다. 20세기에도 계속하여 한문으로 된 '무등산 유산기'가 나타나고 있는데, 현재 6편을 발견하였다. 이 밖에 무등산에 대한 부賦 작품도, 눌재 박상의 형인 하촌 박정의 「서석산 부瑞石山賦」를 비롯하여 서너 작품이 남아 있다.

아침에 일어나면 무등산의 산 그림자가 광주를 덮고 있다. 그야말로 광주 사람들은 무등산의 품 속에서 잠을 자고 깨어나는 것이다. 우리는 날이 밝아 무등산을 오르며, 수많은 정신적 위안을 얻는다고 할 수 있다. 이러한 무등산의 고마움을 사람들은 한 편의 문학 작품으로 나타내고 있었던 것이다.

4. 무등산권 문화의 작가들

이제 범위를 넓혀서 무등산권의 작가들을 살펴보자. 무등산권에는 앞서 말했듯이 20세기 초반까지 고전 문학 작가들이 약 5백여 명가량 활동을 하였던 것으로 생각한다. 시기적으로 볼 때 15세기 무렵부터 시작되고 있다. 그런데 잘 알다시피 가장 활발하게 활동하였던 세기가 바로 사림 문화가 발전하였던 16세기이다. 그 당시 이런 상황을 알려주는 기록이 몇 가지 있다.

선조 때 이수광은 그의 『지봉유설』에서 "최근의 시인들은 호남에서 많이 나왔다"고 말하면서, 박상·김인후· 임형수·양응정·임억령·백광훈·

송강가사

최경창·박순·임제·고경명 등 열 사람의 이름을 들었다. 또 유명한 문인인 허균도 "중종, 선조 무렵에는 호남에 인재가 많았다"고 말하면서 앞서 든 박상·김인후·임형수·임억령·양응정·박순을 비롯하여 박우·최산두·유성춘·유희춘·양팽손·나세찬·송순·오겸·이항·기대승 등 열 여섯 명의 이름을 거론하였다.

그런데 이들 작가는 모두 조광조 등의 신진 정치 노선에 동조하였던 사림파였다는 점과, 또 두어 사람 빼고는 거의 다 무등산권에 자리잡고 있었던 문인들이었다는 점이 큰 특색이다. 물론 16세기의 작가들인 것이다. 그래서 호남 문학에서는 16세기 무등산권에서 이루어진 문학 활동이 가장 활발하였고, 문학적인 성취가 높았다고 할 수 있다.

그 점은 이와 같은 한문학뿐만 아니라, 비교적 쉬운 통계인 시조나 가사의 작품 수에서도 16세기에 가장 많은 작품들이 만들어졌다는 것을 알 수 있다. 시조는 151수 가운데 116수가 16세기에 만들어졌고, 가사는 25편 가운데 6편이 16세기에 만들어진 것들이다. 시조가 16세기에 집중되었던 것은 물론 송강 정철의 80여 수, 면앙정 송순의 20여 수가 대거 포함되기에 그렇기도 하지만, 작가의 수로도 11명으로 16세기에 가장 활발하였음을 보여주고 있다.

이들 빛나는 별같은 작가들 가운데 비교적 앞 시대에 위치한 인물이 눌재 박상(14754-1530)이다. 그는 유명한 삼인대 상소의 주인공이어서, 호남 절의 정신을 이끌었던 인물이기도 하다. 눌재 박상에 대하여는 일찍이 1980년 오종일 교수가 「박눌재의 학문과 사상」이라는 논문을 쓴 이래로, 역사나 사상 분야에서도 여러 연구가 이루어져 있다. 문학적인 면에서도 그는 뛰어난 시인이어서, 많은 연구가 있었다. 나도 최근에 그간의 연구사를 점검하면서 그에 대한 글을 쓴 적이 있지만, 문학사적으로는 그가 해동 강서시파와 당시파의 중간에 자리잡고 있어서, 그의 위치가 어디인가에 대한 논란이 있다. 그런데 내가 생각하기로는 그의 한시의 특색은 상상력이 아주 뛰어난 점이다. 제자인 석천에게 준 시 가운데, "거문고를 안고 해를 불러 내려고 / 누각에 올라 가을 소리를 연주하네 / 하늘에 귀가 없다고 말하지 마라 / 밝은 태양이 환하게 돌아난다"라는 등, 수많은 멋진 표현들이 수놓아져 있다.

눌재 박상의 문하에서 당시로는 우리나라에서 가장 많은 우리말 문학을 남겼던 면앙정 송순이나, 또 무려 2천여 수가 넘는 많은 한시를 남기면서 호남의 시가 문화를 이끌었던 석천 임억령과 같은 훌륭한 문인이 나왔다. 석천은 눌재의 제문祭文에 "시세의 혼탁함이 싫어서 / 떠나가 지하의 글을 닦음이라"고 그를 위로하고 있다.

이들 선구적인 문인들의 영향으로 무등산권 유역에는 많은 작가들이 활동하게 된다. 소쇄원의 문예적 전통을 크게 일으키면서 1600여 수나 되는 한시를 남긴 하서 김인후, 우리나라 최고의 일기 문학의 백미인 「미암일기」를 남긴 유희춘, 우리나라 가사 문학의 일인자로 불리우며, 양반 관료 가운데서는 가장 많은 시조를 창작한 송강 정철, 기생 황진이의 무덤 앞에서, "청초 우거진 곳에 자는가 누웠는가"라는 유명한 시조와 「무어별無語別」과 같이 이별하는 여인의 마음을 담은 낭만적 한시들을 남긴 백호 임제 등등 셀 수 없는 작가들이 모두 무등산의 그늘 아래서 활동하였던 것이다.

5. 무등산권 문학 작품의 특질

우리 나라에서 지역을 중심으로 집단적인 지방 문화가 꽃피는 시기는 16세기 사림파들에 의한 활동이었다. 크게 보면 경상도 안동 지역과 전라도 무등산권 지역이라고 말 할 수 있다. 무등산권 사림파들은 어느 지역보다도 시가 문학을 매우 중시한 경향이 있다. 위에서 거론하였던 무등산권의 주요 인물들이 16세기 당시 모두 한국 문학사의 중심 인물들이었다는 것에서도 그 점을 알 수 있다.

일찍이 김종직과 같은 초기 사림파들이 시가를 옹호한 적도 있지만, 김굉필이나 정여창 등이나 조광조는 시가를 중요하게 생각하지는 않았다. 그런데 호남의 사림파들, 특히 무등산권의 사림파들은 경술經術뿐만 아니라, 문학에 큰 관심을 보여 수 많은 한시를 비롯하여 많은 문학 작품을 창작하였다.

위와 같이 많은 작품들의 문학적인 특질을 몇 가지로 말한다는 것은 참으로 어려운 일이다. 우리 지역 문학에 대한 충분한 연구가 이루어지고, 나아가 다른 지역과의 비교 연구가 충분히 이루어진 다음에야 가능한 일이기 때문이다. 그러나 내가 생각하는 점을 몇 가지나마 말하고자 한다.

첫째로, 무등산권 문학에서는 시와 가가 함께 발전하였다는 것이다. 한시는 읊는 것이고, 시조와 가사는 좀더 노래 부르는 쪽에 가까운 것이다. 낙서 이서가 자연 속에서 살아가는 즐거움을 노래한 「낙지가」를 비롯하여 면앙정 송순의 「면앙정가」나 송강 정철의 가사에 이르기까지, 또 여러 시조 작품들에 이르기까지 이렇게 우리말 문학을 적극적으로 창작하였고, 이를 받아들였던 점이 크게 주목된다.

물론 그 분량이나 일상적인 활동에서는, 사림의 유교 문화에 기반한 한시가 주종을 이루는 것이다. 그렇지만, 그 분량의 문제가 아니고, 사대부들의 권위였던 한시 문화에만 만족하지 않고서, 우리말 문학을 적극 수용하였다는 것은 여러 가지 의미가 있다. 이러한 우리말 문학은 시조창과 같이 음악과 연결이 되는 문제이기에, 음악을 애호하는 풍류 정신이 있었기에 가능한 일이다. 이러한 정신이 이어져 내려와, 서사 문학의 마지막 전통인 판소리를 만들어 냈던 것이다. 그렇기 때문에 시와 가가 함께 발전하였다는 점은 우리 호남의 예술적 전통과 연결되어 있는 문제이다.

둘째로, 이들의 문학에는 자연미를 발견하고, 문학 작품으로 만드는 큰 특징을 보이고 있다. 문학 창작의 배경으로 원림을 가꾸는 것은 호남의 자랑이며, 특히 무등산권의 원림은 매우 특징적이다. "우리 남방 명승이 많으니, 곳곳에 경치좋은 정자로다"라는 송순의 시구가 있지만, 무등산권 유역 특히 원효 계곡처럼 멋진 누정이 밀집하여 있는 모습은 우리나라 어디를 가 보아도 쉽게 찾아볼 수 없다.

물론 바로 무등산 아래뿐이 아니다. 하서 김인후가 점암에서 살거나, 맥동에서 백화정을 지어놓고 문학 활동을 하였던 것이나, 고봉 기대승이 귀전암·낙암 등을 짓고 산거 생활을 하면서, 그 속에서 자연의 아름다움을 찾으며, 문학 활동을 하는 등 많은 문인들이 자연 속에 들어가, 그 아름다움을 발견하려고 애썼다.

그 중에서도 소쇄원·식영정·환벽당·송강정·면앙정 등 여러 누정이 연결된 곳은 한국의 누정, 원림 문학 일번지라고 말할 수 있다. 이러한 16세기 무등산권 원림의 전통은 17세기 후반이 되어서 고산 윤선도에 의하여 금쇄동·부용동 원림이라는 문학 창작의 공간을 전라도에 다시 한 번 만들게 되었던 것다.

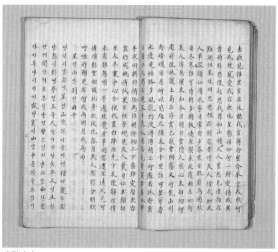
송강가사

셋째로, 이들 무등산권 작가들의 문학에는 민중의 현실을 그리고, 부패한 사회를 비판하는 뜻이 큰 흐름을 이루고 있다. 사림파의 성격이 기본적으로 개혁적인 면이 있지만, 많은 작품들에 사회에 대한 비판이나, 민중의 현실을 그리고 있어서 그런 점을 보여준다. "닭을 묶어가는 벼슬아치들은 호통치며 길에 늘어서 있고, 송아지 코 꿰어가니 처자들은 거위같이 울어댄다"고 눌재 박상은 「허허」라는 시에서 말하고 있다. 또 면앙정 송순도 「딱따구리의 탄식」이라는 시에서 천년 묵은 둥근 나무를 병들게 하는 늙은 좀벌레를 잡기 위하여 어디선가 딱다구리가 날아와 똑똑 쪼지만, 부리가 상하고 발톱이 빠지면서까지 홀로 열심이라고 하였다. 사회의 부패를 바로잡으려는 사람의 모습을 딱따구리에 비유하였다고 할 수 있으니, 지금 '딱다구리 정신'으로 이어받을만 하다고 생각다. 그는 또 「전가田家의 원망」「이웃집의 곡哭을 들으며」 등의 시에서 가렴주구로 나타나는 현실에 대한 비판을 하고 있다.

또 석천 임억령도 "임금의 말씀은 비록 자주 내리지만 / 창생들은 날로 점점 고달프기만 하다"(송 경상 감사 심맹용送慶尙監司沈孟容)라는 말을 하면서 사회 비판 의식을 나타내고 있으며, 이는 유명한 서사시인 「송 대장군가宋大將軍歌」 등으로 이어지고 있다. 또한 하서 김인후가 민요를 받아들여 한시를 썼던 점도 한시인들이 민중의 생각과 말을 외면하지 않던 모습이다.

이러한 문학 작품에 나타난 사회 비판의 정신은, 물론 그 분량으로는 크게 많은 것은 아니다. 그러나 문학사적으로 이러한 시들은 고려말 이규보나 조선초 이석형, 성간, 그리고 김종직 등에 이르기까지 내려오던 민중의 아픔을 그린 이른바 애민시의 전통을 잘 이어서 더욱 발전시켰다는 데 그 의의가 있다.

이 밖에도 무등산권 문화 가운데 문학의 특징들을 더 많이 지적할 수도 있다. 소쇄옹의 「효부孝賦」를 비롯한 효행 문학이 크게 이루어졌다는 점이나, 열린 마음으로 불교 문화를 수용하면서, 승려들과의 교류를 그린 시들이 여러 작가들에 나타나 보이고 있는 점도 주목되는 점이다.

6. 문화 유산의 보존과 발굴에 힘써야

예향의 전통이 어디서부터 비롯되어 오늘 우리에게까지 이어져 오는 것일까. 호남 지역이 진도를 중심으로 한 한국화의 고장이어서, 또 판소리를 만들어 낸 소리의 고장이어서 예향이기도 하지만, 더 시대를 거슬러 올라가 본다면, 저 16세기에 무등산권에서 활동하였던 문인들을 만나게 된다.

무등산권의 사림파 문인들은 아름다운 자연 속에 누정과 원림을 비롯하여 산거 등을 짓고 살면서, 음악을 연주하는 풍류 생활을 하였고, 또 많은 문학 작품을 남긴 까닭에 오늘 우리에게까지 문학과 예술의 정신이 흐르게 된 것이다. 그 당시 사림파 문인들은 절의 정신이 투철하였기에, 앞에서 살펴보았듯이 사회와는 담을 쌓는 그러한 예술이 아니라, 사회에 대한 비판 의식과 민중의 아픔을 외면하지 않았던 모습이 많은 문학 작품에 형상화되어 있는 것이다.

우리는 이러한 예향과 의향이라는 문화적인 전통을 잘 이어받도록 노력해야겠다. 우선 무등산권의 문화 유적을 보존하는 데 힘써야겠으며, 그 일환으로 무등산 관련 문학 작품도 계속하여 찾아내며 정리하여야 할 것이다.

김대현(국문학, 전남대학교 교수)

제4절
임진 왜란과 호남 의병

1. 왜군의 침략과 의병 봉기

임진 왜란은 1592년(선조 25)에 일본이 조선을 침략하여 일으킨 7년 전쟁이었다. 이 난리로 온 국토가 전쟁터가 되었으며, 수십 만 명이 죽거나 부상 당하고 포로로 붙잡혀갔다. 농토가 황폐하고 토지 문서가 불타면서 나라 살림이 마비되기에 이르렀다.

2백년 간 평화를 누려온 조선의 국방 상태는 참으로 허술하였다. 장정들이 직접 군 복무를 하는 대신 베를 내면 그만이었고, 그마저 군사비로 사용되지 못하였다. 유성룡의 『징비록』에 따르면, 전쟁이 터졌다는 연락을 받고 사흘이 지났음에도, 한양에서 훈련된 병사 3백 명을 모으지 못할 정도였다고 한다. 관군의 전투력은 한심한 상황이었던 것이다. 반면, 왜군은 백 년에 걸친 내전을 치르고 신식 무기 조총으로 무장한 정예 군대였다.

1592년 4월 14일, 약 2십만으로 편성된 왜군의 침략이 개시되었다. 일본군은 크게 3군으로 나누어 서울로 진격했는데, 부산에 상륙한 지 20일

김덕령 장군 의복

만에 서울을 점령하고 60여 일 만에 평양에 진격하는 등 조선군의 저항을 거의 받지 않고 전국을 유린하였다. 이와 함께 9천여 일본 수군이 바다에서 육군을 응원하였다.

조정에서는 4월 17일 급보를 받고, 이일·신립 등을 보내 왜군의 북상을 차단하려 하였다. 그러나 이일은 4월 24일에 상주에서 무너지고 신립 또한 충주 탄금대에서 배수진을 쳤으나 패하고 말았다. 이에 선조 임금은 한양을 떠나 평양을 거쳐, 압록강변 의주까지 피난하였다.

온 국토가 적에게 짓밟혔지만, 전라도 지역은 의병과 수군의 활약 덕분에 온전하였고, 국가의 유일한 의지처가 되었다. 당시 전라도는 마지막 기지로서 전국 각지에 군비와 식량을 조달하였으며, 도내의 관군과 의병이 경기도와 경상도에 진출하여 국토 수복을 도모하였다.

상황이 이러했기 때문에, 이순신은 "호남은 국가의 보장이니 만일 호남이 없으면 곧 나라가 없는 것이다"라고 주장했던 것이다.

무능한 관군의 실상을 직접 겪은 호남의 사림과 민중들은, 임금에 대한 충성과 국토 수복의 깃발을 내세우며 스스로 의병을 조직하였다. 호남 의병의 대표적 사례는 나주의 김천일과 담양의 고경명 부대였다. 서울 함락 소식을 들은 나주의 김천일은 나주 출신 인사들을 중심으로 3백여 의병을 모아 북상하였는데, 진군 과정에서 7백여 명으로 증강되었다. 고경명은, 남원의 양대박과 옥과의 유팽로의 도움을 받아 담양에서 6천여 명에 이르는 대규모 의병을 모았다.

고경명의 의병군은, 국토 수복의 위업을 이루는 데 호남이 차지하는 막중한 역할을 적은 격문을 각지에 보내 동참을 호소하면서, 계속 북상하였다. 진군의 1차 목적은 서해안을 거슬러 올라가 임금을 호위하려는 것이었다. 고경명 부대가 여산에 다다랐을 때, 왜군이 금산을 거쳐 곡창 전라도의 중심 전주에 침입하여 군량을 확보하려 한다는 첩보를 들었다.

고경명 의병군은 호서 의병장 조헌에게 금산의 왜적을 협공하자는 격문을 띄웠다. 또한 금산 서쪽 이치를 지키던 권율과 황진의 관군, 금산 남쪽 웅치를 지키던 김제 군수 정잠, 의병장 황박의 군대와도 연결되었다. 7월 초에 웅치·이치·금산에서 치열한 전투가 벌어졌다. 웅치 싸움에서는 패했으나, 이치 싸움에서는 왜군을 격파하여 전라도 보전의 계기를 마련하였다. 고경명의 의병진은 전라도 방어사 곽영의 관군과 금산성을 협공하였으나, 왜군의 집중 공격으로 패퇴하면서 고경명과 그의 차남 고인후, 부장 안영과 유팽로 등이 순국하였다.

그러나 고경명 의병진의 전투는 권율이 거느린 이치의 관군을 측면에서 도와 그 승리를 뒷받침했으며, 급기야 왜군들로 하여금 전주 공격을 단념시켰다는 점에서 패전 이상의 의의를 갖는다. 또한 왜군에 대해 막연한 두려움을 갖고 있던 전라도 관군과 의병으로 하여금, 실전 경험과 승리의 체험을 안겨준 전투이기도 하였다. 더 나아가 전라도의 인적·물적 자원과 이순신의 수군 기지를 보존함으로써 해전 승리의 원동력을 제공하였다.

한편 나주의 김천일 의병진은, 수원을 거점으로 활동하다 7월 하순에 강화도로 옮겨갔다. 명군이 평양을 탈환하고 개성까지 압박해 들어오자, 뭍으로 나와 단독 작전 또는 관군과의 연합 작전으로 한강 연안에서 왜적을 소탕하였다. 왜군이 남해안으로 후퇴하자, 김천일 의병군도 그 뒤를 쫓아 남하하였다.

고경명 군대의 금산 전투 이후로 호남 의병을 계승한 인물은 전라 우도 의병을 이끈 화순의 최경회와, 전라 좌도 의병을 이끈 보성의 임계영 등이었다. 남원을 거점으로 활동하던 전라 좌·우 의병군은, 영남 의병장 김면과 경상우도 관찰사 김성일의 원조 요청을 받았다. 호남을 버리고 멀리 경상우도를 응원하는 데 대한 반론이 거셌지만, 최경회는 "영남도 우리 국토다. 의병이 어찌 멀고 가까운 것을 따져 구원하지 않을 수 있겠는가"라고 설득하여 영남으로 넘어갔다. 임계영의 의병도 그 뒤를 이어 영남으로 진출하였다. 이러한 전라도 의병의 결단은, 자기 고장만 지키겠다는 한계를 뛰어넘어 국토 수호의 의지

승주 신성리성

석주관 칠의사묘

를 입증한다고 할 수 있다. 이들 호남 의병은 영남의 의병장 김면·정인홍 부대와 연합하여 경상도 성주와 개령 지방을 수복하는 등 전과를 올리기 시작하였다.

왜군은 조·명 연합군의 압박에 따라 1593년 4월 한양에서 철수하여 경상도 지방으로 남하하였다. 1592년 10월의 1차 진주성 전투에서 참패한 왜군은, 대규모 보복으로 그 치욕을 씻고 곡창 지대 호남의 관문을 확보하여 전세를 뒤집으려 하였다. 9만 3천에 이르는 왜군에 맞선 조선의 관군과 의병은, 성을 비워 희생을 피하자는 의견과 죽음으로 성을 사수하자는 의견으로 양분되었다. 나주의 김천일은 "지금 호남은 국가의 근본이고 진주와 호남은 입술과 이의 관계인데, 진주를 버리면 그 화가 호남에 미칠 것이다"라는 논리로 성을 사수하자고 역설하였다.

그러나 왜군의 기세에 눌린 조선의 관군과 의병, 명군의 대부분은 진주성에서 철수하기로 결정하였다. 심지어 순찰사 권율과 의병장 곽재우마저도 성을 지키기를 거부하였다. 사방이 포위된 상태에서, 조선의 수비군 1만여 명은 밤낮 9일간에 걸친 1백 여 차례의 악전 고투를 감당하다 모두 전사하고 말았다. 당시 진주성에서 순절한 의병 지도자들은 나주의 김천일과 양산숙, 화순의 최경회, 광주의 고종후, 남원의 황진, 순천의 장윤 등이었다. 이들은 비록 성을 지켜내지는 못했지만, 왜군의 호남 진격을 막는 데엔 성공하였다. 왜군도 막대한 병력 손실을 입었기 때문에 철수해야 했다.

진주성 전투에 이어 전라도 의병을 이끈 마지막 의병장은 광주 출신의 김덕령이었다. 1593년에 의병을 일으킨 김덕령은, 조정으로부터 '충용장'의 호를 받고 전국 의병의 총수가 되었다. 그는 남원, 고성 등에서 활약하고, 영남의 곽재우 등과 연합 작전을 전개하였다. 그러나 김덕령은 그의 명성을 시기한 무리들의 음모에 휘말렸다. 이몽학의 난을 토벌하려다가 오히려 그와 내통했다는 모함 때문에 감옥에 갇혀 죽고 말았던 것이다. 광주의 중심가 충장로는, 뒤에 명예가 회복되어 추증된 그의 시호에서 따온 이름이다.

호남의 의병은 처음부터 향토 방위를 초월하여 애국 애족의 성격을 분명히 드러냈다. 의병을 일으키자마자 한양의 수복을 목표로 경기도에 진출하는가 하면, 경상도에 진출하여 경상도 지역 의병들과 연합 작전을 벌였으며, 진주성 전투에서는 참여한 의병 전원이 순국을 불사할 정도였던 것이다.

팔열부 정각

이들은 왜군과의 각종 정규전과 게릴라전을 통해 왜군의 전력을 끊임없이 약화시켰으며, 왜군의 보급로를 차단하여 활동 반경을 축소시켜 갔던 것이다. 이처럼 임진 왜란 의병 활동의 주역은 전라도 의병이었다.

임진 왜란 때 호남의 의병 활동에서 특기할 만한 사실은 해상에서도 의병이 일어났다는 점이다. 조선이 전쟁 초기의 패배를 만회할 수 있었던 힘의 원천은 의병과 수군의 활약에 있었다. 조선의 수군을 3도 수군이라 하지만, 엄밀한 의미에서 전라좌도 수군을 비롯한 전라도 수군이 전부였다. 전라도 수군은 호남 해안 지역 주민들로 이루어진 군사 조직이었는데, 그중에 자진 입대한 의용군이 허다하였다. 그 지도층은 전라도 연해 지역에 거주하던 전직 관료·무과 출신자·유생·승려가 주류였다. 당시 고흥, 순천, 보성 등지의 좌수영 소속 군인들과 나주, 장흥 수군들 대부분은 전라도 토착민들이었다. 예를 들어 『호남절의록』에 이순신 휘하 지휘관들 144명의 출신지를 보면, 고흥 34, 순천 19, 나주 15, 장흥 11, 무안 10, 함평 10, 보성·강진·영암이 각각 7인 등 그 대부분이 전라도 출신이었던 것이다. 이처럼 전라도의 해상 의병은 직접 전투에 참여하거나 후방의 보급 활동을 하면서 해전 승리의 주역으로 활약하였다.

2. 정유재란과 전라도

임진 왜란의 1차 전란기에 호남 지방은 왜군에 의한 피해가 거의 없었지만, 정유 재란의 2차 전란기에는 일본군의 침략 목표가 전라도에 있었기 때문에 가장 큰 희생을 겪어야 했다. 원균의 조선 수군이 격파당하고 남원성이 함락된 뒤로, 왜군이 전라도에 물밀 듯 밀려들었다. 전라도에는 왜군의 50여 부대가 바둑판처럼 주둔하여, 전라도 전역이 왜군의 수중에 들게 되었다.

일본군은 섬진강 연안에 상륙한 직후부터 무자비한 약탈·방화·살육을 일삼았고, 학식있는 선비나 도공 그리고 노동력을 부릴 수 있는 사람들을 닥치는 대로 붙잡아 갔다. 포로로 붙잡혀 갔다가 돌아온 예로 강항과 노인을 들 수 있다.

강항은 호조의 관리로서 남원에서 군량 보급에 힘쓰다가, 남원이 함락된 뒤 고향으로 돌아가 의병을 모집하여 싸웠다. 전세가 더욱 불리해지자, 강항은 일가족을 거느리고 바다로 탈출, 통제사 이순신의 진영에 합류하려 왜적에게 붙들려가고 말았다. 유교 경전에 학식이 높았던 강항은, 일본 학자 후지와라 세이가에게 성리학을 전함으로써 일본 성리학의 시조로 일컬어졌다. 그의 학문적 업적을 기념하려는 비문이 영광군 염산면에 세워졌다.

포로 생활 3년 만인 1600년, 마침내 강항은 일본 류우노의 성주 아카마쓰의 도움으로 귀국할 수 있었다. 강항은 포로 생활 경험을 『간양록』으로 남겼다. 그 내용은, 일본의 지리·풍토·인문·군비軍備 등과 도요토미 히데요시의 조선 침략에 대한 것이었다.

노인魯認은 선조 때의 무신으로 본관이 함평이다. 권율의 휘하에서 이치·행주·의령 싸움에 참전하였다. 정유 재란 때 남원에서 포로가 되어 일본까지 끌려갔다가, 중국인 몇몇과 배편으로 탈출하였다. 중국 복건성에 도착한 그는 본국에 송환해달라는 탄원서를 내고, 마침내 명나라 조정으로부터 귀국 허가를 받았다. 도중에 베이징에 들러 일본에 대한 복수 대책을 진술한 후에 본국으로 호송되었다. 그는 일본에서의 포로 생활과 탈출 경위, 중국에 머물러 있는 동안 그곳 학자들과 나눈 조선에 대한 질문과 답변 내용 등을 상세히 기술한 『금계일기』를 남겼다.

3. 전후 처리와 전라도

조선 정부의 전후 처리의 초점은 왜군을 도운 부역자 처벌보다는 유교 윤리를 지키다 희생된 이들에 대한 포상에 모아졌다. 정부는 절개와 의리를 지키다가 죽은 충신·효자·열녀들을 표창하려 하였다.

이와 같은 정부의 전후 포상 시책에 의해 나타난 대표적 사례로, 광주 광산구 박호동에 있는 제주 양씨 삼강三綱 정문을 들 수 있다. 이는 제주 양씨 양산숙梁山璹 일가에서 배출한 충신·효자·열녀를 기리기 위한 것으로, 1635년(인조 13)에 임금의 명령으로 세워진 사액賜額 정문이다. 임진 왜란 시에 송천 양응정의 세 아들 산숙·산룡·산축 등은 의병을 모집하여 의병장 김천일의 휘하로 들어가 활동하였다. 그 후 양산숙은 김천일과 함께 진주로 내려와 사력을 다하여 싸우다 순국하였으므로 충신으로 표창 되었다. 양산룡은 정유 재란 때 동생 양산축과 같이 어머니 박씨를 모시고 섬으로 피하던 중, 왜적선을 만나자 어머니가 능욕을 피하고자 투신하여 순절하자 형제도 그 뒤를 따랐다. 이에 모친 박씨는 절부節婦로, 산숙과 산룡은 효자로 정문이 내려졌다. 산숙의 아내 이씨는 여종들이 바다에서 건져내어 살았는데, 숲속에 피신해 있다가 산을 뒤진 왜적에 발각되자, 역시 칼로써 자결하였다. 이에 절부로서 표창되었다. 함평군 월야면 월악리 지변 마을에 있는 동래 정씨東萊鄭氏 삼강비 역시 정운길鄭雲吉 일가의 충효열忠孝烈을 기리기 위한 것으로 세워져 있다. 정유 재란 때에 정운길 은 장성군 전투에 참여하여 큰 전과를 올린 후 순국하였다. 이에 아들되는 정돈鄭燉 역시 적진으로 뛰어들어 적 수십 급을 격살하고 순절하였고 정 운길의 부인 함양 오씨는 적선敵船을 만나자 투해投海자결하니 광해군 때 열녀로 정려旌閭 포장하였 다. (정열각 전남 지방 문 화재 8호) 한 집안에서 충 신·효자·절부가 모두 나 왔을 경우 삼강 가문이라 칭하는 것이다.

조선은 성리학을 통치 이념으로 삼고 유교 가치 관을 널리 전파하고자 했 는데, 그 방법 중 하나가 유교 윤리에 맞는 선행을 권장하는 일이었다. 삼강

포충사

은 군신·부자·부부의 세 가지 인간 관계를 압축하는 유교 윤리의 핵심이었는데, 한 가문에서 삼강 정문을 받았다는 것은 대단히 명예스런 일이었다. 따라서 지역 사회에서는 정문을 받기 위해 경쟁과 갈등이 빚어지기도 하였다.

전후 포상은, 정부가 통치 이념 차원에서 시행한 것과 함께 지방 양반들이 자발적으로 실천한 것도 있었다. 양반들은 유교 윤리를 이루어야 한다는 소명 의식에서, 또는 계급·가문의 명예와 이익을 보장할 수 있는 좋은 소재라는 측면에서 전쟁 유공자의 이름을 높이고자 하였다. 1799년(정조 23)에 출간된 『호남절의록湖南節義錄』은 그러한 노력의 결정판이었다. 이 책에는 국난을 극복하다 순절한 호남 출신 유공자 1,460명의 업적을 담았다. 임진왜란 관계자가 946명이고 정묘·병자 152호란 관련자가 242명에 이르러 대부분을 차지한다.

전쟁이 끝난 지 200년이 지났음에도 그러한 출판 활동을 한 것은, 호남인들에게 의병 정신이 얼마나 큰 자부심으로 기억되었는지 짐작하게 한다.

정종재(한국사)

참고 문헌

송정현, 「임진 왜란과 전남 지방의 의병 활동」, 『전라남도지』(제4권), 전라남도, 1993

『조선 사회와 임진 의병 연구』, 학연문화사, 1998. 조원래

「왜란중 호남 지방의 역할과 전란 피해」, 『전라남도지』(제5권), 전라남도, 1993.

제5절
임진왜란기 전라 좌수영 의승 수군의 활동과 그 사상

1. 승려 의병僧侶義兵과 유림 의병儒林義兵

임진 왜란 기에 있어서 의승군義僧軍의 활동, 즉 불교 의병 승려들의 구국 활동을 본질적으로 이해하기 위해서는 먼저 다음의 두 가지 관점이 전제된다. 첫째는 활동의 주체가 불도를 닦는 수도 승단이라는 점이며, 둘째는 내용이 호국 의병의 활동이었다는 점이다.

전자는 한국 불교가 역사적 전개를 통하여 간직해 온 사상과 국난을 당해 거교적으로 봉기하게 되는 사회적 배경 등에 대한 주목이다. 한국에 수용된 이래 민족 신앙의 위치를 점해 오면서 승단이 베풀어 온 민중 구원의 철학(濟度理念)이 어떤 것이었길래, 인도나 티벳·중국·일본 등의 대승 불교에서는 물론 스리랑카·미얀마·태국·베트남 등의 소승 불교의 어디에도 예를 찾기 어려운 승군 활동을 전개하게 되었는가? 수도 승단에는 불타 당대부터 혈맥(師資相承)으로 지켜온 계율과 가르침이 있고, 군사 활동과는 상반되는 '불살계不殺戒'가 제일 중한 계율인데, 그들은 왜 그러한 활동을 택하게 되었는가? 이러한 관점은 의승군 조직의 성립과 사상

거북선

적 특성 등을 파악하는 데 도움이 될 것이다.

후자는 의병으로서의 의승군에 대한 주목이다. 주지하는 바와 같이 전국적으로 봉기한 의병의 성분은 크게 유림 의병과 승려 의병으로 나누어 볼 수 있는데, 그렇다면 이들의 군사 활동은 어떠했으며 다른 의병 및 관군과의 관계는 어떠했는가 궁금해진다. 이러한 관점은 의승군 활동의 경과나 사회적 성격 등을 파악하는 데 도움이 되리라 본다.

의승군에 관한 본질적인 관점을 이렇게 제기해 보면, 종래 이 방면의 연구성과에 대한 검토와 함께 금후의 연구 방향 등을 시사받게 된다. 전자의 측면에서 보면, 한국 불교 학계를 비롯하여 적지 않은 연구 성과가 발표되어 있고, 학술적 가치를 매우 높게 평가받는 것들도 이다. 그러나 그들 대부분은 임진 왜란 때 의승군의 중심 인물인 서산 대사 휴정西山大師休靜(1520-1604)과 제자, 사명 대사 유정泗溟大師惟政(1544-1610)에 대한 것이며 각 지역대라든가, 혹은 이들과는 조직 체계를 달리하는 사례에 대해서는 극히 미미한 상태이다. 좀 더 분명하게 말한다면 기초 사료의 정리를 보지 못한 단계라 해도 좋을 것이다.

또한 후자의 측면에서 보면, 괄목할 정도로 의병 활동에 대한 조직적인 연구가 이루어지고 각종 사례가 속속 발표되는 가운데서도, 그러한 시각으로 의승군을 정리한 예는 별로 흔하지 않다. 그러한 원인은 승려 조직이 갖는 특수성 등이 이들을 전문적인 연구 영역으로 간주하게 된 데서 비롯되었는지도 모른다. 그러나 조직의 특수성을 이유로 의병 활동사에서 이들이 배제되어서는 안되며, 이는 결국 의병 활동 연구의 새로운 과제로 제기되는 셈이다.

이 글에서는 이러한 시각에 바탕하여 임진 왜란 당대에 있어서 호남 지방의 의승군 활동에 관한 사례의 일단을 밝혀 보기로 한다. 호남 지방의 사례도 결코 적지 않으므로 '약무호남 시무국가若無湖南是無國家'라는 격언을 낳게 한 충무공 이순신(1544-1598)과 관련된 사항에 중점을 두고 고찰해 나가고자 한다. 이 분야는 종래 학계에서 별로 주목되지 않아 새로운 사례 발굴의 의의를 지님은 물론, 그러한 작업에 의하여 충무공의 전사戰史를 보는 새로운 시각과 함께, 호남 지역의 특수성과 의병들의 활동 사례를 보충할 수 있으리라 보기 때문이다.

2. 의승 수군 조직과 전라 좌수영

충무공의 구국 활동의 주 무대인 전라 좌수영(이하 '左水營'으로 칭함, 麗水)은 반도가 갖는 지리적인 요건 등, 작전을 수행할 여러 가지 사항을 고루 갖추고 있었던 것으로 보인다. 그가 전술이나 지휘력의 면에서 탁월했음은 주지하는 바와 같지만 동요하기 쉬운 민심을 수습하고 있었던 것도 작전 임무를 수행하는 데 있어서 효율적이었을 것이다. 그러한 충무공의 안목에, 지역민의 귀의를 받고 있던 불교 사원 내지 승려들이 중시되었다는 것은 당연한 일이었겠지만, 어떻던 전국적으로 의승군 조직이 이루어지는 상황 아래서, 그의 요청에 부응하여 관내 여러 사원에서 봉기한 자원 호국 승도僧徒들이 조직화되는데 이것이 좌수영 산하의 의승 수군이다.

『충무공 전서』의 「장계」에 의하면, 왜란이 일어난 임진년 8-9월, 충무공은 영남 지역에 주둔하면서 침범하는 적들로부터 관할 지역을 효과적으로 방위할 목적으로 관내 여러 사원에 요청한 결과, 자원하여 모여든 승도들이 4백여명에 이르렀다. 이들 중에서 용맹과 지략을 겸한 이를 선발하여 승장으로 임명하고, 부대를 편성한 다음 임무를 부여하여 그들로 하여금 통솔케 하고 있다. 주사舟師 즉 수군으로 편성하여 수륙 양전水陸兩戰에 임하도록 하였는데 최초의 편성 상황을 승장을 중심으로 정리해 보면 〈표1〉과 같다.

〈표1〉 임진왜란 당시 의승 수군 조직

승 장	출신지	직 함	임 무	비 고
三惠	順天	豺虎別都將	順天守防	水陸兩戰
義能	興陽	遊擊別都將	本營守防	水陸兩戰, 홍양은 高興
性輝	光陽	右突擊將	頭恥守防	두치는 광양군內
信海	光州	左突擊將	右柱守防	석주는 구례군內
智元	谷城	揚兵勇擊將	雲峰守防	남원 팔양재

도표의 승장 출신지에서 보는 바와 같이 4백여명의 의승군들은 당시 좌수영 관내(순천부·보성군·낙안현·흥양현·광양현)를 넘어서고 있다. 직함에는 도장都將과 격장擊將이라는 칭호의 차이가 보이는데, 도장都將은 승군의 최고 지휘관인 승군 대장僧軍大將이며 나중의 조정 사직朝廷賜職은 '팔도도총섭八道都摠攝 겸 승대장僧大將'이며, 별장은 막하의 지대장인 승장으로 조정 사직은 '도승통都僧統 겸 승대장僧大將'이다. 그렇다면 좌수영 관내의 의승 수군 편제상에는 승군 대장이 둘인 셈이지만, 서열이 높은 삼혜 승장이 순천에 위치한 데 대하여, 아래인 의능 승장이 본영에 위치하고 있음을 알게 된다. 의능이 충무공의 직할이라면 삼혜는 순천에 위치한 야전 부대와 함께 기타의 각 지역대를 통어했음을 뜻한다. 그리고 그 관할 지역은 운봉(남원)-석주(구례)-두치(광양)를 연결하고 있고, 유림 의병을 그 중간의 요새지인 도탄陶灘(구례)등에 파견함으로써 경상도와 전라도의 경계를 광역으로 담당하고 있다. 충무공의 표현에 따르면 "육로를 내주면서 해전에 승리할 수 없다"는 뜻을 승군들부터 실천하고 있는 것이며, 전술적으로는 "종심깊은 전투가 승리한다"는 격언을 살려나간 셈이 되고 있다.

　의승 수군들은 정신적으로나 행동 면에 있어서나 함대의 주사舟師로 적격이었다고 본다. 지역민은 그들에게 귀의하고 있어서 동태를 파악하는 등 작전에도 유리하게 작용했을 것이다. 승군의 임무는 접적接敵 전후에는 수성守城경계가 중심이지만, 전투가 벌어지면 주로 죽음을 잊고 아군의 선봉에 선 '돌격대'등의 임무를 수행하였다. 이는 〈표1〉의 승장 직함에도 나타나는 사항이지만, 충무공의 표현을 빌리면 다음과 같다.

여수 진남관

　"전년(1592) 순천 의승장 삼혜, 흥양의 승장 의능 등이 연해안 각 고을에서 우수한 수군승을 많이 모집하였는데, 자원에 의하여 해군에 소속시켜 모두 전선을 타고 적을 무찌르도록 하였던 바, 겨울철이 닥쳐와서 군량대기가 어려우므로 모두(소속 사원에)돌려 보냈다가, 제각기 봄이 오는대로 제 기한에 오도록 하였습니다.(1594. 1)"

"해군으로 자진해서 들어온 의병장 순천 교생 성응사와 의승 수인 의능 등이 이러한 난리 때에 자기 몸 편안히 할 것은 생각도 않고, 정의의 기개를 발휘하여 군병들을 모집하여 각각 3백여 명씩을 거느리고 나라의 수치를 씻으려 하니 참으로 가상한 일입니다. 해상에 진친 지 2년 동안에 자기 스스로 군량을 준

묘당도 이충무공 유적

비하여 이곳 저곳 나누어 공급하며 간신히 양식을 이어대는 그 고생스런 정상은 관군보다 곱절이나 더하온데 아직도 수고로움을 꺼리지 아니하고 더욱 더 부지런할 따름입니다. 일찍이 적을 토벌하였을 적에도 현저한 공로가 많았으며, 나라를 위한 분개심은 처음부터 지금까지 변하지 않으니 참으로 가상할 일입니다.(1594. 3)"

각 승장이 3백 명씩을 인솔하고 전투했다면, 의승 수군이 많았을 때는 6백 명이었다는 것으로 전투에 참가하지 못했을 승군까지를 합한다면 격전이 벌어질 때의 좌수영 산하 승군 총수는 이보다 훨씬 많았다는 말이 된다. 삼혜 등은 충무공의 명에 의해 독자적인 임무를 수행하곤 하였는데, 승장 휘하의 3백 병사가 전부 승병이 아니었다면, 충무공 해전에 있어서 의승 수군의 역할은 지대한 것이었음을 뜻한다.

의승 수군은 표현 그대로 자원병이며 군량을 자체 조달하였다. 전투 임무는 충무공에게 하달받지만 승군들의 지휘는 승장이 함으로써 자체 내 엄격한 체계와 질서가 존재했었다. 그 때문에 승장들은 다만 군사적인 지휘력뿐만 아니라 수행력을 겸비한 고승 대덕이었던 것으로 기록되고 있다. 승군들이 관군의 배를 넘어서는 역할을 수행했다는 것은 충무공의 효율적인 작전과 승장을 축으로 한 승군 자체의 충실한 기강이 어우러졌기 때문으로 보아서 틀림없을 것이다. 호국을 호법으로 볼 때 죽음은 의로운 것이며, 그와같이 죽음을 초월한 수행승들의 돌격대 역할이 충무공 신화를 창출해 내는 커다란 요인이 되었음은 충무공이 누차에 걸쳐 써올린 승장 장계 중에 나타나고 있는 것이다. 일본 측에서도 마찬가지고 "일본 선

박은 이들 유격선에 의하여 번번이 격파 당했었다"고 토로한다.

이렇게 보면, 의승 수군 역할의 중대함에 대한 인식에 의하여 이후 좌수영산하에 이 조직을 상설화시킨 것이 아닐까? 서울대 규장각 소장의 『호좌수영지湖左水營誌』에 의하면 1660년대의 좌수영 산하에는 3백의승수군이 편제되어 있었으며, 본영에는 11간의 승군청이 있었다고 하니까, 임진 왜란 당대의 조직을 계승하고 있는 것으로 보인다.

3. 여수 흥국사는 의승 수군 주진사駐鎭寺

임진 왜란의 와중에서 의승 수군이 상설화된 것은 1594년 3월 이전으로 나타난다. 효율적인 전투 임무를 수행하기 위하여 여수 중흥에 위치한 영취산 흥국사靈鷲山興國寺를 의승 수군의 주진사로 삼아 3백명을 상설군으로 개편한 것이다. 3월 5일에 제2차 당항포 해전이 있었으니까 이를 대비하여 승군 체제를 강화했을 것이며, 예상대로 대승을 거두게 된다.

흥미로운 일은 이 해전에 처음으로 거북선 2척이 동원되었다는 사실이다. 전함의 돌격 대장은 이기남과 이언량이 포진되어 있었는데, 전공을 논하는 데 있어서는 앞의 이 해 3월 10일의 충무공 「장계」에서와 같이 순천 의병장 성응지와 두 승장이 극찬되고 있다. 그렇다면 이 작전에서 의승 수군이 담당했을 돌격대는 어떤 역할을 했을까? 여기에서 우리는 거북선에 이들이 편승하였고, 특히 승장들의 독려에 의해 필사즉생必死卽生의 역할을 한 것이 아니었을까 의심되는 것이다. 그 밖에 그들이 그처럼 돋보일 수 있는 임무란 생각하기 어렵기 때문이다.

이후 보조 국사 지눌普照國師知訥 (1158-1210)의 창건으로 전해지는 흥국사는 의승 수군의 주진사로서, 창건 연기에는 『국흥즉사흥國興卽寺興 사흥즉국흥寺興卽國興』이라는 호국 이념을 선양하게 된다. 본영과 3십여리에 위치하면서 충무공이 전사한 노량(남해 노

흥국사대웅전

량 하동 노량)을 마주하는 군사적인 요충지이기도 하다. 묘도 봉화산-진례 봉화산을 잇는 통신 기능도 흥국사 근처에서 장악할 수 있고, 석창성 등 산성의 수축과 수방도 후래 의승 수군의 임무였음에서 본다면, 전시 때부터의 임무였을 것이다. 민간에 들리는 말로는 노량을 향하는 곳에 있는 군장軍將 마을(현 호남정유)은

흥국사 홍교

군장軍藏(군사를 감춘 곳)이요, 적량積良 마을은 적량積糧(군량미를 쌓아 둔 곳), 도독都督마을은 명장明將 진린陳璘이 주둔했던 곳으로 전하는데, 이들 요새와 본영을 연결하는 곳에 흥국사가 위치하고 있다.

1988년 흥국사의 대대적인 해체 복원 불사를 통해 임진왜란 이후 3백여 년간에 걸친 의승 수군의 편제 등을 알리는 관련 유물이 대량 발견되었다. 이들에 대한 정밀 조사는 앞으로 더 진행되어야겠지만, 밝혀진 사항에 의해 경내외를 비춰보면 의승 수군 관계 유물 유품이 대소 간에 수없이 널려 있음을 알게 된다. 전각·부도·현판(전 충무공필傳 忠武公筆)·와당(「좌수영 左水營」명문)·경판(승군 追善供養 관련)등은 물론이며, 산내 암자터 하나하나가 모두 이들이 군사 편제를 유지하면서 군무와 수행을 겸하던 유적지이다. 특히 흥국사의 사세는 여수 시내의 석천사·한산사 등을 포함하고 있었고 의승 수군의 파견 사원이다. 충무공이 흥국사를 내왕했었으며 불심으로 승군들과 의식의 일치를 보았던 요소들 역시 엿보인다.(眞玉저, 『興國寺』)

이러한 흥국사를 다시 임진 왜란과 관련시켜 보면 자운慈雲과 옥형玉炯 이라는 승대장이 부각된다. 『충무공 전서』 행록에 의하면,

"(충무공 사후)호남의 사승이 공을 위하여 설재設齋를 아니하는 곳이 없었다. 자운이라는 사람이 있어서 공의 진중에 따르며 항상 승대장이 되어 승군을 거느려서 자주 공을 세웠는데, 공이 죽은 후, 쌀 6백석을 가지고 노량(전몰지)에서 수륙재水陸齋를 대설大設 하고 또 충민사忠愍祠에 성전盛奠을 베풀었다."

하였고, 당대 인물인 이수광의 『지봉유설』(1614)에는,

"승평승 옥형이란 사람은 일찍이 이통제 순신李統制舜臣을 따라 주사舟師로 공이 있었다. 통제사가 죽자 충민사에 살면서 수십년 간 스스로 제사를 갖추어 올렸는데 지금 80여 세이다. 또한 해상에 경보가 있을 때면 통제사가 반드시 미리 꿈에 보이는 것이 틀리지 않는다."

하였다. 충무공과 두 승장의 혼연일체된 모습이 보이거니와 지금의 석천사는 옥형이 충무공을 받들기 위하여 충민사에 있다가 승려로서의 불편함 때문에 지은 절이다.

그런데 문제는 두 승장이 그처럼 커다란 공을 세웠음에도 불구하고 충무공의 친필 기록 가운데 전혀 보이지 않는 점이다. 자운은 구례 화엄사와 남원 실상사에 부도를 남기고 있다. 다행히 이들 부도와 『구례지求禮志』·『송광사 사고松廣寺史庫』·「흥국사 상량문」 등을 통하여 그가 바로 순천 승장 삼혜라는 것이 증명된다. 『송광사 사고』에는 그가 '진주 입성'에서 공을 세웠다고 하였는데, 이는 시기적으로 보아 김시민이 진주성을 공격하여 승리한 1592년 10월 5일의 전투였을 것이다. '진주 입성'에 해당하는 전투는 이밖에 없으며, 충무공의 앞에 말한 1594년 1월의 「장계」에는 그의 업적에 대하여 공훈을 내리도록 요청하고 있기 때문이다. 그는 흥국사의 「선당 상량문」에는 1633년까지 생존했으며 '조계후인曹溪後人'으로 기록되어 있는데, 이는 조계산 송광사 출신이라는 뜻으로 풀이된다. 그리고 이렇게 풀이해 보면 옥형은 말할 나위없이 본영에 머물렀던 의능임이 밝혀진다.

자료를 총체적으로 정리해 보면, 자운 의승장은 처음 법명이 삼혜이고, 원정圓正 윤눌潤訥 등의 법호 혹은 당호로 불리었다. 호를 자운慈雲대사와 보국 현응당輔國玄應堂 대선사로 본다면, 후자는 석천사 소장의 탱화이다. 임진 왜란이 일어나고 승군이 조직될 때 '시호별도장'으로서 순천 지방의 의승 수군을 지휘하다가, 거북선이 등장하는 단계에서 충무공의 부장으로서 승군을 총지휘하여 혁혁한 전공을 세웠다. 사후에는 노량에서 충무공과 전몰자의 천도를 위한 수륙재를 대설하고 의능과 함께 좌수영 충민사에 충무공을 제사하였다. 1633년에 이루어진 흥국사의 불사에 참여하여 「선당 상량문」을 적고 있으므로 그의 생몰 연대는 ?-1592-1633-?로 파악된다. 그의 불교적 지위는 다음에 말할 바와 같지만, 입적 후 호가 추증되었는데 「예조첩禮曹帖」에서는 「부종수교 전불심인 판선교사우세 승통팔

도 도총섭겸 대선사 기인보국 자운등계 존자扶宗樹敎傳佛心印判禪敎事祐世
僧統八道都摠攝兼大禪師起仁輔國慈雲登階尊者」라 하였으며, 충무사에 배정
되었다. 부도가 화엄사와 실상사에 있는 것은 〈표1〉에서 보는 바와 같이
그가 지휘하던 지역대의 연고지로 보인다. 그가 '화엄 대선華嚴大選'이었
다면 승과를 거친 학승이요, 화엄학과 선학을 겸비한 인물이었을 것이다.

옥형 승장은 고흥 출신 승이며 법명이 의능이고, 당·법호가 기암奇巖,
호가 옥형이었던 것 같다. 의승 수군 조직 때에 '유격 별도장'에 임명되
어 좌수영에 위치하며 충무공의 부장으로 혁혁한 전공을 세웠다. 흥국사
내지 본영에 주로 있다가 임진 왜란이 끝난 다음 충민사에서 충무공의 추
선 공양에 노력하였고, 석천사를 지어 충무공 제사의 전통을 확립하였다.
생몰 연대는 1534경-1614-?으로 확인된다.

4. 순천 송광사는 의승군 성지인가

임진 왜란에 있어서 자운 승장의 활동 무대를 추적하는 과정에서 그가
순천 송광사와 관련이 있을 것이라는 개연성이 발견되었었다. 여수 반도
의 최남단에 위치한 좌수영이 해안 지방의 요새라고 한다면 광활한 육지
를 방어하는데는 어려움이 있었을 것이다. 의승군
을 동원하여 경상도와 전라도를 잇는 경계를 효율
적으로 장악하기 위하여 승군 대장을 순천에 주둔
시켰을 것이요, 그러한 대찰이 아니면 인력의 면
에서나 군량의 면에서나 수급이 불가능하다는 결
론에 도달하게 된다.

그러한 관점에서 볼 때 흥국사의 본사 격인 송
광사는 규모나 지리적인 위치에서나 간과될 수 있
는 성질의 것이 아니었다. 과연 『송광사 사고』에
는 다음과 같은 관계 사항이 기술되어 있다. 즉,

좌수영 타루비

"화엄 대선 겸 선교판華嚴大選兼禪敎判 윤눌
潤訥은 임진 왜란 때 통제사 이순신의 부장이
다. 진주성에서 훈공을 남겼으므로 국가에서

자운 대장의 첩을 주고, 좌수영 충무사에 배향하여 국제하고 있다
윤눌의 친제인 대가당 희옥待價堂熙玉대사는 나라에서 팔도 도승
통 겸 남한 도총섭八道都僧統兼南漢都摠攝직의 정첩定帖을 내렸으
나, 사는 굳이 사양하여 만방으로 면하기를 구하였다. 관사가 찾아
가 출발할 즈음에, 대가와 벽암碧巖(覺性, 1575-1660)은 곧 부휴
浮休(善修, 1543-1615)의 법제法弟(法弟子?)인데, 대가가 즐거워하
지 않으므로 선수 대로大老는 대신 벽암을 선출하여 보냈다. 대가
의 친제에 둘이 있으니, 하나는 비능斐能이요, 둘은 급암汲巖이다.
비능 또한 좋은 인연으로 담양 금성 승장으로 9년 있었고, 급암
또한 입암(장성과 정읍의 경계)승장이었다가 죽었다.”

하고, 대가 대사에게 주어진 교지는

“전라 도총섭 석희옥은 남한산 축성 때에 승도를 통솔하여 마음
을 다해 완역完役하여 그 국가에 대한 공이 지극히 무거우므로 기
꺼이 보은 선교융묘 도대사報恩禪教融妙都大師를 내리고, 특별히
의발衣鉢을 하사하노라. 천계 6년(1626) 11월 일”

이라 하였다. 이에 의해 자운과 그 친제들의 관계를 정리해 보면 〈표2〉
와 같다.

〈표 2〉 자운 승장의 형제 관계

관 계	아 름	승 직	사 자 관 계	비 고
형	慈雲大師潤訥	팔도도총섭	송광사 승	임진왜란참전
친제 1	待價大師熙玉	팔도도총섭	동법주 선수제자	남한산성축성(1626)
친제 2	斐能	담양금성승장	송광사 승	승장 9년
친제 3	汲巖	장성입암승장	同上	승장시 사망

자운의 친제인 대가 희옥은 벽암 각성에 이어 송광사의 법주로 기록하
고 있어서 흥미롭다. 그가 한때 남한 산성에의 차출을 사양했지만 1626년
에 내린 교지를 통해 팔도 도총섭으로서 축성 임무를 완수했음을 알 수
있다. 이 공훈으로 호를 받고 있는데 의봉이 함께 내려진 것을 보면 사후
의 추존이 아니라 축성 임무를 마친 당대였음이 명백해진다. 따라서 현재
송광사에 부도가 남아있으면서도 생몰 연대가 분명하지 않았던 그는 각성

과 동시대이며, 1626년에는 생존해 있었다. 각성이 18세의 임진 왜란기에 좌수영의 의승 수군에 참여했던 점을 감안할 때 희옥도 임진 왜란 당대에 승장으로 참여했을 가능성이 짙다.

비능은 담양 승장으로 9년을 봉직하였고, 급암은 장성 승장으로 사망(순직)하였다. 임진 왜란기를 당하여 자운의 4형제가 송광사에 출가하고 한 결같이 승장으로 활동하는 특징을 보이고 있는 것이다. 이들이 활동한 송광사는 서산 휴정의 법제인 부휴 선사가 입적한 곳이다. 선수에 대하여 종래의 학설은 대체로 의승군 활동을 반대하고 오직 수행에만 전념한 인물로 인식해왔다. 그러나 그는 한 팔이 불편하여(燃臂인가?) 승군 활동을 수행할 수 없었으며 앞에서 본 대로 그의 제자인 희옥과 각성을 승장으로 성장시키고 있는 것이 진면목이다.

이러한 송광사는 각성의 예를 들지 않더라도 분명하게 의승군의 성지였다는 결론이 나온다. 임진 왜란 당대에는 내륙 지방의 승군 지역대를 통괄하는 위치에 있으면서 자운慈雲(삼혜) — 수인守仁 — 혜희惠熙로 이어지는 승장들이 지휘하였다. 난후에는 각성-희옥 등이 남한 산성의 승장으로 활약한다. 의승군의 활동 무대인 사원의 특징은 대대적인 '병화'를 만나거나 '도총섭 승대장都摠攝僧大將' 등의 직첩, 혹은 '가선 대부嘉善大夫' '통정 대부通政大夫' 등의 작위가 승려들에게 내려지는 특징이 있는데, 송광사도 예외는 아니다.

5. 구례 화엄사와 석주관石柱關 153전몰 의승義僧

전라 좌수영과 관련된 의승군 활동 무대로서 구례 화엄사를 중시하는 것은 규모가 대찰일 뿐만 아니라 의승 수군 조직 당시에 구례 관내의 석주石柱에 승장이 파견되고 있으며, 자운의 부도가 역시 화엄사에 위치하고 있는 연고 관계 등으로 해서이다 물론 1798년 화엄사의 승당 중수 때 발견된 정유 재란 당시 석주관 의병들이 화엄사에 보낸 「격문」과 승려가 적은 「정유 일기」 등 두 자료 역시 주목을 끌고 있다.

최근 『구례 석주관 칠의사』(전라남도·구례군·목포대 박물관, 1990)에 관계 자료가 집대성되어 석

고하도 이충무공 기념비

주관 의병과 화엄사 의승들의 전몰 소식을 종합하고 있어서 이용에 편리하다. 이에 의하면 수군 통제사에 다시 부임한 충무공이 여수에 전비戰備를 하고 1597년 8월 3일 구례 현감 이원춘을 찾아와 "구례는 호남으로 들어가는 관문이므로 이곳(석주관)을 잘 지켜달라"는 지시를 한다. 이원춘은 관병과 백성을 이끌고 방어 진지를 폈는데 왜병이 쳐들어와 후퇴하였다. 이러한 상황 아래 봉기한 7의사(王義成, 李廷翼, 韓好誠, 梁應祿, 高貞喆 吳琮, 王得仁 중 앞의 6인 명의)가 11월 '화엄사 홍화상華嚴寺弘和尚'에게 지원을 요청한 데 대하여, 군량 103석과 승군 153명을 보냈는데, 1598년 봄 왜적에게 항전하다가 함께 전사하였다.

우선 '홍화상'이 어떤 인물인가라는 문제와 함께 화엄사와 석주와의 관계에 대해 의문이 제기되는데, 다행해 요즈음 화엄사 측의 사료를 검토하는 과정에서 이들을 고증할 수 있는 자료를 발굴할 수 있었다. 「본사 주지 행공 선생 안록本寺住持行公先生案錄」(1699)이 그것으로 1645년 사중 대공의寺中大公議를 거쳐 규정을 강화할 목적으로 선대의 주지 연혁을 적고 있다. '안록'에서 확인한 최초의 주지는 1580년 5월에 부임한 극단부터지만 그 이전에 주지를 거쳤던 노대덕들 22명도 기록하였다. 자연히 임진 왜란과 정유 재란 당시에 주지였던 인물도 확인된다는 말이며 노대덕 가운데는 의승 수군 조직 때에 석주 승장에 임명된 신해도 기록되어 있어서 흥미롭다. 노대덕 22명 가운데 승직(승장)이나 작위(승군 관계자)를 가진 인물을 정리하면 〈표3〉과 같다.

〈표 3〉 임진 왜란 당시 화엄사 승군 관계자

주 지 명	승직·작위	중 임	비 고
戒元	가선대부		
性慧	종정대부 삼남총섭		
敬憲	통정대부		
戒宗	笠巖僧將		
信海	통정대부 호남총섭	3회	임난시 석주 승장
普天	운봉비전 승장	3회	1582년 주지 중임
熙密	통정대 부강화총섭	3회	
應環	운봉비전 승장		
幸日	운봉비전 승장		
下哲	가선대부 승장		
印閑	운봉비전 승장		
泄心	운봉비전 승장		설심,1587 1597중임

이에는 작위만을 기하고 승직에 관해서는 언급이 없다. 그러나 작위가 전부 주어졌음에서 당시의 상황을 짐작할 수 있다. 정유 재란 당시에 화엄사의 사세, 즉 인원과 물자를 좌우할 수 있는 인물은 결국 전 주지나 주지일 수밖에 없는데, 그렇다면 '홍화상弘和尚'은 재란 2년 전에 주지였던 홍신弘信임이 자명해진다. 물론 그가 인원 물자를 인솔하고 작전에 참가했는지는 알 수 없으나 작위는 이 활동과 무관하지 않을 것이다. 신해에서부터 시작된 화엄사의 승군 활동은 이후에도 계속되어 1644년에 가까운 시기까지 작위가 주어지고 있다.

〈표 4〉임진 왜란 당시 화엄사 주지

도 임	이 임	주지명	작 위	재임기간	비 고
1591.12	1594. 5	順學	등계존자	2년 5개월	임진왜란
1594. 5	1595. 2	弘信	통정대부	9개월	
1595. 2	1595.10	日林	판 사	8개월	
1595.10	1597. 9	慈善	통정대부	1년 11개월	정유재란
1597. 9	1598. 2	泄心	가선대부	5개월	
1598. 2	1599. 9	眞一	통정 등계	1년 7개월	

6. 임진 왜란 당대 의승군 활동의 의의

이상에서 우리는 임진 왜란 당시 전라 좌수영과의 관련 아래서 조직되었던 의승 수군을 중심으로 호남 지방의 의승군 활동에 대하여 살펴보았다. 이밖에도 다양한 의승군 활동이 있었으며 몇 가지 사례를 든다면 〈표 5〉와 같다.

〈표 5〉이밖의 호남 지방 의승군

승 장	연 대	출신 및 법맥	활동사항	비 고
雷默處英	?-1592-1612-?		1593년신의대첩참전	척위장군제수
中觀海眼			왜적을 막음	선교판사
霽月敬軒	1542-1632		우영장	선교판사
奇巖法堅	1592-1634-?		1994년 입암산성축조	총섭
逍遙太能	1562-1649		왜적과 싸움	

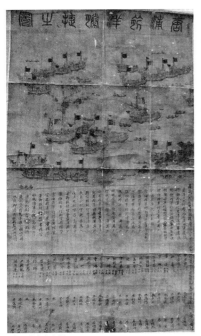
당포 앞바다 승첩도

이하는 생략하거니와 호남 지방에 한정하여 보더라도 의승장 내지 의승군 활동을 했던 인물들이 적지 않았을 것이다. 무수하게 존재했을 것이다. 다만 이들에 대한 명확한 자료가 나타나지 않는 경우가 많을 뿐이다. 원래 수행승은 명예나 이욕을 초탈하고, 특히 상相 없는 공부를 하기 때문에 역사적인 사항을 자세하게 기록하는 분위기가 아니다. 설혹 어떤 사항에 대해 기록되어진 사항도 전란 등으로 흩어져 버리는 일이 많기 때문에 가능한 자료를 총동원하는 작업이 이루어져야 한다.

지금까지 살펴본 바와 같이 우리는 전라 좌수영을 중심으로 강력한 의승 수군 조직이 존재했음을 알 수 있었다. 좌수영이 단순히 수군에 머물지 않듯이 그 체제와 관련을 가지고 있었던 의승 수군 조직도 실은 해안과 내륙의 작전을 두루 가능케 하는 것이었다. 종래에 충무공의 전사를 한결같이 해전 중심으로만 보아왔던 점은 그 전략이나 전술에 본질적인 접근을 못했었다는 결론이 된다. 그리고 이렇게 발상을 달리 할 때 의승군과 같은 특수한 조직 집단의 이해도 가능하리라 본다.

의승 수군 조직은 좌수영 내지 흥국사에 축을 두고, 순천 송광사를 통어하며, 그들은 광양·구례·담양 등의 지역대를 통어하고, 다시 구례 화엄사는 석주·운봉·입암 등을 통어하는 중층의 지휘 체계가 엿보인다. 그것이 충무공의 작전 개념에 의한 것이었음은 의심의 여지가 없다. 그들은 특히 경상도와 전라도가 접하는 종적인 경계선이 방어선이 되었고 이들은 호남을 지키는 데 주효했었다고 보인다. 따라서 의승 수군은 돌격대로서 해전에 역할한 것처럼 내륙의 작전에 있어서도 커다란 역할을 했었던 것으로 평가된다. 이 글에서는 논외로 하였으나 일반 의병 즉 유림 의병과의 협력 활동도 다양하게 나타나고 있으며, 해전에서 부산까지 왜선을 공격해 갔던 것처럼 내륙에 있어서도 진주 등 경상도의 깊숙한 곳까지 작전이 미치고 있어서 새로운 관심이 요청된다.

양은용(한국문화학, 원광대학교 교수)

제6절
잘못된 정치를 비판하다

권신을 베어라

임진왜란이 끝난 후 광해군은 전쟁의 피해를 복구하고 백성들의 생활을 안정시키려는 노력을 기울였다.

광해군을 도와 정치를 이끌었던 사람들은 북인들이었다. 그러나 광해군과 북인들은 세력이 약했다. 광해군 및 북인들의 생각과 달랐던 서인을 비롯한 많은 신하들은 광해군에 반대하고 비난하였다. 광해군과 북인들은 더욱 강력하게 대응하면서 권력을 지키고 그 중 이이첨과 같은 사람은 그 권력을 함부로 휘두르게 되었다.

이에 해남 출신의 유생이었던 윤선도는 목숨을 걸고 상소를 올려 이이첨과 잘못된 정치를 강력하게 비판하였다. 윤선도는 "신하의 권력이 강하여 임금의 권위가 흔들리고 민심과 풍속이 무너졌으며, 과거 시험을 부정하게 치러 이이첨을 따르는 무리들만 등용하였다"고 주장하며 이이첨을 처형할 것을 임금에게 요구하였다.

이에 대해 이이첨은 다른 관리들을 동원해 윤선도를 공격하게 하였다.

광해군도 이이첨의 뜻을 따라 윤선도를 귀양보내도록 하였다. 그러나 이 일로 인해 윤선도는 많은 사람들에게 권력에 굴하지 않는 정의롭고 기개 있는 선비로서 주목을 받게 되었다.

전하의 잘못입니다

광해군을 쫓아 내고 인조가 임금이 되면서 서인이 권력을 갖게 되었다. 그렇지만 서인들은 남인들에게 관직을 내어주며 같이 정치를 이끌어가려고 하였다. 서인과 남인은 서로 협조하기도 하고 서로의 잘못을 지적하기도 하면서 정치를 하였는데, 이 때에 대동법이 확대되어 농민들의 생활이 조금 나아지게 되고, 상업도 서서히 발전하게 되었다.

그러나 시간이 흐르면서 서인과 남인의 협조는 깨어지고 심하게 대립하게 되었다. 여기에 임금이 번갈아가며 한쪽의 편을 들어 서로의 싸움이 계속되고 정치는 갈수록 어지럽게 되었다.

이때 임금의 잘못을 직접 이야기하는 신하가 있었다. 전라도 출신의 임상덕은 "신하들 간의 싸움이 심해지는데 임금이 오히려 싸움을 부추겨 조정이 병들고 나라도 망하게 생겼습니다"라고 이야기하면서 잘못된 정치를 바로 잡을 것을 주장하였다. 임금과 신하들이 놀라고 그를 반대하는 신하들이 벌을 줄 것을 요구했으나 임금은 그를 신임하였다. 계속되던 신하들의 싸움은 후에 영조의 탕평책으로 줄어들게 되었다.

어지러운 세상, 어떻게 할 것인가? 선비가 할 일은

임진왜란과 병자호란을 거치며 조선에는 많은 변화가 나타났다. 조선 사회가 가지고 있었던 문제점들이 서서히 모습을 드러내기 시작한 것이다. 문제점들을 고치려는 노력도 있었지만 붕당끼리의 대립으로 인민들을 위한 정치는 이루어지지 못하고 그들의 삶은 더욱 어려워져 갔다.

전라도 지역의 사정도 마찬가지였다. 농민들은 어려운 생활 속에서 무거운 세금을 내며 살고 있었다. 그래서 뜻있는 선비들은 변해 가는 세상에서 정치를 바로잡고 농민들의 삶을 안정시키려는 고민들을 하기 시작하였다. 이런 선비들이 전라도 지역에 많았는데 그 중 장흥에 살고 있던 위백규는 농민들의 삶이 이루어지는 향촌 사회를 개선하려는 생각을 하였다.

조세를 향촌에서 자율적으로 공평하게 정하고, 지방의 관리들이 백성을 위해 일하게 해야 한다고 주장하였다. 또 이를 위해서 향촌 사회의 양반들이 앞장 서야 한다고 하였다. 학문하는 선비로서 모범을 보여준 것이다.

이보다 조금 앞서 화순의 나경적은 과학과 기술에 관심을 가지고 큰 업적을 이루었다. 그는 자명종을 만들어 사용하고 여러 과학 이론들을 연구하고 있었다. 이 사실을 안 실학자 홍대용이 숨어 있는 과학자 나경적을 찾아와 만난 후 그의 과학 지식에 놀라며 존경하게 되었다. 홍대용은 나경적에게 천문 관측 기구인 혼천의를 만들 수 있도록 지도를 부탁하고 나경적의 지도를 받아 만든 혼천의를 자신의 집에 보관하였다. 나경적은 전통의 학문에만 매달리지 않고 현실과 새로운 학문에 관심을 가져 학문의 시야를 넓혀 놓았다.

백성들과 현실을 위한 학문은 하백원에 의해 더욱 발전하였다. 그는 많은 발명품들을 만들었는데 특히 백성들의 의식주를 편리하게 하는 것이 선비의 도리라고 생각하였다. 그래서 "좋은 땅인데도 너무 높아 열흘만 가물어도 농사를 못 지어 농민들이 탄식하므로 이를 감안하여 우리에게 알맞고 편리"한 양수기와 같은 수차를 만들어 농민들에게 도움이 되게 하였다.

우리 힘으로 바꾸어 보자

조선 농민들의 삶은 갈수록 힘들어져 19세기 들어 전국적인 저항이 나타나기 시작하였다.

평안도에게 홍경래를 중심으로 저항이 시작되어 각지에서 농민들이 들고 일어났으나 무거운 세금과 관리들의 괴롭힘은 여전히 고쳐지지 않았다.

이러한 사정은 강진에 귀양와 있던 정약용의 눈을 통해서도 알 수 있다.

"내가 어촌에 이르러 어부들의 이야기를 들으니 바다에 있던 배가 포구에 들어오면 아전과 군교들이 배 한 척마다 돈 200문씩을 토색질 해 가고, 고기잡이 통발이 바다 가운데 수십 곳이 있지만, 밀물 썰물 때 잡히는 것을 모조리 빼앗아 가되 모두가 수령의 놀음을 핑계삼는다 하였다."

"내가 강진현 성밖에 살 때에 주막의 할멈이 겨를 따로 사서 모으는 것을 보았다. 내가 그것을 어디에 쓰려고 모으느냐고 물으면 '창고지기 아전이 미리 돈을 민가에 나누어주고 이것을 모아 두도록 했습니다. 그것을 어디에 쓰는지를 말해 무엇합니까?' 하고는 크게 웃었다."

"내가 다산에 있을 때에 창리의 아우가 갯마을을 두루 돌아다니면서 돼지 먹이로 겨 수백 섬을 사 간다는 말을 들었는데 이것도 또한 분석分石하려는 것이다. 아전이 곡식을 거두는 날에 까불고 불린 알곡을 불룩하도록 받고 창고에 넣어 봉한 뒤에 밤이 되면 촛불을 들고 창고에 들어가서는 곡식을 꺼내어 겨를 섞어서 드디어 1석을 나누어 2석으로 만들고 심한 경우에는 3석 4석을 만들어 원래의 숫자를 채우고 온전한 알곡 섬은 훔쳐서 그의 집으로 가져간다. 이것을 분석이라 하는데 그러나 큰 도둑놈들은 바로 온전한 알곡을 섬채로 팔아서 입본立本을 하고 반드시 분석하지도 않으며, 도리어 분석하는 자를 좀도둑이라 한다."

마침내 1862년 진주에서부터 대대적인 농민들의 봉기가 시작되어 전국적으로 확산되었다.

전라도에서도 대부분 지역에서 농민들이 봉기하였다. 특히 함평 지역의 항쟁이 두드러졌다. 정한순을 대표로 하는 함평 농민 수천 명은 높은 소작료를 물린 지주와 세금을 걷으며 농민들을 괴롭힌 아전들을 붙잡아 죄를 묻고 벌하였다. 이어 동헌을 점령하여 죄수를 석방하고 현감을 쫓아버렸다.

한달가량 계속되던 항쟁은 정한순이 진압군에 자수하면서 끝이 났다. 정한순은 자수하면서 잘못된 세금을 고쳐달라는 요구를 하였다. 이에 정부는 항쟁 주도자들을 처형하면서 동시에 잘못한 현감과 아전들을 벌하고 일부 세금을 농민들에게 돌려주기도 하였다.

정종재(한국사)

제7절
정한순, 임술 농민 항쟁의 지도자

정한순은 어떤 인물인가? 그를 아는 사람은 그리 많지 않을 것이다. 그가 태어난 고장인 함평의 사람들도 마찬가지이다. 자료의 인멸과 무관심 때문이다. 한 마디 말없이, 흔적 없이 스러져 간 인물이다. 오직 지난날의 역사만이 그에 대해 알고 있을 뿐이다. 그렇다고 우리마저 마냥 내버려 둘 수는 없다. 이에 정한순이 어떤 인물인가를 찾아보도록 하였다. 우리는 이러한 작업이 역사적 모순을 올바로 인식하고, 그것을 해결하는 데 결코 무의미하지 않다고 생각한다. 정한순! 그는 인간답게 사는 세상, 신명나는 세상을 만들려고 온몸으로 부딪힌 사람이었다.

농민 저항의 다양한 모습

조선 후기에는 사회의 모순이 심화되었다. 19세기에는 더욱 그러하였다. 탐관오리들의 부정과 토색질로 인한 삼정三政의 문란 때문이었다. 이들은 세금을 중간에서 착복하고 농민에게 전가하였던 것이다. 가히 세도

稅盜라고 말할 수 있다. 특히 향리들은 더욱 극성을 부렸다.

정약용이 『목민심서』에서 "백성들은 토지로써 논밭을 삼지만, 향리들은 백성으로써 논밭을 삼는다"라고 말할 정도였다.

수년 전 대통령 선거에서 모 후보가 주장하여 논란이 되었던 농가 부채 탕감, 그것이 간혹 있긴 하였지만, 농민들의 세금 부담은 무겁지 않을 수 없었다. 가난에 쪼들리고 빚에 눌리었다. 고향을 떠나 유리걸식하거나, 화전민이 되거나, 도적 떼에 들어가기도 하였다. 농민들의 생활은 돌이킬 수 없는 지경에까지 내팽개쳐졌다.

궁지에 몰린 농민들은 새로운 활로를 얻기 위한 방도를 찾게 되었다. 관료들의 부정에 반항하여 사회적 모순을 척결하는 것이었다. 여러 형태의 항쟁을 끊임없이 전개하였다. 어떤 것들이 있을까?

관리들의 비행을 폭로하고 동지들에게 행동 지침을 알리기 위해 유언비어를 유포하고 관청 주위의 산에 올라가 큰 소리를 외치고, 밤에 횃불 시위를 하고, 사람의 통행이 많은 곳에 전단을 살포하고, 번화가에 대자보를 붙이는 것이 있었다. 또 수령을 파멸시키기 위해 고을의 객사客舍(관리를 대접하여 묵게 하던 곳)에 보관되어 있는 전패殿牌(임금을 상징하는 나무패)를 훼손 은닉하거나, 법으로 관리하고 있는 소나무 밭에 방화하는 투쟁이 있었다. 그리고 관청 마당에 몰래 들어가 악덕 수령과 향리들을 집단 구타하거나 잘못된 공문서를 탈취 소각하는 투쟁도 있었다. 오늘날에도 우리는 이와 유사한 것들을 종종 볼 수 있다.

이러한 저항들은 일상적이고 소극적인 행동이었다. 관료들에게 받아들여지지도 않았다. 민폐가 개선될 리가 만무하였다. 농민들의 저항 의식은 전보다 강해졌고, 다른 방법이 요구될 수밖에 없었다. 적극적으로 나서는 것이었다. 마침내 농민들은 집단 봉기를 감행하였던 것이다. 이는 농민들이 조직 집단적으로 대규모 투쟁을 전개한 것으로 농민 항쟁의 최고의 경지이다. 대규모 농민 항쟁은 1812년 서북 지방 항쟁(홍경래의 난)에서 치열하게 전개되었고, 이어 1862년(철종13)에는 전국 70여 지역에서 연속적으로 발생하였다. 우리가 여기서 살피고자 한 것은 바로 이것이다.

농민들이 이 같은 항쟁을 전개하기 위해서는 새로운 농민 단체가 필요할 수밖에 없었다. 기존의 단체로는 충만된 농민 의식을 엮어서 투쟁을 펼 수가 없었기 때문였다. 그리하여 선각적인 인사들에 의해 민회民會나 향회鄕會 등이 등장하였다. 이들 단체들에 기득권층은 철저히 배제되고 있었다. 이제 농민들은 민회 등을 통하여 항쟁을 준비하고 전개하였던 것이다. 19세기 농민 항쟁은 민중 의식의 성장을 배경으로 하여 발생하였고, 그것은 반봉건 항쟁으로 우발적 봉기가 아니라 사회적 모순을 주체적으로 해결하려는 민중의 자각 운동이었다.

서울을 오가던 상인의 우두머리

1862년 2월 경상도 단성을 시발로 하여, 전라북도에서는 3월에 익산에서, 전라남도에서는 4월에 함평에서 농민 항쟁이 처음 발생하였다. 전남 지방 중 함평에서 가장 먼저 항쟁이 일어날 수 있었던 것은 민폐가 심하였고, 주민들의 의식이 강고하였기 때문일 것이다.

함평 지방의 농민 항쟁은 정한순의 지도로 시작하여 끝나게 된다. 정한순은 함평 읍내에서 동쪽으로 40리 거리에 위치한 식지면 중촌에 살고 있었다. 그의 가문과 출생, 성장 과정에 대해서는 관련 자료가 없어서 자세히는 알 수 없다. 아마도 대부분의 농민 항쟁 주도 인사들에게 했던 것처럼 당국이 정한순에 관한 자료를 인멸하였기 때문일 것이다. 당국뿐만 아니라 보수적 타성에 젖은 해바라기성 현지 유지들도 자료를 없애는 데 앞장섰을 것이다. 이러한 일부 인사들의 의도적이고 악의적인 자료의 인멸이 우리들로 하여금 정한순과 같은 알려지지 않은 인물에 관심을 갖게 한다. 물론 농민 항쟁의 주역이기에 더욱 관심을 갖고 있다.

우리는 몇몇 단편적 자료를 통하여 정한순의 인물됨을 알 수 있다. 그는 함평 지방의 향리, 훈도(교육자), 면임(면장: 영세 양반), 농민 등 다양한 계층을 항쟁군으로 조직하였다. 그리고 그는 다른 지역에서는 보이지 않는 동학 농민 운동 때의 정치 구호였던 '보국안민輔國安民'을 주창하였다. 항쟁의 준비와 전개 과정에서 탁월한 조직력과 정치 의식을 발휘한 것이다. 이로 보아 정한순은 상당한 식견을 지닌 인물이었던 것 같다.

또 그는 관내에 상당한 지지 기반을 지니고 있었을 것이다. 지역 내 부자들이 항쟁군에게 몸소 곡식을 제공하고, 농민들이 정한순의 명령에 일사불란하게 움직였던 데서 짐작할 수 있다.

그리고 정한순은 경상 접장京商接長이라 하여 상업에 종사하였다. 경상, 즉 서울을 오가는 상인이었다. 그런 관계로 서울뿐만 아니라 타 지역의 사정도 잘 알고 있었을 것이다. 접장이라는 말로 미루어 상인 조직을 거느리고 있었다. 많은 조직원과 자금을 지니고 있었음에 틀림없다. 접촉하는 사람들이 많았음도 두말할 필요가 없다. 그러므로 그는 외부의 정보에 정통하였고, 상당한 자금력과 군중 동원력을 발휘할 수 있었다. 이러한 점이 다양한 계층을 동원하여, 전남 지방에서 가장 먼저 일어난 함평 항쟁을 주도하게 된 배경이 되었을 것이다.

남산의 횃불 시위

함평의 농민 항쟁은 오래 전부터 준비되어 왔다. 농민들은 토지세와 환곡의 폐단을 시정해달라고 수령에게 여러 번 소장을 올려 호소한 적이 있었다. 그러나 수령은 별다른 조치를 내리지 않았다.

이에 정한순 등 농민들은 함평 지방의 폐해 10조와 수령을 비롯한 관리들의 부정 사실을 모았다. 그리고 그것을 농민 회의를 거쳐 정한순, 안종팔 등이 연명으로 서명한 소장에 기록하여 전라 감사에게 보냈다. 그들이 모은 함평 지방의 폐단이 무엇인지는 자세히 알 수 없다.

정한순이 자수하면서 내놓은 열 가지 민폐가 여기에 해당되지 않을까 한다. 이에 대해서는 뒤에서 자세히 언급하겠다. 하여간 함평 농민들이 올린 소장에 대한 감영의 조치는 형식적인 것-오늘날에도 높은 분들이 상투적으로 사용하는 "검토 조치 하겠다?"-에 그치고 말았다.

정한순 등 함평 농민들은 서울로 올라가 사헌부에 소장을 보내고 국왕에 직접 호소하기도 하였으나 역시 이들의 요구는 하나도 받아들여지지 않았다. 그러자 이들은 남산에 올라가 횃불 시위를 벌여 자신들의 의사를 표현 하였다.

당시에는 관청에 소장을 올리거나 국왕에 원정을 호소하는 것은 합법적으로 보장되어 있었다. 함평 농민들은 이러한 합법적인 형태로 자신들의 문제를 해결하려 하였던 것이다. 그럼에도 불구하고 당국에서는 정한순 등 소장에 서명한 사람들에게 무고죄를 씌워 체포하려 하였다.

농민 회의를 열다

정한순은 포졸의 체포망을 교묘하게 피하면서 함평으로 돌아와 계속 활동하고 있었다. 그는 우선 함평 현감의 폐단을 수집하고, 그것의 해결 방안을 강구하기 위해 농민 회의를 주도하였다.

함평 농민들은 먼저 각 면별로 자체 모임을 개최하였다. 여기서 그들은 각 면과 마을의 잘못된 점들을 나열하고 논의하였을 것이라고 생각된다. 그러고는 향교 앞에서 전 농민들이 참여하는 전체 회의(향회)를 가졌다. 이 회의에는 관내 14개 면의 훈장과 면임들이 자기 면의 농민들을 인솔하여 참여하였다. 향리의 우두머리인 이방 이방헌도 가담하여 지방관의 부정 사실을 폭로하였다. 이들은 함평 지방의 폐단은 무엇이고, 그것을 해결하기 위해서는 어떻게 해야 하는가를 이야기하였을 것이다.

정한순은 전 농민 회의 석상에서 자신들의 행위가 '보국안민'에 있다고 하였다. '보국안민'은 보수적이라는 비판도 있지만 1894년 동학 농민 운동 당시의 기본 정치 이념이었다. 그의 '보국안민' 슬로건은 1862년 여타 지역의 항쟁에서는 찾아볼 수 없는 것이다. 이는 정한순의 정치 의식이 매우 진보적이었음을 알 수 있다. 그는 '보국안민'의 이념을 정부 관리, 양반, 지주, 토호, 향리 등 봉건 권력에 기생하는 여러 세력을 타도함으로써 실현할 수 있다고 설파하였다. 이러한 정한순의 진보적인 정치 의식은 함평 지방의 전 주민들을 결속하는 데 큰 힘이 되던 것이다. 이제 농민 항쟁은 눈앞에 다가왔다.

인간답고 신명나는 세상을 위하여

1862년 4월 16일 오전 11시경, 수천 명의 함평 농민들이 통문을 보고 적촌리 장터에 모여들었다. 이 통문은 정한순이 작성하여 돌린 것이다. 농민들은 각 면리별로 면리명을 쓴 깃발을 앞세우고, 대오를 편성하여 집결하였다. 이들은 죽창과 작대기로 무장하고 있었다. 순식간에 농민군이 형성되었다. 출정은 완료되었다. 농민들은 정한순의 지시에 따라 적촌리 장을 철시하고 읍내로 일제히 몰려갔다. 아마 이들은 정한순을 앞세우고 질서 정연하게 하늘을 찌를 듯한 열정으로 전진하였을 것이다. 그리고 주위에서 관망하던 주민들도 끓어 오르는 주먹을 불끈 쥐며 동참하였을 것이다. 하늘도 땅도 숨을 죽이며!

농민들은 먼저 관권과 결탁하여 갖가지 횡포를 저지르고 있는 토호 김상원과 이완헌의 집을 부수고 불질렀다. 또 경영 주인京營主人에게 진 빚의 명목으로 향리들이 포탈한 자금을 민간에 전가시킨 호장 이희경, 이방 이홍원, 좌수 장채성, 간사한 향리 모정진 등의 집도 습격하고 불질렀다. 모정진은 긴 칼을 차고 군사를 모집하여 농민들을 막아내려 하였으나 끝내 쫓기고 말았다. 그리고 농민들은 고리대나 고율의 소작료로 농민 수탈에 앞장섰던 지주와 부민들의 집도 습격하였다. 공격한 집에서 곡식을 탈취하여 그들의 군량미로 삼았다. 이어 농민들은 동헌(수령의 집무실)으로 진입하기 위해 읍내 장터에 포진하여 전열을 정비하였다. 그리고는 일시에 함성을 지르며 4개 방면으로 나누어 동헌으로 돌격하였다. 농민들이 동헌에 진입하자 어쩔줄 몰라 허둥대던 현감 권명규를 끌어내어 관모와 의복을 벗기고 죽창으로 난타하였다. 이어 현감의 내실로 들어가 봉건적 수탈의 근거였던 각종 장부를 탈취하고, 감옥을 열어 죄수를 방면하였다. 농민들은 현감의 부정을 설명하고 이러한 부정을 인정하라고 요구했다. 이에 응하지 않은 현감은 농민들에게 무수한 곤욕을 당하였다.

오후 6시경. 농민군들은 관인官印을 접수하고, 현감을 들쳐 메어 함평현 경계 밖의 무안 논치까지 추방하였다. 지방관이 관할 구역에서 쫓겨나면, 그의 권한은 소멸된 것이나 마찬가지였다. 마침내 함평 지방의 모든 통치 행위는 농민군의 손에 들어가게 되었다.

당시 봉기 농민들의 행동은 상당히 조직적으로 이루어지고 있었다. 뛰어난 전술도 구사하고 있었다. 명부에 일일이 점을 찍어가며 농민군을 점검하였기 때문이다. 동헌 공격시에는 동시에 환호성을 지르는 등 일사불란한 행동으로 관군을 물리쳤던 것에서도 짐작할 수 있다.

정한순 등 함평 농민들은 읍내 및 동헌 공격을 순조롭게 끝내고 모든 읍정邑政을 장악하였다. 그리고는 곧 바로 향교로 향했다. 향교를 접수한 농민군 일행은 그 곳을 자치소로 삼아 자치 조직도 마련하였다. 자치 조직의 우두머리는 정한순이 맡았을 것이다. 당시 농민들은 정한순을 장군이라 불렀고, 모든 통치 행위는 장군의 명령으로 호칭되어 시행되었다. 그러니까 정한순은 향교에서 신설 민정 자치 조직을 총 지휘하고 있었다.

그는 많은 농민들의 호위 속에 향교와 동헌, 면리를 수시로 오가며 현황을 파악하였다. 또 장기간의 주둔을 위해 각지의 부민들로부터 곡식과 돈을 걷어 향교에 비치하였다. 정한순은 함평 농민 항쟁을 조사하기 위해 파견된 조사관을 사찰 감시하였다. 또 남아 있는 몇몇 관리들을 지휘하여 조사가 자신들에게 유리한 쪽으로 잘 마무리되도록 독촉하였다.

정한순 등 함평 농민 항쟁 지도부는 근실한 조직력과 자금력을 바탕으로 일정 기간 향교에 주둔하며 실질적인 읍정을 행사하였다. 이들이 구체적으로 어떤 일을 하였는지는 알 수 없다. 하지만 치안과 행정을 맡으며, 구시대의 악폐를 일소하는 데 진력하였을 것으로 생각된다. 개혁 작업이었다. 그것은 그동안 여러 차례 논의된 것이겠지만 분명 함평 농민들의 염원을 반영하는 방향으로 추진되었을 것이다. 신명나고, 아름다운 일이었다. 눈물겹도록 바라고 또 바란 일이었다.

전라 감사는 4월 16일 봉기 직후 함평 현감을 파면시키고 무안 현감 정순조를 겸임시켜 본래의 공무와 항쟁의 조사를 맡았다. 그러나 정순조는 함평 지역에 들어오지도 못하고, 지방관으로서의 임무를 하나도 시행하지 못했다. 또 4월 22일에는 새로이 김기순을 함평 현감에 임명하였으나 현지에 부임하지 않고 한양에 머물고 있었다.

정부에서 파견된 조사관들은 사태의 수습을 위해 정한순과 접촉하려 하였으나 뜻을 이루지 못하였다. 정부에서는 지방 군대로 하여금 주동자를 체포하라고 명령하였으나 어떤 진압군도 함평현에 들어올 수 없었다. 이 모든 것들은 현지의 농민군 지도부가 강고하게 함평 지역을 장악하고 있었기 때문이다.

25일 천하, 그리고 그 후

농민 항쟁을 조사하기 위해 안핵사 이정현이 서울에서 파견되었다. 그는 전라 감영의 우영장과 함께 5월 6일에 함평에 도착하였다. 이어 선무사 조구하도 5월 7일 전주를 출발하여 함평으로 향하였다. 농민군을 달래기 위해서였다. 그리고 진영 군대가 함평으로 접근할 것이라는 소식이 전해졌다. 실행에 옮겨지지는 않았다. 이러한 정부의 각종 진압책과 회유책은 농민군의 전세에 영향을 끼치기 시작하였다. 함평 외의 지역에서는 이미 항쟁이 진압되고 있었다.

1862년 5월 10일 오후 4시경. 함평 농민 항쟁이 발생한 지 25일이 지난 후다. 정한순은 이정현 앞에 자수하였다. 정한순이 자수함으로써 함평 농민 항쟁은 막을 내리게 된다. 25일 천하는 끝나고, 인간답고 신명나는 세월도 역사의 뒤안길로 사라져 버렸던 것이다.

정한순! 그는 왜 자수하였는가? 그는 수천 명의 농민을 거느리고 관청에 나타났다. 농민들은 여전히 깃발과 죽창을 들고 있었다. 항쟁의 열정은 아직도 충만되어 있었다. 이 때 정한순은 조사관 이정현에게 자수하면서 다음과 같이 말하였다.

> "구감사 구현감이 불법을 많이 저질러서 그 곤경을 참을 수가 없었는데 다행히 금일 사신의 행차를 맞게 되었습니다. 우리의 바람은 사실이 드러남에 있는 것이기 때문에 이처럼 스스로 나타난 것이며 죄수가 되고자 합니다. 본인의 죄는 만 번 죽어도 되나 민폐의 시정을 얻지 못하면 죽어도 눈을 감지 못할 것입니다."

백성을 멍들게 하는 폐단을 세상에 알리고 고치기 위해 봉기하였고, 그것이 달성되면 죽어도 한이 없다는 것이다. 참으로 떳떳하고 결연한 의지에 가득찬 발언이라고 할 수 있다. 참된 사회를 만들기 위해 자신의 생명을 과감히 내던지겠다는 것이다. 그리고는 함평현의 비리를 담은 「10조 앙진十條仰陣」을 제시하였다. 그것은 다음과 같다.

1. 조창에 납부하는 조세가 읍내 창고에서 거두는 양보다 많은 것.
2. 궁방전의 수세액이 규정보다 많은 점.
3. 경작하지도 않은 토지에서 세금을 거두는 폐단.
4. 부채 명목으로 억울하게 징수당한 액수가 32,315냥에 이른 것.
5. 간사한 향리들이 몰래 삼켜 먹은 환곡 7,400냥을 장부에 첨가시킨 점.
6. 영저리營邸吏 수고비를 전세에 붙여서 부과한 점.
7. 11만석에 달하는 환곡의 과다 문제
8. 토지와 민가에 배분한 세금의 증가 문제.
9. 도망한 군정가軍政價를 함부로 거둔 점.
10. 관이 미납한 7년 세금을 징수한 문제.

이어 농민군들이 해산하자 정한순은 등소等訴 운동 시 감영 도장의 위조 혐의로 감옥에 갇히게 되었다. 5월 30일 조사관 이정현은 함평 농민 항쟁에 대한 최종 처리 결과를 중앙에 보고하였다. 그리고 항쟁에 관련된 22명을 감옥에 가두고, 정한순 등 주모자 6명을 처형하였다.

함평 지방의 농민 항쟁은 정한순의 지도로 시작하여, 정한순을 비롯한 지도부와 농민들의 자수로 끝나게 된다. 그는 기존의 봉건 지배 체제를 타도하고 새로운 사회를 건설하려 하였다. 이는 전 함평 농민들의 희망이었다. 때문에 정부에서 농민 항쟁의 재발을 막기 위해 정한순의 넋을 가혹하게 탄압했을지라도 함평 농민들의 가슴 속에는 그를 추모하는 정신이 자리잡고 있었을 것이다.

정한순의 영웅적 활동에 대한 찬양은 다른 지역에서도 있었다. 함평 농민 항쟁 이듬해인 1863년에 서울에서 장기형이라는 사람이 "호남에서 민요를 일으킨 정한순이 필경 장구대진長驅大進 할 것이다"라는 유언비어를 퍼뜨린 죄로 체포된 일이 있었다. 또 함평 현지인은 다음과 같은 말을 전하고 있다. 함평 농민 항쟁의 지도부 일부가 바다를 통하여 제주도로 피신하였고, 그들이 제주 항쟁을 이끌었다는 것이다. 아직 그 사실은 확인되고 있지는 않다. 그럴 가능성은 충분하다. 함평 항쟁이 끼친 영향을 시사해 주고 있다.

이 모든 것들을 통하여 정한순의 활동이 대단하였음을 알 수 있다. 그러한 정한순의 얼은 어떤 형태로든 지금까지 전해오고 있으리라고 생각한다. 살아있는 우리들 모두가 나서서 찾아야 할 것이다. 농민군이 타도 대상으로 삼았던 토호 김상원이 현감 남희중의 영세불망비(1869년 설립, 함평읍 고양촌)에 이름이 올라있는 것과 관련하여 더욱 그렇다.

김덕진(한국사, 광주교육대학교 교수)

참고 문헌

망원한국사연구실 『1862년 농민 항쟁』, 동녘, 1988

안병욱, 「19세기 임술 민란에 있어서의 향회와 요호」, 『한국사론』, 1986

오영교, 「1862년 농민 항쟁-전라도 지역의 사례를 중심으로-」, 『손보기 박사 정년 기념 한국사학 논총』, 1988

김인걸, 「조선 후기 촌락 조직의 변모와 1862년 농민 항쟁의 조직 기반」, 『진단학보』67, 1989

배항섭, 「19세기 후반 '변란' 의 추이와 성격」, 『1894년 농민 전쟁 연구2』, 역사비평사, 1992

목포대학교 박물관, 『함평군의 문화 유적』, 1993

3

광주 · 전남의 문화 예술

제1절
해남·강진의 유배지 문화

1. 호남의 학문 전통

인간의 사고는 그가 처한 생활 환경에 의하여 지대한 영향을 받게 마련이다. 어떤 시대에 어떤 곳에서 어떤 신분으로 살아가야 했었나를 살펴보아야 함은, 그 때문에 과거의 인물을 규명하는 데에 불가결의 요건이 된다. 실학을 집대성한 탁월한 학자 다산 정약용茶山丁若鏞이 촉망받던 벼슬살이를 차단당하고 중죄인이 되어 호남의 강진에서 19세기 첫머리에 18년이라는 긴긴 세월 동안 유배살이를 지내야만 했던 사실은, 그의 사상과 학문을 이룩하는 데에 많은 영향을 미칠 수밖에 없었으니, 그 때문에 그곳의 지역적인 여건을 따지게 되는 것이다.

18세기 후반의 1762년에 태어나 1801년 40세의 나이로 천주교에 관련된 역적 죄인이라는 혹독한 죄명을 안고 호남에서 살아갈 수밖에 딴 도리가 없었던 다산에게, 호남은 결코 낯선 곳만은 아니었다. 자신의 뜻과는 관계없이 타의에 의하여 우연스럽게 정해진 유배지였지만, 그의 유배지가 호남의 강진으로 정해졌던 것은 여러 가지 면에서 고찰해야 할 사항이 많다.

해남 윤씨 녹우당

다산의 아버지 정재원丁載遠(1730-1792)은 강진의 인접 고을인 해남의 해남 윤씨 집안으로 장가들었는데, 해남 윤씨는 강진에도 꽤 많이 살고 있었다. 3년 동안 화순 현감을 역임했던 아버지 임소에 따라와 16·17·18세의 꽃다운 시절을 화순에서 강진을 거쳐 해남으로 다녔기에 이미 발이 익은 곳이었다. 원님의 아들인 귀공자로 조용한 암자에서 마음껏 글을 읽기도 했지만 자신과 같은 당색黨色인 화순의 조씨曹氏들과 어울리며 호남의 명승지 동복의 적벽을 구경하고 무등산에 올라 시를 읊고 글을 지으며 즐거운 세월을 보냈던 곳이 호남이었다. 그러한 곳이었기에 비록 역적의 누명을 쓰고 귀양 온 죄인의 신분이었으나 마음 한 구석에서는 무언가 기댈 언덕이 있으리라는 기대도 했을 것이다.

이렇게 특별하게 인연 맺어진 호남은 본래부터 조선 시대의 곡창이자 인물의 부고富庫로서 "호남이 없으면 나라가 없다"(無湖南無邦家)라는 말이 오래도록 전해지던 지역이었다.

임진 왜란 등의 국난에 처해서도 전 지역에서 의병이 일어나 몸으로 나라를 지키기도 했지만, 많은 군량미를 공급하여 이기는 싸움이 되도록 물심 양면의 노력을 아끼지 않던 곳이었다. 그러한 의혼의 고장이 되기에는 문화적으로 축적된 학문과 사상의 기틀이 넉넉하던 곳이었다.

조선 시대의 대표적 시인을 호남에서 독점하던 때가 있었다. 명종·선조시대에 문명을 드날리던 문인들의 대부분이 호남 태생이거나 아니면 호남을 연고지로 해서 문학 활동을 했다. 눌재訥齋 박상(朴祥, 1474-1530), 면앙정俛仰亭 송순(宋純, 1493-1583)을 필두로 하여 소쇄옹瀟灑翁 양산보(梁山甫,1503-1557), 석천石泉 임억령(林億齡, 1496-1568), 하서河西 김인후(金麟厚, 1510-1560), 송천松泉 양응정(梁應鼎, 1519-?), 청련靑蓮 이후백(李後白, 1520-1578), 사암思庵 박순(朴淳, 1523-1589), 제봉霽峯 고경명(高敬命, 1533-1592), 옥봉玉峯 백광훈(白光勳, 1537-

1583), 고죽孤竹 최경창(崔慶昌, 1539-1583), 백호白湖 임제(林悌, 1549-1587) 등 셀 수 없이 많은 문인들이 거의 비슷한 시대에 문단을 독점하여 쟁쟁한 명성을 날리고 있었다. 더구나 이들은 시문으로만이 아니라 정치적 학문적으로도 큰 명성을 얻고 있었기에 그들이 끼친 호남의 문풍과 학문적 영향은 지대한 바가 있었다. (호남 시단의 독점적 성격은 이수광의 『지봉유설』에 자세하다.)

이들보다 한 세대 이전의 인물들로는 정암 조광조의 벗들로 학문과 의리의 호걸들이 또 있었다. 기묘 사화의 정치적 탄압에 벼슬길을 차단 당하고 낙향하여 아름다운 자연을 벗 삼아 학문을 닦고 후학들을 길렀기에 학문적 풍토의 조성에 한 역할을 한 이외에도 당시의 정치 권력에 불만이던 그들의 주장이 스며들게 하였던, 세칭 호남의 3걸三傑이 있었다. 화순의 신재新齋 최산두(崔山斗, 1483-1536)와 해남의 나옹 유성춘懶翁柳成春 및 귤정橘亭 윤구(1495-?) 등이 그들이다. 기묘 명현으로 호칭되는 이들은 그 후예들이 뒷날 당색에서 동인·북인·남인으로 이어져 호남에 저항적인 학자들이 대를 잇게 하는 중요한 기반을 만들어 준다. 유성춘은 미암尾巖 유희춘柳希春(1513-1577)의 친형이며 유희춘은 조광조와 최산두의 제자인데다, 윤구는 바로 남인의 종장이던 윤선도의 증조할아버지였다.

조선 중기의 학문적 주류가 성리학이었던 탓으로 그 분야를 본격적으로 연구하거나 업적을 남기는 경우라야 제대로 학자적 지위를 얻을 수 있었는데, 그 분야에서도 호남에는 5현賢이 있었다. 태인의 일재一齋 이항李恒(1499-1576), 장성의 하서 김인후, 해남의 미암 유희춘, 광주의 고봉高峯 기대승奇大升(1527-1572), 나주의 건재健齋 김천일(1537-1593) 등이 그에 해당된다. 조선 시대 유학사에서도 혁혁한 위치를 점하는 그들은 당대의 전통적 유학자들로서 호남에 학문적 뿌리를 내리고 학풍을 조성하는 데 상당한 영향력을 행사했었다. 나라 전체에 영향을 끼쳤던 분들이지만, 그들이 활동하던 무대가 호남이었던 탓으로 호남 지방에 끼친 영향은 매우 컸었다. (그들의 높은 명성에 대하여는 허균의 「성소부부고」에 자세하다.)

조선 왕조 후기에 접어들면서 당쟁이 격화되고 소수의 벌열들에 의하여 정치 사회가 주도되면서 당색이 다른 반대파들을 혹독하게 탄압했던 관계로, 실세의 정치적 표면에는 큰 두각을 보이지 못했으나 호남 전역에 막

고산집

대한 영향을 끼쳤던 또 다른 학자가 있었다. 그가 곧 곤재困齋 정개청鄭介淸(1529-1590)이다. 곤재와 같은 계통의 학자들로는 가혹한 지식인 탄압에 무참히 짓밟힌 동암 이발李潑(1544-1589), 남계南溪 이길李佶형제와 정곡鼎谷 조대중曹大中(1549-1590), 청계淸溪 유몽정柳夢井 등이 있다. 이들은 동인과 서인의 싸움에서 정여립鄭汝立 모반 사건이라는 무관한 사건에 연루되어 무참히 죽음을 당한 비운의 호남 사람들이었다. 곤재·동암·남계·정곡·청계 등은 남인 계통에서는 또 다른 5현으로 일컬어지며 앞의 3걸들과 같은 인맥으로 연결되어 반항과 저항의 깊은 뿌리가 내려지게 되는 주요한 계기를 제공해주던 분들이었다. '반역향'이라는 역사적 오명을 뒤집어쓰고 긴긴 압제의 세월을 보내야 했던 이들의 후손이나 후학들이 곳곳에 산재해 있으며 관변의 역사 서술과는 달리 억울한 그들의 죽음에 씌워진 누명을 벗기 위해 죽음을 마다하지 않는 처절한 투쟁을 계속하던 저항의 풍토가 호남의 여러 곳에 깊숙이 깔려 있었음은 또 하나의 특이한 학문적 전통이기에 충분하였다. 집권 노론층과 대결하던 민중적 항쟁이 그들을 통해 지속되고 있었던 것이다.

마지막으로 조선 후기에 싹트던 실학적 학문 분위기를 대표하여 호남의 3천재라는 큰 학자들이 끼친 영향이 있다. 순창의 여암 신경준申景濬(1712-1781), 장흥의 존재存齋 위백규魏伯珪(1727-1798), 고창의 이재 황윤석黃胤錫(1729-1791) 등이 3천재였는데, 이들은 당시의 전통적 유학자들의 후학이면서도 다른 한편으로 당시의 학풍이던 실학적 논리에 접근되는 다방면의 학문을 연구하여 그러한 분위기 조성에 이바지했었다. 정여립 사건에 의한 처참한 지식인 압살 이후, 선생 장자先生長者의 지위를 유지하는 학자가 나지 않아 인물의 빈곤을 겪어야 했던(허균의 주장) 호남에 3천재의 등장은 큰 의의를 지니게 된다. 더구나 다산의 유배지 강진에 인접한 장흥 지방에서 다산이 오기 3년 전까지 위백규의 활동이 있었던 것은 학계의 분위기 쇄신에 여러 가지 면에서 영향을 끼쳤을 것이다. 그의 학문 영역은 매우 방대하였고, 여러 부면에서 실학자다운 측면을 엿볼 수 있는 점이 많았다.

2. 근거없는 유배 문화

　평면적인 인물 중심의 지루한 이야기를 계속하면서 호남 학문의 전통을 열거함에는 특별한 이유가 있다. 오늘날 터무니없는 주장에 의하여 호남의 문화는 유배 문화라는 주장을 펴는 사람이 있고, 깊은 고찰을 통하지 않은 혹자는 호남 지방에 유배지가 많았다는 한 가지 사실에 동조하여, 호남의 문화는 유배 문화가 아닌가라는 의구심을 갖는 경우가 있기 때문에, 그러한 생각을 분쇄하려는 이유에서 문화적 전통의 면모를 열거하지 않을 수 없었다. 특히 아카데미즘과는 관계없는 저널리즘 쪽에서 호남 문화를 유배 문화와 관련하여 과장하는 측면도 있는 터여서, 호남의 학문이 어떤 뿌리와 인맥 및 학맥으로 연결되어 발전해왔었나를 살펴야만 했었다.

　다산은 우리나라 학자로서는 유독 퇴계退溪를 학통의 종장으로 여기고 있었는데, 자신이 속한 남인계 학통과도 연관되는 일이었다. 퇴계를 이어 그의 제자 한강寒岡 정구鄭逑(1543-1620)를 내세우고, 한강의 제자인 미수眉叟 허목許穆(1595-1682)과 그 사숙 제자 성호 이익(1681-1763)으로 이어지는 학맥을 자신의 학통으로 여겼다. 성호에게 글을 배운 녹암 권철신(1736-1801)에게 직접적인 학문의 영향을 받은 다산이니, 그의 학문 연원은 퇴계-한강-미수-성호-녹암-다산으로의 학통도가 가능해진다.

　허목에서 성호로 이어지는 데에는 보조적인 학문의 도움이 있었다. 그게 바로 해남 윤씨, 즉 다산 외가의 학문이었다. 윤선도는 허목의 선배 학자로 남인계의 대표적 학자였는데, 자신의 증손자인 공재恭齋

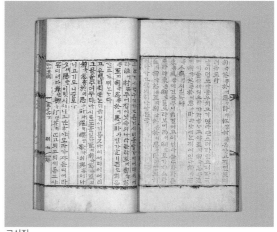
고산집

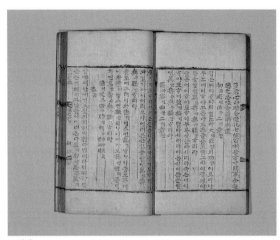

고산집

윤두서尹斗緒(1668-1715)가 그의 가학을 이었고, 윤선도의 외손자 판서判書 심단沈檀(1645-1730)의 아들인 정재定齋 심득경沈得經이 또 윤선도의 학문을 이었었다. 그런데 이들 윤두서, 심득경 등은 성호의 형님들인 서산西山 이잠李潛(1660-1706), 옥동玉洞 이서李漵(1662-1723) 등과 함께 힘을 합해서 성호에게 넘겨주는 학문적 업적을 이룩했던 것이다. 윤선도의 외손자 심단은 외가에서 태어나 어린시절 외조부의 슬하에서 양육되며 직접 그의 학문을 배워 아들에게 전해주었으니, 해남 윤씨의 가학과 성호 집안의 학문이 합해져 실학의 새 영역이 수립되기에 이른다.

당쟁이 격화되면서 서인과 남인 사이에 끝없는 경쟁이 계속되고 있을 때, 남인 측의 대표적인 이론가들은 고산 윤선도, 미수 허목, 탄옹炭翁 권시權諰(1604-1672) 백호 윤휴(1617-1680) 등이었으니, 그들의 사상과 학문은 인맥과 학맥 및 혈연적인 과정을 통해 다산의 학문 속에 합류되었음을 알게 된다. (이 부분은 필자의 「다산학의 연원과 그 시대적 배경 고찰」에 자세하다.)

그런 점에서 미루어보면, 유배지 강진에 와서 다산의 학문이 유배지에 보급되었다고 보기보다는 실학 성립기의 중요한 학맥의 하나이던 해남 윤씨의 학문적 보고 속으로 다산이 들어오게 되는 셈이었다.

또 앞에서 살폈던 바의 호남의 저항적 학문 계통과의 관계도 무관하지 않았다. 정여립 사건으로 무참히 죽음을 당했던 학자들을 가장 숭모하여 그들의 억울한 죽음에 한없는 슬픔을 금하지 못하던 학자가 바로 고산 윤선도와 미수 허목이었다는 사실이다. 같은 남인 계통이라는 것 이외에 혈연적인 측면도 무시할 수 없다. 호남 3걸 중의 1인인 윤구가 고산의 증조할아버지였고, 윤구의 외손자들이 동암 이발과 남계 이길이었다. 고산의 조부 윤의중尹毅中이 이발·이길의 외숙으로 그들 사건에 연루되어 유배지에서 죽어 갔으니, 윤선도는 정여립 사건의 간접적인 피해자였다. 자기 가문의 정당성을 위해서라도 그때 피해자들의 주역이던 곤재 정개청의 억울함을 신원하려고 애쓰지 않을 수 없었다. 때문에 윤선도는 자기가 4

세 때에 억울하게 죽어간 정개청의 문집을 수습하여 완전하게 교정을 해두었고, 무서운 탄압에 굴하지 않고 여러 차례 상소를 올려 자세한 사건의 진상을 상주했었다. 그의 유명한 상소 「논국시소論國是疏」는 1만 자가 넘는 장문으로, 국시를 바르게 하기 위해서라도 곤재의 억울함은 풀려야한다는 주장이었다.

곤재의 억울함을 풀기에 생애를 걸었던 윤선도의 입장을 누구보다도 잘 이해하고 힘을 합했던 사람이 허목이었다. 그는 한때 우의정이라는 높은 벼슬에 올라, 국왕으로 하여 곤재의 억울함을 풀게 하였고, 서원을 복구하여 다시 제향할 수 있게 하며, 곤재의 문집을 간행하도록 서문을 써주고 「곤재유사困齋遺事」를 저술하여 그의 인간과 학문적 업적을 찬양해주었다. 해남의 윤선도와 뜻을 같이한 허목은 호남 태생이었다. 천재 시인 백호 임제의 외손자로 외가이던 나주 회진에서 태어나 어린 시절을 그곳에서 보냈으니 한때 나주에서 활동했던 곤재의 삶을 익히 들어서 알 수 있었을 것이다.

곤재의 문집인 『우득록愚得錄』을 위해 허목이 쓴 서문에는 윤선도의 공로가 매우 높이 평가되어 있다. 윤선도가 아니고서는 이 책이 온전하게 전해질 수 없었다고 말하고, 고산이 자신의 불이익을 감수하며 곤재를 옹호한 업적을 높이 찬양해 마지않았다. 또 미수 허목의 주장을 검토해보면, 호남에 잠재되어 있던 저항 세력, 즉 곤재 학통을 잇는 학자들의 굳센 기질과 학자적 양심이 얼마나 열렬했었나를 쉽게 알아볼 수 있다. 억울하게 죽어간 대학자의 일생을 매몰시킬 수 없다 하여, 그의 후학들은 온갖 불이익을 감수하며 곤재의 문집을 간행하였고, 곤재의 서원을 세워 학덕을 기리는 일에 집단적 노력을 아끼지 않았었다. 그런데 그 서원은 정치적 세력 판도의 변화에 따라 훼철과 재건이 반복되며, 3액 4철, 즉 세 번 사액賜額이 내리고 네 번 훼철당하는 파란곡절을 겪어야 했던 것이다. 서인이나 노론이 집권하면 서원은 뜯기고 남인이 어느 정도 세력을 펴면 또다시 서원이 재건되어 조선 후기 정권의 명멸과 그 운명을 함께 했던 남인의 상징적 서원이 바로 호남의 함평에 있었다.

> "남쪽 선비들로 정씨鄭氏(곤재)를 추존推尊한다는 이유 때문에 감옥에 갇힌 사람이 5십명이고, 유배 간 사람이 2십명이며, 금고 당한 사람이 4백여 명이었다."(『우득록』 서문)

허목의 주장이 사실이라면 5백여 명의 시골 지식인들이 당시의 집권층인 서인에게 반발 세력으로 호남 지방에 존재했다는 내용이니, 직접 그일에 가담하지는 못했지만, 내면으로 반대하던 민중적 세력이 얼마나 되는가도 짐작하기에 어렵지 않다. 지금 전하는 그때의 기록인 『기축록己丑錄』에 의하면 곤재 사후 곧 이어 빗발치듯 상소를 올리며 곤재의 억울함을 주장하였고, 서원을 짓기 위하여 얼마나 많은 지식인들이 상소와 탄원으로 애쓰고 있었던가를 상세히 알게 해준다.

　　그들의 끈질긴 투혼과 정의에 굽힘 없는 모습을 기록으로 검토해 보자. 역적 음모로 죽어간 그들인데, 그럴 리가 없다고 확신했던 곤재의 제자들은 곤재 사후 36년째인 광해군 8년(1616)에 곤재가 강학하던 무안의 엄담淹潭에 서원을 세웠고, 끝내는 자산 서원紫山書院이라는 사액으로 국가적인 공인을 받아내고 말았다. 숙종 28년(1702)의 남인 정권 마지막 몰락 때까지, 훼철·부설을 반복하며 끝까지 승복하지 않는 불굴의 저항 정신을 발휘하던 학풍이 있었다. 그러는 동안에도 호남 지방의 남인 세력들은 재집결을 시도하여, 여러 곳에서 남인계 추존의 학자들 서원이 세워진다. 숙종 15년 (1689)에는 해남에서 금남錦南 최부崔溥(1454-1504, 유희춘의 외조부), 귤정 윤구, 미암 유희춘, 고산 윤선도 등이 함께 모셔진 해촌사海村祠가 건립되었다. 금남 최부의 외손자에는 나주의 세력가들인 나주 나씨 일족이 있는데, 그들은 대부분 곤재의 제자들이었고, 유희춘도 제자를 모두 곤재에게 보내줄 정도로 곤재를 높이 여겼던 처지임도 우연이 아니었다. 곤재의 제자들이 가장 드세던 나주에서는, 숙종 18년인 1692년에 죽은 지 10년째이던 허목의 서원인 미천 서원眉泉書院이 세워지고 있다. 곤재를 위해서 노력했던 미수의 공로에 대한 보답의 뜻과 그곳이 그의 태생지였던 탓으로 남인의 거목인 미수의 서원이 세워졌을 것이다. 다산이 한창 귀양살이에 있던 순조 2년인 1803년에도 곤재의 문인이던 나덕명羅德明의 사당인 소포사蕭浦祠가 무안에 세워졌고, 1809년에는 바로 강진에서 해남 윤씨의 외손들이던 동암 이발과 남계 이길의 사당인 수암 서원秀巖書院이 세워지기도 했다.

　　동암과 남계의 사적이 기록된 『동남소사東南小史』의 발문을 다산이 저술했던 것으로 보면, 그들 남인 세력은 다산과의 접촉이 빈번했던 것으로 추측하기 어렵지 않다.

　　다산 학통의 개산조가 퇴계이고 그 중시조들이 윤선도·허목 등이라고 여길 때, 호남 전역에는 허목의 추앙 세력들이 상당한 세력으로 상존하였고, 귤정·고산·공재로 이어지는 해남 윤씨의 학맥이 호남 지역에서는 떵떵거리는 세력으로 존재하였던 사실은, 곧 다산의 유배지가 호남이었다는 다복함을 말해주

수암서원

고, 그러한 학문적 풍토 및 사회적 기반이 그의 학문 성취에 큰 역할을 했다고 추정하기 어렵지 않다. 그러한 여건 아래서 '다산초당'이라는 유배지가 그의 학문을 이룬 산실이 되었다. 호남으로 유배온 다산을 통해서 새로운 유배 문화가 이루어진 것이 아니라, 호남이라는 지역이 지닌 학문적 토양과 사회적 현실을 토대로해서, 다산의 학문은 더 우수한 학문으로 이루어졌다는 확증을 발견하기 어렵지 않다.

3. 고산 후손들의 역할

신분적 계급을 타파하지 못했던 조선 시대의 인맥 관계는, 혈연과 학연을 무시하고는 그 실상을 파악하기 어렵다. 혈연과 학연이야말로 사회적 관계의 원천을 이루었고, 그만큼 그 강도는 집요한 영향력을 미치고 있었다. 혈연적 인연이 가가운 해남 윤씨가 살던 곳에서 가까운 곳으로 유배지가 정해진 것은 우연치고는 대단한 우연이었다.

해남 윤씨는 본손들뿐만 아니라 외손들 중에도 혁혁한 남인 계의 인물이 많았다. 윤씨의 외손이었던 이발·이길의 광산 이씨는 수효로나 세력으로 호남의 큰 성씨였었고, 정여립 사건 때의 가해자 중의 중요한 인물인 송강 정철의 일족들과는 거의 적대 관계로 저항적인 역할을 했었다. 큰 고을인 나주의 중요한 성씨인 나주 나씨나 금성 나씨 일족들도, 정개

청과의 학연으로 집권층인 노론 계와는 언제나 반목하고 있었다. 아무튼 이들 큰 성씨 집안이 상당한 세력으로 통혼의 연대를 맺으며 남인계 학자들의 서원까지 세워 사회적 세력의 구실을 할 수 있던 분위기는 남인계 유배인에게는 든든한 보조자가 될 소지가 되었다.

더구나 윤선도의 집안은 재력까지 넉넉하여 보길도라는 섬까지 통째로 소유할 정도였고, 해남 지방에 건립한 정대亭臺만도 25곳이나 되고 양주에까지 별장이 있던 가문이었다. 노복만도 수백 명에 이르고 문한文翰과 환력宦歷으로도 우뚝 솟은 집안이었다. 장흥의 정씨丁氏, 화순의 조씨曹氏, 나씨羅氏 등과의 접촉은 기록에 보이고 있으나, 타 성씨들과의 구체적 접촉은 기록에서 확인하기 어려운데, 해남 윤씨들과의 접촉 관계만 보아도 다산이 유배 상황에서 얼마나 큰 도움을 받았나를 쉽게 알아볼 수 있다. 호남 지방의 대표적 남인 가계인 윤씨 일족으로 미루어 다른 씨족과의 관계는 짐작할 수 있다.

다산은 유배 오기 전 어린 시절이나 한창 벼슬하며 학문을 넓히던 젊은 시절부터, 외가의 윤씨들과는 가깝게 지내던 사람들이 많았다. 다산의 기록에 의하더라도 고산이나 공재의 후예들은 모두가 천재에 가깝도록 영특한 사람들이 많았었다. 본래 학문적 전통이 뚜렷하고 명망이 크던 집안이었으나 후손까지 벌족하여 제제다사들이 즐비했었다. 애초에 다산과 동년배로 학자이자 천주교 신자이던 외종형 윤지충尹持忠(1759-1791)은 함께 과거 공부를 했던 기록이 있고, 진사가 되고는 종교 때문에 순교하지만 죽마고우의 가까운 사이였었다. 외 6촌 형인 윤지범尹持範(1752-1821)이나 윤지눌尹持訥(1762-1815)은 평생의 지기들이었다. 윤지눌은 동갑내기 아우로 동 시대에 문과에 급제하여 같은 조정에서 벼슬하던 신진 사류들이었으며, 시동인 모임인 '죽란 시사竹欄詩社'의 동인으로 외가 전통을 송두리째 다산에게 전해준 친구들이었다. 그들은 시문으로 큰 이름이 있던 사람들이었다. 윤지철尹持喆(1769-1815)·윤지익尹持瀷(1771-1798) 형제도 다산을 놀라게 해준 천재적 외 6촌 아우들로서 많은 접촉이 있었다. 그 이외에 윤종하尹種河, 윤종직尹種直, 윤종민尹種敏 등도 유수한 문사들로서 귀양살이 중에 시문을 주고받으며 척의를 두텁게 함으로써 그의 삶을 위로해준 아주 가깝던 사이들이었다. 이들을 통해 고산 이후 공재에 이르는 외가의 서적들을 읽을 수 있었고, 그 집안의 학문적 전통도 이어받을 수 있었다.

"나는 가경 신유(1801)년의 겨울 강진에 도착하여 동문 밖의 주막집에 우접寓接하였다. 을축(1805)년 겨울에는 보은산방寶恩山房(고성사高聲寺)에서 기식하였고, 병인(1806)년 가을에는 학래鶴來 이청李晴의 집에 이사가 살았다. 무진(1808)년 봄에야 다산茶山에서 살았으니 통계하여 유배지에 있었던 것이 18년인데, 읍내에서 살았던 게 8년이고 다산에서 살았던 것이 11년째였다. 처음 왔을 때에는 백성들이 모두 겁을 먹고 문을 부수고 담을 무너뜨리며 안접安接을 허락해 주지 않았다. 그러한 때에 곁에서 보살펴주던 사람은 손孫, 황黃 등 네 사람이었다.

이로써 말하면, 읍내 사람들은 더불어 근심과 걱정을 함께 했던 사람들이었다. 다산의 여러 사람들은 조금 평온해진 뒤에야 알게 된 사람들이었으니, 읍내 사람들을 어떻게 잊을 수 있겠는가…."

유배가 끝나고 귀향할 무렵에 서술했던 다산의 기록이다. 손병조孫秉操, 황상黃裳 등 읍내 아전들의 집안 아이들이 귀양 초에 다산에게 글을 배웠고, 그들 집안에서 다산에게 도움을 주었던 일을 다산은 잊지 못하고 있었다. 사실 그들 중의 황상이나 이청李晴(학래) 등은 큰 학자로 성장하여 다산 저술기에 많은 도움을 주기도 하였다. 읍내의 미천한 신분의 학동들이 다산의 말벗이 되어 유배초의 어려움을 극복할 수 있게 했던 것인데, 그 시절은 친척으로서도 어찌할 방도가 없을 만큼 역적 죄인의 죄명은 너무도 무서웠던 것이 사실이었다.

그러나 세월이 지나면서 피가 물보다 진하다고 다산의 외가 쪽에서도 다산을 찾기 시작하였고, 강진의 윤씨 일족은 좋은 기회라고 여겨 다산과의 접근을 시도하여, 유배 8년째인 1808년 봄에는 강진 도암면 귤동의 윤씨 산정山亭인 '다산 초당'으로 영주할 계획 아래 이사를 서두르게 되었다. 척분이 없는 타인들이 다산을 위로해 주고 도움을 주고 있을 때, 외가의 윤씨들이나 강진의 윤씨 일가들이 무관심할 수 없었을 것이다. 그런 관계의 기록인 「다신계안」에는 다산이 다산 초당으로 옮긴 후 고향으로 해배되기까지 그를 스승으로 섬기던 18제자의 명단이 기록되어 있다. 그 18명 중 10명이 윤씨들인데, 윤종문尹種文·윤종영尹種英은 외가의 조카들이고, 나머지 8명은 강진 윤씨 일족들이었다. 해배될 가망이 없고, 역적 죄인이라는 무서운 처지에 있었지만, 학문의 학통이 남인계의 당색인데다, 윤씨의 외손이라는 혈연적 연결은 끝내 접촉을 용이하게 해주었던 것이다. 그래서 제자들과 학문을 토론하고 대화를 나누며 유배의 서러움과 짓눌린 자의 아픔을 이기고, 본격적인 강학과 저술 활동을 가능하게 했던 것이다.

이 점으로 볼 때 다산 초당의 주인이던 귤림처사橘林處士 윤단尹博과 그의 아들인 귤원橘園 윤규로尹奎魯(1769-1837) 부자의 공로는 잊을 수 없이 크다. 마을 뒷산인 다산에 초당을 짓고 천여 권의 장서를 소장하여 학문을 일삼던 그들은 시골의 지식인이었다. 윤단의 손자들인 윤종기尹種箕, 윤종벽尹種壁, 윤종심尹種心, 윤종두尹種斗, 윤종삼尹種參, 윤종진尹種軫 등이 바로 18제자 중의 6명이었다. 윤씨 부자는 이들을 가르칠 목적으로 강진 읍내에 있던 다산을 초빙해, 숙식을 제공하며 학문할 장소를 마련해주었던 것이다. 이들 제자들은 다산이 해배된 뒤까지도 제자의 도리를 다하며 스승의 학문 잇기에 노력하였고, 고질이 된 다산의 기호품인 차茶를 보내주는 정성을 잊지 않았었다.

또 다른 해남 윤씨 일족이 있다. 거주지는 다산 초당에서 멀지 않은 도암면 항촌項村이라는 마을에 살던 분들인데, 뒷날 다산과 사돈이 되는 집안이다. 다산의 외동딸을 아내로 맞아 다산의 사위가 되는 윤창모尹昌模의 아버지 및 할아버지가 그들이다. 창모는 「다신계안」에는 빠졌으나, 초당에서 글을 배운 제자이기도 했다. 다산의 외손자인 윤정기도 다산의 제자였다. 창모·정기 부자는 모두 진사가 되는 큰 선비였다. 창모의 조부 윤광택尹光宅은 당대의 부호로, 다산 아버지의 친구였는데, 화순 현감 시절에 화순에서 처가로 가던 중 강진을 거칠 때 찾아가 묵으며 다정하게

장흥 장천재

지냈던 벗이었다. 그러던 때에 그의 아들 윤서유尹書有(1764-1821)는 그때부터 다산의 죽마고우가 되었다. 호가 옹산翁山이던 그는, 젊은 시절 경기도 광주의 다산 집까지 찾아다니며 다산 형제 및 다산 일파들과 교유를 맺었던 남인계의 유수한 청년이었다. 때문에 신유 사화가 일어나자 그도 다산 일파와 친했다는 이유로, 한때 강진의 감옥에 갇혔던 사실도 있었다. 유배 직후부터 이들 윤씨는 다산을

도우려 온갖 애를 쓰면서 백방으로 노력을 기울였었다. 대부호인 윤광택
은 내놓고 다산을 도울 수가 없었으나, 친구의 아들이 어려운 처지에 놓
였다는 조건을 내세워 몰래 도움을 주기 시작했었다. 그러한 인연 때문에
뒷날인 1812년에는 두 집안이 혼연을 맺어 혈연적으로 좋은 관계를 맺기
에 이른다. 세월이 지나자 감시가 소홀해지면서 윤서유 집안은 터놓고 다
산과 접촉하며 생계를 도와주고 온갖 편의를 제공하였다. 이 집안은 다산
의 권유에 따라 1813년에는 다산 고향의 근처로 솔가하여 이사를 떠났고,
이사한 뒤 윤서유는 1816년 53세의 나이로 문과에 등제하여 정언正言 등
의 벼슬을 역임하며 남인계의 상당한 위치를 점하기도 하는데, 이 점에는
다산의 영향이 어느 정도 작용했으리라는 추측이 가능하다. 다산이 어렵
던 시절에 그러한 도움을 준 윤서유가 죽자, 다산은 만시輓詩를 짓고 묘
지명을 지어 그의 인품과 학문을 기술하고 양가의 우의와 친밀감을 기록
하여 죽음을 슬퍼해주는 우정을 잊지 않았다. 이런 모든 점이 해남 윤씨
가 외가라는 인연에서 맺어진 혈연적 조건으로, 다산이 누릴 수 있던 행
운의 유배지 여건이었다.

4. 승려들과의 관계

  해남의 대흥사는 조선 시대의 대표적 승려인 서산 대사의 의발을 보관
했던 이름난 사찰이다. 대흥사를 중심으로 한 남녘의 불교 문화는 다른
지역보다 활발하게 전개되며 이름난 승려들이 배출되었다. 13명의 대종사
와 13명의 대강사를 배출한 바 있는 대흥사는, 다산이 유배 오던 그 시절
에도 큰 학승들이 대를 이으며 높은 불교 문화를 전파하고 있었다. 대흥
사가 강진에서 멀지 않은 거리여서, 대흥사의 소속 사찰인 백련사白蓮寺
(萬德寺)가 다산 초당의 이웃에, 고성사高聲寺(보은산방)가 강진 읍내의
뒷산에 있어, 또 다른 편의가 다산에게 제공될 수 있었다.
  그 무렵 다산보다 10세 연하인 아암兒庵 혜장선사惠藏禪師(1772-1811)
가 나이 겨우 30으로 두륜산 대흥사의 불교 학술 대회인 두륜회頭輪會의
주맹主盟을 맡을 만큼 높은 학덕을 지니고 활동하고 있었다. 그 당시 두
륜회에는 모이던 사람만도 천여 명(『아암집』) 혹은 1백여 명(다산의 문집)
이라던 큰 대회였으며, 그 대회를 주관하려면 불도의 대종장이어야 가능

했다는 다산의 기록을 보면, 당시 아암의 위치가 어느 정도였던가를 짐작할 수 있게 해준다. 그러나 아암과 다산 사이에 유배 초의 어느 날 해후가 이루어진 사실은, 특기할 만한 사항이 아닐 수 없다.

강진 읍내의 밥 파는 노파의 주막집에 더부살이하며, 아전의 소년들을 가르치고 저술에 몰두하며, 토담집인 그 집을 비록 '사의재'四宜齋라 그럴 듯한 이름을 붙였지만 불편스러운 정도는 말할 수 없는 지경이었을 것이다. 햇수로는 5년째이지만, 만 3년이 지난 1805년 봄에, 34세의 아암을 백련사에서 만나게 된다. 그 첫 번째의 해후는 여러 면에서 다산에게 새로운 세계를 열어주는 충분한 계기가 되었다.

대화의 상대가 읍내 아전의 아이들이던 시절에, 당대의 큰 학승인 아암과의 만남, 그것도 4년 전에 두륜회의 주맹으로 해남·강진 지방의 사찰에서는 막강한 영향력을 지닌 그와 하룻밤에 평생의 학우이자 글벗의 관계로 맺어진 만남이었다. 그 무렵 다산은 한창『주역』공부에 힘을 기울이던 때였고,『주역』에 통달했다고 자부하던 아암과의 교유는, 두 사람 모두에게 좋은 동반자가 되었던 것이다. 불경 이외의 유교 경전에도 큰 공부가 있던 아암은, 다산을 스승 겸 글벗으로 여기며 새로운 학문 분야에 몰두하기도 했지만, 어렵던 시절의 다산에게 여러 가지의 편의를 제공하는 노력도 아끼지 않았다. 봄부터 만남이 시작되어 자주 어울리다가, 아암의 도움으로 그해 겨울에는 다산이 보은산방인 고성사에서『주역』공부에 몰두하게 된다. 그 무렵 아암을 통해 다산은 차 마시는 다인茶人의 길을 알았고, 자주 찾아주는 아암과 시를 짓고 경전을 토론하며 유배의 서러움에서 벗어나 안온을 되찾으며 새로운 기분의 전환을 이룰 수 있었다. '사의재'가 다산 상례喪禮 연구의 보금자리였다면, 보은산방은 다산『주역』연구의 산실이었다. "내가 보은산방에서 지내는데 아암이 자주 오며가며『주역』을 담론하였다."(「아암탑명」) 토론할 상대가 있는 학문 연구는 혼자서 터득하는 길보다 몇 배나 쉬운 것이다. 연구의 진척이 가속화되었던 때였다.

기구한 산비탈 걸어 승원에 도착하여
애걸하는 얼굴빛 비루하구나.

요행히 방 반 칸을 빌어서
함께 세 때의 종소리를 듣노라. ‒「아들 학가와 보은산방에서」

우두봉 아래 조그만 선방
대나무만 쓸쓸하게 담장 위로 솟았구나.

어느 곳 청산인들 거주하지 못할소냐
한림원 시절의 봄꿈이야 벌써 아득해. -「제 보은산방題寶恩山房」

아직 군색함에서 다 벗어나지 못했고, 옛날의 아름답던 벼슬아치 시절이 잊혀지지 않던 때가 그 무렵이다. 선망의 대상이던 한림 벼슬을 그리워함을 보면, 다산에게는 정신적 안정이 충분히 찾아지지 못했던 것 같다.

그 후 4년째인 1808년 봄에는 다산 초당에 집을 짓고(東西庵) 자기 집인 양 새 삶을 차릴 수 있었으니, 이로써 모든 근심과 걱정에서 벗어나 생활의 여유와 정신적 안정을 찾고서 본격적인 저술의 시기로 접어들었다. 초당으로의 이사는 또 다른 편의가 있었다. 시끄러운 성읍城邑에서는 멀어지는 반면, 대흥사가 가까워졌고 아암이 늘 거처하던 백련사가 바로 초당 곁에 있었다. "그가 찾아오는 것이 더욱 잦았으니, 미묘한 말과 오묘한 뜻을 넓고 크게 얻어내었다."(「아암탑명」) 『논어』에 매혹되었던 아암이 자주 찾아와 토론과 대화를 일삼으며 많은 학문적 도움을 받게 되었다는 다산의 실토였다. 오래지 않아 입적한 아암을 위해 만시를 짓고 제문과 탑명塔銘을 지어, 그의 죽음을 슬퍼하고 그들의 만남과 교유 과정을 애처롭게 기술했었다. 그 뒤로도 아암의 제자들인 수룡색성袖龍賾性과 기어자 홍騎魚慈弘 등의 학승들과 교유가 계속되었고, 조선 후기 최대의 학승인 초의 대사草衣大師 의순意恂(1786-1866)은 대흥사의 마지막 대종사로서, 다산의 제자가 되어 잦은 접촉이 이루어졌었다. 이들과 교유하는 동안 차의 삼매경에 빠지기도 했던 다산에게 다인의 길이 열렸었고, 초당 앞 바위는 차 끓이는 부엌이었다고 지금도 전해지고 있다. 18제자들과의 약속이던 「다신계안」에도 차를 제 때에 보내주라는 약속이 있다.

"곡우 날에는 연한 차를 따서 잘 말린 것 1근, 입하 날에는 늦차를 따서 떡으로 만든 차 2근을 만든다. 엽차 1근과 떡차 2근을 시와 함께 보낸다."

약속대로 윤씨 제자들은 차를 가지고 다산의 고향까지 찾아왔다.

대흥사를 중심으로 한 당시의 학승들은 차 이외에, 유교와 불교의 충돌 없는 만남으로 새로운 다산 학문을 여는 데에 상당한 역할이 있었던 것으로 보인다. 불경을 익히 열독한 다산은, 송학宋學 이후의 성리학에 불교의 논리가 혼합되었음을 발견하여, 그의 경학 연구서에서는 불교적 논리를 씻어내야만 본래적인 공자학의 유교가 되는 것이라는 새로운 논리의 구성에 도달하였다. 그 점이 바로 관념적인 주자학의 이론 체계를 수정하고 반주자학적인 다산의 경학 사상이 되는 과정임은 이미 알려진 사실이다. 학승들과의 논구에서 새로운 유교 발견의 장을 열어 젖히고 말았다.

5. 강진·해남의 드센 아전

『매천야록』에 조선의 세 가지 큰 폐단으로 평양의 기생, 호서의 양반, 전라도의 아전을 들고 있다. 삼정三政이 문란하여 봉건적인 조선 왕조가 무너져 가던 징조의 하나로, 어느 곳인들 아전의 횡포와 탐학이 없었을까만, 전라도의 아전들은 다른 어느 지방보다도 억세고 드셌다는 내용이었다.

관리의 지침서가 되기를 바라서 저작했던 다산의 대저 『목민심서』는, 어떤 의미에서는 아전들을 제대로 단속해야 한다는 내용이 주를 이루고 있다고 할 수 있다. 백성들의 궁핍상이야 도처에서 목격되던 일이었으나, 전라도로 유배와서 미천한 민중들과 어울려 함께 살아가며 목격했던 아전들의 탐학상은 더욱 생생하게 보이지 않을 수 없었다. 해배 직전의 마지막 작품으로 알려진 『목민심서』 이외에도, 아전들의 모진 착취에 가슴 태우던 많은 글들이 있다. 당나라 두보杜甫의 「삼리가三吏歌」를 본받아 그 운에 차운했던 고발 시 「용산리龍山吏」·「파지리波池吏」·「해남리海南吏」 등 세 편은 그중에서도 특별하게 아전의 횡포에 노골적인 공격을 감행한 뛰어난 작품이다. 용산은 지금의 강진군 도암면 용흥리를 말하고, 파지면은 지금 도암면에 편입된 과거의 파지대면의 지칭이었으며, 해남은 지금의 해남을 지칭한다. "아전들이 용산 마을에 쳐들어와 소를 끌어내 관리에게 넘기는구나…"로 시작되는 「용산리」와 "아전들이 파지면에 들이닥쳐 외치고 불러댐이 군대 점호 같구나."라고 시작되는 「파지리」라는 시들은, 다산이 강진에 유배와 있지 않고서는 생생하게 묘사할 수 없는 소재였다.

다산초당

「해남리」도 강진의 인접군인 해남의 아전들 이야기인데, 숨이 차게 뛰어온 해남 사람들의 이야기를 듣고 비탄에 젖은 목소리로 백성이 당하는 아픔을 처절하게 형상화했던 시 작품이자, 당대의 시대상을 고발한 작품이었다.

그 뒤의 『목민심서』의 「속리束吏」 조목에서는 "백성들은 땅을 밭으로 여기는데, 아전들은 백성을 밭으로 여긴다"라고 하여 그 시대 백성이 당하는 고통과 아전의 착취 현상을 신랄하게 비유하고 있다. 백성의 살갗을 깎으며 뼈를 부셔서라도 백성이 가진 것을 앗아가야만 했고, 사람의 수대로 삼태기로 거둬간다는 현상을 열거해서, 당시 사회ㆍ경제적 모순과 정치적 비리를 극명하게 설명했다. 치자와 피치자의 대립과 모순 관계를 적시하여, 그러한 대립의 완화와 모순의 상쇄만이 망국을 막을 방법이라고 우국 충정의 외침을 계속하고 있는 내용이, 다름 아닌 『목민심서』의 주제였다.

그의 시들인 「농가」, 「어가」 등 농촌 풍물시들 또한, 본대로 느낀 대로의 묘사이지만 모두 고발시 및 사회시들의 성격을 지녀서, 당대 현실의 사실적 표현이 더욱 감동을 불러일으킨다. 현장에서 보고 들었던 일들을 민완 기자처럼 생생하게 표현하여 현장 보고의 역할을 해주고 있다. 그 점, 다른 지방에 비하여 아전들의 피해가 극심하여 첨예한 대립 관계에 있던 현실을, 다산이 직접 목격할 수 있었기 때문에 그러한 작품을 남길 수 있었다고 말할 수 있다.

또 하나는, 호남 지방과 다른 지방과는 농부들의 전조田租 바치는 풍속이 다르다는 문제였다. '전부수조지속佃夫輸租之俗'을 고쳐야 한다던 다산의 글을 통해 보면, 전부들은 전조로 수확의 2분의 1을 왕세王稅로 납부할 의무가 있을 뿐이었다. 그런데 호남에서는 또 다른 2분의 1을 사주 私主에게 바치도록 되어 있어, 농부들은 먹을 것이 없어진다는 주장이었다. 경기도를 비롯한 다른 지방보다 호남의 납세액이 곱절이나 많아, 가진 자와 가지지 못한 자의 대립 관계가 호남이 훨씬 첨예하다는 내용이었다. 경제적 모순이 다른 지방에 비하여 훨씬 심했던 곳에서, 탄압받는 죄인의 몸으로 일반 농민들과 어울리며 18년 동안이나 살아야 했던 다산이었기에 그러한 폐해를 절실하게 목격하면서 그런 문제의 해결책을 생각해 보지 않을 수 없었을 것이다. 토지 문제의 집중적 연구서라고 해도 별 무리가 없을 『경세유표』 등의 방대한 내용에서, 경자유전의 원칙을 강조하며 전세의 올바른 체계를 역설했던 동기가 그런 데서 연유했으리라는 생각이 들게 해준다. 『목민심서』 등의 전부田賦문제의 상세한 기술 등도 모두 그러한 연관이 있으리라 믿어진다.

다산이 타계한 60여 년 뒤에 일어난 호남의 동학 농민 운동과 같은 거대한 민중 항쟁도, 그 근본은 다름 아닌 토지제의 모순이 유발시킨 사건이었으니, 호남 지방의 토지 제도 모순이 다른 지방에 비하여 더 심했다는 반증일 수도 있다. 또 강진은 지금과는 달리 그때는 간척 사업이 활발치 못하던 관계로, 다른 곳에 비하여 토지가 상대적으로 적고 해안선 주변에는 갈대밭만 우거져 있었던 곳이었다. "갈대밭 아낙네 울음소리 길기도 해"(「애절양」)라는 시가 상징하듯 생활이 어렵고 질병이 많던 곳으로 알려져 있었다. 그러한 유배지의 조건들이 끝내는 그에게 목메는 시를 읊조리게 하였고, 그러한 울분과 비탄은 그의 현실 인식에 지대한 영향을 미쳐, 현실과 유리되지 않은 절실한 학문을 완성하는 계기가 마련되었을 것이라 여겨진다.

연못 물 넘실대도 물고기 안 기르고
아이들 연뿌리도 못 심도록 조심시켜야지

연밥을 관청에다 바쳐야 할 뿐이랴
더욱이 사또나리 틈나면 낚시질 올까 겁이나네. —「탐진농가」

이런 정도이면 관과 민의 대립 관계는 노골화된 현상이다. 넘실대던 연못에 연꽃도 심을 수 없는 농부의 피해망상적인 모습을 형상화할 수 있었던 다산 시는, 그러한 현장이 없고서는 창조되기 어려운 내용이었다. 독특한 현장 감각이 생성해준 뛰어난 문학 작품이었다. 죽자사자 땅을 파도 먹을 것이 충분치 못하고, 대부분 파야 할 땅조차 없어 고통을 겪는 농민과는 달리, 농민을 파야 할 땅으로 여기고 농민만을 파헤쳐 긁어가는 관리라는 지배층만이 살아갈 수 있던 곳에서, 그들의 횡포에 시달리던 생생한 현장의 목소리를 작품에 담았기에, 어떤 문학보다도 다산의 문학은 생명이 길어, 오늘 우리의 가슴에도 뜨겁게 닿아오고 있다.

6. 다산 초당의 은자 생활

본래 다산은 대단한 신분의 집안에서 태어났다. 1대도 어려운 일인데 연달아 8대에 이르도록 옥당에 들어갔던 유수한 명문 집안이었다. 아버지가 진주 목사라는 요직을 지내는 정도였으면 당대에도 남부럽지 않았고, 자기 자신이 옥당을 거쳐 승지에 오를 정도의 고관이 되었던 때도 있었다. 친가와 외가가 다 이름난 집안이었으며 처가 역시 대단한 명문 집안이었다. 여러 곳의 병마 절도사와 승지를 역임한 장인이었다. 신분적으로는 절대로 일반 민중과 동화하기 어려운 입장이었다. 아무래도 그 자신이 독서관인讀書官人, 즉 지식인의 입장이었고, 생활 습관과 마음가짐은 선비의 생활을 동경하지 않을 수 없었다. 비록 죄인의 몸이었지만, 마음과 뜻이야 죄인에서 벗어나고 싶었는데, 그에게 주어진 다산 초당의 생활은 더 이상의 바랄 것 없는 선비 생활을 허락해주었다. 미천한 신분의 일반인과 어울리던 읍내 생활이 결코 그를 만족시킬 수 없었는데, 남인 고가의 사족士族들의 후예인 18명의 우수한 제자들을 얻어 신분에 걸맞은 생활을 할 수 있었던 초당의 생활은, 확실히 그의 정신적 안정을 보장해주던 곳이었다. 그러한 정신적 안정을 되찾아야만 본격적인 저술 활동이 가능해진다. 불타는 지식욕을 만족시킬 수 있었고, 미래를 기약할 저술 활동이 가능하였던 초당에서의 독서와 저술의 매일매일은, 현실적 불만을 삭일 수 있도록 넉넉하고 풍족한 생활이었다.

소나무 둑의 반반한 하얀 돌 위는
거기 바로 내가 거문고 타던 곳.

산객山客이 거문고 걸어 두고 돌아오자
바람 따라 거문고 줄 절로 우노라.

문집에 수록되지 않은 다산의 시다. 초당에서 신선처럼 한가한 세월을 보내며 거문고나 퉁기고 지내던 시절의 시였다. 이제는 애타고 가슴 졸일 일이 없다. 담론할 경승經僧·학승들이 찾아주고, 재기 발랄한 청소년 제자들이 번뜩이는 질문으로 마음을 일깨워 주었다. 그윽하기 그지 없는 다산의 경치에 마음이 끌리고, 툭 트인 초당 앞의 바다 구강포九江浦를 바라보며 답답한 마음도 식힐 수가 있었다. 고향으로 돌아갈 기약을 버리고, 산객으로 자처하며 숙원이던 학문 연구에 마음을 기울이면 되었다. 사서·육경을 새로이 검토하며 현실성에서 떠난 주자의 주註를 차근차근 고쳐나가며, 자기대로의 철학적 기반을 세워나갔다. 백성 살리는 근본적인 방법의 모색에 넉넉한 시간을 할애하기도 하였다.

가을이면 귤동 마을에 노랗게 유자가 익어가는 모습을 내려다 보고, 겨울이면 만발한 동백꽃을 다산에서 구경하지만, 봄과 여름에는 때맞추어 차를 따서 말리고 끓이며 격에 맞는 은자의 생활을 즐길 수 있었다. 물을 끌어다가 인조의 비류 폭포를 만들고, 돌을 쌓아 축대도 만들며 못을 파서는 물고기도 기르고 계단밭을 일구어 세금 없는 미나리도 심었다. 무엇을 더 이상 부러워할 게 있겠는가.

"내가 다산에 우거한 지 이제 4년이 되는데, 언제나 꽃이 피면 산보를 나간다. 산의 오른쪽으로 고개를 하나 넘고 시내를 건너가 석문石門에서 바람을 쐬며, 용혈龍穴에서 쉬고 청라곡靑羅谷에서 물을 마시고, 농산農山에 있는 농막에서 잠을 잔 뒤에 말을 타고 다산으로 돌아오는 것이 늘상 하던 일이다. 개보皆甫(尹書有)와 그의 사촌 아우 군보群補(尹詩有)가 술과 물고기를 가지고 와서 어떤 때에는 석문에서 기다리고, 어떤 때에는 용혈에서 기다리거나, 어떤 때에는 청라곡에서 기다렸다. 이미 취하도록 마시고 배불리 먹은 뒤에는 그들과 함께 농산에 있는 농막에서 낮잠을 자는 것도 늘상 하던 일이다…." -「조석루기朝夕樓記」

당대의 부호이던 사돈의 집, 조석루라는 정자의 기로 지은 글에서, 그때 즐기던 은자의 생활을 자세히 기록하였다. 친구이자 사돈인 윤서유 집안에서 자기를 대접하던 모습이었으니, 그만하면 죄인의 유배 생활로는 더이상 바랄 것이 무엇이겠는가? 숨막히는 지루함도, 처자와 가정이 그리운 향수도 견딜 수 있게, 그의 삶은 넉넉하고 풍족하기만 하였다.

> "아침 일찍 일어나 참선을 마친 뒤에 시원한 누각에 올라 앉아 향취 좋은 차 한 잔을 마시고는 위응물韋應物의 시 한편을 낭랑히 읊조린다…." –「여인서與人書」

이런 정도면 은자의 생활도 극치에 이른 넉넉한 삶이었다. 그러나 그의 눈에 보이고 귀에 들리는 현실은 그를 낙천적이게만 해주지 않았다. 당시의 시대적 질곡들은 역시 그에게 지식인의 고민을 떨치지 못하게 하였고, 그러한 고민이 승화되어 그의 저술은 깊이를 더해가며 새로운 이론을 창출해냈다. 즐거움도 순간적일 뿐, 세상을 구제하려는 그의 학자적 의욕은 쉬지 않아, 어깨에 견비통이 일어나 반신불수의 질병을 이기면서까지 계속해서 저서를 저작했다.

> "오늘날 성인이 되고 싶어도 될 수 없는 것에 세 가지 이유가 있다. 그 하나는 천天을 이理로 인식함이요, 그 둘은 인仁을 생물의 이치로 인식함이요, 그 셋은 용庸을 평상平常으로 인식함이다. 만약 홀로 삼가 하늘을 섬기고 억지로 서恕해서라도 인仁을 구하며 또 항구 恒久할 수 있어 쉬지 않는다면 그게 성인인 것이다…." –「심경밀험心經密驗」

행위와 실천의 개념이 배제된 주자학의 성리론性理論을 근본적으로 비판한 내용이다. 주자는 천을 이로, 인을 생물지리生物之理, 중용中庸의 용을 평상이라 해석하여 관념적 세계관으로 유학을 체계화했었다.

이와는 달리 다산은, 인仁을 이理로 보지 않고 사람과 사람 사이에서 해야 할 도리를 다하는 행위 개념으로 해석하였으며, 중용의 중은 지선至善이요, 용은 오래 지속할 수 있다는 뜻이니 지극한 선인 지선을 오래 계속함이 중용이라고 여겼다. 자신이 행해야 할 정당한 직분을 변함없이 영원토록 계속하여 행할 수 있으면 성인이 된다는, 가능의 철학을 다산은 수립하였다. 성론性論에서도 탁견을 세운다.

> "총결해보면 영체靈體의 안에는 거기에 세 가지 이치가 있다. 그 성性으로 말하면 착함을 좋아하고 악함을 부끄러워한다. 이래서 맹자는 성품은 착하다 하였다. 그 권형權衡으로 말하면 선할 수도 악할 수도 있다. 이래서 양웅揚雄의 선악혼용설이 나왔다. 그 행사行事로 말하면 선을 하기는 어렵고 악을 하기는 쉽다. 이래서 순자荀子의 성악설이 나왔다……." -『대학강의大學講義』권2

성선 · 성악 · 선악혼재설의 끝없는 논쟁에 다산은 명쾌한 답변을 내리고, 인간만이 자기 결단에 의하여 착한 성품을 제대로 지켜서 문명 세계를 이룩할 수 있다는 긍정적 결론을 도출했다. 인성론의 대단한 결론을 찾아 냈다고 보인다.

때문에 본래의 성품인 덕성德性을 높이고 선할 길만 택하는 배움을 통해서 악에 빠지지 않도록 계속 노력하는 항구적인 능력이 있어야 올바른 인간이 될 수 있다는 인간론을 연구해냈다. 나라를 건지고 세상을 구제할 논리를 찾아내는 반면에, 인간이 무엇이냐라는 근본적인 문제를 제기하여 그 철학적 물음에 명쾌한 답을 찾아낸 다산은, 그의 생각과는 거리가 멀던 자기 이전의 성리학적 논리에 대한 거부를 과감하게 시도했었다. 그가 처한 신분, 시대적 환경, 그의 생활 여건 아래서 열심히 노력하여 그러한 학문을 이루기에 이르렀다.

18년이라는 세월과 강진 · 해남이라는 특수한 여건 아래서 다산은 '다산학'을 이룩하였다. 다산이 강진에 유배옴으로써 강진 사람들에게 다산의 학문을 심어주어 강진에 유배 문화가 이룩된 것이 아니라, 강진이라는 곳으로 유배와 긴긴 세월을 보내면서 그곳의 여건과 자극에 의하여 새로운 '다산학'을 이루었던 것이다. '다산학'이 이루어지는 과정에서 함께 어울리며 토론과 담론에 응해준 사람이나 글을 배우던 사람 중에는, 어느 측면에서 다산이 학문을 이루도록 보조적 역할을

목민심서

했던 반면에, 그들 자신의 학문이 어느 수준에 오르도록 다산의 도움도 받았을 것이니, 문화적 교류가 가능했다고 말할 수 있겠다.

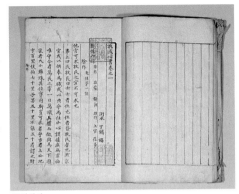
목민심서

다산초당에서 저서가 이루어지면, 그 저서들은 필사되어 글을 아는 호남의 지식인들에게 전파되어갔다. 그러는 과정에서 다산의 논리가 여타의 지식인들에게 스며들었고, 그것은 그렇잖아도 당대의 권력 계급에 불만과 반항의 입장에 있던 호남의 지식인들에게는 큰 자극을 주었을 것이다. 한말 호남에서 가장 큰 학파를 이룬 노사 기정진(1798-1879)이 『목민심서』를 탐독했다는 기록이 있는데, 이 사실만으로도 다산 이후의 호남의 정신사에 다산이 끼친 영향은 적지 않았다고 여길 수 있다. 저항적이고 비판적이던 지식인들에게 다산의 저서가 읽혀졌다고 할 때, 그 자극이 어느 정도에 이르렀을까를 짐작하기는 어렵지 않다. 조선 중기 이래로 반역향이라는 낙인 아래 오랜 압제와 탄압의 사슬에 얽매여 있던 호남 3걸 및 남인측 5현의 후예들이, 밑바닥 민중으로 반항적 계층을 이루고 있을 때에, 그러한 자극과 영향은 번져나가 호남에서 발단한 커다란 민중 운동인 동학 농민 운동에도 적잖은 역할을 했으리라는 추단은 결코 근거없는 주장이라고 말할 수 없으리라.

(1985년 12월 해남·강진을 찾은 제4회 한길 역사 기행에서 강의한 내용을 정리한 글이다.)

박석무(다산연구소장, 전 국회의원)

제2절
조선시대 · 근대 전남의 전통 회화와 화가

호남은 예로부터 예향으로 자처하기도 하고, 또 그 명성에 걸맞게 지역 미술의 뚜렷한 성격을 가진 곳이다. 물론 한국 회화사에서 남도 화파, 즉 전남의 회화를 거론할 만한 여건이 성숙된 것은 근대 이후부터이다. 그것은 여타의 지역과 마찬가지로 조선 말기에 지역을 대표하는 문인이나 서화가의 등장에 이어, 일제 식민지 시절 해외 유학을 했거나 새로운 미술을 앞세운 작가들이 지방 도시를 활동 무대로 하여 각자의 고향에 정착하면서 이룬 문화 형태로 여겨지기도 한다. 이러한 도시로 서울 외에 광주 · 부산 · 대구 · 평양 · 인천 · 마산 · 진주 등을 손꼽을 수 있다.

광주 · 전남의 현대 화단은 오지호가 새로이 인상주의풍의 서구 회화를 소개하는 큰 역할을 하였지만, 일제 강점기 동안은 주로 개성에 머물며 활동했다. 또한 해방 후 양수아 등 추상 미술 작가들의 영향력이 없지 않았다. 그러나 광주를 중심으로 한 근대의 전남 화단은 타 지역에 비하여 전통적 형식의 남종 화풍을 승계한 회화가 강세였다. 의재毅齋 허백련許百鍊의 광주 정착이 남도 화파 형성의 근거가 되었으며, 여기에 목포의 남농南農 허건許楗이 가세하였다. 모두 진도 출신이다. 이러한 근 · 현대

전남 지역 화맥은 조선 말기의 소치小痴 허련許鍊이 고향인 진도로 귀향하여 정착한 데서 그 뿌리를 찾을 수 있다. 운림 산방雲林山房의 개설과 화업畵業 전승이 이루어 놓은 결과이다.

거슬러 올라가 보면 조선 시대 회화사에서 비중 있게 거론되는 작가가 전남에서 배출되었던 사실도 간과할 수 없다. 광주의 고운高雲, 화순의 양팽손梁彭孫, 해남 윤문尹門의 윤두서尹斗緖·윤덕희尹德熙·윤용尹愹 등을 들 수 있다. 물론 이들의 회화는 주로 서울을 중심으로 활동한 결과이므로 지역 화단의 개창開創이나 계보로 연결되지는 않는다. 그러나 이와 같은 선비 화가들의 배출이 전남 회화를 깊게 한 것임은 틀림없다. 학포 양팽손과 하천 고운(1495-?)은 기묘 사화에 연루된 문인들로 화적이 드문 편이나, 고운은 호랑이 그림을 잘 그린 것으로 알려져 있으며, 양팽손은 산수를 잘 그린 것으로 전해온다. 특히 윤두서의 경우에는 소치 허련이 녹우당에 드나들면서 그림을 익혔다고 전해오는 점으로 미루어 볼 때, 남종화 전통의 한 맥락을 찾을 수 있다.

조선 시대 선비 화가

1) 학포 양팽손學圃梁彭孫

학포 양팽손(1488-1545)은 능주 출신으로, 본관은 제주이고 자가 대춘大春이다. 시인인 담양의 면앙정俛仰亭 송순宋純(1493-1583)과 동문으로 13세 때부터 지지당知止堂 송흠宋欽(1459-1547)에게 취학하였다. 중종 5년(1510) 생원시에, 11년(1516) 문과에 급제하였으며, 정언正言을 거쳐 과거 동기인 조광조(1482-1519)와 사가 독서賜暇讀書를 했고 두터운 교분을 가졌다. 그래서 조광조와 함께 신진 사림파로 지목되었고, 중종 14년(1519) 기묘 사화 때 교리로 재직하던 중 삭탈되어 낙향하였다. 이때 조광조는 능주에 유배되어 그 해에 사사되었고, 양팽손은 쌍봉리에 학포당을 짓고 은거생활을 하였다. 1544년(중종 39)에 복관되어 1537년(중종 32)에 용담 현령을 지내다 사직하였으며 이듬해에 세상을 떠났다. 사후 이조 판서에 추증되었고 혜강惠康이라는 시호를 받았다. 순천의 용강 서원龍岡書院과 고향인 능주의 죽수 서원竹樹書院에 제향되었으며, 쌍봉리에 후손들이 세운 신도비가 남아 있다.

산수, 양팽손

양팽손은 문장과 서화에 뛰어났던 인물로 『학포유집學圃遺集』이 전해 오지만 서화 작품은 거의 남아 있지 않다. 그의 작품으로 밝혀진 것은 국립 중앙 박물관에서 소장하고 있는 「산수도山水圖」 정도이다. 그렇지만 이 산수도는 그의 대표작으로 손꼽을 만한 그림으로 화적畵跡이 적은 조선 시대 초기의 회화 경향을 추적하는 데 중요한 자료이기도 하다. 이 작품은 그가 귀향한 1520년 이후에 그렸을 것으로 추정되며, 이러한 편파 구도나 근·중경의 비스듬한 언덕·수목·누각의 표현 등은 운두준雲頭皴과 해조묘蟹爪描 등 전형적인 안견 화풍의 형식화된 모습을 보여준다. 그래서 양팽손은 안견 일파 중 대표적인 선비 화가로 꼽힌다.

2) 공재 윤두서, 연옹 윤덕희, 청고 윤용

시·서·화 삼색三絶인 윤두서(1668-1715)는 겸재 정선謙齋鄭敾, 현재 심사정玄齋沈師正과 함께 조선 후기의 삼재三齋라 일컬어질 정도로 당대에 비중 있는 선비 화가이다. 활동 시기로 보아 엄밀히 말한다면 중기(1550년경-1770년경)와 후기(1770년경-1850년경)의 변화기에 위치하는 작가이다. 그래서 윤두서의 회화 역시 중기 전통 화풍의 계승과 신경향의 선구로 거론될 만큼 복합적이다.

산수화 영역에서 절파계 화풍을 따랐던 윤두서의 경우는 진경 산수 작품은 없으나 남종 화풍의 수용을 비롯한 풍속화, 서양화 수용 화풍에서는 선구적 위치를 차지하였다. 이러한 경향은 18년 후배인 선비 화가 관아재 조영석觀我齋趙榮祏(1686-1761)의 회화에도 나타난다. 그 가운데서도 서민층의 생활을 담은 풍속 화첩은 윤두서의 풍속화와 함께 김홍도·신윤복 이전의 선구로서 17세기 후반부터 18세기 전반, 즉 숙종에서 영조년 간의 화단에 형성된 선비 화가들의 새로운 의식 전환과 후기 회화의 개조로서의 그들의 역할을 충분히 드러내 주었다.

공재 윤두서는 본관이 해남이고 해남 출신으로 자를 효언孝彦이라 했다.

그는 고산 윤선도의 증손자로 종가에 양자 입양되었다. 1693년(숙종 9) 진사시에 급제하였으나 집안이 당대 주도적인 정치 세력에서 소외된 남인 계열이었고, 당쟁이 심화하였던 상황에서 자연히 관로를 포기하고 시서화와 교우, 독서로써 생애를 지냈는데 천문·지리·수학·병법·금석·음악·공예 등 집안의 전통과 교우 관계에 따라 다방면을 섭렵하였다. 이들은 당시에는 잡학으로 취급되던 분야이다. 아들 윤덕희가 쓴 행장과 종가 소장의 유품 가운데 「동국여지지도東國輿地之圖」와 「일본여도日本輿圖」, 인장印章을 비롯해서 천문서인 『관규집요管窺輯要』, 수학서인 『양산揚算』 등의 유품을 통해서 엿볼 수 있다. 이처럼 실학적 분야에 심취하였던 윤두서는 자연히 동류의 인물들과 교류하였으며 조선 후기 실학의 거두인 성호 이익(1681-1763) 형제들과 가장 절친한 교분을 가졌다.

윤두서는 이익의 차형次兄인 옥동玉洞 이서李漵(1662-1723)와 매일 상면할 정도였고, 두 집안은 형제들끼리도 친해서 윤두서의 실형이고 묘갈명墓碣銘을 썼던 현파 윤흥서玄坡尹興緒, 이익·이서의 장형인 이잠李潛 등이 단짝이었다 하며, 유상遺像을 그려 준 심득경沈得經도 함께 어울렸다. 이들의 친분은 종가에 소장된 해남 윤씨 문집인 『당악문헌棠岳文獻』의 '공재' 편에 게재된 이서의 만사挽詞와 제문의 내용에 잘 나타나 있으며, 그들의 교류는 인간적인 면에서뿐만 아니라 학문적으로도 밀착되어 있다. 그러한 윤두서의 학식은 외증손이고, 강진에 유배 온 다산 정약용(1762-1836)에게도 영향을 주었으리라 여겨진다. 강진 유배시 정약용은 해남의 녹우당을 왕래하며 윤두서의 서화와 유적을 접하였고 특히 윤두서의 자화상을 보고 정약용 자신이 외증조를 꼭 닮았다고 피력하고 있어 흥미롭다. 윤두서는 학문이나 회화에서나 실사구시의 실험 정신으로 임하였다. 이는 행장에 '필정구연핵必精究研覈'해서 '실득實得'했다는 사실과도 잘 부합한다. 그리고 '범화인물동식凡畵人物動植 필종일주목必終日注目 득기진형이후이得其眞形而後已 …' 하였다는 윤두서의 창작 태도는 실제 사실적 묘사 기량이 뛰어난 자화상이나 말그림에 잘 나타나 있다.

연옹蓮翁 윤덕희尹德熙(1685-1766)는 공재 윤두서의 큰 아들로 가업을 계승한 조선 후기의 선비 화가이다. 자는 경백敬伯, 호는 낙서駱西나 녹우당이 있는 연동의 마을 이름을 따서 연포蓮圃, 혹은 연옹이라 하였다. 아버지 윤두서는 선비 화가로서 조선 후기 화단에 많은 업적을 남겼으나 벼슬길에서는 빛을 보지 못하였다. 그와 달리 윤덕희는 아버지의 명성을 배

경으로 관리로서 등용되는 인연을 가졌다. 1748년(영조 24)에 삼성진三聖
眞을 중수하고 어진을 모사할 때 선비 화가로서 참여할 수 있는 감동監董
에 선발되었다. 그것이 벼슬길에 오르는 계기였고, 현감·도사 등을 역임
하였으며 사후 동지중추 부사同知中樞府事에 추증되었다.

윤두서를 전수 받은 윤덕희는 신선과 말을 잘 그렸다고 하는데 거칠고
투박한 필치로 인해, 짧은 생애 동안 이룩한 윤두서의 탁월한 필력과 화
경畵境에는 이르지 못하였다. 그의 회화에는 대작이 많기는 하나 윤두서
보다 오히려 답보적이고 보수적인 냄새가 강하다.

청고 윤용(1708-1740)은 연옹 윤덕희의 차남이다. 1735년(영조 11)에
진사시에 급제하였으며 할아버지 윤두서와 아버지로부터 화재를 이어받았
고 문장에도 뛰어났으나 뜻을 다 펴지 못하고 33세로 요절하였다. 어쨌든
그는 가업을 계승한 선비 화가로서 3대에 걸친 조선 후기의 명문 화가 가
정을 이루게 하였다. 윤용은 술을 좋아하였다 하며, 기품이 화미華美하고
맑은 성품에 단려端麗한 용모를 지녔다고 전해 온다.

요절했기 때문에 현존하는 유작이 많지 않으나 그것들은 대체로 산수·
도석·인물·풍속 등 집안의 전통을 따른 것이다. 그러면서도 시대의 흐
름에 맞게 남종화풍의 수용에 보다 적극적인 면이 나타난다. 또한 그는
구름과 나무·화조花鳥·초충草蟲 등에도 뛰어난 재능을 발휘하였다고 전
해 오는데, 할아버지 윤두서의 화법을 이어 자세한 관찰력과 정심精深한
묘사를 갖추었다고 한다.

3) 소치 허련

근·현대 남도의 전통 회화에서 진정한 의미의 종조는 조선 말기의 소
치 허련(1809-1892)이다.

허련은 우봉 조희용又峯趙熙龍, 고람 전기古藍田琦 등과 함께 조선 말기
의 김정희 일파로 손꼽힌다. 본관은 양천陽川으로 허균許筠의 후손 가운
데 진도에 정착한 허대許垈의 후예이다. 자는 마힐摩詰, 호는 소치小痴 혹
은 노치老痴, 치옹痴翁, 옥주산인沃州山人이라 했고, 허유許維라는 이명異
名도 사용했다.

그는 초년에 해남 윤선도의 고택인 녹우당에서 윤두서의 작품을 보고 감
명을 받아 그곳에서 윤두서의 화풍을 익혔다고 한다. 그런 연유에서인지
헌종에게 올린 산수 화첩 등 초기 작품에는 윤두서를 계승한 전통 화풍의

잔영이 남아 있다. 30대 초반에 대흥사의 초의 선사의 소개를 받아 김정희 문하에 들어갔고, 1839년에 상경하여 본격적으로 서화 수업을 받았다.

또한 허련은 김정희를 통하여 왕공 사대부들과 폭넓게 교류하였다. 1846년에는 권돈인權敦仁의 집에 머물며 헌종을 배알할 기회를 가졌고, 그림을 그려 올리는 등 궁중에도 여러 차례 출입하였다. 이를 계기로 1848년(헌종 14) 10월, 고부 감시古阜監試를 거쳐 친림 회시親臨會試 무과에 급제한 뒤 지중추 부사에 제수되기도 하였다. 그가 접촉하였던 인사들로는 해남의 우수사右水使 신관호申觀浩, 정약용의 아들인 정학연丁學淵 외에 권돈인, 흥선대원군 이하응, 민영익 등 당대의 명류였다. 이처럼 유명 인사들과의 만남을 통하여 자신의 회화 세계를 살찌우는 환경을 조성하고 문자향文字香과 서권기書卷氣를 깊게 하였을 것이다. 스승인 김정희는 "압록강 동쪽으로 소치를 따를 만한 화가가 없다", "소치 그림이 내 그림보다 낫다" 하며 칭찬을 아끼지 않았다고 한다.

허련의 회화는 중국 남종화의 맥을 이어온 대가들의 화풍을 따른 것이 많고, 그런 성향에 심취하였던 듯하다. 그의 아호雅號·자·이명異名·화실畵室 이름 등을 통해서도 그런 사실을 알 수 있다. '소치'는 원말 사대가인 황공망黃公望의 아호인 '대치大癡'에서 연유한 것이고, 자인 '마힐摩詰'과 이명異名인 '유維'는 중국 남종 문인화의 시조인 당나라 때의 '왕유王維'를 따른 것이다. 만년에 은거한 고향의 화실 '운림 산방雲林山房'도 바로 원말 사대가 가운데 존숭하던 '예찬倪瓚'의 아호에서 따온 것이다.

산수화를 비롯한 허련의 회화는 중국 남종화와 스승인 김정

나귀에서 떨어진 희이 선생, 윤두서

희를 섭렵한 것이지만, 독창적인 화법의 계발을 게을리하지 않았다. 그러한 노력은 한국에서의 남종 화풍의 토착화와 직결되며 만년의 산수화 작품에 잘 나타나 있다. 그의 산수화는 남종 화풍의 기본 필법인 피마준披麻皴과 흡사한 건필乾筆을 구사하였고, 구도에서도 전형적인 황공망이나 예찬의 화법을 보여준다. 하지만 붓끝이 갈라진 독필禿筆과 그 거친 독필의 속도감 있는 구사, 그리고 설익은 듯한 담청이나 담홍색의 설채 효과가 허련 후기 회화의 독특한 점이다. 그 외에 진한 먹을 대담하고 능란하게 구사한 모란·화초·괴석·노송·사군자·연화도蓮花圖 등도 별격의 개성미를 보인다.

근대 화가

1) 미산米山 허은許溵 · 허형許瀅

허련은 화업을 가전家傳시킴으로써 자신의 화풍을 남도의 20세기 화단에까지 존속게 하였고, 남종화의 전통을 지역 문화에 뿌리깊게 심어 놓았다. 그는 네 형제를 두었는데, 장남 은이 어려서부터 시·서·화에 뛰어난 재능을 보였다고 한다. 허련은 장남에게 기대를 걸고 그림 공부를 시켰다. 뿐만 아니라 스승인 김정희를 비롯해서 명사들과의 교유에도 장남을 데리고 다닐 정도로 폭넓은 견문과 남종화의 정신을 익히도록 하였다.

또한 허은의 호를 미산이라 지어 주었는데, 이는 북송 시대 선비 화가로 존숭되던 미불米芾(1051-1107, 미법 산수米法山水는 미불과 그의 아들인 미우인米友仁에서 유래)의 성을 따른 것이다. 그러나 기대하였던 허은이 18세로 요절하였다. 허련은 장남이 병사하자 '청산매옥青山埋玉'이라 하며 매우 슬퍼하였다고 한다.

그런데 기대하지 않았던 막내 아들 형瀅이 그림에 재능을 보이자 장남에 이어 미산이라는 호를 물려받게 하고 그림을 가르쳤다. 그래서 장남인 은溵을 백미白米, 넷째인 형瀅을 계미季米라 부르며, 혹은 대미산大米山·소미산小米山이라고도 불린다.

허형은 아버지 허련에게 정식으로 그림을 배웠고 산수화·묵모란墨牡丹·사군자 등의 화재畵材에서 허련의 화풍을 전수받았다. 그러나 허형은 그림의 재능은 인정받았을 뿐, 그의 그림은 아버지의 문기나 화격을 따르지 못하였다. 특히 산수화에서는 허련의 품격과 거리가 멀다. 천편일률적이고 어색한 구도와 색감으로 전혀 아버지의 작품에 근접하지 못하였다. 결국 허형은 한낱 지방 작가로 자신의 능력을 다 펴지 못하고 말았던 것이다.

비록 허형의 그림은 아버지의 수준에 못 미쳐 소외되었지만, 아들인 남농 허건과 방계손인 의재 허백련 등 허련으로부터 남도의 근·현대 양대 화맥과 전통을 잇게 해준 교량 역할을 하였다는 것만으로도, 그의 위치는 자못 크다고 하겠다. 허형의 회화는 산수화·묵모란·화조화·사군자 등 여러 소재에 걸쳐 있고 다작을 하였다. 대개 백락병百樂屛을 비롯해서 병풍으로 꾸미기 위한 대중적인 것이 많아 그의 그림과 가세가 밀접한 관계였음을 알 수 있다.

2) 의재 허백련

의재 허백련(1891-1977)은 소치와 마찬가지로 조선 중기에 진도로 이주해 온 허균의 후예 대坌의 후손이다. 그는 허련의 방손傍孫인데 항렬로 보아 허련의 현손玄孫뻘이 된다. 허백련은 어려서 아버지 허경언許京彦으로부터 한학을 배웠고 운림 산방을 드나들며 허형에게서 서화의 묵법을 공부하였다.

7살 때부터는 진도에 유배되어 온 조선 말기의 유학자이며 시인이었던 무정 정만조(1858-1936)에게 본격적으로 한학과 시문을 배웠으며, 보통학교에 다니기도 하였다. 스승인 정만조는 허백련이 18세 되던 해, 이름 백년百年을 소치와 연관하여 백련百鍊으로 고쳐 부르게 하고 '의재'라는 아호도 지어 주었다. '의재'는 『논어』에서 따온 것으로 '의毅'는 강인

가을 산수, 허련

함을 의미한다.

1911년, 20세 되던 해에 공립 진도 보통 학교의 졸업을 반년 앞두고 자퇴한 뒤 상경하여 스승 정만조의 도움을 받고 기호 학교畿湖學校(중앙학원 전신)에 입학하였다. 하나, 학교보다는 그 해에 창립된 서화 미술원을 출입하는 일이 잦았으며, 실제로는 서화에 대한 관심이 더욱 컸다. 그 때에 조선 말기의 화풍을 전승한 소림 조석진小琳趙錫晋(1853-1920) 등과 만날 수 있었다. 결국 상경 1년만에 귀향하여, 운림 산방에서 허형으로부터 정식으로 그림을 배우기 시작하였다.

그러다가 1916년, 26세 때에 다시 법학 공부를 결심하고 일본으로 건너갔다. 입명관 대학立命館大學 법학과와 명치대明治大 법과에 들어갔으나 흥미를 잃고 미술관이나 박물관에 다니며 전통적인 중국과 일본의 명작 감상에 관심을 쏟았다. 이처럼 그림과 인연을 끊지 못하였던 허백련은 일

가을 산수, 허련

본에서 화업에 정진할 수 있게 해준 두 만남을 가졌다. 그 하나는 1년만에 입명관 대학을 그만두고 동경에서 사귀었던 김성수·송진우와의 만남이었고, 또 하나는 일본인 화가 소실취운小室翠雲의 문하에 들어간 일이었다. 문전文展출신으로 경도를 중심으로 일본 남화원日本南畵院을 창립하여 일본의 전통 남화를 고수하였던 소실취운은 의재의 회화 세계 정립에 자극을 주었다. 또 귀국하여 광주에서 연진회를 결성하는 데 모범으로 삼았다. 김성수와 송진우는 그림을 계속하도록 북돋아 주었고 차후 서울에서의 선전 출품, 후원회 조직 등 화가로서 활동하는데 큰 조력자가 되었다.

1938년 광주 금동에 터를 잡고 연진회를 발족하고 후진 양성의 기반을 마련하였고, '남화 연맹전' 등 일제 군국주의 국방 기금 마련전에 참여하기도 했다. 해방이 되면서 삼애 학원三愛學院을 설립, 증심사 기슭에 춘설헌春雪軒을 마련, 농업 기술 학교의 설립 등 작품 활동 외에도 민족주의적 사회 교육에 앞장섰다.

그리고 동란 중에는 당시 한민당 대통령 후보인 이시영李始榮에게 선거자금을 희사하기도 하는 등 정치 활동에도 참여하였다. 국전에 중진·원로 작가로 참여하

여 심사 위원을 맡는 등 화단에서도 지도적 역할을 수행하였다. 특히 그의 1960-1970대 화단 활동과 지위는 후배나 문하에서 역량 있던 작가들이 등단하고 성장하는 데 큰 힘을 주었고, 남도의 화단을 풍성하게 하였다.

허백련의 폭넓은 교우와 여행을 통하여 얻은 견문과 교양은 미산에게서 배운 소치 화풍을 바탕으로 한 화경을 더욱 깊고 넓게 해주었다. 그렇게 해서 이룩된 허백련의 업적은 전통적인 남종 화풍을 근대적인 안목으로 재해석하여 현대에 심은 데에 있다. 그의 회화는 산수화 외에도

열두분의 성현 그림첩, 윤두서

화조·영모·사군자 등 다양한 소재에 능숙한 필력을 유감없이 발휘한 것이지만, 장기는 역시 산수화이다. 산수화를 중심으로 볼 때 대체로 세 시기로 구분된다. 작품의 시대 구분에 맞게 허백련은 아호를 의재毅齋, 의재산인毅齋散人, 의도인毅道人 혹은 의옹毅翁이라 사용하였다.

먼저 40대 중반까지는 '의재'의 회화 수업기로 전통적인 남종 화법이 깔려 있다. 그리고 금강산 여행 등 사생에도 관심을 가졌던 시기이다. 이때 다양한 화풍을 시도하면서 자신의 회화 세계를 연마한 듯하다. 그 다음 40대 중반에서 50대 말까지는 '의재산인'이라는 서명을 주로 사용한 시기로, 전기의 다양한 시도를 종합하여 자신의 독자적인 화풍을 형성하였다. 말기인 60대에서 만년까지는 '의도인' 혹은 '의옹'이라 했으며, 허백련 회화의 안착기이다. 가장 무르익고 간소한 맛의 개성적 남종 산수 화풍을 구축하였고, 반면 유사 주제를 반복하는 형식화 경향이 뚜렷이 나타났다. 토착미 넘치는 허백련의 색감과 수묵은 화풍의 차이는 있을지라도 소정·청전 등과 상통하는 것이며 한국 회화사에서 그들과 견줄 수 있게 해준다.

3) 남농 허건

　남농 허건(1907~1987)은 의재 허백련과 함께 남도의 화단을 주도해온 기둥이다. 두 작가는 소치 허련에서 이어 양대 화맥을 형성하였고, 이들이 남긴 전통 회화의 업적은 한국 현대 회화사에서도 빼놓을 수 없는 중요한 위치를 점유한다. 이 두 사람은 단순히 화가로서 뿐만 아니라 지역의 정신적인 지주로서 남도민의 예술 문화 창달에 앞장 서 왔다. 특히 진도의 운림 산방의 복원, 애장품의 기증으로 이룩된 목포시 향토 문화관의 건립 등 허건의 문화 활동은 그의 생애를 한층 값지게 해주는 일들이었다.

　허건은 허련의 손자로 조선 말기와 근·현대의 손꼽히는 화가 가정을 이룩한 허문許門의 대를 이었다. 그는 화가인 아버지 미산 허형의 다섯 형제 중 사남이며 막내인 허림許林과 함께 가업을 이어 화가로서 성장하였다. 막내인 허림은 만 25세로 요절하였지만, 허건은 노년까지 왕성한 제작 활동으로 남도 화단의 중추적 위치를 고수하였다.

소나무 아래서 조는 스님, 윤덕희

　허건이 태어난 해인 1907년은 허백련이 16세 때로 운림 산방을 드나들며 허형에게서 그림을 배우고 있었다. 허건은 집안의 전통과 분위기에 젖어 그림에 재능을 보였다. 목포 북교 보통학교 6학년 때 전국 학생 미술 대회에서 동양화부 1등으로 입상한 뒤부터 아버지의 허락을 얻어 본격적으로 그림 공부를 시작하였다. 목포 상업 전수 학교를 졸업한 뒤 1930년 스물셋의 나이로 제9회 선전鮮展에 첫 입선하여 화단에 등단하였고, 해방 전까지 꾸준히 선전을 통하여 작가 활동을 계속하였다. 해방 전해인 1944년에 마지막 선전에서 특선하여 '조선 총독상'을 받기도 하였다. 선전 외에 그는 해방 전 국방 헌금 기금 마련 전시인 남화연맹전에 가담하였고, 일본의 '남종 원전南宗院展', '문전文展'에도 참가하여 자신의 역량을 펴기도 하였다.

　해방 후에도 국전에 추천·초대 작가로서 참여하였고, 1960년부터 1970년까지는 허백련과 함께 심사 위원으로 추대되어 화단에서의 중진적 위치를 굳혔다. 그리고 1957년에 '백양회'의 창립 회원이 되는 등 광주·전주·서울·제주 및 경향 각지에서 개인전 혹은 초대전을 통하여 활발한 전시 활동을 가졌다. 그리고 1946년에 '남화 연구원'을 개설하고 문하생을 받아 후진 양성에도 정성을 쏟았다. 후배들에게 국전 진출 등의 길을 열어 주었고, 남도의 화단 성격을 더욱 뚜렷하게 부각시켰다.

그의 회화는 할아버지 소치, 아버지 미산의 영향을 받아 가풍을 이었으나 선전과 특히 일본의 남종원전, 문전에 출품하면서 새로운 변모를 이루었다. 이들 공모전에서의 입선을 계기로 일본 화풍 및 서구 화법의 사생화에 대한 관심이 커졌다. 거기에는 아우인 허림이 일본 화풍을 수용했던 데서 온 자극도 있었던 듯하다.

해방 후 허건의 회화는 커다랗게 변화하였다. 금강산 그림이 보여준 사생화의 가능성보다 소치에서 이어온 남종 화풍의 형식에 다시 눈을 돌려, 40대 후반부터 특유의 화법과 분위기를 모색하였다. 1950년대 '남농외사' 시절을 거쳐 1960년대 이후로는 자신의 스타일에 몰입하여 현재의 죽교동에 안착하면서 다작에 들어갔다.

산수화와 소나무 그림을 중심으로 한 허건 회화의 특성은 몽당붓으로 쓸어 낸 듯한 독필 구사에 있다. 얼기설기한 종횡의 필치를 속도감 넘치게 구사하여, 나무·산 등 자연의 경물을 그려냈으며, 대담한 수묵의 농담과 설채로써 개성 있는 화면을 연출하였다. 새로운 자신의 필법을 구축하기 위하여 철저히 현대적으로 소화하려고 노력하였다.

거칠고 빠른 허건의 필치는 허백련의 두리뭉실한 화풍과 좋은 대조를 이룬다. 그래서 허건의 화풍은 그가 정착한 목포의 유달산에, 허백련의 그것은 무등산의 분위기에 흔히 비유되곤 한다. 허건의 회화는 허백련보다 자유분방하여 전통을 탈피한 현대적 감흥에 부합되는 것으로 평가되기도 한다. 그러한 양자의 차이점은 제자 교육에서도 마찬가지였다. 허백련은 전통·남종화의 정신에 철저히 따를 것을 강조한 반면에, 허건은 제자들에게 "내 그림을 본뜨지 말고 개성 있는 자기 그림을 그려라"라고 가르쳤던 것이다. 이처럼 허건은 개성미와 회화성을 중요시하였지만 화재의 고착으로 인한 단조로움은 피하지 못하였다.

이들 외에 남도 출신의 작가나 남도 화단의 폭을 넓혀 준 이들이 적지 않다. 조선 말기의 나비와 사군자를 잘 그린 사호 송수면沙湖宋修勉(1847-1916), 허련 계열로 미방 김익로米舫金益魯(1845-1915), 호석 임삼현湖石任三鉉(1874-1948)들이 그들이다. 근대 화단에서는 송태회宋泰會(1872-

1941), 정규원丁圭原(1889-1942), 그리고 허백련과 함께 활동하였던 목재 木齋 허행면許行勉(1906-1964), 동강東岡 정운면鄭雲勉(1906-1948), 허건 의 동생 허림許林(1913-1943) 등도 손꼽을 수 있겠다. 특히 후자의 세 작 가는 근·현대 전남 화단에 다양할 수도 있었던 이들인데 일찍 고인이 된 것을 아쉬워하는 이들도 적지 않다.

이태호(한국 미술사, 명지대 명예교수)

제3절
호남 화단의 흐름과 위상

빼어나게 수려한 풍광, 넓고 비옥한 땅, 온화한 기온, 서해와 남해를 아우르는 해로를 통한 국내의 모두에서 활발한 교역, 풍부한 물산 등 호남은 살기 좋아 선사 시대부터 사람이 모여든 곳이다. 해서 서화는 물론 음률과 무용, 그리고 음식에 이르기까지 맛과 미美가 어우러진 여유와 너그러움, 삶의 낙천성이 흥건히 밴 곳이었다. 이에 일찍부터 예향으로 지칭되었다. 조선 시대 함경도와 더불어 귀양의 유배지로 정치적으론 소외 지역이었으나 오히려 이 점이 이곳에 학문과 예술이 꽃피는 배양토이자 산실 역할을 담당했다.

중앙과 지방화단
 - 우리 옛 그림 수장처收藏處

중앙과 지방은 상대적인 개념이다. 지방은 정치 · 경제 · 문화 모든 면이 집중되고 치우친 중심부인 수도로부터 지리적으로 떨어져 있어 모든 면에서 소외를 면치 못하는 곳인 양 인식됨이 일반적이다. 국토가 삼국으로 나뉜 고대국가 성립 이후 각국의 수도는 우리 강토 여러 곳에 분산되어 존립했다. 지리적으론 한반도에 한정되어 불완전 하지만 최초로 통일을 이룬 신라의 경주를 시작으로 개성·서울 등 수도가 전전했다. 이에 고도의 개념으로 볼 때 지방의 개념도 제한된 의미로 다가온다. 오늘날도 그러하듯, 어느 왕조이건 움직임이 가능한 동산 문화재動産文化財는 수도로 집결되게 마련이다.

우리 인간의 삶에 있어 그림이 차지하는 비중은 얼마나 될까. 그림 솜씨가 남다른 친구들은 미술 실기 대회에 나가 입상한 자신의 그림을 방 한 쪽에 걸기도 한다. 곰곰 헤아려 보면 달력의 그림이나 도록이나 화집, 명화 복제 등을 제외하더라도 적지 아니한 그림을 만나고 접한다. 감상을 위한 그림은 아니나 우리 주변에 있는 그릇이며 가구, 입는 옷에 이르기까지 일종의 무늬로 장식적인 기능이 우선되는 것이긴 하지만 알게 모르게 그림을 보게 되며 그림과 무관하지 않음을 깨닫게 된다.

학창 시절 환경 미화의 일환이기도 했으나 친구들의 잘 그린 그림이 교실 뒷벽을 장식한 기억도 새롭다. 전통 가옥인 한옥에 있어 새로 도배할 때면 안방 아래 쪽 다락의 장지문에 바른 화사한 꽃이며 새 등 전통적인 소재의 인쇄된 화사한 그림들도 떠오른다. 1970년대 이래로 서울 강남에서 일던 아파트 붐이 전국의 중요 도시로 확산되면서 점차 거주 공간이 반듯해 지며 너른 벽이 생기자 그림의 수요가 늘게 되었다.

대규모의 외침에 의해 산화된 우리나라 문화재는 엄청난 양이다. 현존하는 것은 극히 일부분에 해당된다. 사라진 고미술 가운데 그 피해가 가장 큰 것은 잘 알려져 있듯 다름 아닌 서화이다. 바탕이 종이나 비단이기에 썩고 좀 벌레 등 충식蟲蝕이 심해 도자기나 석제품과 달리 불을 만나면 그냥 한 줌의 재가 되는, 가연성이 큰 것이 목조 건축과 서화 전적 들이다.

서화 골동은 손에서 손으로 가문으로 이

광덕산 부도암도, 설씨부인(1429-1508), 1482년작, 『권선문첩』내,
지본채색 34.5× 30.8cm, 순창 개인 소장

220

어져 전세傳世되기도 하지만 돌고 돌아 주인이 바뀌기도 한다. 중국의 현존 명화 가운데는 화면에 찍힌 크고 작은 무수한 소장가의 도장(所藏印)으로 해서 그림의 전래 과정을 짐작하게도 된다. 이런 입장에서 볼 때 움직임이 가능한 문화 유산은 권력과 부와 밀착되어 주로 한 국가의 중심지인 수도 안에 머물

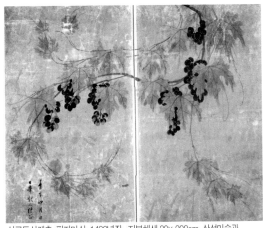

십로도상계축, 필자미상, 1499년작, 지본채색 30×208cm, 삼성미술관 Leeum 소장

게 마련이다. 이에 오늘날 북녘의 경우 지금까지 간행된 도록 등을 살필 때 이렇다 할 명품이나 걸작을 찾아보기 어려운 사실에 대한 이해가 가능하다.

수적인 면에서 우리나라 옛 그림 최대의 소장처는 국립 중앙 박물관이다. 도립이나 시립으로 경기도 박물관이나 서울 역사 박물관처럼 지방 자치 단체가 운영하는 박물관에도 초상을 비롯한 전적과 서화의 전시 공간이 없지 않으나 그러나 12처에 이르는 국립 박물관 가운데 서화실이 갖춰진 곳은 세 곳뿐이다. 중앙 외에 지방 소재 국립 박물관으로는 유배지인 강진과 해남, 진도 등이 있는 예향으로 지칭되는 호남의 광주와 사고史庫와 어진御眞을 지킨 조선 왕조의 발상지로 불리는 전주 등 두 곳이다.

국립 중앙 박물관에 소장된 서화의 경우 전신前身인 이왕가李王家 박물관 소장품들이던 서화들을 문화 재관리국으로부터 1969년 인계받으면서, 그리고 동원 이홍근東垣李洪根(1900-1980) 기증 서화가 근 5천 점에 이르러 현재 1만7천여 점에 달해 수적으론 단연 첫째이다. 그러나 작품 수준과 질을 따질 때 그림에 관한한 서울 성북구 성북동에 있는 간송 전형필澗松全鎣弼(1906-1962)이 건립한 사설 박물관인 간송 미술관澗松美術館에 미치지 못한다.

혹자는 이왕가 박물관이란 명칭에 의해 이들 그림 모두가 조선 초부터 왕실에 비장되어 온 것으로 잘못 이해하기도 한다. 그러나 대부분이 이왕가 박물관이 건립된 이후 사들였거나 기증받은 것들이어서 그림의 됨됨이는 천차만별이다. 이 중에 일부는 궁중에 있던 것이 궁 밖으로 나갔다가

다시 되돌아온 것들도 없지 않다. 이에 대해 동소문 밖 성북동 보화각寶華閣에 비장된 간송 미술관 서화는 엄선해서 구입한 걸작들이 주류를 이룬다.

오늘날도 서화 골동 등 고미술품 수집은 취미 가운데 가장 고상한 것으로 본다. 한편에서는 수석 애호와 함께 사람이 할 수 있는 마지막 취미 생활로 간주하기도 한다. 다른 취미와 달리 예술에 대한 사랑, 안목을 갖추기 위한 오랜 시간과 금전적인 부담이 큰 것임에는 틀림없으나 그렇다고 백만장자의 전유물은 아니다. 민속품 등을 비롯해 값 싸게 모을 수 있는 분야도 없지 않기 때문이다.

조선 시대 서화 소장가로 역대 중국 명화를 수장한 조선 초 안평대군安平大君 이용李瑢(1418-1453), 종실宗室 서화가로 그림 수집과 역대 7조祖 어필御筆을 모사해 간행한 낭선군朗善君 이우李俁(1637-1693), 중인 출신으로 우리 옛 그림만 아닌 중국과 일본의 우키요에(浮世繪) 및 서양 판화까지 수집해 『석농화원石農畵苑』을 성첩한 18세기 이름난 거부로 김광국金光國(1727-1797), 높은 안목으로 해서 서화 감식에 명성이 높은 『근역서휘槿域書彙』와 『근역화휘槿域畵彙』첩을 만든 오세창吳世昌(1864-1953) 등을 들을 수 있다.

이들의 수장 목록은 문헌에 나타나 있고 적어도 조선 후기 김광국 수집품 이후는 그 흐름을 살필 수 있다. 조선 말기에서 근대에 이르러 지방 화단의 형성은 그 등장 배경으로 지방에 그림의 수요가 발생할 만한 재산의 형성, 즉 부의 축적을 우선 들게 된다. 나아가 유배지의 경우 그곳에 귀양 온 지식인 문인 화가의 영향도 고려의 대상이다.

여하튼 양의 동서를 가릴 것 없이 부를 축척한 이른바 재벌에 속하는 이들이 중심이 되어 예술품을 모은다. 이는 취미 가운데 미술품 수집에서 비롯하나, 한자 문화권에서 최고의 취미로 서화 골동과 수석을 모으는 오랜 역사도 가세됨을 짐작게 된다. 여하튼 문화 재단과 미술관을 만들어 극소수나 개인의 완물玩物이 아닌 모든 이들에 공개함은 매우 의미 있고 바람직한 아름다운 일이기도 하다.

조선말기 화단의 이모저모
- 기우는 왕조의 시들해진 전통 그림

19세기 후반에서 조선 왕조가 종말을 고할 때까지 60년 가까운 시기인 말기 화단(1850년경-1910)은 이른바 '우리 문화의 황금기'로 눈부시게 빛나던 후기 화단(1700년경-1850년경)과는 크게 대조적이다. 조선 후기를 크게 풍미한 우리 산천을 담아 조선 그림의 특징과 어엿함을 잘 드러낸 고유색 짙은 진경 산수眞景山水와, 그 안에 숨 쉬고 생활한 우리 민족의 익살스럽고 낙천적인 삶을 담은 풍속화가 19세기에 이르러 조락을 고하게 된다. 말기적인 매너리즘을 보인 이들 두 분야로 진경 산수는 민화 계열에서 가녀린 호흡을 이으며, 그야말로 기량과 화격 모두에서 뒤진 속된 춘화로 변질되는 양상을 초래한다.

바로 이 시기인 말기 화단의 특징으로 첫째 남종 문인화南宗文人畵가 주류를 이루며, 둘째 근대성을 드러낸 새로운 감각의 이색화풍의 출현, 셋째 지방 화단의 출현 등으로 요약된다. 이들 그림들은 새로 사회에서 위상이 잡히기 시작한 경제적 부를 축적한 중인층의 서화 수요와 그들의 기호 및 미감과 궤를 같이 한다. 물론 이들 가운데는 명성이 전국으로 퍼져 일정 지역에서의 명성을 바탕으로 중앙 화단으로 진출한 화가들도 없지 않다.

추사 김정희金正喜(1786-1856)는 금석학의 대가이며, 문인화가로 글씨 세계에 있어선 그야말로 전무후무한 파천황의 새로운 세계를 열었다. 유불선에 두루 해박한 신지식인으로 시대를 앞서 미래를 준비했으니 그를 따른 일군의 지식층 중인들이 사회에서 역할이 가시화된다. 우봉 조희룡又峰趙熙龍(1789-1866) · 소치 허련小癡許鍊(1808-1993) · 고람 전기古藍田琦(1825-1854) 등이 주축이 된 이른바 추사파에 의해 남종 문인화가 주류를 이룬다. 이하응李昰應(1820-1898)과 민영익閔泳翊(1860-1914)에 의해 묵란을 비롯한 사군자와 정학교 등에 의한 괴석 등 문인화적인 소재가 활발하게 다루어진 편이다.

비교적 부정적으로 본 조선 말기 화단에 있어서 새롭게 조명 받는 화가로 북산 김수철北山金秀哲과 석창 홍세섭石窓洪世燮(1832-1884) 등을 들게 된다. 이들의 그림은 이전과 확연하게 구별을 보이는 참신한 새로운 감각으로 이색 화풍 내지 신감각파로 지칭되기도 한다. 추사파가 남종 화법을 다져놓는데 대해 이들 개성 강한 화가들은 남종 화법을 토대로 현대적 감각으로 그 서막을 연 데 그 회화사적 의의가 크다. 홍세섭은 영모화에 있어 수묵 위주의 활달한 필치로 파격적인 구성과 구도를 보여 이 소

묵포도 (8첩병풍 끝 2폭), 최석환(1808-1877이후), 1865년작, 지본수묵 155×55cm, 전북대박물관 소장

재에 있어 문인화의 위상을 드러냈다. 김수철은 과감한 생략, 소략한 필치, 수채화에 방불한 맑고 밝은 담채淡彩 등 참신한 화풍으로 전통 그림의 지향처를 제시해 근대화단으로 연결된다.

화원으로서 출중한 기량을 지닌 오원 장승업吾園張承業(1843-1897)과 그를 따른 그의 제자 안중식과 조석진 등에 의해 전통 회화가 20세기 우리 화단에 계승되어 캔버스에 그린 유화인 서양화와 구별해 불과 얼마 전까지도 통칭되던 동양화는 근대 화단으로 이어진다. 정형화된 산수화나 시대성이 애매한 신선도 등 다소 매너리즘 경향을 감추기 힘들다 하겠다.

서울 화단과 별개로 이 시기에 서울이 아닌 전국적으로 경제적 부가 축적된 지방에서 늘어난 그림 수요와 더불어 비로소 지방 화단이 형성된다. 호남 화단의 소치 허련(1808-1893), 포도 그림(墨葡萄)으로 잘 알려진 전북 옥구의 낭곡 최석환浪谷崔奭煥(1808-1877 이후)과 석지 채용신石芝蔡龍臣(1850-1941), 평양 화단의 소남 이희수少南李喜秀(1836-1909)와 기러기 그림(蘆雁)으로 명성이 높은 석연 양기훈石燕楊基薰(1843-1919 이후), 함경도의 게 그림으로 이름을 얻은 무산 지창한茂山池昌漢(1851-1921)과 단천端川의 겸현 우상하謙玄禹相夏, 대구의 사군자四君子 등 문인화의 서병건徐丙健(1850-?), 석재 서병오石齋徐丙五(1862-1935) 등 지역 별로 활약이 돋보인다.

오랜 전통의 전북 화단
- 전주, 조선 왕실의 발상지

먼저 전북은 전남의 회화에 비해 조선 후기 이전부터 서예가 강세이다. 그러나 조선 왕실의 발상지 전주를 중심으로 한 종이, 인쇄 문화는 임진왜란 후 유일하게 조선 왕조 실록을 지켰고 후대 이모본이나 태조 어진太

祖御眞을 봉안한 경기전慶基殿 등 이 지역의 문흥文興을 대변한다.

조선 시대 단위 면적당 가장 많은 책을 간행한 우리나라는 출판 왕국이다. 아울러 목판, 금속 활자 가릴 것 없이 우리의 독창적인 인쇄술 발달도 우수한 종이의 발명 없이는 불가능하니 이를 가능케 한 요인으로 제지술製紙術을 빠트릴 수 없다. 전주지는 주지되듯 일찍부터 성가가 높았으며 조선 말 국문소설 완판본 출판의 명성도 이와 뗄 수 없는 함수 관계이다. 이는 '종이 문화의 메카'로 그 진면목이 아닐 수 없다. 전주를 비롯해 전북 화단의 역사는 15세기까지 소급되니 이를 증거할 서화들이 오늘날 전래된다.

조선 초 보한재 신숙주保閑齋申叔舟(1417-1475)의 아우인 귀래정 신말주歸來亭申末舟(1429-1503)는 지조 높은 선비였다. 영상領相의 고위직까지 오른 신숙주의 삶과는 구별을 보인다. 하지만 신말주 또한 26세 때인 1454년 문과文科를 통해 참의參議를, 그리고 형의 타계 이듬해인 1476년 47세 때 전주 부윤으로 일정 기간 관직에 몸담았다. 비록 긴 기간은 아니나 그도 관계와 전혀 무관한 것은 아니었다. 75년 일생 중 몇 년의 짧은 기간을 제외하곤 대부분을 처사로 보냈다. 특히 노년엔 순창에 그의 당호이기도 한 귀래정을 짓고 포의布衣로 유유자적한 삶을 보냈다.

고희를 넘긴 뒤 가까운 벗들과의 만남을 담은 기록적인 그림인 1499년 그려진 「십로도상계축十老圖像禊軸」이 현전한다. 이에 앞서 신말주와 동갑인 설씨 부인薛氏夫人(1529-1508)은 고령 신씨 화맥의 선구이다. 그녀가 1482년 쓰고 그린 보물 제728호로 지정된 『권선문첩勸善文帖』은 1939년 정인보에 의해 비로소 세상에 알려지게 되었다. 신사임당申師任堂(1504-1551) 보다 두 세대 이상이나 올라가는 75년 앞선 조선 최고의 여류 문장가이다. 전래작은 매우 드무나 문중 내에선 화가로 잘 알려져 있으니 가승家乘에 의할 때 이들 부부 모두는 그림에 능한 것으로 전해진다.

이 지역의 전통 회화의 대세와 흐름 및 특징에 대해선 이철량 교수의 여러 논고를 통해 조명이 이

전우초상, 채용신(1850-1941), 1911년작
지본채색 65.7 × 45.4cm, 국립중앙박물관 소장

루어졌다(「전북의 전통 회화」, 『전북의 예술사』 2002, pp. 1-17; 「호남의 글씨와 그림」, 『호·영남 선비들의 예술 세계』 2007, pp. 201-215.) 비교적 이른 시기인 조선 중기 17세기에 전북서 활동한 문인서화가로는 백석 유즙白石柳楫(1585-1651)과 송재 송일중松齋宋日中(1632-1717)이 먼저 제시된다. 오늘날 비슷한 시기에 활동한 같은 이름의 화원도 알려져 있으나 석천 이덕익石川李德益(1604-?)의 문하에서 문인 서화가들이 다수 배출해 이 지역을 대변하는 문인 화가이다. 그는 전주 출신으로 1639년 진사에 합격해 사의司議 벼슬을 역임 했으며, 매화를 잘 그린 것으로 전해진다.

근대로 이어지는 시기 호남을 대표하는 학자이며 시서화에 두루 능하고 이론과 실기를 겸비한 김제의 석정 이정직石亭李定稷(1841-1910)을 먼저 들게 된다. 그는 근대 서양사상을 수용한 해학 이기海鶴李沂(1848-1909), 한말의 문장가이며 역사가이고 우국지사인 매천 황현梅泉黃玹(1858-1910)과 더불어 '호남 삼걸'로 지칭된다. 석정의 선대는 경기도에서 살았으나 부친 때 김제로 이주 정착해 그가 태어났고 이곳에서 활동했다. 1928년 연행사燕行使 일행을 따라 청에 들어가 일 년여 머물며 서양학문과 접했다. 평생을 학문에만 전념했다.

대담한 구성에 활달한 필치는 강한 필선과 농묵濃墨이 두드러진 석정 이정직의 문하에서 벽하 조수증碧下趙周昇(1854-1903), 표원 박규환表園朴奎晥(1868-1916), 염재 송태회念齋宋泰會(1872-1941), 부안 출신으로 단촐한 구성과 현대적 감각을 조선 미술 전람회에 연 4회 입선했고 전주에서 개인전을 연 추당 박호병秋堂朴好秉(1878-1942), 석정 문하에 이어 간재艮齋 전우田愚(1841-1922)에게서 학문을 익혀 민족 정신을 고취시키는 글을 쓴 유재 송기면裕齋宋基冕(1882-1956), 서예가 모임인 한묵회翰墨會를 조직해 후진을 양성한 효산 이광열曉山李光烈(1885-1966), 다양한 소재를 그렸고 서울 화단과도 교유한 유당 김희순酉堂金熙舜(1886-1968), 청년 명필로 이름 난 유하 유영완柳下柳永完(1892-1953), 43세의 길지 아니한 삶이나 태어난 담양에서 활동하고 담백한 매화에 일가를 이룬 동강 정운면東崗鄭雲勉(1906-1948), 유재의 둘째 아들로 '한국 근대 이후 마지막 선비'로 지칭되는 풍죽風竹을 즐겨 그린 강암 송성용剛庵宋成鏞(1913-1999)으로 이어지며 다수의 문인 화가들이 배출되어 뚜렷한 흐름을 이룬다.

전북의 직업 화가로는 이곳 출신으로 사료되는 중앙에서 활동한 화원들을 이른 시기부터 찾아볼 수 있으나 이들의 활동지가 서울이기에 논외로 한다. 이에 조선말 19세기 이후로 제한된다. 옥구 임피에서 살았으나 묵포도로 전국적인 명성을 얻은 최석환을 먼저 들게 된다. 오세창의 『근역서화징』에 단편적인 기사가 있고 행적·신분·교우 관계·생몰 연도 등이 상세히 알려져 있지 않으나 대부분 화면 내에 제작 연도를 밝히고 있어 활동 시기에 대한 짐작은 가능하다. 드문 산수화도 전해지나 포도를 전문으로 그려 국내뿐 아니라 일본과 미국, 유럽 등 국외에도 유작이 확인 된다. 그는 포도 그림으로 단연 19세기를 대표한다.

92세의 수를 누린 익산 출신 석지 채용신石芝蔡龍臣(1850-1941)은 1900년 태조 및 영조의 50세 어진 이모御眞移摸 제작에 참여해 벼슬을 얻었다. 대대적인 작품 활동으로 광고용 전단지를 만든 그는 전국적인 명성을 얻었다. 50대 중반 이후 태어난 곳 주변에서 우국 지사를 비롯해 호남 갑부 등 유지들의 초상도 남겼다.

풍광 수려하고 비옥한 호남
- 유배지, 창작의 산실

호남은 전라남북도를 통칭한다. 이에 대해 남도는 일반적으로 경기도 이남인 충청·전라·경상도를 지칭한다. 광의로는 백두산 이남의 땅 즉 한국 전체를 칭하기도 하며 좁게는 전라남도만을 칭한다. 전라북도를 먼저 살피면 묵포도의 최석환은 옥구 임피에서 살았다는 매우 단편적인 기사가 오세창의 『근역서화징』에 있을 뿐이며 행적이나 신분이나 교우 관계, 몰년에 대해선 전혀 알려진 것이 없다. 다만 다른 소재의 그림은 매우 드무나 묵포도 분야에 있어 여러 폭으로 된 병풍을 여럿 남기고 있다. 대부분 화면 내에 제작한 연도를 남기고 있어 활동 시기에 대한 짐작이 가능하다. 국내뿐 아니라 일본 등 국외에도 그의 유작이 확인되며 묵포도에 관한 한 19세기를 대표한다.

초상화로 전국적인 명성을 얻고 92세의 수를 누리며 대대적인 작품 활동으로 초상화 주문을 위한 광고용 전단지를 만든 채용신은 익산 출신이다. 그는 1900년 태조 및 영조의 50세 초상을 옮겨 그리는 데 참가해 어진 제작으로 벼슬을 얻기도 했으며 50대 중반 이후 태어난 곳 주변에서 호남 갑부 등 유지들의 초상도 다수 제작한다.

지방 화단 가운데 그 활동이 가장 괄목되며 오늘날의 한국화에 이르기까지 남종화의 선명한 계보로 이어진 곳은 소치 허련으로 대표되는 호남 화단이다. 남도, 이곳은 흔히 예향으로 불린다. 이 지역은 그림과 글씨가 넘치니 어디를 들러도 이들을 쉽게 대면하게 된다. 국문학사에 있어 '조선 삼대 시가인朝鮮三大詩歌人'으로 지칭되는 세 사람 중 영남의 노계 박인로蘆溪朴仁老(1561-1642)를 제외한 두 사람이 이곳에서 활동했다. 담양에 일정기간 머문 송강 정철松江鄭澈(1536-1593), 해남의 고산 윤선도孤山尹善道(1587-1671)는 일찍이 이곳에 자리 잡아 은거했다. 화단에 있어 조선 초 선비 화가로 조광조와 맥을 같이 한 기묘 명현己卯名賢의 한 사람인 능주의 학포 양팽손學圃梁彭孫(1488-1545), 해남의 공재 윤두서恭齋尹斗緒(1668-1715), 흑산도의 손암 정약전巽庵丁若銓(1758-1816)과 강진의 다산 정약용茶山丁若鏞(1762-1836) 형제, 신안 임자도의 우봉 조희룡, 초의艸衣(1786-1866)와 진도의 허련 등 유배지와 별서別墅에서 꽃 핀 시서화의 자취는 선명하고도 뚜렷하다.

산초백두도, 김정(1486-1521),
지본수묵담채 32.1× 21.7cm, 개인 소장

온화한 기후며 아름다운 풍광의 땅인 이곳은 일찍부터 도자기의 중요 산지며 긴 역사를 지닌 곳이다. 인류의 역사상 10세기 즈음 섭씨 1,200도 이상 고열로 구어 광택 있는 매끄러운 표면을 두드리면 쇳소리가 나는 자기를 빚은 나라는 중국과 우리나라, 베트남 등 단 세 나라뿐이다. 전라북도 부안과 더불어 신비롭고 비취를 닮은 비색 청자를 빚어 세계적인 명성을 얻은 고려 청자의 고향은 강진이며 광주 충효동의 분청 사기 등 도요지가 잘 알려져 있다. 학문과 예술이 함께 어우러진 남도는 지방 화단의 영역을 벗어나 우리나라 근·현대 한국화 형성과 서단에 적지 않게 기여했다.

귀양은 가족과 친구와 일 등 모든 친숙한 것들과의 작별이다. 이에 존재 의의마저 빛바래 살아도 살아 있음이 아니다. 본인뿐 아니라 그와 가까운 모두의 슬픔이다. 하지만 관직의 몰수로 시작되는 유배는 기득권의 박탈로 모든 것의 상실을 의미하는 것은 아니다. 공적인 일에서의 해방과 더불어, 물론 모두가 그러함은 아니나 학문과 예술에 전념할 수 있는 모처럼의 기회를 부여받은 것이기도 하다. 일견 개인적으론 비극으로 보이나, 사대부의 입신 양명과는 별개로 전과는 확연히 구별되는 또 다른 인생, 더욱 빛나는 삶에로의 초대이기도 하다.

설월조몽, 이건(1614-1661), 1661년작, 견본담채 29.4× 22.5cm, 간송미술관 소장

조선 시대 문인 화가 중에는 그림 그리기를 남달리 즐긴 가문이 없는 것이 아니나 더불어 삼대 이상 관직에 나가지 못한 현실적으로 몰락한 양반이나 서자 출신, 그리고 당쟁에 연루되어 입신 양명에서 거세된 이들이 그러하다. 이른바 절파계浙派系 산수화로 대변되는 조선 중기 화단을 연양송당 김시養松堂金禔(1524-1593)의 부친 김안로金安老(1481-1537)는 문정 왕후文定王后 퇴위를 주장하다 사약을 받았다. 심사정沈師正(1709-1767)의 조부 심익창沈益昌은 과거 부정 사건 및 영조의 연잉군延仍君의 어린 시절 독살 음모에 가담하여 사약을 받았다. 이런 상황에서 그 후손들의 관계 진출은 원천 봉쇄되었고 이들의 장래는 회색빛임이 분명했다. 제주도 귀양이 아니면 추사의 '세한도歲寒圖', 강진의 유배 없이 다산茶山의 방대한 저술은 생각하기 어렵다.

김시와 더불어 16세기 말 화단에서 활동이 두드러진 종친 이경윤李慶胤(1545-1611)은 그의 화풍이 중기를 대표하는 문인화가이다. 그는 임진왜란을 겪었음에도 불구하고 전칭작을 포함해 전래작이 적지 않다, 이는 당시 화단에서 그의 영향력과 위상을 증명하는 것이기도 하다. 하지만 그의 그림에 자신의 도장이나 묵서를 남기지 않았으나 그의 아들 이징李澄

(1581-1674 이후)은 부친과 달리 화면 내에 도장을 남기고 있다. 이는 동시대 사대부로는 생각하기 어려운 일이었으니 이징은 서자였고 도화서 소속 화원이 되었기 때문이다. 진경 산수를 남긴 진재 김윤겸眞宰金允謙 (1711-1775)이나 추사 김정희가 극찬한 능호관 이인상凌壺觀李麟祥 (1710-1760)은 격조 있는 맑고 담백한 문인화의 정수를 보여준 문인화가이나 이들도 서자이다.

유배지에서 핀 꽃
- 김정, 이건, 이광사, 정만조

남도의 유배는 정약용이나 신지도의 이광사李匡師 등 문신 외에 진도에는 선조의 첫째 아들인 임해군臨海君(1547-1609)이 대군으로 처음 유배 와 짧은 기간 머물렀다. 이곳에 귀양 온 명신名臣을 살펴보면 노수신盧守愼(1515-1590)이 19년 동안, 김상헌의 손자 김수항金壽恒(1629-1689)과 조태채趙泰采(1660-1722)가 유배와 한 해를 넘기지 못하고 최후를 맞았다. 심환지沈煥之(1730-1802)도 1년간, 문인 서화가로 초기의 김정金淨, 중기의 종실 출신 이건李健, 말기의 정만조鄭萬朝 등이 유배되었다. 엄밀한 의미로 후기 이전은 호남 화단에 있어 이들의 구체적인 영향은 살피기 어려운 실정이나 귀양 시 유배처에서도 붓을 놓지 않았고 그를 따른 제자들이 적지 않았을 것으로 짐작된다.

먼저 기묘 사화에 연루되어 36세의 젊은 나이에 제주도서 타계한 김정金淨(1486-1521, 자 원충字 元沖, 호 충암號 冲菴)을 들게 된다. 그는 경순왕의 후손으로 19세에 진사시에 합격했고 3년 뒤 문과에 장원 급제했다. 파란 심한 정계의 극

고승완회, 이광사(1705-1777), 견본담채 22.2× 24.2cm, 간송미술관 소장

심한 부침을 겪었다. 길지 않은 생애임에도 불구하고 기묘 명현 가운데 한 사람이었기에 그의 활동상은 『조선왕조실록』을 비롯해 여러 개인문집에 나타나 있다.

1515년, 30세 때 순창 군수로 재직하고 있을 때 당시 담양부사인 박상朴祥(1474-1530)과 함께 중종 반정으로 폐위된 중종의 첫 왕비인 단경 왕후 신씨의 복위 상소復位上疏를 올리자 중종의 진노로 투옥되면서 시련이 시작된다. 보은에 유배되었다가 그 이듬해 여름 석방되며, 32세에 부제학으로 발탁되자 사퇴를 결심했으나 조광조(1482-1519)의 간곡한 서신으로 관직에 계속 머물게 되어 형조 판서에까지 이른다. 조광조와 함께 지치주의至治主義 실현에 동참하여 업적이 컸다. 34세 때 기묘 사화에 연루되어 금산으로 귀양 갔다가 진도를 거쳐 다시 제

산수도, 전 양팽손(1488-1545), 지본수묵담채 88.2× 46.5cm, 국립중앙박물관 소장

주도에 옮겨져 최후를 맞아 초연히 죽음에 임하여 절명시를 남긴다. 시문이 적지 않아 문중에서 이를 모아 『충암집沖菴集』을 만들고 허백기許伯琦(1493-?)가 공주에서 판각했다.

김정이 영모를 그렸음은 후대의 기록이나 『동국문헌록東國文獻錄』 서화가편에 나타나있다. 서른여섯에 멈춘 짧은 삶 동안 편안하고 차분히 앉아서 서화를 즐길 형편은 못 되었으나 불우한 시절 명품을 남긴 다른 문인화가들 예처럼 화필에 손을 대어 자오自娛했을 가능성이 크다. 간행된 도록 등에 도판으로 게재되어 유작으로 불리는 수묵으로 그린 새 그림이 서너 점에 이른다. 이들 그림은 화풍상 대체로 조선 중기까지는 소급이 가능하다. 대표작이며 기준작으로 비정되는 그림은 「산초백두도山椒白頭圖」이다. 송은 이병직松隱李秉直(1896-1973) 수집품으로 현재 그의 손자가 소장하고 있는 것으로 「이조화명도二鳥和鳴圖」로 지칭되던 그림이다. 화

면 내 그린 화가를 알려주는 도장은 없으나 1780년 하지에 별지에 김광국이 쓴 제발이 함께 부착되어 있다. 이에 『석농화원石農畵苑』에 포함된 것으로 사료되어 그림의 신뢰도를 더한다. 이 그림의 현 상태는 화첩에서 떨어져 나와 제발과 그림이 좌우가 아닌 상하로 잇대어 족자로 꾸며져 있다. 조선 시대 소품의 새 그림으로 현존되어 공개된 것 중에선 시대가 올라가는 화적인 셈이다. 이에 조선 중기(1550-1700년경) 화단에서 문인화가들에 의해 일괄 화첩으로 즐겨 그려져 크게 유행된 사계 영모도四季翎毛圖 계열에 선행한 그림이다. 이 그림은 1986년 국립 중앙 박물관이 구 중앙청 건물을 보수해 재개관할 때 개최한 조선 초기의 회화전에서 「몽유도원도」 등과 함께 전시되었다. 이어 2001년 국립 제주 박물관 개관 때 열린 특별전을 통해 한 차례 더 일반에게 공개되었다.

선조의 일곱 째 아들 인성군仁城君 이공李珙(1584-1628)은 당쟁으로 진도에서 자결한다. 그의 아들인 이건李健(1614-1661, 자 자강字 子强, 호 규창號 葵窓)은 15세 나이로 한참 감수성이 예민한 때 이 일을 접하는 비운을 맞는다. 1628년(인조 6) 부친인 이른바 '인성군의 화禍'에 연좌되어 10대 중반에서 1636년까지 10년 가까운 젊은 시절 제주도에 유배되기도 했다. 부친에 대한 남다른 애틋한 사모의 정과 효행이 잘 알려져 있다. 아마도 규창은 어린 시절부터 외로움을 그림과 글씨로 달래야 했고 많은 독서를 통해 시서화에 두루 능해 삼절三絶로 지칭되었다. 그림으로는 특히 영모에 뛰어난 것으로 전해지며 이를 알려주듯 지금까지 알려진 유작들은 예외 없이 새 그림들이다. 그는 부친이 1637년 복직되자 44세 때 해원군海原君에 봉해졌다.

그의 유작은 유복렬 구장의 「영모탁수翎毛濯水」와, 역시 같은 책에 작품명만 언급된 「산금랄추山禽扐雛」가 일찍부터 알려진 그림이다. 「영모탁수」는 소품으로 화첩에서 산락된 것으로 보이는데, 바위 묘사와 구도와 구성 및 소재의 측면에서 역시 종친이었으나 서자로 중기 화단에서 직업화가로 활동이 두드러진 한 세대 앞선 이징(1581-1674 이후)과 화풍에 있어 상호 친연성이 두루 감지된다. 화면 오른 쪽 상단에는 여기서 그의 대표작으로 비정하여 사진으로 실은 간송미술관소장 「설월조몽雪月鳥夢」, 「계변추금溪邊秋禽」, 「백로탁어白鷺啄魚」가 있다. 이들은 모두 올이 촘촘한 고른 비단에 수묵 위주로 그렸는데 크기에서 약간의 차이가 나며, 처음 것에만 간기干紀와 화가 이름을 알려주는 도장이 있으나 동일인의 필치가 분명하다. 중기 화단에서 문인화가들 사이에 크게 유행한 네 계절을 배경으로 영모를 등장시킨 수묵 위주의 사계 영모도 계열로 사료되어 이 소재의 일괄 화첩에 속했던 것으로 생각되어지기도 하지만 분명하진 않다.

「설월조몽」(견본담채 29.4 22.5cm)에는 우단에는 제작 연대(干紀)를 비롯한 방정한 서체로 그린 화가 자신이 쓴 묵서가 있다(辛丑夏寫與花善). 이건이 타계를 목전에 둔 1661년 17세 된 아들 화선군花善君 이양李㴾(1645-?)에게 그려준 그림이다. 여름에 그렸으나 보름달이 있는 설경으로 조는 새 한 마리만 등장시켜 여유와 한가로움을 느낄 수 있는 반면 적막감마저 든다. 묵서에 이어 그의 자인 자강子强의 주문 원인이, 왼쪽 하단에는 호號인 '규창葵窓'의 백문방인과 이름을 밝힌 도장 3과顆가 있어 단연 기준작으로 비정된다. 이양은 글씨를 잘 쓴 것으로 알려져 있으며, 1712년 부친의 문집인 『규창집葵窓集』을 편집, 간행한 이조李㴾는 형제이다. 인성군이 1637년 관직을 회복한 뒤 자제들은 두루 관직에 등용되기에 이른다.

그림 상단에 1711년 숙종이 쓴 해주 오씨 문중에서 국립 중앙 박물관에 기증한 오달제吳達濟(1609-1637)의 「묵매墨梅」나 윤두서의 「진단타려」 등을 통해 친숙해진 유려한 서체의 제시題詩가 부착되어 기준작으로 신뢰가 큰 국립 중앙 박물관 소장 「백로」와 좋은 비교가 된다(지본수묵 67×20.5cm). 일제 강점기 국립 박물관에 다수의 명품을 매도한 스즈끼(鈴木次郎)에게서 1911년 구입한 그림이다. 화면 왼쪽 상단에는 '규창'의 백문방인이 있다. 물 속에 있는 백로 한 쌍 외에 그보다 작은 또 한 쌍의 새가 상단을 점하고 있으나, 연잎과 수면의 물풀 등 세부 묘사와 필치에서 이 두 그림은 동일 화가의 솜씨임이 여실하다. 이 외 각종 조류와 소 등 여러 동물로 십 수 점이 성첩成帖된 개인 소장 화첩도 전해지나 격조와 필치에서 전술한 그림들과 차이가 커서 전칭작傳稱作을 면하기 힘들 것이다.

원교 이광사員嶠李匡師(1705-1777)는 신지도로 귀양 가서 그곳에서 최후를 맞이한다. 그의 자는 도보道甫, 나이 들어 수북壽北이라 자칭했다. 윤순尹淳(1680-1741)의 필법을 계승하여 이른바 동국진체東國眞體를 완성, 집대성한 서예가로서 서단에서 위상이 사뭇 높다. 시문은 정제두鄭齊斗(1649-1736)에게서 양명학陽明學을 익혔고 그림에도 능했음을 전해주는 기록은 늦어도 19세기 초까지 소급이 가능하다. 오세창吳世昌(1864-

1953)의 『근역서화징槿域書畵徵』에 인용된 1804년 김성개金性漑가 교정하여 정읍 충렬사에서 간행한 『동국문헌東國文獻』의 '필원' 편과, 『진휘속고震彙續考』 등에서 서화가로서의 면모가 전해진다. 많은 글씨에 비해 드문 그림으로 몇 점의 작은 그림들이 특별 전시를 통해 일반에게도 공개되었으며 하나 둘씩 도록에 게재되었다.

자화상, 윤두서(1668-1715),
지본수묵담채 38.5×20.5cm, 해남윤씨종택 소장

그의 생애는 청년기부터 장년까지는 은사로, 노년기는 20년이 넘는 귀양살이로 점철된 쓸쓸한 삶이었다. 이런 상황이 그를 학자이자 서예가이며 그림에 전념하게 한 배경이 된다. 당시 서화 골동에 이름난 대 수장가인 상고당 김광수尙古堂金光遂(1696-?)가 가까운 벗으로 그는 재호齋號를 "도보道甫가 온다"는 의미 내도재來道齋라 해 두 사람의 각별히 친밀한 관계를 알려준다. 그를 통해 적지 아니한 명화를 친견했다. 일반인에겐 아들 신윤복이 더 잘 알려져 있으나 문헌상의 기록에 의할 때 무려 30년이 넘는 도화원 소속 화원으로 어진을 비롯해 각종 의궤도 제작 및 차비대령화원差備待令畵員으로 활약상이 돋보인 화원 신한평申漢枰(1735-1809 이후)이 어진 제작에 참여한 공으로 신지도에 원님으로 있을 때 신지도 유배온 이광사 초상을 그리게 된다. 1774년은 이광사가 타계 3년 전인 고희를 맞은 해이다. 이 그림은 평상복 차림으로 국립중앙박물관에 소장되어 있다.

유작을 살피면 국립 중앙 박물관 소장의 「송하간산松下看山」과 「등고망원登高望遠」, 간송 미술관에는 42세 때인 1746년 그린 김광국이 모은 명품화첩인 『해동명화집海東名畵集』에 속했던 「고승완회高僧玩繪」와 「층장비폭層嶂飛瀑」 및 둘째 아들 이긍익李令翊(1740-?)이 부친이 미완성작을 완성한 「잉어」(지본담채 120.5×57.5cm), 개인 소장의 「춘일십영도春日十詠圖」 2점, 「관폭(觀瀑)」, 「초충草蟲」, 『천고최성첩千古最盛帖』에서 산락된 「도원桃源」과 「이군산방기李君山房記」 등이 알려져 있다. 고쿠라(小倉武之助, 1871-1964)가 가지고 있던 것으로 일본 동경 국립 박물관에 기

유하백마, 윤두서, 견본담채 32.8x40.3cm, 해남윤씨종택 소장

증된 「기마도騎馬圖」 등이 있다. 이들 그의 유작은 대개가 화보畵譜를 방방倣한 것으로 생각되나 묘사력 및 유려한 필법 등 범상을 벗어난 수준이며 그림에 따라서는 새로운 감각의 설채기법設彩技法을 보여주는 것들도 있다.

유존작 가운데 이렇다 할 대작은 찾기 힘든 소품들이 주류이다. 현존되는 10여 점의 그림은 18세기 화단에서 큰 발전이 이루어진 간결하고 담백한 남종 문인화풍의 산수가 단연 주류를 이루며 고사인물故事人物, 초충, 어해魚蟹 등도 있다.

서울 출신인 무정 정만조茂亭鄭萬朝(1858-1936)는 강위姜瑋(1820-1884)의 문인으로 일제강점기에 독립 운동과 계몽 운동에 전념한 국학자 위당 정인보爲堂鄭寅普(1892-?)의 족숙이다. 을사 조약 이후 중국으로 망명해 학문에서 중국의 강유위康有爲(1858-1927)와 어깨를 나란히 한 창강 김택영滄江金澤榮(1850-1927)과 한일 합방 때 자결한 우국 지사 매천 황현梅泉黃玹(1855-1910)과 함께 '한말 3대 시인'으로 지칭된다. 무정은 시문詩文뿐 아니라 글씨도 잘 쓴 학자이다. 39세 때인 1896년 무고로 진도에 유배되어 사면되기까지 12년간 머물렀다. 이 당시 어린 허백련許百練에게 한문을 가르쳤고 의재란 호를 주었다. 호남 화단의 남화에 있어 의재가 점한 위치를 고려할 때 스승 무정이 끼친 역할이 적지 않았을 것으로 사료된다.

전기 호남 화단의 일 면모
-학포學圃 양팽손梁彭孫

"더불어 이야기하면 마치 지초芝草나 난초蘭草의 향기가 사람에게서 풍기는 것 같다. 기상은 비 개인 뒤의 가을 하늘이요, 얕은 구름이 막 걷힌 뒤의 밝은 달과 같아 인욕人慾을 초월한 사람이다."

(젊은 시절 조광조의 양팽손에 대한 묘사)

양팽손이 일곱 살 때 방백이 천지일월天地日月로 시를 짓게 하자 곧바로 "천지는 나의 도량이 되고 일월은 나의 밝음이 된다.(天地爲吾量 日月爲吾明)"고 응수했다. 이에 방백은 크게 칭찬하며 손수 "해학諧謔의 모습이요 추월秋月의 정기精氣라 훗날 용문龍門에서 아름다운 이름을 크게 떨치리라."라 써주었다고 한다.

호남 화단을 논할 때 그 처음을 장식하는 문인 화가는 양팽손梁彭孫(1488-1545, 자 대춘字 大春, 호 학포號 學圃)이다. 그는 58년간의 삶 동안 올곧은 행동으로 청사에 아름다운 이름을 남긴 행동하는 지식인으로 학자이자 문장가이며 화가이다. 『조선왕조실록』에 언급된 그에 관한 공인으로서의 활동한 기사는 중종 12년부터 36년까지 24년 동안 40여 회에 이른다. 이를 통해 어린 시절부터 천재성이 돋보이며 학문에 힘써 과거에 등제하였다.

성균관에서 공부할 때는 벗들이 그의 촌스러움에 대해 언급했다고 전하나 강직함은 익히 알려져 있으니 이는 곧고 바른 그의 인품이나 행동거지를 대변한다. 그보다 여섯 살 연상으로 1515년 같이 생원시에 급제하여 평생 뜻을 같이하여 가까운 지인으로 조광조가 있다. 그러나 화가로의 명성에 비해 전래작은 희귀하며 그의 작품 세계는 명확하지 않다.

그는 16세기 전반 조선 화단에서 어엿한 위치를 점하며 이 시기 화단을 논할 때 빠트릴 수 없는 문인 화가이다. 그러나 기준작의 문제점을 비롯해 전해지는 작품이 몹시 드물고 학계에서 본격적이며 집중적으로 거론된 작품은 「산수도」 1점에 불과하다. 이 그림은 명품으로 한국 회화사에 있어서 화풍상 시대성이 선명하며, 16세기 조선과 일본 양국 회화 교류의 측면에서 국제적으로 거론되는 그림 가운데 하나이기도 하다. 오늘날 그의 유전되는 그의 전칭작傳稱作은 문중 소장품을 비롯해 10점 내외에 불과하나 장르는 산수, 영모, 사군자, 기명절지 등에 걸쳐 있다.

문인 화가로서 학포의 존재는 문중의 가승家乘과는 별개로 화가로 기록된 문헌을 추적할 때 일반인들에게는 오세창의 『근역서화징』을 통해서 비로소 알려진 것으로 사료된다. 동서同書에서는 19세기 초 김성개金性漑가 간행한 『동국문헌록東國文獻錄』의 화가편畵家編에서 "그림을 잘 그렸다(善畵)"는 매우 짧은 기록을 인용했다. 1980년대 중반 종가에 보관된 제발이 있는 「연지도蓮芝圖」 공개 이전에는 보다 앞선 시대의 화가와 관련 있는 문헌 자료는 찾기 어려웠다. 그의 유전작 또한 문중 것이 알려지기

전에는 1934년 출간된 『조선고적도보朝鮮古蹟圖譜』에 게재되어 그의 대표작으로 지칭되는 국립 중앙 박물관 소장의 전술한 「산수도」 1점과, 1969년 간행된 유복렬의 『한국회화대관』에 이 그림과 함께 게재된 개인 소장의 「춘강계칙도春江鷄鷘圖」 등 단 2점뿐이었다.

1985년 초 국립 광주 박물관에서 개최한 '호남의 전통 회화(1985. 1. 10-1985. 2. 10)' 기획전을 통해 종가에 소장된 「연지도」와 「산수도」 목판본, 「묵매도」 목판본이 비로소 공개되었다. 1992년 화순 문화원에서 『학포양팽손 문집』을 번역 출간하면서 문중의 후손들이 간직해온 유작이 10여 점임을 천명했고, 「묵죽墨竹」 2점을 처음으로 도판으로 게재하였다. 같은 해 조선대 대학원에서는 양팽손을 다룬 최초의 석사 학위 논문이 간행되었고(박종석, 「학포 양팽손의 예술과 사적고찰」), 이어 동일인에 의해 「묵죽」 4점에 대한 고찰도 이루어졌다(「부러질지언정 굽히지 않는 절개節概-학포 양팽손의 목죽도에 관한 연구」). 학포의 유작이 공개되면서 전술한 「연지」에 첨부된 이이장李彛章(1708-1764)의 제발은 문인 화가로서의 학포의 존재를 밝힌 현존 최고인 18세기 자료인 점도 주목된다.

일본에서 양팽손 그림으로 지칭되는 그림들 몇 점이 1990년대에 개최된 특별전이나 소장품 도록 등을 통해 알려지게 되었다. 그 중에는 유현재幽玄齋 소장품으로 중앙 박물관 것과 매우 유사한 필치의 「산수도」를 비롯해 1996년 야마토분가간(大和文華館)에서 개최한 '조선 회화 특별전'에서도 「산수도」 전칭작이 공개되었다. 그동안 공개된 일련의 그림을 통해 이른바 양팽손 계열의 산수도 양식의 추출이 어느 정도 가능하게 되었다.

오늘날 국립 중앙 박물관에 소장된 「산수도」 1점은 주지되듯 양팽손의 대표작이자 기준작으로 간주된다(유물번호 본2034 종이에 담채, 88.2 46.5cm). 이 그림은 국립 중앙 박물관 유물 카드에 의하면 1916년 4월 18일 데라우치 총독에 의해 총독부 박물관에 기증된 것으로 '학포필 산수도學圃筆山水圖'로 명기되어 있다. 최초로 도록에 실린 것은 1934년에 간행된 『조선고적도보』 14권인데(p.1961, pl.5846). '전양팽손(학포)필 산수도'로 실렸으니 가장 이른 도판의 제목이 전칭작으로 명시되어 있다. 그러나 이 그림은 1969년에 발간된 『한국 회화 대관』을 시작으로, 1972년 겨울 국립중앙박물관에서 개최한 '한국명화근오백년전(11.14-12.22)'에서 전칭傳稱을 떼고 '양팽손 작'으로 소개된 이후 그 이듬해 동처에서 열린 '한국 미술 이천 년(1973. 4.17-6.17)' 및 1976년 일본 3개 도시를 순회

한 '한국 미술 오천 년' 등 1972년 이후로는 일반화되었다. 한편 호암미술 관에서 1996년 기획한 '조선 전기 국보전-위대한 문화 유산을 찾아서 2' 에 이 그림이 출품되자 도록의 도판해설 부분에서 필자에 의해 새로운 의 견을 제시되었다.

화면 오른 쪽 상단에 있는 유려하고 방정한 서체로 적은 5언시 두 수 끝에 시와 달리 크게 쓴 '학포사學圃寫'의 관서가 있다. 이어 인주 색은 선명하나 조금은 알아보기 힘든 주문 방인이 있으니 이 도장이 '양팽손장 梁彭孫藏'으로 판독됨에 따라 이 그림을 그린 화가에 대해 비로소 의문이 제기된 것이다. 강희안의 소품들의 예에서도 알 수 있듯 조선 초에 사대 부들은 자신의 그림에 관서款署 남기기를 기피함은 상식에 속하는 극히 일반적인 사실이다. 화풍에 의해 이 시기로 비정되는 그림들의 화면에 있 는 도장들은 대개가 뒤에 다른 이들이 찍은 후관後款이다.

그림과는 별개로 시를 쓴 사람은 양팽손일 가능성이 크다. 조선 초에 학포란 호를 쓴 사람은 잘 알려진 화원 이상좌李上佐(1485-1549 이후)도 있으니 이 그림과 화풍상 친연성이 큰 국립중앙박물관 소장 「연방 동년 일시 조사 계회도蓮榜同年一時曹司契會圖」가 유물 카드에 이상좌 전칭작 으로 명기되어 있어 흥미를 끌며 주목을 요한다(유물번호 덕2129). 바로 같은 계회를 그린 화면 상태가 양호한 다른 한 점이 울산 김씨 문중에서 국립 광주 박물관에 기증되어 좋은 비교가 된다.

양팽손의 그림으로 전해지는 그림 중 사군자로는 문중에 소장된 「매죽 도판각梅竹圖板刻」이 공개된 바 있다(지본 43 34cm). 비록 한 화면을 양 분하여 중앙을 비우고 좌우에 치우쳐 있으나 한 폭이나 두 점으로 봄이 옳을 것이다. 판각이어서 묵색의 농담은 살피기 힘들지만 16세기 계회도 하단의 좌목 좌우에 등장한 매죽들과 구도와 구성에서 닮고 있어 동시대 성을 드러내 보여주는 점에서 주목된다. 특히 이 판각처럼 우측에 죽이 등장되고, 좌측도 매죽을 함께 나타낸 점도 1542년경 제작된 「연방 동년 일시 조사 계회도」의 것과 유사하여 흥미롭다.

문중에는 또한 1970년대 해남의 한 소장가를 통해 입수한 4폭의 「묵죽」 이 있다. (지본수묵 75×50cm 내외). 이 그림은 모두 예외 없이 오른 쪽 하단에서 시작하여 화면 우측에 무게의 중심을 두고 있어 그 반대로 좌측 에 비중을 둔 4점이 더 있을 것으로 생각되어 원래는 8폭 병풍이었던 것 으로 짐작된다. 종이에 수묵으로 그린 것으로 화풍은 이정李霆(1554-

1626) 이전의 고식古式을 지녀 주목된다. 죽순이 등장한 봄, 바람에 휘날리는 풍죽風竹, 세죽細竹과 굵은 줄기의 통죽筒竹 등 계절이 안배된 일괄품이다. 함께 그렸을 때 있어야할 비에 처진 우죽雨竹이나 설죽雪竹 등이 빠진 것이다. 화폭에 화가 이름을 알려주는 도장과, 천태연간天台練簡, 위수총죽渭水葱竹, 해곡청풍嶰谷淸風, 황강노절黃崗老節의 행초行草로 쓴 빠른 필치의 작품명이 있다. 그러나 그린 이의 자필自筆인지 여부는 단언하기 힘들다.

「연지도」 2점은 현재 액자로 제시와 함께 세로로 길게 꾸며져 있다. 문중 후손이 1916년 서울에 위치한 추사 김정희의 본가에서 옮겨온 그림으로 전한다. 양팽손의 외손으로 알려진 이이장李彝章(1708-1764)이 1761년에 쓴 제발이 첨부되어 있어 양팽손이 문인 화가임을 알려주는 현존 최고 문헌이기도 하다. 다기茶器와 함께 각기 연꽃과 영지가 주된 소재가 된 2폭의 그림이다. 오늘날 이 소재의 그림은 윤두서에 이어 조선 후기 김홍도나 이형록李亨祿(1808-1863 이후), 장한종張漢宗 등에 의해 본격적으로 그려진 책가도冊架圖 계열과 조선 말기에 이를 따른 민화나 기명절지도들이 다수 전래된다. 이 분야의 그림 중에서는 시대가 올라가는 그림인 셈이다.

문인 화가로서 호남 화단의 선구자로 지칭되는 양팽손이 조선 초기 화단에서 점하는 위상과는 별개로 산수화에 있어서는 이른바 양팽손 계열 그림으로 제시 가능한 일군一群의 그림들을 추출할 수 있었다. 이들 그림은 문인 화가보다는 오히려 화원의 그림일 가능성이 크다. 이는 오늘날 전해지는 계회도 등을 통해 확인되듯 시대 양식이기도 하다.

녹우당의 화풍
- 한 가문에 3대를 이은 문인 화가

해남 윤씨 어초은공파魚樵隱公派 19세인 윤두서尹斗緒(1668-1715, 자 효언孝彦. 호 공재恭齋, 종애鐘厓)는 48년이란 길지 아니한 생애였으나 회화사적 의의가 지대하다. 슬하에 10남 3녀를 두었다. 조선 시대 시조 문학의 대가인 윤선도의 증손이며, 실학자 다산 정약용 외증조부이다. 그림 외에 전각에도 능했으며 지도에도 관심이 커서 「조선지도」, 「일본지

독서하는 여인, 윤덕희(1685-1766), 견본수묵, 서울대박물관 소장

도」 등을 남겼다. 그의 화업은 아들 윤덕희와 손자 윤용에게 이 어졌다.

그는 조선 화단에 있어 중기에서 후기로 넘어가는 과도기에 활동이 두드러진 대표적인 문인 화가이다. 이른바 남종 문인화의 수용과 풍속화의 탄생에 있어 서두를 장식한다. 오늘날 전래된 작품은 비교적 많은 편이며 그 자신이 그림을 그렸을 뿐 아니라 그림에 대한 평론집인 『화단畵斷』을 남겼다. 인물, 산수, 초상, 풍속에 이르기까지 다양한 그림을 그렸는데 국립 중앙 박물관에는 「심득경 초상沈得經肖像」, 「낙마도落馬圖」, 「마상 처사도馬上處士圖」 등 10여점 외 화첩이 있으며 간송 미술관에는 「기마치주도(騎馬馳走圖」 등이 있다. 해남 윤씨의 종가인 녹우당에는 뛰어난 기량과 조선 초상화의 높은 수준을 알려 주는 일품이기도 한 국보 제240호 「자화상自畵」을 비롯해 다방면의 소재로 구성된 수십 점으로 이루어진 화첩이 소장되어 있다.

문헌상 기록을 통해 화목畵目에 있어서는 산수화보다는 인물과 동물화에 더 능한 것으로 알려졌다. 화제에서 알 수 있듯이 윤두서는 특히 말을 즐겨 그렸고 일찍이 홍득구洪得龜가 경탄하면서 말과 용 그림은 고려 시대 공민왕 이래 비교할 그림이 없다고 했다. 또한 아직 풍속화가 유행되기 전에 화원 아닌 사대부로 일반 서민 생활에 대한 남다른 애정어린 따뜻한 시선으로 이를 화폭에 옮긴 「나물 캐는 여인」, 「목기木器 제작」, 「짚신삼기」, 「밭갈이」 등을 남겨 풍속화의 선구를 보인 점 등도 주목되어진다. 섬세하며 힘찬 붓으로 선화禪畵의 경지에 든 윤두서는 17세기 말에서 18세기 초에 걸쳐 보수성과 신경향을 함께 지닌 당시 화단에서 뚜렷한 위치를 정한 빼어난 문인 화가이다.

"그림은 하찮은 기술(小技)인데 어찌 칭할 만하리오. 인간 세상에 헛되게 이름 얻음이 가소롭구나. 나라 다스림과 백성을 새롭게 함에 도 도움이 안 되며 몸을 닦고 덕을 밝힘에도 이룸이 없으니 어찌 안

빈낙도를 아름답다 할 것이며 부귀영화는 또 어찌 다스리리오. 이제
만사가 모두 허함에 청산녹수에 그윽한 정을 맡기네"

(윤덕희, 76세, 1760년 지은 「자탄自歎」에서)

윤덕희尹德熙(1685-1766, 자 경백敬伯, 호 낙서駱西, 연포蓮圃, 연옹蓮翁)는 부친 윤두서와 달리 82세의 장수를 누렸으니 붓을 잡은 햇수만도 60년이 넘는다. 부친의 화풍을 이어 그림을 즐겨 그린 사대 부화가이다. 이 긴 삶을 통해 조선후기 화단을 풍미한 풍속화, 진경 산수, 남종 문인화를 비롯해 도석 인물화와 서양 화법 등 다방면에 걸쳐 나름대로 정착시켰다. 시서화에 두루 능했고 무엇보다도 회화관에 입각한, 이론과 실기를 겸비한 문인 화가인 점이 주목된다. 지난 1985년 국립 광주 박물관에서 개최한 '호남 한국화 3백년전(1.10-2.10)'을 통해 윤덕희의 유작 33점이 공개 되었으며 현재 110점을 넘는 전래작이 확인된다.

그의 생애와 예술은 차미애씨의 석사 논문을 통해 상세히 조명되었다(「낙서 윤덕희 회화 연구駱西 尹德熙 繪畵 硏究」, 홍익대 대학원, 2001). 이에 의할 때 그의 삶은 그의 호 낙서가 시사하듯 서울 낙봉駱峯 서쪽인 회동(현 회현동)에서 보낸 초년기(1-29세), 해남에 내려가 가전 서화를 정리한 중년기(29-47세), 다시 서울로 올라가 세조 어진 중모世祖御眞重模에 발탁되었으나 이를 사양(51세), 숙종 어진 중모肅宗御眞重模 제작에 감동監董으로 참여(64세) 등 활발한 작품 활동과 2년간 사용원 주부로 관직 생활을 한 시기인 노년기(47-68세), 해남으로 다시 내려와 한 눈의 실명으로 그림보다는 시작에 몰두한 만년기(68-82세)로 나누어 살피고 있다.

현존하는 그림을 통해서도 짐작되듯 그는 성리학뿐 아닌 불교와 도가 및 신선 사상에도 조예가 있었다. 과학·의학·음학·중국소설 등 다방면에 걸친 방대한 양의 독서를 했다. 다양한 관심과 더불어 과학적·진보적·실학적 사고의 소유자였다. 근기남인의 서화 그룹에 속한 그이나 노론계 인물들과도 부분적인 문예 교류가 확인되는 등 교유한 인물도 다양했음이 확인되었다. 이 점은 그가 그림을 그려준 인물과 그들이 남긴 제題를 통해서 알 수 있다.

녹우당에 간직된 『고씨화보顧氏畵譜』등 중국의 각종 화보와 부친을 통해 그림을 익혔음은 전래작들을 통해 어렵지 않게 알 수 있다. 하지만 조

선 시대 일반 사대부들의 말예적末藝的 가치관인 쓸데없는 것을 가지고 놀다가 본심을 잃는다는 완물상지玩物喪志의 견해를 그 자신도 지니고 있었다. 앞에 언급한 76세 쓴 「자탄自歎」에서도 보이듯 그림 그리는 행위 자체도 하찮은 것(小技)으로 보았다. 하지만 이는 다른 문인 화가들도 마찬가지이듯 그림 자체에 대한 폄하는 결코 아니다.

한 화가에 있어 대표작은 중요한 의미를 지닌다. 김홍도는 「서당」이나 「무동」 같은 풍속화, 윤두서는 「자화상」이 떠오르듯 우리들이 어떤 화가를 기억함은 바로 대표작을 통해서이다. 이에 대해 윤덕희의 경우 대표작은 언뜻 떠오르지 않는다. 이는 그에 대해 구체적인 조명이 시도되지 않은 점과, 다양한 화목을 그린 점에서 이유를 찾게 된다.

먼저 현존작을 살필 때 대부분을 점하는 산수나 산수 인물은 작은 그림들이 주류를 이룬다. 연옹蓮翁이나 연노蓮老의 관서가 있는 「설경산수雪景山水」나 「서옥산수書屋山水」, 비교적 섬세한 필치에 점묘가 돋보이는 하지만 일련의 산수화는 탈속과 이상경인 정형산수定型山水로 차분한 문인화의 세계를 보여준다. 진경에 대한 관심을 드러낸 「도담절경島潭絶景」 같은 실경도 전한다.

「서호방학西湖放鶴」은 19세기 조선의 최고 수장가인 김광국이 성첩한 국립 중앙 박물관 소장의 『화원별집』에 속한 그림이다. 고산에 은거한 송宋의 은사隱士 임포林逋를 그린 작지만 그림의 내용 전달이 선명한 그림이다(비단에 수묵 28.5×19.2cm). 고려대 박물관 소장품인 「송하처사松下處士」에는 학이 등장하고 은사인 듯한 인물과 그를 찾아온 다른 인물을 선면에 나타낸 것으로 한 모퉁이에는 차를 준비하는 동자가 보인다.

풍속화 범주의 그림은 「공기놀이」와 「독서하는 여인」을 들게 된다. 서울 대학교 박물관 소장 「독서하는 여인」(비단에 수묵 20×14.3cm)은 「오누이」와 함께 짝을 이룬 그림이다. 부친 윤두서의 그림 가운데 화려한 채색의 중국 복식의 사녀도士女圖 범주의 동일한 주제가 있다. 파초나 가리개, 여인이 앉은 의자 등에서 중국적인 요소가 보이나 보다 단순한 구성으로 하여 조선 여인으로 바꾸고 있는 점이 주목된다. 이와 같은 절충적인 모습을 보이는 것으로 간송 미술관에 있는 두 「어자조마馭者調馬」를 들게 된다. 배경 없이 수묵으로 말을 부리는 마부를 그린 것으로 한 폭은 고려 대학교 소장의 잘 알려진 「양마養馬」처럼 중국 복식을, 하나는 조선 복식을 그리고 있어 흥미를 끈다.

협롱채춘, 윤용(1702-1740), 지본수묵 27.6×21.2cm, 간송미술관 소장

동물 가운데 말은 그린 화가의 기량을 대변하는 것으로 용이한 소재가 아니다. 윤덕희는 부친에 이어 말 그림에서도 발군의 기량을 보인다. 현존하는 15점의 동물 그림 가운데 소폭의 「운룡雲龍」과 「우도牛圖」 두 점을 제외하곤 13점이 모두 말이며 이 가운데 대작이 여러 점이다. 풍속화에서도 말을 등장시켜 녹록하지 않은 솜씨를 엿볼 수 있었는데 국립 중앙 박물관 소장의 「송하준마松下駿馬」는 말을 주인공으로 그린 대작으로 1742년 그렸음을 밝히고 있다. 국립 중앙 박물관 소장 「마상부인馬上婦人」은 백마를 탄 중국풍 미인도로 1736년 다섯 아들 가운데 그림을 즐긴 당시 29세인 차남 용에게 그려 준 그림임을 화면에서 밝히고 있다. 말과 인물의 묘사에 이르기까지 완벽에 가까운 사실적인 표현으로 고도로 숙달된 능숙한 필치를 보여준다.

끝으로 그에게선 나한羅漢이며 노승老僧 그리고 삼소, 수노인壽老人, 무후진성, 선객仙客, 군선 등 무려 19점에 이르는 도석 인물화가 전래되어 이 분야에 있어 김홍도의 선구를 보인다. 제작 연대가 있는 8점 중 만년인 1763년에 그린 「노승」, 1739년에 그린 「남극노인도」를 제외하고 6점이 1732년에 그렸음도 주목된다. 국립중앙박물관 소장의 「군선경수群仙慶壽」는 천도天桃가 열리자 서왕모西王母가 주목왕 등을 초대하여 이 연회에 초대받은 신선들이 서둘러 가는 모습을 담은 것으로 장수長壽와 기복을 목적으로 그린 것이다. 전통 회화 모든 분야에, 그리고 이론과 실기를 겸비한 문인 화가로 부친에 방불한 필치이나 대체로 부친에 비해 필치에서 나약한 것으로 평해졌다.

윤덕희의 아들 윤용尹愹(1708-1740, 자 군열君悅, 호 청고靑皐, 유헌萸軒)은 역시 그림에 능한 문인화가이다. 관직은 진사를 역임했다. 신광수申光洙의 『석북집石北集』에선 타고난 재주로 여러 분야에 두루 뛰어났고 계절의 변화를 잘 표현한 농담과 음양의 묘를 언급하고 있다. 이는 오늘날 남아 있는 그림을 볼 때 타당한 평이라 하겠다. 『여유당집』에는 윤용의 화첩인 『취우첩翠羽帖』에 쓴 발문이 있다. 이에 의하면 그는 그림을 몹시 아꼈고 초충도草蟲圖를 그릴 때는 충분히 살펴 정확히 나타내 그리는 데 심혈을 쏟았으며 기괴를 부리지 않았다는 내용이 있다. 이로써 그는 여기를 넘어 그림에 상당한 정열을 기울였음을 알 수 있다.

오늘날 유존하는 그림들을 살피면 서울 대학교 박물관에는 먹의 번짐으로 산의 굴곡을 표현하는 등 비교적 가풍을 충실히 따른 것으로 심산에서 배회하는 고사를 그린 「연산 심청도燕山深靑圖」가 있다. 간송 미술관에는 조부의 나물 캐는 여인과 비슷한 내용으로 배경 없이 그린 여인이 옆구리에 바구니를 끼고 한 손에 호미를 쥔 채 먼 곳을 응시하는 「협롱채춘도挾籠採春圖」와 화면 중앙에 삼각형 구도로 된 버드나무 숲과 누각을 포치한 「홍각춘망도紅閣春望圖」가 있다.

유복렬 구장의 「연강우색도煙江雨色圖」는 비교적 물이 많은 붓으로 그린 평원산수平遠山水인데 남종 화풍이 짙은 그림으로 안개 등으로 거리감을 표현한 담백한 수묵화이다. 서강대학교에는 손세기孫世基 기증의 소폭 「신선도」는 화면을 대각선으로 나누어 상단에 폭포를, 하단에 인물을 그렸는데 부친의 필치와 흡사하다. 이상의 그림들은 모두 30㎝를 넘지 못하는 편화들이다. 「누각산수樓閣山水」는 국립 중앙 박물관 소장품으로 81폭으로 이루어진 『화원별집畵苑別集』에 속해 있는데 1977년 실시한 미공개 회화 특별전에서 처음 일반에게 공개 되었다. 비단에 담채로 그린 조그마한 편화로 앞에서 열거한 「홍각춘망도」와 구도나 필치에 있어 닮은 점이 많다. 즉 화면 중앙에서 삼각형으로 포치된 부분에서 일관성을 찾을 수 있겠고 나무 처리 등 세부 묘사도 동일하다. 야경을 표현하는 데서 강의 물결 등을 그리지 않고 안개로써 공간의 거리감을 나타내고 있으며 색의 사용, 건물 및 배의 크기 등에서도 뚜렷한 원근을 보여주고 있다. 짧은 선과 엉키듯 그린 비교적 빈번한 마른 붓의 사용, 태점이 많이 가해진 점 등이 눈에 띤다.

한 화가의 기량을 파악하는 데 있어 그림의 크기가 중요하나 대작을 찾아 볼 수 없는 형편이고 보니 진면목을 살피기 어려우나 산수·인물 등에 있어 수준 높은 작품들임에 틀림없다. 이들 그림을 통해서는 화본畵本에서의 탈피와 더불어 문인 화가로서 기교에 얽매이지 아니한 필치를 발견 할 수 있었다. 윤용은 『연려실기술燃藜室記述』의 언급처럼 '절재絶才'

이며 생애의 짧음 때문인지 많은 작품이 전래되지 않았지만 문인 화가로서 그림을 남달리 사랑한 인물이었다.

운림 산방
- 전통 남화의 성지

진도군 의신면 사천리 첨찰산 아래 자리 잡은 운림 산방은 '전통 남화의 성지'로 지칭된다. 이곳은 그 이름처럼 산천이 수려하며 운무가 깃드는 유현한 곳이다. 운림산방은 1981년 가을 지방기념물 제51호로 지정되었다. 이곳에서 허련은 아들 미산米山 허형許瀅(1852-1931)을 낳았고, 허백련이 미산에게 그림을 배우는 등 화업을 익히며 닦는 도량이며 화맥의 전승이 이루어진 장소이다.

중국 강남의 부춘산富春山을 다녀온 이들 가운데 그림, 특히 전통 회화에 관심 있는 이들은 진도 풍광과의 유사성을 이따금씩 이야기하기도 한다. 이곳을 방문한 적이 없을지라도 우리들에게 길고 오랜 중국 회화의 흐름 가운데 삼대걸작의 하나인 「부춘산거도富春山居圖」를 통해 대강을 엿볼 수 있는 곳이기도 하다. 원말 사대가의 수장인 대치도인大癡道人 황공망黃公望(1269-1354)이 79세인 1347년에 그린 완숙한 노필로 간결하며 웅장하게 그려 잘 알려진 그림이다.

이곳은 황공망이 후반생을 도교적 삶을 영위하며 50세 무렵부터 은거해 그림에 전념한 명소이기도 한데, 진도의 쌍정리에서 태어난 허련은 그림 뿐 아니라 삶의 여정마저도 따르고 있다. 주지되듯 소치란 스승 추사가 대치를 염두에 두고 지어준 호이며 운림 산인雲林散人 예찬倪瓚(1301-1374)과 더불어 조선에 있어 문인화의 수용과, 특히 조선 말기 화단 추사를 비롯해 그를 따른 추사파 서화가들에게 지대한 영향을 끼친 문인화가이다. 특히 허련은 호와 당호가 시사하듯 양자를 스승으로 모셨다.

남종화 내지 남종 문인화란 단어는 오늘날 어떤 의미로 받아지는가. 이는 우리만이 아닌 동양 문화의 종주국인 중국마저도 근대화 과정에 있어 크게 논의의 대상이었다. 20세기 전반까지 부정 일변도로 전근대적 타도의 대상이었으나 21세기로 가까워지며 변모된 양상을 보인다. 이와 같은 국제적인 현상은 우리의 조선말과 20세기로 이어지는 호남 화단을 보는 시선도 바뀌게 되며 전통 회화 가운데 남종화에 대한 평가와 인식이 달라질 것이다.

남종화를 산수화에 있어 진경 산수화의 대립 개념으로 사의적寫意的인 관념 산수나 정형 산수로, 중국의 한 아류로 보아 중국 그림을 생각 없이 단순히 베낀 그림으로 보니 이는 큰 잘못이다. 우리나라에 있어 불교와 유교를 비롯해 문화 전반이 그러하듯 진원지에서 진일보한 변화와 엄연한 차별을 보인다. 조선후기 화단에서 윤두서와 심사정沈師正(1707-1769), 강세황姜世晃(1713-1791) 등에 의해 우리 식으로 국풍화國風化된 남종화는 중국과는 엄연히 구별되는 조선의 미감이 창출한 그림 세계이다. 외견상 일견 비슷해 보이나 화면의 구도와 구성, 필치 등에서 확연히 구별된다. 잘못 입력된 선입견에 의해 이에 대한 바른 인식이 가려져 있다. 이는 우리 산천을 소재로 하거나, 우리 복식의 인물이 등장한 진경 산수화나 풍속화만이 우리 그림이며 한국화로 보는 것과 같은 오류이다. 이에

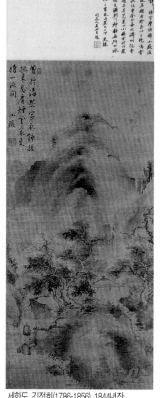

세한도, 김정희(1786-1856), 1844년작
지본수묵 23×69.2cm, 개인 소장

학계 일각에선 남종 문인화 대신 조선 시대 선비 그림이란 명칭으로 부르길 주창하기도 한다.

조선 후기 화단에서 조선식으로 국풍화를 보인다. 나아가 조선 말기 남종화가 주류를 이룸을 흔히 단순한 시대 착오의 보수적 성향으로 간주되기도 했으니 이는 서양화의 유입과 궤를 같이하면서 폄하를 피하기 어려웠던 데서 기인한다. 이른바 근대화의 미명하에 평가 절하된 대표적인 예 가운데 하나이기도 하다. 이에 추사를 보는 시선은 두 갈래이다. 그의 생애와 활동을 조명할 때 특히 그림에 있어서 복고성이 운위되기도 한다. 그러나 사회 일선으로 새롭게 부각되는 중인 계층을 적극적으로 받아들여 성장시켜 미래를 준비한 점 등은 시대의 선구자로 오히려 혁신적, 근대적인 성향이 두드러짐을 천명치 않을 수 없다.

그가 이룩한 독보적인 추사체는 과거를 바탕으로 개진한 법고창신法古創新의 새로운 세계이다. 이에 비해 그의 그림 세계는 때론 고답적이고,

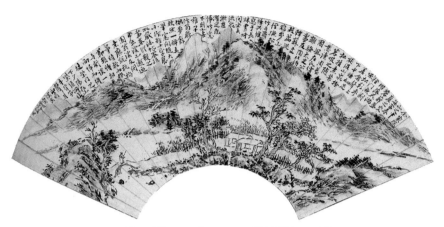

과거 지향적인 복고적 화풍으로 간주되기도 한다. 그러나 추사체가 그러하
듯 중국 그림에로의 맹목적이며 단순한 회귀가 아니다. 단순한 복고나 답
습 아닌 국가와 시대를 초월한 한자문화권 본연 그리고 본질적인 미감美感
으로의 회귀임을 간과해서는 안된다. 하지만 그가 살았던 시대는 추사의
사고와 멀어졌으니 추사의 독창성과는 별개로 그를 따른 중인 출신 등 적
지 아니한 인물들 가운데 극소수를 제외하고는 스승의 뜻을 제대로 헤아리
지 못했고, 경지에는 도달하지 못했다. 이것이 한계이자 호남 화단, 나아가
조선 말기 화단의 실체이니 이는 가시적인 회화에서 숨기기 어려운 실상이
다. 이는 어쩌면 동 시대를 산 이들의 역량과 한계에 기인되는 것인지도
모른다. 이 점의 초극은 오늘날도 현재성을 지닌 화두의 하나이다.

추사는 앞선 시대인 18세기 예원의 총수였던 강세황과 달리 조선 후기
화단을 크게 풍미한 고유색 짙은 풍속화나 진경 산수 등에 대해 적이 미
온적인 태도를 취했다. 이는 후기와 달리 말기인 19세기 후반에 이르러
진경 산수나 풍속화가 기량이나 격조 모두에서 쇠퇴기의 말기적 양상만이
잔존했기 때문인지도 모른다.

진도에서 허균許均(1569-1618)의 후손으로 태어난 허련은 19세기 화단에
있어 조희룡·전기 등과 더불어 추사파로 지칭된다. 그는 김정희를 계승하
여 남종 문인화에 전념했으며 직업 화가 뺨치게 그림을 다작한 왕성한 화
가였다. 자서전인『몽연록夢緣錄』을 통해 화업을 닦는 과정, 교우 관계 등
을 소상히 알 수 있다. 추사에 방불한 서체나 유사한 화풍뿐 아니라 실제
로 추사 앞에서 그림을 그려 촌평을 받은 8명의 화가 가운데 하나이다.

위대한 예술가의 탄생에는 무엇보다도 부모로부터 물려받은 타고난 자질(天稟), 예술적인 재질이 첫째이다. 끊임없는 부단한 매진과 함께 둘째는 명품 즉 걸작과의 만남(遭遇)이다. 이는 안복이기도 한데 명품에의 감동은 또 다른 명품 탄생의 배경이 되기도 한다. 서구 르네상스를 통해서 엿볼 수 있듯 명품에 내재된 살아 꿈틀대는 강한 생명력은 에너 지원으로 작용한다. 조선 초 거장 안견安堅(1390년경-1470년경)도 안평 대군 이용의 역대 명화 수장품에 힘입은 바 큼은 주지된 사실이다.

28세 때 해남 윤두서의 고택인 녹우당에서 문중에 보관된 역대 명화뿐 아니라 그곳에 간직된『고씨화보顧氏畵譜』등을 통해 남종 문인화의 요체를 파악했다. 초의 선사의 소개로 추사 문하에서 본격적으로 그림을 익혔다. 권돈인(1783-1859)·신헌(1810-1888)·대원군 이하응 등과의 각별한 인연으로 여러 소장가들이 비장한 중국 역대 명화를 두루 열람하여 안목을 키웠다. 이런 과정에 남종 문인화에 속한 여러 중국 명가의 그림을 접했다. 41세 때에는 헌종 앞에서 그림을 그렸으며 이 때 그린 화첩이 전해진다. 50세에는 진도로 낙향하여 운림 산방을 세워 그림에 전념하게 된다. 그의 자와 호는 그림의 소종래所從來와 그가 평생에 걸쳐 추구한 지향처를 짐작케 한다.

허련은 다작으로 방대한 양의 그림을 남기고 있는 점에서도 주목되나 반면 이에 따른 태작駄作 또한 적지 않게 남아 전한다. 그러나 쉼없이 일관된 꾸준한 작품 활동의 측면에서도 귀감이 된다. 화력 60년 동안 산수·산수인물·초상·사군자·묵모란·파초·연·송·화훼·괴석 등 전통 회화의 모든 화목에 두루 능했다. 화풍상의 특징은 짙은 먹(濃墨) 위주에 마른 붓(乾筆)이 구사된 거친 필치, 다소 성근 화면 구성, 옅은 황색과 청색(淡靑淡黃)의 가채加彩 등이다. 소치에 대한 회화사적 의의와 평가는 남종 화풍의 토착화와 이를 통한 호남 화단의 형성을 들게 된다.

호남 화단의 팽창
- 지방에서 중앙으로

허련의 화맥은 오늘에 이른다. 남도라는 지역과 조선말이란 시간적 범위를 넘어 지역을 20세기 근, 현대로 이어진다. 대원군에게서 미방米舫이란 호를 하사받은 김익로金益魯(1845-1915)는 소치와 초의에게 그림을 배웠다. 소치의 넷째 아들인 허형은 일찍 타계한 형의 호인 미산米山을 물려받았다. 그의 화풍은 나름대로의 두드러진 개성이나 독자성보다는 부친에 방불해 그늘에서 벗어나지 못한 한계를 보이나 의재와 남농을 배출한 점에서 그 역할이 돋보인다. 사군자에 능한 호석湖石 임삼현任三鉉(1874-1948)등을 들 수 있다.

전통 한국화에 있어 특출한 기량으로 화단에서 점하는 위상 및 후진 양성 등 이 모두에서 단연 두드러진 화가로 광주 무등산 춘설헌의 의재 허백련(1891-1977)과, 목포에서 활동한 남농 허건(1907-1987)이 20세기 호남 화단의 양대 기둥이다.

허백련은 진도에서 허련의 방계로 태어나 어릴 때 진도에 유배 중이던 무정 정만조에게서 한학을 배웠으며 그에게서 1909년 19세 때 의재란 호를 받았다. 1911년 귀양에 풀린 정만조를 따라 서울로 올라와 서화 미술원에서 장습업의 제자 조석진趙錫晋(1852-1920)을 만나게 된다. 3년 뒤 1914년 귀향해 운림 산방에서 허련의 넷째 아들인 허형에게서 그림에 대한 본격적인 수업을 시작한다. 이듬해인 1915년 일본에 가서 명치대에서 법학을 전공, 2년 뒤인 1917년 그만 두고 일본 남화의 거장 고무라 스이운(小室翠雲)의 문하생이 되어 일본의 남화를 배웠고 1918년 귀국한다. 두 해 뒤 1920년 나이 서른에 목포 공회당에서 첫 귀국전을 열었다.

현재 전남 대학교 농업 생명 과학 대학에 간직된 64세 때인 1954년 그린 「일출이작日出而作」은 「농경도農耕圖」로 지칭되기도 한다. 이 그림은 전통과 시대가 절묘하게 혼재한 주제의 그림인 점에서도 눈길을 끈다. 일종의 토속미가 보이며 해남 녹우당에 비장된 윤두서의 「경작도」와 통하는 주제인데 농업 교육을 통한 농촌 부흥 운동에 앞장 선 의재의 또 다른 면모를 보여준다.

의재의 동생 목재木齋 허행면許行冕(1906-1966)은 미산에 이어 형 의재 등을 통해 가전 화풍을 익혔다. 1938년 연진회 창립 때 정회원으로 참가했고 그 이듬해 제18회 조선 미술전에 입선했다. 전통성이 강한 「다로경권茶爐經卷」같은 선비 주변에 있는 문방구 등 기물과 꽃들을 담은 청공도淸供圖 계열도 있으며, 진도 군청과 전남도청 등에서 공직 생활을 했다. 의재 미술관 소장 「채광採鑛」이 보여주듯 한 때 광산업을 운영한 그는 현실감각 짙은 사실적인 그림도 남기고 있다. 의재의 제자로 담양 출신 춘

농경도, 허백련(1891-1977), 1954년작,
지본수묵담채 132.5×116cm, 전남대학 농업생명과학대학 소장

헌 허규春軒許圭(1913-1977), 조카 치련 허의
득釋蓮(許義得,1934-1997)은 진도 출신이다.
「귀향歸鄕」으로 제2회 국전에서 문교부장관상
을 수상했으나 30대 초 요절한 성관 허정두星
觀許正斗(1920년대 중엽-1950년대 후반) 등이
있다.

남농 허건은 미산의 넷째 아들로 부친에게서
학문과 예술의 기본을 익혔다. 1946년 목포에
남화 연구원을 개원해 부친과 마찬가지로 후배
양성에 남다른 애정으로 후진을 양성했다. 화
단에서 남도를 대표하는 시경是耕 박익준朴益
俊(1910-1993), 청당 김명제青堂金明濟(1921-
1992), 백포 곽남배白浦郭楠培(!929-2004), 식
지 않는 예술적 정열로 노필老筆의 완숙미를
통해 탈속한 문인화의 본질과 정수를 보이는
아산 조방원雅山趙邦元(1926-) 등 다수의 제자를 배출했다.

허건의 아우인 임인 허림林人許林(1917-1942)은 1935년 18세에 조선
미술전에 입선, 24세에 일본 유학, 신채색 화법新彩色畵法을 익혀 일본
문선에 입선하기도 했고 귀국 후 뛰어난 조형 감각과 참신한 화풍에 주목
을 모았으며 오히려 그림을 가르쳐준 형에게도 영향을 끼쳤으나 아쉽게도
26세의 젊은 나이에 요절 했다.

20세기 한국 서예계의 대부로 지칭되는 소전 손재형素筌孫在馨(1903-
1981)은 진도 출신으로 서예가이며 문인화가로 현재 진도에 소전 미술관
이 있다. 그는 활발한 사회 활동으로 국회의원 등 정계에도 몸을 담았으
나 문화계에 끼친 영향이 보다 두드러진다. 중국의 서법이나 일본의 서도
와 달리, 오늘날 우리 모두에게 친숙해진 서예란 명칭을 만들었다. 문인
화와 전각 그리고 금석학에도 조예가 깊었으며 교육자였다. 그는 1944년
전쟁 중인 일본에 가서 나중에 국보 제180호로 지정된 「세한도歲寒圖」를
찾아왔으며 「불이선란도不二禪蘭圖」 등을 소장했던 수장가이며 감식안으
로도 이름을 얻고 있다. 갑골문과 고예를 익히고 성당 김돈희惺堂金敦熙
(1871-1936)에게서 예서隸書를 배워 독자적인 경지를 이룩했고 국문 전
서로 불리는 한글 서체를 창안했다. 그의 문하에서 현대 서예에서 돌올突

兀한 원곡 김기승原谷金基昇(1909-2000)과 평보 서희환平步徐喜煥(1934-1995), 우죽 양진니友竹楊鎭尼(1928-) 등이 있다.

한국화
– 동양화 아닌 우리 그림의 이름

유화가 서양화로 불리는 것처럼, 지난 세기말까지는 일반적으로 종이나 비단 등에 붓을 사용해 전통적인 기법으로 그린 그림을 동양화라 통칭했다. 하지만 양의 동서, 지역에서 연유된 이와 같은 명칭은 오늘날 빛바랜 용어가 되었다. 전통회화의 맥을 잇는 그림들이 동양화를 대신해 한국화란 용어를 획득했다. 그리고 조선 시대를 비롯한 우리 옛 그림도 동양화 아닌 한국화로 부름이 옳다. 한편 오늘날 캔버스에 그린 유화를 그저 서양화로 부름 또한 잘못이다. 그린 화가의 국적만이나 재료와 기법 등으로 동서를 구분함은 이미 흘러간 이야기이다. 문제의 핵심인즉 화면 재질 문제를 떠나, 타국과 구별되는 독자성과 독창성으로 대변되는, 민족 고유의 미감과 정서를 담은 그림이 진정한 의미의 한국화이다.

아름다운 전통, 하지만 전통은 고정되고 고착된 영구 불변의 법칙은 아니며 늘 그러하듯 진행중이다. 이에 전통 만들기에 게을러서도 안된다. 식자층 그림인 문인화는 화석처럼 숨 끊어진 과거 생명체로 단지 존재 흔적에 불과한 것인 양 한때는 전근대적인 요소로 타도의 대상이었다. 하지만 동아문화의 종주국을 자처한 중국에 있어서 변화의 바람이 불었다. 지난 세기 문화 혁명의 미명으로 갈등과 시행 착오 속에 폄하되던 공자의 복권이 시도되고 있다. 이와 더불어 문인화도 새로운 인식과 재조명이 시작되었다. 왜냐하면 뛰어난 문인화가의 대부분은 그들의 그림 세계가 단순히 과거를 답습하거나 추종함이 아닌 적극적이며 과감하게 새로운 시도를 꾀한 이들이기 때문이다.

이 점은 얼마 전까지도 동양화로 지칭

산수, 허건(1907-1987), 1960년작, 지본담채 96×125cm, 삼성미술관 Leeum 소장

된 우리 옛 전통에 뿌리를 둔 한국화, 특히 문인화에 대해서도 상당히 고무적이 아닐 수 없다. 하지만 첫째, 산수화가 주 대상이 되어 이 밖의 화조화나 인물화 등이 제외되어 회화의 모든 장르를 포함시키지 못한 점을 들게 된다. 둘째, 본격적인 산수화의 성립은 10세기 전반 5대를 거쳐 송에 이르러서이다. 이에 앞선 왕조인 당대唐代 활약한 시불詩佛 왕유王維(701-761)와 청록산수靑綠山水를 그린 이사훈李思訓(651-716)을 각기 남·북종의 개조開祖로 비정한 점 등 자체모순이 노출된다. 16세기 이래로 오랜 세월 남북종론南北宗論의 상남폄북尙南貶北은 비판 받고 있다. 호남 화단이 전통 남종 문인화의 배양토이며 산실이자 법통 전수가 이루어진 곳임은 자타가 공인하는 주지된 사실이다. 하지만 때로는 과거 지향으로 화풍상의 묵수적墨守的인 견지나 보수의 전근대적인 의미로 폄하됨도 숨길 수 없는 현실이다. 서세동점西勢東漸이 야기한 근대의 비극은 동양 사회 전통의 와해이다. 하지만 법고창신의 진의를 상실한 채 맹목적 답습이나 추종 그 자체를 전통을 지킨다고 생각함은 더욱 심각한 문제이기도 하다. 현대의 비극은 서구의 일방적인 오리엔탈리즘에 앞서 본질은 빠지고 매너리즘으로 형식화된 이 쪽, 우리 상황 책임도 헤아려보지 않을 수 없다. 이런 사항을 전제로 한다 할지라도 호남 화단의 과거로부터 오늘에 이르는 장기간의 노력은 값지며 사뭇 긍정적이라 아니할 수 없다. 한국화의 뿌리로 오늘날 우리 그림, 한국화 형성과 발전에 기여한 공은 간과看過되어서는 안되며 또한 결코 가볍지 않다.

이원복(전 국립중앙박물관 학예연구실장)

이 글은 필자가 발표한 아래 몇 편의 글을 하나로 정리한 것이다.

— 「金淨의 山椒白頭圖考」, 『忠淸文化硏究』 제2집(한남대학교, 1991. 1), pp. 37-66.
— 「조선 말기 회화」, 『한국 근대 미술 : 수묵 채색화 근대를 보는 눈』(국립현대미술관, 1998.9), pp.174-181.
— 「石芝 蔡龍臣의 꽃과 동물 그림」, 『석지 채용신』(국립현대미술관, 2001.6.), pp.60-63.
— 「逸齋 申漢枰의 畵境」, 『東岳美術史學』 제1집(동국대학교, 2000. 12), pp. 29-45.
— 『양팽손』(문화관광부, 2003.4), pp.1-59.
— 「화론과 실기를 갖춘 문인화가 윤덕희의 그림 세계」, 『광주MBC저널』64호 (2005.3), pp.36-39.
— 「湖南 畵壇의 韓國畵-우리 그림의 뿌리」, 『남도 미술100년, 그 뿌리를 찾아서』(광주시립미술관, 2005.12, pp.96-99.
— 「진도 미술의 특징」, 『보배섬, 진도의 특성을 밝힌다』(진도학회 외, 2005.12), pp.28-35.
— 「傳 신말주 필, 十老圖像 軸에 관한 고찰-조선 시대 계회도의 한 양식」, 『항산 안휘준 교수 정년 퇴임 기념 논문집 미술사의 정립과 확산』 1권 (2006.3.), pp.180-208.
— 「지방 화단에서 활약한 화가들」, 『개화기 지방 사람들 1』(어진이, 2006.8), pp. 65-102.
— 「조선 시대 호·영남의 문인화-文人畵의 産室로 士林과 流配地」, 『호영남 선비들의 예술 세계』(전주역사박물관, 2007.5), pp. 1-18. 외

제4절
동국진체 싹틔운 한국 서예 본고장

　남화의 본고장으로 불리는 남도는 서예에 있어서도'동국 진체東國眞體' 가 발아하고 개화 · 결실했던 곳이란 점에서 한국 서예사에 중요한 의미를 지닌다. 동국 진체란 중국의 것을 모방하지 않고 우리의 정서에 맞게 개 발된 한국적 서체로 이미 3백여 년 전 이 지방에서 이 같은 노력이 있었 다는 것은 남도의 예술적 역량을 다시 엿보게 하는 대목이다.

　지금도 서울 · 경기 지역과 경상도 지역에서는 서예의 본국인 중국의 서 법이 크게 중시되고 있는 반면 이 고장에서는 동국 진체가 면면이 이어져 오고 있다.

　동국 진체는 옥동 이서玉洞李漵(1662-1723)로 부터 시작된다. (동국문 헌 필원편 · 서화징書畵徵) 성호 이익星湖李瀷(1681-1763)의 형인 이서는 벼슬이 찰방에 그쳤으나 서예에 있어서는 뛰어난 기량을 발휘했다. 이서 의 서맥은 해남 출신 공재 윤두서恭齋尹斗緖(1668-1715)로 이어져 이 지 방에 본격적인 뿌리를 내리게 되는데 공재는 이익의 집에 드나들면서 이 서를 만나 자연스럽게 동국 진체를 전수받게 된다.

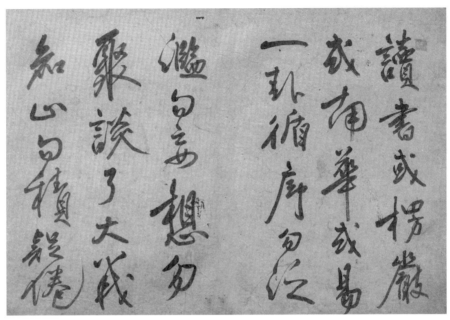

원교 서예술

한국적 서체 개발

이서의 행장에는 공재와 백하 윤순白下尹淳(1680-1741) 원교 이광사圓嶠李匡師(1705-1777)등이 모두 그의 여체餘體라고 기록 돼 있으나 공재의 행장에는 이서와 만나 서법을 논했다는 대목이 있는 데다 연령의 차이도 6세에 불과해 공재가 그의 서법을 그대로 전수했다기보다는 함께 동국 진체를 논했다고 볼 수 있다.

여하튼 공재로 이어진 동국 진체는 크게 두 개의 줄기를 형성해 이 지방에 뿌리를 내린다. 그 하나는 아들인 낙서 윤덕희駱西尹德熙(1685-1766) 외 증손 다산 정약용茶山丁若鏞(1762-1836), 방산 윤정기舫山尹廷琦(1810-?), 춘계 윤공혁春溪尹洪赫 등 집안으로 이어졌고 또 하나는 백하윤순白下尹淳-원교 이광사로 이어져 대중화의 기틀을 마련한다.

잘 알려진 대로 공재는 고산 윤선도의 증손으로 한국 최초로 서양화의 음영법을 도입한 화가이자 낙서駱西와 청고 윤용靑皐尹愹(1708-1740)으로 이어지는 3대 화업을 이룩한 장본인이다. 또 다산 정약용은 조선후기 대학자로 서화는 물론 전각에도 남다른 기량을 보여 그의 매화도와 서예 작품은 보물로 지정돼 있기도 하다. 그는 이 지역 전각의 효시로 평가되기도 한다.

동국 서체를 대중화시킨 장본인은 원교 이광사. 한때 완도 신지도에 유배되기도 했던 그는 이곳에서 이명희李明羲와 김광선金光善을 기른 것을 비롯하여 해남 대흥사의 즉원(1738-1794) 아암兒菴(1772-1811) 혜집(1791-1857) 일화日華스님(?-?)으로 이어지는 서맥, 그리고 송하 조윤형松下曹允亨(1725-1799)과 창암 이삼만蒼巖李三晩(1770-1847)등 크게 4대 계보를 형성해 본격적인 대중화의 기틀을 마련한다.

원교 이광사는 전주 출신으로 선비의 집안에서 태어났다. 그는 백부의 진유眞儒사건에 연좌되어 부령과 신지도 등에 유배돼 생을 마감하게 되는데 죽을 때까지 붓을 놓은 일이 없을 정도로 서예에 진력, 훗날 서예의 중흥을 이뤘다는 평가를 받고 있다. 그는 마당에 앉아 있는 동안에도 땅에 글씨를 쓴 것으로 전해지고 있으며 당·송·위·진과는 전혀 다른 서체로 일가를 이뤘다. 특히 그는 전서와 예서에서 뛰어난 기량을 발휘했는데 연암 박지원燕巖朴趾源은 그의 글씨를 평하는 글에서 독특한 개성미의 작품이라 쓰고 있다.

4대 계보 형성

송하 조윤형으로 이어졌던 원교의 서맥은 죽석 서영보竹石 徐榮輔(1759-1816) 눌인 조광진訥人曹匡振(1772-1840)과 직암 윤사국直庵 尹師國(1728-1809)으로 이어졌으나 길게 뿌리를 내리지는 못했고 전설적인 서예가 창암 이삼만으로 이어졌던 서맥이 오늘날 호남 서단의 원류를 이룬다.

역시 전주 출신인 창암은 부유한 가정에서 태어났으나 글씨로 인해 퇴락했을 정도로 평생을 서예에 전념했다. 처음에는 세상 사람들이 알아주지 않았으나 우연히 부산 상인의 장부를 기록한 것이 명필로 알려져 널리 이름을 날렸다. 특히 행·초에 능하였고, 기운생동의 필법으로 유명하다. 그는 하동 칠불암의 편액을 비롯 전주 제남정액 등 많은 편액을 남겼다.

그는 또 수많은 제자를 길러 오늘날 호남 서단이 한국 서단의 중심으로 부상하는 데 결정적으로 기여했다는 평가를 받고 있다. 성리학의 태두 노

사 기정진蘆沙奇正鎭(1798-1879)과 의재 허백련毅齋許百鍊, 설주 송운회
雪舟 宋運會, 근원 구철우槿園具哲祐(1904-1989), 석전 황욱石田黃旭
(1898-1993), 강암 송성룡剛菴宋成龍, 그리고 소전 손재형素筌孫在馨
(1903-1981) 등이 모두 그의 서맥에서 비롯됐기 때문이다.

수많은 제자 양성

창암이 가장 심혈을 기울여 기른 제자는 호산 서홍순湖山徐弘淳·기초
모수명箕憮牟受明·해사 김성근海士金成根·노사 기정진등을 들 수 있다.
이 가운데 모수명의 서맥은 전남·북으로 나뉘어 전북에서는 황욱과 그의
손자인 황방연으로, 전남에서는 송설주를 통해 또 하나의 서맥을 형성하
기에 이른다. 전북 최고의 서예가로 활동하였던 강암은 김창돈金昌暾으로
부터 해사 김성근海士 金成根의 서법을 익혀 집안 조카인 송하영宋河瑛
(1937-1990), 아들 송하경宋河景(성균관대 유학대학원장) 하석 박원규河
石朴元圭등에 전수했다.

모수명의 서맥 가운데서는 송설주-송곡 안규동松谷安圭東(1907-1987)으
로 이어지는 파이프라인에서 가장 많은 서예인들이 배출됐다. 보성 출신의
송설주와 송곡은 행초에 특히 능했는데 오늘 한국 서단에서 활발한 활동을
펴고 있는 학정 이돈흥鶴亭李敦興을 비롯해서 운암 조용민雲菴趙鏞敏, 용
곡 조기동龍谷曹基銅, 백천당 고기임百千堂高奇壬, 송파 이규형松坡李圭珩, 금초 정광주金草鄭光柱, 일속 오명섭一粟吳明燮 등이 모두 송곡의 제자들이다. 기노사로 이어진 창암의 서맥은 의재 허백련과 송사 기우만松沙奇宇萬(1846-1916), 노백헌 정재규老栢軒鄭載圭(1843-1911) 등을 거쳤는데 의재의 서맥은 근원 구철우槿園具哲祐를 통해 지헌 오명렬志軒吳明

설주 서예술

257

烈, 우현 장은정又玄張恩槇 현계 김정희泫桂金貞姬, 무전 곽영주戊田郭英珠, 담헌 전명옥湛軒全明玉(42), 공전 손호근空田孫昊根 등으로 뿌리를 이어가고 있다 하겠다. 한편 기노사-노백헌 정재규의 서맥은 율계 정기栗溪鄭琦(1879-1948)를 거쳐 효당 김문옥曉堂金文鈺(1901-1960)과 고당 김규태顧堂金奎泰(1902-1965)로 이어졌는데 김문옥의 서맥은 순천 출신의 벽강 김호碧岡金灝(1922-1987)를 거쳐 목인 전종주木人全鐘柱로, 그리고 김규태의 서맥은 아들인 창석 김창동菖石金昌東이 이어 받았다.

한국 서예사에서 '추사秋史 이래의 대가'라 불리는 소전 손재형素筌孫在馨(1903-1981)은 '서예'를 예술로 자리매김한 장본인이자 소전체라는 독특한 서체를 확립한 '한국 현대 서예계의 태두'였다.

또 서예가이자 교육자로서, 문화행정가이자 정치인으로서의 폭

송곡 서예술

넓은 삶을 통해 한국 서예사 곳곳에 큰 족적을 남김으로써 소전이 없는 한국 서단을 생각할 수 없을 정도로 깊고 두터운 뿌리를 내려놓았다. 특히 '서법'과 '서도'로 혼용되던 서예술을 '서예'로 자리매김한 점과 한글과 한자 서예의 접목, 특히 문기 넘치는 서체의 개발 등은 한국 서단에 '쉽게 무너질 수 없는 신화'로 회자되고 있다.

이 가운데 경암景岩은 초서의 대가로서 이름을 날렸으며 평보平步는 옛날 평민들이 즐겨 쓰던 반체를 발전시켜 '평보체'란 독특한 서체를 창안하기에 이른다. 또 장전長田은 스승의 전예를 탐닉해 그 자신 독특한 경

학정 서예술

지를 일궜고 문인화 작가 겸 한국 화가로 더 알려진 금봉金峰도 사실은 의재 문하에서 그림을 배우면서 소전으로부터 문인화와 서예를 익혔다. 또 강진 출신으로 서울에서 활동하고 있는 원당元堂은 특히 행초에서 뛰어난 기량을 발휘하고 있다는 평가를 받고 있다. 또한 남룡 김용구南龍金容九와 일곡 고정흠逸谷高廷欽도 일가를 이루었고 남룡의 제자로 청남 강형채青南姜炯埰가 활동하고 있다.

한편 추사체秋史體의 서맥은 이 지방에서 초의 장의순艸衣張意恂과 소치 허유小痴許維를 거쳐 허미산許米山, 호석 임삼현湖石任三鉉, 옥전 임량재玉田林樑材 등으로, 허목許穆으로 이어진 서맥은 보성 출신의 효봉 허소曉峰許炤를 거쳐 월산 정영철月山鄭永哲로 이어진다.

지형원(전 광주일보 편집국장)

제5절
조선 후기 판소리의 이해

1. 판소리 음악에 관한 이해가 선행되어야

조선조 후기 사회의 여러 가지 예술 중에서도 판소리는 당시 사회상을 가장 잘 반영했을 뿐만 아니라, 전근대적 가치에 대한 비판과 풍자를 통해 근대로의 전환기에 역사의 진전에 크게 기여한 예술로 평가받고 있다. 판소리가 민족 예술의 가장 대표적인 양식으로 인정받고, 마침내 유네스코에 의해 인류 구전 무형 유산 걸작으로까지 선정된 데는 이러한 판소리의 가치가 적극적으로 평가된 데 기인하는 것이다.

남녘의 천민들에 의해 불려지기 시작한 판소리가 민족의 중심 예술로 부상하기까지에는 숱한 우여곡절이 있었을 것이다. 그러나 그 곡절은 아직까지 소상하게 밝혀지지 않았다. 우리가 접할 수 있는 것은 판소리를 접한 양반들의 단편적인 기록과 20세기 들어와서 정리된 일화 수준의 구전이 전부라 해도 과언이 아니다. 다행히 많은 판소리가 지금까지 불려지고 있고, 또 판소리와 깊은 관련성을 가진 판소리계 소설이 많이 남아 있어서 이를 토대로 문학과 음악 양 측면에서 논의가 계속되어 왔다.

남원 광한루

　판소리를 잘 이해하기 위해서는 판소리 음악에 관한 이해가 선행되어야 한다는 것이 나의 생각이다. 판소리를 예술로 대하기 위해서는 당연히 판소리가 예술로 실현되는 상태에 초점을 맞추어야 한다. 판소리가 하나의 예술로 실현될 때 판소리는 음악의 상태에 있다. 그러기 때문에 판소리 음악에 관한 이해가 가장 중요한 것이다.

　그러나 판소리를 음악학적으로 논한다는 것은 나의 능력의 범위를 벗어나는 일이다. 따라서 여기서는 주로 문학적인 연구 성과에 의지하여, 조선조 후기에 판소리가 어떠한 문제의식을 가지고 어떠한 사회적 의제들을 다루어 왔는가를 검토해 보고자 한다.

　그러나 판소리는 적층 예술이기 때문에 현재 남아 있는 모습은 과거의 것과 동일하지 않다. 판소리에는 지나간 세월 동안 쌓인 여러 가지 주장들이 색깔을 달리하면서 켜켜이 쌓여 있다. 그러기 때문에 현재의 모습을 가지고 과거를 단정할 수 없다. 특별한 경우를 제외하고는, 판소리를 통해서 만날 수 있는 것은 확정할 수 없는 여러 시대에 걸쳐 채색된 다양한 빛깔들일 뿐이다.

2. 관념에서 현실로
- 양란 이후의 조선

16세기 말부터 17세기 초에 일어난 두 번의 전쟁은 조선을 비롯한 동아시아 삼국 사회의 누적된 모순의 폭발이었다. 전쟁의 피해로 본다면 임진왜란(1492-1499)이 더 컸지만, 조선조 사회에 던진 정신적 충격과 여파로 본다면 호란(1536)이 더 컸다. 임진왜란은 오랜 기간 동안의 엄청난 피해에도 불구하고 전쟁에서 승리하여 구체제를 유지할 수 있었던 데 반해, 호란은 우리가 늘 무시해 왔던 야만족에게 무릎을 꿇는 치욕을 당했을 뿐만 아니라, 30년 후에는 이들이 중원을 차지함으로써(1663) 조선조를 떠받치고 있던 세계관에 대변혁이 일어날 수밖에 없는 상황이 초래되었기 때문이다.

주지하다시피 조선조를 떠받치고 있는 질서는 성리학을 기초로 한 수직적 질서였다. 이 수직적 질서의 정점에는 중원의 천자가 있었는데, 그 중원의 천자가 오랑캐에 의해 짓밟힘으로써, 세계의 중심이 소멸되어 버렸던 것이다. 이렇게 해서 중원의 천자를 정점으로 하는 도학적 질서관이 근저에서부터 흔들리게 된 것이다. 이러한 위기를 조동일은 다음과 같이 말하고 있다.

> "이리하여 현실과 이상은 분열되어 버렸다. 현실을 그대로 인정하고 현실에 따라 행동하면 오랑캐의 지배를 수긍하게 되니 도학적인 이상은 허무맹랑한 이상으로 처리되고, 이상을 현실화하여 오랑캐의 지배를 부정하는 것은 거의 불가능하게 되었다. 선의 패배와 악의 득세는 움직일 수 없는 사실이 된 것이다. 이것은 바로 위기의 실제적인 모습이다.(조동일, 『한국소설의 이론』, 360쪽)"

17세기를 대표하는 소설인 영웅 소설은 무너진 중원의 질서를 다시 세우고 천자를 보위함으로써, 국내적 질서를 바로잡으려는 노력의 소산이다. 그러나 이러저러한 노력에도 불구하고 과거의 도학적 세계관을 재확립할 수는 없었다. 결국 조선조 사회에는 다방면에 걸친 엄청난 변화가 일어나 모든 것이 새로워지게 되었다. 잃어버린 중심을 우리가 대신해야 할 필요에 의해 발전된 우리 것에 대한 새로운 의식도 그 중의 한 가지다. 이러한 변화는 "관념에서 현실로"라는 말로 요약될 수 있는 것이었다. 문예적인 면에서도 이러한 변화가 일어나서 이른바 조선조 문예 부흥기라 일컬어지는 숙종(1674-1720), 영조(1724-1776), 정조(1776-1800)의 시대를 열었다. 회화에서는 정선의 진경 시대를 거쳐, 김홍도로 대표되는 풍속화의 시대가 이어졌고, 음악에서는 삭대엽이라고 하는 빠른 곡조가 발생하여 전 시대와 구분되는 활기찬 음악이 유행하게 되었으며, 문학에서도 이른바 사실주의 혹은 현실주의 기풍이 개화하게 되었다. 이러한 흐름 속에서 판소리도 역사의 전면에 등장하여 변화된 현실을 반영하면서 근대로의 역사 발전에 기여하게 되었다.

3. 판소리에 나타난 조선조 후기의 모습

1) 춘향가

「춘향가」는 조선조 사회를 지탱해 온 핵심적인 제도 중의 하나인 신분 제도를 정면에서 비판하고, 해결의 전망까지를 제시한 작품이다.

「춘향전」에서 가장 중요한 문제는 춘향이가 기생인가 아닌가의 문제이다. 작품 속에서 춘향이는 기생으로도 나타나고, 기생이 아닌 것으로 나타나기도 한다. 이도령이 맨 처음 춘향이를 보고 반하여 방자에게 누구냐고 물으니, 방자가 퇴기 월매의 딸이라고 한다. 이도령은 기생의 딸이면 불러오라고 한다. 이도령은 이 때 춘향을 기생으로 보고 있는 것이다. 춘향은 건너오라는 이도령의 말에 기생이 아니니 갈 수 없다고 한다. 변학도는 춘향을 기생으로 생각해서 수청을 들라고 한다. 춘향은 이를 거절한다. 춘향은 역시 자신이 기생이 아니라고 주장하고자 하는 것이다. 이를 요약하면 이렇다. 춘향은 기생이 아니라고 주장하고 싶어한다. 그러나 기생의 딸이라는 타고난 신분으로는 이를 부정할 수가 없다. 주위에서 자기를 기생으로 대하는 데 대해 못마땅해 하지만, 이를 전적으로 부정할 수만은 없는 갈등이 있다. 그래서 「춘향전」 속에서 춘향은 기생으로도 나타나고, 기생이 아닌 것으로도 나타난다. 이를 조동일은 사람은 "기생 춘향과 기생 아닌 춘향의 갈등"이라고 했다. '기생 춘향'은 신분적 제약을 뜻하는 것이며, '기생 아닌 춘향'은 인간적 해방에 대한 바람을 뜻한다. 그러나 「춘향전」에서 춘향이는 완강한 사회적 제약을 거부하고 기생이 아님을 주장한다. 그리고 마침내 그 주장을 관철한다. 그 주장은 당시의 사회적 제약을 인정하지 않고 모든 인간은 평등하다는 인간 해방의 근대적인 가치에 대한 주장이다. 바로 여기에 「춘향전」의 위대함이 있다.

인간적 해방에 대한 춘향이의 주장은 작품 속에서 여러 가지 모습으로 나타난다. 처음 이도령이 춘향을 부를 때는 가지 않는 것도 이러한 노력의 하나이다. 대등하게 인간적인 대접을 해야만 만나지, 시키는 대로는 하지 않겠다는 것이다. 춘향의 미모에 반한 이도령은 이를 수긍하지 않을 수 없다. 그래서 이도령이 춘향집으로 찾아가게 되고, 그제서야 춘향은 이도령을 만난다. 첫날밤을 지내는 것도 마찬가지다. 이도령으로부터 절대 잊지 않겠다는 약속을 기어이 받아낸다. 이별시에도 꼭 다시 오겠다는 약속을 받아내고야 만다. 춘향은 기생으로 대접받기를 거부했고, 이도령은 이를 인정하지 않을 수 없게 된다. 이도령의 이러한 태도 변화는 처음에는 춘향의 미모 때문이지만, 차츰 춘향의 주장의 정당성을 깨닫는 데까지 이른다.

변학도는 춘향에게 폭력을 사용해서 기생이기를 강요한다. 사회적 관습이나 법을 들먹이며, 동침을 요구한다. 그래도 말을 듣지 않으니 마침내는 폭력을 동원한다. 춘향도 그 폭력에 완강하게 대항한다. 변학도가 춘향에게 사회적 제약에 순응하도록 하기 위해 동원한 수단이 너무나 가혹하기 때문에, 춘향의 저항도 완강하지 않을 수 없다. 곧 목숨을 걸지 않을 수 없는 것이다. 「춘향전」에서의 비장한 아름다움은 거대한 사회 제도의 폭력에 나약한 한 여인이 목숨을 걸고 대결하는 상황으로부터 발생한다.

그런데 처음에는 주위 사람들도 춘향이 기생 대접을 받지 않으려고 하는 데 대해 별로 호응하지 않는다. 그래서 변학도가 춘향을 데려오라고 기생들을 보내자, 이들은 "정절 부인 애기씨, 수절 부인 마노라야. 너만헌 정절이 뉘 있으며, 너만헌 수절이 뉘 있으랴." 라고 비꼰다. 사령들은 "그 제기 붙고 발기를 갈 년이 양반 서방을 허였다고, 우리

임방울 선생 등 국악인

를 보면 초리草履(짚신, 하찮은 것)로 보고, 당혜만 잘잘 끌고 교만이 너무 많더니, 잘 되고 잘 되었다"고 한다. 이 때까지만 해도 춘향의 일은 개인 적인 일이었다. 천민 기생이 양반 이도령과 대등한 인간으로 인연을 맺는 것은 춘향 개인에게는 대단한 행복일 수 있겠지만, 다른 사람들에게는 아무런 영향도 미칠 수 없기 때문이다. 그런데 변학도에게 항거하는 데서부터는 상황이 달라진다. 기생으로 대접받을 수 없다면서 모진 매를 맞고 쓰러진 춘향을 보고 나서는, 춘향의 주장의 정당성을 인정하게 되고, 자신들도 춘향의 주장과 공통의 이해 관계를 갖고 있다는 것을 분명하게 깨 닫게 되었기 때문이다. 이렇게 해서 기생으로 대접받기를 거부하는 춘향 의 주장은, 인간적 해방을 염원하는 민중들의 전폭적인 지지를 받게 되 고, 마침내 어사 출도를 통하여 축복 속에서 실현되게 된다.

그런데 왜 춘향을 꼭 열녀로 만들어야 했는가? 어차피 열녀란 유교 규 범 속에서 최고로 치는 여성들의 덕목이 아닌가? 유교 지배 이데올로기의 하나인 신분제에 저항하면서 또 다른 유교 이데올로기인 '열烈'을 지지하 는가 하는 문제이다. 그 이유는 아마도 판소리가 대결과 갈등의 양식이 아니라, 화해와 화합의 양식이라는 점에서 찾을 수 있을 것이다. 판소리 는 탈춤과 같이 갈등을 통해서 사회의 문제를 심각하게 드러내는 양식이 아니라, 화합과 화해를 통해서 사회 통합적인 기능을 수행하던 양식이다. 판소리가 음악이기 때문이다. 음악은 근본적으로 갈등을 조장하는 양식이 아니라, 사회 통합에 기여하는 양식이다. 그리고 판소리를 모든 계층이 같이 즐겼던 데도 원인이 있다. 곧 판소리 청중은 계층적으로 다양하기 때문에 일방적으로 어느 계층의 이해만을 반영할 수 없었다. 그러다 보니 속과 겉이 다른 양식이 되었고, 겉으로는 현실을 생각해서 적절하게 타협 을 하려고 했다. 유교의 규범 중의 하나인 '열烈'을 내세워 봉건적인 신 분제를 공격하는 것은 그러므로 아주 효과적인 전술적 선택이 될 수 있었 다. 그래야만 거부감도 덜하고 설득력도 있었기 때문이다.

2) 심청가

「심청가」는 '눈물 교과서'라고 한다. 슬픈 내용이 많은 작품이라는 뜻이 다. 슬픈 내용이 많다는 것은 어떤 일관성을 갖기 힘들다는 뜻도 된다. 그 래서 「심청가」에서는 일관성 있는 하나의 주제를 찾기 힘들다.

「심청가」에 들어 있는 슬픔은 심청이가 감당하고 있는 현실적 고통이 어떤 것들인가를 살펴보면 알 수 있다. 심청의 아버지 심학규는 가난한 데다가 장님이다. 어머니 곽씨는 어질고 착했지만, 가난 때문에 심청을 낳고 산후 조리를 제대로 하지 못해 죽고 만다. 「심청가」 초반의 슬픔은 어린 딸과 눈 먼 아버지만을 남겨두고, 어머니 곽씨가 죽는 데서 시작된다. 심청이는 눈 먼 아버지의 젖동냥으로 겨우겨우 자라난다. 나이가 들자 아버지 부양의 책임을 져야 한다. 그런데 심청이에게는 또 죽을 일이 생긴다. 아버지의 눈을 띄우기 위해 제사의 희생 제물로 몸을 판 것이다. 사람들은 늙은 아버지의 눈을 띄우기 위해 몸을 판 심청의 행위를 거룩한 효행이라고 한다. 그래서 심청을 유교 이데올로기의 희생양이라고 말하기도 한다. 이렇게 보면, 심청이가 감당해야 하는 고통은 한 마디로 가난에서 연유되는 것이라고 할 수 있다. 그리고 그 고통을 더욱 처절하게 하는 것이 바로 어린 여자 아이라는 점이다.

심봉사는 본래 명문 거족이었으나, 나중에는 가운이 기울어 가난해지고, 겸하여 눈까지 멀게 된 것으로 묘사되어 있다. 몰락 양반이라는 점에서 흥부나 「양반전」에 나오는 양반과 심봉사는 같은 부류의 인물이다. 그러나 같은 몰락 양반이면서도 흥부가 온갖 궂은 일을 마다 않고 가장으로서 식구들의 생계를 꾸려가려고 노력하는 데 반해, 심봉사는 그렇지 않고 그 일을 곽씨나 심청이가 대신한다. 그야말로 "일년 삼백육십일을 하루 반 때 놀지 않고, 손톱 발톱 잦아지게 품을 팔아" "춘추시향 봉제사와 앞 못 보는 가장 공경"을 지성으로 한다. 심청이가 자라면 역시 열심히 품을 팔거나 빌어서 먹고 산다. 여성이 몰락한 가문의 최대 희생자가 된 것이다.

몰락 양반들은 의식상으로는 양반이지만, 현실적으로는 양인良人이나 다름이 없거나, 오히려 양인보다 못한 처지에 있는 사람들도 있었다. 매품이라도 팔아서 자식들을 먹여야 하는 흥부의 신세가 이를 잘 보여준다. 19세기에는 흥부와 같이 가족마저도 제대로 부양하지 못하는, 경제적으로 무능한 남성들이 양산되어, 여성들이 집안 일에만 전념하지 못하고 생활 현장으로 내몰리는 일이 흔하게 되었다. 그리하여 남성들 중에는 생계를 여성에 의지하며 얹혀살다시피하는 사람들도 나타나게 되었는데, 심봉사가 바로 그런 부류의 사람이다. 그런데 이러한 새로운 상황 속에서 여성이 가족 부양의 책임까지 기꺼이 떠맡는 것이 당연시되었다는 점이다. 물론 표면상으로는 심봉사가 눈이 멀었기 때문이라고 하지만, 눈이 먼 것만이 이유의 전부는 아니다. 곽씨 부인은 온갖 고생을 다하면서도 자식을 낳지 못하는 것을 자신의 죄악으로 돌리고, 쫓겨나지 않은 것을 남편 되는 심봉사의 넓으신 덕택으로 생각한다. 곽씨 부인은 봉건적인 가부장제 윤리에서 요구하는 여자의 덕, 즉 제사를 잘 모시고, 가장을 공경하고, 집안의 살림을 꾸려가며, 대를 이를 자식을 낳아야 한다는 요구를 철저하게 자신의 것으로 받아들이고 있는 것이다. 곽씨가 죽은 후에는, 그 일을 심청이가 대신하게 된다. 이렇게 내면화된 가부장제 질서와 가치 의식은 집안의 몰락과 겹쳐지면서 일방적으로 여성의 예속과 희생으로 나타난다. 곽씨와 심청의 죽음은 일차적으로 이러한 가부장제에 의한 희생의 예라고 할 수 있다.

철저한 가부장제 하에서는 가부장제에서 요구되는 덕목들을 잘 지키며 순종하는 사람은 선인이 되고, 그렇지 않은 사람은 악인이 된다. 곽씨와 심청이는 가부장제 질서에 순종하며 기꺼이 희생을 선택함으로써 선인이 된다. 이와 관련하여 뺑덕어미를 살펴보는 일은 상당히 흥미롭다. 뺑덕어미는 악인으로 규정된다. 그러나 뺑덕어미를 전형적인 악인이라고 볼 수는 없다. 자기의 이익을 취하기 위해서 타인에게 피해를 끼치기를 주저하지 않고 윤리를 정면에서 어기지만, 간악하여 독자의 분노를 자아내게 하는 인물은 아니기 때문이다. 뺑덕어미가 악인이라는 통념은 관습적인 규정에 지나지 않는다고 보는 게 타당할 듯하다.

뺑덕어미가 악인으로 규정되는 이유는 곽씨와의 대비에서 분명해진다. 곽씨는 성을 쾌락의 수단으로 삼지 않는다. 성은 가문을 이어줄 자식을 낳는 수단일 뿐이다. 곽씨는 놀지 않고 부지런히 일을 하여 돈을 모아 가장을 봉양한다. 곽씨는 자기 이익을 위해 남에게 해를 끼치는 게 아니고, 자신을 희생한다. 곽씨는 가부장제의 윤리에 순종하는 인물인 것이다. 그러나 뺑덕어미는 이해 관계에 따라 움직인다. 심봉사가 돈푼이나 있을 때는 심봉사를 따르지만, 돈이 떨어지자 심봉사를 버리고 젊은 황봉사를 따라 도망해 버린다. 뺑덕어미는 가부장제의 윤리에 순종하지 않고 이에 도전하거나, 이를 무시하는 인물이다.

심청이는 봉건 체제가 안고 있는 모순을 다 감당하고 있는 인물이다. '효'라는 유교 이데올로기로 포장을 해놓긴 했지만, 심청이가 몸을 팔아야 할 정도로

공대일

당시 사회는 모순의 극에 달해 있다.

이 봉건 체제의 모순을 해결할 수 있는 방법이 현실적으로는 존재하지 않는다. 그래서 별수없이 심청은 죽는다. 심청의 죽음은 봉건 체제 모순의 누적적 결과물이며, 조선조 후기 사회가 도저히 문제 해결 능력을 지니고 있지 못했음을 보여주는 예이다. 해결의 가능성조차도 전혀 보이지 않는다. 여기에 용궁이 등장한다.

용궁은 물에 빠진 심청이가 가서 돌아가신 어머니를 만나고, 다시 꽃봉오리 속에 환생하여 돌아오는 곳이다. 그렇지만 용궁은 현실적인 공간이 아니다. 이런 공간, 곧 비현실적 공간을 설정하지 않고서는 심청이가 살아날 방법이 없다. 심청이가 살아나지 못하면, 심청의 죽음이 효이고, 효를 실현한 사람은 복을 받는다는 논리를 펼 수 없다. 그래서 비현실적인 공간을 들여오지 않을 수 없었던 것이다. 그렇지만 이렇듯 비현실적인 이야기를 들여오지 않을 수 없었다는 것 자체가 이미 유교 윤리의 허구성을 말해주는 것이기도 하다.

이제 심청의 죽음은 용궁에 다녀온 옛날 이야기 정도로 바뀌고, 그 뒤에는 그야말로 환상적인 행복이 실현된다. 심청은 황후가 되고, 심봉사는 눈을 뜬다. 맹인 잔치에 모인 사람들이 모두 눈을 떠서 황제와 심황후 폐하의 만세를 부르지만, 이런 일이 어떻게 현실 속에서 가능할 수 있겠는가. 그래서 많은 학자들은 「심청가」는 심청이가 물에 빠져 죽는 데서 끝났어야 한다고 주장한다. 끝낼 것을 끝내지 않고 이어가다 보니 무리가 생기게 되고, 그래서 앞뒤가 맞지 않는다고도 한다. 뒷부분만을 본다면 「심청가」가 아니라 「심봉사가」인 것처럼 느껴지기도 한다. 그만큼 심봉사 중심으로 이야기가 진행되고 있다는 것이다. 이를 달리 말하면 심청이 이야기는 이미 끝나버렸다는 것을 의미한다.

「심청가」를 현실주의적으로 이해하고자 하는 사람들은, 본래 이 이야기는 딸을 팔아먹지 않으면 안될 정도로 가난한 현실을 표현한 것인데, 나중에 이 이야기를 적절히 윤리적으로 포장하면서 뒷부분이 덧붙여졌다고 말한다. 심청이의 죽음을 효로 설명하지 않으면, 이런 죽음을 방치하는 사회를 유지해야 한다고 주장할 명분이 없어진다. 그래서 서둘러 뒷부분을 만들어 현실의 모순을 감추려고 했다는 것이다. 그렇다면 현재 남은 「심청가」는 양반 청중들의 적극적인 개입에 의해 내용과 지향에 있어서 상당한 굴절을 겪고 난 이후의 전형적인 판소리의 모습이라고 할 것이다.

3) 흥보가

「흥보가」는 가난하고 착한 동생 흥보와 부자이면서 악한 형 놀보의 이 야기이다. 「흥보가」에 있는 대로 표현하자면 같은 부모에게서 태어났는데 도, 어쩌면 그렇게 다를까 싶게 심성이 다르다. 겉만 언뜻 보면 분명히 흥 보와 놀보는 형제로 되어 있지만, 찬찬히 살펴보면 반드시 그렇지도 않 다. 우선 흥보는 분명히 양반으로 학식까지 갖춘 것으로 되어 있다. 그런 데 놀보는 흥보의 형으로 나오면서도 무식하다. '놀보 박타는 대목'에는 도망 노비의 자식으로 나오기도 한다. 이렇게 다른 사람들을 형제라고 할 수는 없다. 두 명의 상반되는 인물을 그리되, 형제 간으로 설정했다고 할 것이다. 그러니까 형제라는 것은 인간 관계의 사실적인 면에서 형제 간이 라는 뜻이 아니고, 형제 간처럼 동시대를 살아간 두 가지 유형의 인물이 라는 의미로 받아들여야 한다. 흥보는 비록 태어나기는 양반으로 태어났 을지라도, 현실적으로는 양반이 아니라 보통 사람만도 못한 상황에 처해 있다. 임형택은 부모로부터 물려받은 신분을 귀속 신분, 현실적인 생활 속에서 살아가는 모습으로서의 신분을 획득 신분이라고 했는데, 흥보는 귀속 신분은 양반이지만, 획득 신분은 양민 이하의 빈민에 불과하다고 할 것이다. 이렇듯 양반이면서도 경제적인 뒷받침이 되지 않아서 양반으로서 의 지위를 누리지 못하는 양반을 몰락 양반이라고 한다.

한편 놀보는 천민이면서도 돈이 많다. 그 돈을 모으는 과정에서는 온갖 구두쇠짓을 다하고, 때로는 비윤리적인 행위까지 서슴지 않는다. 착한 동 생 흥보를 쫓아낸 일이 대표적인 사례다. 이런 부류의 사람들도 조선조 후기에 새로이 생겨난 인간형이다. 조선조 후기에는 농업 기술과 상품 화 폐 경제의 발달로 신분이 낮은 사람들 중에서도 돈을 많이 번 사람들이 생겨났다. 「양반전」에 나오는 부자나, 「옹고집전」에 나오는 옹고집 등이 이런 사람들이다. 이렇게 해서 새로 생겨난 부자들은 돈, 즉 경제적 가치 를 제일로 생각하는 세속적 인간들이다. 놀보는 바로 그러한 인간형을 대 표하는 인물이다.

몰락 양반을 대표하는 흥보는 비록 돈은 없지만 윤리적인 태도를 끝까 지 견지한다. 신흥 부민이라고 할 수 있는 놀보는 부자이지만 경제적 가 치를 무엇보다도 우선시한다. 흥보는 전래적인 윤리적 인간형이라면, 놀 보는 새로운 경제적 인간형이다. 이 두 인간형은 조선조 후기의 가장 전 형적이고 특징적인 인간형이다. 「흥보가」는 무엇보다도 당대의 두 가지 전형적인 인물을 생동감 있게 표현해 냈다는 데 그 가치가 있다.

홍보는 무기력하고 가난하지만 윤리적인 태도를 끝까지 견지하며, 마침내 복을 받는 것으로 되어 있다. 반면에 놀보는 돈만 추구하다가 결국에는 벌을 받고 개과천선한다. 곳곳에서 놀보에게는 '놈' 자를 붙인다. "놀보놈", "놀보란 놈", "이런 육시를 헐 놈", "이 때려죽일 놈", 이런 식이다. 이런 말로 미루어 보면, 당시에 놀보와 같은 인간형들에게 일반 사람들이 얼마나 적대감을 지니고 있었는지를 짐작할 수 있다.

그래서 조선조 후기의 사회적 과제는 바로 이들 빈부의 갈등을 어떻게 해소하느냐에 있었다고 해도 과언이 아니다. 「흥보가」의 마지막 부분은 이들의 화합이 현실적으로는 이루어질 수 없는 것임을 보여준다. 제비가 물어다 준 박씨를 길렀더니 그 속에서 은금보화가 나오고, 동생 흥보를 흉내내던 형 놀보는 벌을 받아 가산을 다 뺏기고 나중에 뉘우친다는 내용은 현실 속에서는 일어날 수 없는 일이다. 그것은 결국 조선조 후기 사회가 이들의 갈등을 현실 속에서는 해결할 수 있는 능력을 갖지 못했음을 보여주는 것이다. 흥보에게 복을 줌으로써 낡은 윤리의 정당성을 옹호하려고 했지만, 이는 환상 속에서나 가능할 뿐이었다.

그래서 최근에 와서 도덕적이지만 무능한 흥보보다는, 도덕적으로는 다소 문제가 있다고 할지라도 적극적이고 부지런한 놀보를 옹호해야 한다는 주장을 펴기도 한다. 경제 발전이 지상 목표인 양 생각하던 시절에는 이런 견해도 그럴 듯하게 들렸던 게 사실이다. 현대에도 놀보같은 사람은 많다. 투기를 통해서 갑자기 부자가 된 이른바 졸부나 천부賤富들이 바로 현대판 놀보들이다. 한 평생 뼈빠지게 일만 하며 착하게 살았지만, 끝내 가난을 벗어나지 못하는 대다수의 사람들은 현대판 흥보라고 할 만하다. 이들 중에서 놀보를 옹호해야 한다는 논리는 납득하기 어렵다.

「흥보가」는 아직도 살아 있다. 우리 가까이에 놀보와 같이 비윤리적으로 재산을 축적해서 부자가 된 졸부, 천부들이 존재하고, 빈부의 갈등이 존재하는 한.

4) 수궁가

「수궁가」는 병든 용왕이 탄식하는 데서부터 시작한다. 영덕전이라는 궁전을 새로 짓고 많은 손님들을 초청해서 즐기다가 열병이 났는데, 도저히 나을 방도가 없기 때문이다. 이 때 도사가 내려와 토끼의 간을 먹어야만 낳는다고 한다. 여기서 병든 용왕은 온갖 모순의 누적으로 도저히 회생할 길을 찾지 못하고 몰락해 가는 봉건 체제 자체를 의미한다. 토끼의 간만이 약이 된다는 것은, 시효가 다한 봉건 체제가 다른 사람의 희생 위에서만 겨우 생존할 수 있다는 사실을 뜻한다고 하겠다. 그렇다면 토끼는 용왕, 곧 봉건체제의 생존을 위해 생명을 바쳐야 하는 존재, 곧 민중이라고 보아도 별 무리는 없을 것이다. 그런데 토끼는 용왕이 있는 용궁에는 존재하지 않는다.

머나먼 인간 세상에 있다. 봉건 체제의 존립 기반이 되는 민중, 혹은 일반 백성은 이미 봉건 체제로부터 떠나버려서, 가까운 곳에서는 찾을 수가 없는 것이다.

용궁에는 토끼가 없기 때문에 인간 세상에 나가서 토끼를 잡아와야만 한다. 그래서 조정에서 회의가 열린다. 용왕을 위해 누가 토끼를 잡아올 것이냐고 묻자, 아무도 대답을 하지 아니한다. 몇몇 신하들이 나서지만, 높은 벼슬을 지닌 물고기들은 이런저런 이유를 대면서 가지 못한다고 한다. 결국 하잘 것 없는 벼슬을 지닌 별주부 자라가 나선다. '주부'는 종6품 벼슬에 해당된다.

이는 봉건 체제의 위기에 당하여 고관 대작들이 전혀 위기 해결 능력이 없음을 나타낸다. 그래서 하찮은 벼슬을 하고 있는 자라가 뽑힌 것이다. 자라는 충성스런 신하이다. 그는 목숨을 잃을지도 모르는 위험한 일을 앞장서서 맡는다.

인간 세상으로 나온 자라는 토끼를 꼬여서 수궁으로 데려가기 위해 온갖 감언이설을 늘어놓는다. 수궁에 가면 높은 벼슬을 하고, 미인미색들과 오래도록 부귀를 누릴 수 있다고 한다. 그리고는 '팔난八難'이라고 해서, 이 세상에서 살아가면서 부딪치는 어려움들을 낱낱이 들어 토끼에게 겁을 주기도 한다. 사실 토끼처럼 나약한 짐승이 이 세상에서 살아가기란 보통 어려운 게 아니다. 그야말로 날마다 죽을 고비를 넘기면서 간신히 목숨을 이어가는 것이나 다름없다. 이러한 현실은 조선조 후기 민중들의 삶의 모습을 여실하게 표현한 것이다.

결국 늘 죽을 고비를 겪으면서 살 수밖에 없는 이 세상을 떠나, 부귀영화를 누리고 싶은 허황된 꿈을 갖게 된 토끼는 자라의 등에 업혀 수궁으로 가게 된다. 그런데 막상 도착해서 보니 부귀영화가 기다리고 있는 것이 아니라, 병든 용왕을 위해 간을 바쳐야 하는 상황이 기다리고 있다. 자라의 말은 다 거짓이었으며, 토끼의 꿈이 허황된 것이었음이 드러나는 것이다. 토끼의 이런 모습에서 우리는 민중들의 어리석은 면을 발견할 수도 있다. 현실의 고통에 시달리다 못해 잠시 허황된 꿈을 가져보는 토끼로부터, 우리는 자신의 모습을 보기도 한다. 어리석은 줄 번연히 알면서도 속는 것이 갖은 욕망에 시달리는 우리네 나약한 인간의 모습일 것이다.

토끼는 절체절명의 위기에 처하여 기지를 발휘한다. 한 꾀를 얼른 생각해 낸 것이다. 간을 세상에다 빼어놓고 왔다고 거짓말을 하는 것이다. 용왕과 토끼가 서로 말로 대결을 벌여서 마침내 토끼는 용왕을 속이는 데 성공한다. 여기서 '꾀'에 주목할 필요가 있다. '꾀'란 무엇인가. 토끼가 용왕을 속이고 목숨을 건지기 위하여 택한 거짓말이다. 이를 달리 말하면 약자가 강자를 이기기 위한 지혜라고 해야 할 것이다. 그러기 때문에 토끼가 하는 거짓말은 용납이 된다. 강자가 하는 거짓말은 용납되기 힘들다. 그러나 약자가 위기에 처하여, 이를 모면하기 위한 수단으로 하는 거짓말은 악덕이 아니라, 삶의 지혜가 된다. 바로 이 약자의 자기 방어적인 지혜인 '꾀'로 민중은 험난한 세파를 헤치며 끈질기게 생명력을 키워왔다.

토끼는 용왕을 속이고 무사히 세상으로 돌아온다. 그러나 세상으로 돌아오자마자 만나는 것은 죽음의 덫이다. 처음에는 나무꾼들이 쳐놓은 그물에 걸린다. 꼼짝없이 죽게 되었다가, 쉬파리에게 쉬를 슬어달라고 부탁을 해서, 죽은 지 오래 된 것처럼 꾸며 살아난다. 그러다가 다시 독수리에게 잡힌다. 이 때 또다시 용궁에서 가지고 온 의사줌치(意思주머니)라는 요술방망이와 같은 것을 바위 밑에 숨겨 놓았다면서, 그것을 줄 테니 살려달라고 속여 살아난다. 이처럼 세상으로 다시 돌아온 토끼는 거듭되는 위기에도 불구하고, 이를 여러 가지 방어적인 지혜로 극복하고 생명을 이어가는 모습으로 그려진다. 이러한 토끼의 모습은 온갖 간난에도 불구하고 끈질기게 생명을 이어온 민중의 모습 바로 그것이다.

독수리로부터 풀려나 굴 속에 숨

한애순

은 토끼는, "밖에는 절대 나가지 않고, 인제 손주나 보면서 조용히 살겠다"고 한다. 하마터면 죽을 뻔한 위기를 모면한 토끼는 이제 안전하게 생명이나 이어가고자 하는 것이다. 이것이 비록 소극적이고 퇴영적인 자세라고 할지라도, 안 좋게만 볼 일은 아니다. 온갖 어려움에도 굴하지 않고 당당하게 대결할 수 있다면 얼마나 좋을까 하고 생각할 수도 있다. 그러나 그것은 비장할지는 몰라도, 무모한 일이다. 남는 것은 죽음뿐이기 때문이다. 그러기 때문에 소극적으로 삶을 이어가는 것도 하나의 저항이며, 자신감의 표현이다. 미래에 대한 기대가 있기 때문에, 절망하지 않고 내일을 기다리는 것이다. 토끼는 바로 소극적이지만 미래에 대한 자신감을 가지고 내일을 기다릴 줄 아는 민중의 모습인 것이다. 토끼는 나약하기만 하고, 때로는 허황된 욕심으로 위기에 빠지기도 하지만, 이를 잘 극복하며 살아남아 내일의 희망을 열어간다.

「수궁가」는 명칭이 다양하다. 그러나 그 명칭은 토끼를 앞세우는 것, 자라를 앞세우는 것, 중립적인 것으로 나눌 수 있다. 이는 각각의 정치적 태도를 함축적으로 나타낸다. 조선조 후기 사회의 위기에 직면하여 토끼에 희망을 거는 태도와 자라에 희망을 거는 태도, 그리고 어느 한 쪽에 치우치지 않고 암중모색하는 태도 등이다. 토끼를 앞세우는 쪽은 민중의 미래에 희망을 걸고 있다면, 자라를 앞세우는 쪽은 낡은 도덕률을 강화함으로써 위기를 극복해 보겠다는 측의 정치적 입장을 나타낸다고 할 수 있다.

5) 적벽가

판소리 중에서도 「적벽가」는 특이하다. 다른 판소리는 모두 설화를 바탕으로 만들어졌는 데 비해, 「적벽가」는 소설을 바탕으로 해서 만들어졌다. 게다가 그 소설은 우리나라의 소설이 아니고, 중국 소설인 『삼국지연의』이다. 「적벽가」에는 또 여자가 한 사람도 등장하지 않는다. 전쟁 상황을 노래했기 때문에 수많은 장수와 군사들만 나온다. 또 「적벽가」는 호령하는 부분이 많아서 창자들이 부르기에 훨씬 힘이 든다.

「적벽가」는 『삼국지연의』의 내용 중에서도 삼고초려, 박망파 전투, 적벽대전, 조조 화용도 패주 정도의 내용만을 노래로 부른다. 전체적인 이야기의 줄거리는 『삼국지연의』와 다르지 않다. 그러나 세부 내용에 있어서는 완전히 달라서 『삼국지연의』와 같지 않다. 예컨대 적벽 대전을 앞두고 조조의 군사들이 고향과 가족들을 그리며 탄식하는 이른바 '군사 설움 타령'이나, 패주하던 조조가 군사들을 점검하는 '군사 점고 대목', '장승 타령' 등은 원전에는 없는 완전히 창작된 부분이다. 그리고 등장 인물의 성격을 바꾸어 놓은 예도 있다. 조조를 아주 비겁하게 그려 놓았다든지, 정욱이라는 장수가 조조를 조롱하는 역할을 하도록 한 것 등은 「적벽가」에서 바꾸어 놓은 것들이다. 이렇게 보면 「적벽가」는 『삼국지연의』의 내용을 한국적 상황에 맞게 완전히 재창작한 것임을 알 수 있다.

그런데 「적벽가」의 감상에서 누구를 주인공으로 삼아야 할 것인가가 상당히 복잡하다. 「적벽가」 초반을 보면, 공명·관우·유비·장비·조자룡 등이 중심적인 역할을 한다. 그러나 후반에 가면 조조가 이야기의 중심을 차지한다. 마지막은 또 관우가 중심이다. 어떻게 보면 공명의 재주가 핵심을 이루고 있는 것 같기도 하고, 어떻게 보면 조조를 살려주는 관우의 관용이 주제인 것 같기도 하다.

옛부터 많은 사람들이 「적벽가」의 주제는 간웅奸雄(간사한 영웅)에 대한 징계라고 생각하였다. 그렇다면 당연히 조조가 부정적인 인물이기는 하지만 주인공이라고 생각한 것이다. 본래 「적벽가」는 지금처럼 길지 않았던 것 같다. 정통 동편제 「적벽가」인 임방울이 부른 「적벽가」는 삼고초려나 박망파 전투 같은 대목이 없이 바로 적벽 대전으로 시작된다. 이런 「적벽가」에서는 조조를 주인공으로 보아도 무방할 듯하다. 그렇다면 조조는 어떤 인물일까?

조조는 천하대업을 이루고자 하는 인물이다. 다시 말하면 천하를 무력으로 평정하고 황제의 지위에 오르고자 하는 사람이다. 이를 위해 수많은 싸움을 하고, 온갖 계교를 다 동원한다. 적벽 대전을 앞두고 조조가 웅장하게 술회하는 자신의 포부는, "여득강남[1] 향부귀[2]하 낙태평[3] 동작대[4] 좋은 집에, 이교녀[5]를 가취[6]하면, 모년향락[7]이 나의 원[8]에 족"하다고 한다. 조조는 자기 개인적인 향락을 위하여 천하를 얻고자 하는 것이다. 개인의 이익을 위해 봉사하는 권력을 의로운 권력이라고 할 수 없다. 그러기 때문에 조조를 간사하다고도 하고 암주[9]라고도 한다. 그렇기는 하지만 부귀와 향락에 대한 욕망이 없는 사람이 누가 있겠는가. 우리 모두가 조조와 비슷한 욕망으로 뭉쳐져 있다고 해도 과언이 아니다. 조조는 우리들 모두의 그 팽창된 욕망을 상징하는 인물이라고 할 수 있다.

인간의 부귀와 향락에 대한 욕망은 끝이 없지만, 그것만을 추구하다보면 반드시 패가망신할 수밖에 없다. 더구나 그 욕망의 주체가 절대 권력이라면 그 폐해는 이루 말할 수 없다. 전쟁의 참화 속에서 수많은 사람이 희생되어야 하기 때문이다. 그 처참한 몰락과 파멸의 현장을 노래한 것이 바로 '화공 대목'[10]이다. 모든 것이 불타고, 부서지고, 죽는 처참한 상황 속에서 헛된 욕망의 장렬한 연소를 우리는 경험하게 된다.

화공 이후는 조조의 처참한 패주의 과정이다. 끝을 모르고 부풀어오르던 욕망이 장렬하게 불타버리고 난 뒤, 이제는 목숨을 유지하기 위하여 온갖 수모와 고통을 견디며 도망가는 조조의 모습에서, 우리는 헛된 욕망의 끝이 어떠한 것인가를 처절하게 깨닫게 된다. 조조는 승상이지만, 패주하는 과정에서는 부하 장수인 정욱에게 철저하게 조롱을 당하고, 살아남은 군사들에게마저 조롱을 당하는 비참한 지경에 빠진다. 바람만 불어도 추격하는 병사인가 하고 놀라고, 낙엽 밟는 소리만 나도 매복한 군사인가 하고 놀라는 신세가 된다. 이제는 천하 대업을 꿈꾸던 승상 조조가 아니라, 평범한 인간으로 급전직하 추락하여 버린 것이다. 그러는 과정에서 조조는 서서히 인간성을 회복한다. 그곳이 바로 '장승 타령' 어름이다. '장승 타령'은 길가에 서 있는 장승을 장비인 줄 알고 놀란 조조가, 영웅인 자신을 놀라게 했다고 그 장승의 목을 베라고 하니, 장승이 억울한 사연을 호소하는 노래이다. 다른 나무들은 여러 가지로 다 소용이 있어 중요한 용도로 다 쓰이는데, 자기는 아무 데도 쓰이지 못하고, 이렇듯 사람의 형상을 하고 길가에 우두커니 서서, 입이 있어도 말을 하지 못하고, 발이 있어도 도망가지 못하는 자신이 무슨 죄가 있느냐고 항변한다. 이러한

박옥심

장승의 모습은 억울하게 당하면서 목숨을 이어온 민초들의 모습을 닮았다. '장승 타령'은 장승의 입을 빌어 민중들의 억울함을 호소한 노래라고 할 수 있다. 그 억울한 사정을 다 듣고난 조조는 장승을 살려준다. 자신이 비참한 지경에 빠지자 이제 비로소 다른 사람들의 원한과 슬픔을 동정하고 이해하게 된 것이다.

그러나 마침내 조조는 관우에게 사로잡히는 신세가 된다. 모든 것을 잃은 조조는 관우에게 목숨을 애걸한다. 관우에게 사로잡혀 처량하게 살려주기를 비는 조조를 보면서, 우리는 살아 있음의 안도감, 그 감사함에 젖어들 수 있다. 목숨을 애걸하는 처량한

조조를 관우는 놓아준다. 그리고는 관우의 그 넉넉한 마음씨를 칭송하면서 「적벽가」는 끝을 맺는다. 그렇다면 「적벽가」는 불의한 권력을 행사하여 역사의 진전을 가로막고 혼돈에 빠지게 한 간사한 영웅 조조에 관한 이야기이기도 하지만, 조조처럼 헛된 이기적 욕망에 사로잡혀 온갖 고통에 시달리는 우리 인간들의 그 욕망의 허망함을 노래한 것이라고도 할 수 있다. 예부터 양반 귀족들이 「적벽가」를 즐겨 들은 이유는 「적벽가」가 권력을 놓고 다투는 이야기이기 때문이었을 것이다. 양반 귀족들은 자신들이 역사를 이끌어 가는 주체라고 생각했기 때문에, 당연히 그 권력의 의로움과 의롭지 않음에 관해 생각하게 하는 「적벽가」에 큰 관심을 가졌을 것이다. 그러나 민중들 또한 「적벽가」를 통해 헛된 욕망의 말로를 보고, 살아 있음의 감격을 즐길 수 있었을 것이다. 그러나 한편 생각해 보면, 「적벽가」는 또 민중들의 목숨을 건 개혁과 변화의 의지를 나약하게 하는 역할도 했을 것으로 생각된다. 살아 있는 것이, 살아가는 것이 제일의 가치라는 생각은, 목숨을 바쳐서라도 역사 발전을 위해 싸워야 한다는 민중들의 전투적인 의지를 약화시키는 방향으로 작용했을 것이기 때문이다.

4. 어떻게 보아야 할 것인가

판소리를 해석하는 방법은 여러 가지일 수 있다. 판소리 속에서 조선조 후기의 강한 반중세적 지향을 볼 수도 있고, 반중세적 의식의 굴절을 볼 수도 있다. 그것은 판소리가 담고 있는 모습이 단일한 것이 아니기 때문이다. 판소리는 오랜 세월 동안 변모, 적응한 결과 지금의 모습을 갖추었다. 그리고 앞으로도 시간의 흐름에 따라 또 다른 모습으로 바뀌어 갈 것이다. 판소리는 구두전승예술이고 적층예술이기 때문이다.

켜켜이 쌓여 있는 다양한 층 속에서 어떤 층을 보아야 할 것인가 하는 문제는 우리의 미래와 관련된다. 우리의 요구에 따라 판소리는 감춰진 자신의 속살을 드러내 보여줄 것이다. 판소리는 퍼내도 퍼내도 마르지 않는 샘물과 같다. 그래서 위대한 것이다.

최동현(국문학, 군산대 교수)

용어 풀이

1) 如得江南. 만약 강남을 얻으면.
2) 享富貴何. 부귀를 누리는 것이 어떠한가.
3) 樂太平. 태평한 세상을 즐김.
4) 銅雀臺. 조조가 위나라의 수도인 업에 세운 누대. 옥상에 구리로 만든 봉황을 안치하였음.
5) 二喬女. 교공의 두 딸로 아주 미인이었음.
6) 可娶하면. 장가들 수 있으면. 아내로 삼을 수 있으면.
7) 暮年享樂. 늙은 나이에 즐거움을 누림.
8) 願. 바람. 소원.
9) 暗主. 사리에 어둡고 어리석은 임
10) 火攻 대목. 「적벽가」에서 유비와 손권의 연합군이 조조의 군대를 불로 공격하여 처참하게 무찌르는 내용을 노래하는 부분금.

4

1894년 동학농민 혁명과 항일 의병 전쟁

제1절
호남 의병과 노사 학파 – 의병 주도 세력의 형성

　호남 의병이 일어난 사상적 배경을 살펴보기 위해서는 노사 기정진蘆沙
奇正鎭과 그의 문인들을 주목하지 않을 수 없다. 이들은 흔히 노사 학파
로 불리며, 기정진이 체계화한 유학 사상을 계승·발전시켰다. 이들은 호
남 지역에서 최초로 의병을 일으켰으며, 그에 앞서 조선의 위정 척사 운
동을 주도한 바 있다. 19세기 중반에 일어난 위정 척사 운동과 그 후반에
시작된 의병 항쟁은 반침략적 성격을 지녔다는 점에서 공통점을 찾을 수
있다. 더욱이 호남 지역에 반침략 운동을 주도한 이들은 대부분 노사 학
파였다.

　노사 기정진은 이렇다 할 사승관계師承關係 없이 혼자의 힘으로 학문적
일가를 이루었을 뿐만 아니라 수백 명의 제자를 양성함으로써 노사 학파
를 형성하였다. 그는 19세기 중반에 전개된 위정 척사 운동의 불을 지핀
인물로서 그의 사상이나 활동에 대한 연구가 적지 않았다. 그런데 대부분
의 연구는 기정진의 사상과 그 특징을 밝히는 데 집중되었다.

　이 글에서는 이러한 연구 성과를 바탕으로 그의 학문적 성장 과정과 노
사 학파의 형성에 대하여 알아본다. 그리고 노사 학파가 주도한 위정 척

사 운동과 전기의병에 가담한 인물들의 행적을 간단히 짚어볼 것이다. 이로써 이들이 호남 의병을 주도하게 된 세력 기반을 파악하고자 한다.

1. 기정진의 생애와 학문

기정진(1798-1879)은 전북 순창에서 태어났으나 부모상을 마친 18세 이후에는 전남 장성에서 주로 살았다. 본관은 행주幸州이며, 자는 어려서 금사金賜였으나 대중大中(후에 大仲)으로 바꾸었고, 잠수潛叟·지리수支離叟·공동자倥侗子·무명와無名窩·노하병부蘆下病夫 등의 호를 사용하다가 만년에는 노사蘆沙(居士)를 즐겨 썼다.

그의 집안이 장성에 세거하게 된 계기는 기묘 사화에서 찾아진다. 이른바 기묘 명현인 기준奇遵의 형제들이 장성으로 낙남했던 것이다. 준의 중형인 원遠이 노사의 직계 조상이며, 원의 손자 효간(1530-1593)은 임진왜란시 장성의 이른바 남문 창의에 참여하였다. 노사의 5대조 정익(1627-1690)은 우암 송시열의 문인이었다. 하지만 그의 가계에서 이렇다 할 관력이나 학문적 족적을 뚜렷하게 남긴 인물은 거의 찾을 수 없다. 그는 기씨 문중에서도 한미한 가계에 속하였다고 말할 수 있다.

그의 생애에서 몇 가지 특이한 점을 발견할 수 있다. 노사는 어려운 변고를 많이 겪으며 성장하였다. 그는 장수한 편이었지만 평생을 병마와 싸웠다. 여섯 살 때 천연두를 앓은 후 왼쪽 눈의 시력을 상실하였으며, 스물한 살의 한창 나이에 스스로 '다질多疾'이라 말할 정도였다. 그런 때문인지 그의 「연보」에는 병환과 관계된 내용이 유난히 많다.

이사가 잦았다는 사실도 눈에 띈다. 그는 10대 후반부터 죽을 때까지 10여 차례 이상 이거하였다. 1815년 음력 5월에 그는 부모인 기재우奇在祐와 안동 권씨權氏를 이틀 사이에 연거푸 잃고서 부친의 유명遺命에 따라 전북 순창에서 전남 장성으로 이거하였다. 이때 순창에서 장성 하남河南으로 옮겨 살게 된 것을 시작으로 맥동(20)·매곡(31)·하남(37)·오지리 여의동(40)·탁곡(45)·중동(51)·하사 신택(56)·갈전(64)·하사 구거(65)·진원 창리(78)·하리 월송(80) 등지를 전전하였다. 이처럼 그가 자주 이사를 했던 것은 그의 경제적인 처지나 신병과 무관하지 않았으리라 생각한다.

노사는 믿기 어려울 만큼 조숙하고 명석하였다. 과장된 면이 다소 있겠지만 「연보」를 통해 노사의 뛰어난 행적을 확인할 수 있다. 그가 일정한 스승도 없이 독창적인 성리학 이론을 정립한 사실만 보더라도 그의 학문적 자질과 역량을 짐작할 수 있을 것이다.

10세를 전후한 시기부터 그는 조용한 산방을 찾아 침식을 잊고서 학문 세계에 몰입하였다. 그가 주로 이용한 사암은 장성의 백암사白巖寺(현 백양사)와 고창 문수사文殊寺의 남암南庵 · 관불암觀佛庵 등이었다. 그는 거주하는 곳에서 그리 멀지 않은 산사를 찾아 학문을 도야하고 건강에도 주의를 기울였으리라 생각한다.

훗날 그는, 12-13세경에 새로운 것을 깨달은 바가 많았으며, 15-16세에는 문장에 힘썼다고 말한 바 있다. 이로써 10대 중반에 노사가 학문적으로 상당한 수준에 도달했음을 알 수 있다. 자연히 그는 부모를 비롯한 주위의 기대를 한 몸에 받으며 성장하였다. 요컨대 노사는 끊임없이 괴롭히는 병마와 싸우는 한편, 불행한 가정 환경 속에서도 학문의 연마를 게을리하지 않았다. 그리하여 그는 조선 시대 성리학의 6대가의 한 사람, 근세 유학의 3대가의 한 사람으로 평가받았다.

이러한 평가에 걸맞은 독창적인 학설을 그는 언제쯤 정립하게 되었을까. 노사는 직접 저술하는 것보다는 제자와의 문답을 통해 논변하는 것을 더 좋아하였다고 한다. 따라서 그의 문집 중에 「답문류편答問類編」이 차지하는 비중이 매우 높다고 생각한다. 이를 통하여 노사의 학문적 수준을 가늠할 수 있기 때문이다. 「답문류편」은 도체道體를 비롯하여 성명性命 · 심성정心性情 등과 같은 유학의 본질적 문제를 다루고 있는데, 노사의 입장이 잘 반영되어 있다.

노사는 40대 중반에 들어서면서 비로소 자신의 학설을 세상에 내놓기 시작했다. 30대까지 오로지 학문적 성숙을 추구하다가 40대에 이르러 자신의 주장을 발표하게 된 것이다. 따라서 그의 저술은 즉흥적이고 직관적이기보다는 원숙하면서도 논리적인 면이 강한 편이다.

「연보」에 따르면, 그는 문수사의 남암에 피서하던 중에 「납량사의納凉私議」(1843, 45세)를 완성하였다. 하지만 그는 이를 곧바로 발표하지 않고 집안에 보관해 두었다가 76세에 몇 구절을 수정한 후 공개했다. 「납량사의」의 내용이 당시 유학자들의 인식과 크게 달랐기 때문에 파장을 우려하여 매우 조심스럽게 내놓은 것이다. 이미 밝혀진 바와 같이 「납량사의」

는 노사의 학설을 대표하는 저술이라 할 수 있는데, 선유先儒의 학설을 비판하면서 자신의 주장을 제시한 것이다.

「납량사의」에 이어 그는 「정자설定字說」(1845, 47세), 「우기偶記」(47세), 「이통설理通說」(1853, 55세), 「외필猥筆」(1878, 80세) 등과 같은 성리학과 관련된 저술들을 남겼다. 이 가운데 「납량사의」·「이통설」·「외필」을 노사의 3대 저술로 꼽는다. 그 밖에 이미 앞서 언급하였던 「답문류편」도 그의 사상을 이해하는 데 빼놓을 수 없다.

노사는 위의 저술을 통하여 이理를 강조하는 이론을 체계화하는 데 심혈을 기울였다. 그가 이를 얼마나 중시하였는가는 다음의 사실로써 확인할 수 있다. 그는 천하의 대변大變을 세 가지로 파악하였다. 즉 부인이 남편의 자리를 빼앗는 것(妻奪夫位), 신하가 임금의 자리를 빼앗는 것(臣奪君位), 오랑캐가 중화의 자리를 빼앗는 것(夷奪華位) 등을 들었다. 그러나 무엇보다도 가장 큰 변혁은 기氣가 이理의 자리를 빼앗는 것이라 하였다.

또한 그는 이에 대하여 "천하에 씨가 없이 생겨난 것은 아직 존재하지 않았다. 이여! 이여! 이야말로 만물의 씨앗이다"라고 정의하였다. 그리고 「외필」에서는 이와 기의 관계를 아래와 같이 비교하여 설명하였다.

> "움직이거나 고요한 것은 기이고, 움직이게 하고 고요하게 하는 것은 이이니, 움직이게 하고 고요하게 하는 것은 그렇게 시키는 것이 아니고 무엇이겠는가."

위의 글에 나타나 있듯이, 기는 스스로의 작용성이 없고 오직 이만이 그 주재성을 갖고 있다는 것이다. 다시 말해서 그는 이기설에서 기의 자기 원인적 능동성을 부정하고 이의 주재성을 긍정하는 주리론적 입장에 섰다. 그 결과 그는 유리론자唯理論者라는 평가를 받았으나, 최근에는 이일원론자理一元論者로 보려는 경향도 만만치 않다.

이러한 노사의 유학 사상에 대해서는 주로 철학계에서 해명해 왔다. 그의 유학 사상은 이란 무엇인가의 물음에서 시작되었다고 한다. 그는 이에 대한 해명에 전심전력함으로써 이일원론적 세계관의 정립에 기여했고, 이기론에 대한 종래의 견해를 더 발전시켜 독자적인 경지를 개척했다는 평가를 받았다. 그리하여 퇴계·율곡 이후 300년 동안 지속되어 온 이기론의 논쟁을 한 차원 높이는 새로운 전기를 마련하였다.

노사의 대표적인 학설인 '이일분수설理一分殊說'을 언급해 보기로 하자. 노사는 이일분수설을 통해 당시까지 치열한 논쟁을 거듭해 오던 이른바 호락양론湖洛兩論을 모두 비판·지양하려 하였다. 또한 그는 이기의 관계를 '이존무대理尊無對', 즉 이를 절대적인 것으로 보고, '기역이중사氣亦理中事'라고 하여 기를 이에 종속시키면서 호락양론의 시비를 매듭지었다. 그가 '기氣'자 대신에 '분分'자를 사용한 점만 보더라도 이를 얼마나 중시했는가를 알 수 있다.

이와 같이 노사가 이기 가운데 이를 강조한 까닭은 무엇일까. 사실 그의 주변 환경은 오히려 주기론의 성향에 가까웠다. 앞서 언급한 바와 같이 그의 5대조가 송시열의 문인이었다는 점에서도 그러하다. 지역적으로도 그는 기호학파와 가깝다고 할 수 있다. 그럼에도 불구하고 그는 이를 매우 중시하는 이론을 제창한 것이다.

이는 녹문 임성주鹿門任聖周가 주창한 유기론唯氣論이 학계의 통념으로 점차 확산되는 상황과 관계가 있는 듯하다. 「연보」에 따르면 노사는 「납량사의」를 완성한 직후에 "중인衆人의 눈에는 모두 기이고, 성인의 눈에는 모두 이"라고 말한 바 있다. 그가 특정인을 지칭하지는 않았지만 기호학파에서 기를 강조하며 유기론을 제창하는 풍조를 달가워하지 않았던 것 같다. 그리하여 노사는 당시 기를 중시하는 풍조를 비판하는 한편, 이를 강조한 「납량사의」를 저술하였다. 다시 말해 그는 전도된 이기 관계를 정립하려는 의도로 이를 중심으로 한 이와 기의 유기적 상관성을 강조하였다.

이처럼 그가 독창적인 이론을 제창할 수 있었던 것은, 그가 특정 학파에 얽매임이 없이 자유로웠기 때문이라고 생각한다. 그 결과 그는 이기론에 대하여 학문적 소신에 따라 새로운 주장을 펼칠 수 있었을 것이다. 또한 신체적이나 가정적인 면에서 불우했던 그의 개인적 처지도 연관된 것으로 보인다. 그것이 그로 하여금 내면적인 정신 세계를 추구하게 하였으리라 헤아려진다. 그리고 그가 주로 산사에서 줄곧 연구에 전념했다는 사실과도 무관하지 않으리라 짐작된다. 이러한 점과 관련하여 그의 학문에서 불교 사상으로부터의 영향도 전혀 배제할 수 없을 것이다. 그의 이일분수설이 화엄 사상의 핵심 내용인 '일즉다一卽多 다즉일多卽一'과 매우 유사하다는 점에서 그러한 가능성을 엿볼 수 있다. 물론 조선 후기 사회의 혼란스런 상황을 정신적 측면에서 바로잡으려는 그의 현실 인식과도 관련이 깊을 것이다.

그가 제시한 학설은 논쟁적이고 실천적인 성격이 강하였다. 따라서 그의 학문은 현실 인식에 투철한 경세관을 보여 준다. 그는 1862년의 이른바 임술 농민 항쟁에 대한 치유 대책으로 「임술의책壬戌擬策」을 제시하였으며, 1866년에 병인 양요가 일어나자 가장 먼저 상소를 올려 위정 척사 운동의 기폭제 역할을 한 바 있다. 이러한 경세책은 그의 학문에 기초하여 이루어진 것으로 이해된다. 그것은 그의 사상이 1840년대를 전후하여 정립된 이래 만년에 이르기까지 일관성을 유지한 점에서 그러하다.

그의 사상이 완전히 새롭고 독창적인 내용을 담고 있다는 사실이 알려지자 유생들은 즉각적으로 반응하였다. 중암 김평묵重庵金平默은 스승 없이 심오한 경지를 터득한 노사의 학문에 경탄하였으며, 특히 「외필」에서 논의한 화이론華夷論에 대하여 "한 칼에 두 쪽을 낸 듯 분명하다"고 호평하였다.

영재 이건창寧齋李建昌도 노사의 학문을 매우 높이 평가하였다. "이것이 천하에 진짜 학문이다. 이 학설은 우리 동국에 없을 뿐 아니라 중국의 원·명 제유諸儒 중에서도 일찍이 찾아보기 드문 일이므로, 당연히 그가 지은 성리학 제설을 뽑아 두세 책 정도 만든 다음 천하에 전하고 명산에 간직해야 한다"라고 하면서 언제나 노사의 문하에서 공부하지 못한 것을 한탄하였다.

매천 황현 역시 노사의 학문이 탁월하다고 평하였으며, 면암 최익현은 '척사명리斥邪明理'를 노사의 학문적 특징이라 간명하게 말한 바 있다. 당대의 학자로 이름을 날리던 김문청과 김매순은, 대다수의 선비들이 유체무용有體無用하나 노사만은 체용을 겸비한 인물이라 하였다. 이같이 당시의 내로라하는 학자들은 노사가 학문적으로 매우 탁월하다는 점을 인정하였다.

그러나 주기론의 학맥을 자처한 간재 전우는 노사의 학설을 강력히 비판하였다. 기정진이 죽고 난 후에 치열하게 전개된 논쟁은 주로 노사의 문인들과 간재 사이에 진행되었다. 이 논쟁의 주된 문제는 물론 이기론이었다. 논쟁의 빌미를 제공하는 학설을 제창한 사실만으로도 노사의 학문적인 깊이를 대강 가늠할 수 있을 것이다. 한편 북한에서는 그를 "봉건 통치 계급의 이데올로기를 대표하는 학자"라고 하면서, 그의 학설이 "썩어 가는 봉건 통치를 합리화하는 사상적 도구의 역할"을 한 것으로 이해하였다.

기정진은 스스로 문장지학文章之學과 성명지학性命之學을 두루 섭렵하였다는 점을 완곡히 피력하였다. 이러한 노사에 대해 세간에 "장안의 만 개의 눈이 장성의 외눈만 못하다(長安萬目不如長城一目)"라는 말이 회자될 정도였다. 이는 노사의 학문적 탁월함이 당대부터 인정되었음을 의미할 것이다.

이처럼 학문적으로 탁월했던 노사는 부친의 유명을 받들어 30대 초반에야 향시에 응시하였고, 34세에 사마시 장원으로 급제하였다. 이후 그는 강릉 참봉(35세)·사옹원 주부(40)·전설사 별제(45)·무장 현감(60)·사헌부 장령(64)·사헌부 지평(67)·동부 승지(69)·호조 참의(69)·공조 참판(69) 등의 벼슬을 제수받았다. 하지만 그는 관직에 거의 나아가지 않았으며 단지 전설사 별제가 내려지자 단 6일간 근무하였을 뿐이다. 그것도 인사를 집행하는 정부에 자주 누를 끼친 미안함 때문에 예우로서 잠시 취임한 것에 지나지 않았다. 노사는 경제적으로 어려운 처지였지만 관계에 진출하는 것을 전혀 고려하지 않았던 것이다.

2. 노사 학파의 형성

지금까지 노사가 언제, 어떻게 학문적 기초를 닦았는지와 그의 학문적 특징과 평가에 대해 알아보았다. 이제 노사 학파의 형성에 관하여 검토하고자 한다. 노사의 학문적 경지가 알려지면서 그를 따르는 유학자들이 점차 모여들기 시작했다. 그리하여 이들은 하나의 학문적 동질성을 지닌 집단을 형성하게 되어 기산림奇山林 혹은 노사 학파라 불렸다.

그렇다면 노사 학파가 형성된 시기와 규모 및 그들의 특징 등이 궁금해진다. 노사는 스승을 자처한 적이 없었으나, 성리학에 대한 의문점을 스스럼없이 토론하기를 좋아하였다. 노사의 학설을 깊이 신뢰하고 따른 대표적인 문인으로는 먼저 노사를 주향主享으로 모신 장성 고산사高山祠에 종향從享된 인물들이 있다. 조성가(1824-1904)·이최선(1825-1883)·김녹휴(1827-1899)·조의곤(1832-1893)·기우만(1846-1916)·정재규(1843-1911) 등이 그들이다. 그리고 정의림(1845-1910)·기삼연(1851-1908)·오준선(1851-1931)·김석구(1835-1885)·고광선(1885-1934)·이희석(1841-1904)·정시림(?-?) 등도 문인에서 빼놓을 수 없는 인물들이다.

이들은 대부분 10대 후반에서 20대 초반에 노사의 문인이 되었다. 따라서 이들은 빠르면 1830년대, 늦으면 1860년대에 노사의 학문을 접한 것으로 보인다. 노사의 「연보」에 있는 다음과 같은 내용에서도 그러한 사실을 확인할 수 있다.

> "(임인壬寅, 45세, 1842) 사방의 선비가 제자의 예를 갖추어 날마다 모여드니 선생은 사도師道로서 자처하지 않았으며 예물을 받지도 않았으나 가르치기를 게을리하지 않았다. 각자의 어질고 어리석은 재주에 따라 모두 학은을 입었다."

위의 기록으로 1840년을 전후하여 제자들이 크게 늘어났음을 알 수 있다. 이후에도 노사의 문인들은 계속 증가한 것으로 보인다. 1860대 중반에 노사의 여름철 피서를 수행한 문인과 종자가 수십 명이었으나 약 10년이 지난 후 노사가 강회를 열었을 때는 수백 명의 제자가 모여들었다.

따라서 노사의 문인들이 너무 많기 때문에 모두 다룰 수는 없고, 그 중 대표적인 인물로서 족적이 뚜렷한 경우에 한해 그 행적을 간단히 언급하고자 한다. 먼저 노사 학파로서 문집이 남아 있는 경우를 살펴보겠다.

「연원록淵源錄」에 따르면 당시 노사의 문인들은 전남·북과 영남 서부 지역 출신들이 대부분이었다. 이들은 대체로 1820-1850년대에 출생한 자들로서 약 600명이나 되었다. 뿐만 아니라 노사 학파는 재전 제자再傳弟子까지 합하면 4천여 명이나 되어 대단한 성세를 이루었다.

이들 가운데 문집을 간행한 사람들이 적지 않다. 현재 확인이 가능한 경우만 하더라도 33명이 문집을 간행하였다. 이 가운데 노사와 같은 성씨인 기씨가 8명이나 된다. 이는 학연과 혈연이 중첩되고 있음을 보여 주는 대표적인 사례라 하겠다. 이러한 점은 노사의 문인 중에 홍씨의 경우만 보더라도 쉽게 찾을 수 있다. 12명의 홍씨 중에 10명이 풍산 홍씨이며 그 가운데 8명이 남평에 거주하였다. 즉 같은 지역에 사는 같은 성씨가 동일한 학파의 문인으로 활동하였음을 알 수 있다.

그리고 노사의 문인과 최익현의 문인이 중복되는 경우도 있다. 오준선·박해량·이지무 등 십수 명에 이른다. 오준선이 면암의 문인으로 기록된 점은 쉽게 수긍이 가지 않으나, 면암의 「연원록」이 나중에 만들어졌기 때문이거나 사사師事의 선후 관계 때문이 아닐까 생각한다. 이는 또한 노사와 면암의 문인들이 활발히 교류하였음을 의미하는 것으로 이해할 수도 있을 것이다.

이제 노사 학파의 문인 가운데 대표적인 인물들의 행적을 간단히 짚어 보자. 정재규·정의림·김석구는 흔히 노사의 3대 제자로 일컬어진다. 정재규는 경남 합천 출신으로 22세에 노사를 찾아가 수학했는데, 노사는 그의 비범한 재주를 인정하며 "이미 배운 것을 난숙하게 익힐 것이요, 절대로 앞을 탐내지 말라(照顧後面 切忌貪前)"는 글귀로 독서하는 방법을 제시해 주었다. 이후 그는 스승의 학설을 충실히 계승했을 뿐만 아니라 노사의 학설을 비판한 간재 전우에 맞서 치열한 논전을 주도했다. 간재의 「외필변猥筆辯」과 「납량사의의목納凉私議疑目」(1902)에 대하여 그는 「외필변변猥筆辯辯」과 「납량사의기의변納凉私議記疑辯」(1903)을 지어 간재의 비판을 재비판함으로써 철학사적인 측면에서 의미 있는 논쟁을 벌인 것으로 유명하다. 당시 그는 "도리는 무궁한 것이요, 시비는 지공至公한 것이며, 학문은 강론을 통해 밝혀지는 것이다"라며 객관적인 비판 정신이야말로 학문의 기본적인 자세라고 주장하였다.

그는 도학뿐만 아니라 절의의 실천에도 앞장섰다. 1881년의 이른바 '신사 척사 운동'에도 참여한 바 있으며, 갑오 개혁에 반대하는 반개화 운동에도 가담했고, 을미 사변과 단발령 직후에는 의병을 도모한 바 있으며, 을사 조약 이후에도 최익현·기우만 등과 더불어 의병을 일으키려다 실패하였다. 그 후 그는 한주 학파寒洲學派와 화서 학파華西學派의 문인 등 주로 주리적 경향의 성리학자들과 활발하게 교류하며 학문 연구와 후학 교육에 힘썼다. 한편 그는 『노사집』 초간본의 교정에 참여한 데 이어 1900년에 「노사 선생 언행 총록」을 편찬하고, 1901-1902년에 자신의 향리인 합천 단성의 신안정사에서 중간본의 간행을 주관하였다.

김석구는 전북 남원 출신이나 18세에 노사의 문하에 입문하여 스승의 가까이에서 배우기 위해 담양 대곡으로 이사하였다. 그는 노사의 학문과 사상을 충실하게 계승하였으며, 특히 지와 행을 강조함으로써 평생을 학행일치로 일관하였다. 「자경편自警編」과 「사문문답師門問答」이 대표적인 그의 저술이다. 정의림은 24세에 노사의 문인이 되었으며, 『일신재집日新齋集』이 남아 있다. 능주 출신으로 기우만과 함께 전기 의병에 가담한 바 있다.

아울러 고산사에 스승과 함께 모셔진 인물들을 간단히 살펴보기로 하

자. 먼저 이최선은 담양 장전 출신으로 15세에 노사의 제자가 되었다. 그는 도학의 탐구와 절의의 실천을 중시하였다. 1862년 임술 농민 항쟁 당시에 그는 6천여 자에 이르는 방대한 분량의 삼정책을 작성하여 담양 부사에게 전달한 바 있다. 삼정책은 그의 현실 인식을 잘 보여 주는데, 그는 사회적 기강과 염치가 무너졌기 때문에 임술 농민 항쟁이 발생했다고 판단하였다. 이를 바로잡기 위한 대책으로 인재의 발굴과 도학의 진흥, 그리고 언로의 개방을 들었다. 이러한 내용은 노사가 제시한 각종 대책과 비슷한데, 이를 절대시하고 그 본성의 발현에 의한 사회 질서의 정립을 지향했다는 점에서 스승의 사상을 계승한 측면이 보인다.

또한 이최선은 병인 양요가 발발하자 의병을 모집하여 서울로 떠났는데, 노사는 출정한 그를 위해 시를 지어 격려하였다. 그리고 「외필」에 대한 비판이 일어났을 때에도 그는 「독외필讀猥筆」을 지어 스승의 학설을 적극 옹호하였다. 이러한 그를 노사는 '내불기심內不欺心 외불기인外不欺人'이라고 평하였다. 그의 아들 이승학은 부친과 더불어 노사의 문인으로서 기우만의 전기 의병에 가담하였으며, 손자인 광수는 나철 등과 함께 오적 암살단으로 활동하였다.

기우만은 노사의 친손자로서 만연의 셋째 아들이었으나 두 형이 모두 일찍 죽는 바람에 그가 가학을 이었다. 그는 조부의 사상을 충실히 계승하였으며, 특히 위정 척사 사상을 실천한 대표적인 인물이다. 명성 왕후 시해 사건과 단발령 그리고 아관 파천이 이어지자, 그는 호남 각 고을에 통문을 돌려 의병을 일으켰으나 선유사, 신기선의 지시에 따라 해산하였다. 그 후에도 한두 차례 의병을 도모했으나 뜻을 이루지 못하였다. 이후 그는 나라를 잃은 백성이라 하여 백립白笠과 상복을 착용하고, 장성의 삼성산에 초막을 짓고서 후진을 양성하는 한편 「호남 의사 열전」이라는 호남 의병의 전기를 저술하였다.

오준선은 18세에 입문하여 스승의 학설을 계승하였다. 특히 그는 소학을 중시하였으며, 향리의 용진정사에서 600여 명의 제자를 배출하였다. 의병에 직접 참여하지는 않았으나 인근 지역에서 활동하던 김준·전해산 등이 이끄는 의병 부대를 후원하였으며, 의병장 가운데 이기손·오성술·오상렬·전해산 등이 그의 문인록에 들어 있다. 그의 문집 『후석유고』는 「의병전」을 포함시켜 간행되었다가 일제 강점기에 금서로 분류되기도 했다.

이 밖에도 조성가는 진주 출신으로서 노사의 행장을 찬술한 바 있으며, 김녹휴는 덕행으로 이름났고, 이희석은 문학으로 유명하였으며, 기삼연은 호남 지방의 반일 투쟁을 선도한 대표적인 인물이었다.

노사의 제자들은 다기의 문맥을 형성하며 크게 확산되었다. 정재규의 문하에서 의령의 남정우, 구례의 정기, 단성의 권재규, 광양의 황철원 등 기우만의 문하에서 영광의 이종택·공학원, 능주의 양회갑, 옥과의 여창현, 광주의 김진현, 장성의 기노백, 고창의 성경수 등이 노사 학파의 맥을 이었다.

노사 학파의 학문적 특징은 시대적 상황과 무관하지 않다는 점이다. 얼핏보면 이기론의 시비를 가리는 일이나 이일분수설이 시대적 상황과는 전혀 어울리지 않아 보인다. 그러나 노사는 나라가 어지러울수록 인간의 근본 문제인 지극한 선의 발현과 그 실현이 더욱 요청된다고 인식하였다. 노사 학파의 문인들이 국가와 사회가 어지러울수록 그것을 바로 잡으려는 대책을 적극 제시하거나, 국가적 어려움을 직접 타개하기 위하여 의병을 조직하거나 참여한 사실만 보더라도 그러한 점을 확인할 수 있다.

노사 학파의 사상은 세 가지 방향으로 계승·발전되었다. 첫째, 위정척사 운동을 통한 존왕양이尊王攘夷의 정통성 회복, 둘째, 이른바 도학의 진흥, 즉 성리학 이론의 탐구와 발전, 셋째, 국가와 민족을 구하기 위한 의병 활동의 전개 등이 그것이다. 특히 의병 항쟁은 위정 척사 운동의 구체적 실현으로서 조선 왕조의 마지막 근왕운동勤王運動으로 이해되기도 한다.

노사가 죽은 직후 그의 문인들은 스승의 문집 간행에 착수하였다. 노사의 독창적인 이론을 널리 유포하고, 나아가 비판적인 일부의 견해에 적극 대응해야 할 필요성을 절감했기 때문으로 보인다. 다음의 인용문에 주목해 보자.

"노사가 작고한 지 1년도 안되어 그의 문집을 활자로 간행하였다. 영남에 있는 그의 문인들은 활자가 오래 가지 못한다고 생각하여, 신축년(1901)과 임인년(1902) 사이에 단성에다 간소刊所를 설치하고 판각을 새기기 시작하여 1년 만에 작업을 완료하였다. 근세의 문학가로 자칭한 사람 중에서 재상과 유림을 막론하고 작고한 지 얼마 안 되어 이렇게 훌륭하게 문집이 간행된 적이 없었다."

노사의 문집은 목활자로 1882년에 초간본이, 1898년 10월에 중간본이 간행되었고, 합천 신안정사에서 1902년에 목판본이 간행되었다. 노사의 『연원록』은 비교적 늦은 1960년에 간행되었다.

3. 노사 학파의 위정 척사 운동

19세기에 이르러 조선의 정국은 매우 심각한 상황으로 치달았다. 노사의 학문이 깊이를 더해감에 반비례하여 조선은 오히려 위기에 봉착하였다. 특히 1862년에 일어난 농민 봉기는 조선 정부를 더욱 곤경에 빠뜨렸다. 당시 농민들이 부패한 양반 관료와 탐학한 아전들의 가혹한 수탈에 견디다 못해 폭동을 일으켰는데, 이는 대부분 삼정의 문란에서 비롯된 것이었다.

노사 학파의 위정 척사 운동을 검토하려면 먼저 노사의 사상을 살피는 것이 순서일 것이다. 이미 앞에서 언급했듯이 노사의 학문적 특징에 대하여 최익현은 '척사명리'라고 표현한 바 있다. 따라서 노사의 그러한 사상을 이해하기 위해서는 노사의 현실 인식이 어떠했는가를 살펴보지 않을 수 없다. 다시 말해 노사가 시대적 상황을 초월하여 순수하게 학문에만 전념했던지, 아니면 현실의 변화나 개혁을 추구했는지를 밝히기 위해 그의 생각이나 행적을 파악해야 할 것이다.

노사는 학문적 업적 뿐만 아니라 현실의 변화를 갈망했던 것 같다. 이는 그의 사상적 기반이나 특징과도 무관하지 않으리라 생각된다. 그는 조선 사회의 체제를 근원적으로 바꾸려는 것은 아니었지만, 만연한 사회적 부조리의 척결에 남다른 열의를 가졌던 것으로 보인다.

법칙성과 우주의 근원이자 인간 도리의 근저로서 소이연, 소당연을 함께 갖춘 개념으로 이해하였다. 아울러 그는 이에 기가 종속된 것으로 이해하였다. 이와 같은 유리론적 이일원론은 노사의 현실 인식의 중요한 단서이다. 그는 이러한 사고의 틀로 19세기 중반의 조선의 사회적 상황을 바라보았던 것이다. 그는 조선이 대내적으로 삼정의 문란에서 비롯된 농민의 봉기가 그칠 날이 없는 데다 대외적으로 서양 세력의 위협에 직면한 것으로 인식하였다. 또한 이를 중시하였듯이 조선 역시 지켜야 할 지고의 목표로 판단하였다. 따라서 노사의 유리론적 이일원론은 현실세계를 해석하는 데에도 적용되었다. 즉 그가 즐겨 강조한 '기역이중사氣亦理中事·이분원융理分圓融·이함만수理涵萬殊' 등의 논리를 현실 세계에 적용하여 이를 중심으로 현상을 이해하려 하였다.

하지만 당시의 사회적 분위기는 기를 중시하는 경향이었다. 이에 대하여 그는 근원이 아닌 지엽을 중심으로 세계나 우주를 인식한 것이라고 파악하였다. 다시 말해 노사의 입장에서 보면 세계관이나 우주관이 뒤바뀐 셈이라 하겠다. 그러므로 노사의 유리론적 이일원론의 제창은 당시 권력을 장악하고 있던 노론 세력, 즉 기를 중시하는 기호 계열을 비판하는 한편, 그것을 바로잡아야 한다는 논리를 제시한 것이다. 이와 같이 노사의 학문은 현실을 외면하지 않고 당면한 문제를 적극 해결하려는 의지를 내포하고 있었다. 바로 이러한 점에서 노사 학문의 실천적 성격을 찾을 수 있다. 이러한 전통이 노사 학파에 그대로 계승·발전되었음은 물론이다.

당시 사회적 혼란을 시정하기 위한 노사의 대책은 「임술의책」에서 찾을 수 있는데, 여기에 그의 현실 인식이 잘 드러나 있다. 그는 1862년의 농민 항쟁을 매우 심각하게 인식하였다. 그는 농민 봉기를 '농민이 먹을 젖조차 잃고 울부짖는 소리'라고 이해함으로써 도탄에 빠져 허덕이는 농민들의 입장에 동조하였다. 사태를 해결하기 위한 방안의 하나로 국가에서는 양반·유생들의 구언책을 받기로 하였으나, 시무책의 말미에 과거 응시의 예와 같이 작성자의 이름 등을 밝히라고 부언하였다. 이러한 조치에 크게 실망한 노사는 애써 작성한 『임술의책』을 불살라 버리라고 하였다. 정부가 기대한 수준의 조치를 취할 수 없다고 판단하였기 때문이다.

당시 노사는 양민적養民的 차원에서 농민의 입장을 대변하는 개혁을 주장하였다. 이와 관련된 내용의 일부를 소개하면 아래와 같다.

> "엎드려 생각건대 사민四民의 업을 나눔에 있어 농민이 가장 양민이다. 생각건대 국가의 근본은 농민을 바르게 하는 데 있다. 지금 농민의 동요가 만약 이와 같으면 국가의 근본이 뒤집히는 것이다."

농민의 동요를 막아야만 국가의 근본이 바로 서게 되므로 농민들을 안정시키라고 주장한 것이다. 이를 위해 그는 양민 위주의 개혁을 요구하였다.

그는 사대부의 부패상과 이서층吏胥層의 부정을 신랄히 비판하면서, 삼정 문란의 해결책으로 다산 정약용이 『목민심서』를 제시한 방안을 지지하였다. 특히 전정을 개혁하기 위해서는 군자와 농민이 서로 돕는 관계가 정립되어야 한다고 역설하면서 구체적인 방향을 제시하였다. 그 중 주목되는 내용은 병작반수竝作半收의 토지 정책을 개선하여 1/10세 제도를 추진할 것과 아전의 횡포를 막는 방안이다. 그리고 군정은 국난과 흉년에 대비하는 방향으로 개혁되어야 한다고 강조하였다. 그는 군주를 유모, 인민을 어린 아이에 비유하였다. 유모가 어린 아이의 위급함을 구하는 것처럼 군주가 인민의 처지를 헤아려 주어야 한다는 것이다.

한편 그는 부패가 만연한 과거제를 바로잡아야 한다고 강조하였다. 이와 같이 그의 시무책에는 조선의 대내적 문제를 해결하기 위한 구체적인 방안이 담겨 있다. 요컨대 그는 조선이 양반 중심의 성리학적 지배 체제로 유지되기를 기대하였지만 개혁 없이는 그것이 불가능하다고 이해한 것이다. 이러한 인식은 노사 학파의 문인들에게도 계승되었는데, 상당수의 제자들이 삼정책을 제시한 점에서 그것을 확인할 수 있다.

노사의 두번째 시무 상소는 병인양요 직후인 1866년 음력 7월에 올린 것이다. 이는 이른바 위정 척사 운동의 기치를 처음으로 올린 기념비적인 내용과 의미를 담고 있다. 이에 대하여 황현은 다음과 같이 평하였다.

"이때 벽계 이항로와 노사 기정진은 양요로 인하여 사교를 배척하고자 항의하였다. 벽계는 더욱 강력히 저항하였으므로 이때 사람들은 그를 100년 이후 제일 가는 명유라고 하였다. 이항로와 기정진은 모두 아경亞卿까지 발탁되었으나 이 두 사람의 학술과 문장은 많은 사람을 압도하였다. 그들의 입신 처세도 본말이 있기 때문에 지난날 사환仕宦을 첩경으로 삼아 권문에게 머리를 굽힌 사람과는 완연히 달랐다."

병인 양요가 일어나자 기정진과 이항로가 위정 척사 운동을 전개했다는 것이다. 노사는 서양 세력을 효과적으로 막기 위한 방법을 구체적으로 언급했는데, 모두 6개 조항으로 나누어 설명하였다. 이른바 「비어책備禦策」으로서 '정묘산定廟算 · 수사령修辭令 · 심지형審地形 · 연병鍊兵 · 구언求言 · 내수외양內修外攘' 등이 그것이다.

이를 좀더 이해하기 쉽게 풀어서 설명하면 다음과 같다. 첫째로 대외 개방에 반대하는 입장에서 국론을 통일하여 일관된 지침이 있어야 한다는 것이다. 둘째로 유사시에 대비하여 국내의 지세를 상세히 파악해야 한다고 강조하였다. 셋째로 외세의 침략에 대비하여 군적의 효율적인 관리와 국방력의 강화를 주장하였다. 넷째로 현명한 정책을 개진하게 하여 건설적인 정책을 대폭 수용하라고 촉구하면서, 한글로 쓰인 시무책도 받아들이라고 주장하였다. 이는 인민들이 제시한 건설적인 대안의 수용을 의미한 점에서 주목된다. 끝으로 내정 개혁을 과감하게 수행하는 것만이 외세를 막는 지름길이라 주장하였으며, 그러기 위해서는 '결인심結人心,' 즉 인민의 힘을 결집시켜야 한다고 특히 강조하였다. 한편 사대부의 군역 부담과 서원의 무용성을 제기한 점도 주목된다.

노사의 상소에서 첫번째로 거론된 '정묘산'에서 주장한 양물금단론洋物禁斷論의 일부를 인용하면 다음과 같다.

> "요사이 호화 경박하게 양물을 즐겨 모으며 양포를 탐하여 입는 것은 가장 상서롭지 못한 일로서 아마도 해구海寇가 우리나라를 침략할 조짐입니다. 서울과 지방관에 명하여 장사꾼이 거래하는 양물을 수색하여 거리에서 불사르고 이후 거래하는 자는 외구外寇와 소통한 죄로 다스리면 백성의 뜻은 자연히 외길로 정해질 것입니다. "

위에서 보이듯이 노사는 외국과의 교역을 강력히 반대하였다. 그들이 그것을 매개로 침략해 올 가능성이 크다고 보았기 때문이다.

나아가 그는 서양에 의한 고유 질서의 파괴가 조선의 정통성과 주체성에 대한 도전과 위협을 의미한다고 생각하였다. 이에 그는 서양 세력을 반드시 물리쳐야 할 적으로 인식하였다. 그의 「병인소」에 이러한 내용이 잘 나타나 있다.

> "저들 교활한 오랑캐는 자기들의 생각하는 바를 눈 속의 못으로 삼아 갖은 방법을 다하여 구멍과 간격을 뚫어 반드시 우리와 교통을 하고자 바랄 뿐이니 그 밖에 또 다른 이유가 있겠습니까. 그 험악한 골짜기와 구렁을 싫어하지 않음은, 우리나라를 부용附庸으

로 만들려는 것이며, 우리의 강산을 저들의 재물로 만들려는 것이며, 우리의 문화를 저들의 노복으로 만들려는 것이며, 우리의 부녀자를 약탈하려는 것이며, 우리의 백성을 금수로 만들려는 것일 뿐입니다. 만일 교통의 길을 열면 저들의 영위하는 바는 사사건건 뜻대로 이루어져서 점차 막힘이 없어 2-3년이 지나지 않아 전하의 백성으로서 서양 사람으로 변하지 않은 자가 얼마 되지 않을 것입니다."

이 같은 노사의 통교금절론通交禁絶論은 서구 열강에 대한 그의 부정적인 인식을 드러낸 것이다. 이는 이존무대理尊無對의 유리론적 이일원론의 관점에서 서양 세력을 통찰한 것이라 하겠다. 다시 말해 그는 조선과 서양의 관계를 건정乾淨한 이에 대한 음욕의 사와 이가 휩쓰는 기의 대립이란 관점에서 이해하였다. 그 결과 그는 성리학적 의리를 중시하는 위정척사 사상을 개진하게 되었고, 그 대책을 앞서 언급한 바와 같이 여섯 가지로 집약하여 제시한 것이다.

이 무렵 프랑스군에 의해 강화도가 함락되었다는 소식이 전해졌다. 이에 그는 의병을 모집하는 격문을 지으며 거병을 추진하다가 소모사召募使가 파견된다는 소식을 듣고서 중단하였다. 또한 그의 문인인 석전 이최선이 의병을 일으켜 서울로 떠나자 그를 격려하는 시를 지어 보냈다. 그는 이 시에서 "종성宗姓이니 의당 백성 위해 기의起義하였네. 경서를 읽는 것이 창을 휘두르는 것보다 나을 것이 없다네"라고 하면서 자신의 소회를 피력한 바 있다.

1866년 음력 10월에 정부는 그를 동지돈녕 부사同知敦寧府事로 임명하였으나 그는 곧바로 사직하고 다시 상소를 올렸다. 상소에서 그는 사대부의 무염치를 비판함으로써 대내적 모순의 주체가 바로 양반 사회라는 점을 지적하였다. 하지만 노사에게서 양반 사회라는 틀을 바꾸려는 인식이나 활동은 보이지 않는다. 오히려 그는 조선을 지탱하는 주된 계층이 양반 사대부라고 인식하였다. 다만 양반 사대부의 무염치를 바로잡기 위해서는 군주의 독서와 택인擇人이 중요하다고 주장하였다.

얼마 후 그는 강화도 조약이 체결되었다는 소식을 접하고서 필묵을 문밖에 버리라며 절필을 선언하였다. 이는 학자 본연의 길을 포기하겠다는 의지의 표명이었다. 다시 말해서 당시 위정자들의 대외 정책을 부정하는

한편, 자신의 통교 금절론을 고수한 것이다. 그는 최익현의 부월 상소斧鉞
上疏 소식을 듣고서 조정에 사람이 없지는 않았다고 평하였다.

이처럼 노사는 학문적 심오함과 함께 투철한 현실 인식을 지니고 있었
다. 그는 급변하는 시대적 상황 속에서 그 해결책을 적극적으로 모색하는
모습을 보여 주었다. 이러한 시대적 사명 의식은 그의 문인들에 의해 계
승되었다. 노사학파는 도학적인 전통을 수호하기 위해 춘추의 의리 사상
을 크게 강조하였다. 그리하여 이들은 위정 척사 운동을 전개한 후에도
의병을 일으켜 일제에 맞서 강력히 투쟁하였다. 의병 항쟁에 적극 나선
대표적인 문인은 기우만·기삼연·정재규·정의림·이승학·박원영·김
익중·오준선·노응현·기재奇宰 등이다.

이들이 대한제국기 호남 의병의 중추적 역할을 수행하였음은 물론이다.
그의 제자이자 친손자이기도 한 기우만은 한말 의병을 주도함으로써 노사
의 이일분수설을 의리론에 입각하여 실천하였다. 그는 노사의 뒤를 이어
노사 학파를 이끄는 영수로서 '기산림'으로 불린 호남 지방의 대표적인
유생이었다. 그가 바로 전라도에서 최초로 일어난 장성 의병의 중심 인물
이 된 것은 결코 우연한 일이 아닐 것이다. 그는 정의림·기재 등과 함께
단발령과 아관 파천을 전후한 시기에 장성에서 의병을 일으키며 호남 의
병을 선도하였다. 이후에도 그는 상소 운동을 주도하였으며, 그것마저 여
의치 않자 을사 조약을 전후하여 다시 거의를 도모하였으나 실패하고 말
았다. 1909년에 그는 「호남 의사 열전」이라는 호남 의병의 전기를 저술하
는 한편, 후진 양성에 전념하였다.

기재의 아들 산도는 오적 암살단을 결성하여 매국노로 알려진 군부 대
신 이근택을 습격해 중상을 입혔다. 그 후 의병에 투신하였고, 3·1운동
이후에는 임시 정부를 후원하기 위해 모금 운동을 주도하였으나 해외 망
명에는 실패하였다. 그의 장인 고광순은 창평을 중심으로 전기 의병에서
후기 의병까지 두루 참여하였다. 그는 '불원복不遠復'의 기치 아래 장기
항전을 모색하던 중 지리산 피아골에서 일본군의 갑작스런 공격을 받아
1907년 10월에 순국하였다.

기삼연은 김익중 등과 같이 호남 창의 회맹소湖南倡義會盟所를 결성하여
전남 지역의 후기 의병을 주도하였다. 그는 기우만의 전기 의병에도 가담
한 바 있으며, 그 후에도 거의를 도모하던 중 체포되었다가 풀려났다. 이
에 굴하지 않고 그는 1907년 10월에 호남 창의 회맹소를 조직하여 호남

지방 후기 의병의 활성화에 크게 기여하였다. 하지만 일제 군경의 집요한 추적을 받은 끝에 1908년 2월에 체포되어 순국하였다. 그의 동료였던 김익중은 고창 읍성 전투에서 전사하였으며, 그의 문인인 성경수는 의병들의 군자금을 후원하였다.

정재규는 노사의 대표적인 제자로서 위정 척사 운동을 전개하였다. 황준헌의 『조선책략』이 조선에 전해지자 그는 척화소를 지어 올렸으며, 갑오 개혁이 단행되자 개화에 반대하는 서한을 관찰사에게 전달하였다. 을미 사변과 단발령 이후에는 거의를 도모하였고, 을사 조약 직후에도 면암과 더불어 의병을 일으킬 계획을 세웠으나 미수에 그치고 말았다.

이승학은 이미 앞에서 언급했듯이 기우만과 함께 전기 의병에 가담하였다. 그의 부친 이최선은 병인 양요가 일어났을 때 의병을 일으켜 상경한 바 있다. 그리고 이승학의 아들 광수는 송사의 문인으로서 나인영·오기호 등과 함께 자신회에 참여하여 오적 암살단을 결성, 매국노의 처단에 앞장섰다. 이들은 3대에 걸쳐 위정 척사 운동과 의병 전쟁, 의열 투쟁을 전개하였던 것이다.

1896년 3월, 광주 향교의 재임齋任을 맡고 있던 박원영은 이겸제가 이끄는 전주 진위대에 의해 처형당하였다. 그가 광주 향교를 근거지 삼아 기우만이 주도하는 호남 의병의 핵심적 역할을 담당하였기 때문이다. 오준선은 여러 의병 부대를 후원하였으며, 그의 문인 중에는 이기손·오상렬·오성술 등이 의병장으로 활약하였다. 노응현은 전남 지역 유일의 중기 의병 조직인 쌍산 의소雙山義所의 지도부로 활동하였다. 노사의 문인 가운데 기우만·오준선·조희제 등은 포폄褒貶 위주의 성리학적 의리 사관에 입각하여 대한 제국기 의병들의 전기를 편찬하였다.

노사 기정진은 수많은 제자를 양성하여 노사 학파를 형성하였으며, 그의 문인들은 이일원론에 입각하여 도학적 전통을 수호하거나 위정 척사 운동, 나아가 의병 전쟁과 의열 투쟁을 전개하였다. 이들은 19세기 중·후반 조선의 불안한 상황을 성리학적 입장에서 개혁하기 위해 끊임없이 노력하였다.

이처럼 노사 학파의 사상은 이론적 독창성뿐만 아니라 현실을 개혁하려는 시국관을 겸비하였다. 이들은 19세기 중반부터 20세기 초까지 임술 농민 항쟁 당시 삼정책을 제시하고, 위정 척사 운동을 전개하였으며, 대한 제국기의 의병 전쟁을 주도해 왔다. 특히 1900년을 전후한 시기의 의병 전쟁을 주도하거나 적극 참여하였다. 기우만을 비롯한 기삼연·이승학·기재 등은 1896년 초 장성 의병을 일으켰으며, 이들의 적극적인 권유로 나주 의병이 봉기하였다. 그리고 1906년 6월에 일어난 태인 의병은 기우만 등과 연합 항쟁을 모색하였으며, 쌍산 의소를 주도한 양회일 역시 노사 학파의 기삼연과 동시에 의병을 일으킬 계획이었다. 1907년 10월 호남 창의 회맹소를 주도한 기삼연은 노사 학파의 적극적인 지원에 힘입어 호남 의병의 활성화에 크게 기여하였다. 요컨대 노사 학파는 시종일관 호남 의병을 주도한 세력이었던 것이다.

이와 같이 실천적인 성격이 강한 노사 학파는 위정 척사 운동과 의병 항쟁을 주도함으로써 국왕에 대한 충성과 왕조의 옹호, 나아가 국가의 독립과 자주를 지키기 위해 투쟁하였다.

홍영기(한국사, 순천대 교수)

제2절
동학농민 혁명

새 세상을 꿈꾸었던 동학

19세기에 들어서면서 조선은 몇몇 가문이 권력을 독차지하는 세도 정치 시기였다. 과거 제도는 문란해지고 관직을 매매하는 일이 흔해졌다. 뇌물로 벼슬을 산 관리들은 백성들을 쥐어짜다시피 하여 욕심을 챙겼다. 그들이 사리 사욕을 채우는 주된 수단은 여러 가지 세금을 부당하게 거두는 것이었는데, 이는 '삼정의 문란'이란 말로 표현되었다.

이처럼 세도 정치 아래 고통 받던 다수의 농민들은 그들이 처한 삶의 현실을 극복하기 위해 노력하였지만, 뜻대로 되는 일이 없어 거의 자포자기에 빠져 있었다.

동학교주 최제우(1824-1864). 사도난정의 죄로 대구에서 처형되고 1907년 신원되었다.

이러한 때(1860)에 경주의 몰락 양반 최제우는 동학을 창시하였다. 동학은 서학에 대응할 만한 한국의 종교라는 뜻으로, 종래의 풍수 사상과 유·불·선의 교리를 토대로 하고 있었다. 동학의 기본 사상은 사람이 곧 하늘이라는 인내천人乃天이었다. 그 가르침의 바탕에는 인간의 존엄성과 누구나 평등하다는 사회 의식이 깔려 있었다. 또한 동학은 후천 개벽後天

1897년 12월 28일 전봉준(1854-1895)은 전라도 순창에서 피체, 서울로 압송되어 다음해 4월 23일 처형, 효수되었다.

開闢을 내세워 운수가 다한 조선 왕조를 부정하였고, 보국안민輔國安民을 내세워 서양과 일본의 침투를 경계하였다.

이처럼 민중적이고 민족적인 동학이 전라도에 전해진 것은 1880년대 후반이었다. 전라도 지역은 정부 세금 수입의 절반 이상을 차지하는 곡창 지대이자 조정과 지방 관리의 수탈이 가장 심한 곳으로서, 부당한 착취에 맞서 수십 차례의 크고 작은 농민 항쟁을 전개해 온 지역이었다. 외세 배격과 평등한 새 세상을 구하는 동학의 가르침은, 그러한 전라도 지역 민중의 조건과 잘 들어맞는 것이었다. 동학에 가입하면서, 전라도 농민들은 더욱 각성되고 조직된 힘을 표현할 수 있게 되었다.

농민 운동의 선봉에 선 전봉준

이처럼 깨어있고 단결된 농민들의 움직임과는 달리, 지방 관리들의 부정 행위는 별로 달라진 것이 없었다. 고부 군수 조병갑은 그러한 탐욕스런 관리들을 대표할 만한 인물이었다. 그의 뻔뻔스러움은, 농토가 아닌

곳에다 세금을 매기고, 죄 없는 사람에게 불효·불목不睦의 죄를 씌워 벌금을 강요하며, 억지로 만석보라는 보를 쌓아 물세를 거둘 정도였다. 전봉준은 이처럼 거꾸로 된 현실에 분개하면서 고부 지방 동학 지도자로서 때를 기다리고 있었다.

마침내 1894년 3월, 전봉준은 손화중, 김개남 등과 무장에서 "잘못된 나라를 바로잡고 백성을 편안히 하겠다"는 포고문을 선포하여 봉기의 횃불을 올렸다. 이들은 곧장 고부 관아를 점령한 후 백산을 본거지로 삼고, 전봉준을 호남 창의倡義대장에 추대하였다. 전봉준은 백산에서 '호남창의 대장소'의 이름으로, 전라도 모든 지역에 농민 봉기의 명분을 밝히는 격문을 보내, 주저하지 말고 혁명의 대열에 참여하자고 호소하였다. 이와 함께 세상을 구제하고 인민을 편안히 할 것, 일본과 서양 오랑캐를 모두 내쫓아 서울을 깨끗이 할 것, 군대를 몰고 서울에 쳐들어가 못된 벼슬아치들을 죽일 것 등과 같은 농민군의 4대 행동 강령을 밝혔다.

전봉준의 호소에 따라 전라도 33개 지방에서 동학 농민군들이 몰려들었다. 동학 농민군은 4월 고부 황토현에서 전라 감영의 지방군을 격파하고 정읍을 점령함으로써 더욱 자신감을 가졌다. 이에 조정에서는 홍계훈을 토벌 대장으로 삼아 중앙군을 급히 전주에 파견하였다.

동학 농민군 승리의 분수령이 된 장성 황룡 전투

동학 농민군이 중앙군과 맞닿은 곳은 장성이었다. 홍계훈은 이학승을 선봉장으로 삼아 군사 300명과 대포 2문을 주어 공격하게 하였다.

그들은 강 건너 황룡 장터에 주둔한 만여 명의 농민군에게 먼저 대포를 쏘면서 공격을 가하였다. 이에 동학 농민군은 신속하게 전열을 가다듬어 반격에 나섰다. 방탄 무기인 장태를 굴리면서 만여 명의 농민군이 밀려들자, 신무기로 무장한 서울의 정예 부대라 해도 당해낼 수 없었다. 그들은 패퇴를 거듭하면서, 선봉장 이학승 등 5명의 군졸이 전사했고 대포 2문과 서양총 100자루 및 다수의 탄환을 빼앗겼다. 마침내 동학 농민군은 장성 황룡촌에서 홍계훈의 중앙군을 격파하였다.

동학 농민군은 황룡촌 전투에서 승리함으로써 두려움을 모르는 사기 충천한 군대로 자리잡았다. 그들은 숨돌릴 겨를도 없이 전주로 진격하여,

4월 28일 전주성을 점령하였다.

동학 농민 전쟁의 전 기간을 통틀어 장성 황룡촌 전투는 큰 의미를 지닌다.

동학 농민군 1차 봉기에서 승리의 분수령이 되었으며, 집강소를 통해 그들의 염원을 실현할 수 있는 토대를 마련했기 때문이다.

농민을 정치의 주인으로 세운 집강소 활동

중앙군의 패배와 조선 왕조의 고향 전주성의 함락 소식은, 왕과 조정 대신들에게 엄청난 충격을 주었다. 그들은 신속하게 청나라에 구원 병력을 요청하기로 결정하였다.

청은 조선에 대한 영향력을 키울 수 있는 절호의 기회라 여겨, 청군 1천5백여 명을 아산만에 상륙시켰다. 그러자 갑신 정변 이후 청의 군사력에 밀려나 있던 일본도 청의 군대 파병을 구실 삼아, 청보다 두 배나 많은 3천여 병력을 인천으로 출동시켰다.

일본군까지 개입하는 뜻밖의 상황에 놀란 정부는, 동학 농민군과 휴전을 서둘러 두 나라 군대를 철수시키려 하였다. 농민군들도 외국 군대의 주둔을 원치 않았으므로 휴전에 응하였다. 새로 부임한 전라 감사 김학진은 전봉준과 서둘러 만나, 농민군과 관군이 화해하는 '전주 화약'을 맺었다.

동학 농민군은 전주성에서 물러나는 대신, 전라도 모든 군현에 '집강소'를 설치하여 정치의 폐단을 바로잡고 농민을 핍박하던 부자와 양반들을 징벌하면서 농민들이 바라던 새로운 세상을 만들어 갔다. 원래 있던 지방관들은 자리만 지켰을 뿐이었고, 집강소가 행정의 실권을 쥐고서 다음과 같은 정책을 추진하였다.

폐정 개혁안 12조
· 동학 교도와 정부 사이의 묵은 감정을 씻어버리고 모든 정치에 협력할 것.
· 부정한 관리의 죄목을 조사하여 하나하나 엄하게 벌할 것.
· 횡포한 부자를 엄히 벌할 것.
· 불량한 유림(선비)과 양반들을 벌할 것.

· 노비 문서를 불태울 것.
· 일곱 가지 천민에 대한 푸대접을 개선하고, 백정 머리에 쓰는 패랭이 갓을 없앨 것.
· 청상 과부의 재혼을 허가할 것.
· 명목없는 잡부금을 모두 폐지할 것.
· 관리는 지역 차별을 벗어나 실력 위주로 선발할 것.
· 일본과 내통한 자는 엄히 벌할 것.
· 공공의 채무나 개인의 빚은 모두 폐지할 것.
· 토지는 골고루 나누어 경작할 것.

집강소는 전라도 지역은 물론 동학 농민군의 세력이 왕성한 다른 지역에도 설치되었으며, 동학 세력은 경기·황해·평안도에까지 확대되어 갔다.

공주 우금치 전투의 피눈물

그러나 중앙의 정치 상황은 한 치 앞을 내다볼 수 없을 만큼 급박하게 돌아가고 있었다. 조정과 청나라 그리고 미국·영국·러시아도 청·일 양국 군대의 공동 철수를 요구했지만, 일본군은 군대 철수를 거절하고 침략의 속셈을 드러냈다. 일본은 6월 군대를 동원하여 경복궁을 점령한 후 친일 정권을 세운 후 청나라와 전쟁을 선포하여 아예 조선을 독차지하려 하였다.

일본군이 청·일 전쟁을 일으키면서 조선에 대한 침략 행동을 노골화하자, 동학 농민군은 더 이상 기다릴 수 없었다. 전봉준과 김개남은

일제에 의한 동학도 효수

동학 농민 혁명 기념탑(장흥)

곡식이 수확되는 9월이 오기를 기다린 후, 각처의 농민군들은 삼례로 모이라는 통문을 띄웠다. 9월 하순을 전후하여 전북 삼례에는 전라도 25개 지역에서 농민군 10만 여 명이 모여들었다. 이 2차 봉기에는, 지난 1차 봉기 때 방관적이었던 최시형의 북접 조직도 동참하였다.

남접과 북접의 동학 농민군은 충청도 논산에서 20만 대병력으로 결합하여, 전봉준을 총대장으로 삼고 서울로 진격하기 위해 공주로 향하였다. 공주에서 동학 농민군의 북상을 막은 것은 일본군을 비롯한 중앙과 지방 관군이었다. 농민군의 병력은 월등히 많았지만, 무기는 절대 열세였다. 특히 일본군의 기관총은 엄청난 위력을 갖고 있었다.

동학 농민군은 11월, 종교적 신념과 나라를 구하겠다는 일념 하나로 파도처럼 우금치를 기어올랐다. 그러나 기관총과 대창의 대결, 심지에 불을 붙여 쏘는 화승총과 방아쇠를 당겨 쏘는 서양 총의 승부는 애초부터 정해져 있었다. 전투가 거듭될수록 흰옷 입은 농민군의 시신은 산과 들을 덮었고, 그들이 흘린 피는 내를 이루어 흘렀다.

동학 농민군의 마지막 혈전이 된 장흥 석대들 전투

동학 농민군이 공주 우금치 전투에서 관군과 일본군의 신식 무기 앞에 무너진 뒤 원평 · 태인 등지에서도 잇달아 패해 남쪽으로 밀려났다. 그러나 농민군들은 전라도의 남쪽 끝 장흥에서 전열을 가다듬고 재기를 다지는 대반격을 도모하였다.

이방언 장군이 이끈 3만 농민군은 압도적인 병력에 의지하여, 관산 방향에서 자울재를 넘어 장흥성 앞의 석대들녘(지금의 장흥읍 남외리)으로 진격해 들어갔다. 정부군과 일본군은, 기다렸다는 듯이 석대들을 가득 메운 농민군을 향해 기관총 등의 신식 무기로 일제 사격을 가하였다. 기껏해야 화승총과 대창, 몽둥이로 무장한 농민군은 수백 명의 희생자를 뒤로 한 채 자울재 너머로 물러나야 했다. 농민군 5천여 명은 관산면 옥당리에 모여 다시 항전하였지만, 여기서도 1백여 명이 전사하고 다수의 생포자가 나면서 농민군의 전열은 무너져버렸다. 일부 농민군은 강진을 거쳐 해남 진도까지 밀려가야 했다. 이로써 동학 농민군의 마지막 불꽃은 장흥 석대 들 전투의 함성과 피눈물을 끝으로 스러지고 말았다.

외세를 배격하고 모두가 평등한 새 세상을 만들려던 농민들의 염원은 기존 질서를 유지하려는 집권 세력과 일본 침략 세력의 탄압 때문에 실패로 끝나고 말았다.

그러나 전라도 농민들이 흘린 피는 결코 헛된 것은 아니었다. 동학 농민 군들이 만들려던 평등한 세상은 갑오 개혁에 반영되어 신분제 혁파로 나 타났다. 동학 농민 전쟁에 참여했다가 죽음을 면한 사람들은 의병 대열에 뛰어들었다. 전라도가 한말 가장 격렬한 의병 항쟁지가 될 수 있었던 것은 동학 농민군들의 참여로 인한 전투 경험이 큰 힘이 되었기 때문이었다.

노성태(한국사)

때 만나서는 천지도 내편이더니
운 다하니 영웅도 할 수 없구나.
백성 사랑 올바른 길 무슨 허물이더냐
나라 위한 일편단심 그 누가 알리
        - 전봉준 장군의 유언시

내가 아는 시인 한사람 집에는 춘하추동 녹두장군 초상화만 덜렁 걸려 있다. 나라와 민 족을 위해 일어났다가 정부와 일군의 합작으로 전라도 피노리에서 붙잡히어 들것 위에 실려 가는 녹두장군. 하늘을 향해 부끄럼 없이 틀어 올린 상투며, 단정히 맨 옷고름, 이제는 자유스러운 눈빛으로 산천초목을 끌어안은 녹두장군. 처음에는 아이들도 무섭다 고 하였다지만 이제는 저 사람 우리 할아부지다 할아부지다 하며 자랑을 일삼는단다. 내가 아는 시인 한사람은.

        - 조태일의 『내가 아는 시인 한사람』 발췌

제3절
이방언, 동학농민 혁명의 마지막 횃불

1894년 동학 농민 운동은 부패한 봉건 체제에 반대하여 정치 개혁을 요구하고 외세의 침략을 물리치려는 반봉건 반제국주의 운동이자, 근대 민족운동의 서막이 되는 위대한 역사적 사건이었다. 19세기 말 지주와 관리들의 농민 착취는 가혹하였다. 견디다 못한 농민들은 고향을 버리고 정처 없이 떠돌았고 일본을 비롯한 열강의 침략 세력이 한반도를 차지하려고 경쟁하는 상황에서 동학에 의존한 농민들은 새로운 사회를 건설하기 위해 조직적으로 봉기하였다.

1894년 고부에서 시작된 농민 봉기는 전라도를 중심으로 삼남 지방에 들불처럼 번졌다. 농민군은 그해 11월에는 20여만 명의 대군을 헤아렸다. 그러나 관군과 일본군의 우수한 화력 앞에 농민군은 우금재 전투 이후 논산, 태인, 원평 등지에서 잇달아 패배하여 남쪽으로 밀리고 광주, 나주 일대의 손화중, 최경선 등도 12월 초에는 항쟁을 포기하여 농민 전쟁은 사실상 전체적으로 좌절되어 가게 되었다.

이때 꺼져가는 동학의 마지막 불꽃이 타오른 최후의 격전장이 바로 장흥이다. 패배가 충분히 예견되는 시점에서도 장흥 농민군은 포기하지 않고 끝까지 항쟁을 계속하였다. 3만여 명의 농민군을 집결시켜 동학 농민

전쟁의 마지막 횃불을 들었던 주인공이 이방언李邦彦(1838-1895) 장군이다.

당시 이방언은 '관산 이장군', '남도 장군' 또는 '장태 장군'이라는 별호로 불렸다. 이때 동학 농민군 지도자들 중에서 별호로 불린 사람은 '녹두장군'이라고 불리던 전봉준 외에는 이방언 장군뿐이었다. 남도 장군이라는 별호는 남도에서는 그가 가장 뛰어난 장군이었기 때문이고, 장태 장군은 장성 황룡강 전투에서 닭장태를 방어무기로 고안하여 승리를 거둔 데에서 연유한다.

당시 이방언이 이러한 별호로 애칭 되었다는 것은 그가 농민군의 존경과 사랑을 그만큼 받았다는 것을 의미한다. 2차 봉기에서 잇달아 패배한 농민군을 장흥에서 3만 명이나 재집결시킨 것만 보더라도 그가 얼마만큼 농민들의 신망을 받았고 또 지도력이 얼마나 탁월했던가를 알 수 있다.

고뇌하는 농촌 지식인

이방언은 1838년(헌종4) 장흥군 남상면(현 용산면) 묵촌리에서 태어났다. 본관은 인천, 본명은 민석民錫이고, 조선초 이조 판서를 지낸 공도공 恭度公 이문화李文和의 19대손이다. 이방언의 증손 이종찬李鐘燦(용산면 접정리 2구)씨의 증언에 의하면 이방언의 부친 묵암 이중길默庵 李重吉은 인천 이씨를 중심으로 남상면 일대에 2백여 년간 내려오는 청원계의 도정 都正을 맡았으며 박학다식했고 상당한 부자였다고 한다.

이방언은 어려서부터 학문에 열중하였고 장흥이 낳은 한말 유생 김한섭과 함께 임헌회의 문하에서 동문 수학하기도 하였다. 그는 키가 장대하고 체구가 우람하였으며 유달리 큰 목소리를 지녔고 성품이 호방하여 항상 의로운 일에 앞장서기를 서슴지 않았다고 한다. 또한 그는 상당히 유식했을 뿐만 아니라 대원군과도 교류가 있을 만큼 정치적으로 거물이었으며, 장흥은 물론 보성, 강진까지 그 영향력이 미치고 있었다.

1888년 장흥 지역에 가뭄이 들어 흉년이 계속되자 농민들은 생계 유지가 막연하였다. 농민들의 참상이 극에 달하였는데도 관아에서는 세금을 바치라고 독촉하였다. 그는 장흥 부사에게 조세를 감하여 줄 것을 청원하였으나 뜻을 이루지 못하자, 다시 전주 감영을 찾아가 직접 감사에게 조세를 감하여 줄 것을 진정하여 자신의 고향인 남상면 일대의 감세를 받게 하였다고 전하여진다.

이방언은 청년 시절에 농민 항쟁을 보고 듣고 자랐다. 1862년(철종13) 부패한 정부와 관리에 반발하여 전국적으로 농민들이 봉기한 대규모 농민 항쟁은 장흥에서도 일어난다. 보성 군수를 지냈던 고제환의 주도 아래 1천여 명의 농민과 초군이 관청을 습격하여 불을 지르고, 농민을 수탈했던 관리들을 징치한 사건이다. 당시 이방언의 참가 여부는 알려지지 않으나 그의 고향에서 일어난 이 농민 항쟁은 젊은 시절 그에게 상당한 영향을 주었을 것으로 짐작된다.

장흥 지역은 동학 농민 전쟁 때 남부 지역의 중심적인 곳이기도 하고 마지막 전쟁이 벌어졌던 곳이기도 하다. 또 농민 전쟁 초기 고부 민란 당시, 안핵사로 임명된 장흥 부사 이용태가 고부에서 초강경 진압을 할 때 이곳 장흥 벽사역 역졸 8백명을 이끌고 가서 갖은 만행을 저질렀다. 이와 같이 이 지역은 동학 농민 전쟁과 깊은 관련이 있는 곳이다.

장흥 지방의 동학 교세는, 1891년에 입도한 이방언, 이인환 등에 의하여 서서히 포교 활동이 이루어지다가, 그해 10월부터 시작되는 교조 신원 운동으로 점차 조직화되며 특히 삼례집회(1892년)를 전후하여 세력이 급격히 성장한다. 그리고 장흥에는 세 개의 접이 조직되었다. 남상면(현 용산면)의 어산접, 부동면(현 부산면)의 용반접, 그리고 웅치(곰재)접(지금은 보성군이지만 당시는 장흥군에 소속)이 그것이다. 어산접은 이방언이 접주였으며 용반접은 이사경이 접주였고 웅치접의 접주는 기록이나 구전에 나타나지 않는다.

이방언의 신분이나 사회 경제적 처지로 볼 때 그의 동학 입도는 파격적이다. 당시 그는 성리학에 대하여 일정한 비판적인 안목을 지녔던 것으로 생각된다. 봉건 수탈에 시달리는 농민들의 입장에 서서 전주 감영까지 찾아가 조세의 삭감을 관철시켰던 점으로 보아 농민들의 지지를 상당히 이해하는 인물로서, 성리학의 폐해를 지적하고 천도天道에 합치하는 수행을 통해 새 세상을 이루자는 동학의 가르침을 수용하였던 것으로 생각된다. 그리고 당시 농민들의 처지와 입장을 크게 반영하고 있는 동학의 교리에 공감함으로써 입도하게 되었던 것으로 짐작된다.

그는 1894년 동학 농민 전쟁이 일어나자 장흥의 이인환·강봉수, 강진의 김병태, 해남의 김도일, 영암의 신성 등과 함께 3월 제1차 봉기에 참가한다. 그리하여 그 유명한 장성 황룡강 전투에서 '장태 전법'의 주인공이 되는 것이다.

장성 황룡강 전투의 장태장군

1894년 1월 고부 봉기 이후 안핵사 이용태의 만행에 분개한 동학 농민군은 3월 20일 전봉준과 손화중 등의 지휘로 각지에 통문을 발하여 군사를 모아 봉기를 선언한다. 고부 관아를 점령한 후 백산으로 진출하여 3월 25일 농민군 대회를 열고 '호남 창의 대장소'의 이름으로 봉기의 명분을 밝히는 격문을 발표하고 4대 행동강령도 밝혔다.

"우리가 의를 들어 투쟁에 나선 것은 그 본위가 결단코 다른 데 있지 아니하고 백성을 도탄에서 구하고 나라를 반석 위에 두려는 것이다. 안으로는 탐학한 관리들의 목을 베고, 밖으로는 횡포한 강적의 무리를 쫓아내고자 함이다. 양반과 부호들로부터 고통받는 민중과 감사 군수 현감 밑에서 굴욕을 당하고 있는 아전들은 우리와 같이 원한이 깊은 자들이다. 조금도 주저하지 말고 즉각 일어서라. 만약 기회를 잃으면 후회하여도 돌이킬 수 없을 것이다. 갑오년 3월 25일 호남 창의 대장소"

이리하여 전라도 각 지역의 수천 명의 농민군이 백산에 집결하였으며 반제 반봉건의 혁명 의도가 명확히 천명되었다. 이어 농민군은 제 1차로 전주에서 출동한 관군을 4월 7일 황토현에서 크게 쳐부순 뒤 정읍, 고창을 거쳐 무장을 점령하고 다시 영광을 거쳐 함평에 도착하였다. 이때 동학 농민군은 1만여 명을 넘어서고 있었다.

정부에서는 이미 홍계훈을 양호 초토사로 임명하여 중앙군의 정예 부대 약 8백명을 거느리도록 하여 이를 토벌케 하였다. 이 부대는 장위영군으로서 신식훈련을 받고 신식 무기로 무장한 당시의 최정예 부대였으나 황토현 전투의 소식을 들은 군졸들은 겁을 먹고 무려 반수에 가까운 3백 30명이 탈영해버렸다.

4월 21일 병력을 증강한 홍계훈 부대가 영광 쪽으로 움직이고 있다는 소식을 들은 농민군들은 방향을 북쪽으로 바꾸어 장성으로 올라갔다. 4월 23일 장성에 도착한 농민군은 본진을 삼봉(현 고려시멘트 뒷산) 아래에 설치하고 일부 농민군은 월평리에 머물렀다. 이때 이방언도 이미 군사 1천여 명을 거느리고 농민군 본진에 합류하고 있었다.

홍계훈은 이학승 등에게 병졸 3백 명을 주어 보내면서 싸우지 말고 농민군의 동정만을 살펴오라고 했다. 이학승 등이 신현 고개를 넘어 장성 황룡 강가 월평리에 있는 농민군을 건너다 보고 있을 때 농민군은 마침 점심을 먹고 있었다. 관군은 홍계훈의 명령을 어기고 대포를 쏘며 공격을 하였다. 순식간에 농민군은 수십명이 죽고, 삼봉으로 후퇴하여 전열을 가다듬었다. 농민군의 반격이 시작되면서 관군과 농민군 사이에 일대 접전이 벌어졌다. 이때 농민군은 이방언이 고안한 장태 무기를 사용한다.

닭 장태는 밤에 닭을 짐승의 습격으로부터 보호하기위해 대(竹)로 용수처럼 둥그렇게 엮은 것으로 가운데는 불룩하고 양쪽 주둥이는 좁은데 이것을 처마 안쪽에 달아매어 닭이 그곳에 올라가서 자도록 한 것이다.

이방언은 이 닭 장태를 변형하여 양총의 총알을 피하는 방어 무기로 사용하였다. 여기에다 바퀴를 달았다는 얘기도 있으나 그보다는 둘레를 가슴 높이만큼 굵게 엮어 뒤에 숨어서 굴리고 가며 총을 쏘았을 것으로 여겨진다. 단단하고 매끄러운 대의 껍질을 방탄에 활용한 것은 이방언의 탁월한 발상이었다.

기세좋게 공격하던 관군은 갑자기 당황하였다. 농민군이 이 괴상한 방어 무기를 굴리고 오면서 공격해 왔기 때문이다. 농민군이 장태를 앞세우고 관군을 향해 세 방향으로 공격해 들어가자 관군은 총을 쏘아댔지만 전혀 효과가 없었다. 마침내 관군은 후퇴하기 시작했지만 이미 기선을 제압한 농민군은 장태를 앞세우고 정부군을 추격했다. 신현 고개 밑에서 이학승은 목이 잘리우고 정부군 3백명은 거의 전멸하였으며 농민군은 대포 2문과 양총 1백정을 노획하였다.

황토현 전투에 이어서 농민군은 두 번째 빛나는 승리를 하였다. 이 전투에서 이방언이 고안한 장태는 조총이나 죽창같은 형편없는 무기로 정부군의 양총에 대항하여 싸우는 데 큰 역할을 하였다. 장태로 양총의 우수한 성능을 무력화시키는 전술적인 승리였던 것이다. 이방언은 이때부터 '장태 장군'이라는 별명을 얻는다.

황룡강 전투에서 승리한 농민군은 숨돌릴 사이도 없이 장성 갈재를 넘어 전주로 향하였다. 그동안 농민군이 영광·함평 등지를 돌면서 일부러 시간을 끌었던 것은 작전상 이유가 있었다. 첫째는 전주성의 관군을 유인하여서 공격하자는 것이고, 둘째는 그렇게 멀리 돌아다니면서 농민군의 기세를 백성들에게 널리 알리고 호응을 얻자는 것이었다. 농민군의 전술은 이렇게 관군보다 한 수 위였고 그 작전은 적중했다. 4월 28일 농민군이 급히 치달아 전주성에 도달했을 때는 전주성은 열려있었고 관속들은 모두 도망한 후였다. 무장에서 봉기한 지 37일 만에 전주성을 점령하였다.

한편 관군이 농민들에게 민심을 잃고 번번이 대패하게 되자 조정에서는 동학 농민군을 막기 위하여 청나라에 원군을 요청하였다. 조선 침략의 기회를 노리고 있던 청과 일본은 기회를 놓치지 않고 출병하여 5월 5일에 청군이 아산만에 상륙하고 다음 날인 6일에 일본군이 인천에 상륙하였다. 이에 농민군은 5월7일 외국군 철수와 폐정 개혁을 요구 조건으로 조정과 전주 화약을 체결하였다.

1차 농민 전쟁에서 성공한 농민군들은 고향으로 돌아가 자신들의 자치 기구인 집강소를 설치하고 개혁 작업을 추진한다. 장흥에도 자라번지(현 부산면)에 6월경 집강소가 설치되었고 그 외 묵촌 등지에도 설치되었던 것으로 알려진다. 6월 1일 그와 동문 수학했던 유생 김한섭은, 이방언이 동학에 물든 것을 경고하고 절교하였다는 내용의 「적도에게 경고하여 보이는 글」을 지어 마을 사람들에게 보였다. 이것으로 보아 이 시기에 이방언은 장흥에 돌아와 묵촌 일대를 중심으로 웅거하며 그 일대에 막강한 영향력을 행사하였던 것 같다. 이사경 접주를 중심으로 한 자라번지의 집강소와 묵촌을 근거지로 한 이방언의 폐정 개혁 활동은 6월경부터 활발하게 진행된다.

이 무렵 장흥, 강진 일대의 유생들은 동학 농민군에 대한 대응을 모색하게 된다. 7월 30일 그동안 공석이던 장흥 부사에 박헌양이 부임하면서 동학 농민들에 대한 유생들의 대응 활동이 점차 조직화되어 간다.

장흥에서의 재봉기

전주 화약 이후 동학 농민군이 각 고을에서 폐정 개혁 활동을 전개하고 있을 무렵 일본군은 경복궁을 점령하여 친일 개화 정권을 수립하였고, 청일 전쟁을 일으켜 승리하게 된다. 이처럼 일본의 침략이 노골화되자 전봉준 등 농민 지도부는 9월 말경 일본 축출을 위한 2차 농민 봉기를 결정한다.

장흥에서도 역시 이방언의 지휘 하에 5천여 명의 농민군이 봉기한다. 그러나 장흥 일대에서는 9월 초순부터 동학 농민군에 대한 수성군守城軍 측의 공세가 본격적으로 이루어진다. 집강소를 철폐하고 동학 교인을 체포하여 포섭하는 등 강경한 탄압이 지속적으로 전개되었다. 이러한 위급한 상황 속에서 동학 농민군은 삼례의 농민군의 본진영에 가담하지 못하고 장흥부 벽사역, 강진 병영으로부터 멀리 떨어진 산간 지역에 집결하여 세력을 강화하는 한편 전봉준의 본영에도 연락을 취하여 지원군을 요청한다. 10월 초순 공주 우금재 전투 직전 전봉준은 김방서 부대를 이곳 장흥, 강진 일대에 파견한다.

11월을 전후하여 강진 병영과 장흥부를 중심으로 수성군 측의 장흥 일대 농민군에 대한 탄압과 공세가 더욱 강화되어 감에 따라, 장흥의 농민군은 농민군 지도자들을 중심으로 군사력의 강화 활동에 들어간다. 남상면 묵촌의 이방언, 자라번지(현 부산면)의 이사경, 대흥(현 대덕읍)의 이인환, 고읍(현 관산읍)의 김학삼 등이 당시 이 지역 농민군 주력 부대의 지도자들이다.

용산면 묵촌리 마을 앞을 도르뫼 들판이라고 부른다. 이곳은 이방언이 농민군을 훈련시킨 장소로 전해오고 있는데, 아마 당시에 이방언은 이곳에서 어산접 농민군을 훈련시키지 않았나 생각된다. 들판 가운데는 두 개의 입석이 마주보고 서 있는데, 이것은 농민군 진영의 출입문 표시라고 한다.

한편 11월 초순에는 장흥의 동학 농민군을 지원하기 위하여 금구의 농민군이 장흥 외곽인 흑석 장터까지 내려오고 있었다. 강진 유생 박기현의 『일사日史』의 기록을 보면 11월 7일에 장흥과 금구 외에도 광주·남평·보성·능주 등의 농민군까지 합류하고 있음을 발견할 수 있다. 이와 같이 11월부터 12월 초를 전후하여 광주·나주·남평·화순·능주·보성 등지의 농민군은 장흥 일대로 남하하여 합류했는데 이들 연합 농민군의 규모는 최소 1만 명에서 최고 3만 명에 달하였다. 이들은 12월 1일부터 10일까지 파죽지세로 승리를 거두며 벽사역·장흥부·강진현·강진 병영을 점령하였다.

석대 들녘의 마지막 회전

12월 1일 사창에 집결한 1만여 명의 동학 농민군은 이방언 등의 지휘하에 12월 3일 벽사역과 장흥부 인근까지 접근하여 공격 태세를 갖추고 있었다. 12월 4일 아침 8시에 벽사역을 점령하여 각 공해와 역졸들이 살았던 민가를 모두 불질러버렸다. 이것은 3월에 장흥 부사 이용태와 벽사역 역졸 8백여 명이 고부에서 저지른 만행에 대한 응징인 셈이다.

장흥 부사 박헌양은 이전부터 수성 장졸과 부내 백성들을 독려하여 농민군과의 일전에 대비하고 있었다. 장흥부 성은 예부터 장녕성長寧城으로 불려왔다. 장녕성은 주변의 산과 탐진강의 지리적 이점을 이용하여 성벽을 쌓은 요새였다.

농민군들은 장흥 건산리 뒷산 모정등茅亭嶝(현 장흥고 터)에 집결하여 이방언 장군의 지휘 하에 대장기를 꽂고 본진을 폈다. 한편 사태가 급박하게 되자 장흥 부사 박헌양의 아들(성명 미상)은 장녕성을 탈출하여 전주에 가서 구원병을 요청한다. 수성군은 탐진강에 걸린 죽교竹橋를 파괴하고 대비하였으며 동학군은 화승총, 죽창 등 허술한 무기로 무장하였으나 사기는 충천하였다.

12월 5일 새벽을 기하여 동학 농민군의 총공격이 개시되었다. 농민군은 대포 소리를 신호로 주력 부대는 북문(현 장흥읍 연산리)을 먼저 공격하였고 다른 부대는 남문과 동문(현 장흥 극장 터)을 공격하여 들어가 일시에 함락해 버렸다. 장녕성 싸움은 부사 박헌양 이하 수성 장졸 96명이 전사하는 대혈전이었다. 지금 장흥 남산 기슭에는 그들을 기리는 영회당 수성 장졸 순절비가 남아있다.

이 장녕성 싸움으로 농민군의 군세는 처음 1만 명에서 3만 명의 규모로 증가된다. 이것은 강진·해남·영암·순천·보성 방면에서 계속 밀려온 농민군들이 합세하였기 때문이었다. 이들은 강진·병영·영암 등지를 점령하고 나주를 향해 진격하려는 계획까지도 세우고 있었다. 강진의 수성군과 병영군은 10월 초부터 12월 초에 이르기까지 인근 농민군들을 다수 체포, 포살하는 등 농민군 탄압에 기세를 올리고 있었다.

12월 6일 벽사역 뒷산에 머물러 있던 농민군은 강진 방향으로 이동하여 오후 2시경 사인점(현 장흥군 송암리) 앞 들판까지 진출하였고, 다음 날인 7일 오전 8시경 농민군은 강진현을 포위하였다. 강진 현감은 이때 나주로 도망하고, 유생 김한섭만이 유생 중심의 민보군을 이끌고 대항하다가 전사한다. 농민군은 강진의 관청을 불태우고 농민군 탄압에 앞장섰던 수성군들을 잡아 죽임으로써 그 동안 일방적으로 당해왔던 한을 일시적이나마 풀었다. 이어 농민군은 10일 병영까지 함락하고 병영 화약고에 불을 지르니 화약 폭발의 불꽃이 장흥에서도 보였다고 한다.

이와같이 강진 병영까지 점령한 농민군은 12일 장흥으로 귀환하여 모정 등에 다시 집결하게 된다. 이와 동시에 농민군 토벌의 임무를 띠고 내려온 정부의 선발대가 장흥에 도착하였다. 12일부터 이방언이 이끄는 동학 농민군은 토벌군과 소규모 접전이 시작된다. 13일 농민군은 토벌군의 선발대 겨우 30여 명과 1차 접전을 벌이는데 무기의 열세로 인하여 자울재(장흥에서 용산, 관산으로 넘어가는 고개)를 넘어 관산 방면으로 일시 퇴각한다. 토벌군의 신식 무기에 밀려 퇴각했던 농민군은 13일부터 14일 사이에 재집결하여 수만의 군세를 이루며 이방언·이인환 등의 지휘로 장흥부를 포위하여 재차 공격을 가하였다.

그러나 15일 정부군과 일본군의 본대가 장흥에 도착하면서 전세는 돌변하게 된다. 농민군은 이날 자울재를 넘어 석대 들판을 가득 메우며 압도적인 병력을 믿고 장흥부 쪽으로 진격하였다. 지금의 장흥읍 남외리 강진 방향 우측 도로변에 돌을 깎아 쌓은 듯한 곳을 석대라고 하는데, 그 석대 앞 들판을 석대들이라 부른다.

농민군이 정부군 및 일본군의 유인 전술에 속아 석대 들판으로 밀고 내려오자 토벌군은 기다렸다는 듯이 쿠르프식 기관총 등 신식 무기로 일제 사격을 가하였다. 기껏해야 심지에 불을 붙여 발사하는 화승총과 죽창, 몽둥이 등으로 무장한 농민군은 수백 명의 희생자를 내고 자울재 너머로 통한의 퇴각을 해야만 했다.

17일 농민군 4~5천 명은 관산 옥당리에 집결하여 최후의 항전을 시도했으나 여기서 다시 1백여 명이 포살되고 수십명이 생포되었으며 나머지는 피눈물을 뿌리며 피신 길에 올랐다. 이리하여 갑오년 동학 농민 전쟁의 마지막 불꽃으로 타올랐던 장흥 동학 농민군은 석대 전투에서 관군과 일본군의 신식 무기 앞에서 처참하게 패배하고 만다.

장흥 동학 농민군의 지도자로서 명성을 날렸던 이방언은 12월 25일 우선봉장 이두황군에 의해 체포되어 나주 초토영으로 이송되었다. 대다수 농민군들이 문초 한 마디 없이 무조건 처형된 것에 비하여 이방언은 그래도 대접을 받은 셈이다. 이방언은 이듬해 1월 중순경 서울로 압송되어 권설 재판소에서 무죄를 선고받고 3월 21일에 석방된다. 그 이유는 증거 불충분이었다. 이러한 배경에는 대원군의 영향력이 있었다고 전해지고 있다.

서울에서 석방된 이방언은, 농민군을 도왔다는 죄목으로 체포되었다가 함께 석방된 보성 군수 유원규의 도움을 받아 보성 회녕면(현 회천면) 신기(새터)에 내려와 이의원 집에서 은거하다가, 신임 전라 감사 이도재가 체포령을 내린 후 어떤 자의 밀고로 다시 붙잡혔다. 그는 독자 성호와 함께 장흥 장대(현 장흥 서초등학교 터)에서 참형을 당하였다. 그의 나이 58세였다.

박태선(한국사)

제4절
한말 호남 의병의 항일 투쟁

1. 의병이 일어나게 된 배경

독립운동가 뒤바보(본명 계봉우桂奉瑀)는, "의병이라 하면 그 명사만으로도 큰 가치가 있다"고 말한 바 있다. 의병들이 오로지 의를 위해 생명을 내던지며 싸웠기 때문일 것이다. 더욱이 이들은 국가의 지원을 전혀 받지 못하면서도 오직 나라와 민족을 위해 강포한 일제의 군경과 목숨을 걸고 싸웠으니, 의병의 숭고한 뜻을 높이 평가하는 것은 당연하다고 하겠다. 의병은 1895년 경부터 1915년을 전후한 시기까지 약 20여 년간 투쟁하였다. 이들은 일제의 침략이 본격화된 1905년 무렵에 크게 증가하였다. 당시 전국의 크고 작은 산과 너른 들판은 일본 군경과 맞서 싸우는 의병의 함성과 피비린내가 그칠 날이 없었다. 이로 인해 일제와 투쟁한 이들의 항쟁을 흔히 의병 전쟁이라 부른다.

그러면 왜 정규 군대도 아닌 민간인들이 손에 죽창이나 화승총 등 보잘 것 없는 무기를 들고 일제의 침략을 저지하기 위해 앞장서야만 했을까. 당시 조선의 위정자들은 국가적 위기를 수습할 수 있는 능력을 상실한 채

동학교주 최제우(1824-1864). 사도난정의 죄로 대구에서 처형되고 1907년 신원되었다.

근대화의 갈림길에서 방황하고 있었다. 이 틈을 타고 일본은 19세기 후반부터 조선을 식민화하기 위해 정치·경제·군사적 침탈을 자행하였다. 예를 들면 경복궁을 강제로 점령하였으며, 명성황후를 살해하는 등 조선의 주권을 유린하였다. 이어 일본은 친일 정권을 내세워 단발령과 의관 제도의 개정 등과 같은 혼란을 가중시키는 조치를 거듭 내놓았다. 1896년 2월에 아관 파천이 발생하게 된 배경도 사실은 일제의 침략 정책에 대한 조선 왕실의 위기감에서 비롯된 것이라 할 수 있다.

20세기에 들어와 일본은 제국주의 마수를 노골적으로 드러내었다. 보호라는 미명 하에 일본은 을사 조약을 강제로 체결하여 자주 국가의 상징인 외교권을 강탈하였다. 그리고 일제의 정치적 침탈을 세계에 알려 외교적으로 호소하려던 고종을 강제로 퇴위시켰으며, 허울밖에 남지 않은 군대조차 해산시켜 버렸다. 뿐만 아니라 그들은 우리의 강토에서 두 차례나 국제적인 전쟁, 즉 청일 전쟁과 러일 전쟁을 벌임으로써 우리의 주권과 국토를 유린한 후 대규모의 군대를 아예 주둔시켰다. 또한 전국의 주요 항구와 도시의 번화가, 비옥한 농토와 어장, 산림 등 경제적으로 유망한 자원을 빼앗아 갔다. 이처럼 일제의 국권 침탈이 갈수록 강화되어 우리 민족의 생존권까지 위협하자, 이에 맞서 지식인에서 농투성이까지 수많은 국민들이 손에 무기를 들고 의병으로 나서게 된 것이다.

하지만 20년 이상 반일 투쟁을 전개한 의병의 규모가 얼마나 되었는지조차 아직 밝혀진 바 없다. 그저 의병의 활동이 가장 활발하였던 1907년부터 약 5년 동안 의병의 규모는 총 14만 명 정도로 추산될 뿐이다. 일제의 자료에 의하면 1907년 7월부터 이듬해 11월까지 희생된 의병의 숫자가 약 1만5천 명으로 집계되어 있다. 이러한 통계만 보더라도 당시 의병의 규모와 심각한 피해 상황을 미루어 짐작할 수 있을 것이다.

그런데 임진왜란 때와 마찬가지로 한말 의병은 전라도 사람들이 주도하였다. 임진왜란 당시 이순신 장군이 호남에 대해 "약무호남 시무국가若無湖南 是無國家"라고 말했듯이, 일제의 침략으로 풍전등화에 처해진 국가와 민족을 구하기 위해 전라도 사람들이 다시 앞장 섰다는 점이다. 당시 전라도 의병의 활동에 대해서 이미 역사가 박은식朴殷植(1859-1925)은, "대체로 각 도의 의병을 말한다면 전라도가 가장 많았는데, 아직까지 그 상세한 사실을 얻을 수 없으니 후일을 기다려야 한다"고 높이 평가하였다.

박은식의 이러한 주장은 일제의 통계 자료를 통해서도 입증된 바 있다. 아래의 〈표1〉이 그것이다. 〈표1〉에 의하면 1908-1909년 사이에 전라도의 의병 투쟁이 전국에서 가장 활발했음을 알 수 있다.

〈표1〉 각도 별 교전 횟수와 교전 의병수(1908년 후반-1909년 전반)

구 분 / 도 별	교 전 횟 수(%)		교 전 의 병 수(%)	
	1908	1909	1908	1909
경 기 도	87(4.0)	165(9.5)	1,453(1.8)	3,453(9.0)
충 청 남 도	217(11.0)	138(7.9)	7,666(9.2)	1,003(2.5)
충 청 북 도	113(5.7)	66(3.8)	6,815(8.0)	832(2.2)
전 라 남 도	274(13.9)	547(31.5)	10,544(12.7)	17,579(45.6)
전 라 북 도	219(11.1)	273(15.8)	9,960(12.0)	5,576(14.5)
경 상 남 도	153(7.7)	61(3.6)	3,328(4.0)	934(2.4)
경 상 북 도	158(7.9)	161(9.3)	5,702(6.9)	3,667(9.5)
강 원 도	273(13.8)	124(7.2)	18,599(22.5)	2,468(6.4)
황 해 도	232(11.7)	111(6.4)	7,998(9.7)	2,148(5.5)
평 안 남 도	108(5.5)	61(3.6)	1,391(1.7)	540(1.4)
평 안 북 도	41(2.1)	17(0.5)	2,590(3.1)	123(0.3)
함 경 남 도	99(5.0)	14(0.9)	6,438(7.8)	270(0.7)
함 경 북 도	11(0.6)	-	283(0.3)	-
합 계	1,976	1,738	82,767	38,593

(자료 : 국사편찬위원회 편, 한국독립운동사 1, 1965, 295-296쪽 인용)

위의 표에서 알 수 있듯이, 1908년 전라도의 의병들은 일본 군경과 교전 횟수 및 교전 의병 수에서 전국 대비 25퍼센트와 24.7퍼센트를, 1909년에는 47.3퍼센트와 60.1퍼센트를 차지하였다. 그 중에서도 전라남도의 의병이 더욱 강력하게 투쟁했음을 알 수 있다. 요컨대, 전라도 의병은 1908-9년 사이에 타 지역과는 비교가 안될 정도로 돋보이는 투쟁을 전개했음을 알 수 있다.

2. 호남 의병은 언제 왜 일어났나

전라도에서는 1895년 겨울부터 의병을 일으킬 준비에 들어갔다. 일본이 을미 사변, 즉 불량배들을 동원하여 명성황후를 잔혹하게 살해한 데다 이어 우리 국민들에게는 상투를 자르라는 단발령을 내렸기 때문이다. 이에 격분한 전라도 사람들은 고종이 러시아 공사관으로 피신한 아관 파천을 전후한 시기에 일어나 약 석달 만에 해산하였다. 당시 의병 봉기의 중심지는 장성과 나주였다. 전라도 최초로 의병을 일으키기 위해 앞장선 인물은 장성 출신의 기우만奇宇萬(1846-1916)이었다. 그는 노사 기정진蘆沙 奇正鎭(1798-1879)의 손자이자 제자였는데, 노사의 문인門人의 절대적인 지지에 힘입어 의병을 일으킨 것이다.

이들의 호소에 나주 등지의 양반 유생들이 적극 호응하였다.

"근왕하자고 이미 으뜸으로 외쳤으니 선비 되고 누가 따르지 않으리오 … (적당들이) 국모를 시해하고도 두려워함이 없는 데다 제 마음대로 권력을 휘두르니 통곡할 일입니다.(이병수, 「금성정의록」 병편, 「겸산유고」

당시 나주에서는 의병을 일으키려고 여론을 모으던 중 장성에서 통문을 보내오자 곧바로 동참 의사를 밝히고 있다. 나주의 적극적인 지지 표명에 힘입어 이들은 장성 향교를 본거지 삼아 의병을 모집하는 한편, 다시 한번 호남 각지에 통문을 보내어 참여를 호소하였다. 이들은 신분에 관계없이 충의로써 자원한 자라면 누구나 받아들여 의병 부대를 편성하였다. 음력 2월 초순, 기우만 등은 수백 명의 의병을 이끌고 나주로 출발하였다. 나주는 동학 농민 전쟁 당시 농민군의 파상적인 공격을 막아낸 곳이었다.

따라서 나주의 군사적 역량이 의병의 전력에 크게 도움이 되리라 판단하여 그곳으로 이동한 것이다.

나주에서는 장성 의병이 다다르기 전에 개화파 관료인 나주 관찰부 참서관 안종수 등을 처단하고서 의병 조직의 정비에 한창이었다. 이러한 활동이 인근 지역에 알려짐으로써 의병에 동참하는 사람들이 크게 늘어났다. 이를테면 함평 능주 무안 영광 등지의 양반 유생 및 향리들의 참여가 잇따르고 있었던 것이다. 한달여 만에 수백 명의 군세를 형성한 이들은 임진왜란 당시 의병장으로 활약한 김천일金千鎰 의병장의 사우 고지祠宇故址와 나주의 진산인 금성산 금성당錦城堂에서 의병으로 출진하기 위한 제사를 올렸다. 이어 의병 봉기를 알리는 상소를 다시 올리고, 전라도 각 군에 통문을 재차 띄웠다. 아직까지 호응하지 않은 군읍의 협조를 얻기 위해서였다.

의병투쟁 당시 항일의병들이 사용한 화승총.

당시 전라도 의병을 결집시킨 장성과 나주의 의병 지도부는 각각 호남 대의소, 나주 의소를 결성하고서 근왕하기 위해 서울로 올라갈 준비에 분주하였다. 이어 장성 의병이 이끄는 호남 대의소는 광주로 이동하였는데, 광주가 호남의 중심지로서 각지의 의병들이 집결하는데 편리하기 때문이었다. 나주 의소는 나주에 주둔하여 호남 지역 방어에 대비하였다.

그런데 이들이 광주와 나주에서 각각 전열을 정비하고 있을 때 고종의 해산 조칙을 소지한 선유사가 광주에 파견되어 왔다. 선유사로 내려온 신기선申箕善은 전라도 지역의 의병을 주도하는 의병장 기우만에게 국왕의 명령을 내세워 해산을 종용하였다. 그는 전국 각지의 의병 봉기로 인해 국왕의 환궁이 더욱 늦어진다는 내용의 조칙을 내보이며 어서 빨리 의병을 해산하라고 강요하였다. 결국 선유사 신기선의 지시에 따라 광산관光山館에 집결한 호남 의병 수백 명은 눈물을 머금고 해산할 수밖에 없었다. 대부분의 의병들은 명분을 중시하는 양반 유생으로 구성되어 있어서 국왕의 명령을 어길 수 없는 처지였기 때문이다.

물론, 의병 해산에 전혀 반발이 없지는 아니하였다. 훗날 다시 의병을 일으킨 기삼연은 끝까지 투쟁하자는 주장을 펴기도 하였지만 역부족이었다. 호남 대의소를 주도한 기우만을 비롯한 핵심 인물들은 수배 대상으로 지목되어 이리저리 떠돌며 피신하는 신세를 면하지 못했다. 그리고 광주 향교의 재임으로 의병 대열을 이끌었던 박원영은 관군에 체포되어 처형되고 말았다. 또한 담양에서 의병을 도모한 전 담양 군수 민종렬도 체포되어 서울로 압송되었으며, 유생 구상순은 죽음을 면하지 못하였다. 나주 의소를 이끌었던 의병 지도부는 더 큰 희생을 치렀다. 예컨대, 해남 군수에 부임한 정석진은 임지에서 나주로 압송되어 효수되었다. 또한 김창균·김석현 부자, 영광에서 합류한 정상섭 등도 베임을 당했다. 이들은 모두 향리 출신이어서 더욱 가혹한 처벌을 받았던 것으로 보인다. 그것은 나주 의소의 향리 출신 의병들이 개화파 관료의 처단에 앞장선 데다 신분도 낮았기 때문일 것이다.

이와 같이 1895년 말부터 1896년 초까지 활동한 호남 의병은 북상을 앞두고 해산하였다. 이들은 반개화 반침략적 근왕 의병으로 활동하다가 국왕의 해산 조칙이 내려지자 해산하는 한계가 없지 않았다. 하지만 을사 조약이 강제로 체결되자, 이들은 다시 의병에 투신함으로써 대일 항쟁의 확산에 크게 기여하였다.

3. 을사 조약 전후의 호남 의병의 움직임

일제의 국권 침탈이 갈수록 심화되자 의병 봉기가 재연再燃되었다. 이를 테면 1904년 8월에는 제1차 한일 협약이 체결됨으로써 일본인들이 한국에 들어와 마구 내정을 간섭하였다. 1905년 11월에는 을사 조약이 강제로 조인되어 한국은 외교권을 박탈당함으로써 반半식민지로 전락하고 말았다. 이 시기를 전후하여 국권을 수호하려는 의병들이 전국 각지에서 일어났음은 물론이다.

호남의 뜻있는 인사들도 다시 의병 봉기를 모색하였다. 그 대표적인 인물로는 기삼연·기우만·고광순 등을 들 수 있다. 이들은 을사 조약 이전부터 의병을 도모하느라 밤잠을 설쳤지만, 그들의 의지와는 달리 주목할 만한 성과로 이어지지는 못했다. 그런데 이들은 모두 1896년 초를 전후하여 의병에 참여했던 인물들이다. 특히, 기삼연은 "꿈에도 왜놈을 토벌하는 시를 짓고, 취한 상태에서도 왜적을 토벌하는 격문을 지었는데 권卷이 되고 축軸이 되었다"라고 할 정도로 강력한 반일 의식을 드러내었다. 장성의병을 일으킨 의병장 기우만 역시 은인자중하던 중 을사 조약이 체결되었다는 소식을 전해 듣고 일본과 매국 오적의 단죄를 주장하였다. 하지만, 상소 운동과 외교적 방법의 한계를 절감한 후 1906년 초 곡성에서 의병을 일으키려다 발각되어 체포되고 말았다.

한편, 그들 외에도 의병을 일으키려는 사람들이 적지 않았다. 최익현 백낙구 양한규 양회일 등이 그들이다. 특히 최익현은 호남 사람들에게 큰 영향을 끼쳤다. 그가 보낸 '포고팔도사민布告八道士民'이라는 글은 호남의 유생들의 의리 정신을 크게 고무시켰다. 그는 일본 제국주의의 침탈을 구체적으로 지적하는 한편, '을사 오적'의 처단 등을 주장하였다. 다시 말해 그는 성리학적 명분론을 추구하기보다는 민족적 자각과 국가의 보존을 강조하였던 것이다.

그런데 최익현, 임병찬의 주도로 일어난 태인 의병은 1천여 명의 군세를 자랑하며 한때 기세를 올렸으나 열흘도 못되어 패진하고 말았다. 양반 유생들을 중심으로 일어난 의병의 한계가 컸던 것이다. 한편, 태인 의병의 핵심 지도부는 대마도에 끌려가 감금되었는데, 그 중 의병장 최익현은 그곳에서 순절하고 말았다. 이후 그의 뜻을 이으려는 사람들이 크게 늘어났다. 여기저기에서 최익현을 추모하기 위한 사당 건립이 추진되었고, 태인 의병을 계승하기 위한 의병을 조직하려는 사람들이 증가하였다. 백낙구 고광순, 이항선, 강재천 등이 대표적인 인물들이다.

특히 백낙구는 앞을 보지 못하는 맹인의 처지였음에도 불구하고 의병에 투신하였다. 최익현이 일으킨 태인 의병이 실패로 돌아가자, 그는 1906년 11월에 구례와 광양을 중심으로 직접 의병을 일으킨 것이다. 그는 삼천리 강토와 2천만 동포를 구하기 위하여 일제에 맞서 싸우는 의병의 길에 투신하였노라고 밝혔다. 비록 눈이 멀어 보지 못할지라도 국가와 민족을 위한 구국의 일념으로 반일 투쟁 대열에 뛰어든 것이다. 그리하여 그는 한말의 수많은 의병 가운데 유일한 맹인 의병장으로 활약하였다.

또한 전남 화순 출신의 양회일은 가산을 털어 수백 명의 의병을 모아 쌍산 의소를 조직하여 능주·화순·동복 등지를 점령하는 등의 활약을 펼쳤다. 이들은 광주를 공격하다가 의병장 양회일을 비롯한 지도부 일부가 체포됨으로써 해산되고 말았다. 하지만 체포를 모면한 의병들이 다른 의

병 부대에 합류하거나 새로운 의병 부대를 조직하여 항일 투쟁의 전면에
나섬으로써 호남 의병의 확산에 크게 기여하였다.

4. 전라도, 의병 항쟁의 중심지로 우뚝서다

드디어 전라도 전체가 의병의 발자국과 함성에 메아리치는 시기로 접어
들었다. 1907년 후반부터 전라남북도에 의병의 불길이 거세게 일렁이기
시작한 것이다.

여기저기에서 의병 봉기가 줄을 이었는데, 특히 기삼연과 고광순의 활
동이 기폭제의 역할을 하였다. 이들은 전라도 최초의 의병 부대인 장성
의병에 참여한 이래 줄곧 의병 대열에서 벗어난 적이 없었다. 그러던 중
기삼연은 1907년 후반 호남 창의 회맹소라는 의병 부대를 조직하기에 이
르렀다. 무릇 의리를 내세우는 젊은이라면 누구나 한번쯤 참여하고픈 의
진이 바로 호남 창의 회맹소였다. 기삼연의 지조를 흠모하는 전라도의 청
장년들이 제 발로 찾아온 경우가 많았다. 그럴 정도로 그는 지난 10여 년
간 일편단심으로 나라를 구하는 데 앞장서 왔기 때문이다. 이후 호남 의
병을 주도한 내로라 하는 의병장들의 대부분은 호남 창의 회맹소를 거쳐
갔거나, 그의 뜻을 계승하여 의병을 일으킨 경우가 부지기수였다.

기삼연이 이끄는 호남 창의 회맹소는 반일 투쟁에 매우 적극적이었다.
그들이 일본인 군경의 목에 현상금을 걸었다는 점만 보아도 그러한 사실
을 짐작할 수 있다. 또한 이들은 일진회와 자위단을 비롯한 친일파 제거,
납세 거부 투쟁, 수입품 불매 운동 등을 전개하였다. 그 결과 이들이 활동
하는 지역에서 일본인들의 침탈이 크게 둔화되었고, 세금도 잘 걷혀지지
않았다. 이렇듯 이들의 반일 투쟁이 맹위를 떨치자, 일제는 광주 수비대
를 비롯한 일제 군경을 총동원하여 1907년 1월부터 2월까지 대대적인 진
압 작전을 펼쳤다. 이로 인해 전라도에서 활동하던 의병 200여 명이 전사
하였으며, 특히 의병장 기삼연 역시 순창에서 체포되어 광주로 끌려와 불
법적으로 총살되고 말았다. 그는 죽음에 임박하여 "군대를 내어 이기지
못하고 이 몸이 먼저 죽으니 일찍이 해를 삼킨 꿈은 헛것이었던가"라는
시를 남기고 순국하였다.

한편, 전남 창평 출신의 고광순 의병장 역시 호남 의병의 불씨를 끈질

의병 부대의 모습, 1907

기계 이어간 인물이었다. 그는 호남의 명가로 알려진 장흥 고씨로서 임진왜란 때 의병을 일으켜 호남을 지킨 고경명 의병장의 후손이었다. 그는 장성 의병에 참여한 것을 계기로 집안 일은 접어둔 채 오직 의병을 일으키려는 일념으로 뛰어다녔다. 그는 "서생의 가슴 속에도 갑병甲兵이 들어 있는 법"이라 토로하였다.

고광순은 의병이 모이는 곳이라면 어디든 마다하지 않았다. 1906년 6월 최익현이 태인에서 봉기한다는 소식을 듣고 달려갔으며, 11월에는 백낙구 등과 함께 구례 중대사에 모여 의병을 일으키기로 도모하였다. 1907년 2월에는 남원의 양한규와 연합하여 의병을 일으키기로 하고, 음력 12월 중순에 의진을 결성하였다. 아울러 그의 사위인 기산도는 오적 암살단과 의병으로 활약할 정도였으니 대대로 '충의전가忠義傳家'의 집안이라 아니할 수 없다. 1907년에 이들은 김동신 의병 부대와 연합하여 정읍 순창 등지를 공격하였으며, 동복과 구례 분파소를 습격하는 등 주로 산간 내륙 지역을 무대로 활약하였다.

이처럼 60노구의 몸으로 그는 오로지 국가와 민족을 구하기 위해 10여 년간 고군분투하였다. 그 결과 일제조차 고광순을 '호남 의병의 선구자' 혹은 '고충신高忠臣'이라 부르며 감탄할 정도로 호남 의병의 활성화에 영향을 끼쳤다. 특히, 그는 1907년 9월 의병 전략의 새로운 전기를 마련하였다. 즉, 일제 군경과 정면으로 맞서 싸우기 보다는 「축예지계蓄銳之計」,

즉 군사력을 기른 후 대일 항전을 벌이자는 준비론적인 장기 항전 전략을 수립한 것이다.

그리하여 고광순은 축예지계를 펼칠 수 있는 지역으로 지리산 피아골을 주목하였는데, 그곳의 입지적 조건이 가장 좋았기 때문이다. 그는 인적이 드문 피아골에서 민간인 포수를 모집하여 의병으로 훈련시켜 일제의 군경과 맞설 만큼의 군사력을 축적할 생각이었다. 그는 머지않아 회복하겠다는 각오로 '불원복不遠復' 세 글자를 쓴 군기軍旗를 세우고서 장기 항전의 의지를 불태웠다. 지리산 피아골을 장기 항전의 근거지로 설정한 최초의 의병장, 고광순은 더 이상 유약한 선비가 아니라 강건한 빨치산 의병장으로 우뚝 서게 된 것이다. 그런데 지리산이 의병의 소굴로 변모하자, 일제가 가만둘 리 없었다. 1907년 10월, 이들은 일본 군경의 기습을 받아 의병장 고광순을 비롯하여 약 30명의 의병이 장렬히 순절하고 말았다.

이후 크고 작은 의병 부대가 전라도 각지에서 일어나 1908년 이후에 전라도는 의병 항쟁의 중심지가 되었다. 기삼연과 고광순 등의 의병 정신을 본받아 계승하려는 새로운 의병장들이 다양한 계층에서 배출되었다. 당시에 새로이 등장한 의병장으로는 김준·김율 형제, 양진여·상기 부자, 김동신·전해산·심남일·안규홍·이석용·문태서·임창모·조경환·황두일·황준성·김영엽·박도경·양윤숙·이기손 등을 꼽을 수 있다. 이 중에는 지식이 풍부한 유생도 있으며, 중인에 속하는 인물뿐만 아니라 머슴에 이르기까지 다양한 신분이 혼재되어 있다. 김준과 김율·전해산·이석용·심남일 등은 유생, 김동신과 임창모·박도경은 중인, 안규홍은 빈농 출신이었다.

이들 중에 김준·김율 형제와 양진여·상기 부자는 1907년 후반부터 1908년에 광주·나주 지역을 무대로 대일 항쟁을 전개하였다. 이들에 이어 김동신은 지리산, 이석용은 임실·진안, 문태서는 덕유산, 전해산은 고창·영광, 심남일은 강진·장흥, 안규홍은 순천·보성, 황두일 황준성은 해남·완도 지역을 중심으로 뛰어난 활동을 벌인 의병장들이었다.

5. 호남 의병은 어떻게 싸웠을까

호남 의병은 먼저 무기의 개조와 신무기의 확보를 통하여 투쟁 역량을 강화해 갔다. 초기의 의병들은 대체로 화승총을 주무기로 싸웠으나, 시간이 지나면서 전력이 크게 향상되었다. 의병들이 직접 무기를 제작하거나 개조한 경우가 많았기 때문이다. 이 과정에서 무기의 성능이 개선되어 연발총을 제작하기도 하였다. 뿐만 아니라 의병들은 일본군으로부터 노획한 신무기를 사용하거나, 해안을 통하여 신식총을 밀수하기도 하였다. 이를테면, 청나라 상인들이 화약을 땅콩 포대에, 총기는 모피에 숨겨 수입품으로 위장시켜 한국의 의병들에게 판매하는 경우가 많았다. 당시 총기 가격은 상태에 따라 1정당 50-100원, 화약은 1근에 5-7원, 탄환은 1백 발당 5-10원으로 매매되었다.

다음으로 의병의 전술이 정면 공격에서 유격 전술로 전환하였다. 초기 의병들은 주로 정면 공격을 시도하여 거점을 확보한 후 북상하는 이른바 '북상지계北上之計'를 추진하였다. 이에 반해 1907년 이후의 의병들은 지형 지물을 이용한 유격 전술로 일제 군경과 맞서 싸웠다. 이와 같은 호남 의병의 활동에 대해 일제는, "우리와 충돌을 거듭함에 따라 적(의병: 필자 주)은 그 행동을 실험하여 근래에 이르러 교묘히 지형을 이용하여 기습을 행하고 그 이합집산의 모양이 진보한 것 같다"라고 평한 사실이 주목된다. 즉, 1907년 이후 호남 의병은 이른바 '분산과 집중' 혹은 '교란과 습격'과 같은 초보적인 유격 전술을 구사하였다는 것이다.

또한 호남 의병은 의진 간의 연합 전선을 강화해 갔다. 이들은 "무릇 일은 합치면 강해지고 분열되면 약한 것이다 … 이렇게 하면 성공하고 그렇지 않으면 패한다 … 이로부터 일이 있을 때는 합치고, 일이 없을 때는 나뉘었다"라고 하였듯이, 의진 간의 연합 투쟁이 확산되었음을 알 수 있다. 당시 전라남도에서 주로 활동하던 11개의 의병 부대가 전해산 의병 부대를 중심으로 연합하여 호남동의단湖南同義團을 결성하였다. 그리하여 호남 의병은 연합 투쟁 내지 공동 전선을 형성함으로써 상당한 성과를 거두기도 하였다. 이는 초기의 의병들이 분산적으로 활동한 것에 대한 반성의 결과라 할 수 있다.

끝으로 지역 주민과의 유대 관계를 강화함과 동시에 국내 의병 기지의 건설을 추진하였다. 초기의 의병들은 주민과의 관계에 별로 주목하지 않았으나, 평민 출신 의병장들이 등장하면서 주민 보호에 적극적이었다. 특히, 이러한 사실은 머슴 출신 의병장이 이끄는 안규홍 의병 부대를 통해 확인할 수 있다. 당시 대한매일신보 「남도 의병」에 "전라남도 통신을 거한즉 보성군에 사는 담사리라 하는 안모가 의병을 많이 모집하여 그 고을에 두류하나 백성에게는 침범하는 일이 추호도 없다"는 기사로써 그러한 사실을 짐작할 수 있다. 나아가 의병들은 주민들을 괴롭히는 가짜 의병과 부호의 토색, 관리의 가렴주구 등을 해결해 주었으며, 주민들은 의병들에게 숙식과 정보를 제공해 주기도 하였다. 그리하여 전라도는 의병의 장기 항전의 주무대가 되었던 것이다.

앞서 간략하게 언급한 바와 같이 호남 의병은 이른바 '축예지계' 즉, 장기 항전을 위한 의병 기지의 건설을 추진하였다. 이들은 지리산을 의병의 기지로 주목하였다. 이는, 중부 이북의 의병들이 이른바 '북계책北計策' 즉, 만주 및 연해주에 의병 기지의 건설을 추진한 것과 비교된다. 지리산을 무대로 활동하던 의병들은, "지리산 가운데 인적이 없는 곳에 가옥을 구축하고 장벽이나 방책을 만들고 식량을 비축하여 영구지책을 강구"하였던 것이다. 주민과의 유대 강화 및 국내 의병 기지의 건설은 향토를 수호하려는 호남 의병의 전략과 표리를 이룬 것이라 하겠다.

한편, 전라도의 수많은 의병장들은 지역 주민을 위한 활동을 전개하였다. 예컨대, 의병들은 납세 거부 투쟁, 가짜 의병의 침탈 방지, 악질 부호의 토색 근절, 미곡의 일본 유출 저지 등의 활동을 전개하였다. 이러한 의병 활동은 주민들의 생존권을 수호하기 위한 활동의 일환이라 할 수 있다. 이로써 의병과 주민 사이의 유대가 한층 강화되었다. 의병장 박용식은 주민과의 관계를 "의병과 주민은 머리와 꼬리처럼 서로 붙어 있다. 재난은 서로 도와주며 서로 믿고 의지함이 마치 부모 형제의 친밀함과 같다"라고 말할 정도였다. 이는, 호남의병의 활동이 안민安民, 즉 주민의 생존권을 수호하는 차원에서 이루어졌음을 의미할 것이다. 물론, 의병의 안민 활동에는 주민들의 생존권을 보호해줌으로써 자신들의 활동 기반도 견고해지리라는 기대도 포함되었을 것이다. 하지만 무엇보다도 이들은 주민들의 참상을 직접 목격하고 체험하였기 때문에 그러한 방향으로 활동하였으리라 생각된다.

6. 전라도의 산과 들, 의병의 피로 물들다

내륙에서 최초로 타오른 호남 의병의 불길은 지리산 등 심산유곡과 더

'토지조사사업' 을 위한 토지 측정 광경, 1910년대

붙어 남해 도서 지역에 이르기까지 걷잡을 수 없이 휘감았다. 일제가 전남 도서 지역을 '의병의 소굴' 이라고 표현한 점만 보더라도 당시의 상황을 짐작할 수 있을 것이다. 도서 의병은 일제 군경은 물론이고 일본인들의 어장 약탈에 분풀이라도 하듯 이주한 일본 어부와 어선, 등대 등을 가리지 않고 닥치는 대로 공격하였다. 특히 해남과 완도·진도 등 일본인의 이주가 활발하게 진행되는 도서 지역을 중심으로 의병의 활동이 집중되었다. 그리하여 도서 지역 의병들은 어장을 약탈하고 섬에 눌러 앉으려 했던 일본인 이주자뿐만 아니라 주재 순사까지 뭍으로 쫓아내었다.

이처럼 도서 지역에 이르기까지 전라도 전체가 의병의 불길에 휩싸이자, 일제는 호남 의병들을 "신출귀몰하여 군대와 경찰의 두통거리"라거나, "폭도의 소굴로서 무정부 상태"나 다름없다고 평하였다. 물론 일제의 침략이 없었다면 평화롭기 그지없는 땅이었을 것이다. 결국 일제는 호남 의병을 근절하기 위한 최후의 수단을 모색하였다. 아래의 글이 그러한 상황을 알려 준다.

"남한(전남: 필자 주)에 실시하는 대토벌에는 (메이지) 40년 이래 효력이 적었던 대토벌 방식을 고쳐 교반적 방법을 쓰기로 하였다. 즉 토벌군을 세분하여 한정된 지역 안에서 수색을 실행하여 전후 좌우로 왕복을 계속하고, 또한 기병적奇兵的 수단을 써서 폭도(의병: 필자주)로 하여금 우리의 행동을 엿볼 틈을 주지 않은 동시에 해상에서도 수뢰정 경비선 및 소수 부대로써 연안 도서 등으로 도피하는 폭도에 대비하는 등 포위망을 농밀하게 하여 드디어는 그들이 진퇴양난에 걸려 자멸 상태에 빠지도록 하였다. 이 토벌 방법은 의외로 효과를 거두어 폭위를 떨치던 거괴 심남일 안규홍 강무경 임창모 이하 20여 명을 포박 또는 사살하고 기타 8백여 명을 포획 … (1909년) 10월 말에는 폭도의 최대 소굴이었던 섬진강 이서의 지구인 전라남북도는 깨끗하게 청소(「조선폭도토벌지」, 「독립운동사자료집」 3, 792-3쪽)"

일제는 호남 의병을 소탕하기 위해 이른바 '남한 폭도 대토벌 작전'(1909. 9-10월)이라는 피의 학살 사건을 자행하였던 것이다. 호적 조사까지 겸해 이루어지는 호남 의병 대학살 사건은 전무후무한 대규모의 군사 작전이었다. 일제는 이미 주둔 중인 군대와 경찰을 제외하고도 2개 연대를 증파하였으며, 도서 의병의 퇴로를 차단하기 위해 해군 11정대와 증기선, 소형 발동선 및 경비선 수십 척을 동원하여 무자비한 군사 작전을 펼쳤다.

'남한 폭도 대토벌 작전' 기간에 자행된 일제의 만행은 말로 표현할 수조차 없을 정도였다. 당시의 상황에 대하여 황현은 『매천야록』에서, "일병들이 길을 나누어 호남 의병을 수색하였다. 그들은 그물치듯 사방을 포위하였으며, 촌락마다 샅샅이 수색하고 가가호호 조사하여 조금이라도 의심이 나면 즉시 죽였다. … 이때 사망자 수는 무려 수천 명"이라고 기록하였다. 이로써 가장 강력하였던 호남 의병은 일제의 잔혹하기 그지없는 군사 작전에 의해 처참한 희생을 치르며 종식되고 말았다.

일제의 대규모 군사 작전으로 호남 의병 5백여 명이 전사하였으며, 체포되거나 자수한 의병의 숫자는 무려 3천 명이나 되었다. 그 가운데 이른바 '죄질'이 비교적 가벼운 의병 훈방자 6백여 명을 선발하여 하동·해남 간 도로 건설에 강제 투입하였다. 이들은 '특수 인부'라는 이름으로 불리었으며, 60명당 순사 3명을 고정 배치하여 도망하는 경우에는 가차없이 총살하였다. 공사 기간은 2년 정도 소요되었으며, 21만여 원의 건설비를 투입하여 도로를 건설하였다. 일제는 그 도로를 '폭도 도로'라 불렀는데, 현재의 국도 2호선 중에 해남·하동 구간이 해당된다. 일제는 군사 작전을 종결한 후 『남한 폭도 대토벌 기념 사진첩』이라는 사진첩을 발간하였다. 제목에는 '남한'이라고 씌어 있지만, 실제로는 호남 의병의 진압을 기념하기 위하여 간행한 책자이다. 사진첩은 호남 의병이 겪은 온갖 수난을 생생하게 담고 있음은 물론 당시 호남 의병을 진압한 사령관에서 초급 장교에 이르는 면면들이 수록되어 있다. 의병 전쟁 20여 년 동안 특정 지역 의병의 진압을 기념하는 사진첩이 발간된 예는 전무후무한 사실이다. 이는 일제가 호남 의병의 진압에 얼마나 심혈을 쏟았는지를 보여주는 반증이라 하겠다.

한편, 일제의 무자비한 군사 작전을 피해 용케 살아 남은 의병이 과연 얼마나 되었을까. 일제의 총칼을 모면한 의병들의 숫자는 잘 알 수 없으나, 일제는 의병의 주도 인물 중에 살아남은 자를 기껏해야 4, 5명 선으로 추정하였다. 이기손·이덕삼·노일당·이감룡·강승우·서응오 등이 그들이다. 이들 가운데 이기손은 간도로 탈출하여 독립 운동에 투신하였다가 되돌아와서 전북 금산의 대둔산 골짜기에 은거, 한많은 생애를 마쳤다.

이상과 같이 호남 의병은 이른바 '남한 폭도 대토벌 작전'에 의해 엄청난 피해를 입은 끝에 크게 위축되었다. 하지만 독립군으로의 전환에도 일정하게 기여하였다. 특히, 1910년대 국내 비밀 결사 운동을 주도하였는데, 독립 의군부獨立義軍府가 그것이다. 독립 의군부는 1912년에 임병찬을 비롯한 의병 출신들이 결성한 비밀 결사였다. 독립 의군부의 지도부는 전국의 군 단위까지 조직을 결성한 후에 국권 회복 활동을 전개할 계획이었다. 그러던 중 1914년에 일부 조직원들이 검거됨으로써 조직이 탄로되어 와해되고 말았다. 그밖에도 이석용 의병장에 의해 결성된 임자 밀맹단이나 박상진 등이 주도한 광복회에 가담하여 활동한 인물들도 적지 않다.

또한 개별적으로 독립군으로 전환한 의병들도 발견된다. 예컨대, 앞서 언급한 광주 출신의 이기손 외에도 고흥의 이병채, 광양의 황병학, 장성의 기산도 등이 그들이다. 아울러 3·1운동 당시 만세 시위를 도모하거나 주도한 경우도 찾아진다. 심남일 의병 부대에서 활동한 남평 출신의 김도숙, 전남 낙안에서 의병에 참여했던 김종주와 유흥주 등이 그들이다.

이와 같이 호남 의병 중 일부 세력은 비록 소수이긴 하지만 만주와 중국 등지로 탈출하여 독립 운동에 투신하거나, 국내의 비밀 결사 운동을 주도 내지 적극 참여하였다. 일제의 '남한 폭도 대토벌 작전'에서 살아남은 호남 의병은 대체로 1912-5년 사이에 광복 운동으로 전환되어 갔음

일제의 이른바 '남한대토벌'에 끝까지 항전하다가 체포된 항일 의병장들

을 알 수 있다.

지금까지 검토한 내용을 토대로 한말의 호남 의병이 갖는 역사적 의의와 그 한계에 대하여 몇 가지 짚어보고자 한다. 첫째, 한말 호남 의병의 정신적 근원은 멀리는 임진왜란 당시의 호남 의병의 역할에 대한 자긍심에서 찾을 수 있다. 그것은 호남 의병을 주도한 인물들의 대부분이 왜란에 참여한 의병의 후손이란 점에서 입증된다.

둘째, 1908-9년 사이에 전개된 호남 의병의 강력한 반일 투쟁은 일제의 식민화 정책을 지연시키는 데 기여하였다. 일제는 1909년 후반경 조선을 강점하려 하였으나, 호남 의병의 투쟁이 장기화됨으로써 뜻을 이루지 못하였다. 나아가 전라도민들의 항일 의식과 민족 의식을 크게 고양시켰다. 결국 일제는 대규모의 군대를 투입하여 호남 의병을 무자비하게 진압한 이후에야 조선을 식민지로 삼을 수 있었다.

셋째, 국내 항일 운동 기지의 기초를 닦는 데 공헌하였다. 호남 의병은 장기 항전의 기반을 지리산과 같은 산악 지대 등에 구축하였는데, 그곳을 중심으로 민족 해방 투쟁이 끊이지 않고 계속되었다. 다만 국내에 독립 운동 기지의 건설을 추진한 까닭에 호남 의병은 막대한 피해를 입었을 뿐만 아니라, 국외의 독립 운동으로의 전환이 더디고 미약한 한계가 없지 않았다.

(*이 글은 『대한제국기 지방사람들』(어진이, 2006)에 실린 필자의 글을 약간 수정하여 재수록한 것임을 밝혀둔다)

홍영기(한국사, 순천대학교 교수)

5

일제 식민 통치와 민족 운동

제1절
애국계몽운동

　나라의 자주 독립과 근대화를 위한 우리 겨레의 움직임은 크게 두 갈래로 나타났다. 동학 농민 운동에 참여했던 농민들과 유생, 해산된 군인들은 의병 투쟁을 전개하였고, 일부의 애국 지사들은 여러 단체를 만들어 민족의 힘을 기르기 위한 애국 계몽 운동을 전개하였다.

　애국 계몽 운동은 교육 · 언론 · 학문 · 종교 · 경제 분야 등 각 분야에 걸쳐 전개되었다.

1. 방방곡곡에 들어선 학교 – 근대의 교육 기관

　외세의 침략이 더해지고 조선 왕조가 무너져감에 따라 서당과 향교,성균관을 중심으로 한 우리의 전통 교육은 함께 무너져갔다. 새로운 지식과 정신을 받아들이기 위해 정부는 각종의 학교를 세워나갔고, 일부 지역의 주민들은 스스로 학교를 세우기도 하였다. 또한 크리스트교 선교사들은 전도의 수단으로 근대 학교를 세웠다.

이 지역 최초의 근대 학교이자 공립 학교는 광주 서석 초등학교의 전신인 '광주 공립 심상 소학교'였다. 1896년 도청 소재지와 개항장, 전국의 주요 군 등 37곳에 공립 소학교가 세워졌는데, 영광과 순천에도 이 무렵에 세워졌다. 향교를 학교 건물로 쓰고, 향교에 지급했던 토지의 일부를 경비로 사용했다. 학교에서는 2년 또는 3년 동안 수신·독서·작문·습자·산술·체조 등을 가르쳤다. 이듬해인 1897년부터 을사 조약 때까지 무안항(목포)·장성·담양·진도·나주에도 학교를 세웠다.

을사 조약을 전후로 민족 지도자들은 국민을 계몽하고 국권을 회복하고자 전국적으로 많은 사립 학교를 세웠다. 1908년 전국의 사립 학교는 서울의 1백여 개 교를 비롯하여 모두 5천여 개 교, 학생은 2십만명에 이르렀다.

이 지역 최초의 사립 학교는 1905년 세워진 강진 금릉 학교였다. 지역의 유지들이 중심이 되어 향교의 건물을 이용하여 개교하였다. 같은 해 11월에는 여수시 삼산면 서도리에 이 지역 인사로 정부 관리를 지낸 김상순이 사립 낙영 학교를 세웠다. 그는 을사조약 체결을 보고선 교육 구국 운동에 참여하는 것만이 대안이라고 생각하고, 고향에 내려와 사재를 털어 건물을 짓고 직접 교장직을 맡았다.

애국 계몽 운동기 전남 지역의 사립 학교

	학 교 명	학교수
1905	강진 금릉 학교, 장흥 명진 학교, 여천 낙영 학교	3
1906	순천 승평 학교, 나주 영흥 학교, 담양 창흥 학교, 함평 지남 학교, 완도 육영 학교, 장성 장명 학교,	6
1907	영광 광흥 학교, 광양 광동 학교, 구례 호양 학교, 광양 희양 학교	4
1908	광주 배영 학교, 구례 봉양 학교, 구례 신명 학교, 구례 일양 학교, 목포 여자 학교, 장성 서봉 학교, 능주 육영 학교, 영광원 보통 학교	8
1909	곡성 양영 학교, 보성 광신 학교, 보성 유신 학교, 신안 지명 학교, 여수 경명 학교	5
1910	곡성 통명 학교, 강진 병영 융흥 학교, 여천 돌산 취성 학교, 영암 구림 보통 학교, 고흥 보통 학교	5

장성에서는 배일적인 선비들이 장성 향교 안에 변진걸을 학감으로 하는 사립 장명 학교를 세웠고, 담양 창평에서는 규장각의 관리를 지낸 고정주

일본인 토목기사들의 전남 무안군 토지 세부 측량현장

가 창평 향교의 보조를 받아 창흥 학교를 세워 그의 자제와 사위 등 가족과 친지를 모아 신학문을 가르쳤다.

이 시기 민중에 대한 교육을 담당했던 것은 서당이었다. 한 통계에 따르면 1910년까지 1천8백여 개의 서당이 근대 지식을 보급하고 민족 의식을 높였다. 결국 일제는 국권 침탈 후 서당을 없애고, 각종 사립 학교를 강제로 공립 학교로 바꿔버렸다.

한편 크리스트교의 전도를 위하여 여러 사립 학교가 세워졌다. 영흥 서당은 1903년에 서당 식의 소규모 교육 사업을 시작하여, 1905년 영흥 소학교로 정식 개편하였고, 1907년 4년제의 중등부를 설치하여 소학교 과정과 함께 운영하였다. 목포의 정명 여학교는 1903년에 설립되어 1914년에 보통과 4년과 중등과 4년제로 정식 인가되었다. 광주의 숭일 학교는 1906년 벨 선교사가 자신의 방에서 서당 식으로 시작하였다가, 1908년 3월에 숭일이란 이름으로 정식 개교하였다. 수피아 여학교는 1908년 숭일 학교가 정식 개교될 때 프레스턴 선교사가 숭일 학교에서 여학생을 분리하여 따로 수피아 여학교를 운영하였는데 중등부 교육을 시작한 것은 숭일과 같은 해인 1911년이었다.

2. 광주에서 추자도까지 "나라 빚 갚자!" – 국채 보상 운동

자주 독립을 지키기 위해서는 정치적으로 독립을 유지하는 것도 중요하지만, 경제적으로 외세의 영향을 받지 않는 것도 중요하다. 한말의 국채 보상 운동은 일제의 경제적 침략을 민중 스스로 막아내기 위한 몸부림이었다.

일본은 우리나라의 근대화를 위한다고 하면서 수도 시설을 갖추고 은행, 학교, 병원을 세우기 위해 거액의 차관을 들여왔다. 이러한 시설은 우리나라에 와 있는 일본인을 위한 것이었음에도 우리 정부에 강요하여 재정은 파탄에 빠졌고, 민족 자본은 도태되었다.

1907년 1월 대구의 광문사 특별회에서 서상돈과 김광제는 2천만 민중이 3개월 동안 담배를 피우지 않은 대신에 그 기간의 담뱃값 60전을 모아 나라 빚을 갚자고 제안하고, 단연회斷煙會를 만들었다. 이 소식이 알려지자 서울에서 국채 보상 기성회가 조직되었고, 대한 매일 신보와 황성신문이 모금을 주관했다.

전라도에서는 3월 들어 도 단위의 국채 보상 의무소가 만들어진 이후 15개 군에 17군데의 보상소가 만들어져 모금 활동을 전개하였다. 전라도에서 가장 많은 1천5백원을 모금한 곳은 영광군이었다. 영광에서는 불갑사의 금화金華를 비롯한 승려 12명이 참여하였으며, 일부 지역에서는 당시 사회에서 가장 천대받던 무당과 백정들이 앞장서서 모금에 참여하는 등 1만 2천여 전남인이 7천5백원을 모았다.

국채 보상 운동은 1908년 10월에 접어들어 침체되었지만 전남에서는 광주에서 남해상의 외딴 섬 추자도 주민에 이르기까지, 참여 열기는 높아갔다. 악랄한 일제가 1908년 8월 대한 매일 신보의 양기탁 총무를 국채 보상금 횡령 혐의로 구속함에 따라 국채 보상 운동은 중단되었다. 1910년 4월에 국채 보상을 위해 모금된 것을 유길준을 비롯한 각 지역의 대표들은 인재를 육성하기 위한 사범 교육을 실시코자 하였으나 일제의 방해로 이것마저 실패로 돌아가고 말았다.

경제적 자립을 위한 우리 민중의 열망은 일제 강점기는 물론 해방 이후 경제적 위기 때마다 나타났으며, 지역민들은 언제나 적극 나섰다.

3. 단군을 부활시킨 나철

새로운 세상을 바라는 민중의 염원을 담은 새로운 종교가 한말·일제 강점기에 호남 지방에서 일어났다. 동학은 경주에서 일어났지만 호남에서 혁명의 불길로 퍼졌으며, 증산교는 정읍에서, 원불교는 영광에서 비롯되었다. 대종교는 보성군 벌교 출신인 나철이 만들었다.

나철(1863-1916)의 본명은 인영이며 호는 홍암弘巖으로서 29세 때 문과에 급제하여, 승문원 권지 부정자承文院權知副正字를 거쳐 33세 때 징세서장(지금의 국세청장)으로 발령 받았으나 가난한 백성들한테서 혈세를 받을 수 없다 하여 부임하지 않았다. 그는 1905년 오기호(1865-1916)·이기(1814-1909) 등 호남 출신 우국 지사들과 유신회를 조직했다. 그 후 기울어져 가는 국권을 세우기 위하여 일본에 건너간 그는 "동양평화를 위해 한·청·일 3국은 상호 친선 동맹을 맺고, 한국에 대해서는 이웃의 의리로 돕자"는 내용의 글을 일본 정계에 전달하고, 3일간 단식 농성을 하였다. 1905년 11월 을사조약이 체결되자 의분을 참지 못하여 오기호·박대하·서창보·이홍래 등과 함께 을사 5적을 죽이려 했으나 계획이 새어나가 신안군의 지도智島에 유배되었다가 풀려났다.

이후 나철은 1909년에 오기호 등과 서울 재동 취운정에서 단군을 신위로 모시고 제천 의식을 거행한 뒤 단군교를 선포하였다. 이날을 대종교에서는 중광절이라고 한다. 교리를 손질하고 교세 확장에 힘쓰던 중 일제 탄압에 대처하기 위해 1910년 8월 단군교에서 대종교로 이름을 고쳤다. 그뒤 일제의 종교 탄압이 점점 심해지자 국외 교포로 교단을 유지하고자 만주 북간도의 삼도구에 지사를 설치하는 한편, 교리의 체계화에도 힘을 기울여 1911년에 『신리대전』을 간행했다. 1914년에는 교단 본부를 백두산 북쪽에 있는 청파호 부근으로 옮기고 만주를 무대로 교세 확장에 힘써 30만 교인을 확보했으나 일제는 1915년 10월 '종교 통제안'을 공포하여 대종교를 내놓고 탄압하였다. 교단 존폐 위기를 맞게 되자 그는 1916년 8월 15일 황해도 구월산 삼성사에서 일제에 대한 항의 표시로 49세의 나이로 스스로 목숨을 끊었다.

신채호·박은식·정인보·주시경·김두봉·최현배·장지연·지석영·홍명희·현진건·홍범도·김좌진·나운규·손기정·이상설 등 독립 운동사에서 결코 지울 수 없는 이들이 대종교의 신도였고, 봉오동 청산리 대첩을 우승으로 이끈 북로 군정서의 독립군들이 대종교 교도였음을 볼 때 나철을 '독립 운동'의 아버지로 부를 만도 하다.

박병섭(한국사)

제2절
3·1독립운동

3월과 4월 단 두 달에 2백12군 2백2만 명이 참가한 일제 강점기 최대의 민족 운동이자, 계층과 지역을 넘어 민족의 자주 독립과 세계 평화를 외친 전 세계 민족 해방 운동의 우람한 봉우리가 3·1운동이다. 의병 항쟁의 상처가 아물지 않은 1919년, 광양에서 목포까지 '대한 독립 만세'의 물결이 거세게 일어났다.

3·1독립운동의 배경

일제는 1910년 8월 29일 조선을 강제로 합병한 후 총독부를 설치하고, 일본인 현역 군인을 총독에 임명하고, 헌병을 경찰과 함께 전국 곳곳에 배치하여 무단 통치를 실시하였다. 총독은 입법, 사법, 행정 및 군사에 대한 전 권한을 가진 독립 왕국의 황제나 다름없었다. 또한 헌병 경찰은 첩보 수집, 의병 토벌, 범죄 즉결 처분은 물론 산림 감시와 어업 단속 등 조선인을 죽이고 살릴 수 있는 무제한의 권력을 행사하였다. 여기에 조선인 헌병 보조원을 두어 조선인을 괴롭혔다. 전국 1272곳의 헌병대와 경찰서

광화문 기념비각 앞에서의 만세 시위에 호응하는 군중, 1919. 3

는 조선인에게 지옥이나 다름없었다.

또한 일제는 땅을 빼앗기 위해 토지 조사 사업을 실시하였다. 조선 총독부는 1910년 9월에 관련 법을 공포하고, 토지의 소유권과 토지 가격, 지형을 조사하였다. 모든 토지는 그 지주가 신고토록 하고, 신고되지 않은 토지는 조선 총독부가 갖도록 했다. 복잡한 절차에다 일제에 대한 반감으로 신고를 안 한 사람의 토지는 물론 소유권이 분명하지 않은 국유지, 궁방 토지, 관청 토지, 마을 공동 소유지, 문중 토지는 자연스럽게 총독부의 소유지가 되었다. 그리하여 조선 총독부는 조선 최대의 지주가 되었고, 총독부는 차지한 토지를 불하는 형식으로 일본인 회사와 일본인 농장에 넘겼다. 그러한 현상은 곡창 지대인 광주를 비롯한 전남 지역에서 더욱 두드러졌으니, 예컨대 1915년 영산면의 농경지 중 82퍼센트가 일본인 소유로 되어 있을 정도였다.

일제의 조선 총독부는 토지 조사 사업과 그 이후의 수탈 과정을 통하여 한국 농토의 40퍼센트와 임야까지 포함한 전 국토의 50퍼센트를 점유하게 되었다. 이에 따라 한국 농민은 문전 옥토를 빼앗기고 만주 벌판으로 유랑을 떠났으며, 일본인 이주자들이 그 자리를 차지하게 되었다.

광주 전남 지역의 3·1독립운동

일제의 무단 통치 하에서도 비밀 결사를 만들어 활동해 온 국내의 독립운동가들은 윌슨의 민족 자결주의와 무오 독립 선언, 2·8독립 선언에 자극을 받아 고종의 장례일을 이틀 앞둔 3월 1일 대규모 시위를 계획하였다. 3·1운동은 천도교를 중심으로 기독교와 불교계 출신 민족 대표 33인

덕수궁 앞에서의 3·1운동 만세 시위 광경, 1919. 3

이 주도하였는데 천도계의 양한묵은 유일하게 전남 출신이었다.

3월 1일 오후 2시 민족 대표 33인 중 29명이 인사동 태화관에서 한용운의 선창으로 대한 독립 만세를 제창하였다. 이 때 학생들은 탑골 공원에 모여 있었으며 여기에 시민들도 가세하였다. 만세 시위는 3월 상순 이후 각 지방의 중소 도시와 농촌으로 확산되어 6개월 동안 이어졌는데, 3월 하순에서 4월 중순 사이에 운동의 열기가 최고조에 이르렀다.

한편 광주를 비롯한 전남 지방에서의 만세 시위는 다른 지역보다 약간 늦은 3월 10일의 광주 시위를 시작으로 전라도 전역으로 확산되어 갔는데 4월까지의 만세 시위를 요약하면 다음과 같다.

광주(3월 10, 11, 13, 16, 26 4월 1, 7), 강진(3월 25, 29 4월 1, 4), 고흥(3월 14, 15, 26 4월 1, 13), 곡성(3월 18, 20, 25 4월 1, 4), 광양(3월 26, 4월 1, 2, 4), 구례(3월 23, 24, 31 4월 1), 나주(3월 15, 16, 23, 27 4월 1, 3, 4), 담양(3월 10, 17, 20, 4월 1), 목포(3월 21, 4월 7, 8, 10), 무안(3월 18, 20, 28, 4월 1), 보성(4월 9, 10, 13, 14, 18), 순천(3월 16, 4월 1, 5, 6, 13), 여수(4월 1),영광(3월 10, 14, 15, 26, 27, 29, 30),영암(3

월 11, 4월 10), 완도(3월 15, 20, 4월 8), 장성(3월 10, 15, 20, 21, 25, 4월 3, 4), 장흥(3월 15, 20, 4월 1), 진도(3월 26, 4월 1, 15, 16),함평(3월 26, 4월 1, 8, 28, 12), 해남(4월 6, 10, 11), 화순(3월 15, 20, 4월 6, 15)

광주

광주의 첫 시위는 김강·최병준·강석봉·한길상·최한영 등이 주동을 하고, 김용규·김태열·강생기·박애순·진신애·최현숙(秀香)·홍승애·박영자·임지실·홍순남·박성순·최경애 등 숭일 학교와 수피아 학교, 농업 학교 학생들과 시민들이 참가한 가운데 전개되었다.

10일 오후 3시경 부동교 아래 작은 장터에는 약 1천명의 인파가 몰려 들었다. 양림동 쪽에서는 예수교인과 숭일 수피아 학생들이 광주천을 타고 내려왔고, 일반 시민은 서문통(지금의 우체국 앞길에서 황금동으로 가는 길)으로, 농업 학교 학생들과 시민들은 북문통(지금의 우체국 옆 충장로 2가에서 파출소까지)을 거쳐 운집했다. 시위 행렬은 서문을 지나 우체국 앞을 돌아 충장로로 내려가서, 지금의 충장로 파출소 앞에서 금남로로 들어섰다. 그리하여 구법원 앞을 지나 광주 경찰서 앞으로 몰려 들었다. 이러한 시위 행렬에 일본 경찰은 총을 멘 채 그저 따라만 다닐 뿐, 감히 손을 대지 못하였다. 그러다가 군중이 우체국 앞에 이르렀을 때, 무장 기마 헌병대가 출동하여 주동 인사들을 체포하기 시작했다. 이에 흥분한 군중들은, "우리가 자진해서 경찰서로 가겠다"고 외치며 경찰서 앞마당으로 몰려들어 가면서 더욱 맹렬하게 독립 만세를 부르짖었다. 경찰과 헌병은 발악적으로 대들었고, 총검을 휘두르며 무차별 구타와 폭행을 자행하였다. 이리하여 삽시간에 경찰서 앞마당은 피로 벌겋게 물들었고, 그 자리에서 구금된 사람이 1백여 명이었다.

이 운동은 다음날인 11일에도 계속되었다. 이날 오후 5시쯤 숭일 학생과 농업 학교 학생이 선두가 되어, 3백 명 가량의 군중과 대열을 지어 만세를 부르며 시내를 돌면서 시위를 했다. 그리고 13일 큰 장날은 장꾼들을 포함한 약 1천여 명의 군중이 목이 터져라 대한 독립 만세를 불렀고 그중 일부는 시위 행진도 하였다. 그러나 미리부터 이에 대비하여 배치되었던 헌병·경찰에 의하여, 11일에는 23명이 검거되었고 13일에도 20 명이 체포되었다. 이 운동으로 검속 당한 애국 지사들은 비인도적인 학대와 고문을 당하고 재판에 회부되었다.

3월 10일의 광주 독립 만세 운동이 있은 뒤, 양림동에 있는 기독 병원에서 회계원으로 근무하던 황상호는, 3·1운동에 참가한 바도 있었지만, 이 독립 운동을 영속화시키기 위하여 민중 계몽이 필요하다는 것을 느끼고 「조선 독립 광주 신문」을 발행하였다. 제1호는 3월 13일에 3백 부가 인쇄되었는데, 홍덕주와 장호조 등에 의하여 광주 큰 장터 및 시민들에게 배부되었다. 그리고 이어서 15일에는 제2호가 발행 배포되었다. 이렇게 해서 제4호까지 발행하다가 일경에 적발되어 체포되었다.

한편 4월 8일에는 광주 보통학교 4년생의 만세 운동 계획이 있었다. 즉 4학년 급장인 최영섭이 유봉식 등과 연락하여, 4월 8일 오전 10시를 기해 자혜 의원(현 전남대 부속병원) 앞에서 만세 운동을 전개할 것을 결정하였으나 일본 경찰이 이를 미리 알고 달려와 강제 해산시키고 최영섭 등을 검속하였다.

구례

3월 2일 남원군 천도 교구장 유태홍이 보낸 김종웅에게서 독립 선언서를 전달받고, 각지에 독립 선언서를 붙였다. 박경현 황위현이 태극기를 준비하여 3월 24일 장날을 이용하여 만세 시위를 벌였다. 이어 31일에도 읍내에서 산발적인 만세 운동이 있었다.

담양

정기환 국한종·임문호 등이 모여 3월 18일 거사를 결정하고 담양 보통학교 학생 김흥섭·김길호 등도 이에 동참하기로 했다. 비록 사전에 누설되었지만 청년·학생들은 수백 명 군민들과 함께 시위를 벌이다 검거되어 옥고를 치렀다. 20일 이후에도 산발적 시위가 이어졌다.

목포

서울에서의 3·1운동 소식이 알려지자 남궁혁·오도근·김영주 등 학생·청년들과 서상봉·곽우영·서화일 등 기독교인들은 서로 연락을 하며 4월 8일 거사하기로 계획했다. 이날 오전 기독교계 학교인 영흥 학교와 정명 여학교 학생들이 시위를 벌이다 일경과 충돌하여 큰 피해를 입었으며, 정오에는 죽동에서 여성 기독교인들이 만세를 불렀다. 이 날 시위로 곽우영 서화일 배치문 등 80여 명이 검속되었으며, 이들 중 40여 명이 실형을 선고받았다

무안

3월 18일 장산도의 유지 30여 명이 독립 경축회를 열고 시위를 벌였으며, 20일에는 읍내에서 김순기 정순홍 등 10여 명의 주도로 읍내에서 5백여 명의 군중이 시위를 벌이다 50여 명이 연행되었다. 그리고 연해안 각 지방에서는 3월 말과 4월 초에도 야간을 이용하여 산 위에 불을 지피거나,어선에 등불을 달고 만세를 부르기도 하였다.

보성

4월 3일 전평규 · 김규석 · 안진영 · 안덕환 등이 벌교에서 시위를 주동했으며, 13일에는 낙안면 신기리에서 유흥주 등이 주동이 되어 시위를 벌였다. 특히 14일에는 항일비밀결사인 이팔사의 안상규 · 안규삼 · 안규진 · 안은수 등이 중심이 되어 벌교에서 만세를 부르다 여러 명이 검속되었다. 18일에도 웅치에서 시위가 벌어졌으며, 복내 · 복내 · 미력 · 겸백 · 노동 · 율어 등 면에서도 산발적인 시위가 이어졌다.

순천과 낙안

3월 2일 천도교 남원교구로부터 독립선언서를 전달받아 각 지역에 배포하였다. 특히 강영무는 순천 군청, 면 사무소, 헌병 분소 앞 게시판과 4대문에도 독립 선언문을 붙였다. 3월 16일에는 순천읍의 예수교 청년 회원 수백 명이 만세를 부르려다 5명이 검속당했으며, 4월 7일에는 남문 연자루 위에 박항래가 장날을 이용하여 만세를 부르다 체포되어 11월 3일 옥중 순국했다. 낙안의 유흥주 김종주, 소매 안씨安氏 문중 성원들을 포함하여 20명이 넘는 인물들이 낙안과 벌교 장터에서는 비교적 잘 계획된 일련의 시위를 벌였다.

여수

3월 3일 순천 천도 교구를 통해 독립 선언서가 배포되었으며, 4월 1일 쌍봉 · 소라 · 율촌 등 면에서 산발적인 시위가 벌어졌다. 그러다 12일이 되어서야 간석 수산 학교 학생 김등열 · 하재학 · 유성회 · 김계봉 등이 모여 21일 읍내에서 시위를 벌이기로 계획했지만 사전에 누설되어 10여 명이 검속되었다.

영광

서울에서 3·1운동에 참가한 조철현 유일 등이 독립 선언서를 숨겨 가지고 와 정인영과 보통학교 교사 이병영 박태엽 등과 시위 계획을 세웠으며, 서울의 고종의 장례식에 참여하고 돌아온 읍내 유지 이좌근·조병현·조맹환 등도 가세하여 3월 10일 독립 만세와 시위 행진을 벌였다. 3월 14일에는 영광 보통학교 생도 120명이 만세를 부르고 거리로 뛰쳐 나왔는데 주민들도 이에 호응하였다. 3월 30일에는 법성·대마·불갑·군남·군서·염산 등 각면에서 산발적인 만세 운동이 있었다.

영암

3월 11일 조극환 등이 주동이 되어 3월 11일 거사키로 했으나 실패하였다. 군서면의 최한오 박규상과 영광읍의 조극환 정학순 등이 주동이 되어 4월 10일 회사정 광장에서 생도와 군민이 만세를 부르로 읍내 중심가를 향해 행진했다. 이때 구립 보통학교 교정에서 최기준·조병식 등이 생도들과 이민들을 모이게 한 다음 만세를 부른 후 3백여 명이 면 사무소로 진출하였다. 이 거사로 유지와 청년 생도 30여 명이 검속되었으며, 그중 20여 명은 5개월에서 2년 간의 옥고를 치렀다.

완도

송내호·정남국·최형천 등이 천도교인·기독교인들과 함께 거사를 준비하여 3월 15일 시위를 벌였으며, 완도 보통 학교 학생 김우진·차증화·박응두 등이 4월 8일 만세 시위를 계획했으나 사전에 발각되어 50여 명이 체포되었다. 이듬해인 1920년 1월 22일에도 정학균·이현열·배명순 등이 학생과 주민을 모아 만세 운등을 벌이다가 검속되었다.

장성

천도교인들과 기독교인들이 주등이 되어 각 면별로 책임자를 정하고 3월 15일 거사를 계획했으나 무산되고 21일 읍내 청년들과 기독교계 숭실학교 교사와 학생, 군민 수백 명이 시위를 벌였다. 이어 25일 밤에도 산위에서 횃불 시위를 벌였다. 4월 3일에는 고용석·정병모·신태식 등의 주도로 수백 명이 시위를 벌였으며, 4일 밤부터는 각 면 산 위에서 횃불 시위를 벌였다.

장흥

천도교 장흥 교구장 김재계는 김재반 황생주 등의 주동으로 3월 5일 수백 명이 시위를 벌였으며, 이 때문에 20여 명의 천도교인이 검속되어 옥고를 치렀다. 3월 하순부터 4월 초순 사이에도 각면에서 시위가 벌어졌다.

진도

3월 25일 시위가 있었지만 큰 충돌은 없었으며, 4월 1일과 16일에는 기독교인들이 주동이 되어 의신·지산 등의 면에서 시위가 벌어졌다.

함평

함평군의 유지 조사현 송태호와 윤백언·김용언 등이 주도하여 3월 26일 보통 학교 생도들과 청년, 군민들 수백 명이 시장에서 만세를 불렀다. 헌병과 경찰의 총격으로 십여 명의 군민이 부상을 입었으며, 20여 명이 검속되었다. 이어 4월 8일 문장 장터에서 만세 시위가 벌어졌다. 이 시위 운동의 발단은 함평 월야면 월계리 덕산 마을 인동 장씨 재실(영사재와 나정재)에서 유생들이(유생이 시위를 주도한 것은 전국 최초)중심이 되어 수차에 걸쳐 시위를 모의하고 태극기를 제작하여 동년 4월 8일 오후 2시쯤에 이웃 면인 문장 장날 장터에서 김기택·정용섭·정재남 등이 태극기를 높이 들고 앞장서서 만세를 부르며 시위 행진을 하였으니, 수백 명의 군중이 호응하여 장터는 만세 소리로 진동하였고 이들은 문장리에 있던 헌병 분소를 기습하고 일진은 함평 쪽으로 일진은 영광 쪽으로 일진은 송정리 쪽으로 행진하였는데 이어 영광·함평·장성·나주에서 지원 나온 일본 경찰대와 헌병이 총검으로 대오를 해산하려고 하였고 구밀교 공사를 하던 일본인 잡역부 10여 명이 쇠망치를 휘두르며 대오에 뛰어들어 거리를 피로 물들게 하였다.

한편 장터에서는 일본 헌병이 출동하여 김

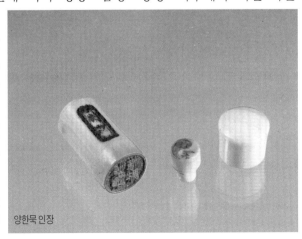

양한묵 인장

기택 등을 구타 검속하였는데 여기에 분개한 장효섭·이윤상 등은 애국 청년들의 즉시 석방을 요구하기도 하였으나 그 요구를 들어주기는커녕 발포를 자행하였다. 만세 운동은 어두어질 때까지 계속되었고 끝내는 총검 앞에 해산되는데 죽창을 든 일부의 청년이 일경과 대치되는 상황에서 상당한 유혈이 있었다.

해남

4월 6일 해남 공립 보통 학교 학생 김규수·김한식·임영식이 주동하여 약 1천여 명이 시위에 참여했다. 보통학교 생도들을 중심으로 한 소년 부대는 대열을 지어 시위 행진까지 하였다. 이 날 시위로 김규수 등 16명이 검속되었으며, 11일에는 김동훈 안정석·이형춘 등 청년들이 태극기를 들고 시위를 벌였는데, 역시 1천여 명이 시위에 참여했다.

이날 시위로 김규수 등 16명이 검속되었으며, 11일에는 김동춘·안정석·이형춘 등 청년들이 태극기를 들고 시위를 벌였는데, 역시 1천여 명이 이에 호응했고 수십 명이 연행되었다. 1년 뒤인 1920년 4월 22일 우수영보통학교 학생 윤인섭·전유봉·박기술 등이 시위를 벌였으며,이들이 검속되자 약 5백여 명이 23일 이들의 석방을 요구하며 다시 시위에 나섰다. 해남읍에서 출동한 일경 지원대의 무력 진압으로 많은 사람들이 붙들리게 되었다.

화순

3월 15일 조국현은 조경환·조기현·노형규·김세태 등과 함께 산 위에서 만세를 외쳤으며, 같은 날 한동·춘양·청풍 등 면에서 기독교인들이 시위를 벌였다. 20일에는 동복면에서 수백 명이 시위를 벌였으며, 4월 초에는 천재섭이 주동이 되어 각지에서 산발적 시위가 있었다.

나주

나주에서는 3월 15일 오후 읍내에서 최기정 등 수백 명의 만세 시위가 있었으며, 16일 밤에도 만세 시위가 전개되어 헌병 경찰에 의해 강제 해산되었다. 20일에는 영산포에서도 거사 계획이 있었으나 심한 감시로 인해 좌절되었으며, 23일에는 반남면 남화 학교 학생인 정순규·나하집·나준집 등의 거사 계획이 발각되었다. 이후 3월 27일부터는 다시면을 비롯하여 노안·문평·공산·동강·봉황·세지·왕곡 등 여러 면에서 연일 밤 수백 명이 산 위에 봉화를 피워 놓고 만세를 부르는 이른바 산상 봉화 시위를 전개하였다.

광양

옥룡면 운평리에 있는 서당 견룡재에서 공부하던 이기수·김영석 등 15-6살의 소년들은 "선열들이 독립 만세를 부르다가 적들에게 끌려갔는데 우리가 어찌 앉아서 공부만 할 수 있느냐"며 이튿날인 4월 5일 태극기를 만들어 들고 독립 만세를 소리높이 외치며 읍내를 향하여 가다가 도중 적들에게 붙잡혀서 심한 고문을 당했다.

강진

천도교인 송화전이 교인들에게 독립 선언서를 배부했고, 동경 유학생 김안식과 읍내 청년 이기성·황호경·김영수·김학수 등이 3월 25일 거사를 계획했으나 사전에 김안식·김영수·김학수 등 11명이 일경에 검속되었다 그러자 이기성 황호경 등은 4월 4일 다시 시위를 벌였으며, 강진 보통학교 학생 60여 명도 교문을 박차고 나와 대열에 합류했다. 이 날 거사로 이기성·박영목 등 10여 명이 검속되어 옥고를 치렀다. 그리고 군동 칠량 작천 등 여러면에서도 산발적인 만세 운동이 있었다.

고흥

3월 초에 천도교인 송우섭을 통해 독립 선언서를 전달받고, 오석주와 목치숙이 4월 14일을 기해 만세 운동을 계획하였으나, 움직임을 감지한 경찰에게 목치숙 등 7명이 헌병 분대에 전날 끌려간데다, 14일에는 비까지 내려 시위를 벌이지는 못했다. 대힌 고흥 군청을 비롯한 광주 지방 법원 등에 독립 선언서를 우송하였다. 또한 도양·금산·봉래·점암·포두·도화·남양·동강 등 각 면에서는 수시로 산발적인 만세 운동이 있었으며, 금산면 등 해상에서는 어선에 태극기를 올리고 조선 독립 만세를 부르기도 하였다.

곡성

3월 25일 각지에서 산발적인 시위가 벌어졌으며, 29일 곡성 공립 보통

학교 부훈도 신태윤과 정래성 김중호 등 학생 수 십명이 시위에 나섰으나 일경에 검속되어 1-2년의 옥고를 치렀다

이 지역 3·1독립운동의 특징과 의의

전남의 3·1운동을 주도한 세력은 다른 지역과 마찬가지로 종교인들이 많았다. 기독교인들은 광주·목포 등 도시 지역에서 천도교인은 장흥·순천·여수·구례·광양 등 전남 동부 지역에서 시위에 나섰다. 강진·고흥·순천·완도 등지에서는 기독교인들과 천도교인들이 함께 참여했다. 강진·해남·광양·나주·담양 등지에서는 유생들이, 영광과 곡성 등지에선 학교 교사가 시위를 주도했다. 물론 농민층과 보통 학교 학생층이 시위를 주도하거나 참가하였다.

전남 지역의 만세 시위는 평안도와 경기도 등지에 비해 그리 격렬하지는 않았다. 이는 이 지역의 천도교나 기독교의 교세가 상대적으로 미약했으며, 유생층도 의병 투쟁으로 큰 피해를 봤기 때문이었다.

또한 격렬한 시위는 없는 대신 산상의 봉화 시위, 산상 만세 시위는 다

만세 시위자 총살 장면, 1919

른 어느 지역보다 많았는데, 조직적이지 못하고 산발적으로 전개되었음을 뜻한다.

총칼로 탄압하고 악질적인 수탈을 자행하여 완전히 굴복시켰다고 안심했던 일제 침략자들은, 한민족의 거족적인 독립 운동을 겪은 다음 통치 방법을 무단 독재에서 기만적인 이른바 '문화 정치'로 바꾸어 한민족을 동화시키려 했다.

그러나 한민족은 3·1운동 이후 더욱 조직적으로 투쟁하였으니, 상해에서의 대한민국 임시 정부 수립이나 만주에서의 치열한 독립군 전투인 봉오동 전투와 청산리 대첩, 보천보 전투 등을 통하여 치열하게 독립 운동을 전개하였다.

박병섭(한국사)

제3절
양한묵, 옥중 순국한 3·1독립운동의 민족 대표

3·1독립운동이 일어난 지 석삼년이 지난 어느 날 동아일보(1922년 5월 5일자)에는 아래와 같은 기사가 게재되었다.

양한묵 선생

"민족 대표 삼십삼인의 한 사람으로 조선독립 선언서에 서명하고 삼작년 삼월이 피착하였다가 그해 여름 서대문 감옥에서 인하여 세상을 떠난 천도교 도사 양한묵 씨의 유해는 그간 수철리水鐵里의 공동 묘지에 권폄하였던바 금번에 천도교의 진력으로 화순군 도곡면의 선영에 안장하게 되었는데, 금일 오후 1시 수철리 공동 묘지에서 위령식을 거행하고 그날 오후 4시 남대문 역을 떠나서 화순군으로 향하리라더라."

33인의 한 사람으로서 3·1독립운동 당시 유일하게 옥사한 지강芝江 양한묵梁漢默(1862-1919)이 서울의 공동 묘지에 묻혀 있다가, 천도 교회의 주선으로 선영이 위치한 화순으로 이장되었음을 알리는 기사이다. 그 이튿날에도 같은 신문의 1면 머리 기사에서는 양한묵의 반장返葬을 다루고 있다. 차츰 잊혀져 가는 3·1독립운동을 다시 한번 회상케 하고, 억울하게 운명을 달리한 그의 죽음을 추모하기 위한 배려가 투영된 듯, 신문 기사는 자못 비감조였다.

양한묵은 전남 출신으로는 유일하게 33인의 한 사람으로 천도교 계통이었다. 그는 1910년대 천도교 교세의 확장과, 아울러 각종 제도를 정비하는 과정에서 뛰어난 능력을 발휘하였다. 그러나 그의 행적은 생각만큼 널리 알려져 있지 못하다. 따라서 반드시 되짚어 볼 필요가 있는 인물이라 생각 한다.

학문 편력에 쏟은 청년기의 삶

지강(양한묵의 호)은 남녘땅 해남의 물 좋은 고장, 옥천면 영계리에서 태어났다. 그의 10대조 할아버지가 능주에서 해남으로 이거한 후, 그의 집안은 어언 3백여 년을 해남 땅에 터박아 살아왔다. 그의 조부는 영암 양사재養士齋를 분관分館하여 교육 사업에 진력하는 한편, 수리 사업을 적극 전개하여 인근 농민들로부터 칭송이 자자하였다. 아버지 상태相泰 역시 학행이 뛰어났을 뿐만 아니라 자선심도 남달랐다. 즉, 1886년 전국에 걸쳐 콜레라가 만연하자, 그는 여러 비법을 사용하여 다수의 인명을 구한 바 있었다.

어머니인 낭주최씨朗州崔氏에게는 특별한 일화가 전해 내려온다. 최씨의 나이 19세 때인 1857년에 가족들과 상의하여 대대로 전해 내려오던 집안의 노비에게 자유를 주었다. 즉, 노비도 자유롭게 생활할 수 있는 권리가 있다고 주장하면서, 그들을 모두 해방시켜 준 것이다. 이때는 링컨이 노예를 해방하기 6년 전의 일이었으며, 조선의 경우 신분의 해방을 명시한 갑오경장 37년 전에 해당된다. 가히 혁명적인 조치라 아니할 수 없다. 아마도 당시 농민과 노비들의 원성이 높다는 사실을 직감한 최씨의 사려깊은 조치가 아니었을까 한다.

그 후 5년이 지난 임술년, 즉 농민 항쟁이 남도에 물결치고 있을 때 최씨는 양한묵을 낳았다. 그러나 양한묵의 집안은 일찍부터 일반 농민들이나 노비들에게 우호적이었던 관계로 전혀 피해를 입지 않았다. 그는 다섯 살 때부터 어머니로부터 천자문을 배우기 시작하여 여느 유생과 마찬가지로 본격적인 글 공부에 들어갔다. 즉, 여덟 살에 양사재에 들어가 정식으로 스승의 지도를 받기 시작하여 15, 16세에는 이미 유학과 관계된 주요 서적을 독파하였다. 가장 즐겨 읽었던 책은 상서와 춘추였다고 한다.

그의 부모는 양한묵의 나이 19세에 능주로 이사하였는데, 이사의 이유는 잘 알 수 없다. 다만 이로 말미암아 그는 스스로 능주 출신이라 말해 왔다. 아마도 그것은 자신의 윗대 선조들이 일찍부터 대대로 살아온 곳이 바로 능주였기 때문일 것이다. 그는 열여덟 살 때부터 불교와 도교, 선서 仙書뿐만 아니라 천주교 서적에도 관심을 기울이기 시작하였다. 요즘에 날로 인기가 치솟는 음양술 서적에도 그의 손이 미쳤음은 물론이다. 이와 같이 그는 이미 10대의 나이에 전통적인 유학 외에도 천주교와 같은 외래 사상 등 여러 분야의 학문을 두루 편력하였다. 이로써 그는 다양한 사고와 폭넓은 학문의 세계를 비교할 수 있는 능력을 축적할 수 있었다.

그는 20세에 풍산홍씨와 혼인하여 나주군 남평면 송촌으로 이주하였다. 결혼 후에도 우주의 근본과 인간의 본질에 관한 그의 관심은 더욱 깊어졌으며, 그러한 과정에서 당시 사회에 만연된 부패상의 원인에도 자연히 그의 깊은 생각이 미치지 않을 수 없었다. 그는 결혼 1년 남짓하여 좀 더 넓은 세계와 인심의 동향을 파악하기 위해 사랑하는 부인을 뒤로 하고서 집을 나섰다. 우선 동쪽의 금강산, 서쪽으로는 구월산, 남쪽의 지리산, 북쪽으로는 묘향산 등 명산 대찰을 돌며 벗을 사귀기도 하고, 풍물을 돌아보기도 하였다. 이러한 과정에서 그는 세상을 구하고 국민을 편하게 해줄 수 있는 진정 민족 지도자를 찾는 한편, 자신 역시 지도자로서의 자질을 갖추는 데 심혈을 기울였다. 그러던 중 어머니의 갑작스런 부음을 전해 듣고서 집을 떠난 1년 여 만에 향리에 돌아왔다. 삼년상을 치른 다음 그는 무등산 증심사에서 생각을 가다듬으며 세월을 보냈다.

동학과 맺은 인연

드디어 계룡산 유람을 끝으로, 그는 서른 살이 되어서야 세상에 얼굴을 드러내었다. 이후 그는 서울에 올라가 31세의 나이로 관직에 입문하였다. 2년 후 그는 탁지부 주사에 임명되어 선조의 고향인 능주 세무관으로 부임하여 조세 업무를 담당하고 있었다. 바로 이때 동학 농민 전쟁의 불길이 치솟아 전라도 전역은 물론 전국 각지가 농민군의 거센 함성으로 떠들썩하였다. 그러나 들불처럼 일어섰던 농민군은 일제의 간섭으로 처참한 희생을 치르며 실패를 맛보아야 했다.

그는 고향이나 다름없는 능주에서 농민 전쟁의 전말을 지켜볼 수 있었다. 세무 관리인 그의 눈으로도 농민군이 표방한 '척왜양 창의斥倭洋倡義'나 폐정 개혁안弊政改革案은 그른 일로 보이지 않았다. 정부의 잘못과 부패한 관리들의 잘못이 훨씬 컸음에도 불구하고 오히려 농민군에게 모든 허물이 뒤집어 씌워졌다. 이러한 점에 그는 하급 관리로서의 한계를 느끼면서 실의에 빠지기도 하였다. 하지만 그는 체포되어 죽음을 기다리던 수많은 농민군들을 힘이 닿는 데까지 구출해 주었다. 그의 애민 의식의 일면을 엿볼 수 있는 대목이다.

당시 정치는 백성을 위하기보다는 소수의 특권층과 외세에 의해 좌우되고 있었다. 그는 지방의 말단 관리라는 자신의 처지에 대해 회의하지 않을 수 없었다. 결국 그는 1897년 관직을 그만두고 중국으로 향하였다. 국제 정세를 파악하고 자신의 견문을 넓히기 위해서였다. 북경과 천진 그리고 산동 등지를 여행하다가 그 이듬해에 서울을 거쳐 일본에 들어갔다. 선진적인 일본의 문물을 살피려는 것이었다. 곳곳에서 일본의 대륙 진출의 징후를 발견할 수 있었다. 그러나 당시 조선의 내정은 갈수록 미궁으로 빠져들고 있었다. 그는 이국 땅에서 약소 민족의 서러움과 고뇌를 되씹을 수밖에 없었다.

그러던 중 한국에서 망명한 권동진權東鎭·오세창吳世昌 등의 소개로 손병희孫秉熙와 만나게 되었다. 손병희는 동학의 교주로서 정부의 탄압을 피해 일본에 망명 중이었는데 이상헌李祥憲 또는 이소소李笑笑라는 가명을 사용하였다. 하지만 그는 엄연한 동학의 제3대 교주로서, 일본 내의 조선인들에게 상당한 영향력을 발휘했을 뿐만 아니라 조선내의 동학 교도들과도 긴밀한 접촉을 유지하고 있었다. 이들이 만난 곳은 일본의 고도古都 나라奈良, 때는 1902년의 따스한 봄날이었다. 국내외 정세와 자신들의 시국관을 스스럼없이 건네며 담소를 즐기는 과정에서 이들은 상대방에게 매혹되어 갔다. 서로의 만남이 너무 늦었다며 아쉬워할 정도였던 것이다. 끝내 이들은 즉석에서 죽음을 건 맹약을 맺었다. 동학 농민전쟁 당시 농민군을 구출한 바 있던 양한묵과 농민군에 참여하였다가 현재는 동학의 교주인 손병희가 정식으로 인연을 맺게 된 것이다.

동학 입교와 애국 계몽 활동

일본 체류 중에 손병희를 만남으로써 양한묵의 활동은 전혀 새로운 방향으로 전개되었다. 이제까지 움츠려 있던 그에게 새롭게 태어나는 계기가 마련된 것이다. 그것은 두말할 필요도 없이 동학과의 만남에서 비롯된 것이었다. 손병희의 인물됨과 동학이 갖는 민중 지향적인 사상에 감복하여 그도 동학에 입교하였다.

그 후 그는 1903년 손병희를 대신하여 내정의 혁신과 정국 대처 방안을 담은 구국 상소문을 지어 정부에 보냈으나, 정부에서는 전혀 반응을 보이지 않았다. 결국 손병희는 그를 비롯한 측근 인물인 권동진·오세창 등과 함께 동학 교도를 중심으로 한 혁신 운동을 전개하기로 결정하였다. 이른바 갑진 혁신 운동이 그것이다. 이로써 볼 때, 그는 동학에 입문한 지 얼마 안 되어 손병희의 핵심 측근으로 자리 잡았음을 알 수 있다.

1904년에 시작된 갑진 혁신 운동은 우선 조선 내 동학 교도들이 단발하고, 간편한 옷을 입는 것에서 출발하였다. 이 운동은 '진보회'라는 이름 아래 4대 강령을 내세워 진행되었다. 그 주된 내용은, 첫째 황실의 존중과 독립의 기초를 공고히 할 것, 둘째 정부를 개선할 것, 셋째 군정과 재정을 정리할 것, 넷째 인민의 재산을 보호할 것 등이다. 이와 같은 슬로건을 내세워 전국의 수십만 동학 교도들이 일제히 활동을 전개하자, 가장 당황한 것은 다름 아닌 정부였다. 불과 10여년 전에 그처럼 참혹하게 탄압을 당하였음에도 불구하고 끈질긴 생명력을 유지할 뿐만 아니라 오히려 더욱 확장되어가는 교세에 놀라지 않을 수 없었던 것이다.

이에 정부에서는 진보회를 이끌고 있던 이용구李容九를 회유하는 한편, 군대와 경찰을 동원하여 동학 교도를 탄압하였다. 유혹에 넘어간 이용구는 송병준宋秉畯 등과 손을 잡고 따로이 일진회一進會를 결성하였다. 이 때가 1904년 8월이었다. 손병희를 비롯한 동학 수뇌부는 진보회가 전혀 엉뚱한 방향으로 변질되는 상황을 더 이상 앉아서 바라보고 있을 수는 없었다. 누군가 국내에 들어가 저간의 사정을 파악하고, 나아가 뒤엉킨 진보회의 조직과 일진회와의 관계를 정리하지 않으면 안되었다.

그런데 손병희나 권동진 등은 아직도 귀국이 불가능한 망명객의 처지였다. 따라서 양한묵이 그 임무를 띠고 국내로 돌아왔는데, 1904년 말경이었다. 서울에 돌아온 그는 일진회에 대항하여 1904년 12월에 결성된 공진회共進會의 회원으로 참여하였다. 공진회는 예전의 독립 협회 관여자와 보부상들이 주요 구성원으로 참여하였는데, 주로 회원의 계몽과 정부의 시정 개선을 요구하는 애국 계몽 운동단체였다.

1905년 2월에 정부의 탄압으로 공진회가 해산되자 그는 윤효정尹孝定·이준李儁 등과 함께 그해 5월에 헌정 연구회를 조직하였다. 이 단체 역시 일진회의 친일 활동에 반발하여 조직된 것이었다. 따라서 일진회에 대항하는 동학 교도가 다수 참여하여 일진회의 활동을 견제하는 활동을 전개하였다. 이 단체는 주로 입헌 군주제의 실시와 관련된 국민 계몽 활동을 펼쳤다. 양한묵은 헌정 연구회의 발기인과 평의원으로 참여하여 적극적으로 활동하였다.

그는 동학의 조직을 일진회로부터 보호하는 한편, 국권을 수호하기 위한 활동에도 게을리하지 않았다. 이를테면, 그는 1907년 6월 네덜란드 헤이그의 만국 평화 회의에 참석하러 가는 이준·이상설·이위종 등의 여비를 주선해 주었다. 천도교의 기밀비에서 그것을 보조해 주었던 것이다.

한편, 그는 그해 7월에 발기된 호남 학회에도 참여하였다. 호남 학회는 서울에서 활동하는 호남 출신 인사들이 신학문의 교육을 위해 조직된 단체였다. 이기李沂·고정주高鼎柱·강엽姜曄·백인기白寅基·나인영羅寅永·윤주찬尹柱瓚 등의 계몽적인 개신 유학자들과 전직 관료들이 적극 참여하였다. 이들 가운데 나인영과 윤주찬, 이기 등은 1907년 초에 '5적 암살단'을 조직하여 테러를 감행한 적도 있는 열정적인 애국 지사들이었다. 이들 국가를 수호하려는 결연한 의지의 일면을 읽을 수 있다. 호남 학회에서는 신문물 수용에서 한발 뒤진 호남 출신의 자제들에게 근대 교육을 양성함으로써 위기에 처한 조선의 국권을 수호하려는 것이었다.

그러던 중 양한묵은 1909년 12월 말 일본 경찰에 의해 전격 체포되었다. 이재명 등이 매국노 이완용을 저격하려다가 미수에 그친 사건에 연루된 것이다. 그는 약 3개월 동안 감옥에 갇혀 있다가, 증거 불충분으로 1910년 3월에 풀려났다. 그가 수많은 애국 지사들과 교유하면서 국권 수호 운동에 헌신해왔기 때문에, 일제가 그를 요주의 인물로 주목하지 않을 수가 없었다.

천도교를 통한 민족 구원

동학은 수운 최제우崔濟愚에 의해 창시되었다. 그 후 제2대 교주 해월 최시형崔時亨에 이르러 교단 조직이 정비됨으로써 발전에 발전을 거듭하였다. 의암 손병희가 제3대 교주를 맡은 이후로도 동학 교도는 더욱 증가하였다. 그러나 동학의 포교에 어려움이 없었던 것은 아니었다. 외래 종교인 천주교와 기독교의 희생보다 훨씬 크고 깊은 난관이 있었음은 물론이다. 1·2대 교주가 모두 참수되었고, 동학 농민 전쟁을 주도한 대부분의 농민군 지도자들 역시 형장의 이슬로 사라졌다. 또한 그들을 따르는 이름조차 남기지 못한 수많은 신도들도 아까운 피를 흘려야 했다. 하지만 동학은 수십만 명의 희생과 온갖 역경을 극복하면서 다시 수십만의 신도를 가진 민족·민중 종교로서 우뚝 서게 된 것이다.

이는 당시 동학의 교리가 민중들의 강력한 희망을 반영하고 있었기 때문에 가능하였으리라 생각된다. 즉, "사람을 하늘처럼 섬기라(事人如天)", 부부의 동등한 권리 등과 같은 평등 사상의 제시 그리고 소박한 종교 의식과 같은 대중성 등이 그것이다. 요컨대, 동학의 교리가 민중 지향적인 요소를 포함하고 있었기 때문에, 동학은 날로 교세를 확장시킬 수 있었다. 어쩌면 이는 죽음을 각오하면서도 동학을 추종한 민중의 승리라고 함이 옳을 것이다.

그런데 일본에 망명한 교주 손병희를 대신하여 동학 조직을 이용구가 관리하고 있었다. 이용구는 진보회 활동 중에 일제와 친일파에 포섭되었음은 이미 언급한 바 있다. 그 후 그는 일진회와 시천교를 조직하여 전통적인 동학 조직에서 이탈하여 노골적인 친일 행각을 벌였다. 그 결과 모든 동학 교도가 친일 세력으로 간주되어 지탄의 대상이 되었다.

이에 손병희 등은 일진회와는 전혀 다른 정통의 동학 조직임을 표방하지 않으면 안되었다. 그리하여 1905년 12월 1일 동학을 천도교天道敎로 개칭하고, 교단 조직도 대폭 정비하는 획기적인 조치가 단행되었다. 이듬해 1월 손병희가 귀국함으로써 천도교는 드디어 교주의 직접적인 관할 아래 발전할 수 있는 기틀을 재정비할 수 있었다. 2월 16일에는 국가의 헌법과 같은 기능의 천도교 대헌大憲이 내외에 공표되었고, 교단을 책임지는 조직책 인선도 병행되었다. 이로써 천도교는 완숙한 종교로 면모를 새롭게 한 것이다.

이 과정에서 양한묵의 활약이 돋보였음은 물론이다. 그는 교주 손병희의 측근으로서의 소임을 다하였다. 이를테면, 그는 천도교 대헌의 작성, 천도교 신자의 다섯가지 의무(시일侍日·주문呪文·청수淸水·성미誠米·기도祈禱 등)의 제정, 신도 자제를 위한 교리 강습소와 사범 강습소의 설치, 『천도교회월보天道敎會月報』의 간행 그리고 보성중普成中·보성 전문普成專門·동덕 여학교同德女學校 등의 학교를 열어 인재 양성 등에 온 힘을 쏟았다.

특히, 그는 천도교 교리의 해설에 탁월한 솜씨를 발휘하였다. 앞에서 말한 바와 같이, 천도교의 헌법인 대헌을 작성하였으며, "사람이 곧 하늘이다. (人乃天)"라는 천도교 교리의 핵심 사상 역시 그의 아이디어에서 나온 것으로 추측된다. 당시 그는 『천도 교회 월보』의 교리부 난에 천도교의 교리 해설을 자주 게재하여 일반인의 이해를 도왔다.

예컨대, 천도교가 유·불·선 삼교를 합일한 종교라는 점을 구체적으로 밝힌 바 있으며, 성미誠米에 대해서도 매우 이해하기 쉽게 그 제정의 의의를 설명하고 있다. 그리고 『동경연의東經演義』와 『무체법경无體法經』이라는 교리서를 1910년 초반에 간행하기도 하였다.

한편, 그는 교리 강습소와 사범 강습소를 개설하여 신도의 자제 교육에도 심혈을 기울였다. 여기에서의 교리 강습 역시 그의 몫이었음은 물론이다. 이러한 사실로 보건대, 그는 천도교의 가장 대표적인 이론가라고 할 수 있을 것이다. 그가 천도교 교단에서 맡았던 직책을 살펴보아도 사상가로서의 체취를 느낄 수 있다. 예를 들면, 1906년에 집강執綱·진리 과장 겸 우봉도眞理課長兼右奉道, 1908-1909년에 현기 사장玄機司長·법도사法道師, 1910년에는 진리 관장眞理館長, 그리고 그 이듬해에는 직무 도사職務道師를 지내다가 3·1운동을 주도하였다. 이와 같이 그가 천도교의 이론가로서 이름을 드날릴 수 있었던 데에는 무엇보다도 10대 무렵부터 다양한 사상과 학문을 편력한 소산이 아닐까 한다.

3·1독립운동으로 옥중 순국

제1차 세계 대전이 1910년에 종식됨으로써 세계는 바야흐로 화해와 평화의 분위기가 무르익고 있었다. 1918년부터 종전과 관련하여 세계의 열강들은 협상을 추진하였다. 하지만 조선에는 변화의 조짐이라곤 찾아보기 어려웠다. 일제의 압제와 질곡 속에 우리 민족의 눈과 귀는 철저히 가려졌다. 일본 내에서는 지금도 1910년대를 '대정데모크라시(大正年間의 민주주의)'라고 평하지만, 당시 조선의 하늘은 민주주의와는 전혀 거리가 먼 잿빛 세계였던 것이다. 일제의 합방을 차라리 반겼던 일부의 인사들조차 10년간의 경험을 통하여 일제가 자행한 우리 민족을 차별하는 무단 통치에 혐오감을 드러낸 정도였다. 당시 조선인 차별 정책·헌병의 통제와 감시 체제·경제적 침탈 등과 같은 일본의 제국주의 속성이 적나라하게 드러남으로써 전 국민의 불만이 팽배하게 되었음은 물론이다.

바로 이 때 바다 저편에서 희망을 실은 반가운 소식이 날아들었다. 다름 아닌 미국 대통령 윌슨이 제창한 민족 자결주의가 그것이다. 1918년 1월 윌슨의 연두교서에 언급된 14개 조항 중 5조와 14조에는 약소 민족에게 광명과 같은 내용이 들어 있었다. 그 요지는, 각 민족의 정치적 운명은 스스로 결정할 권리가 있으며, 타 민족의 간섭이 허용되어서는 안된다는 내용이었다. 이른바 민족 자결 원칙이 천명된 것이다.

이러한 사실은 조선에 즉각 알려지지 않았다가 파리 강화 회의가 준비 중이던 1918년 11월에야 일본의 신문을 골쳐 점차 우리 민족의 입과 눈, 그리고 귀를 통해 국내에 전파되었다. 일본 내에서 간행되는 신문을 구독하는 소수의 사람들이 전해준 것이다. 그 중에는 권동진과 오세창 등도 끼어 있었다. 이들은 이 기사에서 독립의 희망을 느낄 수 있었다. 특히 1919년의 파리 강화 회의에서 약소 민족의 문제가 거론될 예정이었으며 머지않아 국제 연맹도 창설되리라 기대되었기 때문이다. 이들은 조선에서도 여론을 조성하기 위한 적극적인 움직임이 필요하다는 인식을 같이 하였다.

기대에 부푼 이들은 우선 손병희를 찾아 독립할 수 있는 절호의 기회가 찾아왔다고 알렸다. 이들은 손병희의 집에서 날이 지새는 줄도 모르며 운동의 방향을 잡는 데 몰두하였다. 즉, 일제의 탄압에 신음하는 온 국민들에게 독립을 선언한다는 사실을 알려야 할 뿐만 아니라 세계 여론을 불러일으키기 위한 준비도 병행해야 한다는 방안이 결정된 것이다. 이때가 1918년 11월 하순이었다. 이러한 문제를 토의하는 천도교의 수뇌부 가운데에 양한묵도 포함되었음은 당연하다. 처음에는 천도교계의 이름으로 추진하다가 전 민족의 힘을 결집하기 위해 기독교·불교계가 합동하기로 하였다. 이즈음 동경의 조선 유학생들이 독립을 선언하였다는 소식도 들려와 이들을 더욱 고무하였다. 또한 고종의 의문사를 계기로 온 국민들은 일제에 의구심을 떨치지 못하는 불안한 상황에서 장례 준비가 진행되고 있었다.

독립 선언서에 서명할 사람은 33인으로 결정되었으며, 이 가운데 양한묵도 천도교계 대표 15명의 한 사람으로 참여하였다. 독립 선언서는 3월 1일 오후 2시 탑골공원에서 33인의 참석 아래 낭독될 예정이었으며, 이러한 내용은 민족 자결을 제창한 윌슨 대통령과 파리 강화 회의에 보내져 세계의 관심을 불러일으키고, 일제의 총독부와 귀족원·중의원에도 통고하기로 계획되었다.

그런데 갑자기 낭독 장소가 변경되었다. 탑골 공원에서 그리 멀지 않은 명월관 지점인 태화관으로 바뀐 것이다. 이 날을 전후하여 고종의 장례를 참관하기 위한 수많은 인파가 서울에 몰려든 데다가, 학생들도 선언서의 낭독이 있으리라는 소문을 듣고 탑골 공원에 대거 참여하리라는 소식 때문이었다. 결국 민족 대표 33인은 3월 1일 오후 2시에 태화관에 모여 점심을 먹고 선언서를 낭독한 후 만세 삼창을 끝으로 일제 경찰에 의해 모두 체포되었다.

이들의 함성은 물결처럼 메아리치며 전국의 이 마을 저 마을 그리고 골짜기와 시냇가에 울리지 않은 곳이 없었다. 일제의 야만적인 통치에 대한 우리 민족의 한을 한꺼번에 토해낸 것이다. 비록 종이 한 장의 선언서만으로는 독립을 쟁취할 수 없었지만, 다시 우리 민족은 10년 만에 잘린 채로 기쁨과 희망을 맛보았다. 일제의 야만적인 경찰에 의해 팔이 잘린 채로도 미소를 머금은 얼굴을 당시의 사진을 통해 확인할 수 있다. 그것이 바탕이 되어 우리 민족은 독립에 대한 자신감과 일제에 대한 두려움을 비로소 떨쳐버릴 수 있었다. 물론 3·1운동이 임시 정부 탄생에 결정적인 계기가 되었음은 이제 삼척 동자라도 다 아는 사실이 되었다.

한편, 양한묵 등 민족 대표 33인은 모두 감옥에 갇혀 엄중한 감시 아래 혹독한 고문을 감내하며 일제의 취조에 응해야 했다. 어느 사이에 쉰여덟의 이순耳順을 바라보는 나이가 된 양한묵은 옥중 생활에 그런대로 적응해가고 있었다. 이따금 면회 오는 아들 편에 자신을 걱정하지 말라며 "몸과 마음이 편안하니 너는 근심하지 말라(心和氣和汝勿憂)"는 쪽지를 적어 보내기도 하였다. 가족의 걱정을 덜기 위한 그의 세심한 배려였다고 할 수 있다. 그러나 그는 예심을 받던 5월 26일 한 줌 빛도 들지 않는 옥중에서 숨가쁘게 살아온 생애를 마감하였다. 고문의 후유증으로 인하여 돌아올 수 없는 길을 떠난 것이다. 33인 중 유일한 전남 출신 양한묵은 33인 가운데 유일하게 옥중 순국자가 되었다. 그 역시 동학 교단의 초기 지도자들처럼 외세의 폭력에 희생되고 말았던 것이다. 그의 영혼은 동학의 교주인 수운水雲과 해월海月 선생, 그리고 녹두 장군과 김개남金開南, 손화중孫化中 등에 의해 편안히 인도되었으리라. 그는 천도교의 발전과 조국의 독립을 위해 온몸을 불사른 불사조가 되었다. 그리하여 그는 영생을 얻었으며, 우리의 가슴에는 그의 온화한 얼굴과 행적이 살아있게 되었다.

홍영기(한국사, 순천대학교 교수)

참고 문헌

『호남학보』

『무체법경』, 1912

이돈화, 『천도교창건사』, 천도교중앙총부, 1933

오재식, 『민족대표삼십삼인전』, 1959

　　　『한민족 독립운동사 자료집』 11 · 12(삼일운동편 1 · 2), 국사편찬위원회, 1990 최기영, 「구한말 「만세보」에 관한 일고찰」, 『한국사연구』 61 · 62합집, 1988 「구한말 헌정연구회에 관한 일고찰」, 『윤병석교수 회갑기념 한국 근대사 논총』, 1990 「구한말 공진회에 대한 일고찰」, 『세종사학』1, 12

홍영기, 「지강 양한묵의 생애와 활동」, 『오세창교수 회갑기념 한국근현대사논총』, 1995

제4절
광주학생독립운동

광주학생독립운동은 1929년 11월 3일 광주에서 일어나 1930년 3월까지 나라 안팎으로 확산되었던 대표적인 항일 독립 운동이다. 광주 학생 항일 운동은 전국의 청년 학생이 참가한 거국적인 항일 운동으로 3·1독립운동, 6·10만세 운동과 함께 일제 강점기 시대 3대 민족운동의 하나로 일컬어져 왔다. 광주학생독립운동이 이렇게 3·1독립운동 이후 가장 큰 규모의 전국적 가두 시위로 전개될 수 있었던 것은 일제의 폭압적인 지배와 1927년에 결성된 신간회의 활약 그리고 식민지 교육을 극복하기 위해 노력했던 학생 운동의 성장이 바탕이 되었기 때문이었다. 특히 광주학생독립운동의 진원지였던 광주 전남 지역은 다른 어떤 지역보다도 학생 운동이 활발히 전개된 곳이었다.

운동의 역사적 배경

광주 지역의 학생 운동 조직인 성진회醒進會는 1926년 11월 3일 광주 고등 보통 학교(광주고보) 학생들과 광주 농업 학교(광주농교) 학생들이 주축이 된 비밀 결사였다. 회원들은 일제의 식민 지배와 동화·차별 교육에 저항하는 강한 민족 의식을 지니면서 민족의 독립을 위해 사회 현실에도 많은 관심을 가지고 다양하게 "깨달아 나아가는" 활동을 벌였다. 또한 이들은 신간회 광주 지부와 광주 청년 동맹을 비롯하여 각종 사회 운동 단체에도 드나들었다.

성진회는 활동한 지 5개월 만인 1927년 3월 표면상 해체하였다. 이후 성진회의 핵심 인물들은 학교별로 비밀 결사를 조직하고 조국의 독립을 위해 단결하여 사회과학을 연구할 것을 결정하고 독서회, 연구 활동 등 그 실천 방법을 찾아 활발히 움직였다.

광주 학생 독립 운동 기념탑(광주 제일고등학교)

1929년 6월에는 독서회 중앙 기관으로 '독서회 중앙 본부'를 결성하여 각 학교 단위에서 분산적으로 이루어지던 독서회 활동들을 조직적으로 묶어 세워 통일적으로 지도하였다.

독서회 운동과 함께 광주 지역 학생들의 항일 운동 역량을 성장 발전시키는 데 큰 기여를 한 것이 동맹 휴학 투쟁(맹휴)이었다. 일찍이 광주 지역에서는 광주 고등 보통 학교를 중심으로 동맹 휴학이 활발히 전개되었다. 일제의 식민지 차별 교육에 대한 불만, 조선인 본위의 교육에 대한 열망이 동맹 휴학 투쟁으로 폭발되었던 것이다.

1928년 6월 '이경채 사건'은 대표적이다. 광주 고등 보통 학교 5학년 학생이던 이경채가 "일본 제국주의 타도, 무산 계급의 단결과 조선의 독립"을 주장하는 내용의 선언서와 격문을 광주 전남 주요 장소와 각 중학교 및 경찰서 등에 배포하다가 발각되어 퇴학을 당했다.

이 사실을 알게 된 학생들은 학교 당

국에 "이경채의 제적 사유 해명과 무죄시의 복교"를 요구하였으나 일본인 교장은 한 마디로 거절하였다. 그러자 학생 대표들은 동맹 휴학을 결의하여 1928년 6월 26일 1학년을 제외한 전교생이 동맹 휴학을 감행하였다.

광주 농업 고등학교 기념비

광주 고등 보통 학교에서 동맹 휴학이 일어나자 광주 농업 학교도 평소 민족 차별이 심한 일본인 교사를 배척하는 것을 구실로 동맹 휴학에 돌입하였다. 성진회 활동 등을 통해 강한 유대 관계를 맺고 있었던 광주 고등 보통 학교의 동맹 휴학 투쟁을 지원한 것이다. 나아가 각 학교의 비밀 결사 활동을 바탕으로 '맹휴 중앙 본부'가 구성되어 통일된 조직으로 맹휴를 지도함으로써 장기간에 걸쳐 효율적인 투쟁을 전개할 수 있었다. 이에 광주 학생들의 독립운동은 크게 고조되었고 4개월에 걸친 투쟁 과정에서 학생들과 학부형, 졸업생과 일반 시민들까지 참여함으로써 광주 전남 지역 전체의 항일 민족 의식이 크게 고양되었다.

광주학생독립운동이 나라 전체로 확산되고 그 과정에서 사회 각 계층이 참여하는 온 겨레의 항일 민족 운동으로 전진할 수 있었던 것은 성진회와 신간회 같은 조직화된 역량이 있었기에 가능한 일이었다.

운동의 폭발

1929년에 들어와서도 학생들의 투쟁은 그치지 않았다. 일본 제국주의의 식민지 수탈이 강화되면서 동시에 항일 민족 해방 투쟁도 드높아갔다. 이러한 상황에서 광주학생독립운동은 광주와 나주를 통학하던 조선인과 일본인 학생 사이의 충돌을 계기로 발발하였다.

1929년 10월 30일 광주를 출발한 통학 열차가 오후 5시 30분 나주역에 도착하였다. 통학생들이 짝을 지어 출구로 나오는데 광주 중학교에 다니는 일본인 학생들이 광주 공립 여자 고등 보통 학교에 다니는 조선인 여학생들의 댕기 머리를 잡아당기며 희롱하였다. 이를 목격한 광주 고등 보통 학교 학생 박준채 등이 일본인 학생들을 꾸짖으면서 일본인 학생과 조선인 학생 사이의 패싸움으로 발전하였다. 이 싸움은 나주 역전 파출소에 근무하는 일본인 순사의 일방적인 제지로 일시 중단되었으나 다음 날인 10월 31일 통학 열차 안과 11월 1일의 광주역에서 충돌이 계속되었다.

11월 3일은 우리 민족의 최대 명절 가운데 하나인 개천절이자 성진회 창립 3주년 기념일이었다. 또한 일제의 4대 명절의 하나인 명치절明治節이자 식민지 경제 수탈의 성공을 자축하는 '전남 산견 육만석 돌파全南産繭六萬石突破 경축 대회'가 지금의 광주 공원 자리에 있는 광주 신사神社 앞에서 열리는 날이었다.

이날 명치절 행사에 참석했던 조선인 학생들은 일본 국가인 기미가요를 부를 때 침묵으로 저항하고 신사 참배도 거부하였다. 이러한 상황에서 조선인 학생들은 나주역 사건과 관련하여 조선인 학생들을 매도하고 일본인 학생에게 유리한 보도를 했던 광주일보사로 몰려가 기사의 정정과 사과를 요구하면서 윤전기에 모래를 뿌렸다.

한편, 신사 참배를 마치고 돌아가던 일본인 학생들이 광주 공원 앞 천변에서 조선인 학생에게 시비를 걸어 칼로 얼굴을 찌르는 사태가 벌어졌다. 이 소식은 순식간에 퍼져 가 광주역 등 시내 곳곳에서 충돌하여 광주역 일대는 아수라장이 되었다. 이 날의 시위에는 학생뿐만 아니라 시민들도 대거 참여하여 학생들의 사기가 충천하였고 시위의 양상도 격렬하였다. 이미

전남 여자 고등학교 기념비

학생 비밀 결사 성진회 결성 기념

일본 제국주의를 타도하기 위한 시위로 발전시킨 시위대의 기세는 하늘을 찔렀다.

조선인과 일본인 학생들 사이의 충돌을 조직적인 운동으로 이끌어 간 것은 각 학교에 결성되었던 독서회였다. 특히 독서회의 윗 조직인 독서회 중앙 본부의 핵심 구성원들은 학생 투쟁 지도 본부를 통해 이 투쟁을 일본 제국주의에 대한 저항 시위로 확대하여 한 계단 높이 발전시켰다. 시위 행렬이 지날 때 시민들은 각목이나 장작 또는 지팡이를 건네주기도 하였다. 호떡 장수는 호떡을, 감 장수는 감을, 떡 장수는 떡을 나누어주며 시위대를 성원하였다. 광주 시민·학생이 하나가 되어 정의로운 행진을 함께 했던 것이다.

학생들은 항일 시위를 통해 '조선의 독립'과 '식민지 노예 교육 철폐' 그리고 '일본인 학교 폐쇄'를 외치며 실로 '주인의 자리'를 되찾았다. 당시 신문은 시위 행렬에 참여한 사람이 3만 명에 이르렀으며 전시 상태를 방불케 하였다고 보도하고 있다.

일제는 대규모 가두 투쟁을 진압하기 위해 각급 학교에 휴교령을 내리고, 경찰력을 총동원하여 비상 경계 태세에 들어갔다. 당시 신문이 11월 3일의 시위를 3·1독립운동 이후 가장 큰 사건으로 보도하자 보도를 금

광주 고보 맹휴 사건 공판 광경

지시키기까지 하였다. 그러나 시위의 불길은 더욱 가열하게 타올랐고 나라 전체에 커다란 반향을 불러 일으켰다. 11월 7일에 조선 청년 총동맹이, 11월 9일에는 신간회가 즉각적으로 내려와 진상을 조사하고 광주에서의 시위를 전국적으로 확산시키는 방법을 논의하였다.

제2차 시위 운동

광주학생독립운동 지도부는 각 학교 독서회의 조직을 점검하고 11월 12일에 광주 고보·광주 농업학교·광주 여자 고보·광주 사범 학교 학생들이 주축이 되어 제2차 대규모 가두 투쟁을 전개하였다.

제2차 가두 시위가 있은 뒤 광주에 있는 모든 조선인 중등 학교에는 휴교령이 내려지고 무차별 검거 선풍이 불면서 탄압이 본격화되었다. 학생뿐만 아니라 전남 지역 각 군의 사회 청년 단체 간부들도 시위 사건과 관련이 있다는 이유로 검거되었다. 경찰의 탄압에 발맞춰 학교 당국은 무더기로 학생들을 징계하였다.

이와 동시에 총독부는 제2차 시위가 있은 뒤부터 12월 27일까지 광주학생독립운동에 관하여 보도 통제를 취하였다. 그러나 이는 다른 지역의 사람들을 오히려 자극하는 요인으로 작용하였다. 목적 의식적인 정치 투쟁으로 차원을 높인 광주의 학생 시위는 곧바로 전라도 전 지역으로 확산되었다. 11월 19일에는 목포 상업 학교생의 가두 시위와 나주 지역 학생 연합 시위가 조직적으로 전개되었다. 학생들은 '피압박 민족 해방 만세', '치안 유지법 철폐', '관료적 교관 배격', '조선인 본위의 교육 제도 실시' 등을 주장하면서 시위를 전개하였다.

운동의 전국적 파급

광주학생독립운동의 열기는 전라도 지역을 넘어 마침내 전국적으로 확산되었다. 12월 2일 경성대학에 "광주 검속 학생을 탈환하자"는 전단이 뿌려지면서 시작되어 서울 지역 대다수 중등 학생이 참가한 대규모 시위가 이어졌다. 학생들의 시위에는 신간회·조선 청년 총동맹·학생 전위 동맹 같은 운동 조직이 적극 가담하여 발전시켜 나갔다. 서울 지역의 학생들은 "구속 학생을 석방하라", "광주 학생들 따라가자" 등의 구호를 외치며 광주 학생 항일 운동의 계승 의지를 분명히 했다. 또한 "약소 민족 해방 만세, 제국주의 타도 만세", "피압박 민족 해방 만세, 무산계급 혁명 만세"라는 구호가 적힌 격문에서 민족 해방과 계급 해방을 동시에 주장하기도 하였다.

1930년에 들어서자 두 차례에 걸친 서울에서의 대 시위는 나라 안으로 퍼져 전국의 각급 학교에서도 '광주학생독립운동'에 관한 갖가지 벽보와 전단이 나붙으며 맹휴를 하는 동시에, 시가에 진출하여 곳곳에서 경찰과 충돌하였다. 그리고 시간이 흐를수록 광주학생독립운동은 대도시에서 중소도시 그리고 중소도시에서 읍·면 지역까지 널리 퍼져나갔다.

내용적으로도 학내 문제 또는 '광주학생독립운동'이나 식민지 노예 교육 문제에 그치지 않고 일본제국주의 자체를 타도하자는 단계, 국제적인 연대를 통해 민족 해방 운동을 추진하자는 단계로까지 발전하였다.

해외로의 파급

광주학생독립운동은 국내에 그치지 않고 해외에까지 파급되었다. 독립

1931.6.16

대구 달성 공원에서 대구 형무소 출옥 기념

운동이 활발했던 간도 지역을 비롯하여 일본·중국·하와이에서도 수많은 학생들이 궐기하였다. 간도 지방에서 광주학생독립운동의 진상을 알게 되는 것은 12월로 방학 때 귀향했던 학생들이 소식을 전하면서였다. 그리하여 간도 지역은 학생들이 중심에 서서 시위를 주도하였고 길림·하얼빈·상해 등지에서는 각 독립 운동 단체들이 중심이 되어 호응하였다. 일본에서는 12월 9일 오사카의 전단 살포를 시작으로 도쿄 등 각처에서 벽보 부착과 시위 투쟁이 있었다. 이밖에 연해주와 미주 지역에서도 광주학생독립운동의 진상을 알리는 독립 운동 단체의 성명, 시위가 전개되었다.

이처럼 광주에서 시작된 광주학생독립운동은 1930년 3월까지 5개월 동안 국내에서만 194개교 5만 4000여명의 학생들이 참가하였다. 이 가운데 조선인 학생 582명이 퇴학, 2230명이 무기 정학 처분을 당했고 광주 지역에서만 170여 명이 재판에 회부되어 실형을 받았다. 여기에 더하여 광주사범학교는 1931년 3월 폐교를 당하였다.

운동의 계승

광주학생독립운동은 이후 학생 운동 뿐만 아니라 전체 항일 민족 운동의 전개에 큰 영향을 미쳤다. 1930년에 들어와 학생들의 동맹 휴학이나 노동자들의 파업, 농민들의 소작 쟁의가 폭발적으로 증가하고 참가 인원도 그 이전과는 비교할 수 없을 정도로 늘어났다. 이는 항일 투쟁의 전 부문에 걸쳐 대중 운동이 높은 단계로 올라섰음을 의미하며 광주학생독립운동이 직접적 계기가 되었던 것이다. 명실공히 광주학생독립운동은 학생들이 주도하고 사회 각 계층이 적극 호응한 3·1독립운동 이후 최대의 민족 운동이라 할 수 있다. 그러므로 우리는 이 운동을 좀 더 넓은 시야를 가지고 조망하여 분단의 통한을 극복하고 통일의 희망을 여는 지혜의 원천으로 활용하여야 할 것이다.

정진백(김대중광주전남추모사업회장)

광주학생독립운동 일지

1926 11. 3 광주고보·광주농교생 학생 비밀결사 성진회 조직
1927 2. 15 신간회 창립
　　 5. 16 조선사회단체 중앙협의회 창립
　　 5. 27 근우회 창립
　　 5. 　 광주고보맹휴
1927 10. 16 조선소년연합회 창립
1928 3. 27 조선소년총동맹 발족
　　 6. 8 광주고보 이경채 등이 불온문서를 뿌린 혐의로 검거됨(이경채 사건)
　　 6. 26 광주고보 맹휴
　　 6. 29 광주농교 맹휴
　　 11. 상 광주 여학생 비밀결사 소녀회 결성
1929 3. 23 광주고보 시라이(白井)교장실 포위 사건 발생
　　 3. 하 조선학생전위동맹 결성
　　 6. 중 광주 학생비밀결사 독서회 중앙부 결성
1929 6. 하 광주고보 독서회 조직
　　 6. 　 광주농교 독서회 조직
　　 7. 　 광주사범 독서회 조직
　　 10. 　 세계대공황 시작
　　 10. 30 광주–나주간 통학열차에서 한일학생간 충돌 발생
　　 11. 3 광주학생독립운동 발발. 광주에서 학생·시민 대규모 시위(광주 제1
　　　　　 차 시위운동)
　　 11. 4 광주학생독립운동 관계자 검거 시작
　　 11. 상 장재성 등 투쟁을 효과적으로 지도하기 위해 학생 투쟁지도본부 결성
　　 11. 7 조선청년동맹·조선학생과학연구회·조헌학생회 등에서 조사위원 파견
　　 11. 9 신간회에서 허헌 등 파견
　　 11. 12 광주에서 학생들 2차 대규모 시위(광주 제2차 시위운동)
　　 11. 13 총독부, 광주학생독립운동에 대한 신문보도 금지(12.27까지)
　　 11. 19 목포상업학교 학생 가두시위
　　 11. 27 나주농업보습학교·나주보통학교 학생 가두시위
　　 12. 2 서울 시내 각 학교에 격문 살포(12.3까지)
　　 12. 5 경성제이고보 맹휴
　　 12. 9 서울에서 학생들 대규모 연합시위(서울 제1차 시위운동)
　　 12. 10 서울 시내 각 학교 맹휴 시작(12.16까지). 개성 송도고모 맹휴 평북
　　　　　 선천 신성중학교 학생 가두시위

	12. 13	신간회 민중대회 무산(민중대회사건)
	12. 16	평양에서 학생들 대규모 맹휴투쟁(12.18까지), 함흥에서 학생들 대규모 연합시위와 맹휴투쟁
1929	12. 24	동경조선유학생학우회 주최로 광주학생독립운동에 대한 연설 개최
1930	1. 3	상해 독립운동가들이 임시각단체연합회 결성
	1. 9	광주고보 백지동맹, 개성에 학생들 연합시위(1.10까지)
	1. 10	중동학교 교내시위 부산 조선방직 노동자 총파업
	1. 11	함흥 영생중학교 · 영생여고보 가두시위 상해에서 임시각단체연합회 주최로 군중대회 개최. 북평에서 조선학생회 주최로 임시대회 개최
	1. 14	함흥상업학교 가두시위
	1. 15	서울에서 학생들 2차 대규모 연합시위(서울 제2차 시위운동)(1.18까지)
	1. 16	광주고보 제3차 시위운동 발각
	1. 17	원산청년학관 · 원산누씨여고 연합시위. 진주에서 학생들 연합시위
	1. 19	평양에서 학생들 대규모 연합시위(1.24까지)
	1. 20	전주 시내 각처에 격문 살포됨
	1. 21	청주농업학교 · 청주고보 가두시위
	1. 24	김해 읍내와 각 학교에 격문 살포됨
	1. 25	경성고보 · 경성논업학교 가두시위
	1. 28	간도 용정 은진중학교 · 명신여학교 · 동아학교 가두시위
	1.	일본질소비료주식회사 흥남공장 준공
	2. 5	용정 동흥중학교 · 대성중학교 가두시위
	2. 7	간도 두도구 신흥학교 · 약수동학교 가두시위
	2. 12	광주학생시위사건 관련자 공판이 광주지방법원에서 열림(2.26판결)
	3. 1	3 · 1운동 11주년을 맞아 일제, 대대적인 사전 검거
	6. 21	함암 신흥 장풍탄광 노동자 파업
	7. 21	단천 군민 군청 경찰서 습격(단천산림조합반대투쟁)
1930	8. 7	평양 고무공장 노동자 동맹파업
	9. 29	소녀회 공판 시작 (10.6판결)
	10. 10	독서회 공판 시작 (10.18판결)
	10. 20	성진회 공판 시작 (10.27판결)
1931	5. 15	신간회 해체
	6. 13	광주학생독립운동 관련자 대구복심법원에서 판결 받음

광주학생독립운동 당시의 투쟁 구호

1. 조선민중이여 궐기하라!1. 청년대중이여 죽음을 초월하고 싸우자!

1. 검거자를 즉시 석방하라!
1. 경계망을 즉시 철퇴하라!
1. 만행의 광주중학을 폐쇄하라!
1. 학부형대회를 소집하라!

1. 재향군인단의 비상소집에 절대 반대한다!
1. 소방대 · 청년단을 즉시 해산하라!
1. 기성(旣成)의 학부형위원회를 분쇄하라!
1. 언론·집회·결사·출판의 자유를 획득하라!

용감하게 싸워라 학생대중이여!
우리의 슬로건 아래 궐기하라. 우리의 승리는 오직 우리들의 단결과 희생적 투쟁에 있다.

1. 투쟁의 희생자를 우리의 힘으로 탈환하자!
1. 교내 경찰권 침입을 절대 방지하라!
1. 교우회 자치권을 획득하자!
1. 직원회의에 학생대표를 참석시키자!
1. 식민지 노예교육제도를 철폐하라!
1. 전국학생대표자회의를 개최하라!

1. 검거자를 즉시 석방하라!
1. 수업료와 교우회비를 철폐하라!
1. 언론 · 집회 · 결사 · 출판의 자유를 획득하라!
1. 조선인 본위의 교육제도를 확립하라!
1. 사회과학연구의자유를 획득하라!

2천만 피압박민중제군이여!

우리 2천만 생령生靈을 사랑하고 우리의 조국을 사랑하는 광주 학생 남녀 수십여 명은 빈사瀕死의 중상을 입었고 철창에서 고통스러워하는 청년 학생 200명은 불법으로 검속檢束되었다. 그들은 정의를 위하여 가두에서 시위를 했던 것이다. 그러나 지배계급의 미친개의 독이빨에 물려 쓰러졌다. 우리는 광주학생의 석방을 요구하는 동시에 매우 어려운 피와 눈물로써 시위를 한 것이다.

1. 피감금학생을 즉시 탈환하라.
1. 교육에 경찰 간섭 반대.
1. 중국혁명지지.
1, 제국주의전쟁 절대 반대
1. 무산계급혁명 만세

1. 총독부 폭압정치 절대 반대.
1. 치안유지법을 철폐하라.
1. 적색 러시아를 지지하라.
1. 식민지해방 만세.

조선 청년 대중이여! 궐기하라. 제국주의적 침략에 대한 반항적 투쟁으로서 광주 학생 사건을 지지하고 성원하라. 우리는 이제 과거의 약자가 아니다. 반항과 유혈이 있는 곳에 결정적 승리가 있다는 것은 역사적 조건이 입증하지 않았던가?

조선 학생 청년 대중이여! 당신들은 저 제국주의 이민배移民輩자의 광만적狂蠻的인 폭거를 확실히 들었을 것이다. 이것은 광주 조선 학생 동지들의 학살의 음모인 동시에 조선 학생 대중의 압살적 시위이다. 전세계 약소민족에 대한 강압적 백색 테러의 행동이다. 보라아 저들의 언론기관은 여기에 선동하고 저들 횡포배橫暴輩들은 "일본인을 위하여 조선인을 학살하라."라는 슬로건 아래 소방대와 청년단을 무장시키고 재향군인 연합군을 소집하여 횡포 무쌍한 만행을 자행한 뒤, 소위 저들의 사법경찰을 총동원하여 광주 조선 학생 동지 400여 명을 참혹한 철쇄에 묶어 넣었다.

여러분! 궐기하라! 우리들의 선혈의 최후의 한 방울까지 조선학생의 이익과 약소 민족의 승리를 위하여 항쟁적 전투에 공헌하라! 미래의 세계를 소유해야만 하는 피압박대중에게는 자신에 채워진 철쇄 이외에는 상실할 것이 아무 것도 없다.

조선의 전초군前哨軍인 피압박 학생대중이여! 단결하여 궐기하라! 전투적 반항으로 학살 당한 광주사건을 지지하고 성원하라. 지금 이후의 역사는 우리의 것이다.

1. 검속당한 광주 조선학생을 즉시 탈환하라!
1. 살인적 폭도 일본이민군 이민군移民群을 방축放逐하라!
1. 신간회 · 청총에 민족적 환기를 호소하라!
1. 식민지 노예교육을 반대하라!
1. 세계피압박대중 건투만세!!!

원한과 분노뿐인 조선 남아야   수림속 닭이 우니 고성의 종소리
고국 산천 떠나서 이역 만리에   밤은 가고 낮 온다고 천하에 울리네
고독과 벗을 삼아 누개성상을   더운 피 끓는 동지들 용진해가자
한난신고 하는 것은 무엇 때문이냐   희망의 빛은 다가 왔다. 반도 강산에

(후렴) 반도야 슬퍼말고 잘도 잘 있거라
우리는 너의 회포 풀으리로다.

제5절
장재성, 광주학생독립운동의 지도자

"우리는 피 끓는 학생이다. 오직 바른 길만이 우리의 생명이다" 이 글은 광주 학생독립운동 기념탑에 새겨진 글이다. 1929년 11월 3일 암울한 일제 치하에서 나라를 사랑하는 광주의 학생들이, 전 민족을 향해 항일 독립 투쟁에 나설 것을 촉구하며 횟불을 들어 민족의 어둠을 밝혔다. 이것은 3·1독립운동 이후 일어난 최대의 폭발적 민족 독립 운동이었다.

광주에서 일어난 민족 독립 투쟁의 불길은 전국 방방곡곡은 물론이고 해외에까지 확대되어 일제의 간담을 서늘케 했으며 일제의 식민 통치에 변화를 가져올 만큼 큰 충격을 주었고, 이후 일제의 극악한 탄압에도 불구하고 피어린 항일 투쟁을 줄기차게 전개할 수 있는 해방의 신념을 우리 만족의 가슴에 안겨주었다.

광주학생독립운동은 자연발생적으로 일어난 사건이 아니다. 당시 운동의 주체였던 학생들의 헌신적이고 자발적인 투쟁력과 이 지역 청년 운동가들의 지도력이 결합되어 조직적으로 전개된 운동이었다. 광주 지역에서는 그 이전부터 성진회醒進會와 그 후신인 독서회 중앙 본부 등의 학생 비밀 조직이 결성되어, 학생들의 사회 의식 수준을 높이는 한편 통일적인 조직력도 갖추어가고 있었다. 이러한 과정에서부터 광주 학생 독립 운동 당시까지 핵심적인 역할을 수행한 인물이 바로 장재성이다.

모든 일에 정열적인 자세

장재성은 1908년 전남 광주군 광주면 금계리 56번지(현 광주광역시 금동, 옛 광주 시청 부근)에서 아버지 장원영과 어머니 최예언 사이에 1남 1녀 중 첫째로 태어났다. 그보다 4살 아래로 광주 학생운동 당시에 '소녀회' 활동을 주도하다 함께 구속되었던 장매성과는 남매간이다.

당시 그의 아버지는 광주면의 말단 회계 공무원으로서 큰 부자는 아니었지만 그렇다고 어렵지도 않았다. 이러한 가정환경으로 광주 서석 초등학교를 졸업한 장재성은 광주 고보에 진학하였다. "키가 훤칠한 데다 미남형이던 그는 광주 고보 재학 시절엔 학교 정구 대표선수로 발탁될 만큼 운동에도 재질이 있었고, 매사에 정열적이며 어떤 일이든지 한 번 뛰어들면 물 불을 안가리는 성격이었다"고 여동생 장매성 씨는 말한다. 그의 이러한 성격이 뒷날 학생 운동을 주도적으로 이끌어가는 한 요인이 될 수도 있지 않았을까 짐작해 본다.

광주 학생 독립 운동의 전개 과정에서 그의 역할은 절대적이었다. 1920년대 후반 광주 지역 학생 운동을 역동적으로 이끌어 나가던 독서회 중앙 본부의 책임자였고, 독서회의 모태였던 성진회를 주도적으로 결성했으며, 광주 학생 운동 당시에는 학생 투쟁 지도 본부를 설치하여 학생 운동을 조직적으로 지도하였다.

성진회와 독서회의 결성

성진회는 1926년 11월 3일 당시 광주 고보 4학년이었던 장재성을 중심으로 조직되었다. 왕재일(5학년)을 비롯한 광주 고보 학생 9명과 정남균(5학년), 정동수(4학년)가 포함된 광주 농업 학교 학생 6명 등 15명이 최초의 멤버였다. 성진회는 총무에 왕재일, 서기에 박인생, 회계에 장재성으로 결정하고 매월 2차례씩 만나 사회 과학 이론을 연구하였다. 이들은 당시 사회주의 운동을 벌이던 선배 청년들과 긴밀한 관계를 유지하면서 광주 지역 학생들을 조직화시켜갔다.

특히 3차 조선 공산당이 결성될 무렵 조공 전남 지부 위원장인 강석봉과 청년 학생 책임 위원인 지용수 등은 당시 성진회를 비롯한 광주 지역 학생 운동을 지도하였던 것으로 알려진다. 이때 장재성은 홍학관(옛 광주 시청 터 소재)을 중심으로 활발한 활동을 전개하고 있던 사회 단체 인사들과 성진회를 연결하는 핵심적인 역할을 수행하였다.

성진회는 "조선 민족의 해방, 일제의 식민지 교육 정책 반대, 언론·출판·집회·결사의 자유 쟁취"라는 3개 항의 강령을 내건 정치적 성격이 분명한 학생 비밀 결사 조직이었다. 1927년 3월에 성진회는 모임의 비밀이 새어나가자 형식상 위장 해체하게 되었다. 그러나 실제로는 명칭을 독서회 등으로 변경하면서 3년 후 광주 학생 독립 운동 때까지 학생 운동을 배후에서 실질적으로 지도하였다. 이들은 매년 졸업을 하면서 다음 학년들에게 이 조직을 인계하고, 자신들은 사회에 진출해서도 계속 연계를 갖는 방식으로 학생 운동의 맥을 이어갔다.

1927년 3월 광주 고보를 졸업한 장재성은 일본 도쿄에 있는 중앙 대학 예과에 입학하였다. 동경 유학 시절에도 그는 사회 과학에 관심을 갖고 신흥 과학 연구회에 가입하여 활동을 하였다. 1926년 11월에 결성된 신흥과학 연구회는 조선인 유학생들의 연구 모임의 하나로서, 기관지 『신흥과학』을 발행하고 있었으며 1928-29년 당시 학생 운동에 관한 이론에서 상당한 높은 수준을 보여주고 있었다. 장재성은 유학 중에도 독서 회원들과 연계를 갖고 있었으며, 방학 때에는 반드시 광주에 돌아와 일본에서 입수한 새로운 사회 과학 서적들을 후배들에게 나눠주며 읽게 했다.

1928년 6월 광주에서는 광주 고보 학생 5학년 이경채가 '일본 타도'라는 유인물을 만들어 뿌렸다가 제적 당하는 소위 이경채 사건이 발생하는데, 여기에 반발한 광주 학생들은 동맹 휴학을 결의하고 투쟁을 벌였다. 이때 장재성은 방학을 이용하여 광주에 돌아와 자신이 직접 맹휴 중앙 본부를 책임지며 일선에 나서 광주 고보와 광주 농업 학교 학생들의 맹휴 투쟁을 3개월간 지도하였다. 이미 사회에 진출해 있던 옛 성진회원들에게 자금을 지원하도록 하고 비밀리에 유인물을 만들어 배포하는 등 각 학교 독서회 지도부들과 긴밀한 연락을 유지하며 맹휴 투쟁을 주도적으로 지도하였다. 이 사건이 발각되어 그는 학생 선동 혐의로 검거되었으나 다행히

1주일 만에 석방되어 일본에 다시 돌아가 학업에 임하게 되었다.

1929년에 이르러 광주의 학생 운동은 더욱 달아올랐다. 연초부터 크고 작은 맹휴가 잇따랐고 이러한 상황 속에서 각 학교 독서회 조직의 통일적 지도가 절실하게 되었다. 뿐만 아니라 1928년 7월에 4차 조선 공산당이 파괴되자 일본에 피신해 있던 전남 청년 동맹 위원장인 장석천을 중심으로 재건 작업이 착수되었다. 이때 장재성은 동경 유학을 왔던 유치오에게 광주 사정을 소상히 듣고, 광주 학생 운동을 통일적으로 지도해야 한다는 선배들의 뜻을 흔쾌히 받아들여 6월 중순에 귀국하였다. 일본 유학 생활을 밀쳐둔 채 광주로 돌아온 장재성은 성진회부터 이어져 온 각 학교 독서회의 지도부 학생들을 모아 독서회 중앙 본부를 결성하였다. 광주 고보의 김상환·김보섭·윤창하, 광주 사범 학교의 송동식, 강달모·광주 농업 학교의 조길룡·김순복 등 당시 각 학교의 독서회 지도부 학생들을 양림동 김기권(전 광주 학생 독립 운동 동지회장)의 집에 모이게 하여 장재성은 통일적인 학생 운동 지도부의 필요성을 역설하였다. 독서회 중앙 본부는 부서를 책임 비서·조사 선전부·조직 교양부·출판부·재정부로 나누었으며 장재성은 자신이 직접 책임 비서를 맡아 이 조직을 이끌었다.

독서회 중앙 본부는 중앙부원들이 각 학교별로 독서회를 조직하고 중앙부에 연락을 도모할 것과 학교별 결사원에게는 중앙부의 존재를 절대 비밀로 할 것을 결의하였다. 이에 따라 6월 하순 광주 고보 학생 약 20명이 독서회를 조직하고 김상환이 대표를 맡았다. 같은 시기에 농업 학교, 9월 중순에 광주 사범 학교에서도 독서회가 조직되었으며, 광주 여자 고등 보통 학교에서도 장재성의 누이인 장매성이 중심이 되어 11월 소녀회라는 독서회가 조직되었다. 후에 장매성은 소녀회 주모자로 2년의 옥고를 치렀다.

이렇게 장재성에 의해 조직된 독서회 중앙 본부는 이때부터 학생 운동이 정치운동으로 전환돼야 한다는 내용의 유인물을 작성하여 배포하는 등 본격적인 선전 활동을 벌여나갔다. 뿐만 아니라 이들은 독서 회원 간의 접촉을 쉽게 하여 친목과 단결을 도모하고 또한 회의 운영 자금을 마련하기 위해 소비 조합을 결성키로 하였다. 이에 따라 기금을 모금하여 9월 초순 무렵 현재의 금남로 한국 은행 광주 지점 부근에다 가게를 얻어 장재성은 빵집을 내고 김기권은 소 비조합을 만들어 학용품 따위를 팔았다. 그리하여 이곳은 독서 회원들 간의 연락과 모임장소로 활용되었다. 이렇듯 광주 학생 독립 운동은 장재성을 중심으로 이미 이러한 조직적인 준비가 이루어진 후 발생하게 된 것이다.

항일 시위로 발전

광주학생독립운동이 일어나기 바로 직전인 10월 26일 장재성은 결혼을 하였다. 부인은 여동생 장매성과 서석 초등 학교 동창인 박옥희였다. 장재성이 결혼한 4일 후인 10월 30일 오후 4시경 광주 학생 독립 운동의 도화선이 된, 일본인 학생의 조선 여학생 희롱 사건이 나주역에서 발생하였다. 이 사건으로 통학생들은 조선 학생과 일본 학생으로 나뉘어 10월 31일은 열차 내에서 11월 1일은 광주역에서 집단 대치하게 되었는데 이 과정에서 일본 순사와 차장들의 편파적인 처사에 조선 학생들은 민족적 모멸감을 느끼고 민족 감정을 폭발시켰다. 11월 3일에 광주 고보 학생들과 일본인 광주 중학교 학생들 사이에 격렬한 몸싸움이 벌어지는 대규모 충돌이 발생하면서 1차 시위가 일어났다. 11월 3일(음 10월 3일)은 우리 민족으로서는 개천절이고 독서회 학생들에게는 성진회 창립 3주년이 되는 날이다. 일본인들로서는 명치왕의 생일을 기념하는 대명절인 명치절明治節이면서, 전남산 누에고치 6백만석 돌파 축하회가 예정된 날이기도 하여 많은 시민들이 시내에 모여 있었다. 일제는 이날이 일요일이었음에도 불구하고 명치 천황의 생일을 기념하기 위해 학생들을 소집하였다. 광주 고보 학생들은 명치절에 일본 국가 부르기와 신사 참배를 거부하고 시내 거리로 나와 그간 한일 학생 충돌 사건을 편향 보도한 일본인 경영의 광주일보사에 몰려가 항의하며 윤전기에 모래를 뿌려버렸다.

한편, 광주 중학교(일본인 학교) 전교생이 체육 교사와 유도 교사의 인솔 하에 야구 방망이와 죽창, 검도용 죽도, 단도를 휘두르며 광주역전으로 달려들어 귀가 중인 광주 고보 학생들과 일대 유혈 사태가 발생하였다. 이 급보에 광주 고보 학생들도 일부는 광주역으로 가서 싸우고, 일부는 시내 곳곳에서 닥치는 대로 일본 학생과 싸워, 유혈 충돌이 광주 전역으로 확대되어 갔다. 광주 고보 학생들은 분산된 인원을 집결하여 광주 중학교를 습격하려고 동문교에 이르자 광주 중학교 학생들은 반대편에 집결하여, 동문교를 사이에 두고 양교생 4백여 명씩이 대치하고 있다가 충돌 직전 경찰, 소방대와 양교의 교사들에 의해 강제 해산됐다. 이날 오전의 사고로 광주 중학교 학생 16명, 광주 고보 학생 10명이 부상을 당했다. 여기까지는 학생들 간의 자생적인 싸움이었다.

이러한 학생들 간의 충돌이 일본 제국주의에 대한 항일 시위로 발전하게 되었던 것은 독서회 중앙 본부가 지도력을 발휘하게 되면서부터였다. 그날 오전 11시경 시내에서 싸움이 벌어지자 독서회 중앙본부 책임 비서 장재성은 옛 성진회원들인 장석천, 나승규 등 이 지역 청년 운동가들과 협의하여, 투쟁의 대상을 광주 중학교 학생이 아닌 일본 제국주의로 돌릴 것, 광주 고보 학생들을 해산시키지 말고 광주 고보로 집결시켜 적개심에 불타는 학생들을 식민지 강압 정책 반대 시위 운동으로 돌릴 것, 장재성이 시위 운동을 직접 지도할 것, 타 동지와 연락하여 다음 투쟁을 준비할 것 등의 투쟁 방침을 결정하였다.

장재성의 지시에 따라 광주 고보 학생 4백여 명은 전원이 해산하지 않고 광주 고보 강당에 다시 모였다. 그리고 5학년 급장 김용대를 의장으로 내세워 앞으로의 행동 대책을 토의하고 일제의 식민지 노예 정책에 대한 투쟁 방침을 합의하였다. 학생들은 각자 운동기구와 곤봉을 들고 대여섯 명씩 스크럼을 짜고 격렬한 항일 구호를 외치며 시내로 진출하였다. 경찰 저지선을 격렬한 몸싸움으로 10여 차례의 시도 끝에 돌파한 학생들은 시내 중심가를 지나서 지금의 전남 대병원 앞을 통과 광주 천변으로 우회하여 다시 학교로 돌아와 무사히 해산하였다.

11월 3일 시위가 계획대로 성공한 후 옛 성진회 핵심 인물들은 광주에서의 투쟁을 전국으로 확산시키는 문제와 광주 지방의 지속적인 투쟁을 위하여 논의하고 학생 투쟁 지도 본부를 건설하였다. 여기서 장재성은 광주 지방 학생 지도를 담당하게 되었다. 학생 투쟁 지도 본부는 11월 7일 서울에서 내려온 조선 학생 과학 연구회의 권유근, 박일 등과 협의하여 운동의 전국 확산 방침을 논의하는 한편 제2차 가두 투쟁을 위하여 11월 10일에는 장재성이 작성한 격문을 승인 결의하였다.

장재성은 광주 고보 오쾌일 등 3명, 사범학교 이신형 등 2명, 농업 학교 조길룡 등 2명과 연락을 취하여 시위를 지시하였다. 광주 고보 학생 오쾌일에 의해 인쇄된 격문은 11일 밤 약 2천 매가 학생들에게 살포되었다. 당시 격문은 네 종류였는데 그 대표적인 내용만을 간추려 본다.

격문 1

　장엄한 학생 대중이여!

　최후까지 우리의 슬로건을 지지하라!

　그리하여 궐기하라!

　싸우자! 굳세게 싸우자!

　一. 검거자를 즉시 우리 손으로 탈환하자.

　一. 교내에 경찰의 출입을 절대 반대한다.

　一. 언론, 출판, 집회, 결사, 시위의 자유를 획득하자.

　一. 조선인 본위의 교육 제도를 확립하라.

　一. 식민지적 노예 교육 제도를 철폐하라.

　一. 사회 과학 연구의 자유를 획득하자.

격문 2

　一. 조선 민중아 궐기하자!

　一. 청년 대중아 죽음을 초월하고 싸우자!

　一. 일본제국주의를 타도하자!

　一. 피압박 민족 해방 만세!

　엄중한 비밀 속에서 준비한 2차 시위운동은 11월 12일 오전 9시 전교생이 등교하자 지도부에서 지정한 학교 동원 책임의 신호에 의해 일제히 교문을 뛰쳐나가 항일 구호를 외치며 거리로 진출하였다. 미리 준비한 격문 5천 장은 각 학교 독서 회원들에 의해 배포되어 시가지 전역에 뿌려졌다.

　광주 고보 학생 4백여 명과 광주 농업 학교 학생 1백 50여명은 스크럼을 짜고 거리 시위를 진행하였다. 경찰은 강력하게 저지했으나 광주 고보 학생은 지금의 동명동까지 진출하였고, 농업 학교 학생들은 누문동까지 진출하였다가 경찰에 포위되어 전원 검거되었다. 미리 계획이 세워져 있던 광주 여고보와 광주 사범 학교에서는 학생들을 강제로 교실에 들여보내고 문에 못질을 하여 가두 진출을 막아버리자 교실 안에서 구호를 외치고 만세를 불렀다.

　이 과정에서 총 지도를 담당한 것은 물론 독서회 중앙 본부의 장재성이었다. 그동안 교육 개선의 요구와 맹휴 등으로 전개되었던 학생들의 자생적인 투쟁력이 성진회 출신의 청년 운동 세력 및 그 후신인 독서회 중앙 본부의 지도력과 결합하여 조직적인 항일시 위로 발전하였던 것이다. 만일 이러한 지도부의 효과적인 지도가 없었다면 광주에서 항일 투쟁의 발전과 2차 시위 투쟁은 불가능했을 것이다.

광주에서 시작된 학생독립운동은 한 알의 불씨가 광야를 불사를 듯 확산되어 전국적인 항일독립운동으로 발전하였다. 11월 3일부터 이듬해 3월까지 계속된 이 운동에 참가한 학교가 무려 1백49개교, 참여 학생 수는 연 5만 4천여 명이었다. 1931년도 조선인 학생 숫자가 58만 명이었으니 열 명에 한 명은 항일 학생 운동에 참여한 셈이다.

험난하고 숨가쁜 생활 속에서

2차 시위를 성공리에 마친 장재성은 오랜만에 잠시 집에 들렀다가, 잠복해 있던 경찰에게 체포되었다. 2백60여 명의 학생들과 함께 구속된 그는 대구 복심 법원에서 징역 4년형을 선고받았는데 이것은 당시 학생 운동 관련자 중 가장 많은 형량이었다.

대부분의 학생들은 집행 유예로 풀려나거나 기껏해야 1-2년 남짓의 실형을 선고받은 데 비해 당시 그가 받은 형량은 매우 무거웠다. 이것은 운동 전체의 흐름에서 장재성의 비중을 말해주는 것이기도 하다.

1931년 6월 14일자 조선일보는 그의 최후 진술 광경을 이렇게 적고 있다.

"재판장으로부터 각기 판결을 선고하여 69명은 만기 혹은 집행 유예로 출감하고 재판장에게 발언권을 얻어 약 십분 동안 비장한 송별사로 학생 사건 최후를 고했다. '일동이 원기 왕성하게 각기 고향으로 돌아가는 것을 기뻐한다. 사회에 나간 후에는 더욱 참사람답게 살아가기를 원한다.'는 취지의 일장 연설이 있어서 법정 내에는 형언할 수 없는 기분에 싸였었다."

그의 수감으로 광주학생독립운동 직전 결혼한 부인은 신혼 시절의 단꿈도 꾸어보지 못하고 일제의 탄압을 겪었다. 1932년 11월 6일자 동아일보에는 "광주 학생사건이 3년이 되는 지난 3일… 학생사건의 주모자 장재성의 부인 박옥희 여사와 강해석 외 7명의 청년 남녀를 검거… 학생 사건이 일어난 지 3주년이 됨으로 예비검속…"이라고 보도되었다. 광주 학생 운동의 여파가 이때까지도 이어지고 가족까지 탄압이 미치고 있음을 확인할 수 있다.

4년간의 옥고를 치르고 1934년 초에 출소한 장재성은 부모의 권유도 있고 해서 미처 마치지 못한 학업을 위해 다시 일본 유학길에 올라 중앙 대학 상경과를 졸업하였다. 이때 남편의 권유에 따라 부인 박씨도 일본에서 2년제 기예학교를 마쳤고 여동생 장매성도 역시 일본에서 고등 상업 학교를 마쳤다.

일본에서 그의 생활은 예전과 크게 다를 바가 없었다. 일본 경찰의 감시가 항상 뒤따랐으나 그는 사회 과학 서적을 계속 탐독했고, 일본의 사회주의자들과도 교류를 하면서 신흥 과학 연구회를 중심으로 활동을 계속하였다. 이것은 그가 다시 형무소에 수감되는 사건으로 이어진다. 1937년 무렵 그는 신흥 과학 연구회 사건과 관련하여 구속되어 경남 왜관으로 이송된 후 미결인 채로 3년이나 감옥 생활을 하였다.

이후 1940년 초 조선일보 광주 지국을 운영하였으나 곧 그만두었다. 식민 통치 말기의 전시 체제라는 엄혹한 상황 하에서 그는 적극적인 활동은 하지 못하고 정보 교환 정도의 '서클 수준'의 활동을 하였다고 한다.

이 기간 중에 장재성은 1943년 제 2차 광주 학생 사건과 간접적으로 관련을 맺고 있다. 제 2차 광주 학생 사건 관련자인 유몽룡 등 광주 고보 후배들이 독서회를 만들겠다고 장재성을 찾아와 독서회의 명칭을 물었다. 장재성은 후배들에게 "지금은 어려운 시기인 만큼 일제 경찰의 주시를 받지 않을 무난한 이름으로 무등회가 좋겠다"고 일러줬다. 소위 무등회 사건도 바로 그와 관련을 맺고 있는 것이다.

일제 말에 이르러 탄압이 거세지면서 항일 운동은 위축되었고 사상범들에 대한 일제의 회유책이 있게 되었다. 장재성의 경우 일제 당국이 장성 군 진원면에 양조장 사업을 알선해 주어 1943년부터 해방까지 2년 남짓 일한 것으로 가족들은 증언한다. 이때도 그는 장성 지역에서 마을 청년회를 만들어 함경도 장진까지 20-30여 명의 청년들을 데리고 봉사 활동에 나서는 등의 활동을 벌였다. 그 무렵 일제는 사상범들에 대한 감시와 통제를 강화하기 위해 소위 전향 제도를 시행하였다. 장재성도 역시 보호 관찰자로 지목되어 끊임없는 감시와 회유의 손길이 뻗쳤다.

험난하고 숨가쁜 생활 속에서 35세가 되던 해 그는 첫 아들을 얻었다. 자신이 택한 민족 운동가로서의 길과 좋은 아버지의 구실을 양립하기 어려운 현실 때문에 그는 괴로워했다고 한다. 그의 부인과 그를 잘 아는 사람들은 그가 항상 "가정 생활에 충실하고자 했으며 부인과도 다툰 적이 한 번도 없었을 뿐 아니라 매우 가정적인 분"이라고 회상한다.

비극적인 최후

어둠의 시절을 헤쳐오던 그에게도 불현듯 해방은 찾아왔다. 광주에서도 건국 준비 위원회가 구성되고 모두들 새 조국 건설에 들떠있었다. 해방 정국에서 그에 관한 최초의 기록은 1945년 9월 1일 광주에서 제1차 개편을 단행한 전남 건국 준비 위원회 조직 부장으로 나타났다. 그 다음 1945년 12월 2일자 광주민보에 의하면 "광주에 청년 동맹 결성, 오늘 대회 개최, 광주 청년들은… 공화 극장에서… 의장은 장재성씨로 하여… 발기안에 대하여 열렬한 토론을 하였다"는 기사가 있어 당시 행적을 추적할 수 있다.

장재성은 이때 광주 청년단의 김석, 주봉식 등과 청년 활동에 관련된 것 같다. 이와 함께 장재성은 1946년 2월 15일 서울에서 열린 전국 민주주의 민족 전선 결성 대회에 전남 대표 14인 가운데 한 명으로 뽑혀 이 대회에 참가하였다. 곧 이어 3월 5일 민전의 주요 부서 선임 때 그는 배제되었다.

일제 강점기에서 치열하게 민족 운동을 벌였던 대부분의 사람들이 그랬듯이 장재성도 역시 해방후 자주적인 민주 국가를 세우기 위한 노력에 적극 참여한 흔적을 엿볼 수 있다. 그러나 그는 일제하에서 그가 차지했던 명망이나 활동에 비해 해방 후 큰 소임을 하지 못하였다. 그것은 그 자신의 한계라기보다는 박헌영 계열이 새롭게 조선 공산당 전남 도당 조직을 장악하면서부터 점차 조직의 중심에서 멀어져 갔음을 의미한다.

당시 전남 지역 사회주의 운동의 양대 흐름이었던 박헌영계와 이정윤계 중에서 일제 때 그의 동료들이 대부분 그랬듯이 그는 이정윤계에 더 가까웠던 것이고, 그러한 이유 때문에 그는 조선 공산당에도 입당하지 않았다. 그럼에도 불구하고 그는 혼란한 해방 상황에서 끝까지 자신의 지조를 지키고 싶어 했고 통일된 하나의 조국을 건설하기 위해 끝까지 뜻을 굽히지 않았다.

이러한 생각으로 그는 '해주 인민 대표자 대회'에 참가하기 위해 월북을 감행하였다. 1962년 3월 1일자 한국일보에는 그의 입북 날짜가 1948년 2월로 보도되었다. 1948년 5월 10일 유엔의 감시 아래 단독 정부 수립을 위한 남한만의 총선거가 실시되자 평양에서는 그해 4월 김구 등이 참가한 남북 연석 회의에 이어 6월 29일부터 7일간 남조선 제정당 사회단체 지도자 협의회를 개최하였다. 이 자리에서 단독 정부 수립을 반대하는 모든 민족세력이 모여 '인민 대표자 대회'를 가질 것을 결의하였고 이에 따라 그해 8월 21일부터 황해도 해주에서 인민대표자대회가 열렸다. 장재성은 바로 이 대회에 참가했던 것이다.

그리고 얼마 후 일본을 경유하여 돌아온 장재성은 이 사건으로 수배되었고, 피신 생활을 하다 1949년 7월 2일 서울에서 체포당했다. 그 날은 비가 내리고 있었다고 그의 부인은 기억하고 있다. 그는 징역 7년을 선고받고 광주 형무소(현 광주시 동명동)에 수감되었다.

1950년 6·25가 발발하자 경찰은 후퇴하면서 광주 형무소에 수감되어 있던 사상범들을 집단 처형했는데, 장재성은 1차로 총살 당한 1백20명 가운데 섞여 있었다. 광주 지산동 형무소 뒤 연초 제조창이 있었던 화장터 부근에서 그날 밤 아무런 재판 절차도 없이 진행된 집단 학살극이 벌어질 때 희생당한 것이다. 일제하 3대 민족 운동 중의 하나로 꼽힌 광주학생항일독립운동의 지도자 장재성의 최후는 이렇듯 비참했다. 그때 그의 나이 43세, 가족들은 그의 시신조차 찾지 못했다.

그 후 오늘날까지 광주학생항일독립운동을 얘기할 때, 장재성의 이름을 거론하는 것은 불온시되었다. 4·19혁명 직후 한 때 그에 대한 복권 움직임이 있었으나 5·16군사정변이 일어나면서 들어선 군사 정권은 이를 기각해버렸다. 1962년 3월 1일자 한국일보는 "건국 공로 훈장 대상자 장재성 포상 취소. 알고 보니 공산당. 내각 사무처는 건국 공로 훈장을 받게 될 2백8명 중 장재성에 대한 단장單章시상을 취소한다고 발표"라고 적고 있다.

장재성의 비극적인 최후는 우리 현대사의 왜곡된 실상을 적나라하게 보여주는 것 같다. 일제 때부터 해방 후까지 줄곧 민족 운동의 일선을 지켜왔던 지식인은, 해방된 자신의 조국에서 반공 이데올로기로 다시 한 번 재단당한 것이다. 그리고 아직까지 빛을 보지 못하고 역사의 그늘 속에 묻혀 있다.

박태선(한국사)

제6절
일제의 경제 침탈과 민중 운동

    한반도의 주요 곡창 지대인 광주와 전남은 일제의 경제 침략의 표적이 되었다. 3·1독립운동으로 생긴 자신감에다가 새로이 들어온 사회 주의 사상은 일제의 경제 침탈을 그저 당하고만 있지 않게 하였다. 농민들은 소작 쟁의를 통해서, 노동자들은 노동 쟁의를 통해서 생존을 지키려 하였다. 암태도 소작 쟁의와 목포 제유공의 파업은 이 시기 민중 항쟁의 상징이
었다.

농민 운동

    일제의 토지 조사 사업 이후 다수의 지주들은 땅을 잃고 소작농이 되었으며, 소작농의 지위는 그 이전보다 형편없이 떨어졌다. 생존을 위한 농민들의 집단적인 저항은 빼앗긴 토지를 되찾으려는 노력으로 먼저 나타났다.

소안 항일 운동 기념탑

　1910년 2월 영산포에 동척 출장소가 설치되어 궁삼면(엄비의 궁방전으로 본래는 지죽·욱곡·상곡의 3개 면이었는데, 1914년의 행정 구역 개편으로 영산포·왕곡·세지·봉황·다시면으로 분할 편입됨)의 토지를 헐값으로 사들인 다음 높은 소작료를 부과하자, 농민들은 토지 회수 투쟁을 전개했다. 처절한 투쟁으로 1천7백 정보 중에서 7백5십여 정보를 겨우 돌려 받을 수 있었다. 문순태의 『타오르는 강』은 이를 소설화한 것이다. 하의도에서도 세도가 홍씨가 일본인에게 팔아버린 토지를 돌려받기 위한 싸움이 벌어졌다.

　토지를 빼앗기고 높은 소작료에 시달리던 농민들은 생존을 위하여 뭉치기 시작했다. 그리하여 1921년에는 3개에 지나지 않았던 농민 단체가 1931년에는 1,759개로 늘었으며, 그 중 가장 활발했던 곳이 광주를 중심으로 한 전남 지방이었다. 지역의 농민과 노동자들은 1924년에 전북인들과 더불어 전라 노농 연맹회를 결성하고, 이어서　경상·충청지역과 합하여 남선 노농 동맹을 결성했는데, 집행위원 49명 중 위원장 서정희를 비롯한 20여명이 광주·전남인으로 구성되어 농민 운동과 노동 운동을 이끌어 나갔다.

소작 쟁의는 1920년에 전국의 15건 중 광주를 비롯한 전남 지역에서 5 건이나 발생했고, 1924년에는 전국의 164건 중 59건, 그리고 다음 해는 전국의 204건 중 105건이 광주·전남에서 일어났다. 이렇게 군별 농민 운동 조직이 정비된 지역으로 광양·나주·무안·목포·영광·완도·함 평 등을 들 수 있다.

전남 지방의 대표적 소작 쟁의는 순천 서면 소작 쟁의(1922. 12. 1,600 명 참가), 우치 소작 쟁의(1924. 1), 석곡 소작 쟁의(1924. 5), 옥곡 소작 쟁의(1924. 4-5), 덕예 소작 쟁의(1924. 7), 절초折草 동맹 사건(1924. 7- 1925. 3), 암태 소작 쟁의(1923. 12-1924. 10), 도초 쟁의(1925. 3-1926. 5) 등이었다. 투쟁 과정에서 많은 사람이 희생을 치렀지만, 소작료는 50 퍼센트로 인하되었고 소작권은 보호되었으며 지세 및 공과금은 지주가 부 담하게 되었다.

대륙 침략을 도발한 일제는 농민 운동도 탄압하였다. 1931년 말부터 1932년 중반 사이에 전국의 모든 합법적 농민 조합의 조직이 무너지면서 지하로 숨어들어야 했다. 이런 속에서도 혁명적 농민 조합 운동을 적극 벌여 나갔다. 혁명적 농민 조합은 소작 조건의 개선과 일제의 경제적 수 탈 정책 반대 같은 농민의 경제적 요구는 물론 일제 타도·토지 혁명·언 론·출판·집회·결사의 자유·제국주의 전쟁 반대 등 정치적 요구를 함 께 내걸었다. 이러한 혁명적 농민 조합 운동은 함남에서 가장 극성했고, 그 다음이 전남이었다. 전남의 경우, 영산강 유역의 영암·나주·담양· 장성·무안 등지와 강진·보성·완도·장흥·진도·해남·구례·광양· 순천·여수·제주 등 16개 지방에서 일어나, 전체 22개 행정 구역 가운데 73퍼센트에 육박하고 있었다.

암태도 소작 쟁의

암태도 소작 쟁의는 신안군 암태도 농민들이 1923년 8월부터 이듬해 8 월까지 벌인 일제 강점기 대표적인 농민 운동이다. 1923년 8월 섬 안의 소작인들은 소작인회를 결성, 지주인 문재철에게 소작료를 7-8할에서 4 할로 내려달라고 요구했다. 문재철이 이를 거부하자 소작인들은 추수를 거부하며 항의했다. 그래도 들어주지 않자 추수를 마친 뒤 소작료 불납 운동을 벌였다. 이에 지주 측에서 소작인을 개별적으로 찾아가 협박하거나 회유하자, 회원들은 순찰대를 조직하거나 지주의 회유에 넘어간 소작인들을 응징하기도 하여 사태는 점차 악화되었다. 1924년 3월 27일 와촌리에서 면민 대회를 열고 문재철을 규탄하는 한편 5월 15일까지도 요구를 들어주지 않으면 문재철의 부친 송덕비를 부수기로 결의하면서 투쟁에 들어갔다. 이 대회가 끝난 뒤 해산 과정에서 문재철 측의 청년 수십명과 충돌이 벌어지기도 했다. 소작인회에서는 자신들의 힘만으로는 관권을 등에 업은 지주와 싸워 이길 수 없다고 생각하여 이 문제를 전국으로 확산시키고자 했다. 1924년 4월 전 조선 노동대회에 대표를 보냈으나 중간에서 경찰이 이들을 저지했으며, 5월에는 해군이 암태도에 들어와 공포를 쏘며 위협하기도 했다. 4월 22일 소작인들은 문재철 부친의 송덕비를 부수었고, 그 과정에서 난투극이 벌어져 소작회 간부 13명과 청년 3명이 경찰에 검속되었다. 한편 이를 배후에서 지도하던 암태 청년회 회장 박복영이 전면에 나서며 투쟁은 활기를 띠었고, 6월 2일 1천여명이 모여 면민 대회를 열고 4백명을 뽑아 목포로 건너가서 투쟁을 벌이기로 결의했다. 이들은 목포 경철서와 법원 앞에서 몇일 밤낮으로 농성을 벌이기도 했다. 7월 8일, 6백여명은 10척의 배를 타고 법원 앞에 모여 단식 투쟁에 들어갔으며, 7월 11일에는 목포 북교리에 있는 문재철의 집으로 몰려갔다가 26명이 경찰에 붙잡혔다. 그러자 목포 시민들은 소작인들을 위해 지원을 아끼지 않았으며, 서울·광주·목포 등지의 한국인 변호사들이 스스로 무료 변호에 나섰으며, 각지에서 지원 집회가 열렸다. 관권을 배경으로 한 지주 측과 여론의 후원을 받은 소작 인측의 투쟁은 평행선을 달리며 좀처럼 해결의 기미를 보이지 않았다. 하지만 암태도 소작 쟁의가 전국적인 문제로 번지자 일제도 이를 더 이상 내버려 둘 수 없다고 판단했다. 1924년 8월 30일 목포 경찰 서장실에서 문재철과 관헌 측을 대표한 경찰서 고등과장, 소작인 측을 대표한 박복영 등이 참석하고 광주 노동회 간부가 입회한 가운데 소작료 조정 약정서가 교환되었다. 농민들의 승리였다.

"① 지주 문재철과 소작인회 간의 소작료는 4할로 약정하고, 지주는 소작인회에 2천원을 기부한다. ② 내지 못한 1923년 소작료는 앞으로 3년 동안 나눠 갚는다. ③ 구금 중인 양쪽 인사에 대해

서는 9월 1일 공판정에서 서로 고소를 취하한다. ④ 무너뜨린 비
석은 소작인회의 부담으로 복구한다"

암태도 소작 쟁의는 전남 전 지역은 물론 도초도(1925)·자은도(1926)·
지도(1927) 등 섬 지방의 소작 쟁의에 큰 영향을 끼쳤으며, 1920년대 성
공을 거둔 가장 대표적인 소작 쟁의였고, 억압받던 소작인들의 단결과 분
발을 촉구했다는 점에서 그 의미가 매우 크다.

노동 운동

광주·전남지역은 농업 중심의 지역이어서 공업에 종사하는 노동자도
다른 지방에 비하여 적었다. 일제 시대 전 기간을 통해서 2백만이 넘는
전남의 인구 중 공업에 종사하는 사람은 4만명을 넘지 못했으며, 공장수
는 전국의 6.9퍼센트 그리고 노동자수는 전국의 14.4퍼센트에 지나지 않
았다. 그리고 공장의 종류도 쌀이나 면화의 가공과 관계가 있는 정미업이
나 방직업 및 제사업이 그 주종을 이루었다.

그렇지만 이러한 열악한 조건에서도 광주 지역 노동자의 단결은 매우
굳건하였다. 이 지방에 노동자 단체가 출현한 것은, 1920년대 전반기에
노동공제회·노동친목회 등 여러 이름을 가진 노동 조합들이 점차 조직되
기 시작하면서부터였다. 당시 이 지방의 노동자 단체는 목포와 광주를 중
심으로 153개에 달하였다. 이들 단체들은 1920년대 중반부터는 지역별로
노동 단체 연합회를 만들어 8시간 노동제·파업권 확립·조선인과 일본
인의 봉급 차별 철폐 등을 요구하였다. 여기에 더하여 언론·출판·집회
결사의 자유 획득, 부당 검속에 대한 국고 배상, 조선인 본위의 산업 정책
수립, 각 학교의 조선어 사용, 조선 역사 교육 실시 등을 주장하였다. 당
시의 노동 운동이 단순한 노동자의 권익 옹호에만 그치는 것이 아니라,
인간 존중·반봉건·반식민 정책까지 쟁취하려는 민주주의 운동이자 민족
주의 운동임을 확실하게 밝혔다.

노동 단체들은 조직을 바탕으로 상황에 따라 쟁의를 전개하였다. 1920
년대 전반기에 미미하였던 파업의 발생이 중반기에 이르면 증대되는 추세
를 보이고 있는데, 이러한 증가 추세는 일제의 대륙 침략이 본격화되는

신지 항일 운동 기념탑

1933년까지 지속되었다.

광주·전남지방의 대표적인 노동 쟁의로는, 1925년 12월의 목포 자유 노동조합 파업과 이듬해 1월의 제유공 파업 및 같은 해 7월 150명의 노동자들이 참가하였던 송정리 운수 노조원 파업 그리고 12월 담양 정미 노동조합 300여명의 동맹 파업과 그에 동조한 손수레 조합원 80여명의 동정 파업 등을 들 수가 있다. 이밖에도 명백한 조직적 개입은 없었지만, 1924년 9월의 목포 목산 인쇄 파업, 1926년 10월의 목포 대정 인쇄 파업, 1932년 10월의 목포 부청(시청) 위생인부 파업 등이 유명하다. 이 가운데 목포 대정 인쇄 파업에서는 민족 차별의 철폐가 주장되기도 하였다.

전남 지방의 노동 쟁의 중 가장 치열했던 것은, 목포의 제유 노동자 파업이었다. 이 파업 투쟁은, 1929년의 원산 총파업과 1930년의 신흥 탄광 노동자 파업 및 평양 고무 노동자 파업과 함께 일제 시기 가장 강인했던 노동 투쟁 중의 하나로 평가받고 있다. 1926년 1월 목포 제유공들은 지난해의 자유 노동 조합 파업의 승리에 고무되어, 노동 조합 임시 총회에서 동맹 파업의 단행을 결정하였다. 그리하여 인격적 대우·임금 인상·노동 시간 단축 등의 4개조 요구 조건을 내걸고, 조사·선전·구호 등의 부서로 나누어 조직적인 활동을 전개했다. 회사에서는 신입 직공을 모집함으로써 노동 조합을 무력화시키려 했으나, 파업단은 결사대를 조직하여 그에 저항하였다. 이들은 공장 습격을 감행하고, 면화기를 떼어버리며, 유리창을 파괴하고, 기계를 부수어 작업을 못하게 하는 동시에, 신입 직공 5-6명을 구타하여 중상을 입혔다. 일본인 공장주와 경찰의 무력과 무자비한 탄압으로 노동자들의 투쟁에는 한계가 있었음에도, 이 파업은 4개월여에 걸쳐 지속됨으로써 노동자들의 가열찬 투쟁 의지를 널리 과시하였다.

활발한 청년 운동

3·1독립운동 이후 독립을 쟁취하기 위한 다양한 운동이 펼쳐졌다. 사회주의 사상이 들어오면서 계층에 따라, 지역에 따라 다양한 형태의 사회 운동이 나타났다. 광주와 전남지역에서는 신간회 운동처럼 전국과 연결된 항일 사회 운동도 활발하였다.

1920년대 이 지역의 청년 운동은 한말 이래 행정의 중심지인 광주에서 시작하여 군 전역으로 확산되었다.

이 지역에서 맨 처음 만들어진 단체는 광주 청년회였다. 광주 청년회는 3·1독립운동을 이끌었던 지도급 인사들이 주축이 되어, 1920년 6월 5일의 발기 총회를 거쳐 12일에 창립되었다. 광주 청년회는 최선진·최원택·김세현·김형옥·정인준 등이 거액을 기부하여 자금을 조성하고 활동을 전개했는데, 1920년에는 여자 야학을 시작했고, 1921년에는 노동 연맹과 함께 노동 야학을 개설했으며, 1922년 4월에는 청년 학원을 운영하여 청소년들의 실력 배양을 위해 노력했다. 광주 청년회는 1923년부터 신사상을 접한 신우회新友會 구성원들을 대거 받아들여 체질을 개선하였다. 그리하여 최한영·강석봉·지용수 등을 새로 집행위원으로 선출하였으며, 농민 단체의 전국 회장을 맡았던 서정희가 그 책임을 맡았다. 그 후 1925년부터는 지용수·김재명·강해석·조준기 등이 청년회를 주도하여 신사상의 영향을 크게 받았으며, 노동 운동이나 농민 운동의 지원뿐 아니라 학생들의 지도에도 큰 관심을 가졌다. 한편 송정 청년회는 김인영과 배현식 및 변상구의 주도로 1921년 8월 27일에 설립되어 강연회를 갖고 활발한 활동을 하였다. 이러한 청년 단체들은 청년의 지·덕·체를 향상하고 친선을 도모하며, 문화 진흥을 목표로 내세웠다.

광주 기독교 청년회(YMCA)는 1920년 7월경에 창립되었다. 중앙 교회·금정 교회·양림 교회·향사리 교회의 2천여명이 그에 참여하였는데, 광주 3·1독립운동을 주도했던 사람들이 단체를 이끌었다. 광주 기독교 청년회(YMCA)는 시가지를 중심으로 한 선교와 계몽 운동에 치중하다가, 1925년 중반 이래 농촌부를 설치하고 시내와 가까운 촌락에서 농촌 교화와 문맹 퇴치 및 산업 장려에 주력하였다. 그러던 중 청년 단체의 혁신과 변화에 대응하여 활동 방향을 선회하고 간부진도 개편했는데, 1925년 4월에 최병준·최영균·김기석·주태선·김용환·문찬규·김태오·신도인

· 이수현 · 장호조 · 최남립 · 최흥종 등을 새 이사로 선임하였다. 1926년 에는 김철 · 강태성 · 성은억 · 강순명 · 이윤호 등도 광주 기독교 청년회에 합류하여 열성적으로 활동하였다. 이들은 기독 청년회 활동뿐만 아니라 광주 청년회 및 노동 단체 그리고 농민 단체의 주역으로 활동하면서 광주 의 사회 운동을 지도하였으며, 1927년의 신간회 활동 시에도 그 중심 인 물들이 되었다.

한편 남성과 함께 여성들도 조직화되기 시작하여, 1921년 6월에는 김필 례 등의 활동으로 광주 부인회가 결성되었다. 이 무렵 조선 여자 교육회 순회 강연단과 동경 여자 유학생 강연단이 광주를 찾아, 참석자들로 인산 인해를 이룬 가운데 여성 교육의 필요성과 여자의 자각을 역설하였다. 또 한 1922년 5월에는 다시 부인 대강연회를 개최하여 성황을 이루었는데, 연사들은 모두 신구 여성의 각성과 남성 사회의 반성을 촉구했다. 이후 부인회의 활동이 침체되자, 신진 여성들이 중심이 되어 1923년 11월 23 일에 광주 여자 청년회를 조직했다. 광주 여자 청년회는 50명의 회원을 확보하여 여러 부서를 두고 활동하였다. 이어서 광주 여자 기독 청년회가 창립되었는데, 이 회는 1925년 6월 15일 제2회 정기 총회를 열고 종래의 회장제 대신 이사제로 조직을 개편했다.

당시 광주의 여러 사회 단체는 서로 제휴하여 실력을 배양하는 한편, 전남 지방의 여러 단체들과도 연합하였다. 그리하여 1927년 11월에는 이 들 모든 단체들이 모여 광주 청년 동맹을 결성하기에 이르렀다. 광주 청 년 동맹은 민족단일당 혹은 민족 협동 전선의 신간회 운동과 깊은 관련을 가지면서, 광주는 물론 전남 지방의 사회 운동을 이끌어 갔다.

신간회 운동

1920년대 들어서면서 일부 조선인 민족주의자는 일제의 민족 이간 정 책에 휘말려 이른바 자치 운동을 주장하였다. 이에 일제에 타협을 거부했 던 국내외의 민족주의자들과 사회주의자들이 연합하여 일제에 대항하고자 민족 유일당을 만들고자 하였다. 신간회는 바로 이러한 움직임 속에서 나 타났다.

1927년 2월에 창립된 신간회는 의장에 신석우, 회장에 이상재를 추대하고, 조병옥·안재홍·홍명희·허헌 등을 간부로 선임하여, 전국적으로 3만 명의 회원과 149개 지방의 지회가 조직되어 합법적인 투쟁을 전개했다. 신간회는 그 강령으로, 한국인 착취 기관의 철폐·교육 차별의 금지·한국어 교육의 실시·과학 사상 연구의 자유 등을 주장했다. 신간회가 창립된 후 전국의 청년·사상·노동·농민 단체 등으로부터 지지 운동이 전개되었으며, 사회 단체의 해체와 파벌 없애기를 통한 전선의 통일 등이 구체화되었다.

또한 신간회의 자매 기관으로 여성 단체인 근우회가 조직되어 민족 운동을 활발하게 전개하였다.

이러한 전국적인 추세에 발맞추어 전남 지방에서도 신간회에 적극 참여하여 많은 지회가 설립되었는데, 함북의 83.3퍼센트와 경남의 81퍼센트 및 경북의 75퍼센트에 이어 60.9퍼센트로 네 번째의 높은 설립 비율을 보이고 있었다. 지회를 결성할 때에는 지역의 청년·노동·농민·형평 운동 단체들이 적극 참여하였으니, 신간회는 1920년대 민족 운동의 중심체로 자리잡았던 것이다.

지회 안에는 직업별,지역별로 분회나 반회를 두고서 여러 활동을 펼쳐나갔다. 웅변 대회나 연설회를 수시로 열고, 야학을 운영하여 민족 계몽에 힘썼다. 또한 농민·노동 운동과 결합하여 민족의 생존권을 지키기 위한 노력도 벌임으로써 민중의 지지를 받았다. 광주 학생 독립 운동이 일어났을 때는 사건의 진상을 알리고, 변론에 나섬으로써 전국적 확산에도 크게 기여하였다.

독립운동기 지역 운동의 모범, 완도

일제의 식민통치에 한반도 전 지역에서 저항의 불길이 일었다. 전남은 일어나지 않은 곳이 없지만 전남, 그 중에서도 완도는 북청, 동래와 더불어 우리나라 3대 독립 운동 본산지라고 할 정도로 항일 독립 운동이 치열하게 전개되었으며, 곳곳에 그 흔적이 남아 있다.

소안도를 '해방의 섬'으로 만든 이는 송내호(1895-1928)와 그 동생 송기호였다. 그는 수의 위친계, 배달 청년회 등을 만들고 노동 운동을 벌였으며, 그 결과 1924년 소안 노농 대성회가 조직되었다. 약 700명의 회원

암태도 소작쟁의 기념탑

을 둔 대성회는 사회주의 색채를 띄고 있었기 때문에 일제의 감시와 탄압을 받았다. 그러던 중 1924년 대성회의 제4차 총회 때 회원과 경찰 사이에 충돌이 일어나 송내호·정남국·최형천 등 12명이 실형을 받고 옥고를 치렀다. 이후 소안 사람들은 '감옥을 제집 드나들 듯' 하기 시작하였으며, 겨울에도 감옥에 갇힌 이웃을 생각하며 이불을 덮고 자지 않았다. 1926년에는 '살자회'를 결성하고 악덕 지주들에 대한 투쟁을 벌이는 한편 강연회·독서회 등을 통해 도민들의 의식화에 힘썼다. 그러던 중 1927년 일제는 이 지역 민족 교육의 요람인 사립 소안 학교를 강제 폐교시켰는데, 이 학교가 일제의 시책을 따르지 않으며 독립군과 사회주의자를 기르는 곳이라는 이유에서였다. 그러자 소안 학교 위원회를 중심으로 학교 살리기 운동 '복교운동'이 일어나 전국적인 관심을 끌었으며, 일본 오사카에 사립 소안 학교 폐쇄 반대 동맹이 결성되기도 하였다.

　1920년대 6천여명의 주민 중 800명 이상이 일제에 의해 불령선인으로 낙인찍혔고, 섬 사람 36명이 66회에 걸쳐 투옥되었다는 소안도에는 최근 들어 항일 운동 기념 사업들이 추진되고 있다. 1990년에는 '항일 운동 기념탑', 2003년에는 '항일 운동 기념관'을 세웠고, 2007년까지 일제에 의해 강제 폐교됐던 소안 학교를 복원하고 조형물과 기념탑을 세우는 항일 성지 공원화 사업을 추진하고 있다.

　신지도의 대곡리에는 '신지 항일 운동 기념탑'이 우뚝 서 있다. 3·1 독립 만세 운동을 전후해서 광주 학생 독립 운동에 이르기까지 조국의 독립과 광복을 위해 일제에 항거한 이곳 출신 임재갑(1891-1960)과 장석천(1903-1935)의 공적을 기리고, 3·1독립운동 당시 신지 학교 학생들의 항일 구국 운동을 후세에 전하기 위해 1994년에 섬 주민들의 성금을 모아 세운 탑이다.

약산도에는 1980년 광주 학생 독립 운동 동지회와 추모회가 세운 '애국지사 정남균 선생 추모비'가 있다. 정남균(1905-1950)은 이곳 구성리 출생으로 광주농업학교 재학 중인 1926년 11월 동문인 박인성, 문승수, 정동수 그리고 광주 고등 보통 학교 장재성, 왕재일, 정우채 외 수명의 동지들과 더불어 성진회를 조직하여 활동하였다. 1928년 사립 약산 학교 재직 중에는 배일 사상을 담은 유인물 배포로 광주 지방 법원 장흥 지원에서 벌금형을 받았고, 1929년 11월에는 성진회 동지들과 더불어 광주 학생 독립 운동을 주도하였다가 다음해 고흥에서 왜경에 체포되어 35명의 동지들과 함께 광주 지방 법원에서 3년형을 선고받고 대구 감옥에서 옥고를 치렀다.

강진·장흥과 인접한 작은 섬인 조약도에서 있었던 가장 대표적인 항일 민족 운동은 1930년대 중·후반에 전개된 '전남 운동 협의회 재건 위원회'의 조직과 그 활동이다. 1934년부터 시작되어 1938년까지 약 4년여에 걸쳐 장룡리의 청년과 농민들을 중심으로 전개된 이 운동은 조직원 간의 단결력과 그 지속성의 측면에서는 같은 시기 다른 어느 지역의 운동에 못지 않은 것이었다. 이들은 1938년경 그 운동 범위를 강진·장흥 일대에까지 확대하고, 나아가 호남 전체 지역에서 '호남 ML회'를 구성하려고 노력하던 중 일제 경찰에 의해 발각되는 바 되었다. 이 사건으로 조약도에서만 1백여명의 청년들이 검거되어 그 중 9명이 옥고를 치렀으며, 관산리에서 노동 야학 운동을 하던 이들도 연루되어 함께 옥고를 치렀다.

박병섭(한국사)

6

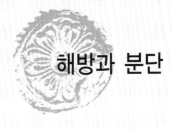

해방과 분단

제1절
해방과 통일 국가의 건설

8·15 해방

"본인은 일본 제국의 최고 통치자로서… 폭격과 파괴로 신음하고 있는 국민의 참상을 묵과할 수 없고… 이 이상의 전쟁을 수행할 수 없다는 판단 하에 연합군의 포츠담 선언을 무조건 수락하고… 이로써 일본 제국은 연합군에 무조건 항복했음을 알리는 바이다."

1945년 8월 15일, 라디오에서는 일본의 무조건적인 항복을 알리는 일본 왕의 떨리는 목소리가 흘러나왔다. 우리 민족은 일제의 항복으로 감격의 해방을 맞이한 것이다. 온 조선 천지가 흥분의 도가니였다. 곳곳에서 해방을 경축하는 집회가 열리고 거리에는 수많은 벽보가 나붙었다. 우리 민족은 40여 년의 폭압적인 식민 통치 체제에서도 완전한 자주 독립을 위해 끈질기게 싸워 왔다.

8·15광복의 기쁨

　해방은 우리 민족에게 커다란 기쁨이었다. 유례가 없는 잔혹한 일제의 압제와 폭압에도 독립과 자유를 향한 우리 민족의 대장정이 끈질기고 치열하였기 때문에 마침내 해방을 맞이한 감격은 실로 눈물겨울 수밖에 없었다.

　그러나 우리 민족은 스스로의 힘만으로 일제는 몰아내지는 못하였다. 그런 이유로 8·15는 미국과 소련 두 강대국이 남북을 군사적으로 점령한 불완전한 형태의 해방이 되었다.

미소 양국군의 남북한 분할 점령

"조선 인민에게 고함
　본관은 본관에게 부여된 태평양 방면 미군 사령관의 권한으로써 여기에 북위 38도 이남의 조선과 조선 주민에 대하여 군정을 펴고 다음과 같은 점령에 관한 조건을 포고한다.

제1조 북위 38도 이남의 조선 영토와 조선 인민에 대한 통치의 모든 권한은 당분간 본관의 권한 하에 시행된다.

제2조 정부, 공공단체 및 기타의 명예 직원과 고용인 또는 공익 사업, 공중 위생을 포함한 모든 공공 사업 기관에 종사하는 유급 혹은 무급 직원과 고용인, 그리고 기타 제반 중요한 사업에 종사하는 자는 별도 명령이 있을 때까지 종래의 정상 기능과 업무를 수행할 것이며, 모든 기록과 재산을 보호·보존하여야 한다.

제3조 주민은 본관 및 본관의 권한 하에서 발포한 명령에 즉각 복종하여야 한다. 점령군에 대한 모든 반한 행위 또는 공공 안녕을 교란하는 행위를 감행하는 자에 대해서는 용서 없이 엄벌에 처할 것이다.

제4조 주민의 재산 소유권은 이를 존중한다. 주민은 본관의 별도 명령이 있을 때까지 일상 업무에 종사하라.

제5조 군정 기간에는 영어를 모든 목적에 사용하는 공용어로 한다. 영어 원문과 조선어 또는 일본어 원문에 해석 또는 정의가 불명하거나 부동할 때는 영어 원문을 기본으로 한다.

제6조 이후 공포하게 되는 포고, 법령, 규약, 고시, 지시 및 조례는 본관 또는 본관의 권한 하에서 발포될 것이며, 주민이 이행해야 될 사항을 명기할 것이다.(맥아더 사령부 포고령 제1호, 1945. 9. 7)"

"조선인들이여!

소련 군대와 동맹 군대는 조선에서 일본 약탈자를 구축하였습니다. 조선은 자유국이 되었습니다. 이것은 다만 조선 역사의 제1장에 불과한 것입니다. 이와 마찬가지로 조선의 행복도 조선 인민의 영웅적인 투쟁과 근면한 노력에 의해서만 달성되는 것입니다. 일본 통치 하에서 살아 온 고통의 사실을 기억합시다. 담 위에 놓인 돌멩이까지도 괴로운 노력과 피땀에 대해서 말하고 있지 않습니까. 누구를 위하여 당신들은 일하였습니까. 왜놈들이 고대광실에서 호의호식하며 조선 사람들을 멸시하며 조선의 풍속과 문화를 모욕한 것을 당신들은 잘 압니다. … 공장, 기업소 및 경영주, 상업가 또는 기업가들이여! 왜놈들이 파괴한 공장과 제재소 등을 회복시킵시다.

8·15 1주년 기념 식장

새로운 생산 기업을 개시합시다! 소련군 사령부는 모든 기업소의 재산 보호를 확보하여 그 기업소의 정상적인 작업의 보증을 백방으로 원조할 것입니다.

조선 노동자들이여! 노력에 의한 영웅심과 창조적인 노력을 발휘합시다. 조선인의 훌륭한 민족성의 하나인 노력에 대한 애착심을 발휘합시다. 진정한 사업에 대해서 조선의 경제적 및 문화적 발전을 계획하는 자만이 모국 조선의 애국자가 되며 충실한 조선인이 됩니다. 해방된 조선 인민 만세! (소령군 사령관 치스차코프 대장이 발표한 포고문)"

소련은 1945년 8월 8일, 일본에 선전 포고를 하고 만주에서 일제와 전쟁을 시작하였다. 일제의 관동군을 파죽지세로 몰아붙인 소련군은 그 여세를 몰아 12일에는 청진에, 16일에 원산에 상륙하여 일본군의 무장을 해제하면서 남진을 계속했다.

미국은 소련의 움직임에 매우 당황하였다. 미국은 한반도에서 미국의 소련의 영향력을 견제하고 자신의 지위를 보장받기 위한 조치가 필요했다. 그것은 38도선을 경계로 양축이 각각 일제의 항복을 받자고 제안한 것이다.

미국은 제2차 세계 대전 이후 자국을 중심으로 한 자본주의적 세계 질서에 한반도를 끌어들이고자 했다. 반면 상대적으로 열세했던 소련은 미국과 불필요한 마찰을 피하면서 자국의 영향력을 한반도에서 확대하고자 했던 것이다. 삼팔선은 우리 민족의 의사와는 아무런 관계없이 미소 양국 간의 이러한 이해 관계에 따라 그어졌다.

독립국가를 향한 첫걸음, 건국준비위원회

"조선의 동포 여러분, 우리는 해방의 벅찬 소식을 전합니다. 이제 조선의 건국을 위하여 조선 건국 준비 위원회가 결성되었으니 모든 국민이 힘을 합하여 새 조국을 건설합시다. 민족의 모든 역량을 한데 모읍시다"

일본 패망을 앞둔 1945년 8월, 조선 총독부의 관료들은 몹시 긴장하고 있었다. 그것은 조선에 있는 80만 민간인과 10만 군대를 안전하게 철수시키는 것이 문제였다. 총독부는 당시 민족 해방 운동의 정치적 지도자 가운데 한 사람이며 국내외에 가장 신망이 높았던 여운형을 상대로 이를 교섭했다.

일제의 패망을 확신하고 건국 준비를 위해 비밀리에 건국 동맹을 조직하여 활동해 오던 여운형은 총독부의 제안을 수락했다. 여운형은 전 조선의 정치범·경제범 즉시 석방, 3개월분의 식량 확보, 조선인의 정치 활동 및 청년·학생·노동자·농민의 조직 활동에 대한 불간섭 등의 조건을 확약받았다. 이것은 조선에 대한 총독부의 사실상 항복이었던 것이다.

여운형은 8월 15일 일제가 무조건 항복을 선언하자, 그날 저녁 건국 준비 위원회를 발족시켰다. 이미 결성되었던 건국 동맹의 조직에다 반일 인사들과 출옥한 독립 지사들을 참여시켰다.

건준은 여운형을 위원장으로, 안재홍을 부위원장으로 하여 중앙 부서로 총무부(최근우), 재무부(이규갑), 조직부(정백), 선전부(조동우), 경무부(권태석) 등으로 좌우익 인사를 고루 배치했다. 그리고 2천여 명의 청년·학생으로 건국 치안대를 조직하여 치안을 담당케 하고, 또한 식량 위원회를 구성하여 식량 확보에 전념토록 했다.

건준은 완전한 독립 국가를 건설하기 위한 산파 구실을 떠맡은 준비 기관이었다. 건준은 치안을 확보하고 민족의 역량을 모으는 것을 당면 목표로 삼았다. 또한 교통·통신·금융 및 식량 대책을 강구하는 데 주력하였다.

건준의 활동이 대중의 광범위한 지지를 받으면서 지방에서도 건준의 지부가 급속히 결성되었다. 지부는 북쪽의 회령에서부터 남쪽의 제주도에 이르기까지 속속 생겨났다. 8월 말에 이르러 전국에 145개소의 지부가 조직되었던 것이다. 건준에는 당시 국내에 있던 민족주의 세력과 사회주의 세력을 포함한 다양한 정치 세력과 많은 민중이 참여하고 있었다.

전남 건국 준비 위원회 결성

전남에서는 항일 운동을 해 온 인사들과 민족주의적 인사들이 국기열의 집에 모여 전남 지방에서도 건준을 조직하기로 의견을 모았다. 그리하여 8월 17일 최흥종을 건준 전남 지부 위원장에 선출함으로써 전남 건준이 출범하게 되었다. 최흥종은 광주 기독교 청년회 창설자이면서 일제 말기에는 일제에 항거하는 의미에서 무등산 계곡에 토굴을 파고 은거하는 등 반일적 성향을 띠고 있었기 때문에 존경을 받고 있는 인사였다. 이날 58명 건준 위원이 선출되었는데 대부분 지방 명망가들이었다. 8월 17일 10시 건국 준비 위원회 전남 지부 결성식은 당초 창평 상회에서 있을 예정이었으나 장소가 비좁아 넓은 장소인 광주 극장(현 무등극장)으로 옮겨 11시에 개최되었다. 그리하여 '광주시 건준' 사무실은 지금의 동아 극장 자리에 있었고, '전남도 건준'은 광주 여고에 있었다.

초기의 도 건준 조직과 군 건준 조직은 지방의 명망가들이 참여한 한시적 조직이었다. 그것은 해방이 되면서 식민지 상태로부터 자유로운 독립 국가의 건설을 목표로 하는 혁명적 상황이었기 때문에 건준이라는 과도적 조직이 생겨날 수밖에 없었고, 그에 따라 이를 담당할 인사들도 많은 국민들의 지지를 담보할 수 있는 인사들이어야 하였다. 따라서 초기의 건준은 신국가 건설이라는 목표를 달성하기 위해 극렬 친일파를 제외하고는 일제하 항일 투쟁의 정도나 이념, 그리고 나이에 관계없이 다양한 인사들이 참여한 통일 전선의 성격을 갖는 조직이었다. 1945년 8월 17일 결성식이 끝난 후, 전남 건준 지도층은 일본인 야기(八木) 도지사를 방문하여 행정권의 인계와 정치범 석방을 요구하였다. 그리하여 8월 18일 광주 형무소에 수감되었던, 1400명의 일제하 정치범들이 석방되었다. 이들은 주로 건준 산하단체에 들어가거나 고향으로 내려가 지방 건준 활동을 개시하였다.

건준 조직이 완료되자, 일본인에 대한 무분별한 공격을 방지하고 치안 유지를 담당하기 위해 이덕우의 지휘 하에 치안대가 조직되었다. 그런데 치안대 조직 문제를 둘러싸고 건준 위원들 사이에 이견이 생겼다. 건준 위원들 가운데 일부 인사가 치안대를 새로 조직할 것이 아니라 일제 때부터 있어 왔던 경찰 조직을 복원하여 재가동하자는 의견을 제기하였다. 건준에서 조직한 치안 대원들은 치안 업무를 떠맡을 능력이 없다는 주장이었다. 치안대 건설에 반대했던 인사들이 사퇴함으로써 새로운 인사들이 충원되었다.

한편 미군의 진주에 대한 대비책으로 미군과 연결된 인물을 영입하여 신국가 건설을 준비하자는 주장이 있었다. 그러나 좌익 세력은 그것이 해방된 조선의 위상에 걸맞지 않으며 민족적 자존심에도 어울리지 않는다는 이유로 반대하였다. 결국 전남 건준은 우익 세력이 대부분 이탈함으로써 좌익 세력이 상임위원회 선거에서도 의석의 3분의 2를 차지하여 주도권을 장악하게 되었다.

전남 건국 준비 위원회 활동

전남 건준의 활동은 치안 유지와 일제 적산의 관리 및 보호 등이었다. 해방이라는 혁명적 상황에서 전남의 각 군지방에서도 지방민에 의한 자발적 정치 조직이 형성되기 시작한 것이다. 건준의 군지부는 명칭을 달리하는 경우도 있었지만 그 조직의 목적은 일치된 것이었다. 이러한 건준 조직이 결성되는 과정은 지방에 따라서 조금씩 달랐다.

광주는 전남 건준이 광주의 행정 기관과 경찰서를 접수하여 건준 업무를 수행하는 까닭에 비교적 늦은 8월 30일에 조직되었다. 광주의 경우 쌀 배급권을 이용하여 건준 위원을 선출하였다. 그러다 9월 10일 인민 위원회로 개편하였다.

이처럼 건준이 초기에는 좌우익 연합의 협동 전선 형식을 갖추었으나 구체적인 활동 단계에서 노선상의 대립이 첨예화되었다. 그 후 조직력이 강한 좌파 세력이 주도권을 장악하게 되었다. 지방의 경우에도 건준

신탁통치 반대 대회장

조직이 좌파 세력의 수중에 들어갔고, 마침내 중앙의 정세 변화와 관련하여 인민위원회로 개편되었다.

건준은 해방 이후 민족 국가 건설을 위한 준비 기관으로서 과도기적 성격을 띠는 정치 조직이었다. 9월 6일 '조선 인민 공화국 임시 정부 조직법안'이 통과됨으로써 인민 공화국이 수립되었으며, 인민 공화국은 전국 건준의 조직을 인민 위원회로 개편하였다. 전남의 건준도 그러하였다.

지방에 건설된 지방 인민 위원회는 일반적으로 우파 세력이 배제된 가운데 기존의 건준 구성 세력을 중심으로 진행되었다. 전남 지방은 좌파 세력들이 우세한 건준 지부를 인민 위원회로 규정하여 이들의 입지를 축소시키는 데 주력하였다. 결국 인민 위원회는 미군정에 의해 공산주의자의 조직으로 간주되어 1945년 말부터 1946년 사이에 해체되었다.

김남철(한국사)

| 조선 건국 준비 위원회 강령 |

우리는 조선의 완전한 독립 국가 조직을 실현하기 위하여 새 정권을 수립하는 산파적 역할을 수행하는 조직으로 첫째 완전한 독립 국가 건설, 둘째 전 민족의 정치적·경제적·사회적 기본 요구를 실현할 수 있는 민주주의 정권 수립, 셋째, 일시적인 과도기에 국내 질서를 자주적으로 유지하며 대중 생활의 확보를 기하는 것을 목표로 한다

제2절
백범의 전라도 길

백범은 1896년 2월 황해도 치하포에서 일본 육군 중위 쓰치다(土田讓亮)를 살해하고 인천 감옥에 수감되었다가, 1898년 3월 9일 탈옥에 성공한다. 백범은 탈옥하고서 팔도 강산 구경이나 해야겠다며 그 길로 서울, 오산, 공주, 강경 등을 거쳐 전라도에 발을 딛는다. 그때 백범의 나이가 23살, 전라도와의 인연이 시작된 것이다. 백범은 무주, 금구, 함평, 목포, 해남, 완도, 보성, 화순, 순창, 하동 쌍계사, 계룡산 갑사를 유랑하다가 같은 해 늦가을 공주 마곡사에서 스님 원종圓宗이 된다. 그 여정은 무전 여행이었고 그야말로 '거지 행색'이었는데, 봄·여름·가을에 걸친 백범의 발자취를 따라가 보자.

1. 한말 잠행기의 남도 여정

1898년 3월 9일(음력 2월 27일) 경기도 인천 감옥에서는 어둠을 틈타 죄수 5명이 탈옥한 사건이 발생했다. 이때 파옥破獄과 탈옥을 주도한 죄수

함평강연

는 23세의 열혈 청년이었던 황해도 해주 출신의 김창수金昌洙였다.

김창수는 1896년 황해도 안악군 치하포에서 국모國母(閔妃)의 원수를 갚기 위해(國母報讐) 일본 군인인 쓰치다(土田讓亮)를 살해했다. 이 때문에 그는 살인죄로 체포·기소되어 사형을 선고받는다. 김창수는 심문 과정에서 국모를 시해한 일본의 죄를 물으면서 "죽어서 귀신이 되어서도 네놈(왜놈-인용자)의 임금을 죽이고 왜놈의 씨를 없애어 우리 국가의 치욕을 씻겠다"고 주장했다.

이러한 그의 기백과 동기는 명성황후 시해 사건으로 울분과 분노를 가슴에 쌓고 있던 조선 백성들을 감동시켰다. 그가 갇혀 있던 인천을 비롯하여 조선 곳곳에서는 그를 후원하는 사람들이 모여들었다. 그를 보려고 먼 곳에서 인천까지 찾아오는 사람들이 구름같이 몰려들었다. 그의 감형과 석방을 위해 애쓰는 사람들이 늘어갔다.

심지어 죄수 김창수를 관리했던 인천 감리서·경무청·순검청·사령청의 관리들조차도 "제물포濟物浦(인천)가 개항된 지 9년, 즉 감리서 설립 후 처음 보는 희귀한 사건"으로 평하면서 선전과 자랑을 하였다. 관민官民, 남녀노소를 가릴 것 없이 모두가 그의 행동에 감동하였던 것이다.

이같은 여론 탓에 사형을 선고받고 형의 집행을 기다리던 김창수는 고종의 특명을 받아 사형에서 무기형으로 감형되었다. 이후 김창수는 3년여 세월 동안 감옥에 갇혀 있었다. 감옥에서 "왜구만이 자신의 죽음을 바란다"는 것을 깨달은 김창수는 탈옥을 결심하고 결행하기에 이른다. 마침내 탈옥에 성공했으나 고향으로 돌아갈 수 없었던 김창수는 정처 없는 무전여행의 길을 떠난다.

탈옥 직후 그를 아꼈던 사람들은 팔도 강산을 구경 삼아 떠나겠다는 김창수를 위해서 노자를 한 짐 지워주었다. 그러나 그는 수배자였기에 부모님이 기다리는 고향에 돌아갈 수 없었고 앞날을 기약할 수 없는 불안한 상태였다. 막막함과 불안에 사로잡힌 그는 심신을 술로써 달랬다. 승방僧

房에서부터 시작된 폭음은 밤낮으로 계속되었고, 과천에서 수원까지 음주는 계속되었다. 지인들이 걷어주었던 노자 돈은 술값으로 탕진하였고, 어느새 김창수는 빈털털이가 되었다.

빈털털이가 된 김창수가 찾은 곳은 감옥에서 한달가량 함께 옥살이했던 오산의 김삼척金三陟 집이었다. 그곳에서 며칠 묵은 김창수는 공주를 거쳐 감옥에서 만났던 강경의 공종열孔鍾烈 집을 찾아갔다. 하지만 김창수는 공종열 집안 문제 때문에 다시금 머무를 곳 없는 발걸음을 옮겨야 했다.

강경을 떠난 김창수가 찾아간 곳은 남원의 김형진金亨鎭 집이었다. 김형진은 일찍이 김창수가 "나라를 찾자"는 뜻을 함께 도모했던 동지로, 의병전쟁을 준비하기 위해 두 차례나 중국에 함께 갔던 인물이었다. 전주 사람들에게 수소문하여 간신히 찾아간 김형진의 집. 그러나 김창수가 찾아갔을 때 김형진은 이미 이 세상 사람이 아니었다. 그를 맞아준 것은 그의 영전靈前과 늙은 모친과 동생, 그리고 아내와 아들이었다. 그의 영전에 절을 올리고 김형진의 집에서 며칠을 묵은 김창수는 다시 수배와 유랑의 길을 떠났다.

김창수가 김형진의 집을 떠나 처음으로 발걸음을 돌린 곳은 함평이었다. 김창수는 함평의 이 진사 가李進士家(이동범李東範의 집)에서 보름 남짓 머물렀다.

당시의 이동범(1863-1940)은 30세 전후의 장년으로 참봉으로 출사한 후 1902년 만경군수·은률군수를 역임하였으며, 함평 공원 안에 있는 세심정洗心亭을 사재로 짓기도 하였다. 이진사는 3천석의 부호로 그의 정원인 육모정에 김창수를 은닉하였다.

현재에도 이 진사의 구택은 거의 원형을 유지하고 있으나 김창수가 은닉하였던 장소 등은 헐리고 말았다. 이 진사 가는 고래등 같은 기와집 몇 채가 현재의 4차선 도로가 지나는 곳으로 분리되지 않고 연이어 있었는데, 1935년 신작로를 개설하면서 동서로 분리되었다.

김창수가 주로 밤에 숨어들었던 육모정은 현재의 도로 길에 그 터가 있었는데, 그 장소로 길이 놓이게 되면서 초가로 되었던 육모정을 헐고 새로이 기와의 육모정을 개축하였다. 1935년에 개축된 육모정은 현재는 그 터만 남아 있는데, 백범이 거처하였던 초옥 육모정의 기둥과 지붕·주초석 등은 타인에게 매각하고 그 나머지와 기와 등을 이용하여 건축하였다고 한다. 백범은 초옥 육모정의 계단을 갖춘 제법 규모있는 지하실에서 밤에 주로 기거하였다. 그리고 낮에는 현재는 헐린 본채 7칸 집의 다락방에서 망을 보며 기거하였고, 식사는 새벽이나 밤중에 배달하였다고 한다.

한편 이 진사는 일제 시대에도 직접 독립 활동을 하지는 않았지만, 독립군의 왕래가 있으면서 음으로 양으로 독립 자금을 기부하는 등 우국 지사였다고 한다. 이러한 관계로 타지역에서 백범은 이 진사를 소개받고 함평에 도착하여 보름 남짓 기거하였던 것이다. 또한 당시의 암울한 시대적 분위기로 이웃 몰래 은닉하였던 백범은 함평을 떠나 목포로 가게 되었는데, 당시에 이진사는 상당한 노자 돈을 백범에게 마련해 주었다.

함평 다음의 행선지는 무안과 목포였다. 1898년의 목포는 새로 열린 항구(開港場)였다. 아직 건물도 지어지지 않고 모든 일들이 엉성하게 진행되는 중이었다. 목포에서 김창수는 지게꾼 행세를 하며 생활하였다. 목포의 양봉구梁鳳九의 집에서 도피 생활을 한 김구는 함께 탈옥했던 조덕근의 소식, 그리고 옥리獄吏의 소문 등을 들었다. 당시 목포는 바닷길로 인천과 이어졌고, 인천과 목포 간의 순검巡檢들이 서로 내왕하던 지역이었다. 그렇기에 탈옥수 김창수는 목포에 오래 머무를 수 없었다.

목포를 떠난 백범은 해남 관두 · 강진 · 고금도 · 완도 · 장흥 · 보성 득량면, 화순 동복, 순천 대명, 하동 쌍계사, 계룡산 갑사 등지를 유랑하였다. 이곳을 유랑하면서 김창수는 처음으로 대나무를 보았다. 뒤에 그는 『백범일지』에 "나는 열 살 남짓 될 때까지 대나무가 1년에 한 마디씩 자라는 줄 알았고, 실제로 대나무를 본 것은 이때가 처음이었다"는 소감을 적고 있다.

해남에서 여러 날 머물렀던 김창수는 이곳에 뿌리깊은 반상班常의 차별이 있는 것을 보고 크게 놀란다. 그는 어렸을 적부터 해주의 서촌西村에서 난 것을 늘 한탄하였는데, 당시 해남의 반상차별을 보고서 "양반의 낙원은 삼남三南이요 상놈의 낙원은 서북西北이다. 그나마 내가 해서海西의 상놈으로 난 것이 큰 행복이다"라는 자신의 감정을 솔직하게 표현하고 있다. 그러나 김창수를 숨겨준 해남의 이씨 가는 그의 전력 때문에 그가 피신해 있었다는 사실을 이웃 사람들에게조차 알릴 수 없었다. 오히려 일제 시기에는 그가 있었다는 사실 자체가 발설하기 두려운 이야기였다.

한편, '도망자' 김창수는 호남행을 하면서 임진왜란 때 조선을 침략한 왜구에 맞서 싸웠던 애국 선열들의 유적지를 돌아보았다. 유적지들을 돌아보면서 그는 애국 선열들의 행동에 커다란 감명을 받았고, 또한 앞으로 그가 걸어갈 인생 행로를 계획하고 있었다.

예컨대 『백범일지』에는 "고금도에서 충무공의 전적을 둘러 보았고, 금산에서는 조중봉趙重峯의 패적유지敗賊遺地를 보았으며, 공주에서는 승 영규僧 靈奎의 비를 보고 많은 느낌을 받았다"라고 하였듯이, 백범은 다른 지역에서와 마찬가지로 고금도에서도 삼남을 순례하면서 많은 역사적 인물의 유적을 보면서 자신의 살아갈 길을 찾아보았던 것 같다. 당시의 어려운 상황을 겪으면서도 좌절하지 않고 이 충무공과 같은 살신성인의 정신을 본받고, 나아가 나라를 위하여 어떻게 살아야 할 것인가 하는 인생의 사표를 정했던 것이다. 이러한 점에서 김구의 이 충무공에 대한 존경심은 바로 그의 독립 운동 정신과도 연결된다.

해방 후에도 김구는 다시 한산도에 들러서 이 충무공을 추념한 것은 충무공에 대한 존경을 넘어 숭엄한 민족의 사표로서 자리매김된 충무공의 영령 앞에 그 자신의 마음가짐을 새로이 하는 결의의 장이 되기도 하였을 것이다.

아마도 그 뒤 50여 년의 세월 동안 변함 없는 백범의 민족 자주 노선은 이때의 느낌이 커다란 영향을 미쳤을 것이라고 추측해도 지나친 말은 아닐 것이다.

백범의 하삼도 방랑은 『백범일지』등으로 행적을 추적할 수 있지만, 유독 보성 득량에서 40여일을 머문 것이 주민들에 의해 뚜렷하게 전하고 있을 뿐이다. 아래에서는 득량 쇠실 마을을 중심으로 당시의 백범을 돌이켜보기로 한다.

『백범일지』에는 "보성 송곡면, 지금의 득량면 득량리 종씨 김광언 등 집에서 40여일 휴식했다. 떠날 때에 동네 선씨 부인의 필속제속(필낭)을

38선상에서 백범

받았음"이라는 기록이 보인다. 이어서 "장흥, 보성 각 군에는 여름철에 콩잎새를 따서 금방 국도 끓여먹고 또 뜯어 말렸다가 삼동三冬에 먹기도 하는데, 말린 것을 소나 말에 실어 내어서 시장의 주요 상품이 되는 것을 보았다"고 쓰고 있다.

백범이 머물렀던 종친 김광언 씨(백범에게 아저씨뻘) 집에는 현재 그의 손부만이 살고 있다. 그러나 광언씨 손부에게서도 적잖이 1898년과 1946년(전국 순회시 재방문)의 백범 행적에 대한 증언을 들을 수 있었다. 1946년 기억은 확실하다. 음력으로 8월 20일이었다며 "군인 경찰이 수두룩했지요. 할머니(광언씨 부인)께서 콩잎죽 쑤어준 얘기를 들었지요"라고 말한다. 1946년 그날 백범이 마루에 걸터앉아 한 말도 그대로 옮겨 놓는다. "콩잎죽 쑤어서 주면 맛있었어요. 그때 잘먹었습니다"라며 당시 김구 선생이 말했었단다.

현재 득량 할머니 댁에는 백범 관련 유품이 없다. 할머니가 광주 며느리 집에 보낸 것이다. 다시 광주시 학동에 거주하는 박종금 씨(광언 씨 4세 손부)를 찾았다. 박종금 씨가 유품 3점을 실질적으로 관리하고 있었다. 즉 백범이 갖고 있다가 1898년 떠날 때에 광언 씨에게 넘겨줬던 『동국사기』東國史記(달리 동국역대서東國歷代序)와 병술(1946년) 3월 김성희 씨(백범에게 방제)에게 보낸 편지 및 1946년 음력 8월 재방문 시 써 준 친필 휘호 등 3점이 그것이다.

『동국사기』로 알려진 책(책 안쪽에 동국역대서라고만 써있지, 동국사기로 따로 제시돼 있지는 않다)은 「역대전기」(역대전기, 단군조선-기자조선-조선, 순조 역사기술), 「상고역대기」, 「동국도성총목東國都城總目」, 「부지지附地誌」 등의 편목으로 이루어져 있다. 책의 앞면 속지에 '무진 3월'이란 기록을 미뤄보아 1868년에 쓰여진 것으로 여겨진다. 또 이 책 뒷면 속지에 백범이 이 마을을 떠나면서 지은 '이별난離別難'이란 한시가 당시 썼던 이름인 '가인 김두호佳人金斗昊'와 함께 보이고 있다.

박종금 씨에 따르면, 백범은 1898년 득량을 찾을 적에 아주 허름한 옷을 입고 첫날 남의 집에 묵었고, 백범은 광언씨 사랑방에 묵으면서 밤에 일꾼들과 덕담을 나누고 동국사기 등 글을 가르쳤다. 백범이 어찌나 좋은지 일꾼이 다 따라 나서는 것을 "다음에 자리잡고 부를테니 기다려라" "내가 큰 욕을 얻어먹는다" 등으로 만류했다는 일화를 소개했다.

한편, 쇠실 마을에 뿌리를 내리며 살고 있는 김성일씨는 "내 할아버지와 백범이 교우하느라 비가 와 널어놓은 보리가 떠내려가는데도 내버려두었다고 할머니가 성화였다"는 또다른 일화도 있다.

망보던 곳에서는 쇠실 마을로 진입하는 유일한 길이 낮게 내려다 보였다. 일본 순사에 대한 초조한 가슴을 녹아 내리게 한 곳으로 101년 전에는 논두렁길이 보였을 뿐이었다. 김성일씨는 또 "46년 내가 초등학교 1학년 때, 백범이 광복군을 몰고 왔어요. 그때 백범을 직접 보려고 아이들이 많이 모였지요" 하며 당시를 회상한다. 김씨는 백범이 산꼭대기 부근에 그전부터 있었던 '토굴'에도 두세 차례 은둔했었다는 말을 전해들었다고 한다.

백범이 쇠실 마을을 찾은 것은 1898년 음력 5월부터 6, 7월 사이로 목욕, 콩잎죽, 보리 등을 관련해 볼 때 당시가 여름임을 알 수 있다. 이 밖에 백범이 이 마을을 떠날 적에 필낭을 받아갔다는데, 그것은 교유자 중에 바느질을 잘한 아낙네(인근 마을 선씨)에게서 받은 것으로 1946년 재방문 때 고마움을 표했고, 이후 인편으로 인삼 답례를 했다고 한다.

백범은 1898년 보성 은거(방랑)는 아저씨인 김광언 등과 더불어 시대 상황을 논하고, 동네 일꾼을 중심으로 책과 글을 가르치며 민족의식을 심어준 점, 1946년 전국 순회시 재방문하여 옛 감회에 젖고 집집이 친필 휘호를 내린 점 등으로 미뤄 그의 사상·정신을 다시 느낄 수 있다.

이렇듯 호남행을 거친 뒤 김창수는 세상을 등지고 한동안 산사山寺의 품으로 들어갔다가 다시 속세로 돌아왔다.

그 뒤 항일운동을 전개하다 105인 사건에 연루되어 다시 체포되어 15년형을 선고받고 서대문 감옥·인천 감옥에서 수형 생활을 한다. 김창수는 1912년 감옥에 있을 때 그 이름을 김구金九로 바꾸었다. 1915년 8월 가출옥한 김구는 안악으로 가서 생활하다가 1919년 3·1운동이 일어나자 식민지 조국을 떠나 중국으로 망명해 본격적인 항일 운동에 투신하였다.

중국 상해와 중경에서 대한민국 임시 정부 경무부장과 주석을 지내며 김구는 한인 애국단을 조직하였고, 이 한인 애국단 단원인 이봉창 의사와 윤봉길 의사의 폭탄투척은 세계를 깜짝 놀라게 한 사건이었다. 해방 직전에는 대한민국 임시 정부 아래에 광복군을 조직하여 일본과의 직접 싸움을 준비했다.

그러나 김구가 바람과는 달리 연합국의 승리로 일본이 패망하게 되었고, 1919년 조국을 떠난 지 26년 만인 1945년 11월 김구는 조국으로 돌아왔다.

2. 해방 공간 김구의 남도 순방과 보은의 여정

해방된 조국에 돌아온 김구는 1946년 9월 다시 호남행을 하였다. 20대의 호남행이 수배자의 몸으로 숨어다니는 형편이었는데, 이때의 호남행은 해방된 조국에 돌아온 위대한 독립 운동가의 몸으로 다니는 여행이었다. 48년 만의 호남 행에서 각지의 사람들이 그를 환영하였다. 제주에서 시작된 호남 행은 부산 진해 한산도 여수·순천으로 이어졌다. 그가 가는 곳마다 환영회가 끊이지 않고 계속되었고, 그를 환영하기 위한 사람들은 인산인해를 이루었다.

여수·순천 다음으로 그가 찾아간 곳은 보성 득량이었다. 그가 도피 생활 때 잠시 머물렀던 보성 득량의 김광언金廣彦은 이미 저 세상 사람이 되었으나 그를 기억하는 사람들이 있었고, 또한 그가 작별 선물로 남겼던 자필 서명이 들어 있는 책 한권(東國史記)과 필낭筆囊(붓을 넣어서 차던 주머니)이 남아 있었다.

보성을 거쳐 광주로 가는 도중에도 그를 환영하는 인파는 끊이지 않았다. 백범의 발이 닿는 남도의 땅마다 환영회가 열렸고 환영인파는 말 그대로 인산인해를 이뤘다. 특히 그가 가는 곳마다 호남인들은 그에게 정치 후원 금품을 앞다퉈 내놓았다. 백범은 이 후원금품을 서민호 당시 광주시장(당시 호칭은 부윤府尹)에게 건네며 전재민촌을 만들어 달라고 부탁한다. 『백범일지』는 당시를 이렇게 기록하고 있다.

> "그곳에서 환영과 강연을 마친 후 보성을 떠나 광주까지 가는 사이에 환영은 이루 언급하기조차 어려울 정도였다. 역로마다 수많은 동포들이 대기·환영하니, 어떤 날은 3, 4차를 경유한 적도 있었다. 이로부터 며칠 후 광주에 도착하여 보니, 도처에서 동포들이 주는 각종 기념선물·해산물·육산물·금품 등을 종합한 것이 차에 가득 찼다. 광주에 전재민戰災民이 많다는 말을 듣고 시장을 초청하여, 다소간 전재민을 돕는 데 보태어 쓰라고 부탁하여 주고 광주 환영회를 마쳤다."

백범의 청과 금품을 받아든 서민호 광주 시장은 광주 천변 공터에 전재민촌을 건설한다. 공사 기간은 약 1년이 소요돼 전재민들은 1947년 겨울에 입주할 수 있었다. 차디찬 겨울 노숙까지 해야했던 전재민들로선 백범의 지원으로 세워진 작은 집은 편안한 안식처였던 것이다.

따라서 광주 학동 전재민촌(현재 백화마을이라 한다)은 백범 김구선생의 정치 자금으로 만들어진 마을이다. 전재민이란 세계 대전이 끝나고 일본·만주로 징용을 끌려갔거나 생계를 위해 떠났다가 다시 돌아온 이들을 일컫는 말이다. '전쟁의 재난을 당한 백성들'이란 뜻이다.

극심한 생활고에 시달리고 있던 전재민에 대한 백범의 관심과 애정은 각별했다. 백범은 광주 방문이 끝난 후인 11월 1일 '식량 문제와 전재민 원호에 대해 소신'을 피력한다. 1946년 11월 3일자 『조선일보』는 당시 백범의 소신을 지면을 통해 생생하게 전하고 있다.

"전재민 중에도 약간의 재산가가 있는 듯하다. 그러나 그의 절대 다수가 아사와 동폐의 위협에 직면하고 있다. 세인은 언필칭 애국을 위하여 독립 운동도 하고 근일에는 입법 의원 경선에도 열중하는 것이라고 한다. 그러나 목전에 아사와 동폐에 빠지고 있는 절대 다수의 동포가 죽은 뒤에 독립 운동은 누구를 위하여 하며 입법은 누구를 위하여 하겠는가. 생각하면 모순이 너무도 크다. 그러므로 빈한한 동포를 구제하는 것이 결코 작은 문제가 아니다. 진정한 애국자가 되며, 독립 운동자가 되는 시금석이다."라고 말했다.

광주를 거쳐 백범은 나주로 향하던 중 함평군을 지날 때 수많은 사람들이 길을 막고 잠시라도 함평읍에 들러 달라고 소원하여 학교 운동장에서 환영 강연을 마치기도 했다. 이때 만세를 선창한 이가 바로 이현석(이진사의 둘째 아들, 향토사학자)이었다.

이현석은 해방 후 함평을 방문하여 함평 초등학교에서 연설하던 백범을 "하얀 두루마기를 입고 살찐 얼굴에 육덕이 좋으며, 둥그런 안경에 얼굴이 동글던 백범이 학교의 현관에서 나와서 연단은 없었는데, 큰 소나무가 옆에 있던 계단에서 마이크를 설치하고 연설을 하였다. 당시 백범이 옛 감회를 술회하시자 청중들이 호응하면서 박수를 치더라. 그때 앞에서 환호하면서 태극기를 흔들던 이재승·이재혁(이 진사의 손자) 등의 손을 잡고서 즐거워하시더라"면서 백범이 이재승에게 "이군 집에 유숙한 생각이 절로 난다"고 술회하였다고 기억하고 있다.

해방 후 백범은 그의 아들인 김신 장군을 보내 이 진사가를 방문하였다고 이 진사의 며느리이며 이재승씨의 부인인 신문난申文蘭 여사는 전한다.

백범 선생 장례식

신씨 할머니에 의하면 그녀는 일제 시대에 시집 왔는데 백범이 육모정에 기거하였다는 사실은 알고 있었지만, 국사범인 관계로 인근 이웃에 대해 서는 절대 비밀로 하였고, 해방 이후에야 비로소 그 사실을 이웃에게 알 렸다고 한다. 1946년에 백범이 이재승씨를 경교장으로 초청한 후, 김신 장군이 다시 이 진사 家를 방문하여 2주 정도 머물렀다고 한다. 김신 장군이 올 때 이 진사 가로 바로 오지 않고 경찰서를 거쳐서 왔는데 관내 의 모든 경찰이 동원되어 집에 보초를 서는 등 삼엄한 경계를 폈는데, 신 씨 할머니는 확돌에서 깨를 갈고 미음을 써서 대접하였던 기억이 새롭다 고 전한다.

김신 장군이 상경한 후 다시 비행기를 몰고 와서 이진 사가 상공을 저 공으로 비행하면서 순회하자 이재승씨 등이 방문 밖으로 나와 "우리 신이 가 왔다" 하며 손을 흔들자 김신 장군도 손을 흔들면서 잘 머물고 갔다는 감사의 편지를 떨어뜨렸는데, 주변에 떨어진 편지를 인근 사람이 주워다 주어 지금도 가족들이 보관하고 있다고 한다. 지금도 김구의 후손과 이진 사의 후손들은 상호 간의 왕래가 그 때의 인연으로 이어지고 있다.

이렇듯 1946년 9월 김구의 호남행은 단순히 위대한 독립 운동가로 조국에 돌아온 자신의 존재를 전국의 동포들에게 알리려는 금의환향만은 아니었다. 이 '보은의 호남행'은 김구가 각지를 시찰할 때마다 과거 자신이 은혜를 입었던 사람들이나 그 자손들을 찾았던 행적에 잘 드러난다. 김구는 보성의 김광언 집, 함평의 이진사 집, 목포의 양봉구 가족 등을 수소문하여 찾아나섰다. 보성의 김광언 집은 직접 방문하였고, 함평의 이 진사 후손들은 찾아서 만날 수 있었다. 그러나 끝내 양봉구의 가족들은 찾지 못하였다. 이렇듯 과거 수배자 김창수를 보살펴준 사람들에 대한 예를 표시하는 보은의 여정이었다.

인종일(광주전남 백범김구선생기념사업회 이사장 · 전 광주광역시 초대 교육감)

참고 문헌

1. 대한제국기 국권회복운동과 청년김구의 잠행(조선대학교 박물관, 2000.6.18)
    – 백범 김구의 호남 潛行과 報恩의 여정 (노영기)
    – 백범 김구의 보성 득량만 은거지 (신치호)
2. 백범 김구와 함평의 李進士家 (문안식)
3. 백범 김구와 古今島 李忠武公 전적비 (유성한)
4. 백범 김구와 은거지 쇠실부락 (김태만)
5. 백범 김구와 백화마을 (광주전남 오마이뉴스 2004. 2)
6. 호남역사문화인물기행(조선대학교 박물관, 2001.4.8)
    – 대한민국임시정부 주석 김구와의 인연(김철, 김석, 안후덕)

제3절
여수 · 순천 10 · 19 항쟁

지난 2003년 10월 31일 노무현 대통령은 평화로운 섬 제주도에서 일어난 한국 현대사의 커다란 사건과 관련하여 귀중한 발표를 했다.

"제주 도민들은 국제적인 냉전과 민족 분단이 몰고 온 역사의 수레바퀴 밑에서 엄청난 인명 피해와 재산 손실을 입었습니다. 제주도에서 1947년 3월 1일을 기점으로 하여 1948년 4월 3일 발생한 남로당 제주 도당의 무장 봉기, 그리고 1954년 9월 21일까지 있었던 무력 충돌과 진압 과정에서 많은 사람들이 무고하게 희생되었습니다. 저는 위원회의 건의를 받아들여 국정을 책임지고 있는 대통령으로서 과거 국가 권력의 잘못에 대해 유족과 제주 도민 여러분에게 진심으로 사과와 위로의 말씀을 드립니다. 무고하게 희생된 영령들을 추모하며 삼가 명복을 빕니다. 정부는 4 · 3 평화 공원 조성, 신속한 명예 회복 등 위원회의 건의 사항이 조속히 이뤄질 수 있도록 적극적으로 지원하겠습니다."

실로 55년만의 일이었다. 정부 수립 시기에 제주 도민이 벌인 무장 항쟁에 대해 국가가 공식 인정을 하고, 진압 과정에서 있었던 국가의 잘못을 공표한 것이다. 그렇다면 제주 항쟁 진압을 거부하고 일어난 여수 순천 지역의 군민들의 저항은 재평가되어야 마땅하다.

1. 분단으로 치달은 해방 정국

그리던 해방을 맞았지만 우리의 정부를 바로 가질 수는 없었다. 온전히 우리의 힘으로 얻은 해방이 아니었기 때문이다. 제2차 세계 대전 후 미국과 소련은 냉전 체제를 구축하면서 한반도는 이들의 세력 확장을 위한 전초 기지가 되어야 했다. 한반도에 들어온 외세는 민족주의 세력을 제거하면서, 자신들의 입맛에 맞는 정권을 세우려 하였다. 남을 점령한 미국은 여운형이 이끄는 건국 준비 위원회를 탄압하였으며, 일제 패망 전에는 인정하였던 대한민국 임시 정부도 부정하여 김구 주석을 비롯한 임정 요인은 개인 자격으로 귀국할 수밖에 없었다. 물론 공산주의 세력은 결코 인정받을 수 없었다. 한편 북에 들어온 소련과 김일성 세력은 북한 지역의 민족주의자였던 조만식 등을 부정하였다. 남과는 달리 토지 개혁을 먼저 단행하여 민중의 지지를 얻어나갔다. 모스크바에서 3국의 외상들이 민주 정부 수립과 이를 위한 신탁 통치 문제를 논의하였지만, 남한의 보수 세력은 신탁 통치 문제를 크게 부각시킴으로써 반탁과 찬탁 진영으로 격렬한 대립을 가져왔다. 이런 가운데 미국은 자신의 영향권 안에 들어있던 유엔에 한국 문제를 상정하여 5월 10일 총선거를 실시하고자 하였다. 이에 김구 등 민족 진영과 공산주의 진영에서는 단독 선거의 실시는 분단으로 가는 길이라면서 반대하고 나섰다. 특히 김구는 분단을 막아 보고자 북에 남

여순 10 · 19 사건

북 협상을 제의하여 북을 방문하는 등의 노력을 기울였지만, 일은 뜻대로 되지 않았다.

총선에 대한 반대 운동은 다른 어느 곳보다도 민족 의식과 공동체 의식이 강한 제주도에서 격렬하게 일어났다. 1948년 4월 3일 새벽 1시, 350명의 무장대는 '단독 선거 · 단독 정부 반대 · 응원 경찰과 서북 청년단 추방'을 내걸고 11개 지서와 우익 단체의 집을 습격하였다. 미군정 당국은 4월 5일 경비 사령부를 설치하고, 육지로부터 군대를 증원받아 대규모 진압 작전을 실시하였다. 1년전 오현 중학교에서 3 · 1절 기념식을 갖고 시가 행진을 하던 군중에게 총격을 가해 6명이 사망한 사태가 일어나 미 군정과 제주 도민 사이에 높아져 가던 갈등은 4 · 3을 계기로 정점에 이르게 되었다. 북제주군 관내 2개 선거구는 총선에 참가하지 못했다. 이에 미군정은 5 · 10 선거가 저지되자 군병력과 경찰력을 강화하고 무장대 토벌에 나섰다. 그러나 이러한 강경책은 오히려 제주 도민의 반발을 낳아 무장대를 따라 산으로 피하는 사람들이 늘어났다.

여순 10 · 19 사건

5 · 10선거를 제주도민과 김구 · 김규식 중심의 임시 정부 세력이 거부하였지만, 이승만 계의 독촉 국민회가 35명, 한민당이 29명, 대동 청년단이 12명, 민족 청년단이 6명, 무소속이 85명 당선되었다. 한민당의 제안대로 내각 책임제로 기초되었던 헌법이 이승만의 요구대로 대통령 중심제로 바뀌어 공포되고, 국회에서 간접 선거로 실시된 대통령 선거에서 독촉계와 한민당의 단합에 의해 이승만이 초대 대통령에 당선되었다.

1948년 8월 15일 대한민국의 수립 · 선포로 한민족은 비록 반쪽이나마 일제 식민 통치와 미군정 통치로부터 벗어나 정치적 독립을 달성할 수 있게 되었다. 그러나 이승만을 수반으로 하는 제1공화국의 시작은 불안하기만 했다. 지지 기반 자체가 친일 지주, 보수적 언론인, 지식인을 주축으로 한 한민당, 경제를 지배하고 있던 강력한 관료 체제, 단결심이 강하고 외부의 통제를 받지 않고 좌익을 제압하는 데 '선봉장'인 경찰 조직, 독촉 · 대동청 · 서북청 등의 청년 단체, 농촌 지주층 · 엘리트를 중심으로 한 독촉 국민회 등의 정치 · 청년, 사회 단체 등이었기 때문이다.

삼팔선 이남에 대한민국이 세워진 지 한 달이 못되어 이북에서는 사회주의 체제의 조선인민공화국이 들어섰다. 이로써 한반도에는 서로 다른 체제를 가진 두 정부가 들어서게 되었다.

2. 친일파의 활개, 악화되는 민생

일제가 항복을 했지만 바로 물러간 것은 아니었다. 그들은 미군이 진주한 이후에야 공식으로 물러났다. 미국은 한반도에 진주하기 전에 일본으로부터 필요한 지식을 얻었다.

군청청의 하지 중장은 "한국인들은 즉시 독립을 요구하는 것 이외에 이것을 달성하는 아무런 방법도 가지지 않았고, 실로 나에게 필요한 지식을 주는 사람은 일본인 뿐이다"라고 실토할 정도였다.

한때 자숙을 하는 것 같았던 친일파들은 행정 경험을 무기로, 반공을 전면에 내세우며 미군정에 협력하였다. 해방이 되면 친일파를 벌 줄 수 있으리라던 민중의 기대를 미군정은 철저히 외면하였다. 밀정으로 조선인을 일제에 팔아 먹는 데 앞장 섰던 사람이 갑자기 독립 운동가를 자처하고 다녔고, 학교를 세워 교육자로 둔갑한 사람도 생겨났다. 더욱이 민중을 분노케 한 것은 일제 치하에서 독립 운동가를 괴롭혔던 악질 경찰들이, 이제는 친일 청산과 통일 정부 수립을 요구하는 민족 지도자를 탄압하는 것이었다. 민중의 소망을 바탕으로 국회가 9월 7일 반민족 행위자 처벌법을 통과시켰지만, 이승만은 초반부터 '반민 특위 흔들기'에 나섰고, 결국은 무산시켰다.

또한 군과 경찰의 대립은 높아만 갔다. 경찰은 경비대를 사상적으로 불순하고, 향토적 색채를 띠는 '오합지졸'로 인식하였으며, 무기 지급 · 계급장 · 복장 · 급식 문제에 불만을 품고 있던 경비대는 과거 '일제의 주구'로서 자신들보다 높은 대우를 받고 있으면서 자신들을 멸시하는 경찰을 미워하였다. 전남 영암의 신북과 구례에서는 군인과 경찰 간에 큰 충돌이 일어나기도 했다.

해방 후 남한의 경제는 300만에 달하는 귀환 동포와 월남 동포의 유입, 물자 부족에 따른 상인들의 매점 매석, 누적된 미군정의 재정 적자와 통화 팽창, 북한으로부터의 단전 등으로 1948년 중반 이후 여·순사건에 이르기까지 내다수 민중들은 세계에서 중국 다음가는 높은 물가 상승, 실업난, 식량 문제 등의 '민생고'를 겪지 않을 수 없었다. 더욱이 농민들은 미군정의 공출, 저곡가 정책으로 굶주림과 폭력에 시달렸다.

'추수 폭동'과 '2·7투쟁'에서 거의 아무런 움직임도 보여주지 않았던 전남 동부 지방은 2월 26일 유엔 소총회의 '가능한 지역의 총선거' 발표 이후, 그리고 미군정의 '단독 선거'가 발표된 3월 중순 이후 구례군에서부터 소요가 시작되어 '5·10선거'를 전후해서는 순천에까지 파급되었다.

정부 수립 이후 제주도를 제외하고 전남 동부 지방(특히 여수)은 가장 위험한 '화약고'로 변해가고 있었다. 농민들은 다른 어느 지역보다 높은 미곡 공출, 세금 등으로 '민생고'에 허덕이고 있었으며 해방 이후 '인민위원회'의 명맥은 다른 지방보다 잘 남아 있었다. 또한 이제까지 잠잠했던 구례와 순천은 3월 이후 과격해지고 있었으며, 여수의 중학교 학생들은 조직적이고 집단적으로 움직이고 있었다. 그러나 무엇보다도 중요한 것은 광주 제4연대 제1대대(김지회·홍순석·지창수 등 좌익 군간부가 많았다)를 기간으로 1948년 5월의 제14연대 창설이었다. 제14연대는 '선거 저지 투쟁' 과정에서 경찰의 추적을 받던 전남의 좌익들, 가난에 쫓기는 실업자들의 은신처였고, 남로당 도당 지부는 이들을 조직적으로 침투시키고 있었다.

3. 여순 항쟁의 발발과 전개

제14연대의 좌익들은 10월 들어 동요하고 있었다. '제주4·3항쟁' 후 제11연대장 암살 사건을 계기로 미군정은 숙군을 시작하고 있었으며, 이러한 가운데 소위 '혁명 의용군 사건'에 제14연대장 오동기 소령이 연루되어 구속되었기 때문이다.

이러한 숙군의 와중에서 10월 15-16일경 제14연대에 여수 우편국 일반 전보로 10월 19일 20시에 제주도로 출동하라는 명령이 떨어졌다. 갑작스런 제주도 출동 명령은 좌익들에게 '동족 상잔'과 '봉기' 중 양자 선택을 강요했다. 더욱이 제14연대 안에는 제주도 출동을 위해 신식 무기(M1, 카빈, 기관총)와 탄약이 풍부하게 지급되었으며, 반납해야 할 구식 무기(일제식 99식 소총)가 병기고에 그대로 남아 있었다. 20일 새벽 01:00경 봉기군은 지창수의 지휘로 서정 지서를 빼앗고, 이어 200명이 지키고 있던 여수 경찰서를 공격했다. 20일 새벽 여수읍은 완전히 봉기군 치하에 들어갔다.

여수읍을 장악한 봉기군 2개 대대 병력(약2천명)은 6량의 객차에 분승해서 9시 30분 순천에 도착하여 중위 홍순석 휘하의 순천 주둔 제14연대 2개 중대 병력과 합류, 순천을 공격했다. 이때 순천에는 광주 제4연대에서 새벽에 파견된 1개 중대와 순천 및 인근 지역 경찰 5백여 명이 방어하고 있었지만 제4연대 1개 중대가 봉기군에 합류함으로써 오후 3시경 순천도 완전 점령당하였다. 봉기군과 지역 좌익은 여수에서보다도 더욱 잔인하게, 그리고 광범위하게 처형했다.

여수와 순천을 점령한 봉기군들은 그 지역의 좌익 인사들과 밀접하게 연계되어 인민 위원회와 보안서, 인민 재판소를 설치하고 지역의 치안과 행정을 담당하게 하였다. 여수의 경우 인민 위원회는 친일파와 모리 간상배들의 은행 예금고를 조사하고 적산 가옥 불하 대장을 조사했다. 각 동별로 극빈자를 조사하여 인민증을 끊어주고, 그 소지자에 한하여 식량영단에서 3홉씩 배급하기도 하였으며, 각 금융 기관에서는 정상적으로 문을 열어 사건 전체 대출 신청을 끝낸 사람들에게 대출을 하였는데, 이러한 소식이 전해지자 새로운 신청자가 쇄도하여 혼잡을 빚기도 하였다. 인민 위원회와 보안서는 반역자 처벌을 위한 심사 위원회를 구성하여 숙청 대상자를 인민 재판에 회부하여 처형하게 하였다. 여러 논란 끝에 악질적이라고 판단된 우익 인사 8명과 사찰계 형사 2명이 처형되고, 양심적이라고 판정되었던 20여명의 경찰관들은 석방되었다.

아울러 남로당 여수 지구 위원회는 '인민 위원회'를 구성해서 중요 기관을 접수하기 시작했으며 봉기군과 좌익 청년·학생 등은 숨어있는 경찰관, 각 기

여순 10·19사건

여순 10·19사건

관의 장, 우익 단체원, 지방 유지 등 소위 그들이 '반동 분자' 라고 낙인찍은 사람들의 수색에 나섰다. 또한 '제주도 파견 거부 병사 위원회' 는 읍내 곳곳에 ① 제주도 출동 반대 ② 미군도 소련군을 본받아 즉시 철퇴하라 ③ 인공 수립 만세 등의 성명서를 읍내 곳곳에 붙였다. 20일 오후 열린 인민 대회에서는 '친일파·민족 반역자·경찰관 등을 철저히 소탕,' 무상 몰수·무상 분배의 토지 개혁 실시 '대한민국 분쇄 맹세' 등을 결의하였다.

20일 오후 봉기군은 3개 부대로 재편성해서 주력 1천여 명은 학구·구례·남원 방면으로, 한 부대는 광양 방면으로, 다른 한 부대는 벌교·보성 방면으로 경찰서를 습격하면서 분진해 나갔다. 봉기군 주력은 20일 오후 광주에 파견된 미 군사 고문관이 급조한 제4연대의 임시 편성된 1개 대대와 20일 자정쯤 순천 북쪽 학구리에서 마주쳐 북상을 차단당하고 있었지만, 나머지 2개 방면의 부대는 보성과 광양까지 세력을 넓혔다. 이렇게 빠르게 세력이 넓혀진 것은 첫째, 순천을 방어할 때 경찰 병력이 일부 동원되어 경비가 허술해졌고 둘째, 이들 지역 대부분이 다른 지역보다 토착 좌익 세력이 상대적으로 많이 있어, 봉기군이 들어오기 전에 봉기군의 소식을 듣고 경찰 지서 등을 습격했기 때문이다

20일 새벽 주한 미군 임시 고문단장 로버츠 준장은 여·순사건에 대한 대책을 강구하기 위해서 비상 회의를 요청했다. 국방장관 이범석, 총사령관 송호성, 수명의 미 군사 고문관 과 한국인 장교가 참석했던 이 회의에서 작전을 지도할 특수 부대를 광주에 파견키로 결정했다. 전반적인 작전 계획은 이 특수 부대가 20일 오후 광주에 도착한 직후 수립되었다. 당시 경비대 총사령관 송호성 준장은 미 군사 고문관 하우스만 대위와 그 외의 2명의 미 고문관의 작전 보조를 받았으며, 그 후 5명의 고문관이 보강되었다. 육군 총사령부는 10월 21일 반군 토벌 총사령관에 총사령관 송호성 준장을 임명하고, 광주·마산·대구·진주·군산·대전에 주둔하는 총10개 대대 병력을 광주·남원·하동에 집결시켜 동일 18:00시에 순천·보성, 광양 방면의 봉기군을 포위하고, 22일에는 이승만 대통령이 여수·순천지역에 계엄령을 선포함으로써 진압 작전을 본격화했다.

순천 탈환 작전은 제3연대 제2대대, 제4연대 1개 대대, 제12연대 2개 대대가 22일 학구리를 점령하고, 제12연대 2개 대(소령 백인엽 지휘)가 순천으로 진격함으로써 결정적 계기를 맞는다. 이에 앞서 봉기군 주력 2개 대대는 소규모 단위로 나눠 광양·백운산·벌교·보성으로 도주했으며, 제12연대 병력이 순천에 진입했을 때는 좌익 청년단, 학생 단체에 의해 방어되고 있었다. 진압 부대는 23일 오전 순천을 완전히 점령했다.

순천은 봉기군을 무력화시킬 수 있는 중간 지점이었다. 따라서 전투 사령부와 기갑 부대, 순천 탈환 5개 대대, 경찰 부대가 집결하여 제2단계 진압 작전에 들어갔다. 24일 여수 탈환 작전이 장갑차를 앞세운 제3연대의 증강된 1개대와 23일 부산에서 급파된 제5연대 1개 대대와 23일 부산에서 급파된 제5연대 1개대 병력이 LST로 여수만을 포위한 상태에서 개시됐다. 그러나 미평 부근의 다리 근처에 매복 중인 봉기군의 기습을 받아 제3연대 병력 270명이 사상 당하고 송호성 총사령관이 부상, 외신 기자가 피살된 사태가 발생했다.

미평 사건은 국내적·국외적인 불안감을 조성했으며, 따라서 여수 탈환 작전이 봉기군 추격보다 더욱 시급한 문제로 등장했다. 이에 따라 봉기군은 추격 중인 광양 방면의 제12연대 2개 대대를 여수 탈환 작전에 투입하는 것이 불가피했고, 이러한 정치적 고려는 봉기군 주력이 섬진강을 거쳐 지리산으로 잠입하게 만들었다. 또한 미평에서 진압군이 주춤하고 있는 사이 여수 읍내에 있던 봉기군 1개 대대는 야음을 틈타 진압군 포위망을 뚫고 벌교와 지리산 방면으로 도주하고 말았다.

진압 부대는 25일 오전 장갑차를 앞세우고 제2차 공격을 시도하여 오후 3시경 여수읍 외곽 고지를 장악하고, 시가지에 대한 박격포 공격을 가한 다음 장갑차를 읍내에 투입하여 봉기군에 대한 공격을 했다. 26일 정오가 지나서 진압 부대는 최종 공세를 폈다. 장갑차, LST의 박격포 사격의 지원을 받은 제12연대 2개 대대는 제3연대 1개 대대와 제2연대의 일부 병력과 함께 여수읍내로 진격하였다. 27일 오후가 되어 진압 부대는 여수를 완전히 재탈환할 수 있었다

여수 탈환을 마지막으로 여·순 지역은 일단 완전히 진압되었다. 이에 따라 경찰은 보성에서는 24일 오후2시, 벌교 25일 오전 10시, 광양 26일 오후 7시, 구례 27일 오후 2시, 여수 28일 오전 8시에 각각 업무를 재개할 수 있게 되었다.

4. 여순 항쟁이 남긴 것

단독 정부 수립을 반대하며 저항하고 있던 제주도민에게 총을 겨눌 수 없다며 14연대 군인들이 봉기하자, 해방 공간의 사회적 모순에 절망해 있던 다수의 지역민이 동조하면서 전남 동부 전역으로 급격히 확산된 여순 사건. 그 파급은 여순을 넘어 전국으로, 1948년을 넘어 1950년을 거쳐 현재에까지 미치고 있다.

역시 가장 큰 피해는 인명과 경제상의 피해였다. 『한국전쟁사 1권』에는 여·순사건 1주일 현재 여수 지구에서만 관민 1,200명이 학살당하고 중경상자 1,150명, 가옥 소실 파괴 1.538동, 이재민 9,800명이 발생하였으며, 순천 지구의 인명 피해도 약 400명에 달했다고 한다. 그러나 여수 지역 사회 연구소가 여수와 순천, 고흥, 보성, 구례, 광양 지역의 실태 조사를 통해 밝혀 낸 1만명에 크게 미치지 못한 숫자이다.

여수·순천 지역이 재탈환되자 군과 경찰은 계엄령 하에서 가장 먼저 봉기군과 부역자 색출에 나섰다. 순천의 경우 23일 오전 약 5만 명의 읍민이 순천 북초등학교 교정에 집결되었다. 여기에서 군용 팬티를 입은 자, 머리가 짧은 자, 하얀 고무신을 신은 자들이 1차로 분류되고 2차로 군·경·마을 유지로 구성된 심사 위원에 의해 제1급(인민 재판에 적극적

으로 참여한 자), 제2급(소극적으로 참여한 자), 제3급(애매한 자)으로 분류되어 심사를 받았다. 심사는 주로, 외모, 고발, 개인적 감정에 의한 중상 모략, 강요된 자백에 근거를 두었기 때문에, 많은 무고한 사람들이 처벌받았다. 우익 인사의 '손가락'은 총이 되어 읍민의 생사를 갈랐다. 봉기군이나 '인민 재판'에서 적극적으로 활동하고 우익 인사의 처형에 앞장섰던 자는 즉석에서 타살되거나 순천 농업 학교·조곡동 둑실 마을, 안골, 서면 구랑실재로 끌려가 총살당했으며, 나머지는 계엄군이나 경찰에 넘겨져서 재판을 받았다.

여수의 경우 혐의자는 오동도에 재수용되어 심사를 받은 자가 수백 명에 달했는데, 만성리로 가는 터널 뒤쪽에서 집단 희생당한 묘가 '형제묘'란 이름으로 남아 있다. 백두산 호랑이로 이름이 높았던 김종원 대대장을 중앙 초등학교의 버드나무 밑에서 일본도를 휘둘러 죽였다는 끔찍한 이야기도 전한다.

육군 사령부는 1949년 1월 10일 여·순항쟁과 관련하여 군사 재판에 회부된 군인의 재판 결과를 발표했는데, 총 2,817명이 재판을 받아서 410명이 사형, 568명이 종신형, 나머지가 유죄형을 받거나 무죄 석방되었다고 한다. 여순 사건에 연루되어 보도 연맹에 강제 가입된 많은 사람들은 한국 전쟁이 일어나 정부가 부산으로 퇴각하면서 집단으로 처형하였는데, 대전형무소를 비롯하여 광주·목포 형무소에 수감된 이들은 감옥 근처에서, 순천 경찰서로 소집된 지역민들은 서면의 구랑실재 등에서 집단 희생되었다.

여순 지구에는 봉기군 치하에서 해체되었던 이전의 정당·사회 단체들이 재조직되기 시작했으며, 자위대·우익 청년 단체 등은 강화되거나 새로 생겨났다. 순천의 경우 '충무 부대'가 신설되는데, 이 단체는 '학생 연

여순 10·19사건

맹'과 청년단 출신 총 79명으로 이뤄졌으며, 한민당·대한 부인회의 지원과 협조하에 봉기군들에 대한 정보 입수, 척후 탐지 등을 통해 군·경 진압 부대를 지원하는 등 활발한 활동을 펼쳤다. 여수의 경우 폐허화된 여수 재건을 위해 '여수 부흥 기성회'(회장: 문균, 부회장: 정재완, 초대 군수)가 조직되었다. 이 단체는 주로 군·관민의 다리 구실을 했으며 궁지에 빠져있는 지방 유지들을 구하기도 했다.

그러나 '여수 부흥 기성회' 같은 단체들의 활동에도 불구하고 계엄 지역 내의 주민들은 타지방과의 교통, 통신이 차단된 채 고립된 생활을 해야만 했다. 그들은 여순항쟁이 남기고 간 살인과 파괴, 그리고 이후의 부역자 처벌, 군경의 토벌 작전, 야산대의 습격, 우익 청년 단체의 테러, 이웃과의 불신과 감시 속에서 목숨을 유지해야만 했다. 이 과정에서 그들은 반공만이 유일한 삶의 길임을 확인해야만 했다. 뿐만 아니라 그들은 대부분의 소작료, 양곡 매입, 지세와 가옥세, 시국 대책비, 국민회비, 의용단비 등의 경제적 부담까지 짊어져야만 했다. 1950년 2월 5일 정부의 계엄령 해제로 본모습을 찾은 듯하였으나, 이후 터진 6·25전쟁으로 또 다시 고난의 세월을 견뎌야 했다.

여순 항쟁의 여파는 전남 지방에만 국한되는 것이 아니었다. 미군 철수 연기와 군원 증강, 봉기군의 지리산 빨치산 활동, 이에 따른 국내 치안의 불안과 남·북 갈등의 첨예화, 숙군·청년 단체 통폐합과 군대 증강, 학도 호국단 창설, 국가 보안법 통과 등과 같은 국가 제도와 기구, 그리고 사회 구조에 미친 영향 또한 엄청난 것이었다. 제1공화국은 '여순 항쟁'을 계기로 명실상부한 반공 국가로 존재할 수 있었으며 그 유산은 지금도 이어지고 있다.

박병섭(한국사)

제4절
한국 전쟁(6·25전쟁)

한국 전쟁은 왜 일어났는가?

　"… 군사적 안전 보장의 입장에서 본 태평양 지역의 정세 및 이 지역에 대한 미국의 정책은 어떤 것인가. 첫째로 일본의 패배와 무장 해제에 의해 미국은 미국과 전 태평양 지역의 안전 보장을 위해 필요한 기간 동안 일본의 군사적 방위를 담당하게 되었다. … 이 방위선은 알류산 열도에서 일본을 거쳐 오키나와(沖繩) … 필리핀 군도로 이어진다.

　기타 태평양 지역의 군사적 안전 보장에 관하여 말하자면 누구라 할지라도 이 지역을 군사적 공격으로부터 보증할 수 없다는 사실을 명백히 해두지 않으면 안된다. 그러나 동시에 그와 같은 보증은 실제적인 면에서는 거의 필요가 없다는 사실도 명백히 해두지 않으면 안된다. 공격이 있을 경우 첫째로 의지해야 할 것은 전 문명 세계가 유엔 헌장 아래서 맺은 약속이다. 유엔 헌장은 외부로부터 침략에 대해 자기의 독립을 지키려는 결의를 굳게 하고 있

동족상잔 6 · 25

는 국민에게는 결코 무력한 신조가 아님을 보여 왔다. 그러나 태평양 내지 극동 문제를 고려함에 있어서 군사적 고려에 사로잡히는 것은 잘못이라고 나는 생각한다. 이것은 중요한 사실임에 틀림이 없으나 이 밖에도 절박한 문제가 있으니 이러한 문제는 군사적 수단에 의해 해결되지는 않는다. … 북태평양 지역에 대한 우리들의 책임과 기회는 남태평양 지역에 관한 그것과는 크게 다르다는 것이다. 북태평양의 일본에 있어서는 우리들은 직접의 책임을 지며 직접적인 행동의 기회를 지닌다. 이 사실은 정도는 낮지만 한국에 관해서 진실이다.

한국에서 우리는 과거 직접적 책임을 졌고 또한 행동했다. 현재 역시 보다 많은 성과를 올릴 기회를 지니고 있다. …(애치슨 미 국무 장관의 대 아시아 정책 성명)"

이승만 정권이 경제 정책에서 실패하고 정치적으로 혼란을 거듭하고 있는 가운데 미국은 태평양 지역의 방위선에서 한국과 대만을 제외한다고 발표했다.

1950년 6월 25일 새벽 4시! 삼팔선 여러 지역에서 전쟁이 시작되었다.

"북한군이 여섯 시경에 옹진, 개성, 춘천에서 삼팔선을 돌파했고 일부가 동해안의 강릉 남쪽에서 상륙했다"고 하는 무초 주한 미 대사의 급박한 보고가 있었다.

이튿날 김일성은 북한의 평양 방송을 통해 "이승만 군대가 삼팔선 이북으로 진공을 감행하였으므로 그것을 막아 내고 결정적인 격전을 개시하여 적의 무장력을 소탕하라"고 명령했다고 발표했다.

한국 전쟁의 시작과 끝

1950년 6월 25일 북한이 먼저 공격함으로써 전쟁은 시작되었고, 뒤이은 3년 동안 한국은 세계에서 가장 격렬하고 처절한 전쟁의 소용돌이에 놓이게 되었다.

한국 전쟁은 크게 4단계로 전개되었다.

1950년 6월 25일 전쟁 발발과 동시에 인민군은 일거에 전세를 장악하여 재빠르게 남진하였다. 인민군은 3일 만에 서울을 점령하였다. 그리고 후퇴하는 남한 정부와 국군을 추격하였다. 7월 하순, 인민군은 부산과 경상남북도를 제외한 남한 전역을 장악하기에 이르렀다.

1950년 9월 15일, 유엔군의 인천 상륙 작전 성공으로 전세는 일거에 역전되었다. 9월 28일 서울을 수복한 유엔군은 신속한 역추격전에 돌입하여, 9월 30일, 38선 이북으로 진격하였다. 10월 19일, 평양을 점령하고, 10월 26일, 압록강변의 초산까지 진격하여 한반도 전체를 수복하였다.

1950년 10월, 중국이 인민 지원군의 이름으로 참전하면서 전세는 다시 역전되었다. 절멸의 위기에 몰린 김일성과 북한 정권은 극적으로 구출되었으며, 1951년 1월 4일 유엔군은 다시 서울에서 후퇴하였다.

그 후 37도선에서 중국군과 유엔군 사이에 밀고 밀리는 공방전이 치열하게 전개되었다. 1951년 4월 11일, 전쟁 확대론을 주장한 유엔군 총사령관 맥아더가 전격 해임되었다. 1951년 6월 23일, 소련 유엔 대사 말리크가 휴전을 제의하였고, 같은 해 7월 10일, 미국의 동의로 휴전 예비 회담이 성사되었다.

그러나 포로 교환 문제로 휴전 회담이 중단 상태로 있다가, 미국의 정권 교체와 1953년 3월 5일, 스탈린 사망 후 휴전 회담이 재개되었다. 그리고 같은 해 6월 18일, 이승만의 지시로 반공 포로가 석방되었다. 미국 측의 적극적인 자세와 공산군 측의 동의로 1953년 7월 27일, 휴전 협정이 체결되면서 전쟁은 긴 휴전으로 들어가게 되었다.

한국 전쟁이 남긴 것들

전쟁으로 우리 민족이 입은 상처는 실로 엄청났다. 남북한의 모든 산업 시설과 건물을 파괴하고 수많은 사상자를 남긴 채 끝났다. 그것도 종전이 아닌 휴전 상태로 전쟁 전보다 훨씬 강고한 군사 분계선을 남긴 채 일단 마무리 되었다.

전쟁으로 인해 죽은 사람을 포함하여 인명 피해는 남북한 합하여 450여만 명으로 단일한 지역 전쟁으로 역사상 유례가 드문 참혹한 전쟁이었다. 특히 민간인의 피해가 많은 것은 미군의 공습과 한국 전쟁이 이념 전쟁이었기 때문이다. 좌우의 이념에 사로잡혀 죽고 죽이는 야만적인 잔인성이 표출되었으며, 전세의 거듭된 반전은 이러한 복수전을 되풀이하게 한 주요 요인이었다.

전쟁 이후 북한에서는 사회주의 체제가 더욱 굳어지고 이념적으로는 남한 해방론이 자리를 잡았다. 또한 남한은 혈맹 관계로 떠오른 미국에 정치적, 경제적으로 더욱 의존해 갔고, 반공 제일주의가 정착되어 다른 이념을 압도했다. 결과적으로 남북한 사이에 대결 의식과 불신의 벽이 더욱 두텁게 자리잡아 갔다.

한국 전쟁의 인적 피해

구 분	남 한		유엔군	북 한		중국군	계
	민간인	군 인		민간인	군 인		
사 망	373,599	227,748	36,813	406,000	294,151	184,128	1,522,439
부 상	229,652	717,083	114,816	1,594,000	225,949	715,872	3,597,372
실 종	387,744	43,752	6,189	680,000	91,206	21,836	1,230,556
계	990,995	988,403	157,827	2,680,000	611,206	921,836	6,350,267

남한의 공업 부문 피해 상황(단위:%)

구분	금속	기계	방직	화학	요업	식품	인쇄	합계
건물	26	35	62	35	25	30	75	44
시설	26	35	64	33	40	20	75	42

북한의 공업 부문 피해 상황(단위:%)

구분	전력 생산	석탄 생산	철생산	공업생 산전체
감소비율	74	89	90	36

한국 전쟁과 전남 지역

　한국 전쟁의 양상은 중부 지방과 경상도 지방에 집중되어 있었기 때문에 전남 지역은 상대적으로 격전지가 아니었다. 인민군의 전남 진입 과정에서, 그리고 연합군의 수복 과정에서도 이 지방에서는 격렬한 전투가 없었다. 그래서 직접적인 전투로 인한 인적·물적 피해는 그다지 크지 않았다. 6·25가 일어났어도 전남 주민들은 그 상황을 정확히 알지 못하였다. 뉴스를 통해 38선이 붕괴되었다는 소식을 듣고도 주민들은 흔히 있는 38선에서의 분쟁 정도로 생각하였다. 주민들은 예전과 다름없이 생업에 종사하면서 당시 남한 정부의 방송처럼 "국군이 곧 인민군을 격퇴하고 나아가 북진통일"을 하리라고 생각하였다. 그렇기에 이 지방의 잔존 좌익 세력들도 별다른 활동을 벌이지 않았다.

　그러나 인민군의 남하가 가속된 7월에 이르러 이 지방 주민들도 사태의 심각성을 깨달았고, 끊임없이 밀려오는 피난민 행렬을 보고 사태가 정부측의 발표와는 다르게 돌아가고 있다고 느꼈다. 7월 22일, 장성 갈재 방어를 포기한 남한의 군경은 23일 새벽 인민군의 진격을 지연시키기 위해

산동교를 폭파하고 철수 준비를 서둘렀다. 당시 박철수 전남 지사를 비롯하여 박기홍 광주 시장, 이응준 전남 지구 편성 관구 사령관 등 주요 인사가 광주를 빠져나갔다. 그리고 23일 아침 마지막 군용 열차 편으로 주요 우익계 인사들은 광주를 떠났다. 이 열차가 남광주역을 지나자 학동 철교는 작전상 이유로 폭파되었다. 또한 경찰은 지원동 다리를 폭파하면서 후퇴하였다. 이와 함께 방송을 듣고 나온 피난민 행렬로 화순 너릿재와 광주-목포 간 도로는 인산인해를 이루었다.

이날 정오 인민군 제6사단 선발대가 탱크를 앞세우고 광주로 들어 왔다. 광주에 주둔한 인민군은 치안의 장악에 나섰다. 이들은 먼저 광주 형무소에 수감되어 있던 2백여 명의 좌익 인사와 일반 죄수들을 석방하고, 치안 담당 부서로 내무부를 설치하여 우익 인사의 색출에 나섰다. 그리고 지방 잔존 좌익 세력을 중심으로 인민 위원회를 구성하였다. 인민 위원회 장으로는 보도 연맹에 가입했다가 전쟁이 일어나자 광주 형무소에 수감되었던 국기열과 강석봉이 임명되었다. 그러나 이들은 남로당 직계 세력이 아니어서 별다른 실권 없이 북측의 눈치만 살피고 있었다. 더욱이 이들은 북측의 입장에서 보면 보도 연맹에 가입했던 변절자이기도 하였다. 이때 보성 출신으로 남로당 직계인 김백동이 광주에 나타났다. 해방 후 남로당 전남 도당의 핵심 인물로 정부 수립 후 검거를 피해 북한으로 도망했던 김백동은 인민군에 의해 광주가 점령되자 정식으로 전남 도당 인민 위원 장에 취임하였다. 며칠 후 같은 보성 출신이자 남로당 직계인 김영재가 광주에 왔다. 김영재는 시당 위원장 강석봉의 전력을 공격하며 시당 위원 장에서 내쫓았고, 국기열·강석봉 등을 광주 형무소에 수감해 버렸다. 김 백동과 김영재는 곧 각 시군 인민 위원회 및 기관 인민 위원회를 구성하 였다. 또한 민청·민예청·부녀동맹 등 옛 남로당 조직이 복원되었고 소 년단·조국 보위 후원회 등 여러 단체가 결성되었다.

광주를 점령한 인민군과 좌익 세력은 여러 가지 통치 조직을 정비하고 나서 우익 인사에 대한 검거령을 내렸다. 그 대상은 피신하지 못한 군경 이나 우익 정당 및 단체의 임원, 지주와 부호 등이었다. 광주에서는 미 군 정 초대 전남도지사를 지낸 최영욱을 비롯, 호남은행장 현준호, 최태근·박인천·홍용구·김삼수 등이 붙잡혀 동명동에 위치한 광주 형무소에 수 감되었다. 또 고흥에서 김종술·이상락, 보성에서는 김병규 등이 붙잡혀 광주 형무소에 수감되었다. 이같이 인민군에 의해 붙잡힌 우익 인사들의 수가 8월 중순에는 2천여 명이 넘어 광주 형무소는 초만원을 이루었다. 이들은 유엔군의 광주 수복 때까지 감옥 생활을 하였는데, 이들 중 5백여 명은 인민군이 후퇴할 때 사살되었다.

연합군과 경찰이 광주를 수복한 것은 10월 3일이었다. 그러나 경찰이 광주에 들어왔다고 해서 곧바로 광주의 치안을 장악할 수는 없었다. 미처 광주를 빠져나가지 못한 좌익 세력은 무등산, 영광 불갑산, 구례 지리산, 화순 백아산, 광양 백운산 등으로 들어가 밤을 틈타 잦은 출몰을 하였기 때문이다. 따라서 경찰은 도청 주변에 바리케이드를 치고 겨우 방어만을 하였을 뿐이었다.

국군의 병력이 강화됨에 따라 좌익계는 더욱 깊은 산으로 들어 갔고 휴전 이후까지도 빨치산 전투를 계속하였다. 당시 전남 도경에 따르면 광주 수복 무렵 전남 내의 빨치산은 인민군·치안대·내부서원·유격대를 포함하여 모두 5만 7천여 명에 이르렀다고 한다. 그 중 1만 2천여 명은 무장하고 있었으며, 나머지 4만 5천여 명은 죽창·철창·칼 등을 휴대하고 있었다. 이들은 산 속에서 빨치산으로 있다가 1·4후퇴 때 그 기세를 떨치기도 하였다.

1951년에 전쟁은 소강 상태로 들어 갔다. 전남 지방에서는 전쟁 초기에 조직을 노출시킨 좌익계가 백아산·지리산·천관산 등으로 들어가 빨치산 소탕 작전을 펼쳤다.

군경과 빨치산 사이의 치열한 전투 지역이었던 구례에서는 그 피해가 매우 컸다. 이 지역은 지리산 빨치산과 주민들과의 연계를 끊기 위한 '거점 분쇄 작전'에 따라 주민들이 좌익 동조 세력으로 몰려 희생되기도 했으며, 수많은 집들이 불살라졌다. 1951년 11월 빨치산 토벌 작전을 목적으로 백선엽 야전군 사령부가 남원에 설치되었고, 12월부터 이듬해 1952년 3월까지에 걸친 동계 토벌 작전이 강화되면서 빨치산은 소멸의 길을 걷게 되었다.

전과와 보복, 함평 양민 학살 사건

"1·4후퇴가 며칠 지난 1월 7·8일로 기억됩니다. 장성군과 함평군의 경계지역인 월야면 계림리 시목 마을 뒷동산에서 군과 경찰의 합동 작전회의가 열렸어요. 경찰로서는 오직 한 사람 나만 참석했었는데 그때 '하루에 공비 50명 이상 사살, 무기 50점 이상 노획'을 지시하더군요. 아마 이런 지시 때문에 더 많은 민간인이 희생되지 않았나 생각됩니다."(월야지서장 이계필 증언)

한국 전쟁을 전후한 양민 학살 사건은 남북으로 미국군과 소련군이 진주하면서 시작된 반공주의와 공산주의의 대립 과정에서 아무런 이유 없이 양민들이 학살된 사건을 말한다. 사상과 이념에는 무관한 선량한 국민들이 좌·우익의 대립 과정에서 양쪽 세력으로부터 무차별하게 학살되었다. 1950년 10월부터 1953년 5월까지 전국 각지에서 양민 학살 사건이 일어났는데, 이 지역 함평에서도 예외는 아니었다. 특히 함평 양민 학살 사건은 1950년 12월부터 1951년 1월까지 월야면·해보면·나산면 일대에서 5백여명이 넘는 많은 인원이 학살되었다. 이 사건은 빨치산들에게 2명의 군인이 사살된 것에 대한 보복과 국군의 전과를 위한 욕심으로 일어난 사건이라는 데에 충격을 던져주었다. 일명 '초토화 작전'이란 이름으로 함평 지역의 양민들이 수차례 학살되었던 것이다. 그 뒤로 함평 양민 학살 사건은 철저하게 은폐되어 왔다. 그러나 살아 남은 자들은 생생하게 증언을 하고 있다.

전쟁의 과정 중에서 일어난 양민 학살 사건으로 억울하게 죽어간 원혼들을 달래고, 그 사건의 진상 규명과 그에 대한 사과와 이후 재발 방지를 위한 후속 조치들이 있어야 할 것이다. 반세기가 흐른 지금도 양민 학살에 대한 조사와 진상 규명이 이루어지지 않고 있다. 그리고 양민 학살 희생자들의 명예 회복이 이루어져 할 것이다.

역사의 정기를 바로 세우고, 화합과 통일의 내일을 위해서는 불행한 과거를 청산하고, 인권의 중요성을 확인할 수 있도록 해야 한다.

김남철(한국사)

7

민주화의 길

제1절
4 · 19 혁명

부정선거 다시 하라!

"어떤 비합법적인 비상 수단을 사용하여서라도 이승만 박사와 이기붕 선생이 꼭 정부통령에 당선되도록 하라. 세계 역사상 대통령 선거에서 소송이 제기된 일이 있느냐? 법은 나중이니 우선 당선시켜 놓고 보아야 한다. 콩밥을 먹어도 내가 먹고 징역을 가도 내가 간다. 국가 대업 수행을 위하여 지시하는 것이니 군수와 서장들은 솔선하여 다음과 같은 부정 선거의 구체적인 방법을 완수하라."(당시 내무부 장관 최인규)

당시 내무 장관이었던 최인규가 지방 자치 단체장들을 불러놓고 한 말이다. 선거에서 당연히 중립을 지켜야 할 내무부 장관의 취임사치고는 참으로 노골적인 폭언이었다.

1960년 3월 15일 마산. 투표가 시작된 오전 7시, 민주당 마산 시당 간부들은 투표소 앞에서 완강히 제지하는 경찰들을 밀치고 투표소 안으로 뛰어 들었다. 소문으로만 들었던 4할 투표가 사실임을 확인하였다.

"사기다"

"이 도둑놈들!"

민주 당원들은 거세게 항의하였다. 그러나 이들은 곧 강제로 투표소에서 쫓겨났다.

"자유당 놈들이 내 이름으로 미리 투표를 했다"

"내 표를 찾아 달라!"

투표 용지를 받지 못한 유권자들이 민주당사 앞으로 몰려 온 것이다. 민주당 마산 시장은 더 이상 선거가 의미 없다고 결론을 내리고 오전 10시 30분 2층 당사 담벼락에 선거 부인 공고를 붙였다. 전국에서 가장 빠른 선거 포기 선언이었다.

"부정 선거 다시 하라!"

구호와 함께 시위대가 시청으로 나가자 시청 정문 앞에 있던 시위 진압 소방차가 호스로 물을 뿜으며 시위대로 돌진하였다. 이에 맞서 시위대들이 일제히 돌을 던졌다. 그런 시위대들에게 경찰은 일제히 사격을 개시하였다. 마산의 시위는 이렇게 피로 시작하였다

광주고등학교 학생들의 시위

자유, 너 영원한 활화산이여!

"한마디로 대학은 반항과 자유의 표상이다. 이제 질식할 듯한 기성 독재의 발악은 바야흐로 전체 국민의 생명과 자유를 위협하고 있다. 그러기에 역사의 생생한 예언자적 사명을 띤 우리 청년 학도는 더 이상 역류하는 피의 분노를 억제할 수 없다. 만약 이 같은 극단의 악덕과 패륜을 포용하고 있는 이 탁류의 역사를 정화시키지 못한다면 우리는 후세의 영원한 저주를 면치 못하리라…. 말할 나위도 없이 학생이 상아탑에 안주하지 못하고 사회 투쟁에 참여해야만 하는 오늘의 20대는 확실히 불행한 세대이다. 그러나 동족의 손으로 동족의 피를 뽑고 있는 악랄한 현실을 방관하랴…"
(고려대 선언문)

1960년 4월 18일 고려대학교. 3천여명의 학생들이 모인 자리에서 선언문이 낭독되었다.

이미 전국적으로 시위는 일어나고 있었으나 이 때까지도 서울에서는 시위의 움직임이 없었다. 그것 때문에 공공연한 비난과 불평이 터져 나오고 있었는데, 고려대 학생들이 그 첫 매듭을 풀었던 것이다.

"자유 · 정의 · 진리를 드높이자!"
"민주 역적 몰아 내자!"
"기성 세대는 자성하라!"
"마산 사건 책임자를 처단하라!"
"오늘의 평화적 시위를 방해 말라!"

3천여명의 고대생들은 머리띠를 두르고 태평로 국회 의사당으로 향하였다. 그러나 시위에 참가한 학생들을 정치 깡패들이 무차별하게 폭행한 것이었다. 이 사건은 시민들을 더 분노하게 만들었고, 각 대학으로 시위가 확산되게 하는 원인을 제공했다.

한 번 타오르기 시작한 민중의 분노. 저항의 불길은 쉬 꺼지지 않았다. 이제 부정 선거 규탄 시위는 거대한 물꼬가 되어 전국으로 확산되어 갔다.

피의 화요일

우선 그 놈의 사진을 떼어서 밑씻개로 하자
그 지긋지긋한 놈의 사진을 떼어서
조용히 개굴창에 넣고
썩어진 어제와 결별하자
그놈의 동상이 선 곳에는
민주주의의 첫 기둥을 세우고
쓰러진 성스러운 학생들의 웅장한
기념탑을 세우자.
아아, 어서어서 썩어 빠진 어제와 결별하자

(김수영)

4월 19일 운명의 날이 밝았다. 서울대 문리대 2백여 명이 교문을 박차고 나왔다. 이어 동성고교, 대광고교, 서울대, 고려대, 건국대, 동국대, 성균관대, 경기대, 외국어대, 단국대, 국학대, 국민대, 서라벌 예술대 등 거리는 학생들로 가득 메워졌다. 숙명 여대, 이화 여대생들도 대열에 합세하였다. 그리고 마침내 시민들과 중·고등학생들까지 시위 대열에 참여하면서 1시에는 10만이 넘는 시민들이 모여들었다.

이러한 시민들에게 무장한 경찰들은 무차별 사격을 가하였다. 거리는 붉게 물들었다. 그러나 학생들과 시민들은 흩어졌다 다시 대오를 정비하면서 경무대를 향해 계속 돌진하였다. 자유를 향한 죽음의 행진이었다.

이 자리에서 사망 2십1명, 부상 1백2십1명. 서울신문사, 자유당 본부, 반공회관 등이 데모대에게 습격을 당했다. 더 많은 사람이 죽었다. 서울 1백4명, 부산 19명, 광주 8명 등 1백8십6명이었다.

특히 어린 학생들이 많이 죽었다. 초등학생·중학생이 1십9명이 희생되었고, 고등학생은 3십6명이나 죽었다.

학생들의 피에 보답하라!

4월 25일. 전국 대학 교수 4백여 명이 "쓰러진 학생들의 피에 보답하

학생들의 시위 행진

라"는 구호를 내걸고 시위를 벌임으로써 사태는 다시 급진전하기 시작하
였다. 자신의 권좌만이라도 유지하려던 이승만에게 치명타를 날렸다.

대학 교수들이 시위를 벌이자 당장 그 날 밤부터 시위가 격렬해졌다.
다음날 시위 군중은 서울의 탑골 공원에 서 있던 이승만의 동상을 파괴하
고, 그 동상의 목에다 줄을 걸어 끌고 다녔다. 경무대에 이르는 길에는 수
많은 사람들이 몰려들었다. 심지어 국민 학생들까지도 "오빠, 언니에게
총을 쏘지 마라"고 외치며 애절한 시위를 벌였다.

> "나는 해방 후 본국에 돌아 와서 우리 여러 애국 애족하는 동포
> 들과 더불어 잘 지내 왔으니 이제는 세상을 떠나도 한이 없으나
> 나는 무엇이든지 국민이 원하는 것만이 있다면 민의를 따라서 하
> 고자 할 것이며, 또 그렇게 하기를 원했던 것이다. … 국민이 원한
> 다면 사임하겠다."

4월 26일 오후 1시. 이승만의 하야 성명이 라디오 방송을 통해 발표되
었다. 학생·시민·군인들은 하나가 되어 환호성을 질렀다. 12년 동안의
이승만 독재 정권은 막을 내렸다. 그것은 민중의 희생으로 일구어 낸 값
진 승리였고 우리 현대사에 빛나는 한 순간이었다.

> "민심! 우리는 해냈다!"

광주여자고등학교 학생들의 시위

광주는 살아 있다! 전남 지역의 4 · 19혁명

이승만 독재 정권에 항거는 전남 지역에서도 3 · 15 부정 선거 이전부터 일어 났다.

2 · 28 대구 학생들의 항거 시위 보도를 들은 광주 학생들은 일제하 학생 독립 운동의 발상지라는 전통을 지키기 위해서라도 반독재 항거 시위에 앞장서야 한다고 주장하였다. 광주고의 정기창 · 이홍길 등을 중심으로 조대부고 전만길, 광주사범 김용 등은 각 학교별로 연락을 취해서 동시에 궐기할 것을 결의하였다. 그러나 사전에 발각되고 말았다. 이후에도 궐기를 계획하였으나, 기밀이 누설되어 좌절되고 말았다.

전국은 3 · 15 부정 선거로 들끓기 시작했다. 전남 지역에서도 3 · 15 선거 당일 민주 당원들의 소규모 시위가 있었다. 이튿날에는 광주 공고 학생들이 부정 선거 규탄 대회를 이 지역에서는 최초로 계획하였으나 경찰에 사전 발각되어 좌절되었다. 그리고 다음날에는 마산의 학생 시위에 호응한 광주고 학생들이 궐기 대회를 개최하려는 움직임이 있었다. 4월 6일에도 마산의 시위에서 희생된 학생들을 위한 모금 운동을 벌이려고 시도했다.

즉 광주 농고·광주 공고·조대부고·숭일고·전남대생 등이 중심이 되어 광주시내 천주교 성당에서 집결할 계획을 세웠으나 경찰이 미리 눈치채는 바람에 실패하고 말았다. 이와 같이 전남 지역 학생들은 민주화에 대한 열망은 있었지만 이를 실행에 옮기는 과정에서 조직력이 다소 미흡했다.

4월 18일 서울 고려대 학생들의 시위를 계기로 광주의 시위 열기는 다시 고조되기 시작하였다. 4월 19일부터 광주고·광주 여고·광주 공고·조대부고·광주 상고·숭일고 등 고교생들의 규탄 시위가 본격화 되었다. 이날 광주의 학생 시위는 이제까지 시도되었던 것과는 다른 양상으로 전개되었다.

학생들은 계엄령 선포를 알리는 경찰의 방송에도 굴하지 않고 격렬한 시위를 벌였다. "부정 선거 다시 하라", "구속 학생 석방하라", "학원에 자유를 달라", "광주 학생 만세", "광주는 살아 있다" 등의 구호를 외치며 충장로와 금남로를 비롯한 시내 곳곳에서 경찰에게 온몸으로 저항하였다. 19일 밤, 일부 시위대는 자유당 도당 사무소와 학동 파출소를 습격·파괴하는 등 물리적인 충돌을 마다하지 않았다. 더욱이 나이 어린 중학생들도 시위대에 합류하면서 혁명의 분위기는 더욱 고조되었다.

날이 완전히 어두워진 밤거리에는 시민들까지 합세한 약 2만여 명의 시위대가 "폭력 경찰 때려 죽여라", "민주역적의 소굴 경찰서를 습격하자" 등의 구호와 함께 경찰서를 공격했다. 경찰은 최루탄과 위협 사격을 가하며 시위대의 해산에 전력했다.

그러나 시위대는 이에 아랑곳하지 않고 경찰서를 향해 돌진해 나갔다. 이에 경찰은 시위대를 향해 총을 난사하여 시위 현장에 있던 수십 명의 학생들이 총탄에 맞아 쓰러져갔다. 경찰의 폭거는 여기에서 멈추지 않고 상점이나 가정집에 침입, 수색하여 피신한 학생들을 연행해 갔다.

날이 밝자, 학생과 시민들은 경찰들의 진압에 굴복하지 않았다. 4월 20일 오전 10시경, 고등 학생들의 시위에 전남대생들이 태봉산 앞에 집결하였다. 광주 농고생들은 북동 굴다리에 집결하였다. 이들은 광주 역전(지금의 광주 동부 소방서)에서 합류하고 시민들도 가세하였다. 시위 군중의 규모가 무려 5천여 명이나 되었다. 이들은 서로 어깨동무를 하고서 "군대는 학생을 옹호하라", "살인 경찰을 잡아 죽이자"등의 구호를 외치며 경찰과 치열한 공방전을 벌였다. 시위대는 경찰과 헌병의 무력적 진압 작전에 의해 광주 사직 공원과 금남로에서 해산을 당하였다. 당시 전남 지역은 4·19혁명 과정에서 민간인 7명, 경찰 1명이 사망하고, 71명이 중경상을 당했다.

〈표〉 광주 지역의 사망자 명단

성 명	성 별	나 이	직 업	주 소
고 준 석	남	16	학 생	광주시 계림동
김 재 복	남	18	무 직	광주시 서동
이 귀 봉	남	19	학 생	진도군 고금면
강 정 섭	남	17	노 동	광주시 백운동
박 향	여	21	무 직	광주시 금동
장 기 수	남	18	학 생	광주시 금남로
김 준 호	남	19	목 공	광주시 양동
최 금 동	남	31	경 찰	극락지서 근무

※ 광주광역시사편찬위원회 편, 『광주시사』 3, 1995년 214쪽

미완의 4·19혁명

자유여 영원한 소망이여
피흘리지 않곤 거둘 수 없는 고귀한 열매여!
그 이름 부르기에 목마를 젊음이었기에
맨가슴을 총탄 앞에 헤치고 달려왔더니라
불의를 무찌르고 자유의 나무의 피거름 되어
우리는 여기 누워 있다.
잊지 말자 사람들아
뜨거운 손을 잡고 맹세하던
아 그날 사월 십구일을
(광주 공원 '4·19기념', 조지훈)

이승만 정권이 무너진 뒤 허정을 수반으로 하는 과도 정부를 거쳐 민주

당이 여당이 된 제 2공화국이 들어섰다. 대통령에는 윤보선, 총리에는 장면이 선출된 내각 책임제 정부였다.

경찰에 맞선 시위대

그러나 민주당 정권은 4·19혁명의 이념을 계승·발전시킬 어떤 미래상도 제시하지 못하고 권력 다툼에 세월을 보내고 있었다. 정치 민주화나 경제 발전, 그리고 남북 통일 문제에 대해 어떤 능력도 발휘하지 못했던 것이다.

학생들과 진보적인 정치 세력들은 민주당 정권에도 실망을 느끼고 4·19혁명 정신을 올바른 방향에서 발전시켜야 한다고 주장하였다. 4·19혁명은 정권의 교체로만 끝나서는 안되는 것이며 봉건적 잔재와 외세 의존적인 정치 경제 구조를 타파하고 민족의 평화 통일로 나아가는 거대한 사회혁명으로 발전해야 한다고 주장하였다.

학생들은 "가자 북으로! 오라 남으로!"라는 구호를 외치며 통일을 위한 첫 출발로 판문점에서 남북 학생 회담을 갖겠다고 결의하였다. 학생들 특유의 낭만성과 비현실성은 있었지만 남북 사이의 적대적 대결을 지양하고 평화 통일의 방향을 제시했다는 점에서 매우 의미 있는 사건이었다.

그러나 제2공화국 정부 뒤이어 등장한 박정희 군사 정권은 민주주의 대신에 군부 독재를 내세우고, 민족 평화 통일 대신 반공과 멸공을 내세우면서 4·19혁명의 이념에 역행하였다. 그 후 박정희 정권은 영구 집권을 꾀하기 위해 '10월 유신'을 단행하였고, 민중의 기본 권리는 물론 민간층의 통일 운동마저 부정하였다. 이로써 4·19혁명은 민주주의와 민족통일의 과제를 이루지 못한 채 미완의 혁명이 되고 말았다.

김남철(한국사)

제2절
5·16 군사 정변과 유신 체제하의 민주화 운동

반공을 국시로, 5·16 군사 정변

"친애하는 애국 동포 여러분!

은인자중하던 군부는 드디어 금조 미명을 기해서 일제히 행동을 개시하여 국가의 행정·입법·사법의 삼권을 완전히 장악하고 이어 군사 혁명 위원회를 조직하였다. 군부가 궐기한 것은 부패하고 무능한 현 정권과 기성 정치인들에게 이 이상 더 국가와 민족의 운명을 맡겨둘 수 없다고 단정하고 백척간두에서 방황하는 조국의 위기를 극복하기 위한 것이었다.

첫째, 반공을 국시의 제일로 삼고 지금까지 형식적이고 구호에만 그친 반공 태세를 재정비·강화한다.

둘째, 유엔 헌장을 준수하고 국제 협약을 충실히 이행할 것이며 미국을 위시한 자유 우방과의 유대를 더욱 공고히 한다.

셋째, 이 나라 사회의 모든 부패와 구악을 일소하고 퇴폐한 국민 도의와 민족 정기를 바로잡기 위하여 청신한 기풍을 진작시킨다.

넷째, 절망과 기아 선상에서 허덕이는 민생고를 시급히 해결하고 국가 자주 경제 재건에 총력을 경주한다.

다섯째, 민족의 숙원인 국토 통일을 위하여 공산주의와 대결할 수 있는 실력 배양에 전력을 집중한다.

여섯째, 이와 같은 우리의 과업이 성취되면 참신하고도 양심적인 정치인들에게 언제든지 정권을 이양하고 우리들은 본연의 임무에 복귀할 준비를 갖춘다(혁명 공약)."

1961년 5월 16일 새벽. 서울의 한강 인도교에서는 총성이 울렸다. 5월 20일의 남북 학생 회담 개최를 나흘 앞두고 5·16군사 정변이 일어난 것이었다. 그것은 무대 뒤편에 있던 군부의 정치권 등장을 알리는 신호였으며, 그 배후에는 미국이 있었다.

4·19혁명의 방향이 강력한 민족 자주 평화 통일 운동으로 발전하자 미국은 심각한 위협을 느꼈다. 남한을 자신의 경제적 수탈지로, 반공 전초 기지로 삼고자 한 미국의 대한 기본 정책은 남한 내의 안정되고 강력한 반공 정부를 필요로 했다. 그리하여 미국은 남한의 정치 정세에 본격적으로 개입하였고, 그 결과 나타난 것이 바로의 군부 쿠데타였다.

5·16군사 정변은 4·19혁명에서 솟아난 민주와 통일을 향한 현대사의 거대한 물줄기를 또다시 분열과 종속과 독재의 길로 꺾어 버렸던 것이다. 이 지역에서는 김용환·김녹영·김종규·김운태·김문과·김상천·김재순·김구완,·김경인 씨 등 정치인들이 군정 연장 반대 시위를 주도 하다 수감되는 등 강력히 저항하였으나 역부족이었다.

군복을 양복으로 갈아 입고, 3공화국 출범

쿠데타로 실권을 잡은 박정희는 군정을 끝내고 민간 정부에게 정권을 이양한 후에도 계속 집권하기 위해 여러 가지 준비에 박차를 가했다. 그 가운데 박정희는 최고 정보 기관이며 정치 통제 기구로서 신설된 중앙정보부를 중심으로 민주공화당을 조직했다.

박정희는 대장 진급과 전역이라는 예정된 절차를 밟았다. 이후 공화당 대통령 후보가 되어 1963년 10월 선거에서 대통령에 당선되었다. 제3공화국이 출범하였다.

박 정권은 반공을 국시로 내걸었다. 이것을 통해 정권을 안정시키려 했다. 그러나 4백만 명에 달하는 실업자 문제를 해결하고, 국민들의 절대적 빈곤을 해결해야 했다. 그리하여 박 정권은 '선건설 후통일'이라는 구호를 내세웠다. 자립 경제와 조국 근대화를 목표로 하는 경제 개발 계획을 발표했다. 이는 민중의 경제적 불만을 무마하는 한편, 경제 개발을 통해 쿠데타를 정당화하려고 했다.

정부는 경제 개발에 필요한 막대한 재원을 미국이 구상했던 동북아 군사 전략에 편승하여 해결하려 했다. 한·미·일 삼각 안보 체제에 참가하고, 그 대가로 미국과 일본으로부터 자본을 끌어들이려 한 것이었다.

자립 경제와 민족주의를 내세웠던 박 정권의 공약公約은 공약空約이 되고 말았다. 당시 세계 도처에 있던 우리나라와 같은 신생 독립 국가들이 민족주의를 표방하며 외국 자본을 배척했던 것과는 정반대의 방향을 취한 것이었다. 또한 쿠데타의 명분 가운데 하나였던 부정 부패와 구악의 일소도 실행되지 않았다. 시간이 흐를수록 부정 축재자와 3·15 부정 선거 관련자에 대한 처리 방침은 흐지부지되어 갔다. 정부는 경제 개발의 이유로 이들과 더욱 밀착되어 갔다.

한일 협정

일본 : 청구권으로 우리가 지불을 인정할 수 있는 액수는 7천만 달러 정도다. 그러나 청구권 해결과는 별개로 한국의 독립을 축하하고 민생 안정과 경제 발전에 기여하기 위해 무상 유상의 경제 원조를 한다는 형식으로 상당한 금액을 공여할 수 있다.

한국 : 청구권과 무상 원조를 합친 개념으로 양보하겠다. 일본 측은 청구권 해결이라는 테두리 안에서 청구권과 무상 지불이라는 명목 아래 최대한 성의를 보여야 할 것이다.

일본 : 우리가 무상 원조라는 한 가지 명목으로 내놓을 수 있는 액수는 1억 5천만 달러다. 지불 액수를 보충한다는 의미에서 장기 저리 차관도 생각하고 있는데 한국 측은 국교 정상화 이후라야 차관 도입이 가능한가.

한국 : 국내법상으로는 그렇다. 아직 논의할 단계는 아니나 차관 액수
　　　는 얼마인가.
일본 : 한국 측이 용의가 있다면 곧 결정하겠다. 한국 측 숫자는 얼마
　　　인가.
한국 : 순 청구권 3억 달러, 무상 원조 3억 달러다.
일본 : 교섭할 용기가 나지 않는다. 이케다 수상도 말이 안 된다고 할
　　　것이다.
한국 : 한 · 일간의 관계는 역사적으로 특수하지 않은가.
일본 : 인도 · 버마와 무엇이 다른가. 그들은 독립할 때 청구권을 받아
　　　낸 일이 없다. 6억 달러에서 내려오지 않는 한 절충을 계속할
　　　수 없다. 또 청구권이라는 말을 표면에 사용할 수 없다.
한국 : 가령 한국 측이 비공식적으로 1억 달러를 내리면 일본은 5천만
　　　달러를 내려야 할 것이다.
일본 : 우리는 1억 7천만 달러다.
한국 : 그렇게 나오리라고 생각해서 비공식적으로 낸 것이다. 없던 것
　　　으로 하자.
일본 : 김종필 부장이 10월 중순에 내일 한다고 하는데 대단히 좋은
　　　기회라고 생각한다. 오히라 외상은 서로 최종 숫자를 내놓고
　　　얘기하면 되지 않겠느냐고 말했다. 김 · 오히라 회담에서 합의
　　　해도 나타내면 안되고 정치 회담에서 결정되는 형식을 취해야
　　　한다.
한국 : 우리로서는 민정 이양이 가까워지면 사정이 복잡해지고 민정
　　　이양이 되어 국회가 생기면 더 시끄러워진다. 되도록 빠른 것
　　　이 좋다.(김종필 · 오히라 메모, 1962년 8월-10월)

　군사 쿠데타 이후 성립된 군사 정부는 한일 회담의 성사를 서둘렀다.
중앙 정보부장 김종필은 "제2의 이완용이 되더라도" 한일 회담을 성사시
키겠다고 기염을 토하며 일본으로 건너가 오히라와 비밀 회담을 가졌던
것이다.
　일제 36년간의 착취에 대해 배상액이 고작 3억 달러로 해결하고, 식민
통치에 대한 일본 정부의 공식적인 사과 한마디 얻지 못했다. 국민 모두
는 돈 몇 푼에 민족의 자존심마저 팔아 버리려는 박 정권에게서 심한 민

족적 굴욕감을 맛보아야 했다.

1965년 6월 22일. 해방 이후 20년 만에 한일 간의 국교 정상화를 위한 한일 협정이 정식으로 조인되는 날이었다. 일본의 도쿄 일본 수상 관저에서 기본 조약을 비롯한 총 33건의 협정문·의정서, 기타 부속 외교 문서 등이 두 나라 대표들에 의하여 서명되던 그 시각, 서울과 도쿄에서는 하루 종일 반대 시위가 계속되었다.

'사수하자, 평화선' 한일 협정 반대

4·19 이후 민족 통일 운동이 고조되는 가운데 1961년 5월에 전남대 학생들은 민족 통일 연맹을 결성하고 대의원회 의장에 김시현을 선출하였다. 그러나 민주화 운동도 전반적으로 쇠퇴하였다. 1964년 한일 협정의 타결이 가시화 되자 한일 굴욕 외교를 반대하는 시위가 전국적으로 전개되었다. 전남 지역에서는 그 해 3월, 전남대생들이 "대일 굴욕 외교 반대"와 "사수하자, 평화선" 등의 구호를 외치며 가두 시위에 나섰다. 학생들은 평화적인 행진을 하며 자신들의 의사를 표명하였으며, 광주 학생 운동 기념탑에 참배하며 결의를 다졌다. 특히, 5월 하순 2백여명의 전남대 학생들의 시위에서 "박 정권 하야"라는 구호가 전국에서 처음으로 등장하였다.

6월 3일 서울에서 대학생들이 박 정권의 퇴진을 요구하며 대대적인 시위를 전개했다. 학생들의 시위에 시민들이 가세하면서 공격 목표는 청와대로 바뀌었다. 사태가 급박하게 전개되자, 박 정권은 서울 일원에 비상계엄령을 선포하고 시위대를 강제로 해산하였다. 이른바 '6·3항쟁'이다.

6월 4일 광주에서는 전남대·조선대·교육대 등의 학생들이 참여하여 가두 시위를 벌였고, 여기에 일부 고등 학생들까지 가담하여 시위대의 규모는 5천여 명을 넘어섰다.

1965년 2월 20일에 한일 협정이 가조인 되자, 3월 31일 8백여명의 전남대 학생들은 "매국 외교 결사 반대"를 외치며 시위를 벌였다. 수십명의 학생들이 연행 또는 제적되었으나, 학생회장 정동년만 실형을 선고받았다.

학생들의 반대에도 불구하고 6월 22일 한일 협정은 정식 조인되었고, 8월 14일 국회는 한일 협정 비준안을 통과시켰다. 이렇게 해서 한일 협정은 발효되었다. 이 한일 협정은 식민지 지배의 불법성 인정, 식민지 지배에 대한 반성과 배상이 전제되지 않았다. 그리고 식민지 지배에 대한 보상이 경제 협력으로 타결된 것은 이후 한일관계가 비정상적으로 왜곡되는 근본 요인이 되었다. 시위로 얼룩진 채 조인된 한일 협정은 현재까지도 한일 관계 정상화의 걸림돌이 되고 있다. 그것은 첫 단추를 잘못 끼운 매우 굴욕적인 사건이었다.

"청부 전쟁을 반대한다" 베트남 파병 반대

1965년 미국은 베트남 전쟁에 전면적으로 개입하면서 한국군의 베트남 파병을 요청하였다. 한국 정부는 미국의 정치·군사적 지지와 경제적 지원의 확대를 기대하면서 한국군의 베트남 파병을 추진하였다. 야당은 베트남 파병을 '청부 전쟁'이라고 비난하였지만 정부는 반공을 명분으로 파병을 강행하였다. 1965년 2월에 후방 지원 부대 2천명의 파병을 시작으로 7월에는 맹호 부대, 1966년에는 백마 부대가 파병되어 총 파병인 원이 5만 5천 명에 이르렀다. 베트남 파병은 인력 수출·상품 수출·군납 등과 함께 '월남 특수'를 가져와 1960년대 말-1970년대 초 외화 획득의 주요한 원천이 되었다. 그러나 젊은 군인들이 희생당하고 한국이 비동맹 외교에서 타격을 입은 것은 커다란 손실이었다.

베트남 파병은 국민적 합의를 얻지 못했고, 반대 여론이 만만치 않았다. 박 정권은 즉각 위수령과 휴교 조치로써 무마하려 했다. 그러나 광주의 학생들은 베트남 파병을 반대하며 시위에 나섰다. 1965년 8월 23일 2백여 명의 전남대 학생들이 한일 회담과 베트남 파병을 반대하는 시위를 벌였다. 이 시위를 주도한 인물은 박석무 등이었고, 이들은 반공법 위반 혐의로 구속되었다.

3선 개헌 반대

1960년대 후반에 경제 개발 계획에 의한 근대화와 각종 억압 기구들을 통한 사회 통제에 어느 정도 성공한 박정희 정권은 장기 집권을 시도하였다. 그들은 1969년에 대통령의 중임 금지 조항을 고쳐 3선을 가능케 하는 방향으로 개헌을 추진하였다.

이에 대하여 야당은 즉각 개헌 반대 입장을 표명했다. 야당의 공세와 함께 대학가에도 개헌 반대 운동이 전개되었다. 박 정권은 조기 방학으로 학생들의 활동을 저지한 다음 방학 동안에 개헌의 추진을 본격화하였다. 그러나 방학이 끝난 대학가는 개헌 반대를 목적으로 시위가 분출되었다. 전남대의 경우 9월 11일 3백여명의 학생들이 3선 개헌 성토 대회를 열었다. 이에 박정희는 전남대를 비롯한 몇 개의 대학에 임시 휴강 조치를 내렸다.

야당과 학생들의 격렬한 반대를 무릅쓰고 개헌안은 1969년 9월 14일 새벽에 국회 별관에서 여당 의원만에 의해서 통과되었다. 그리고 10월 17일 국민 투표에서 65.1퍼센트의 찬성으로 확정되었다. 이에 따라 1971년의 대통령 선거는 장기 집권과 정권 교체라는 선택의 길목에서 박정희와 김대중 후보가 유례없는 접전을 벌였다. 비록 선거에서는 박정희가 이겼지만, 갖가지 불법 선거가 동원되었기 때문에 정치적으로는 패배한 것으로 평가할 수 있다.

"짐이 곧 국가" 유신 체제

"열강의 세력 균형의 변화와 남북한 간의 사태 진전에 따른 평화 통일과 남북 대화를 추진할 주체가 필요한데, 현행 법령과 체제는 냉전 시대의 산물로서 오늘날의 상황에 적응할 수 없으며, 대의 기구는 파쟁과 정략의 희생이 되어 통일과 남북 대화를 뒷받침할 수 없으므로 부득이 비상조치로써 체제 개혁을 단행한다."(대통령 특별 선언)

일련의 비상 조치로 민족 민주 운동을 탄압해 온 박 정권은 7·4 남북 공동 성명으로 대화 분위기를 조성한 후 통일에 대한 민족 염원을 이용하여 10월 유신을 단행했다.

10월 17일 유신이 선포되던 날. 전국은 비상 계엄령 아래 놓여졌다. 국회가 해산되고 헌법의 효력이 정지되었으며 정당 활동도 금지되었다. 각

대학은 휴교로 폐쇄되었고, 언론이나 잡지 등도 모두 사전 검열을 받게 되었다. 국민 앞에서 헌법을 준수하겠노라고 엄숙히 다짐했던 대통령이 헌법을 내팽개치고, 또 다시 쿠데타를 감행하여 궁지에 몰린 정권의 위기를 벗어나고자 했던 것이다.

통일 주체 국민 회의. 이들의 손에 이제 국민을 대신하여 대통령을 뽑는 역할을 담당하게 되었다. 형식적이나마 대통령이 필요하다고 인정하는 중요 통일 정책의 심의와 국회가 발의한 개헌안의 의결·확정권을 갖고 있었다.

그러나 1972년 12월 23일 8대 대통령 선거. 2천3백5천9명의 총 대의원들 중 2천3백5십7명이 박정희 후보를 지지했고 단 2명이 무효표를 던졌다. 당시에 유신을 반대하는 것은 자살 행위와 마찬가지였다. 1978년에 이들은 장충 체육관에서 대통령을 선출했는데, 단 1명만 무효표를 던져 세계적인 조롱거리가 되었다.

유신 체제는 한국적 민주주의라는 구호를 내세웠으나, 국민이 마땅히 누려야 할 최소한의 기본권마저 인정하지 않은 한국판 군부 독재의 이데올로기였던 것이다.

그러나 유신이 선포된 이후, 폭압적인 유신 체제에 반대하는 반유신 민주화 운동이 일어 났다. 70년대에 들어서면서 민중은 자신들의 사회적, 경제적, 정치적 생활 조건을 개선하기 위해 독재 정권에 맞서 나갔다.

민주! 너를 부르마

"서울이라 한 복판에 다섯 도둑이 모여 살았것다.
예가 바로 재벌, 국회의원, 고급 공무원, 장성, 장차관이라 이름하는,
간땡이 부어 남산만하고 목질기기가 동탁배꼽 같은
천하 흉폭 오적의 소굴이렷다."(김지하, 「오적」 중에서)

생존권 보장을 요구하는 민중의 진출이 급격히 고양되는 가운데, 사회의 다른 부문에서도 억눌려 왔던 권리를 회복하려는 사회 민주화 운동이 확산되어 갔다. 그것은 박정희 정권이 삼선 개헌을 통해 일인 독재 영구 집권을 꾸미는 데 대한 반독재 투쟁이기도 했다.

학생들은 민중의 투쟁에 자극 받아 학생 중심의 투쟁에서 벗어나 민중과 결합한 투쟁을 모색하기 시작하였다. 이후로 유신 체제에 대한 반유신 민주화 운동이 다양하게 전개되었다. 이에 당황한 박 정권은 1974년 긴급 조치 1호와 2호를 발표하면서 유신 체제 반대를 엄금했다. 그런데도 반유신 민주화 운동이 더욱 거세어지자, 박 정권은 계속해서 긴급 조치를 남발하게 되었다.

다음 각 호의 행위를 금한다.
가. 유언비어를 날조, 유포하거나 사실을 왜곡하여 전파하는 행위
나. 집회·시위 또는 신문·방송·통신 등 공공 전파 수단이나
 ·문서·도서·음반 등 표현물에 의하여 대한민국 헌법을
 부정·반대·왜곡 또는 비방하거나 개정 또는 폐지를 주장,
 청원, 선동 또는 선전하는 행위
다. 학교 당국의 지도, 감독 하에 행하는 수업·연구 또는 학교
 장의 사전 허가를 받았거나 기타 의례적, 비정치적 활동을
 제외한 학생의 집회, 시위 또는 정치 관여행위
라. 이 조치를 공연히 비방하는 행위(긴급조치 9호)

1975년 4월 11일. 서울대 농대 학생 김상진의 할복. 유신 체제의 만행을 항거하면서, 대학가의 반독재 민주화 운동은 광범하게 확산되었다.
1976년 3월 1일. 민주 구국 선언을 계기로 유신 체제를 타도하기 위해 새로운 연대 투쟁의 장을 마련해 갔다. 이후 학생·재야·종교 세력 등 민주 세력 등은 반 박정희, 반 독재 투쟁을 선언하며 거세게 저항하여 유신 체제를 뒤흔들기 시작했던 것이다.

무소불위 유신 체제 반대

1970년대 초기에 박정희 정권은 커다란 정치적 위기에 직면하였다. 이러한 상황에서 박정희 정권은 종속적 산업화의 강행, 분단 체제와 안보 이데올로기의 공고화, 사회적 저항의 원천적 봉쇄를 위해 의회 민주주의 원리를 근본적으로 부정하는 유신 체제를 수립하였다.

전남 지역에서 유신 체제에 대한 저항은 1972년 12월 5일 「함성」이라는 제목의 유인물이 전남대 교내와 시내에 살포되면서 시작되었다. 이 사건은 사회적으로 큰 반향을 일으켜, 관련된 학생 중에 7명은 반공법·국가보안법·내란 예비 음모 혐의 등으로 구속되었고, 2명은 불고지죄로 불구속 입건됨으로써 사건은 마무리 되었다. 이후 전남대에서 1973년 12월 3일에 1천5백여명이, 1974년 10월 14일에 7백여명이, 12월 11일에는 2백여명이 유신 체제에 저항하는 시위를 전개하였다.

이어 발생한 '민청 학련 사건'은 사회 전반에 커다란 소용돌이를 일으켰다. 1974년 초 서울대·경북대·전남대 학생들이 '전국민주청년학생총연맹'(민청학련)을 조직하였다. 이들은 4월 9일 유인물을 뿌리며 학생 동원에 들어 갔으나 미리 정보를 알고 대기 중이던 경찰에 모두 체포되었다. 민청 학련 사건으로 18명의 전남대 학생들이 내란 음모와 긴급조치 1호 및 4호 위반으로 구속 기소되었다.

1975년 이후 정부는 여러 민주화 운동을 한층 더 억압하였다. 학생 운동이 간헐적으로 일어 났으나 민주화 운동은 침체를 면치 못하였다. 이러한 가운데 1978년 6월 27일 전남대 교수 11명은 비민주적인 교육 현실을 비판하고, 교육자의 올바른 자세 확립을 선언하는 '우리의 교육 지표'를 발표하였다. 그 사건에 관련된 송기숙 교수 등이 연행되자, 이에 자극을 받은 학생들이 교수의 석방을 요구하면서 유신 체제를 비판하는 시위를 6월 29일 격렬하게 전개하였다. 학생들은 시내까지 진출하여 시민들의 동참을 호소하며 유신 반대 운동을 전개하였다. 다음 날에도 학생들은 시내로 진출하여 산발적인 시위를 계속하였다. 이 사건으로 1백여 명의 학생들이 경찰에 연행되었고, 10명의 학생이 구속 기소되어 최고 5년형을 선고 받았다. 또한 서명 교수 중에 송기숙은 구속되었고, 이들 모두 파면되거나 강제 면직 당했다.

한편, 한국 사회가 급격한 변화를 거듭하는 동안 각 부문의 사회 운동도 함께 성장하였다. 전국적으로 농동·농민·빈민운동 세력들이 조직화를 시도하였다. 전남 지역에서도 1978년에 발생한 함평 고구마 사건을 계기로 농민 조직은 더욱 성장하였으며, 1970년대 말에 이르러 노동 야학을 매개로 노동 운동의 조직화가 이루어졌다.

이처럼 전남 지역의 학생들과 지식인들은 유신 체제에 끊임없이 도전함으로써 반독재 민주화 투쟁을 선도했다. 노동자·농민·빈민 등 민중들의 활동 또한 정치 투쟁으로 연결되어 활발하게 전개되었다. 그리하여 유신 체제의 구조적 위기를 드러냄으로써 그들의 몰락을 가져오게 하는 결정적인 역할을 하였다.

1979년 10월 26일 박정희가 피살되고 유신 체제가 붕괴되자, 전남 지역에서 민주화와 유신 잔재 청산에 대한 요구가 어느 지역보다 강하게 분출되었다. 이처럼 제 3공화국과 유신 체제의 폭압 속에서도 전남 지역의 반독재 민주화 운동은 지속적으로 성장해 왔다. 이러한 배경 속에서 한국 현대사와 한국 민주주의의 발전에 커다란 분수령을 이룬 광주 민주화 운동이 발생하였던 것이다.

김남철(한국사)

대통령 긴급조치 제 1호

1. 대한민국 헌법을 부정·반대·왜곡 또는 비방하는 일체의 행위를 금한다.
2. 대한민국 헌법의 개정 또는 폐지를 주장·발의·제안 또는 청원하는 일체의 행위를 금한다.
3. 유언비어를 날조, 유포하는 일체의 행위를 금한다.
4. 전 1, 2, 3호에서 금한 행위를 권유·선동·선전하거나 방송·보도·출판 기타 방법으로 이를 타인에게 알리는 일체의 언동을 금한다.
5. 이 조치에 위반한 자와 이 조치를 비방한 자는 법관의 영장 없이 체포·구속·압수·수색하며 15년 이하의 징역에 처한다. 이 경우에는 15년 이하의 자격 정지를 병과할 수 있다.
6. 이 조치에 위반한 자와 이 조치를 비방한 자는 비상군법회의에서 심판 처단한다.
7. 이 조치는 1974년 1월 8일 17시부터 시행한다.

제3절
김남주, 1970-1980년대를 치열하게 살았던
시인이자 혁명가

만인을 위해 내가 일할 때 나는 자유
땀 흘려 함께 일하지 않고서야
어찌 나는 자유이다라고 말할 수 있으랴
만인을 위해 내가 싸울 때 나는 자유
땀 흘려 함께 싸우지 않고서야
어찌 나는 자유이다라고 말할 수 있으랴
('자유' 중에서)

만인을 위해 싸울 때 자유라고 외쳤던 것처럼, 스스로 시인이기보다는 전사이고 싶었던 김남주 시인. 1970년대를 대표하는 저항 시인이 김지하라면 1980년대를 대표하는 저항 시인은 김남주였다. 김지하의 시가 은유적이라면 김남주의 시는 직설적이다. 전사이기를 원했던 만큼 그의 삶은 치열했다. 1970년대 벽두의 박정희 유신 독재 정권에 정면 대응하는 『함성』, 『고발』 지하 신문 발간, '남조선 민족 해방 전선(이하 남민전)' 이라는 이름도 섬뜩한 지하 조직에 가담하여 조직의 결정에 따라 재벌 총수의 집 담을 넘어 저지른 강도 사건, 섬뜩하리만큼 직설적인 그의 시만큼이나 한 시대를 너무도 명확하게 살았던 혁명가 김남주. 이제 1970-1980년대를 대표하는 민족 시인으로 역사에 기록되어 있다.

1946년 10월 16일 김남주는 전남 해남군 삼산면 봉학리 535번지에서 아버지 김봉수, 어머니 문일님 사이의 둘째 아들로 태어났다. 그는 어렸을 때부터 공부를 잘해서 삼산 초등 학교와 해남 중학교를 졸업하고 명문 광주 제일 고등학교에 입학하였다. 당시 해남에서 광주 제일 고등학교에 합격하기는 무척이나 어려워 일 년에 한 명 나올까 말까 하던 때였다. 광주 제일 고등학교 합격은 집안은 물론 마을의 경사였다. 하지만 그는 고교 2학년 때 조용히 자퇴하고 말았다. 그리고 대입 검정 고시로 전남 대학교 영어영문학과에 입학하였다. 그를 아는 주변 사람들은 그가 학교를 자퇴한 이유로 획일적인 입시 교육에 회의를 느껴서라고 말한다. 아무튼 고교 자퇴는 그가 세상을 향해 벌린 첫 번째 싸움이었다. 새가 부리로 알을 깨

갑오 동학 혁명탑 앞에 선 김남주 시인

고 세상으로 뛰쳐나오듯 자연인 김남주가 혁명가 김남주로 변신하기 위한 몸부림이었던 것이다.

김남주가 학창 시절을 보냈던 1960년대와 1970년대 초반은 박정희 정부의 독선적인 통치가 본격화되던 시기였다. 박정희 정부는 1964년 외자 도입을 위하여 일본과의 국교 정상화를 추진하고, 1968년 12월에는 '국민 교육 헌장'을 선포하였으며, 1969년 10월에는 3선 개헌안을 국민 투표로 통과시켰다. 1972년 10월에는 10월 유신 특별 선언을 발표하여 국회를 해산하고 전국에 비상 계엄령을 선포하였다. 대학에서는 한일 회담과 3선 개헌 등을 반대하여 연일 시위가 끊이지 않았으며 심지어는 고등학생들까지 나서서 가두 시위를 벌였다.

1969년 전남대 문리대 영문과에 입학한 그는 대학 1학년 때부터 3선 개헌과 교련을 반대하는 운동에 주도적으로 참여하여 반독재 민주화 투쟁에 앞장섰다. 1972년 유신 헌법이 선포되자, 오랜

친구 이강(전남대 법대)과 함께 전국 최초로 반유신 지하 신문인 『함성』지를 제작하여 전남대·조선대 및 광주 시내 5개 고등 학교에 배포하였다. 경찰은 『함성』지 배포자를 찾기 위

해 혈안이 되었으나 찾아내지 못했다. 이듬해 2월 김남주와 이강은 다시 제호를 『고발』로 바꾸어 전국에 배포하려고 운반하던 도중 발각되어 구속 되고 말았다. 이 사건으로 이강·박석무 등 15명이 함께 체포 구속되었 다. 그는 최종심에서 징역 2년 집행 유예 3년을 선고받고 투옥 8개월 만 에 석방되지만 대학은 제적되고 말았다. 1974년 감옥에서 나온 그는 고향 인 해남에 내려가 농민 문제에 깊은 관심을 쏟기 시작하면서 『창작과 비 평』 여름호에 「진혼가」, 「잿더미」 등 7편의 시를 발표해 문단에 데뷔하였 다. 1975년에는 해남에서 광주로 올라와 사회 과학 전문 서점 카프카를 개설하여 사회 문화 운동을 하기 시작하였다. ‘카프카 서점’이 한국 현실 을 과학적으로 분석하고 해법을 찾기 위한 사람들의 구심점 구실은 하였 지만 정작 서점 운영은 실패하여 1년 만에 문을 닫고 말았다. 1977년 재 차 귀향하여 대하 소설 『장길산』을 집필하기 위해 해남에 거주하고 있던 황석영, 농민 운동가 정광훈 등과 함께 한국 기독교 농민회의 모체가 된 해남 농민회를 결성하였다. 같은 해 말 다시 광주로 나와 광주권 사회 활 동가들과 함께 민중 문화 연구소를 개설하여 초대 소장을 맡았다. 1978년 민중 문화 연구소 활동 일환으로 일어판 ‘파리꼼뮨’을 강독하던 중 중앙 정보부원들이 급습하자 서울로 도피하였다. 그해에 상경한 이후 ‘남조선 민족 해방 전선 준비 위원회’(약칭 남민전)에 가입, 박석률 등과 함께 남 민전 ‘전위대’로 활동하였다. 도피하는 동안 알제리 해방 운동의 기수 프 란츠 파농의 명저 『자기 땅에서 유배 당한 자들(청사 출판사)』을 번역 출간하였다. 1979년 10월 '남민전' 조직원으로 서울에서 활동하다 약 80여 명의 동지들과 함께 체포되어 60여일간 장기 구금과 혹독한 고문 수사 끝에 투옥되어 징역 15년을 선고받고 광주 교도소에 수감되어 있다가 전주 교도소로 이감되었다.

그의 시는 또 다른 그의 투쟁이었다. 창작과 비평에 실린 그의 최초의 시 『잿더미』 외 7편은 주로 유신 치하에서 인간의 존엄성이 파괴되고 마지막 양심까지 지킬 수 없는 상황에 대해 저항하는 양심적 지식인으로서의 고뇌하는 심정과 소외된 농촌 현실과 피폐한 농민들의 생활 정서를 노래했다. 그가 운동에 투신하다가 다시 창작에 몰두한 것은 1979년 '남민전'으로 복역했을 때이다. 대표작이라고 할 수 있는 「자유」, 「전사」, 「나의 칼 나의 피」를 비롯한 대부분 작품들은 감옥에서 씌어졌다. 그의 시는 속칭 '팩 우유' 곽의 안쪽 도금된 부분에 못으로 긁어 써서 나왔다. 어쩔 때는 수인들이 화장지로 사용하여 '똥지'라고 불렸던 황토색의 거친 종이에 갈겨진 채 흘러나오기도 했다.

총칼의 숲에 싸여
눈감고 아웅하는 꼭두각시 놀음
나는 나의 최후를 놈들의
법정에서 장식하고 싶지 않았다
놈들이 파놓은 굴속 같은 방
나는 내 최후의 그림자가 감옥의
벽에 쓰러지는 것을 보고 싶지 않았다
그것이 동지의 안전에 도움이 된다면 나는
놈들의 총칼 앞에 무릎이라도 꿇었을지도 모른다
그것이 혁명에 도움이 된다면 나는
허리 굽혀 놈들의 발밑에 엎디었을지도 모른다
(- 중략 -)
서른일곱의 어쩌지도 못하는
이 기막힌 나이 이 환장할 청춘
솔직히 말해서 나는
무덤을 지키는 지조 높은 선비는 아니다
나에게는 벗이여

죽기 전에 걸어야 할 길이 있다
싸워야 할 사랑이 있고
싸워 이겨야 할 적이 있다
기대해다오 나의 칼 나의 피를
기대해다오 투쟁의 무기 나의 노래를
('전향을 생각하며' 중에서)

이 시기 그의 시는 그 누구와도 비교될 수 없는 첨예한 의식과 혁명적 순결성을 열정적으로 단호하게 때로는 냉정하게 단순화시켜 노래하였다.

1984년에 1970년대 후반 5년간 발표한 스물네 편의 시들을 모은 첫 시집 『진혼가』가 출간되었다. 세간에 그의 시가 읽혀지면서 시인 김남주의 이름이 널리 알려지기 시작했다. 그가 옥중에서 써서 내보낸 시도 햇빛을 보기 시작했다. 1987년 그 동안의 옥중 시가 『나의 칼 나의 피(인동)』라는 이름으로 출간되고, 이어서 전주 교도소에서 쏟아져 나온 방대한 양의 신작 시로 엮어진 『조국은 하나다(1988년, 남풍)』가 출간되면서 1980년대를 대표하는 민중 시인으로 확고하게 자리잡게 되었다.

그의 구명을 위한 석방 운동도 봇물처럼 터지기 시작했다. 1984년 자유 실천 문인 협의회 · 민중 문화 운동 협의회 · 민중 문화 연구회 · 전남 민주

청년 운동 협의회 등 단체들이 석방 촉구 출판 기념회를 개최하여 석방 촉구 성명서를 채택(1985년)하고, 아울러 '김남주 석방 대책위'를 만들었다.

그의 석방을 바라는 운동은 해외에서도 전개되어 1986년 독일 함부르크에서 개최된 국제 펜대회에서는 '김남주 시인 석방 결의문'을 채택하였다. 1987년 민족 문학 작가회의 창립 총회에서 석방 촉구 결의문을 채택하고, 1988년 8월 15일, '광복절 특사'에서 제외되자 단식 투쟁을 결행하였다. 1988년 12월, 그 동안의 석방 투쟁 운동에 힘입어 드디어 남민전 사건 투옥 만 9년 3개월 만에 시인은 전주 교도소에서 석방되었다. 1979년 34세의 나이로 구속되었던 시인은 43세가 되어 9년 3개월 만에 형집행 정지로 출소한 것이다.

출감 이듬해인 1989년 1월, 남민전에서 함께 활동한 오랜 동지이자 약혼자인 박광숙과 광주 '문빈정사'에서 지선 스님 주례로 결혼식을 올렸다. 그리고 모든 사람들이 토요일과 일요일은 쉬는 세상이 왔으면 한다는 바람으로 이름을 지은 아들 '토일'이 태어났다. 도피와 수형 생활로 떠돌던 혁명가가 비로소 평온한 보금자리에서 건강을 회복하며 새로운 삶을 준비할 수 있는 시간이었다.

시인이 출감하자 그의 작품들이 시집으로 묶어져서 본격적으로 출간되기 시작하였다. 1989년 시선집 『사랑의 무기』와 제4시집 『솔직히 말하자』가 출간되었다. 이어서 1990년 광주민주화 운동 시선집 『학살』이 출간되었다. 동년 그는 민족 문학 작가 회의의 민족 문학 연구소장(1990-1992)에 취임하였으며, 1991년 한국 대표 시인 100인 선집 제87권으로 시선집 『함께 가자 우리 이 길을』, 제5시집 『사상의 거처』를 출간하였고, 제9회 '신동엽 창작 기금'을 수혜하였다. 1992년에 제6시집 『이 좋은 세상에』, 옥중 시선집 『저 창살에 햇살이 1·2』를 출간하고 제6회 '단재상' 문학 부문을 수상하였다. 1993년에는 '윤상원 문화상'을 수상하고, 민족 문학 작가 회의 상임 이사와 한국 민예총 이사를 역임하였다.

연결식장에서의 부인 박광숙 여사와 아들 토일 군

1993년 청천벽력과 같은 사건이 일어났다. 십이지궤양으로 알고 검진했던 병이 췌장암 말기로 판정된 것이다. 병원에서는 3개월을 넘기지 못할 것이라고 진단하였다. 그가 중병에 걸렸다는 소식은 사랑하는 가족과 동료 문인들, 그리고 그를 아끼는 수많은 국민들에게 벼락과도 같은 흉보였다. 석달의 투병 기간은 금방 지나갔고 1994년 2월 13일 새벽 2시 30분 시인은 결국 세상을 뜨고 말았다. 그는 민주 사회장으로, 서울에서 출발하여 그가 청년기를 보냈던 전남대 5월 광장에서 노제를 지내고 광주 5·18민주 묘역에 안장되었다.

1994년, 그렇게 시인은 떠났다. 그의 죽음은 10여년 어둡고 차가운 감옥살이에서 생긴 여독이었으리라. 지금 시인의 육신은 떠났지만 억압과 부조리와 불평등이 남아 있는 한, 대지를 비추는 아름다운 별이 되어 국민들 가슴 속에 영원히 빛나고 있을 것이다. 1995년 유고 시집 『나와 함께 모든 노래가 사라진다면』이 시인의 마지막 작품집이 되었다.

2000년 5월 그를 기리는 사람들이 모여 결성한 '김남주 기념 사업회'가 광주 비엔날레 동산에 시비를 건립하였다. 2007년 5월에는 '김남주 해남 기념 사업회'가 시인의 생가를 복원하였다. 유족으로는 박광숙 여사와 아들 토일 군이 경기도 강화에서 살고 있다.

전용호(소설가)

제4절
국가폭력과 국민저항
- 5 · 18 광주민주화운동의 원인과 전개 과정

1. 광주민주화운동의 배경과 원인

5 · 18 광주민주화운동은 1980년 5월 18일 특전 사령부(일명 공수부대) 장병들이 계엄군으로 광주에 파견되어 평화적인 시위를 벌이던 학생과 시민들에게 무차별 살육 행위를 감행함으로써 이에 격분한 광주 시민들이 10일 동안 맞서 벌인 총체적 저항 운동을 말한다. 이 항쟁은 무려 311명의 희생자와 3046명의 부상자, 439명의 구속자를 낸 참사로 10일 만에 막을 내렸다(2005년 5월 13일 5 · 18유관 단체들은 1980년 5 · 18 당시 사망자 165명, 상이 후 사망자 376명, 행방불명자 65명, 군인 23명 경찰 4명 등 사망자는 총 633명으로 집계됐다고 발표했다).

5 · 18의 직접적 배경은 5 · 16군사정변으로 집권한 박정희의 장기 집권 포석에 있었다. 박정희는 초기부터 종신 집권을 위해 구체적인 작업 두 가지를 추진했다. 하나는 근위인맥近衛人脈으로 '하나회'라는 사조직의 정치군인들을 양성했고, 다른 하나는 지역주의를 통해 영남 우대 정책을 폄으로써 자신에 대한 절대적 지지 기반을 확보해 나갔다. 하나회 정치 군

1980. 5 · 18민족 민주화 대성회(신복진 사진)

인들은 1980년대 '신군부'라는 한국 정치의 비정상적 주도 그룹으로 등장하게 되고 지역주의는 영남에 대한 인사 우대와 부富의 편중으로 나타남과 동시에 상대적으로 역사적 · 지역적 경쟁 상대인 호남 차별을 낳고 말았다. 이 같은 호남 차별 징후는 박정희 집권 초기인 1960년대에 이미 나타나기 시작함으로써 '호남 푸대접 시정 운동'이라는 호남인의 상징적 저항 운동이 유발되기도 했다. 이 때문에 대통령 선거 때마다 지역주의 정책의 수혜 지역인 영남 쪽의 박정희 지지도가 계속 높아져 지역 감정의 표출은 피해 지역인 호남이 아니라 수혜 쪽인 영남에서 두드러지게 나타났다. 1971년 대통령 선거 때는 호남 출신 김대중에게 향한 호남의 지지도보다는 영남 출신의 박정희에게 향한 영남의 지지도가 훨씬 높은 것으로 나타나면서 지역주의는 노골적인 지역 감정으로 변질되고 말았다. '호남 푸대접'이 지속되고 지역 감정이 심화되고 있는 상황에서 영남 출신 대통령이 장기 집권함에 따라 경제 및 인사 시책에서 받는 차별의 타개와 민주 회복의 돌파구를 찾고자 했던 호남인들은 민주화의 상징으로 각인되어 있던 김대중에 대한 기대를 부풀리는 가운데 민주화 운동을 더욱 가열시켜 나갔다. 여기에 박정희의 김대중에 대한 박해와 탄압이 정적 제거政敵除去 차원이 아닌 지역주의의 소산으로 인식한 호남인이 갖는 김대중과 박정희에 대한 애증의 갈등은 자꾸만 깊어갔다. 이러한 시기에 박정희가 피살되자 당연히 유신 체제는 무너지고 민주 체제가 회복될 것으로 기대하면서 김대중의 집권도 불가능하지 않으리라는 바람을 가득 안고 있던 차에 그가 유신 잔당-신군부에 의해 체포된 데다 그들의 명령을 받고 내려온 공수 부대가 광주 시민들에게 시위 진압 차원을 벗어난 살육 행위를 마구잡이로 감행하고 있었으니 저항은 필연적이었다. 광주 민주화 운동은 오랫 동안 축적되어 온 호남인의 저항 의식에 박정희의 지역주의로 인한 '호남 푸대접'의 반발 심리가 접목되면서 잉태되었고 여기에 무차별 만행이 가해짐으로써 폭발하게 된 것이다.

2. 신군부의 다단계 쿠데타

5 · 18 광주민주화운동의 원인을 규명하기에는 아직도 많은 제약과 난관이 가로놓여 있다. 그렇지만 지금까지 나타난 결과만을 볼 때 신군부의 집권 음모와 밀착된 것으로 이해된다. 5 · 18 광주 학살의 주도 세력인 '하나회' 소속 정치 군인들, 이른바 '신군부'는 5 · 16 불법 쿠데타에 뿌리를 두었고 유신 체제 하에서 박정희의 비호를 받아 성장했다. 이들은 10 · 26으로 박정희가 살해되고 유신 체제의 붕괴가 가시화하자 자신들의 특혜 조직이 와해된다는 위기감을 갖고 있었다. 그들은 그동안 누려온 기득권을 계속 유지해 갈 새로운 체제 구축을 강구하고 나섰다. 그것은 다단계 쿠데타 음모로 나타났다. 그러나 이 음모는 다단계 쿠데타 첫번째인 12 · 12반란 45일 전이자 10 · 26 다음 날부터 시작되었다. 신군부의 음모는 10월 27일 군 원로들이 발표한 「민주주의 환원」 성명이 보도되지 않도록 차단한 데서부터 발동했다. 국방부 장관과 합참 의장 및 3군 참모총장 등 군 원로들은 27일 오후 2시 국방부 회의실에서 공식 기자 회견을 갖고 '민주주의를 국민들에게 환원하고 군은 정치에 개입하지 않겠다'는 성명을 발표했다. 신군부는 이 성명을 봉쇄해버린 것이다. 뿐만 아니라 민주회복 요구 차 11월 24일 열린 YWCA 위장 결혼식에 참가한 민주 인사들을 보안사로 연행해 무자비하게 고문을 가한 데서도 나타났다.

첫번째 단계는 1979년 12월 12일 이른바 12 · 12 반란으로 불거졌다. 12 · 12 반란을 통해 박정희 독재의 법적 근거인 유신 헌법을 폐지하고 정상적인 민주주의 체제로 환원하자고 결의한 고위 장성들을 배제하고 '하나회' 중심의 소장少壯 장성들이 군권을 장악하는 데 성공했다. 이들은 이 때부터 정권 탈취에 자신감을 갖고 신 유신 체제 구축을 위한 구체적인 프로그램을 추진해 나갔다.

두번째 단계는 전두환을 대통령(King)으로 만들기 위해 모든 언론 보도가 자신들에게 유리하도록 공작하고 협박하고 매수하는 K-공작을 3월 24일 착수했다. K-공작은 1979년 10월 27일 원로 장성

구타당하는 시민(신복진 사진)

들의 「민주주의 환원」 성명 차단에서부터 이미 착수됐음은 물론이다.

세번째 단계는 1980년 4월 14일 전두환이 중앙정보부장 겸임을 통해 국내외 정보권을 독점함으로써 3단계 쿠데타를 실현시켰다. 김재규로 인해 중앙 정보부의 기능이 일시 위축되기는 했으나 그래도 국내 최대 정보수집기관으로서의 조직이 살아 있었기 때문에 이를 장악하지 않고는 자신들의 정권 탈취가 불가능할지도 모른다는 판단과 함께 천문학적 액수의 정보비를 활용하기 위해 서둘러 '부장 서리'에 취임했다.

공수부대의 군용트럭(신복진 사진)

네번째 단계는 5월 17일 전두환 측근을 중심으로 소집된 주요 지휘관 회의에서 '북괴 남침 위협설'을 내세워 10·26 당시 선포되었던 지역계엄을 전국 계엄으로 확대시키는 안을 채택하고 이를 임시 국무 회의에서 위압적으로 통과시킨 후 정치 군인들을 전면에 배치시킴으로써 사실상 정권을 장악하는 4단계를 성취하게 된다. 이날 보안사는 김대중을 비롯한 재야 인사와 시위 자제를 결의한 각 대학 학생회 간부들을 검속했다.

다섯번째 단계로 '하나회' 정치 군인들에게는 본격적인 정권 장악에 필요한 장애 요인을 제거하기 위한 군 병력 출동의 명분이 필요했다. 그들은 5월 20일 계엄해제 결의를 위해 소집되어 있던 국회의 개회를 저지해야 할 명분, 영남 정권을 계속 유지하는 데에 최대의 걸림돌로 작용하고 있던 호남 출신의 김대중 일당을 제거해야 할 명분, 혁명위원회(국보위)를 설치해야 할 명분, 박정희 피살 후 유신 헌법에 따라 미봉책으로 대통령에 추대된 최규하 대통령을 사퇴시킬 명분, 국정 정면에 등장해 대통령 등 요직을 장악하기 위한 명분이 필요했다. 이 명분에는 '북괴의 남침 위협', '북괴의 사주를 받은 폭동', '사회를 혼란케 하는 소요'가 절실했다. 소요를 이유로 군을 출동시켜야 하기 때문이다. 그러나 민주화 운동을 주도해온 재야 지도자들이나 학생 운동권에서는 혼란을 빌미로 군부의 등장

공수부대의 강경진압(신복진 사진)

을 우려한 나머지 오히려 시위 자제를 당부하고 결의하는 방향으로 돌아서고 있었다. 이미 5일 전(5월 12일) '북괴 남침 위협설'을 퍼뜨린 신군부는 이제 시위와 폭동으로 인한 '안보상의 대혼란'이 일어나도록 배후에서 조종하거나 스스로 조작하지 않으면 안되었다. 이들은 박정희 지역주의 정책의 피해로 감정이 솟구쳐 있던 광주를 희생양으로 삼아 폭동暴動이 일어나도록 유도하여 빚은 '5·18'의 비극이 10일 만에 막을 내림으로써 '국가안보'상 기존 정치 체제 대신 신군부가 등장할 명분이 이루어져 실행한 것이 5단계 쿠데타였다.

여섯번째 단계로 전두환은 5·18 진압을 명분삼아 최규하 및 주요 각료와 군 수뇌 등 26명을 뽑아 혁명위원회 성격의 '국가보위비상대책위원회'를 구성하고 자신이 상임위원장을 맡음으로써 실질적으로 입법·행정·사법 등 3권을 완전히 장악했다.

일곱번째 마지막 단계로 8월 16일 최규하로 하여금 '광주사태에 대한 책임을 지고 하야한다'는 성명을 내고 사퇴하도록 강요한 후 통일 주체 국민회의 대의원들의 요식적인 투표를 통해 전두환이 대통령으로 선출되고 9월 1일 취임함으로써 7단계의 다단계 쿠데타는 완결된다. 세계 역사상 최단기 간에 걸쳐 이루어진 쿠데타라는 기록을 갖게 되었다.

3. 공수 부대의 만행과 시민들의 궐기

7단계 쿠데타 중 5·18은 제5단계에 연결되어 있음은 물론이다. 1980년 5월 18일 새벽 전북 익산에 주둔하고 있던 공수 부대 제7여단 33·35 대대가 전남대와 조선대 교정에 도착하게 되고, 이 날 오전 전남대 교문에서 전남대생들과 충돌한 다음 광주 시내에 투입되어 북동 180번지와 누문동 62번지를 연결한 금남로 길 횡단 보도에 도열하게 된다. 이들에게 오후 4시 정각, 시위 진압 작전 명령이 하달돼 5·18은 시작된다. 이 명령에 따라 도열해 있던 1개 중대 가량의 병력은 물론 따로 11대의 트럭에 실려 온 병력까지 합세하여 마구잡이 살육 작전에 돌입하게 된다. 군인들은 착검한 M16 소총을 겨누어 잡고 처음에는 젊다고 보이는 남녀, 나중에는 남녀노소 가리지 않고 군홧발로 차고 진압봉과 총 개머리판으로 두들겨 패거나 대검으로 찌른 다음 피투성이 몸체를 끌고 갔다.

"결혼식을 금방 끝낸 신혼 부부가 붙잡혔다. 택시에서 끌려나오자마자 신랑은 무수한 몽둥이와 장작개비, 그리고 군홧발 세례를 받았다. 신부도 낚아 채여 끌려나옴과 동시에 역시 군홧발과 장작개비 공격을 받고 치마저고리가 갈기갈기 찢겨져 나갔다. 신부는 '사람 살려'라며 절망적으로 울부짖었다. 불과 수 십분 전 웨딩마치 속에 행복한 내일을 수놓으며 혼례식을 올렸을 신혼 부부가 영문도 모른 채 어처구니없는 봉변을 당하고 있었던 것이다."

"지나가던 숙녀가 붙잡혀 차량 위로 끌려 올라왔다. 포장이 씌워지지 않은 트럭 위에서 23세가량으로 보이는 아가씨가 여자로서는 차마 당해서는 안 될 치욕을 당하고 있었다. 하얀 투피스 차림의 웃옷은 갈기갈기 찢겨진 채 옷을 입었다기보다는 젖가슴이 보일 정도로 걸쳐져 있었고, 아랫도리는 완전히 벗겨진 반나체 상태였다. 옆에서는 '좋다'며 희롱하는 공수 부대원도, 무어라고 악을 쓰는 공수 부대원도, 킬킬거리며 웃어대는 공수 부대원도 있었다."

"바로 옆 서석병원에서 40대 남자 직원이 하얀 가운을 들고 나와 트럭 위에서 수난을 당하고 있는 숙녀에게 건네주려다 공수 부대원에게 붙잡혀 예외 없이 몽둥이 세례를 받았다. 눈으로 차마 볼 수 없는 상황에 처한 사람을 구하려는 사람까지 두들겨 패는 국군이었다."

위 사례들은 공수 부대원들이 길거리·주택·사무실을 가리지 않고 일방적으로 가한 공격적 만행의 일부다. 신혼 부부·보행 중인 숙녀·여고생·할머니·노인 등 다양한 계층이다. 심지어 숙녀가 인간 이하의 수모를 당하는 것을 보다 못해 이를 구하려는 인도적 행위마저 난타하는 만행을 저질렀다는 사실은 광주 시민을 시위 진압 상대로 여기지 않고 적의敵意가 가득 찬 공격 대상으로 삼고 있었음이 분명했다. 광주 민주화 운동

광주 시민과 공수부대의 대치(신복진 사진)

의 직접적 발단 동기는 바로 여기에 있었다.

왜냐하면 공수 부대가 계엄군의 사명을 띠고 시위 진압을 위해 투입되었다면 시위 대원이나 시위했을 것으로 짐작되는 사람만을 상대로 진압 작전을 펴야 하는 것이지 시위했을 리도, 가능성도 전연 없는 신혼 부부나 노약자·부녀자들에게까지 광폭한 시위 진압 작전을 펴야 할 이유가 없기 때문이다. 10일 동안 계속된 이러한 참상의 광경을 보고 소문을 들은 시민들은 자연스럽게 공감한 끝에 위기 의식을 극복하려는 공동체 현상을 이루어 갔다. 이같은 '시민들의 절대적 공동체 현상'은 항쟁이 좌절되는 5월 27일까지 계속되면서 '광주 민주화 운동의 역사'를 창조하게 된다.

오전 10시 40분쯤, 금남로 길에서 40대로 보이는 부부가 붙잡혔다. 이 두 부부는 어떻게 두들겨 맞았는지 머리에서 피가 줄줄 흘리며 끌려가고 있었다. 부인은 "아무 죄도 없다"고 호소하며 방면해 주기를 애원하는 듯 했으나 소용이 없었다. 부부가 입은 흰옷은 피투성이었다. 2층이나 3층 유리창을 통해 이 광경을 내려다보던 시민들은 "저런 죽일 놈들" 하며 이를 갈았다. 두 부부를 끌고 가던 2명의 군인은 이를 의식했음인지 "빨리 꺼져"라며 놔주었다.

금남로 3가 미도장 여관 1층 입구에서 종업원 김영대(32)·김병렬(17)·손병섭(26)·박필호(21)와 검은 옷을 입은 청년 1명, 40대 투숙객 2명이 공수 부대원으로부터 개머리판, 진압봉, 군홧발 세례를 받았다. 공수 부대원은 이들의 옷을 벗기고 팬티 차림 채로 두 손을 뒤로하게 한 다음 가톨릭센터 앞 큰길로 끌고 나와 머리를 땅에 대고 엎드리게 하는 속칭 '원산폭격'을 시키며 진압봉으로 두들기고 군홧발질을 다시 계속했다.

시간이 지날수록 공수 부대원의 진압 방법은 극렬해지고 있었다. 심지어 남녀 가리지 않고 대검으로 옷을 북북 찢어버리고 두들겨 패고 머리통이 깨지도록 진압봉으로 내리치는 광경이 곳곳에서 목격되었다. 뿐만 아니라 공수 부대원들은 마구 두들겨 패고 찔러 피투성이가 된 시민들을 트럭에 실어 마구 연행한 후 이들의 소재를 전혀 알리지 않았다. 이러한 사태들은 광주 시민들의 '죽기 아니면 살기'식 반발 심리를 자극해 위기 의식을 공동 대처하려는 절대적 공동체 현상을 이루게 하여 새로운 민중운동의 '불꽃'을 지피는 결과로 나타났다. 이는 무차별 살육 행위와 연행에 좌시하지 않겠다는 의지로서 19, 20일 오전 수많은 시민들이 금남로로 모여들면서 표출되었다. 분노는 폭발할 수밖에 없었다. 이미 금남로를 비롯한 온 시가에서 경찰과 공수 부대원에게 돌멩이와 보도블록, 그리고 화염병을 던져 자신들의 억울한 분노를 표출하는 '적극적 민중'으로 변모하고 있었다. 공수 부대원의 잔혹성이 더욱 격렬해짐에 따라 이에 비례해서 '시민'들의 분노 또한 더욱 확산되어 갔다. 이제 공수 부대에 적극적으로 대항하려는 의지를 다짐하고 나섰다. 아래 사례처럼 매우 중요한 의미를 지니는 민중들의 적극적 저항 행위로 발전하고만 것이다.

19일 오후 4시 30분쯤 시민들은 지나가는 계엄군의 장갑차를 인간 사슬로 가로 막아 버렸다. 동구 계림동 파출소와 광주 고등학교 중간길에서 광주 고등학교 쪽으로 이동하던 장갑차 1대가 나타나자 민중은 사람의 벽을 쌓아 장갑차의 전진을 막아 버린 것. 이제 장갑차도 두렵지 않게 된 것이다. 장갑차는 수많은 시민들에 의해 포위돼 당황한 나머지 가로수 한 그루를 들이 받으면서 앞바퀴 구동축이 보도 난간에 부딪치면서 엔진이 꺼져버렸다. 부녀자들까지 끼어 있는 시민들은 우르르 몰려 들어 장갑차의 양쪽에 달려 있는 감시경을 돌로 깨어버렸다. 장갑차 눈을 없애버린 것이다. 장갑차는 꼼짝할 수가 없게 되었다. 그 안에는 장교 등 9명이 타고 있었다. 그들은 밖으로 나오려 했으나 시민들이 '저놈 죽여라'라고 분노의 목소리로 외쳐대자 2명은 달아나고 7명은 다시 안으로 들어가 버렸다. 성난 민중들은 근처 페인트 상회에서 석유통을 구해다가 장갑차 밑에 뿌리고 불을 붙였으나 발화되지 않았다. 다시 짚더미를 가져다 불을 지폈으나 역시 타지 않았다. 민중들은 집요하게 장갑차를 위협했다. 이번에는 불이 붙은 짚더미를 들고 올라가 뚜껑을 열고, 그 안에 집어 넣으려 했다. 그러자 갑자기 뚜껑이 열리면서 총탄이 발사되었다. 안에서 위험을 알아차린 것이다. 처음에는 하늘을 향해 공포로 발사했다. 그러나 시민들이 해산의 기미를 보이지 않자 직접 시민을 향해 발포해 버렸다. 조선대 부속 고등학교 3학년 김영찬(19)이 손과 대퇴부에 3발을 맞고 쓰러졌다. 김영찬은 급히 시민들에 의해 병원으로 옮겨졌고 장갑차는 시민들이 웅성거리는 틈을 타 쏜살같이 달아났다. 광주 항쟁 기간 최초의 발포였다.

시민과 계엄군이 직접 충돌한 것은 이것이 처음이다. 그 동안에는 대치하면서 구호를 외치고 투석전을 벌이다가 공수 부대원이 강하게 밀어붙이면 도망가기에 바빴던 시민들이 이렇게 직접 가로막고 능동적으로 대응한 것은 무엇을 의미하는가! 이제 공수 부대도 두렵지 않고 또 직접 때려 부셔야겠다는 의지와 오기가 강하게 발동한 것을 의미한다. 이는 향후 광주 민주화 운동이 어떻게 전개되어 갈 것인가를 가늠해 주는 크나큰 시사점이기도 했다.

18일은 계엄군의 일방적인 도전이었고, 19일은 시민의 산발적인 응전 속에서 치러진 도전이 계속된 날이었다. 이들은 무조건 두들겨 패고 찌르고 짓밟았다. 또 붙잡히는 대로 트럭에 실어 연행해 갔다. 그러나 광주시민들은 일방적인 도전에 순종만을 하지 않고 '대응하는 자세'로 탈바꿈해 반발의 응전을 시작하고 나섰다. 20일은 바로 이 같은 시민들의 응전이 본격화되고 나아가 역도전의 계기를 잡게 되는 결정적인 날이 되었다.

20일 오후 2시 30분쯤 대인 시장과 시민관(현재의 한미쇼핑) 거리에 50여 명이 모여들었다. 이들 속에는 대인 시장에서 장사하는 아낙네들, 10대의 고교생들, 40대가 넘는 중년층도 있었다. 여기에 한 사람 두 사람씩 계속 합세하여 삽시간에 수백 명으로 늘어났다. 그들은 장갑차를 앞세운 공수 부대원들이 다가오자 계림동 광주 고등학교 쪽으로 밀려간 다음 그냥 도망가지 않고 되돌아 서서 거리에 있는 대형 화분이나 가드레일을 뜯어 바리케이드를 치고 대치하며 "너희 놈들 내 자식 내놔라 내놔", "죽여라 죽여"라며 악에 바친 목소리로 외쳐대는 "성난 시민"이 되어 있었다.

집결한 차량들(신복진 사진)

공수 부대의 만행에 분노한 시민들이 모여드는 데는 어떤 주동자나 선동자가 필요 없었다. 모두가 주동자요 선동자였다. 아무나

5·18 광주민주화운동(신복진 사진)

앞에 나와 구호를 외치고 리드하기도 했으나 이 선동자는 이때뿐이었다. 그렇다고 그들이 계속해서 주동자나 선동자 노릇을 하는 것도 아니었다. 이같은 사태는 항쟁 초기에 나타난 보편적 현상이었다. 특히 시민들의 모임에 어떤 조직적인 동원이나 체계가 없었다. 또 광주의 명예와 민주회복, 전두환 타도 이외 이들을 선동하는데 필요한 또 다른 구호나 이념은 더욱 없었다.

5·18 광주민주화운동 초기의 가장 두드러진 특징은 바로 이러한 무이념 상태요, 또 하나의 특징은 무조직·무지도자 상태였다는 사실이다. 처음에는 난데없는 공수 부대의 만행을 규탄하기 위해 전개된 상황이어서 어떤 조직을 갖출 수가 없었다. 전남대 및 조선대의 학생회 조직이나, 재야 민주 인사들은 전날 밤 대부분 체포됐거나 도피한 상태였기 때문에 저항 세력을 조직화할 수 있는 시간이 없었고 인적 구성 또한 불가능한 상황이었다. 다행히 체포되지 않았다 해도 이들은 시위대 정면에 나설 수 없는 형편이었다.

4. 민중들의 저항과 공수 부대의 철수

항쟁이 3일 째(20일)로 접어들면서 시위는 더욱 격렬해졌다. 그러나 지도자도 배후 조직도 없이 전개되고 있는 항쟁 양상이 앞으로 어떻게 전개될 것인지 아무도 예측할 수 없는 답답한 상황이었다. 이러한 답답함과 울분을 조직적으로, 그리고 능동적으로 터뜨린 세력은 엉뚱하게도 영업용 택시기사들이었다. 공수 부대원들의 만행에 분을 삭이지 못하고 일어나기로 의견을 모은 것이다. 이들은 많은 차량을 일시에 세울 수 있고 공수 부대의 손길이 뻗치지 않고 있던 무등 경기장을 택해 집결했다. 이 사실은 이심전심으로 시내의 택시 기사들에게 전해졌다. 오후 4시쯤 무등 경기장에는 택시뿐만 아니라 화물차 · 버스 등 2백여 대가 모여들었다.

기사들은 "공수 부대가 아무 죄도 없는 우리들까지 무차별 때려 죽이려 했으니 도청으로 가서 한바탕 밀어 붙여 버리자"고 다짐했다. 전날 공수 부대원들은 시내 버스와 택시들을 세우고 손님뿐만 아니라 운전기사들까지 마구 두들겨 팼다. "시위 학생들을 실어 나르고 부상한 시민들을 병원으로 운반해 준다"는 것이 이유였다. "돈 받고 영업하는 우리 기사들이 무슨 죄가 있는가"라고 외쳐보기도 했다. 택시 기사들은 피가 끓어 올라 그대로 주저 앉아 있을 수가 없었다. 그 감정이 이심점심으로 전해진 오후 4시쯤 무등 경기장에는 택시 등 2백여 대의 차량이 모여들었다. 택시만 모인 것이 아니라 버스도 있었고 화물차도 있었다. "우리가 무슨 죄가 있기에 두들겨 맞는지 모르겠다.", "우리를 진압봉과 대검으로 해치는데 가만히 있을 수 없다"는 의지가 똘똘 뭉친 것이다. 차량을 질서정연하게 세워놓은 기사들은 공수 부대의 잔혹상을 공개적으로 성토한 다음 "군 저지선 돌파에 우리가 앞장서자"고 결의하고 도청을 향해 일제히 출발했다.

위의 사례는 광주 민주화 운동에서 택시 기사들이 구체적인 대응책을 마련해 실행에 옮기고 있는 대목이다. 이들은 학생과 시민들이 민주화를 외치다 다치고 죽는데 동조한 점이 없는 것은 아니지만 그보다는 당장 자신들이 당한 억울함과 분통에 사로잡혀 일어서기로 한 것이다. 맨손의 학생 · 시민으로 구성된 시위 대원들은 공수 부대의 저지선을 뚫기는커녕 그들이 돌격해 오면 역부족으로 도망치는 것이 다반사였다. 이런 사실을 알고 있던 운전 기사들은 다수의 차량을 몰고 들어 가면 아무리 강고한 공수 부대의 저지선이라 해도 무너뜨릴 수 있다고 본 것이다. 그것은 정확한 판단이었다. 헤드라이트를 모두 켠 2백여대의 차량들이 무등 경기장을 떠나 유동 3거리에서부터 금남로 4가까지 가득 메우고 전진하자 길거리의 시민들은 "우리의 용사들 잘한다", "이기자, 이겨야 한다"고 외치고 박수를 치며 열렬히 환호했다. 일방적으로 당하기만 했던 시민들은 차량 시위가 벌어지자 이제 "우리도 대항할 수 있다", "저지선을 무너뜨릴 수 있다"는 자신감이 넘쳐 금남로로 모여들었다. 대형 버스 4대를 앞세우고 도청 앞 금남로 1가까지 진출한 차량 시위대 앞에는 공수 부대라는 막강한 장벽이 버티고 있었지만, 운전기사들은 이 장애를 물리치면서 도청광장까지 진출하였다.

도청 광장으로 진입하려는 시민들은 금남로뿐이 아니었다. 도청 광장을 가운데 두고 노동청 쪽과 학동 쪽, 충장로 입구에서도 길을 가득 메운 채 광장 쪽으로 진출하려 안간힘을 쓰고 있었다. 오직 도청 광장으로 들어가겠다는 일념뿐이었다. 금남로는 물론 시내는 온통 민중과 자동차의 물결이었다. 충장로 입구나 학동 쪽으로 가는 길목도, 노동청 쪽 길도 민중들로 가득 메워져 있었다. 이젠 몽둥이로도, 개머리판으로도, 군홧발로도, 대검으로도 시민들의 의지를 꺾을 수가 없었다. 밀물처럼 밀려오는 함성의 물결을 아무도 막을 수가 없었다. 더욱이 한 여성의 외침과 리드는 온 시가를 흥분의 도가니로 몰았다.

이것은 4일 째인 20일 밤의 항쟁을 절정으로 몰고 가는 최대 고비였다. 시위 양상은 흥분과 광란으로 치달았다. 그 흥분과 광란은 밤 9시 5분쯤 시위대가 총 공세를 가하고 있던 노동청 쪽 경찰 저지선에서 커다란 불상사로 분출되었다. 대형 버스가 경찰 저지선을 깔아 뭉개버린 것이다. 순식간에 저지선은 아수라장으로 변하면서 경찰관 4명이 버스에 깔려 그 자리에서 숨지고 5명이 중경상을 입었다

10일 동안 계속된 광주 민주화 운동기간 중 그 절정을 이룬 것은 20 일 밤을 지새우며 거리에 나온 80만 광주 시민들이 공수 부대원으로부터 살상의 대상이 되는 비통함과 '호남 푸대접'이라는 차별 대우를 받는 억울함이 한데 어우러져 공동 운명체로서의 한 덩어리가 된 모습일 것이다. '민중'의 진정한 승리는 공수 부대원들이 물러난 다음 날(21일) 오후가 아니라 모든 민중들이 정치적 이념과 각 계층의 이해와 자기만이 갖는 손

익을 따지지 않고 오직 공수 부대의 만행을 규탄하고 정치 군인들의 음모를 분쇄하고야 말겠다는 "정의로운 민중", "순수한 민중"으로 일어나 한 덩어리가 되었던 이 날 밤이었다. "광주 시민들은 각인 각자의 개성을 넘어 굳건한 공동체이자 연대집단으로서 신군부의 살인적 야욕에 맞서는 역사 현장의 주인으로 다시 태어나고 있었던 것"이다.

다음 날인 21일 아침 금남로 일대에는 1만여 명이던 군중이 차츰 5만여 명으로 불어나 넓은 길을 가득 메운 채 공수 부대와 대치하고 있었다. 오전 10시 8분쯤 도청 앞 광장에 군용 헬기가 착륙했고, 곧이어(10시 10분) 광장 끝 쪽에 있는 상무관 앞의 공수 부대원들에게 실탄이 지급되고 있었다. 시위대를 밀어 붙여 해산하려는 작전은 포기하고 총탄으로 대응하려는 듯 뒤쪽에서 실탄을 지급 받은 3개 소대가량이 맨 앞쪽에 있던 병력과 교대하기 위해 앞으로 나오고 있었다. 공수 부대는 시위 대열과 밀고 밀리는 공방을 계속하면서 서로의 얼굴을 마주볼 정도로 아주 가까운 거리에서 대치하고 있었다. 그런 가운데 난데없이 관광 버스가 돌진해 왔다.

12시 58분, 광성관광 버스 2대가 쏜살같이 계엄군이 장악하고 있는 도청 광장 한 가운데의 분수대를 돌고 있었다. 계엄군은 즉각 집중 사격을 가했다. 순간적인 발포였다. 1대는 다시 시위대열 쪽으로 되돌아왔지만 다른 1대는 분수대 옆에서 멈춰서고 말았다. 운전 기사가 총에 맞아 그 자리에서 숨진 것이다.

희생자 유해(신복진 사진)

눈 깜짝할 사이에 벌어진 상황에서 다시 숨 돌릴 틈도 없는 12시 59분, 아시아 자동차회사(현 기아자동차)에서 끌고 나온 해병대용 장갑차 1대가 전속력으로 질주해 들어왔다. 수협 전남 지부 앞쪽에 서 있던 공수 부대의 대열은 황급히 흐트러져 피했지만 미처 물러나지 못한 2명이 장갑차에 깔렸다. 권상운 상병은 즉사하고 다른 1명은 중상을 입었다.

위 사례에서 보여주듯 버스와 장갑차의 기습은 상황을 급격히 바꾸어 놓았다. 즉각적인 발포로 이어졌기 때문이다. 2대의 버스 기습으로 급히 뒤로 물러났던 공수 부대 대열은 분수대 부근까지 다시 전진했다가 이번에는 장갑차의 기습을 받게 된 것이다. 물론 이 장갑차도 집중 사격을 받았으나 끄떡 없다는 듯 학동 쪽으로 유유히 빠져나갔다.

그리고 바로 뒤이은 1시 정각, 도청 옥상 네 방향으로 설치되어 있는 스피커를 통해 애국가의 리듬이 울려나왔다. 공식적인 발포 명령이었다. 때 맞춰 요란한 총성이 일제히 터졌다. 그 동안 산발적으로 몇 발씩의 총성은 있었지만 이렇게 많은 총소리가 한꺼번에 울린 것은 처음이었다. 하필이면 국민을 사살하라는 발포 명령이 신성한 애국가였을까!

이 때의 발포는 사전 경고성인 듯 모두가 공중을 향해 발사됐다. 발포가 시작되자 시위대열은 다소 동요의 빛을 보이는 듯 했으나 다시 본연의 자세로 돌아온 듯 오후 1시 10분경 1천여 명이 다시 한국은행 광주 지점 앞쪽에 집결했다. 공수 부대가 장갑차 1대씩을 금남로와 노동청 쪽으로 돌려놓고 공격 자세를 취한 채 10여 명의 사격수들은 금남로 쪽 큰길을 향해 앉아 쏴 자세를 취하고 있었다. 시위대는 "전두환 물러가라", "계엄령 해제하라"는 구호를 외쳐댔다. 이 때였다. 요란한 총성이 울려나왔다. 태극기를 흔들며 구호를 외쳐대던 5-6명이 그대로 쓰러졌다. 머리와 가슴과 다리에서 피가 쏟아졌다. 앉아 쏴 자세를 취하고 있던 공수부대 저격수와 미리 주변 건물 옥상에 배치되어 은신하고 있던 저격수들이 정조준해서 사격을 가한 것이다. 시위 군중을 향해 공개적으로 가해진 정조준 발사였다. 땅에 떨어진 태극기에도 피가 흥건하게 젖어들었다.

민중들은 오후 1시에 공식적인 발포가 시작되자 무기를 확보하기 위해 각 방면으로 흩어져 나갔다. 이제 총이 아니면 공수 부대와 대항할 수 없게 되었다고 판단한 것이다. 시위대는 우선 광주에서 가까운 나주와 화순 지역 예비군 무기고를 덮쳤다. 그리고 나주 경찰서와 금천 지서, 영강동 파출소, 화순 경찰서 무기고에서 카빈 소총 600여정, M1 소총 200여정, 권총 25정, 공기총 150정, 탄약 5만여 발을 탈취하여 오후 4시쯤 광주로 되돌아 왔다.

이제 총을 든 시민들은 맨 손으로 시위를 하고 항의하는 보통 사람이 아니라 '무장한 시민' 이른바 '시민군'이라는 새로운 모습의 '힘(Power)'으로 탈바꿈했다. 이는 대한민국 사상 최초의 시민 무장 봉기를 의미하는 것이고 광주 민주화 운동은 정치 투쟁의 최고 형태라는 또 다른 무장 투쟁 국면으로 전환하고 말았다. 그러나 2차 대전의 유물로서 명중률마저 저조한 M1과 카빈 소총으로 무장한 시민군이 최신 무기로서 백발백중의 명중률을 가진 M16으로 무장한 데다 고도의 훈련을 받은 공수 부대원의 적수가 될 수는 없었다. 2차 대전이 종전된 지 35년의 세월이 흐른 그 당시 카빈과 M1 소총은 세계 어느 분쟁 지역에서도 사용되지 않는 허름한 무기였다. 이러한 무기를 광주시 외곽 예비군 무기고에서 탈취하여 무장한 '시민군'이 시내로 되돌아와 전열을 갖추지 못한 채 공수 부대의 무차별 사격에 대응하고 나섰다. 시가전이나 교전이라기보다는 목표 지점도 없이 마구 쏘는 오합지졸들의 대응 발사였다. 오직 분노와 의기의 분출이었을 뿐이다.

오후 4시 43분, 전남대학교 병원 12 층 옥상에서 젊은 사람 3-4명이 무엇인가 열심히 작업을 하고 있었다. 도청 옥상의 공수 부대원들이 혹시 발포라도 할지 모른다는 불안감 때문인지 몸을 움츠리고 있었다. 한참동안 부산하게 움직이던 이들 사이로 LMG(기관총) 총신이 나타났다. 그것도 1대가 아니라 2대였다. 대규모 예비군 훈련장이나 대대급 이상의 무기고에서 탈취해 왔을 것으로 짐작되지만 도청과 그 인근 옥상에 있는 계엄군을 겨냥해 가설했음이 분명했다.

옥상에 기관총을 가설한 것은 중요한 의미를 갖는다. 시민군이 명중률이 낮은 장난감 같은 M1이나 카빈 소총으로 무장한 것과는 달리 중장비인 자동화기로 무장함으로써 도청 옥상에 있는 공수 부대가 위협받게 되었다는 사실은 이제 게릴라로 변신한 시민군과 본격적인 총격전 또는 시가전을 벌이게 된다는 것을 뜻한다. 시내 한복판에서 벌어질 총격전은 시민의 피해를 전제로 한다. 그러나 이 곳에 기관총이 설치된 후 공수 부대가 금방 철수한 탓도 있었지만 시민군은 한발도 발사하지 않았다. 역시 시민군은 현명했다.

도청을 점거하고 있던 공수 부대 병력은 주변 옥상의 저격수들을 내려오게 한 후 오후 5시 30분쯤 장갑차를 앞세우고 질서정연하게 도보로 노동청·전남공고 앞을 거쳐 조선대학교 캠퍼스 외 시 외곽으로 철수했다. 이들이 철수한 것은 시민군의 위력 때문이라는 주장과는 다르게 자신들의 정권찬탈 목적을 달성하기 위한 제2의 작전을 위해서였다. 재진입을 통해 '폭도'들이 점거하고 있는 광주 시내를 제압함으로써 신군부 자신들의 군사적 폭거를 합리화시켜 혁명위원회를 설치, 정권을 찬탈하려는 의도를 가지고 철수한 것이다.

그러나 이러한 음모를 알 수 없는 광주 시민들은 그렇게도 증오하고 미워하던 공수 부대가 시내에서 일단 시 외곽으로 철수하게 되자 "오직 승리했다"는 환호에 들떴다. 도청과 광장은 물론 시내는 텅 비어 무정 부상태가 되고 항쟁 주체와 시민군이 입성했다. 바야흐로 '시민 자치' 또는 '광주 공화국' 시대로 접어 들게 된 것이다.

5. 시민들의 자치 활동과 재진입 작전

공수 부대의 철수로 텅비어 버린 도청을 항쟁 주체들이 본격적으로 접수한 것은 22일 아침, 우선 전 날 급조된 무장 시위대원 5백여 명이 광주 공원에서 오합지졸처럼 웅성거리고 있는 것을 본 김원갑(20)이 도청으로 인솔하고 와서 군 조직 체제를 갖춘 '시민군'으로 편성했다. 본격적인 시민군 시대가 시작된 것이다. 김원갑은 시민군 40명과 차량 5대를 1개조로 하는 7개조를 편성하여 서방 4거리 · 학동 · 광주역 4거리 · 산수동 · 백운동 · 화정동 · 운암동 부근 등 계엄군의 중요 외곽 봉쇄 지점에 대치시켜 배치했다. 나머지 2백여명은 도청과 그 주변을 경비토록 했다. 김원갑은 이렇게 배치된 시민군의 지휘권을 오후에 조직된 학생 수습 위원장 김창길에게 넘겼다. 광주 교도소와 외곽의 군부대 또는 군 주둔 지역을 제외한 전 시가가 시민군의 장악 하에 들어 갔다.

오후가 되면서 종교계 인사들과 시내 유지들이 시민 수습 대책 위원회를 구성했으나 의견의 일치를 보지 못해 흔들리고 있었다. 또한 학생 수습 위원회가 따로 구성돼 김창길이 위원장을 맡아 시민 수습위 측의 온건파인 조철현(비오) 신부와 함께 시민군의 무기 회수 작전에 돌입 2천 5백여정을 회수하여 일부를 가지고 계엄분소로 찾아가 평화적 수습을 위한 협상을 제의하기도 했다. 그러나 계엄사 측은 무조건 항복만을 요구해 전연 진척되지 않았다. 시내에서는 수만 명의 인파가 도청 광장과 금남로에 모여 날마다 추모식 및 궐기 대회를 열었다. 시내는 평온을 되찾은 듯 시민들의 얼굴에도 안도하는 모습이 역력했다. 그러나 도청 광장 앞 상무관과 도청 별관 지하실에는 1백여구의 희생자 유해가 안치돼 유가족들의 호곡 소리와 함께 향불 냄새가 진동하는 가운데 시민들의 조객 행렬이 줄을 이었다. 전남대 병원을 비롯한 시내 각 병원에는 부상자들로 초만원을 이뤄 발 디딜 틈도 없었다. 환자들의 고통을 호소하는 아우성이 끝없이 울려나왔다. 더욱이 피가 모자란다는 병원 측 호소에 헌혈하겠다는 시민들이 몰려들어 피 부족 사태는 즉각 해소되는 듯했다.

그동안 계엄군의 외곽 봉쇄로 농산물 상인들의 통행이 차단되면서 생활 필수품이 모자라 값이 치솟기도 했으나 시민들은 서로서로 조금씩 나눠먹는 미덕을 발휘해 다소 안정을 되찾아 가면서 시장과 가게들이 문을 열어 조금씩 평온을 회복하고 있었다.

외곽 지대를 봉쇄하고 있는 계엄군은 이따금 그들을 향해 시위를 벌이고 있는 시위대에 발포, 또 다른 사상자들이 속출하고 있었다. 자치 시대 이틀째인 23일 주남 마을 앞을 지나던 시위대 차량에 집단 발포해 시위대원 15명이 사살되는 비극이 발생했고 원제 마을 앞을 통과하던 공수 부대는 마을 앞 저수지에서 멱을 감고 있던 어린이와 마을 뒷동산에서 놀고 있는 어린이들에게까지 발포하여 사살하는 천인공노할 만행을 계속 저질렀다. 그들은 다시 광주 비행장으로 가다가 효천역 앞 광주-목포 간 국도에서 역시 외곽을 경비하던 보병학교 병력으로부터 공격 받아 자기들끼리 총격전을 벌여 9명이 숨지고 33명이 부상을 당하기도 했다. 이들은 마을에 있는 시민군이 공격했다며 마을로 뛰어 들어 무고한 시민들을 마구 학살하는 만행을 또 다시 자행했다.

언론은 신군부의 강압적인 재갈에 물려 침묵을 지키다가 간신히 25일에야 광주 살육을 보도하고 나섰지만 계엄사 검열에서 통과된 내용만 보도하는 한심한 상황이었다. 이 때문에 곳곳에서 유언비어가 나도는 가운데 무지도자 상태의 항쟁 초기에는 시민·학생들이 「투사회보」 등 유인물과 화염병을 제작 살포하여 시민들의 항쟁 의식을 일깨웠다. 자치 시대로 들어오면서 유인물은 더욱 활기 있게 발간돼 일방적으로 왜곡 보도하는 언론을 대신했다.

시민 수습위의 평화적 협상 노력은 계엄사의 거부로 진척되지 않는 가운데 박충훈 국무총리와 최규하 대통령이 광주를 다녀갔지만 그들은 신군부만 상대한 채 시민 수습위 측은 만나지 않고 돌아 갔다. 더욱이 시민 수습위가 학생 수습위 강경파에 의해 공격받자 사실상 활동을 포기한 상태였고 학생 수습위마저 강경파가 장악, 평화적 수습을 완전히 배제한 채 최후 결전만을 향해 치달았다. 처음부터 평화적 수습을 안중에 두지 않았던 계엄사나 신군부 측은 일방적인 진압 작전만을 고집, 대량 살육을 예고하고 있었다.

공수 부대가 철수한 지 6일, 살육 작전에 착수한 지 10일 째 되는 27일 새벽, 외곽을 봉쇄하고 있던 계엄군 1만여 명은 도청을 중심으로 곳곳에서 '광주 사수'를 다짐하고 있던 시민군을 향해 총공격 작전에 돌입했다. 계엄군은 새벽 4시쯤 시민군 최후 거점인 도청을 점거하면서 또 다시 무차별 사격, 15명의 시민군을 사살하고 많은 시민군을 연행했다. 사격할 때나 연행할 때의 만행은 여전했다. 진압 작전이 끝나자 계엄사는 '극렬한 폭도'들을 검거한다면서 무차별 검거 선풍을 일으켰다. 이미 18·

시민을 연행하는 공수부대(신복진 사진)

19·20일 3일 동안 1천 7백여 명을 연행했던 계엄사는 27일 이후 527명을 연행했다.

재진압 작전으로 살육과 항쟁이 막을 내려 광주 시내는 일단 질서를 되찾는 듯 했지만 시민들 사이에는 돌아 오지 않는 자식·형제·남편을 찾느라 아우성이었다. 죽었는지, 연행돼 있는지 알 길이 없었다. 차라리 연행돼 살아만 있기를 바라는 심정이 간절했다. 이미 시신을 찾은 유족들은 망월동 시립 묘지에 자리를 잡아 매장하고 있었으나, 그 장례는 아무런 절차도 밟을 수 없는 무지랭이 시체와 무덤이었다. 그리고 연행된 사람들은 무자비한 고문을 당했고 부상자들도 전전긍긍이었다. 더욱이 5·18에 대해 말만 꺼내도 잡혀가는 무서운 세상이었다. 광주는 물론 나라 안이 온통 공포 분위기였다. 그러나 천주교 사제들을 비롯한 종교계와 유족들, 그리고 구속자 가족 중심으로 진상 규명과 구속자 석방 운동을 줄기차게 벌여나갔다. 천주교 성당에서는 매주 마다 희생자 위령 미사와 구속자 석방을 위한 기도회가 열렸다.

6. 맺음말

광주민주화운동은 1980년 5월 18일 오전부터 벌인 전남대생들의 시위를 진압한다는 명분 아래 투입된 공수 부대원들이 일방적인 살육 행위를 저질러 광주 시민들을 격분시킴으로써 "죽기 아니면 살기"식 반발의 저항 때문에 발생한 것이고 결국에는 총까지 들게 했다. 처음부터 어떤 조직이나 지도 체제를 갖지 못한 채 출발한 항쟁은 유신 독재 때부터 벌여온 학생들의 민주화 운동의 연장 선상에 있었음은 물론이다. 또한 처음부터 무력투쟁을 획책했던 것이 아니라 공수 부대의 살육 행위에 대한 방어적 · 저항적 무장이었을 뿐이다.

(1) 여기서 간과해서는 아니 되는 것은 학생과 시민들의 시위나 항쟁이 아무런 조직 체계나 지도자도 없이 시작됐다는 사실이다. 사전에 짜여진 계획에 의해 터진 것이 아니라 공수 부대원들의 만행에 대한 분노가 순간적으로 폭발해 그 공감대가 모든 시민들에게 파급되었기 때문에 처음부터 시위를 주도할 조직이나 지도자가 없었다. 바로 5 · 18 광주민주화운동의 초기 특징은 이러한 무조직 · 무지도자 상태로 전개되었다는 점이다. 처음에는 공수 부대원들의 만행을 규탄하기 위해 갑자기 벌어진 상황이어서 미처 조직을 갖출 수가 없었다.

전남대 및 조선대 학생회 지도부나 재야 민주 세력은 전날 밤 대부분 체포됐거나 도피한 상태였기 때문에 저항 세력을 조직화할 수 있는 시간이 없었고 인적 구성 또한 불가능한 상황이었다. 이들은 겨우 은신처에서 화염병과 소식지를 제작해 살포하는 선에 머물러 있었을 뿐 조직으로서의 기능을 하지 못하고 있다가 후반기 자치 시대로 접어 들어서야 표면으로 부상했다. 특히 광주민주화운동을 절정으로 치닫게 한 운전 기사들의 대규모 봉기에서 이들을 리드한 조직이나 지도자를 발견할 수 없었다는 것은 5 · 18 초기의 무지도자 · 무조직 상태를 단적으로 보여주는 증좌다. 이는 광주민주화운동이 '김대중의 배후 조종' 또는 '좌익 폭동'이라는 신군부의 주장이 허구임을 드러내는 것이 된다.

(2) 광주민주화운동에서 나타난 다음 특징은 질서와 화해, 그리고 민주 의식이 높게 발로됐다는 점이다. 비록 초기에 공수 부대원들의 만행을 보고 격분한 나머지 거리로 뛰쳐나와 적극적 민중으로 돌변한 시민들이지만 질서 의식은 대단했다. 민중들은 시민의 안녕과 재산을 보호하자고 호소

했다. 이는 21일 오전 어느 특정인의 소유 건물에 방화하려던 몇 명의 민중이 오히려 자신들만 피해를 보게 된다는 입주자들의 애원을 수용하는 지혜에서도 잘 나타났다. 또 초기에 나타난 지역 감정적 행동을 자제하라는 학생들의 호소를 받아들인 데서도 엿보였다. 이 질서 의식은 초기뿐만 아니라 자치 시기에 들어 가서도 지켜져 광주 시내 7백여 금융 기관 중 한군데도 피해를 보지 않고 여기에 보관돼 있던 1천 5백억 원의 현금이 고스란히 보전됐다는 사실에서도 잘 나타났다. 이는 광주 시민들의 긍지이자 기적으로 여겨지는 대목이다. 또한 공수 부대원들의 만행에 대한 격분을 어느 정도 가라앉힌 21일 아침 협상과 화해 움직임으로 나타나 시민들을 안심시키기도 했고, 자치 시대가 도래한 후 대립보다는 타협과 평화적 해결을 모색하는 시민들로부터 압도적인 성원을 받아 무기 회수 및 당국과의 협상을 긍정적으로 추진하는 원동력이 되기도 했다.

이러한 화해와 질서 정신은 투철한 민주 의식으로 승화되면서 민중 모두를 공동 운명체로 묶는 바탕이 되었고, 고통 분담을 공유하는 협동 정신으로도 표출되었다. 부상자들에게 부족한 피를 공급하기 위한 헌혈에 앞장섰는가 하면 음식과 음료수를 나누어 먹는 데 인색하지 않았다. 특히 군이 시 외곽을 봉쇄함으로써 생활 필수품 반입량이 절대적으로 부족해 품귀 현상을 빚자 각자 가지고 있던 모든 것을 내놓는 미덕과 서로 양보하며 함께 인내하는 공동체 정신이 아낌없이 발휘됐을 뿐 이기적이고 개인주의적인 행태는 어디서도 찾아볼 수 없었다. 이 같은 시민들의 공동체 및 민주 의식은 후반으로 가면서 조금씩 이완되기도 했지만 대체적으로 그 골격은 유지된 채 계엄군의 5 · 27 재진입을 맞게 된다.

(3) 그토록 많은 인명 피해와 소용돌이에 휘말려 격렬하게 진행된 항쟁인데도 아무런 이념이 개입되지 않았다는 사실이 광주 민주화 운동의 또 다른 특징이기도 하다. 대한민국 헌법에 명시된 민주주의 이념만이 있었을 뿐이다. 민중들은 항쟁 기간 동안 박정희가 짓밟아버린 민주주의가 정치 군인들에 의해 다시 재연될 위기에 처하자 이를 저지하겠다는 일념으로 시위를 벌이고 또한 투쟁한다는 한계를 한 걸음도 벗어나지 않았다. 여기에 신군부가 광주민주화운동을 '좌익 폭동'이라고 거듭 매도한 것은 어불성설이다. 자치 시대가 도래한 뒤의 일이지만 20일 밤 민중을 자극적으로 선동함으로써 시위 양상을 극대화시키는 데 결정적 역할을 했던 두 여인을 오히려 불순 세력이 보낸 프락치로 오해한 나머지 자체적으로 붙

망월동 구 묘역 (신복진 사진)

잡아 군 당국에 넘겨주었을 뿐만 아니라 항쟁 본부에 이상한 조짐이 나
타나면 이를 적발하는데 총력을 기울이기도 했던 일을 상기할 필요가
있다. 또한 항쟁 주체들은 가두 방송을 통해 한국 방송은 믿지 말고 일본
방송이나 미국 방송을 청취하되 북한 방송을 들어서는 절대로 아니 된다
고 강력하게 당부했었다. 이 때문에 광주민주화운동은 이데올로기의 갈등
이 아니라 같은 체제끼리 벌이는 독재와 민주의 대립이라는 데서 해방 후
일어났던 일련의 좌파세력 및 노동자 농민들의 봉기와 다르다. 신군부도
광주에서 벌어지고 있는 '폭동'이 '공산주의의 사주를 받은 투쟁'이 아니
라 '자신들의 만행에 대한 저항'이라는 사실을 충분히 인식하고 계엄군-
공수 부대를 광주 시내에서 철수시켰던 것이다. 다시 말하면 신군부가 통
치권의 공백을 자초하면서까지 계엄군을 철수시킨 것은 광주·전남 민중
들의 저항에 대해 '좌파 폭동'이라던 자신들의 주장을 스스로 번복하고
'불순한 소요'가 아니라는 사실을 수용했음을 의미한다

김영택(한국사, 전 진실과 화해를 위한 과거사 정리위원회 위원)

광주 시민군 궐기문

우리는 왜 총을 들 수 밖에 없었는가?

먼저 이 고장과 민주주의를 수호하기 위해 피를 흘리며 싸우다 목숨을 바친 시민·학생들의 명복을 빕니다.

우리는 왜 총을 들 수밖에 없었는가? 그 대답은 너무나 간단합니다. 너무나 무자비한 만행을 더 이상 보고 있을 수만 없어서 너도 나도 총을 들고 나섰던 것입니다. 본인이 알기로는 우리 학생들과 시민들은 과도 정부의 중대 발표와 또 자제하고 관망하라는 말을 듣고 학생들은 17일부터 학업에, 시민들은 생업에 종사하고 있습니다.

그러나 정부 당국에서는 17일 야간에 계엄령을 확대 선포하고 일부 학생과 민주 인사, 정치인을 도무지 믿을 수 없는 구실로 불법 연행했습니다. 이에 우리 시민 모두는 의아해 했습니다. 또한 18일 아침에 각 학교에 공수 부대를 투입하고 이에 반발하는 학생들에게 대검을 꽂고 "돌격, 앞으로"를 감행하였고, 이에 우리 학생들은 다시 거리로 뛰쳐나와 정부 당국의 불법 처사를 규탄하였던 것입니다.

그러나, 아! 이럴 수가 있단 말입니까? 계엄 당국은 18일 오후부터 공수 부대를 대량 투입하여 시내 곳곳에서 학생, 젊은이들에게 무차별 살상을 자행하였으니! 아! 설마, 설마! 설마 했던 일들이 벌어졌으니, 우리의 부모 형제들이 무참히 대검에 찔리고, 귀를 잘리고, 연약한 아녀자들이 젖가슴을 잘리우고 차마 입으로 말할 수 없는 무자비하고도 잔인한 만행이 저질러졌습니다. 또한 나중에 알고 보니 군 당국은 계획적으로 경상도 출신 제7공수병들로 구성하여 이들에게 지역 감정을 충동질하였으며, 더구나 이놈들을 3일씩이나 굶기고 더군다나 술과 흥분제를 복용시켰다 합니다.

시민 여러분!

너무나 경악스런 또 하나의 사실은 20일 밤부터 계엄 당국은 발포 명령을 내려 무차별 발포를 시작했다는 것입니다. 이 고장을 지키고자 이 자리에 모이신 민주 시민 여러분! 그런 상황에서 우리가 할 수 있는 일이 무엇이겠습니까? 우리가 어떻게 해야 되겠습니까? 묻고 싶습니다. 우리는 더 이상 당할 수만은 없었습니다. 그래서 우리는 이 고장을 지키고 우리 부모 형제를 지키고자 손에 손에 총을 들었던 것입니다. 그런데도 정부와 언론에서는 계속 불순배, 폭도로 몰고 있습니다.

여러분!

잔인 무도한 만행을 일삼았던 계엄군이 폭돕니까? 이 고장을 지키겠다고 나선 우리 시민군이 폭돕니까? 아닙니다. 그런데도 당국에서는 계속 허위 날조, 유포하는 데 혈안이 되어 있습니다.

시민 여러분!

우리 시민군은 온갖 방해에도 불구하고 여러분의 안전을 끝까지 지킬 것입니다. 또한 협상이 올바른 방향대로 진행되면 우리는 즉각 총을 놓겠습니다. 일부에서는 우리 시민군에 대한 오해가 많은 것 같습니다.

민주 시민 여러분!

우리 시민군을 절대 믿어주시고 협조해 주시기 바랍니다. 감사합니다.

학 살 I

김남주(시인)

오월 어느 날이었다
80년 오월 어느 날이었다
광주 80년 오월 어느 날 밤이었다

밤 12시 나는 보았다
경찰이 전투경찰로 교체되는 것을
밤 12시 나는 보았다
전투경찰이 군인으로 교체되는 것을
밤 12시 나는 보았다
미국 민간인들이 도시를 빠져나가는 것을
밤 12시 나는 보았다
도시로 들어오는 모든 차량들이 차단되는 것을

아 얼마나 음산한 밤 12시였던가
아 얼마나 계획적인 밤 12시였던가

오월 어느 날이었다
1980년 오월 어느 날이었다
광주 1980년 오월 어느 날 밤이었다

밤 12시 나는 보았다
총검으로 무장한 일단의 군인들을
밤 12시 나는 보았다
야만족의 침략과도 같은 일단의 군인들을
밤 12시 나는 보았다
야만족의 약탈과도 같은 일군의 군인들을

밤 12시 나는 보았다
악마의 화신과도 같은 일단의 군인들을

아 얼마나 무서운 밤 12시였던가
아 얼마나 노골적인 밤 12시였던가

오월 어느 날이었다
1980년 오월 어느 날이었다
광주 1980년 오월 어느 날 밤이었다

밤 12시
도시는 벌집처럼 쑤셔놓은 심장이었다
밤 12시
거리는 용암처럼 흐르는 피의 강이었다
밤 12시
바람은 살해된 처녀의 피묻은 머리카락을 날리고
밤 12시
밤은 총알처럼 튀어나온 아이의 눈동자를 파먹고
밤 12시
학살 자들은 끊임없이 어디론가 시체의 산을 옮기고 있었다

아 얼마나 끔찍한 밤 12시였던가
아 얼마나 조직적인 학살의 밤 12시였던가
오월 어느 날이었다
1980년 오월 어느 날이었다
광주 1980년 오월 어느 날 밤이었다

밤 12시
하늘은 핏빛의 붉은 천이었다
밤 12시
거리는 한 집 건너 울지 않는 집이 없었고
무등산은 그 옷자락을 말아올려 얼굴을 가려버렸다

밤 12시
영산강은 그 호흡을 멈추고 숨을 거둬버렸다

아 게르나카의 학살도 이렇게는 처참하지 않았으리
아 악마의 음모도 이렇게 치밀하지 못했으리.

제5절
광주 지역 6월항쟁

1980년 5·18광주민주화운동 정신은 마침내 1987년 6월 민주항쟁으로 계승되었다. 광주 지역에서 6월 민주 항쟁은 다른 어느 지역보다도 조직적으로 전개되었다. 5·18 이후부터 공공연하게 재구성된 광주 지역 민주화 세력의 효과적인 결집과 투쟁에 따른 것이기도 했다.

6월 민주 항쟁의 발발은 1987년 1월로 거슬러 올라 간다. 1월 13일 발생한 한 대학생의 무참한 죽음은 전 국민의 분노를 불러 일으켰다. 물고문과 무자비한 구타로 박종철 군을 타살한 5공 정권은 국민들의 민주화 요구를 4·13 개헌 불가와 최루탄 난사로 응답하였다.

전두환 정권의 대국민 협박은 광주에서부터 즉각적인 저항에 부닥쳤다. 광주 시민들은 1987년 초 박종철 군 고문 치사 사건부터 6월 항쟁에 이르기까지 온 몸으로 저항하였다. 이 땅에 진정한 민주화가 이루어지길 간절히 소망해온 수많은 광주 시민들이 매일같이 거리로 나와 투쟁의 대열에 합류했다.

광주 지역에서는 1987년 2월 7일, 박종철 군 국민 추도회를 비롯해 광주 민주화 운동 7주년을 맞아 4·13 호헌 조치 반대 및 민주 헌법 쟁취 범

6월 항쟁 (신복진 사진)

도민 운동본부 발족을 선언한 이후 사회 단체·학계·노동계,·예술계·종교계의 호헌 철폐를 주장하는 시국 성명이 봄물처럼 터져 나왔다. 종교계에서는 5·18 추모 미사와 추모 법회, 추모 예배를 열기도 했다.

범 도민 운동 본부는 5월 31일 민주 헌법쟁취 범 국민 운동 광주 전남 본부를 창립시켰다. 창립 당시 '국본 광주 전남 본부'는 전남 사회 운동 협의회, 5월 단체, 불교·기독교·가톨릭의 종교계 운동 단체, 각 대학 총학생회 등 21개 단체가 결합한 광주·전남 지역 최대 재야 단체로 닻을 올렸다.

특히 1987년 6월 10일 오후 6시 광주에서는 '박종철 군 고문살인 은폐 조작 규탄 및 호헌 철폐 범 국민 대회'(6·10대회)가 열렸다. 6·10대회를 수 시간 앞둔 이날 오후 3시 이후, 옛 전남 도청에서 옛 한국은행 광주지점 앞과 금남로 4거리까지의 모든 도로들이 차단되고, 차량과 사람들은 완벽한 출입 통제 하에 놓여 있었다.

6·10대회 대회장인 광주 기독 청년 회관(YMCA) 주변엔 29개 중대 4천여 명의 전경이 포진하기도 했다. 경찰은 이날 오전 6시부터 전남 도청 앞 주차장을 폐쇄한 데 이어, 충장로 입구, 한일 은행 사거리, 노동청 등지에 바리케이트를 설치해 광주 시민들의 통행을 차단했다.

6 · 10대회 저지는 경찰만의 몫은 아니었다. 일부 택시 회사에서는 기사들이 국본 전남 본부의 국민 행동 요령에 따라 오후 6시 경적을 울리는 것을 막기 위해 경음기 연결 부분을 미리 떼어내는 촌극을 연출하기도 했다.

경찰이 6 · 10대회를 저지하고 있었지만 시민들은 오후 4시 경부터 경찰 봉쇄망 주위로 하나둘씩 모여들기 시작했다. 오후 5시 30분경에는 중앙로 태평 극장 주변에 집결해 있던 3천여 명의 시민들은 "더 이상은 못 속겠다 거짓 정권 몰아내자"라고 적힌 플래카드를 앞세우고 전경들과 치열한 몸싸움을 벌였다. 경찰은 최루탄을 무자비하게 난사하면서 시민들을 해산시키기 위해 안간힘을 쓰기도 했다.

6 · 10대회 하루 전인 9일 밤 광주 출신 연세대생이 최루탄에 맞아 생명이 위태롭다는 비보가 알려지면서 시민들의 분노는 극에 달해, 시민들은 어느새 "이한열을 살려내라" 는 구호를 외치고 있었다.

6 · 10대회 공식 개시 시작 시간인 오후 6시, 가톨릭센터와 중앙 교회에서 옥외 방송을 통해 애국가가 울려 퍼지자 5천여 명의 시민들이 삽시간에 몰려 들었다. 국본 광주 전남 본부 측이 며칠 전부터 유인물과 가두 홍보를 통해 오후 6시 국기 하강식을 기해 애국가를 제창하자고, 홍보했던 터이기도 했다. 수천명의 시민들은 금남로를 점거한 채 애국가를 불렀다. 원각사 앞에서 2백여 명의 시민들은 애국가를 부르고, 금남로 4가 국민은행 광주 지점 앞에서도 시민 2백여 명은 태극기를 흔들며 연좌 시위를 벌였다.

5분 뒤 가톨릭센터에서 몰려 나온 1백여 명의 신부와 수녀, 신자들이 연좌 농성을 시도했다. 드디어 광주 우체국, 원각사, 미문화원(현 황금주차장), 충장로 파출소 등을 막고 있던 경찰의 1차 저지선이 무력하게 무너지기 시작했다.

시민들은 수백 명 단위로 무리를 지어 "호헌 철폐 독재 타도", "광주 시민 대동 단결 군부 독재 물리치자", "장기 집권 호헌 책동 군부 독재 타도하자"는 구호를 외치며, 도청을 향해 경찰 저시선을 뚫기 시작했다. 6시 30분경 황금동 4거리에 있는 충장로 교회 옥상에 '군사 독재 타도하자' 라는 플래카드가 내걸리고, 국본 광주 전남 본부는 확성기를 통해 시민들에게 도청 앞 광장으로 나아갈 것을 호소했다. 1천 5백여 시민들은

이한열 열사의 금남로 장례 행렬(신복진 사진)

열렬한 박수로 호응했다. 하지만 경찰은 시민들에게 최루탄을 무차별하게 난사하고 만다.

오후 7시 경 도청으로 진출하던 시민들은 광주 미문화원 앞에서 최루탄 공세에 밀려 광주 공원 쪽으로 퇴각했다. 주력 부대가 공원 쪽으로 밀려났지만 광주 기독 청년 회관(YMCA)과 궁동 문화방송 앞 3천여 명의 시민들은 끈질기게 저항했다. 오후 7시 반경 궁동 문화 방송 앞에서 2천여 명의 시민들이 시위를 벌이기도 했다. 문화 방송 앞 시민들은 경찰에 쫓겨 인근 전남 여고로 피하려다 담장이 무너지는 바람에 수십명이 부상을 입었을 뿐만 아니라 다수가 연행되기도 했다. 이 시각 광주 시내 전 지역에서 시민들은 2백-5백명 단위로 무리를 지어 도로를 따라 이리저리 이동하면서 시위를 계속했다.

6·10대회에서는 시민들만 아닌 중·고생들과 노동자들도 시위에 합세했다. 오후 8시경에는 학교 수업을 마친 중·고생들과 퇴근한 노동자들이 시위 군중과 합세하여 시위 열기가 고조되었다. 마침내 광주천에 있는 중앙 대교를 사이에 두고 5만여 시민이 운집해 경찰과 대치하며 연좌 농성에 돌입했다. 시민들은 경찰의 무자비한 최루탄 난사에 맞서 물을 뿌렸고, 가까이서 지켜보고 있던 시민들은 박수로 응원했다. 경찰은 일반 시민들에게도 최루탄을 쏘아댔지만 시민들은 흩어졌다 다시 모이기를 반복했다. 조흥 은행과 금남로 사이의 맞은편 골목에서는 투석전이 벌어지고, 화염병이 사용되기도 했다.

하지만 광주 시민들은 밤 9시경 광주 공원으로 총집결했다. 공원에 모인 시민들은 어림잡아 2만여 명이 넘었다. 시민들은 공원 광장에서 연좌한 후 대중 집회를 열고, 도청 진출을 결의했다. 집회가 끝나자 시민들은 스크럼을 짜고, 시내 쪽으로 향했으나 수십 발의 최루탄을 쏘며 저지하는 경찰과 중앙 대교를 사이에 둔 채 일진일퇴를 거듭했다.

밤이 깊어지면서 소규모가 된 시민들은 공용 정류장과 광주 시청, 산수 5거리, 월산동 등지에서 산발적인 시위를 벌였다. 월산 동쪽으로 간 시민들은 민정당사로 몰려가 경찰과 싸움을 전개했다. 시민들은 다시 공원으로 모여들었고, 버스로 귀가 중이던 시민과 중·고생들이 중앙 대교 쪽 시위대에 합류했다. 지하도 쪽에 모여 있던 시민들은 시내 버스를 막아서서 구호와 노래를 부르며 경찰과 대치하던 중 학생들이 버스 1대를 잡아타고 경찰을 향해 나아가자 1만여 명의 시민들이 이를 따라 갔다.

하지만 경찰이 최루탄을 난사하자 시민들은 또다시 흩어지면서 공원 쪽으로 운집해 30여 분간 즉석 연설 모임을 가지고, 시내 상황 소식을 들었다. 도심지는 최루 가스로 뒤덮인 가운데 상가가 일찍 철시를 해버려 일종의 진공 상태 속에 전투 경찰들만 거리를 지키고 있었다.

중앙 대교 부근에 포진해 있던 경찰들이 공원 광장 쪽으로 최루탄을 발사하자 시민들은 흩어지지 않고 보도 블럭을 깨뜨려 던지면서 경찰과 맞서기도 했다. 경찰은 오후 10시 40분경 공원을 향해 다연발 최루탄을 발사해 시민들을 흩어 놓았다. 이런 상황은 새벽 12시 40분경까지 이어져 2만여 명의 시민들은 여기 저기 흩어져 산발 시위를 벌였다.

밤이 깊어지자 시민들 수가 다소 줄어 들어 시위대는 소규모가 됐다. 새벽 1시 경에는 공용 정류장에서 3백여 명이 시청 쪽으로 나아 가며 시위를 벌였다. 경찰의 무차별적인 연행과 최루탄 난사에 성난 시민들은 새벽 4시 30분경 지산동 파출소를 급습해 유리창을 박살내 버렸다. 이와 같은 시위는 새벽 5시 30분 경에야 완전히 끝났다. 장장 13시간에 걸친 대투쟁이었다.

광주 시민들이 적극적으로 참여했지만 6월 항쟁 초기에는 경찰 병력이 광주에 집중된 채 강력한 봉쇄에 나서는 바람에 산발적인 시위에 머무르는 한계를 노정하기도 했다. 하지만 6월 중반 이후에는 대학생을 선봉으로 초·중·고교생, 교수 및 교사·목사·신부·수녀·스님·상인·노동자·농민·야당 당원 할 것 없이 광주 시민 모두가 참여한 감동의 물결을 이루어 내었다.

광주 시민들은 군사 독재 정권 타도와 함께 "군부 독재 지원하는 미국은 물러가라"며 반미 자주화 투쟁 의지까지 유감없이 보여주었다. 또 1980년 5월의 시민군을 중심으로 하는 시민 공동체 경험을 바탕으로 "광주 시민 대동 단결"의 구호를 생생하게 실천했다.

국본 광주 전남 본부를 비롯하여 6월 항쟁 지도부는 시위 현장에서 자신들의 깃발을 높이 들고 대중들과 함께 투쟁을 전개해가는 한편 시위 중에나 시위가 끝난 후에도 긴박한 정국 상황을 긴밀히 살피는 등 광주 시민들의 역량을 효과적으로 결집시켜 나가는 데 혼신을 다하기도 했다.

이한열 군의 최루탄 피격 이후 "호헌 철폐, 독재 타도"를 외치는 범 국민적인 저항은 6·10대회를 시발로 6·26 평화 대행진까지 장엄하게 전개되었다. 마침내 5공 정권은 6월 29일 노태우 민정당 대표의 입을 빌어 항복을 선언하였고 6월 항쟁은 7·8월의 노동자 대투쟁으로 이어졌다.

임추섭(한국사, 전 광주전남국민운동본부 공동의장)

6 · 10국민대회선언

국민 합의 배신한 4 · 13호헌 조치는 무효임을 전 국민의 이름으로 선언한다.

오늘 우리는 전 세계 이목이 우리를 주시하는 가운데 40년 독재 정치를 청산하고 희망찬 민주 국가를 건설하기 위한 거보를 전 국민과 함께 내딛는다. 국가의 미래요 소망인 꽃다운 젊은이를 야만적인 고문으로 죽여 놓고 그것도 모자라서 뻔뻔스럽게 국민을 속이려 했던 현 정권에게 국민의 분노가 무엇인지를 분명히 보여주고, 국민적 여망인 개헌을 일방적으로 파기한 4 · 13폭거를 철회시키기 위한 민주 장정을 시작한다.

오늘, 광주 학살에 참여한 정치 군인들 사이의 요식적인 자리 바꿈을 위한 영구 집권의 시나리오가 수만 전투 경찰의 삼엄한 엄호 속에 치러졌다. 이번 민정당 전당 대회는 국민 전체의 뜻을 배반한 독재자의 결정 사항을 요란한 박수 소리로 통과시키려는 또 하나의 폭거요 요식적인 국민 기만 행위에 지나지 않는다. 따라서 우리는 그와 같은 민정당의 전당 대회는 독재 세력의 내부 행사일 뿐 국민의 민주적 여망과는 아무 관계가 없는 것임을 전국민의 이름으로 선언한다.

우리 국민은 민정당이 대단한 결단이나 되는 것처럼 강조하는 현대통령의 7년 단임 공약에 큰 기대를 걸고 있지 않다. 현 정권이 제1의 통치 명분으로 내세워온 평화적 정권 교체라는 것도 실은 현대통령의 형식적 퇴임 이후 친정 체제와 수렴청정 하에 광주 학살에 참여한 장성들 간의 자리바꿈에 지나지 않는다는 것을 지각 있는 국민이라는 상식으로 간주하고 있는 사실이다. 언제부턴가 평화적 '정권 교체'라는 말이 '정부 이양'이라는 애매모호한 말로 슬쩍 둔갑해버린 것도 저들의 이러한 속셈을 잘 말해 주고 있다. 그것은 군부 독재의 통치를 영구화하려는 요식 행위에 불과하다.

무엇보다도 우리는 이른바 4·13대통령의 특별 조치를 국민의 이름으로 무효임을 선언한다. 이 나라는 전제 군주 국가가 아니다. 이 나라의 엄연한 주인은 국민이요, 국민이 국가 권력의 주체이다. 따라서 전 국민적 여망인 민주 헌법 쟁취를 통한 민주 정부의 수립 의지를 정면으로 거부한 이 폭거는 결코 인정될 수 없다. 광주 학살 이후 계엄령 하에서 급조된 현행 헌법에서조차 대통령은 오직 헌법 개정에 관한 발의권밖에 가지지 못하도록 되어 있다. 그런데도 행정부의 수반이 국민의 대표 기관인 국회의 개헌 논의 중지를 선언하고 이를 재개하는 자를 의법 조치하겠다고 엄포를 놓은 것은 위헌적인 월권 행위요, 민주주의의 요체인 3권 분립을 파기한 폭군적 망동이었다. 헌법 개정의 주체는 오로지 국민이다. 국민 이외의 어느 누구도 이 신성한 권리를 대행하거나 파기할 수 없다. 그러므로 국민적 의사를 전적으로 묵살한 4·13폭거는 시대적 대세인 민주화를 거스르려는 음모요 국가 권력의 주인인 국민을 향한 도전장이 아닐 수 없다. 결국 민주화를 요구하는 국민의 힘에 밀려, "여야가 국회에서 합의하면 개헌에 반대하지 않겠다"고 한 전 대통령의 작년 4·30발언은 영구 집권 음모를 은폐하기 위한 한낱 속임수에 지나지 않았음이 분명해지고 말았다. 애초부터 개헌 의사는 눈꼽만치도 없었으며, 그동안 마치 날치기 통과라도 강행할 것 같던 내각 책임제 개헌안도 국민의 대통령 직선제 개헌 열망을 무마하고 민주 세력을 이간시켜 탄압하면서 원래의 의도인 호헌의 명분을 만들기 위한 위장 전술에 지나지 않았다. 따라서 모든 국민의 기대에 찬물을 끼얹고 국민들을 한없는 배신감과 절망으로 몰아간 4·13폭거는 마땅히 철회되어야 한다. 우리는 이러한 4·13조치에 기초하여 현 정권이 영구 집권을 위한 시나리오를 강행한다면, 국내외의 조롱과 비난을 면치 못할 것이며 돌이킬 수 없는 엄청난 사태를 스스로 잉태하는 것임을 경고해둔다.

이제 우리 국민은 이 민족의 40년 숙원인 민주화를 달성하기 위해 일어섰다. 이 민주화라는 과제가 88올림픽을 이유로 연기될 수 없다. 인류 평화의 제전이요 민족의 축제가 되어야 할 88올림픽이 민주화를 늦추고 현행 헌법대로 독재 정권을 연장시키는 데 악용되어서는 안된다. 우리는 민주화라는 '민족적 대사'를 완수한 이후에 전국민의 압도적 지지 위에 세워진 튼튼한 민주 정부 하에서 다가오는 88올림픽을 민주 시민의 감격과 긍지를 가지고 치러야 한다.

외세의 강점 하에 반도가 분단되어 허리 잘린 통한의 삶을 살아온 지어언 40여년, 그동안 우리는 분단과 경제 개발을 빌미로 한 독재 권력에 의해 숨 한번 제대로 쉬지 못하고 살아왔지만 지금 이 나라는 총칼로도 잠재울 수 없는 전 국민의 민주화 열기로 노도치고 있다. 성직자 교수 법조인 작가 미술인 출판인 영화감독 의사 정치인 그리고 청년 학생 노동자 농민 도시빈민 등 각계각층에서 터져 나오는 양심의 소리는 독재로 찌든 조국을 흔들어 깨우고 있다.

이제 우리 국민은 그 어떠한 이유나 명분으로도 더 이상 민주화의 실현이 지연되어서는 안된다고 요구하고 있다. 분단을 이유로, 경제 개발을 이유로, 그리고 지금은 올림픽을 이유로 민주화를 유보하자는 역대 독재 정권의 거짓 논리에서 이제는 깨어나고 있다.

오늘 고 박종철 군을 고문 살인하고 은폐 조작한 거짓 정권을 규탄하고 국민의 여망을 배신한 4·13폭거가 무효임을 선언하는 우리 국민들의 행진은 이제 거스를 수 없는 역사의 대세가 되었다. 세계의 양심과 이성이 우리를 격려하고 민주 제단에 피 뿌린 민주 영령들이 우리를 향도하며 민주화 의지로 사기 충천한 온 국민의 민주화 결의가 큰 강줄기를 형성하니 무엇이 두려운가. 자! 이제 우리의 자리를 박차고 일어나 찬연한 민주 새벽의 그날 을 앞당기자. 민주·민권 승리의 확신과 필승의 의지를 가지고 오늘 우리 모두에게 맡겨진 민족의 과제 앞에 힘차게 전진하자.

제6절
사실성과 신조형성의 확장
- 1980년대 이후 남도미술

 남도 현대 미술의 바탕에는 옛 선비 취향의 풍류와 멋, 정신적 흥취를 바탕으로 남도의 자연과 함께하는 호남 남화의 전통이 깔려 있다. 그리고 자연 교감의 바탕은 공통되면서도 남화 전통의 내적 사유와 정신미의 함축보다는 대상으로서 자연 풍경에 충실한 서구 미술의 특성을 따르면서 주관적 감흥을 위주로 하는 자연주의 구상 회화가 나란히 큰 봉우리를 이루어 왔다. 이와 함께 그림 그리기의 의미 자체를 당대 사회 현실 속에서 찾으면서 시대적 기록이나 발언 또는 삶의 진실을 담아내는 데 무게를 두는 현실주의 참여 미술과 변화하는 시대 문화와 감각을 따라 조형적 표현 방식과 작품의 의미 내용을 자유롭게 표출해내는 작업 성향 등이 1980년대 이후 남도 미술계에 공존해 왔다.
 특히, 전통 남화의 지주였던 의재 허백련(1977)과 남농 허건(1987)의 작고와 기존의 조선대학교 미술대학 외에 전남대학교(1983) 호남대학교(1984) 미술학과 신설에 따라 일대일의 무릎 전수식 사승 관계가 아닌 서구식 교육 방식에 의한 미술 학도 양성의 확대, 5·18 광주 민주화 운동 이후 이어진 1980년대 일련의 정치 사회적 격변기 현상들, 시대 문화의

조방원, 수묵 그림

혼돈 속에서 공동의 활동 목표와 작업 방식을 지향하는 신생 미술 모임들의 등장, 낯선 문화의 자극과 미술 정보 접촉이 늘어 나면서 외부 세계로 향한 관심의 확대 등이 맞물리면서 1980년대 이후 남도 미술은 그 이전과는 사뭇 달라진 다층적인 모습으로 새롭게 전개되어 간다.

자연 교감과 현실 참여, 채묵의 변용

학포 양팽손과 공재 윤두서 이후 소치 허유에 의해 재정립된 호남 남화 전통은 일제 시대부터 근대화 개발기를 거치는 과정 속에서 정신적 사의성을 우선하는 의재 허백련과 예술적 개성을 중시하는 남농 허건으로 양대 계보를 이루게 되었다. 근원은 같되 현실 삶과 작품 세계에서 두 줄기 다른 모습들을 보여 준 이들로부터 지역 미술 양식이 형성된 셈인데, 아산 조방원, 석성 김형수, 희재 문장호, 금봉 박행보, 계산 장찬홍 등을 비롯한 직계 방계 제자들까지 여러 갈래들이 만들어지면서 호남 전통 남화를 크게 벗어나지 않는 쪽과 함께 변화하는 문화 흐름에 맞게 독창적 필묵을 탐구해가는 작업들까지 점차 폭을 넓혀가게 된다.

특히, 1980년대 중반을 넘어서면서 당시 20대 말에서 30대 젊은 작가들을 중심으로 전통 산수와 현실주의 사실화, 수묵화와 채묵화, 실경 사생과 추상성이 강한 화면 운용 등이 함께 공존하면서 장르와 양식과 이념상 새로운 국면을 맞게 된다.

이 가운데 가장 두드러진 변화는 청년 세대로서 시대 의식과 사회 참여를 지향하는 현실주의 수묵 사실화의 등장을 들 수 있다. 이들은 당대 현실이나 세상사와는 일정한 거리를 둔 전통 남화와는 달리 정치 사회적 혼돈 속에서 예술의 시대적 책무를 집단의 힘으로 함께 실행해내는 데 무게를 두었다. 이를테면 1980년대 초부터 대두된 민족 민중 미술 운동 현장에 참여하기 시작한 것인데, 대개 산수 자연보다는 시사성이 강한 현실 소재를 주관적 감흥이나 필묵의 기교, 채색보다는 사실성을 강조하는 말끔하고 세밀한 수묵화나 전통 필법과는 전혀 다른 거칠고 강한 붓질로 사회적 메시지를 담아내는 경우들이다. 1980년대 중반부터 수묵화 운동 형식으로 대두된 이들 현실주의 수묵 사실화는 이후 1990년대까지 호남 전통 화맥과는 배치되는 또 다른 흐름을 이룬다. 주로 광주 전남 미술인 공동체의 회화 2분과를 축으로 한 김경주·김진수·박문종·홍성민·하성흡·허달용 등이 그 예이다.

이와 함께 회화적 형식면에서 새로운 조류의 유입이 뚜렷해져 1980년대 후반부터 일기 시작한 신표현주의 또는 비정형 추상 계열의 작업들이 청년미술계의 또 다른 축을 이루게 된다. 어느 면에서는 1980년대 초부터 강렬한 시각 효과로 대사 회적 복무를 우선하고 있던 민족 민중 미술 운동에 대응하여 순수 예술론자들 사이에 확산되고 있던 포스트-모던 형식의 해체·이탈·개별성들과 무관하지 않다. 대부분 20후반 30대 초반 작가들과 대학 동문 모임을 중심으로 점차 활발해진 이러한 표현성과 조형 형식의 강조는 "채묵의 변용과 새로운 가능성의 모색"으로 나타나 대범한 선묘와 선염·발림 효과, 천연 안료와 재료를 적극 도입

강연균, 통일 미술제 하늘과 땅 사이에, 설치미술

한 진채의 시각 효과, 여백과 형상성을 강조하는 화면 운용 등에서 하나의 시대 양식을 만들며 이전의 전통 회화와 큰 차이를 보인다. 이러한 현상은 전남대학교 송계일·윤애근, 목포대학교 김천일 등 채색 또는 채묵을 주로 다루는 교수들이 이 지역 교단에 서게 된 것과 조선대학교의 양계남·김대원 교수처럼 전통 남화로부터 독자적 회화 세계로 전환하게 된 경우도 청년 화단의 변화에 직간접적인 영향을 미쳤다. 경묵회·창묵회, 선묵회·전통과 형상 등 학연 또는 동세대간 연대모임들이 그 거점역할을 하면서 임정기·장복수·하완현 등이 그 예이다.

시대 정신과 조형성의 확장

한편, 1980년대 이후 지역 서양 화단은 한국 자연주의 구상 회화의 거목 오지호 화백의 작고(1982)에도 불구하고 남도의 자연 환경과 문화적 감성, 삶의 정서 속에 친밀하게 뿌리내려진 이른바 인상주의적 구상 회화가 임직순·오승우·진양욱·양인옥·김영태·조규일·김흥남을 비롯한 후배 작가들에 의해 여전히 지역 화단의 일반적 대세를 이루고 있다. 강

오승윤

용운·양수아 등에 의해 토대를 마련한 비구상 미술 쪽도 주로 에뽀끄회를 거점으로 지역 미술의 한 축을 이루고, 김환기·천경자·배동신 등 독자적인 회화 세계를 이어 가고 있는 작가들이 함께 큰 축을 이루고 있다.

그러나, 이 지역의 미술 역사에서 가장 획기적인 변혁기는 바로 1980년대라 할 수 있는데, 1980년을 전후하여 적극적 현실 참여 의식에 의한 사실주의 회화의 확산과 정형화된 지역 화풍에서 벗어나 독자적 회화 세계를 모색하려는 다채로운 작품 세계와 활동들이 두드러지게 늘어난 때문이다.

먼저, 미술 외적인 사회·문화·제도 등 모든 구습과 모순된 역사 현실에 대한 비판 의식과 함께 문화 변혁 운동으로 뜨겁게 달아오른 1980년대 민족 민중 미술운동을 들 수 있다. 미술의 적극적인 사회 참여로써 큰 획을 긋게 된 이 집단적 움직임은 자기 시대 공동체 삶의 총체적

상황에 대한 적극적이고 구체적 실천력을 중시하는 청년 미술의 현실주의 정신과 형식의 대결집이었던 셈이다. 이들은 변혁기 시대 현실 속에서 시민 사회 운동과 연대하며 문화적 자주성과 민족적 미술형식, 시대 역할과 민중 정서와의 밀착

홍성담 그림

등에서 예술의 의미를 새롭게 정립시키고자 하였다. 강연균을 비롯해 박석규·신경호 등 선배 세대와 1979년 발족한 광주 자유 미술인 협의회, 1980년 창립한 2000년 작가회, 1980년대 전반의 목판화 운동, 1986년 시각 매체 연구회와 이후 광주 민족 미술인 연대, 1988년 결성돼 2002년에 해체된 광주 전남 미술인 공동체, 1980년대 중반의 불나비·땅끝 같은 대학 미술패 활동, 치열했던 역사 현장 금남로와 오월 묘역에서 연례 행사로 치러진 오월전, 1995년과 1997년의 광주 통일 미술제, 그 민족 민중 미술 운동의 집단적 활동 속에서 이사범·최상호·진경우·조진호·한희원·홍성담·박철우·이준석·정희승 등이 그 예이다.

강관욱 조소

이들 참여 미술은 1990년대 중반 이후 급격한 시대 변화 속에서 이전의 거친 호흡을 가다듬으면서 작품의 의미 내용을 집약하고 회화적 완성도를 높이면서 일상 속 삶의 이야기와 그 주변 환경들에 관심을 기울이거나 매체와 표현 형식 또한 설치와 영상까지 확대하는 등 표현 영역을 넓혀가고 있다. 아울러 단체와는 상관없이 개별적인 작업 속에서 시대 문화에 초점을 두고 미술의 사회적 교감을 위한 작업들을 꾸준히 모색해 가는 작가들도 있다.

또한, 1980년대 이후 대학을 졸업한 청년 세대 가운데 기성 화단의 정형화된 양식에서 벗어나 새로운 작업 방식과 조형 세계를 찾아 가는 작가들이 많아진다. 물론 기성 화단에서도 독자적 미술 세계를 다져온 황영성·정승주·오승윤·최종섭·이태길·김종일·우제길·최재창·김대성, 김평준 등 선배 작

황영성 그림

가들이 있지만 각각의 개성 있는 작업들이 훨씬 다채로워지면서 그 자체가 하나의 시대적 특징을 이루는 것이다. 1980년대 중반 이후 유행처럼 번진 포스트모더니즘 등 외부의 자극과 1990년대 들면서 동문 또는 의식을 공유하는 동세대 간에 활발해진 신생 모임들, 새롭게 변화된 대학 교육, 늘어가는 해외 유학, 1995년부터 2년 주기로 접하게 된 대규모 국제 현대 미술의 장으로서 광주

비엔날레의 전혀 낯선 실험적 형식과 매체의 접촉 등이 복합적으로 작용한 것이라 하겠다. 박노련 · 김익모 · 박주하 · 이강하 · 황순칠 · 송필용 · 김해성 · 조근호 · 김동하 등을 비롯, 그 후배 세대들의 훨씬 다양한 소재와 매체, 형식의 분화가 계속되고 있다.

고전적 여체미에서 조형성, 설치 형식으로 확장

남도 전통 문화의 하나로 자리한 호남 남화나, 재료는 다르지만 남도 정서와 회화적 감성 면에서 남화와 기본을 같이하는 구상 회화 중심의 서양 화단에 비해 남도의 현대 조각은 문화적으로나 시대적으로 전통과 현대 사이의 괴리가 크다. 서양식 재료와 제작방법, 형식 등에서 전통 조각과 차이가 큰 데다 도입 과정이나 초기 단계에서 별다른 구심점과 힘을 갖지 못했기 때문이다. 초기 조각가라 할 김영중 · 탁연하 · 엄태정 등이 주로 서울을 근거로 활동했고, 박양선, 조제현 · 양두환 등은 개인사로 활동이 미미하거나 일찍 요절했기 때문이다.

고정수 · 강관욱 · 김행신 · 홍순모 등이 대학에서의 조각 지도, 문옥자 · 김철수 · 김대길 · 조판동 · 정윤태 · 김왕현 · 나상옥 등 조각가들의 뚜렷해진 활동들, 1978년 남도 조각회 창립 등 비로소 남도 조각계가 형성된 시기는 1970년대라 할 수 있다. 그리고 이를 토대로 1980년대에 이르러 조각 전공자의 증가, 참여 미술 운동과 함께 한 청년 세대의 현실 대응 작업, 신감각 조형 형식의 모색 등으로 점차 활발해지면서 남도 조각계는 새로운 전기를 맞게 된다. 특히 고정수 교수의 '국전' 대상(1981), 목포

유달산 조각공원 조성(1982), 한국 구상 조각회 광주전(1983) 등으로 이어지는 비중 있는 조각 전시회들, 중견 조각가들의 독자적 조형세계의 모색, 조선대학교 조소과 개설(1986), 흙 조각회(1986) · 조대 조각회(1986) · 오월 조각패(1989) · 21세기 정신전(1990) · 호남 조각회(1991) 등 조각 모임의 결성, 1980년대 말부터 시작된 해외유학이 1990년대 들면서 급증하는 등 조각계에 활력이 넘치게 된다.

대체로 남도 조각은 전통적인 자연주의 정서에 바탕을 둔 여체를 통해 순수 생명 · 모성 · 풍요 또는 현대인들의 정신적 고향에 대한 회귀 의식을 담아내는 작품들이 주류를 이룬다. 이 가운데서도 중진 중견 작가들의 작업에서는 여체의 자연미에 약간의 주관적 변형을 더하면서 문학적 서정성을 담아내는 작품들이 많은데 비해, 1980년대 이후 청년 세대들에게서는 누드상은 점차 줄어드는 대신 인물상에 주제를 드러내기 위한 부제 또는 배경 부분을 곁들여 회화적 서술성을 연출하거나, 전통 문화의 조형 소재를 재해석하기도 하고, 반자연주의 현대 문명을 비판 풍자하는 작업과, 일상 오브제나 매체를 적극 활용하여 메시지를 강조하거나 공간 조형 개념을 확장하는 경우들이 두드러진다. 뿐만 아니라 1995년 이후 광주 비엔날레에서 특정 주제 의식을 표현해내는 파격의 설치 형식들을 자주 접하게 되면서 기존의 조각 개념과는 판이하게 다른 흐름을 보여준다.

전통적으로 자연주의 정서와 내적 감흥에 바탕을 두어 온 남도 미술은 1980년대 이후 큰 변화를 겪게 되었다. 격변기 속에서 시대 현실에 밀착한 사실주의 참여 미술의 확산, 기성 미술의 정형에서 벗어나 새로운 미술 흐름에 적극 동참하고자 하는 노력들, 더 나아가 훨씬 더 파격적인 형식과 매체들로 조형성과 메시지를 강조하는 작업 등 이전과는 사뭇 다른 움직임을 보인다. 그리고 열악한 지역의 활동 여건 속에서도 국제 전시 참여의 증가와, 광주 비엔날레의 지속적 개최에 따른

박주하, 장승과 강강술래

조진호, 황토 매화, 200호, 2005

국제 현대 미술에 대한 관심의 고조, 문화 중심 도시 조성 사업과 관련한 국제화 화두 및 빈번해진 레지던시 프로그램과 작가 교류 워크숍 등 급속한 환경의 변화가 계속되고 있다. 사실, 지극히 감각적이거나 개념적이고 주의 주장들이 강한 현대 미술의 흐름에서 자연주의 미의식이나 농본 시대의 향토적 서정성은 상대적으로 진부해 보일 수 있다. 그러나 자연 또는 인간 본래 감성에 뿌리를 둔 남도 미술이 당대 시대 문화와 보다 가깝게 밀착하면서 예술을 통해 문명 사회의 삶을 대변하고, 예술 그 자체의 폭을 넓혀가고 있는 근래 흐름은 또 다른 변화를 찾아가는 모색의 과정이라 하겠다.

조인호(미술사, 전 광주비엔날레 전시부장)

새로운 통일시대를 향하여

제1절
분단과 대립의 반세기

1945년 한반도는 일제 36년의 사슬에서 벗어나 해방을 맞았으나, 기다리고 있는 것은 조국의 완전한 독립이 아니라 외세의 개입에 의한 민족 분단의 비극이었다. 해방 직후 민중들 사이에서는 "미국 놈 믿지 말고, 소련 놈에 속지 말자. 일본 놈 일어선다"라는 말이 유행했다. 미국과 소련을 광복의 은인으로 생각하고 너무 믿어서는 안된다는 말이었다. 이러한 민중들의 우려는 그대로 맞아 떨어졌다.

미국과 소련은 1945년 8월 2차 세계 대전에 패배한 일본군의 무장 해제를 목적으로 38도선 이남과 이북에 각각 군대를 진주시켰다. 이로 말미암아 민족 분열을 막기 위한 각계의 끈질긴 노력에도 불구하고 남북은 끝내 갈라져 1948년 8월과 9월 각각 서울과 평양을 수도로 하는 단독 정부를 수립했다. 이때부터 남한과 북한은 미소 간의 냉전 체제의 희생양이 되어 서로 간에 체제 경쟁 및 대립을 시작한다.

남북 서로에게 엄청난 인명과 재산 피해를 입히고 1953년 7월 27일 휴전 협정을 맺은 한국 전쟁은 남북 간의 체제 경쟁과 대립을 가속화시킨 계기가 되었다. 전쟁 중 유엔군으로 이전된 남한의 전시 작전 통제권은 현재까지 이전되지 않고 있고, 1953년 10월에는 한·미 상호 방위 조약이 체결되어 오늘에 이르고 있다. 북한의 경우 1961년 7월에 소련 및 중국과 '우호 협력 및 상호 원조 조약'을 체결하였다. 이로 인해 남북한은 각각 미국과 소련을 중심으로 하는 양대 진영 간 대립의 전초 기지 구실을 하게 된다.

남북은 냉전 기간 중 휴전선 부근에 대규모 군대와 최신 무기를 집결시키고 군사적 긴장 관계를 늦추지 않아 한반도는 세계 최대의 '화약고'가 되었다.

1991년 소련의 붕괴로 세계 냉전 체제가 해체되면서 남북 기류에도 많은 변화가 생겼다. 남한이 해방 이후 줄곧 북한을 지원해 온 소련과 1990년 9월, 중국과는 1992년 8월 공식 수교를 맺고 본격적인 교류를 시작한 것도 군사적 긴장 완화에 큰 도움이 되었다. 2000년 6·15 남북 정상 회담은 50여 년간 지속되어온 남북한의 대립 관계를 단시일 내에 해소시켜 줄 것으로 기대를 모았으나 2차 남북 정상 회담이 지연되면서 답보 상태를 면치 못하고 있다. 거기에다 부시 미국 대통령의 등장 후 대북 강경 정책이 펼쳐지고 북핵 사태까지 터져 남북 관계는 급속히 냉각됐다. 한국에는 아직도 3만 7천여 명의 미군이 주둔하는 등 세계에서도 여전히 대규모 군사적 충돌 가능성이 가장 높은 지역으로 분류되고 있다.

정해숙(전 전국교직원 노동조합 위원장)

제2절
남북한의 평화 통일 운동

　남북한은 반세기 동안 체제 경쟁과 대립을 지속해 오면서도 한편으로는 통일 논의를 멈추지 않았다. 정부와 적십자사를 비롯한 사회 단체, 재야 단체를 중심으로 꾸준히 추진해 온 통일 운동은 우리 민족이 하루빨리 분단에서 벗어나 세계의 중심 국가로 도약해야 한다는 민족적 열망을 담고 있다.

　1972년에 발표된 7·4공동 성명은 남북한 당국이 분단 이후 최초로 통일 문제를 논의한 후 발표한 의미 있는 공동 성명이다. 서울과 평양에서 동시에 발표된 이 성명은 통일의 원칙으로 자주·평화·민족 대단결의 3대 원칙을 공식 천명했다. 당시 남북 간에 이 같은 획기적인 합의가 도출될 수 있었던 것은 1972년 2월의 미국과 중국의 국교 정상화로 대표되는 국제적 데탕트 무드에 힘입은 바 크다. 그러나 이러한 역사적인 합의는 남한의 10월 유신(1972년 10월)과 북한의 사회주의 헌법 채택(1972년 12월) 등 남북한 지도자들이 자신의 권력 기반 강화에 이용함으로써 빛이 바래고 만다.

　이후 군부 출신의 전두환 대통령이 집권한 1980년대 말까지는 남북 관계의 암흑기라고 할 수 있다. 1985년에는 남북이 이산 가족 고향 방문단과 예술 공연단을 교환함으로써 한때 통일에 대한 기대에 부풀었으나 역시 오래 지속되지 못했다.

1990년대에 들어 소련의 붕괴 이후 세계 냉전 체제가 해체되면서 새로운 전기를 맞는 듯했다. 1991년 남북한 동시 유엔 가입이 실현된 후 남한의 정원식 국무 총리와 북한의 연형묵 정무원 총리가 고위급 회담에서 남북 기본 합의서를 채택했다. 남북 기본 합의서는 남북 관계를 처음으로 인정하고, 남과 북 사이의 화해와 불가침 및 교류 협력을 처음으로 문서로 합의했다는 데 의미가 있다. 1994년에는 카터 전 미국 대통령의 중재로 김영삼 대통령과 북한 김일성 주석이 남북 정상 회담을 갖기로 했으나 이 해 9월 김일성 주석의 사망으로 이루어지지 못했다.

정부와 적십자사 차원뿐 아니라 민간 단체와 기업·학생·재야 인사들도 지난 반세기 동안 꾸준히 통일 운동을 펼쳐 왔다. 4·19 의거 직후에는 청년 학생들이 "가자 북으로, 오라 남으로, 만나자 판문점에서", "이 땅이 뉘 땅인데 오도 가도 못하느냐" 등의 구호를 외치며 통일 운동에 불을 지폈으나 5·16 군사 정변으로 좌절되고 만다. 민주화 운동이 움트기 시작한 1989년에는 문익환 선생, 전대협 대표 임수경 씨 등이 개별적으로 북한을 방문하고, 대학생과 재야 단체도 1990년부터 꾸준히 범민족 대회를 갖는 등 통일 열기를 고조시켰다. 현대 그룹의 정주영 명예 회장은 1998년 소 떼를 몰고 북한으로 가 금강산 관광을 성사시키는 등 대북 경제 교류의 물꼬를 텄다. 2000년 남북 정상 회담 후에는 각 지방 자치 단체와 민간들의 대북 교류가 한때 봇물을 이루기도 했다.

정해숙(전 전국교직원 노동조합 위원장)

제3절
김대중 정부 탄생과 6 · 15 선언

1997년 12월 18일은 한국 민주주의 역사에 큰 획을 그은 날이다. 이날 실시된 제15대 대통령 선거에서 새 정치 국민 회의의 김대중 후보가 한나라당의 이회창 후보를 누르고 대통령에 당선됐기 때문이다.

김대중의 대통령 당선은 1948년 건국 이래 첫 여야 정권 교체라는 역사적 의미를 갖고 있다. 또한 지역적으로는 호남 출신이 처음으로 대통령에 당선돼 호남 사람들의 정치적 한을 풀어 주었다. 그는 1971년 제7대 대통령 선거에 출마한 이래 네 번째 도전 끝에 대통령의 꿈을 달성했다.

그의 대통령 당선과 평화적 정권 교체는 1970년대 이후 꾸준하게 민주화 운동을 해온 민주화 세력과 호남 사람들의 승리로 규정해야 할 것이다. 1970년대의 반유신 운동, 1980년의 광주민주화운동, 1986년의 6월 항쟁은 민주 정권 탄생의 거름이 되었다. 민주화 운동 과정에서 고초를 겪고 희생을 당한 많은 민중들이 없었다면 그의 대통령 당선도 없었을 것이다. 5 · 18 광주민주화운동을 겪으면서 정치적인 자각을 통해 꾸준히 민주 정당을 지지해온 호남 사람들의 역할은 절대적 동력이었다.

김 대통령은 1998년 2월 25일 취임 이후 '국민의 정부'를 표방하고

1997년 12월 18일 광주 전남도청앞 분수대에는 시민들이 나와 김대중 당선축하를 연호하며 노래를 부르고 있다.

'민주주의와 시장 경제의 병행 발전'을 국정 지표로 삼았다. 그는 야당과 일부 언론의 거센 반대에도 불구하고 과감한 경제 개혁에 착수해 국제 통화 기금(IMF) 관리 체제를 불러온 외환 위기를 조기에 극복했다.

그러나 김대중 정부의 가장 큰 공적은 남북 간에 적대적 관계를 청산하고 6·15 남북 공동 선언을 이끌어 낸 것이다. 김 대통령은 6·15 선언을 통해 한반도 평화 정착에 기여한 공로로 21세기 첫 노벨평화상을 수상함으로써 한국의 위상을 국제적으로 높였다.

2000년 6월 15일에 이루어진 6·15 남북 정상 회담은 최초로 남북 정상이 만나 구체적으로 통일에 대한 합의를 이끌어 냈다는 데 역사적 의의가 있다. 남한의 국가 원수로 분단 이후 최초로 평양을 방문한 김대중 대통령은 북한의 김정일 국방 위원장과 정상 회담을 갖고 5개항의 '6·15 남북 공동선언'에 합의했다.

합의한 5개항은 ① 통일 문제의 자주적 해결 ② 남의 연합제, 북의 낮은 단계 연방제 공통성 인정 ③ 가족·친척 방문단 교환과 비전향 장기수 문제 해결 ④ 경제 협력을 통한 민족 경제의 균형적 발전과 제반 분야의 협력과 교류 활성화 ⑤ 당국 사이의 대화 개최 등으로 현실에 바탕을 둔 남북 관계 정상화와 통일 문제 협의의 계기를 실질적으로 마련한 것이다.

남북은 6·15 남북 공동 선언의 후속 조치로 남북 이산 가족 방문단 교

1997년 12월 19일 국민회의 목포지구당에서 김대중 당선 축하환호. 전남일보 제공

환과 면회소 설치 운영, 경의선 철도 연결, 8·15 광복절 공동 행사, 조총련계 재일 동포의 고향 방문 등을 성사시켰다. 6·15 남북 정상 회담과 후속 조치는 남북 관계 정상화와 통일 문제 협의의 계기를 실질적으로 만들어 우리 민족에게 평화 통일이 꿈이 아니라는 것을 인식시켜 주었다. 그러나 그 후 북한 핵 문제와 미국의 대북 강경 정책으로 제2차 남북 정상 회담이 이루어지지 못하고 남북 관계가 다시 경색된 것은 안타까운 일이다.

2002년 12월 19일에 실시된 제16대 대통령 선거에서는 민주당의 노무현 후보가 당선됐다. 노 대통령의 '참여 정부'는 김대중 정부의 대북 포용정책을 이어받아 북한과의 관계 개선을 위해 많은 노력을 기울였다.

노 대통령은 취임 이후 사회 전반의 과감한 개혁 정책과 함께 권위주의와 지역주의 타파에 앞장섰다. 그는 2004년 3월 12일 선거 중립 의무 조항 위반, 대선 자금 및 측근 비리, 실정에 따른 경제 파탄 등을 이유로 야당이 주도하는 국회에서 탄핵안이 가결됐으나 헌법 재판소가 이를 기각해 대통령 직을 유지하는 우여곡절도 겪었다.

광주 · 전남 대북 교류 봇물

2000년 6월 15일 김대중 대통령과 김정일 국방 위원장의 남북 정상 회담이 성공적으로 개최되자 광주 · 전남의 각 지방 자치 단체와 민간단체 등에서는 앞다퉈 대북 교류를 시작했다.

광주 광역시는 2001년 고재유 시장과 시의회 의장, 기업인 등이 북한에 들어가 교류에 합의하고 광주 김치 축제에 북한 김치를 들여와 전시했으며, 광주비엔날레에도 북한 미술품 21점을 들여와 전시했다. 전라남도는 2000년 9월부터 북한에 씨감자를 지원하기로 하고 사업을 추진했으나 북한측의 수용 불가 방침에 따라 이루어지지 못했다.

전남도내 각 시 · 군도 활발한 대북 교류 사업을 펼쳤다. 목포시는 2001

년 3월 신의주 동포 돕기 민간 추진 위원회를 결성, 1억 6천만 원의 기부금을 모아 밀가루 6백톤을 지원했다. 순천시는 한글 이름이 같은 북한의 순천시와 교류를 가졌다. 완도군은 북한과 어업 교류를 갖기 위해 군수를 비롯한 관계자들이 북한을 방문하기도 했다.

전남 남북 교류 협의회 등 민간 단체도 속속 결성돼 대북 교류 사업에 나섰다. 북한 평안남도와의 교류 협력 사업을 위해 전남 도내 22개 기초 자치 단체와 민간 기업이 참여해 2003년 4월 결성한 전남 남북 교류 협의회는 평남 대동군에 남북 합작으로 농기계 수리 공장을 건설하는 성과를 거뒀다. 이 단체는 이 해 4월과 5월 이앙기와 못자리용 비닐 등을 북에 보낸 데 이어 6월에는 콤바인 50대를 전달하기도 했다. 완도의 사랑의 김·미역 보내기 운동 본부는 2000년과 2001년 미역 2천여 톤, 2003년 5월 김 78만 속(1속은 100장)을 북한에 전달했다. 또 여수시 기선 선인망 협회는 2003년 멸치 1천 상자를 대한 적십자사를 통해 북한에 전달했다.

광주·전남의 대북 교류 사업은 구체적인 계획 없이 사회적 분위기에 편성해 추진하다 보니 일부는 일회성에 그치거나 아예 성사되지 못한 경우도 있어 예산만 낭비했다는 비난을 샀다. 그러나 북한을 돕기 위한 순수한 취지에서 시작된 사업으로 북한과의 교류에 물꼬를 트고 화해의 손짓을 보냈다는 점에서 통일 분위기 조성에 일정 부분 기여했다고 평가할 수 있다.

정해숙(전 전국교직원노동조합위원장)

제4절
통일 시대를 위한 과제

2000년의 6·15 남북 정상 회담의 성과로 그 해 여름부터 몇 차례 열린 남북 이산 가족 만남은 눈물 바다를 이뤘다. 백발이 성성한 부부, 부모와 자식, 형제 자매 등 혈육이 50여 년 만에 만나 부둥켜안고 우는 모습은 왜 통일이 시급한가를 웅변으로 말해 주었다. 남북에는 이런 이산 가족이 1천만여 명에 이르는데 이들은 한창 세상을 떠나는 나이로 지금 만나지 않으면 이승에서는 영영 만날 수 없게 된다.

남북 이산 가족의 고통 해소와 전쟁 방지 등 인도주의적 이유 외에도 통일신라 이래 1,300여 년 동안 통일 국가를 유지해 온 민족의 자존심을 회복하기 위해서도 통일은 시급하다. 제2차 세계 대전 후 한반도·독일·예멘·베트남 등이 분단이 되었으나, 베트남(1975년)·독일(1990년)·예멘(1991년)이 정치적 통일을 이룸으로써 오늘날 이 지구상에는 사실상 한반도가 유일한 분단 국가로 남아 있다. 각 분야에서 갈수록 심각해지는 남북의 이질화를 막고, 우리 민족의 힘과 역량을 세계에 발휘하기 위해서도 통일이 필요하다. 남북 통일은 결과적으로 동북아와 세계의 평화와 안정에도 기여하게 될 것이다.

2006년 6·15 공동 선언 발표 6돌 기념 민족 통일 대축전(전남일보 제공)

그러나 통일은 감상적으로 생각하거나 우리가 하고 싶다고 해서 되는 것이 아니다. 민족의 화합과 의지도 중요하지만 국제 정세도 큰 영향을 미친다. 남북 정상 회담 후 남북 관계가 더 이상 진전되지 못하고 그 이전 상태로 돌아간 것은 북한과 미국의 관계가 악화된 것이 원인이다.

그렇다고 우리가 너무 좌절할 필요는 없다. 통일이 언젠가는 이루어지고 우리가 예상하지 못하는 순간에 갑작스럽게 닥칠 수도 있기 때문에 항상 대비를 해야 한다. 우선 남북한이 나라 안에서 통일에 장애가 되는 요소들을 하나씩 제거해 나가고, 통일 시대에 대비한 역량을 키워 나가야 한다. 경제적으로 앞서 있는 남한이 북한을 대가 없이 꾸준히 돕는 것도 통일 비용을 줄이기 위한 하나의 방법이 될 수 있다. 미국과 중국 등 주변 국가들을 설득하면서 대외적인 장애도 극복해 나가야 한다.

우리는 통일을 위해 먼저 주인 정신을 갖는 것이 필요하다. 내가 통일을 이끌고 통일 시대의 주역이 된다는 자세로 강인한 체력과 정신을 길러야 한다. 우리나라 분단이 왜 이루어졌으며 해결 방안은 무엇인가에 대해 파악하고 거기에서 교훈을 찾아야 한다. 북한 동포들의 삶을 이해하고 나눔의 정신을 실천해야 남북 통일은 성큼 우리 앞에 다가올 것이다.

광주서 열린 6·15 민족통일대축전

김대중 대통령은 2000년 6월 평양을 방문, 김정일 국방 위원장과 만나 6·15 남북 공동 성명을 이끌어 냄으로써 민족의 염원인 남북 통일에 성큼 다가설 수 있는 디딤돌을 놓았다. 6·15 선언 후 남북 관계는 급속도로 화해 분위기로 이어져 교류 행사가 봇물을 이뤘다.

6·15 공동선언 발표 6돌을 기념해 2006년 6월 14일부터 나흘간 광주에서 열린 민족 통일 대축전도 남북 교류 행사의 일환이다. 광주에서 열린 민족 통일 대축전에는 남과 북 각 150명, 해외 1백여 명 등 민간에서 모두 4백여 명의 대표단에 참석해 각종 행사를 갖고 통일을 기원했다.

민족 통일 축전 개막식은 6월 14일 밤 광주월드컵경기장에서 남북한 및 해외 대표단과 시민 등 3만여 명이 참가한 가운데 열렸다. 개막식에서는 남북 대표단이 한반도기를 흔들며 입장한데 이어 남·북한과 해외 합동 예술 공연이 다양하게 진행됐다. 광주 시민들은 이들에게 큰 박수를 보내며 호응했다.

6·15 공동 선언을 이끌어낸 남측 주역인 김대중 전 대통령은 이 자리에서 특별 연설을 통해 "6·15 남북 정상 회담을 성공적으로 이끄는 데 적극 참여하고 협력하신 김정일 국방 위원장과 남북의 7천만 민족에게 감사를 드린다"고 말문을 열었다. 그는 "6·15 통일은 오는 것이 아니라 가 닿아야 하는 것이며 달려가면 가깝고, 걸어가면 멀며 주저앉으면 도달할 수 없는 민족 대행진의 종착역"이라며 "통일이 우리에게 어서 오라고 손짓을 하고 있다"고 말해 남북 참석자들의 큰 박수를 받았다.

축전 2일 째인 15일에는 광주문화예술회관 대극장에서 6·15 공동선언 실천 민족 통일 대회, 민속 박물관에서 남북 합동 미술 전시회, 각 부문별 모임, 남과 북의 예술단 공연, 축하 연회 등 다채로운 행사가 열렸다. 3일째인 16일에는 체육 오락 경기, 참관 행사, 폐막식이 진행됐다. 이번 대회에는 통일 영화제, 통일 사진전, 학술 대회, 독도 특별전 등 다양한 부대 행사도 함께 마련됐다

한편 김영대 단장을 비롯한 북측 대표단은 서해 직항로를 통해 광주에 도착한 14일 곧바로 5·18국립묘지를 찾아 참배하고 영령들의 넋

을 기렸다. 또한 17일 평양으로 돌아가기 전에도 광주학생독립운동
기념탑을 방문했다.

정해숙(전 전국교직원 노동조합 위원장)

제5절
민족 · 민주주의의 보루

　아놀드 토인비(Arnold Toynbee)는 『역사의 연구』에서 문명의 흥망성쇠는 환경과 시대적 상황으로부터의 도전에 대하여 어떻게 응전하느냐에 달려 있다고 주장했다. 척박한 자연환경 등 적절한 도전은 문명의 발달을 촉진시키지만 그 도전이 감당하기 어려울 만큼 너무 강할 때는 아예 세상에 빛도 못 보고 유산하거나 도중에 소멸해 버린다고 했다.

　세계지도를 펼쳐 보면 문명이 발달한 지역은 대부분 북반구의 경우 북위 25-45도 사이에 위치했다. 일본, 한반도, 중국, 인도 북부, 중동 지역, 지중해 연안 지역, 미국 본토가 거기에 해당된다. 이 지리적 위치로부터 예외적인 지역이 있다면 프랑스, 독일, 영국, 덴마크 등 서유럽 국가들인데 이들 지역은 보다 북쪽에 위치하고 있지만 해양성 기후의 영향을 받아 겨울에도 크게 춥지 않다. 남반구에서 남위 25-45도 사이에 위치한 지역은 남아메리카 대륙의 아르헨티나와 우루과이, 아프리카 대륙의 남아프리카공화국, 오세아니아주의 남중부 지역과 뉴질랜드 등이다. 이 지역의 공통점은 백인 국가이거나 백인들이 다수 모여 산다는 것이다. 유럽의 백인들은 지리상의 발견 이후 남아메리카, 아프리카, 오세아니아주에 진출하고 많은 지역을 침략했지만 그들이 집단 이주하여 정착한 곳은 극히 일부로서 대부분 기후가 온화한 지역이다. 이 사실들은 지리적 위치가 인간의 삶과 문명의 발달에서 얼마나 중요한가를 잘 말해 준다.

한반도는 북위 33-43도 사이에 위치해 있다. 인간이 가장 살기 좋은 지역이다. 이런 좋은 조건에서 문명이 발달하지 않는다면 그게 오히려 이상할 일이다. 이런 점에서 우리 민족이 독립된 국가를 유지하고, 비록 규모는 작지만 중국에 뒤지지 않는 문명국가를 유지한 것은 어쩌면 자연스러운 일일지 모른다. 우리 민족이 중국과 일본의 침략·지배를 받을 때도 있었지만 그것은 우리 문화가 중국이나 일본에 뒤져서가 아니라 단지 군사력에서 열세이기 때문이었다. 지리적 위치 한 가지만으로도 우리 민족은 복 받은 민족이다.

전라도 지역은 한반도 중에서도 인간이 살기에 가장 적합한 곳이다. 기후가 온화하고 땅이 비옥하다. 게다가 넓은 농토와 양면에 바다를 끼고 있는 덕분에 물산이 풍부했다. 이런 자연조건은 자연히 호남을 인구밀도가 높은 지역으로 만들었다. 농업이 여전히 우리 산업의 중심을 이루었던 1949년에 호남 인구가 전국 인구의 25.4퍼센트를 차지했던 사실이 이를 입증해 준다. 예술과 음식 문화가 발달하면서 예향, 미향의 전통도 만들었다.

2016년 11월 5일 박근혜 대통령 퇴진을 촉구하는 2차 촛불집회

역사적으로 호남인들은 민족이 위기에 처할 때면 항상 분연히 일어섰다. 호남은 임진왜란, 한말 때는 전국에서 의병 활동이 가장 활발하게 일어난 지역이다. 호남은 또한 동학농민혁명과 광주학생독립운동 등 거대한 민족민주운동의 발원지이기도 했다. 보훈처가 조사한 수형인 명부에 의하면 일제 강점기 때 독립운동을 하다가 수감된 인사 중 광주·전남 인사는 전체(남한 지역)의 37퍼센트를 차지했다.(전남일보, 2019. 1. 18.) 민족운동에서 광주·전남의 중요성을 잘 말해 주는 수치 중 하나이다.

일본의 침략으로부터 조선을 구한 성웅 이순신은 호남이 없었다면 결코 존재할 수 없는 인물이다. 주지하다시피 이순신은 한성에서 태어났고 외가는 충남 아산이었다. 그의 성장 과정이 바다와는 전혀 인연이 없었던 것이다. 그런가 하면 이순신은 전라좌수사로 부임하기 전까지 주로 육지에서 근무했다. 임진왜란이 발발했던 시점에서 이순신의 바다 주변 근무 경력은 발포 만호 경력까지 포함하여 총 2년에 불과했다. 그런 그가 전쟁에서 연전연승할 수 있었던 것은 그의 뛰어난 리더십과 함께 그를 도운 전라도 수군들이 있었기 때문에 가능했다. 정유왜란 당시 이순신은 임금으로부터도 버림받았다. 조정에서 그의 능력과 애국심을 알아준 사람은 율곡 이이와 서애 유성룡 정도밖에 없었다. 이순신이 겨우 죽음을 면한 채 전라도 좌수사로 다시 부임했을 때 그 앞에 남겨진 전력은 파손된 배 12척뿐이었다. 상식적으로 생각하면 재기는 불가능했다. 그럼에도 전라도 수군과 어부, 농민들은 전라도 땅을 밟은 이순신을 다시 따뜻이 맞이했고 그와 함께 명량대첩이라는 놀라운 역사를 만들었다. 이순신은 호남인들의 이런 역할에 감사하며 "약무호남 시무국가(若無湖南 是無國家)"(호남이 없으면 국가도 없다)라는 말을 남겼다. 나는 이 말을 다음과 같이 변용하고 싶다. "약무호남, 시무이순신(若無湖南 是無李舜臣)"(호남이 없었으면 이순신도 없었다). 영국의 넬슨 제독과 비교되는 세계적 영웅 이순신은 호남인들에 의해 만들어졌다. 호남과 이순신의 결합은 조선을 구했다.

1945년 해방이 되었다. 대한민국 현대사는 우리에게 크게 분단 극복, 경제 발달을 통한 복지국가의 건설, 그리고 민주화라는 과제를 부여했다. 우리는 이 세 가지 과제 중 두 가지 즉 경제 발달과 민주화에서 비교적 성공했다. 먼저 경제 발달 부분에서 한국은 특별한 기록을 창출했다. 주지하다시피 오늘날 선진 국가로 분류되는 거의 모든 국가들은 19세기 말까지 산업혁명에 착수한 국가들이다. 유럽국가들, 미국과 캐나다, 오스트레일리아와 뉴질랜드, 그리고 일본이 그 주인공들이다. 이들 국가들을 제외하고 20세기에 들어서서 선진 국가에 새로 진입한 국가로는 홍콩과 싱가포르 같은 도시국가를 제외하면 한국이 거의 유일하다. 1950년대까지 아시아에서 가장 가난한 국가가 60여 년 만에 선진 국가로 들어선 것은 역사적 사건이 아닐 수 없다. 내부를 자세히 들여다보면 빈부 격차, 청년 실업, 비정규직 양산 등 많은 모순이 존재하지만 큰 틀에서 볼 때 우리의 경제 발달사는 매우 성공적이었다. 노동자, 농민, 기업인, 공직자 등 각 분야에서 모두가 함께 노력한 결과였다.

한국 현대사는 민주주의 발달사에서도 세계인의 주목을 받기에 충분했다. 제2차 세계대전이 끝나고 민주주의 제도를 받아들인 국가는 100개가 넘었다. 이들 국가들 중 현시점에서 민주주의 제도를 정착시킨 국가는 극소수에 불과하다. 한국은 그 극소수 국가 중에서도 가장 모범적인 국가에 속한다.

한국 민주화운동의 역사를 살피다 보면 민주주의의 양대 산맥을 형성하는 프랑스와 영국의 민주주의 발달사를 종합한 것 같은 느낌이 든다. 먼저 프랑스의 민주주의 발달사는 미국 제3대 대통령 토마스 제퍼슨의 말인 "민주주의라는 나무는 인민의 피를 먹고 자란다"를 떠오르게 한다. 1789년부터 1871년까지 80여 년 동안 프랑스 역사에는 1789년 프랑스 대혁명과 로베스피에르 시대의 공포정치, 1799년 보나파르트 나폴레옹의 쿠데타와 독재, 혁명전쟁(1792-1814), 1830년 7월 혁명, 1848년 2월 혁명, 루이 나폴레옹의 독재, 1870년 독일과의 전쟁에서 패배, 1871년 파리코뮌 등 10여 개의 큰 사건이 등장한다. 프랑스는 이렇게 많은 격변과 피를 흘리면서 민주주의를 가꾸어 왔다. 반면 영국은 왕을 처형한 1640년대의 청교도 혁명 외에 300년 이상 동안 그 어떤 정치적 격변도 갖지 않았다. 영국은 1688년 명예혁명과 권리장전 선포, 입법 활동 등을 통해 평화적·점진적·민주적 방식으로 민주주의를 발전시켰다.

우리나라는 1948년 정부 수립 후 1987년 6월항쟁 때까지 40여 년 동안 프랑스처럼 많은 격변을 치렀다. 1948년 제주4·3항쟁, 1950년 6·25전쟁, 1960년 4·19혁명, 1961년 5·16쿠데타, 1972년 유신 체제 선포와 독재, 1979년 부마항쟁, 1980년 5·18광주항쟁, 1987년 6월항쟁 등은 그 대표적인 사례이다. 반면 1988년 이후의 정치 발달은 비교적 평화적·민주적·점진적으로 이루어졌다. 1988년의 대통령직선제 정권 출범, 1993년 문민정부의 수립, 1998년 최초의 수평적 정권 교체에 이어 2003년 두 번째의 민주정부가 수립되었다. 2017-2018년에는 대통령의 헌정 유린 행위에 맞서 수백만 국민이 평화적 촛불을 들었고 국회의 탄핵 결의와 헌법재판소의 탄핵 결정 등 합법적 절차에 의해 위기에 처한 민주주의를 구했다. 해당 시점에서 보면 아쉽고 부족한 부분이 많이 발견되지만 좀 더 긴 호흡으로 보면 1987년 이후의 우리 정치 발달사는 영국의 민주적·점진적·평화적 정치 발달사를 상기시킨다.

2016년 11월 12일 박근혜 정권 퇴진을 위한 민중총궐기

호남은 민족운동에서도 그랬지만 해방 이후 민주화운동에서 항상 중심에 위치했다. 1960년 3월 15일 이승만 정권이 자행한 부정선거에 가장 먼저 문제를 제기한 곳은 광주였다. 예를 들어 1960년 3월 15일 시민 1천여 명이 낮 12시 45분부터 금남로에 모여 부정선거를 규탄했다. 이 시위는 마산보다 3시간 앞서 일어났다. 1972년 10월 17일 박정희는 초헌법적인 국가긴급권을 발동하여 국회를 해산하고 정치 활동을 금지시켰으며, 언론 등을 통제했다. 이어서 새로운 헌법을 제정했는데 그 내용은 대통령을 통일주체국민회의에서 선출하고, 임기 제한을 없애 영구 집권을 가능하게 했다. 국회의원도 1/3은 사실상 대통령이 지명하는 등 국회를 무력화시켰다. 긴급조치권 등을 통해 언론 출판 집회 결사의 자유 등 개인의 권리도 철저히 제한했다. 유신 체제는 한마디로 민주주

의 제도가 아니었다.

 광주는 그런 비민주적 조치에 앞장서 저항했다. 1974년 전국의 대학생들이 유신 체제를 비판하는 시위를 기획했다가 대거 체포되었다. 유신 정국에서 최대 사건인 이 사건(민청학련사건)에서 전남대생들은 서울대생, 경북대생들과 함께 가장 많은 희생자를 배출했다. 1975년 박정희 정권은 긴급조치 9호를 선포했다. 긴급조치 9호는 그 이전까지 선포된 긴급조치권을 총망라한 것으로서 유신헌법의 부정이나 청원·선동 또는 이를 보도하는 행위를 일정 금지하고, 위반자는 영장 없이 체포한다는 내용을 담고 있었다. 시인 양성우는 이를 빗대어 『겨울공화국』이라는 시집을 발간했다가 구속되었다. 이런 엄혹한 상황에서 송기숙 교수 등 전남대 교수 11인은 1978년 6월 '우리의 교육지표'라는 시국성명서를 통해 박정희 정권의 비민주적·비인간적 교육정책을 비판했다. 시국선언에 참여한 교수 11인이 모두 체포되었고 이에 맞서 전남대·조선대 학생들은 대규모 시위를 감행했다. 교육지표 사건은 유신 체제하에서 지식인과 학생이 함께 한 대규모 저항운동이었다. 노동, 농민운동 분야에서도 호남인들의 저항은 끊이지 않았다.

 1979년 10월 26일 박정희가 그의 부하인 김재규 중앙정보부장에 의해 피살되면서 유신 체제가 끝났다. 1980년 봄 한국인들은 유신 체제에 의해 중단된 민주주의의 회복을 기대하며 새로운 민주헌법 제정운동에 나섰다. 그러나 군권을 장악한 전두환과 신군부는 5·17비상계엄확대조치를 통해 민주화운동을 무력으로 진압했다. 하지만 광주는 이런 폭압에 굴하지 않았다. 5월 18일 전남대생들이 계엄군에 맞서 시위를 계속했고 거기에 시민들이 합류했다. 계엄군은 시위대를 향해 총칼을 휘둘렀고 5월 21일에는 도청 앞에 모인 수십만 시민을 향해 집단 발포를 했다. 계엄군의 만행에 분노하여 시민들이 무장을 했고, 계엄군은 시위대와 시민군에 밀려 시내에서 철수했다. 이후 일주일 동안 광주는 치안 부재의 도시였지만 질서 정연하게 유지되었으며 범죄율은 평상시보다 오히려 낮았다. 광주 시민의 높은 시민 의식이 유감없이 발휘되었다. 5월 27일 새벽 광주의 젊은이들 수백 명은 전남 도청과 그 주변에서 탱크, 장갑차, 헬기 등을 동원한 중무장 군인에 맞서 용감하게 싸웠고 수십 명이 사망했다. 그들은 민주주의를 위해 목숨을 바쳤고 생명을 던져 계엄군의 만행을 고발했다. 5·18민중항쟁 이후 「화려한 휴가」와 「택시운전사」 등 여러 편의 영화가 제작되고,

시와 소설, 연극과 뮤지컬, 그림과 판화, 노래와 판소리 등이 대거 등장했다. 이런 현상은 광주·전남 지역민들의 용기와 높은 시민의식, 휴머니즘 그리고 5월 27일 새벽의 위대한 신화 등 5·18민중항쟁에 아름답고 가슴 뭉클한 스토리가 많기 때문에 가능하다. 5·18민중항쟁은 문화예술인들을 감동시키고 또 많은 영감을 제공하는 훌륭한 소재를 간직하고 있다.

5·18민중항쟁은 단기적으로는 실패한 사건이었다. 그러나 5·18민중항쟁 정신은 항쟁이 종료된 직후부터 다시 살아나 전국으로 확산되었다. 광주학살의 진상규명과 학살자 처단 그리고 광주정신을 계승하려는 민주화운동은 1987년 6월항쟁 때까지 7년 동안 계속되었다. 광주정신은 1980년대 민주화운동의 정신적 원동력이었고, 그런 점에서 6월항쟁의 승리는 곧 광주항쟁의 승리를 의미했다. 더 나아가 5·18민중항쟁은 아시아인들에게 인권과 민주화를 위한 나침반 역할을 하고 있다. 5·18민주화운동 기록물이 2011년 유네스코 세계기록유산으로 지정된 이유이다.

6월항쟁의 결과 새로운 헌법이 제정되었다. 대통령 직선제와 국민의 기본권 확대 등 빼앗긴 국민의 권리가 다시 회복되었다. 그러나 새로운 헌법에 의해 실시된 대통령 선거에서는 민주 진영 인사가 아니라 군부 출신의 노태우가 당선되었다. 이로써 6월항쟁의 성과는 절반의 성공으로 끝나버리고 말았다. 이후 호남인들의 민주화운동은 거리투쟁과 선거투쟁을 병행하는 모습으로 변모했다. 선거를 통해 민주 진영의 당선을 도모하면서 동시에 거리투쟁을 통해 미흡한 민주주의 제도를 보완하려 했다.

1997년 대통령 선거에서 민주 진영의 지도자인 김대중이 대통령에 당선되었다. 우리나라 최초의 수평적 정권 교체가 이루어졌다. 우리나라에서 절차상의 민주주의가 정착되고 있음을 의미했다. 이로써 우리는 경제발달에 이어 민주화에서도 성공하는 매우 예외적인 국가가 되었다.

1997년 대통령 선거에서 호남은 김대중 후보에게 90퍼센트 이상의 지지를 보냈다. 특히 광주는 97.3퍼센트 지지라는 대기록을 수립했다. 김대중 후보가 불과 37만 표의 차이로 이긴 점을 감안할 때 호남의 절대적 지지가 없었더라면 정권 교체는 불가능했다. 한국의 민주주의는 거리투쟁만이 아니라 선거투쟁에서도 호남인들의 헌신에 크게 신세를 졌다.

호남이 선거에서 김대중에게 절대적 지지를 보낸 것은 그가 단순히 호남 출신이기 때문이 아니었다. 김대중이 내세운 민주주의와 인권, 평화, 지역 균형 발전이라는 가치와 비전이 호남인들이 중시한 가치·비전과 유사했기 때문에 양자가 결합한 것이었다.

가치와 정책을 기준으로 한 선거 관행은 그 이후 실시된 대통령 및 국회의원 선거에서도 변함없이 계승되었다. 2002년 제16대 대선에서 노무현이 광주와 전남에서 획득한 득표율은 각각 95.17퍼센트와 93.38퍼센트였다. 광주·전남 유권자들이 영남 출신인 노무현에게 이런 높은 지지를 보낸 것은 그가 민주주의와 남북 평화 그리고 지역 차별 정책의 극복에 앞장섰기 때문이었다. 비슷한 투표 성향은 2012년 및 2017년 대통령 선거에서도 계속되었다. 호남인들이 다시 영남 출신의 문재인에게 높은 지지를 보낸 것이다. 임진왜란 때 외지인인 이순신에 절대적 지지를 보낸 것처럼 현대사에서도 호남인들은 가치와 정책에서 공감이 이루어질 경우 출신 지역을 가리지 않았다.

해방 후 70여 년이 지난 2010년대 호남의 인구는 전국 인구의 10퍼센트 수준으로 떨어졌다. 1949년 25.4퍼센트였던 점을 감안할 때 호남 연고 인구의 절반 이상이 호남 밖에 거주하고 있는 셈이다. 공업화에서 소외되고 수도권 중심 현상에 밀린 호남의 현주소를 말해 준다. 그럼에도 불구하고 민주주의 부문에서 호남은 오늘날도 계속해서 민주주의의 보루 역할을 수행하고 있다. 이명박 정부 때의 반민주적 조치에 대한 저항운동, 박근혜 정부의 역사 교과서 국정화 시도 저지운동, 박근혜 탄핵을 위한 촛불투쟁 등 모든 민주화운동의 중심에는 항상 호남이 자리 잡고

2016년 12월 3일 서울 광화문광장 제6차 촛불집회

있다. 호남 밖에서 전개된 민주화운동에서도 호남 출신 인사들의 역할이 컸다.

한국 현대사에서 발생한 비극적인 사건들 중 대부분은 남북 분단과 관련되어 있다. 1980년 5월 광주에서 자행된 계엄군의 만행 역시 그 배후에는 남북 분단이 자리 잡고 있었다. 대통령과 계엄사령관 등 군 명령권자들은 5·18민중항쟁의 배후에 간첩 등 불순분자들이 있으며, 시위로 조성된 국가적 혼란은 북한의 남침 가능성을 높여준다고 주장했다. 계엄군은 반공 교육을 통해 북한 체제에 원시적 증오심을 끊임없이 주입받았고, 시위 현장에 파견되기 전 정치 군인들로부터 김대중 등 민주 지도자와 체제 비판 세력 모두를 민주주의 체제의 파괴자들로서 북한을 이롭게 만드는 자들이라고 교육받았다. 이런 이유 때문에 계엄군들은 시위대를 향해 총칼을 휘둘렀고 학살을 자행했다. 자신들의 야만적 행위에 죄의식을 느끼기보다는 오히려 '자유' 민주주의를 지키는 애국적 행위를 하고 있다고 자위했다. 광주에서 계엄군에 의해 자행된 야만적 행위는 신군부의 권력 장악욕과 반민주적인 극우 반공주의, 그리고 미국의 한반도 지배 전략의 합작물이었다.

광주시민과 전남도민들은 5·18민중항쟁을 겪으면서 민주주의와 분단 극복은 동일한 과제라는 것을 발견했다. 이 역사적 사건을 통해 광주 시민과 전남도민들은 한국 사회에서 민주주의가 안정화되려면 남북 화해와 공존 분위기가 정착되어야 하고 더 나아가 궁극적으로 통일이 이루어져야 한다고 생각하게 되었다. 광주가 5·18민중항쟁 이후 민주·인권·평화도시를 지향하고 있는 이유도 같은 맥락에서 나왔다. 이러한 역사적 인식은 광주·전남이 지금까지 민주주의를 위해 헌신한 것처럼 향후 평화와 통일 운동에서도 중요한 역할을 할 가능성을 시사해 주고 있다.

최영태(역사학, 전남대학교 교수)

김대중 대통령의 삶과 사상

제1절
정치 지도자의 형성

1. 서론: 세계사적 인물

1) 우리가 역사적 인물을 만나게 되는 것은 그리 흔한 일이 아니고, 만나다고 하더라도 그 사람을 역사의 인물로 인식한다는 것은 여간 어려운 일이 아니라는 것은 보통 사람의 인식의 심리로도 이해할 수 있다. 길에서 남모르는 사람에 부딪히게 될 때, 그 사람은 다른 사람과 다르지 않은 보통 사람 가운에 하나에 불과하다. 그러다가 어떤 사람이 그가 영국 맨체스터시의 맨체스터 유나이티드 축구팀의 박지성이라고 하면, 지나쳐 간 사람을 되돌아보고 조금 더 자세히 볼 것을 그랬다는 생각을 한다. 그러고 보면, 박지성이라는 인물은 우리가 가지고 있는 흔히 보는 사람이 아니고 그 축구팀에 의하여 정의되는 사람이라는 것을 생각하는 것이다. 그런데 우리가 만나는 모든 사람은 그 나름으로 그 사람을 정의하는 테두리를 통하여 본다. 그리하여 사람을 소개할 때, 그 사람을 분류, 구분할 수 있는 범주를 말하게 된다. 즉 어느 대학교 무슨 과 교수 아무개, 고등학교 동창, 사촌 형 등의 분류 기호를 부치는 것이다. 그렇다고 이러한

청소년 김대중(조현수 그림)

분류 기호가 그 사람의 전부를 말하는 것은 아니다. 교수 모 씨는 어떤 분야의 전문가이고, 어떤 책의 저자이고, 또 어떤 가정의 장이고, 아버지이고 남편이고 또 아들이고… 무수한 범주로 정의될 수 있다. 그러나 그것을 전부 말하여도, 우리가 그를 완전히 우리의 앎의 그물 속에 포획했다고 할 수는 없다. 이것은 우리가 나날의 삶에서 가까이 또는 함께 사는 사람의 경우에도 그러하다. 우리가 사람을 보는 것은 큰 범주로부터 작은 범주로 내려가는 모양을 갖춘다는 것을 생각하게 한다. 이때 사실을 '보는 것'이 아니라 분류하는 것이다. 그것은 앎의 체계 속에 끼워 넣는 것이다. 그에 대하여 우리가 보는 것, 또는 지각이나 감각을 통하여 파악하는 것은 별개의 체험을 이룬다고 할 것이다. 물론 여기에서 문제 삼는 것은 그러한 지각과 앎의 문제가 아니라, 우리가 만나는 사람을 역사의 범주에서 보게 되는 것이 극히 어려운 일이라는 점이다. 그것은 일상의 추상적 범주를 넘어가고 감각이나 지각의 직접성을 넘어간다. 어떤 경우에나 사람을 이해하고 안다는 것이 얼마나 어려운 것인가를 생각하지 않을 수 없다.

2) 독일의 철학자 헤겔이 독일과 유럽을 침공해 오는 나폴레옹을 가리켜 "말을 탄 역사"가 바로 거기 있다고 했다는 말은 널리 회자되는 이야기이다. 헤겔이 편지에서 이렇게 말한 것은, 프랑스혁명의 혼란이, 여러 이성적 정치 이념에도 불구하고, 국가권력의 소멸을 가져오게 된 데 대하여, 나폴레옹의 등장이 국가와 사회의 질서의 회복에 필요한 강력한 국가권력의 회복을 나타내는 것이라는 뜻에서 말한 것이다. 그러나 그러한 구체적인 해석을 떠나서, 헤겔의 말은 역사의 흐름이 나폴레옹과 같은 영웅적 인물에 드러난다는 그의 생각을 극적으로 표현한 것이다. 역사가 일정한 방향을 가지고 있으며, 그것이 영웅적 인물들에 의하여 대표된다는 것이 그의 생각인 것이다. 그러나 보통 사람이 이러한 역사적 인물을 알아보기는 쉽지 않고 또 그러한 인물 자신도 자신을 처음부터 그러한 대표적인 존재로 인식한다고 하기가 어렵다.

역사는 말하자면, 인간을 움직여서 앞으로 나아가는 것이기는 하지만, 그 힘은 무의식 속을 통하여 작용한다. 역사를 움직이는 인물이 있다고 하여도, 그러한 인물의 마음을 움직이는 것은 반드시 역사에 대한 넓고 깊은 인식이라기보다는 그때그때의 자연스러운 동기이다. 그리하여 처음부터 역사적 사명이 정확히 파악되지는 않는다고 할 것이다. 그러면서도 그러한 개인의 동기 가운데에 역사의 정신이 움직인다. 그러면서도 그둘 사이가 반드시 떨어져 있는 것은 아니다. 그러니까 개인은 역사의 정신을 분명하지 않은 상태로나마 의식하는 것이다. 그러면서 그것은 다시몇 번의 변화를 거쳐서 하나가 된다. (이데올로기로써 움직이는 사람이그러한 사명을 자각한 사람이라고 할 수도 있지만, 이데올로기적 동기를가진 사람이 장기적인 관점에서 반드시 그가 미리 생각했던 도착점에이르게 된다고 할 수는 없다.)

3) 되풀이하건대, 개인의 행동이 역사의 방향에 일치한다면, 그것은처음부터 의식하여 그렇게 된다기보다는 상황 속에서 형성되는 것이 보통이라고 할 것이다. 역사와 개인이 상황의 여러 조건들의 조합을 통하여 하나로 형성되는 것이다. 개인의 의지는 처음에 어떤 집단에 일치한다. 그 집단이 나타내는 의지와 개인의 의지가 일치하는 것이다. 이때물론 개인 의지는 집단의 의지를 강화하는 데 중요한 촉매가 된다. 이집단 의지의 대표자는 집단의 지도자가 된다. 지도자의 위치는 개인으로하여금 자신의 의지를 집단에 일치시키게 하는 계기가 된다.

여기에서 하나의 심리적 변용이 일어난다. 개인이 집단에 자기를 일치시킨다는 것은 그가 개인적인 것을 넘어 보편적 지평으로 나아가기 시작했다는 것을 말한다. 집단을 여러 개인적인 의지의 차이를 넘어 하나의 의지 속에 통합하려 한다는 점에서 그것은 대개 강경한 입장을 나타내는 것이기 쉽다. 그러니까 집단 안에서 승리하는 것은 강경론이다. 그러면서 그 하나가 된 집단의 의지가 사회 속에 존재하는 다른 집단을통합함으로써 일반적인 집단 의지 그리고 역사의 의지가 된다.

이렇게 집단이 확대되는 것은 한편으로는 그것이 힘을 나타내기 때문이다. 그 힘은 현존하는 권력일 수도 있고 잠재적인 가능성일 수도 있다. 이 잠재성은 이념적 보편성에 일치함으로써 현실화의 가능성을 얻는다. 이 보편성이란 일시적 일반화, 하나의 가설적 성격의 것일 수도 있고 변화하는 현실의 숨은 구도일 수도 있다. 사실적이든 가설적이든 보편성은 대체로는 현실 질서 속의 권력을 넘어가는 것이기 쉽다. 현실 질서는 변화 속에서 그 취약점을 드러내게 되지 않을 수 없기 때문이다. 이 취약점은 어떤 단계에서 질서 붕괴의 조짐이 된다. 심리적 동기의 관점에서 보면, 이것은 삶의 불만과 불편 그리고 무엇보다도 누적되는 원한 르상티망(ressentiment)이 일정 한도를 넘어간다는 것을 말한다.

집단 의지는 여러 요인들이 합쳐져서 이와 같이 보편성의 윤곽을 의식하게 하고 보편적 의지의 결속을 가능하게 하지만, 이렇게 결정되는 보편성은, 사람의 삶의 조건이 끊임없는 변화 속에 있는 것인 한, 위태로운 것일 수밖에 없다. 그리하여 권력은 보편성의 표현으로서의 자신의 집단을 항구화하려는 노력을 계속하게 된다. 그리하여 말하자면 이렇게 성립한 권력은 영구혁명을 시도하게 되고, 이 혁명의 상태를 유지하려는 시도는 계속적인 선전, 억압, 폭력의 동원을 항구하려고 한다.

그러나 혁명의 근본에 있는 것은 한편으로 힘의 유혹을 이기는 것이고 다른 한편으로는 정상적인 삶의 요구이다. 이것을 어떻게 조화시키느냐, 또 어떻게 힘의 국면으로부터 정상적인 삶의 국면으로 전화하느냐 하는 것은 혁명 또는 혁명적 사회 변화에 있어서 가장 중요한 문제가 된다. 많은 혁명적 변화의 과정에서 이것은 실패로 끝난다고 하지 않을 수 없다. 아니면 적어도 오랜 시간, 한두 해나 십 년, 이십 년이 아닌 오랜 시간을 요한다고 하겠다. 이 전환의 어려움을 단적으로 보여 주는 것이 러시아 혁명이고 그 오랜 혼란의 과정을 보여 주는 것이, 한나 아렌트가 혁명론에서 주장하듯이, 프랑스혁명이라고 할 수 있다.

그런데 보편성에 대하여 한 가지 더 생각할 필요가 있다. 그것은 많은 경우 전체를 포괄하는 것이면서도, 전체를 포괄하지 못한다. 개체를 넘어 전체를 지향한다는 점에서 개체의 현실은 거기에 포함되지 않는 것이다. 또는 그것이 역사의 움직임을 포괄하고자 한다는 점에서도, 그것은 현실의 전체성을 넘어간다. 구체적 보편성은 이 모순을 넘어가는 보편성을 생각해 보려는 노력에서 나온 개념이라고 할 수 있다. 그것이 참으로 현실의 모습을 포착할 수 있을는지는 쉽게 말할 수 없다. 아마 그것이 존재한다면, 그것은 변증법적 교차 속에서 근접될 수 있는 것일 것이다. 개인의식의 차원에서 그것은 특별한 정신적인 자체를 요구한다. 즉 개체적인 현실에 면밀한 주의를 요한다.

2. 지도자의 형성

1) 여기에서는 김대중 대통령의 이러한 역사적 인물로서의 윤곽을 살펴보기로 한다. 다만 충분한 연구가 없음으로 하여, 그의 자서전을 참고하여 어떤 두드러진 특징이라고 생각되는 것을 살펴본다. 그것도 전부를 살피는 것이 아니라 어떤 위치의 지도자가 되는 과정까지를 살피는 것이다. 전제되어 있는 것은 그것이 타고난 자질에도 관계되지만, 일정한 과정을 거친다는 것이다. 그러나 이것은 어디까지나 충분한 연구가 없는 시론에 불과하다.

위에서 말하는 바와 같이, 역사적 인물의 등장은 복잡한 형성의 과정을 거쳐서 가능해진다. 그것은 개인적 성정, 자의식 그리고 크고 작은 주어진 정치 상황의 얽힘 속에서 이루어진다. 이것은 김대중 대통령의 경우에도 마찬가지이다. 그러니까 그도 개인적 성격과 지향 그리고 정치적 환경이 하나가 되어 역사적 인물로 형성된다는 말이다.

처음부터 필요한 것은 정치에 대한 관심―그것이 어떤 것이었든지 간에 정치에 대한 관심이라고 해야 할는지 모른다. 김대중 대통령에게는 당초에부터 그러한 관심이 있었던 것으로 보인다. 자서전에 보면 이러한 기억이 이야기되어 있다.

국민후보 김대중(서기문 그림)

"어린 시절부터 정치에 관심이 많았다. 보통학교 3-4학년 때는 신문에 일본 내각 개편이 발표되면 그것을 베껴서 가지고 다닐 정도였다. 그때 엉뚱하게 나중에 임금이 되어야겠다는 생각을 했다. 어떤 동기로 그랬는지는 생각나지 않는다. 하의도에서 우리 김해 김씨 선산이 명당이라며 그 후손 중에 큰 인물이 난다는 이야기가 전해 내려오기에 그런 행각을 품었는지도 모르겠다. 하의도 선착장 웅곡리에서 후광리로 가는 중간쯤에 자리 잡은 선산에는 지금도 조상을 모신 무덤 20여 기가 있다. 한번은 이웃 마을에서 아기가 태어났는데 점쟁이가 '그 아이가 장차 임금이 될 것'이라고 말했다는 소문이 들려 와서 화가 났던 적도 있었다."(39페이지)[1]

자서전에서는 이러한 회고도 볼 수 있다. "수석으로 입학했던 목포공립 상업학교에서 2학년 때, 반에서 시국에 대한 이야기를 하게 되었는데, 일본인 교사에게 칭찬을 받았다.[2] 김 대통령은 유도 수학 등 여러 과목에서 뛰어났지만, 특히 역사 과목을 잘하여, 교사에게 일본 역사에 대해 일본인보다 잘한다는 칭찬을 들었다."(같은 페이지)

상업학교의 교사로서 또 한 사람 영향을 끼친 사람으로 3학년 때의 담임선생으로 이 선생님도 여기에 이야기할 만하다. 노구치 진로쿠(野口歲六) 선생은, "삶의 원칙을 확고히 지켜야 한다"는 것을 강조하였다. 그리고 동시에 "원칙을 고수한다고 (하여) 방법에서 유연하지 못하면 승리자가 되지 못한다"고 하였다. 노구치 선생은 일본어 교사이면서 유도 교사였다. 그는 삶의 방법은 유도와 같다고 하였다. 김 대통령은 이 선생님의 가르침에 큰 감명을 받았다고 말하고 있다. 그리고 "나는 일생 동안 그 가르침을 새겼다. 원칙을 고수하면서도 방법에서는 유연한 이른바 '실사구시實事求是'의 삶을 나는 그때 배웠다"라고 쓰고 있다.(49페이지) 사실이 두 가지는 김 대통령의 정치 행위의 기본 원칙을 말한 것이라고 할 수도 있는데, 어린 시절의 어떤 지침이 일생을 가는 경우가 없지 않은 것을 보는 수가 적지 않는데, 여기에서 그러한 예를 발견한다고 할 수 있다.

2) 김대중 대통령은 상업학교를 졸업하면서는 진학을 생각했으나 여의치 않았다. 그는 만주의 건국대학 입학을 염두에 두었으나, 일본의 미국 침공이 시작되고 날로 복잡하여지는 국제적 정세의 악화에 따라 상급 학교 진학을 포기하고, 상업학교를 졸업한 다음 전남기선회사에 취직하였다. 그는 해방과 더불어 이 회사를 운영하던 일본인들의 귀국과 함께 이 회사의 운영위원장이 되고 다른 회사들도 인수하면서 잘되어 가는 해양운수회사의 경영인이 되었다. 우리는, 그의 사업 경험이 그의 생각을 이념보다는 현실의 정확한 계산을 존중하게 하는 역할을 하지 않았을까 하고 생각할 수 있다.

그가 정치에 입문한 것은 건국준비위원회 목포지부에 가입하고 선전부장에 취임함으로써 이루어진 것이었다. 이것은 여운형 선생 등이 주도한 조직체로서 좌파적 경향을 가졌었다. 그리고 공산주의자들의 참여가 늘어나 더욱 강한 좌익적 성격을 띠게 되었다. 김 대통령은 건준과의 관계를 말하면서, 자기는 그때, "민주주의가 무엇인지 공산주의가 무엇인지 잘 알지 못했다"고 말하고 있다. 얼마 후에 그는 건준을 탈퇴하였다. 이에 영향을 주었던 이남규 목사의 건준 탈퇴, 그리고 장인이 한국민주당 목포 지부장이었던 사실 등이 작용하였던 것으로 보인다. 전체적으로 김 대통령은 이때나 나중에나 반공적인 입장을 취하였던 것으로 생각된다.

그것은 그의 사상적 선택으로 인한 것이기도 하겠지만, 또 하나의 경험과도 관계되는 일이다. 그는 건준 탈퇴 후 신민당에 가입하였다. 신민당의 남북 합작을 지지하는 정책을 옳다고 보았기 때문이다. 그러나 힘을 쏟았던 것은 해운업이었다. 그런데, 그는 해운 관계로 서울에 머물고 있던 중 6·25전쟁을 맞고, 인민군의 점령하에 놓이게 된 서울을 어렵게 탈출하여 목포로 돌아갔지만, 얼마 후에 체포되어 감옥에 투옥되었던바, 9·28과 더불어 후퇴하던 인민군이 감옥의 우익 인사들을 전부 총살하려고 할 때, 그 대상자의 한 사람이었다. 그러나 여러 사정이 얽혀서 인민군은 수감 중인 사람들의 전부를 총살하지 못하고 급히 철군하게 되었다. 그로 하여 김대중 대통령은 목숨을 건지게 된다. 그리고 지인의 집에 숨어 들어가 천장에서 닷새를 보내고 해병대가 목포에 들어옴과 함께 자유롭게 밖으로 나올 수가 있었다. 그의 장인은 별도로 감옥에 수감되어 있다가 총살 대상자가 되었던 100인에 끼었었으나 모두 몰살된 가운데 혼자만이 목숨을 구하게 되었다. 이러한 경험들은, 우리 정치계에서의 좌파적인 입장에 있다고 할 수 있음에도 불구하고, 그에게 반공, 또는 그의 표현으로는 비공, 비반미의 입장을 고수하게 하는 데 중요한 역할을 했을 것으로 생각된다. 더 넓게 말하여 이러한 경험을 통하여, 그는 이데올로기의 인간적 의미를 믿지 않게 되었다고 할 수도 있다. 그는, 공산군이 물러나면 좌익이, 한국군이 물러나면 우익이 죽어야 했던 사정에 대하여 강한 회의를 가지고, "민족의 화해와 전쟁이 없는 세상을 꿈꾸"게 되었다고 말한다.(82페이지)

3) 6·25전쟁 중 인민군의 피해를 피해 살아남아야 했던 일이 있은 후, 그는 다시 해상방위대 전남지역본부 부대장과 같은 일을 맡기도 하지만, 대체로는 원래의 사업으로 복귀하였다. 그리하여 흥국해운회사를 세워 해운 사업에 종사한다. 그러나 다른 한편으로 언론에 관계하고 또 다른 지

적인 일에 관여하게 되고 동시에 당시의 정치 사태에 관심을 넓혀 갔다. 1959년에는 목포일보를 인수하고 해운업 관계로 부산에 거주할 때에는 "면우회勉友會라는 독서회에 가입하여 인생과 철학과 정치를 토의하는 기회를 가지게 되었다. 이러한 과정을 통해서 당대의 큰 사건인 거창 사건, 국민방위군 사건 등을 의식하게 되었다. 그런데 본인이 정치에 본격적으로 발을 들여놓게 된 것은 6·25전쟁과 부산정치파동이라고 말한다.(91페이지)

1952년 7월에 이승만 대통령은 임기가 끝나게 되어 있었다. 5·30국회의원 선거 결과는 야당이 압승하는 것이었다. 그리하여 당시의 간접으로 선출되는 대통령 선거제로는 이승만 대통령이 재선될 가능성이 없었다. 그리하여 이승만 정부는 국회에 직선제 개헌안을 제출하였다. 그러나 그것은 부결되고, 정부는 데모대를 동원하고, 계엄령을 선포하고 국회의원들을 체포하고 하는 방식으로 개헌을 강행하고자 하였다. 이에 국회의 야당 의원들은 호헌 선언을 했고 그를 지지하는 시위가 벌어졌다. 장택상 국무총리는 소위 발췌 개헌안이라는 것을 만들어, 국회의원을 국회로 강제 연행하여 군경이 국회를 포위한 가운데 개헌안을 통과시켰다. 이 사건에 대하여 김대중 대통령은 평하여, "나는 (…) 반공의 이름으로 독재 정권을 연장하는 친일파와 그 동조자들의 야욕을 똑똑히 지켜보았다. 국민의 대표들이 독재자에 의해, 또 독재자를 위해 간단하게 굴복하거나 변절하는 것을 보고 충격을 받았다. 나는 정치와 정치인에 대해서 깊은 생각을 하게 되었다"고 쓰고 있다.(91페이지) 이 사건은 김대중 대통령의 마음에 6·25전쟁 초부터의 이승만 대통령의 행각에 대한 기억으로 연결된다. 그는 앞에서 말한 바와 같이, 이 사건을 계기로 정치에 정식으로 들어서게 된 것을 이야기하면서 6·25전쟁 초의 일을 연상하고 있다. 6·25전쟁과 관련하여, 그는 "나는 한국전쟁을 겪으며 지도자가 거짓말하는 것을 보았다."라고 한다. 이것은 전쟁 초에 이승만 대통령이 수도 사수를 선언하고서는 한강 남쪽으로 철수하고, 그것을 숨기고 한강의 다리를 폭파한 사건을 두고 한 말이다. 이러한 사건들을 통하여 김대중 대통령은, "지도자가 깨끗하지 못하면 사회가 혼탁하고 국민을 기만하면 나라가 무너진다는 것을 느꼈고", "국민의 뜻이 아닌데도 독재 정권은 민의를 도용하여 국회를 무력화시키고 헌법을 멋대로 고치는 정치파동을 통하여", "국민을 섬기는 참다운 민주주의가 아니면 국민이 참된 행복을 누릴 수 없다고 결론(을) 내렸다." 그리하여 "정치가 제자리를 찾으면 모든 것이

제자리를 찾게 될 것이라는 믿음을 갖게 됐다." 그리고 "나는 정치에 뛰어들었다"고 쓰고 있다. 그러나 그것은 "내게는 가슴 뛰는 사건이자 고난의 시작이었다."라고도 한다.(90-91페이지) 사람의 마음은 간단한 도리의 왜곡에 크게 자극받는 경우가 많다. 김대중 대통령은 이러한 정의감을 가지고 있었던 것으로 생각된다.

4) 이와 같이, 김대중 대통령의 정치에 대한 관심이 고조되는 것은 부산 정치파동이지만, 정치에 본격적으로 투신한 것은 그로부터 2년 후인 1954년 목포에서 국회의원에 출마한 것으로부터이다. 그러나 그는 여기에서 낙선의 고배를 마실 수밖에 없었다. 돈이 "엄청나게" 들었다고 한다. 그 후 그는 서울로 집을 옮기고 한국노동문제연구소의 주간, 잡지 『신세계』 주간 등으로 정치에 대한 견해를 계속 연마해 갔다. 1956년에는 배은희, 장택상, 이범석 선생 등을 최고위원으로 모시고 새로 창당된 공화당에 입당하고 그 대변인이 되었으나 당내 갈등으로 당이 해체 위기에 이르자 다른 사람들과 함께 곧 탈당하고 말았다. 그 후 그는 여러 정치 지도자들을 만나다가 결국 민주당에 입당했다. 1956년 대통령 선거에서 야당 민주당은 이승만 대통령에 대항하여 신익희 후보를 내세웠으나 신익희 후보는 선거 유세 중 뇌출혈로 사망하고, 부통령 후보였던 장면 박사만이 부통령으로 당선되었다. 장면 부통령과의 관계에서 김대중 대통령의 일신상에 매우 중요한 사건이 일어났으니, 그것은 장면 부통령이 대부가 되어 가톨릭에 입교한 것이었다. 그가 입당한 민주당은 신구파로 나누어 다툼을 벌였는데, 김대중 대통령의 설명으로는, 구파는 한민당계가 많았고 신파는 천주교, 흥사단, 관료 출신이 많았다. 그리고 그의 해석으로는 구파가 '정치적'인데 대하여 신파는 '경제적'이었다. 그는 "나는 신파에 속했다."라고 쓰고 있다. 이렇게 하여 오래오래 지속될 그의 계열이 분명해진 것이다. 아마 여기에는 인적 관계가 중요했을 것이지만, 설명은 이러하다.

> "나는 신파에 속했다. 노선이 한층 진보적이며 개혁적이었고, 또 내가 존경하는 분들이 신파에 많았다. 또 신파는 장면 박사가 이끌었고, 평생 나를 지지하고 성원해 준 정일형 박사도 계셨다. 평소 노동문제에 관심이 많았던 나는 당의 노동부에서 활동했고 얼마 뒤에는 노동부 차장이 되었다."(97페이지)

김대중·이희호의 동행(조현수 그림)

5) 김대중 선생[3]은 1958년에 강원도 인제에서 출마하기로 했다. 그것은 목포에는 이미 민주당 후보가 있었기 때문이다. 그러나 출마 자체가 불가능했다. 이때의 사건과 같은 일은 비일비재했을 것이나, 그 어려움은 당시의 정치 지망자들을 투사로 기르는 데에 한 역할을 한 전형적인 사건이었을 것이다. 그는 여러 방해 공작으로 후보 등록 자체를 할 수가 없었다. 후보 등록에 불법적인 방해를 받았는데 그 하나가 후보 등록 자체를 어렵게 하는 것이다. 그는 그 문제의 시비를 가리기 위하여 서울에 갔다가 다시 인제로 돌아오는 중 과속으로 차가 전복하여 몸을 다쳤다. 그는 상처받은 몸으로 선거위원회 사무소에 들어갔다. 그러나 자유당 후보가 동원한 경찰에 의하여 사무실에서 쫓겨나고 말았다. 그는 그대로 쫓겨나지만은 않았다. 그는 다른 사람이 압도될 만큼 큰 고함을 지르고 밀어내려는 사람들에 대항하여 책상다리를 붙잡고 놓지 않았다.

그는 선거에서 밀려난 후에도 다른 후보를 위해서 운동원으로 개표 참관인으로 일하고, 지원 연설을 하였다. 그의 연설은 두세 시간에 걸치는 긴 연설이었으나 청중들은 물러가지 않았다. 그는 "신명이 났다."(103페이지) 대중 연설은 공연 예술과 같은 매력도 가졌고, 그러한 웅변이 대중에 갖는 효과에 스스로 도취한 것으로 보인다. 사실 대중 집회의 흥분은 정치 행위의 원초적인 모형이라고 할 수 있다. 대중 행동의 열기는 1960년의 4·19에 가장 뜨거운 것이 되었다. 민주당 선전부 차장을 맡았던 그는 4월 5일의 데모에 참가하였다. 함께 모인 군중들은 수백 명에서 시작하여 만 명이 넘어가게 되었다. 시위대에 앞장섰던 때의 심정을 그는 다음과 같이 토로하고 있다. 그것은 열기에 못지않게 절망적인 심정을 표현하는 것이었다. 집단 행위에는 삶의 좌절감이 중요한 역할을 한다고 할 수 있다.

> "가두시위를 벌이려 집을 나서려는데 갑자기 눈앞이 아득해졌다. 시위대 앞장을 선다는 것은 독재 정권에 목숨을 내놓는 일이었다. 아내는 죽고 먹을 것은 없었다. 잘 다녀오시라고 절하는 두 아들, 말없이 아들을 배웅하는 어머니를 보니 기가 막혔다. 비통함과 죄책감이 동시에 들었다. 목이 메었다. 그렇다고 가지 않을 수도 없었다. 돌아서서 하늘을 봤다. 그리고 모든 것을 하느님께 맡기기로 했다. 누군가 해야 할 일이다. 6·25전쟁 때 총살당했으면 내 목숨은 없었을 것이다. 남은 인생은 덤으로 받은 것일진대 아까워할 것은 없다. 최선을 다해 살자."(117페이지)

정치활동에는 신체적 강인성이 필요하다. 또 대중 공연, 대중과의 일체감에서 오는 열광을 즐길 수 있어야 한다. 그리고 정치는 종종, 특히 우리 상황에 있어서, 죽음도 무릅쓰는 단호한 각오를 요구한다. 이것은 앞의 대중적 열광을 강화하는 한 요인이 된다.

6) 4·19로 하여 선거가 있게 되었을 때, 다시 김대중 선생은 인제에 출마하였다. 그러나 다시 낙선의 고배를 마셨다. (당 간부였던, 윤보선과 유진산 선생들의 여당과의 야합으로 부재자 투표 제도가 도입된 것이 중요한 패배 원인의 하나라고 그는 말한다.) 그러나 장면 박사는 총리로 선출되었다. 그리고 김대중 선생은 원외임에도 불구하고 민주당의 대변인으로 지명되었다. 1961년에는 인제에서 당선되었던 의원이 3·15부정선거에 관련된 것이 판정되어 재선거가 실시되고 김대중 선생은 다시 출마하

여 이제는 관문을 통과하게 된다. 공식적으로 정치에 입문한 것이다. 선거는 5월 13일에 있었다. 그러나 5월 16일에는 군사 쿠데타가 일어났고 국회가 해산되었다. 그는 몇 번씩 중앙정보부에 불려가 심문을 당했으나 큰일은 없었던 것으로 보인다. 1963년에는 공화당 창당에 참여해 줄 것을 권고받는다. 참여를 거절하면 8년간 정치활동 금지하겠다는 협박을 했지만, 참여를 거절하였다. 그러나 그 전해 12월에 있었던 정치활동 금지가 해제되고 1963년 2월에 재건된 민주당의 대변인이 되었다. 10월 5일의 대통령 선거에서는 박정희가 대통령에 당선되었다. 이어서 국회의원 선거가 있었다. 불법적인 선거 방해 공작이 있었음에도 불구하고 김대중 선생은 목포에서 국회의원에 당선되었다. 야당이 민중당으로, 신민당으로 개편함에 따라 이에 참가하고 계속하여 당의 대변인을 맡게 되었다.

국회 활동은 반드시 당 정책에 동조하기보다는 자신의 판단에 따른 것이었다. 가령 당이 반대하고 국민 여론도 높았던 한·일협정에 근본적으로 지지를 표명한 것과 같은 것이 그 예이다. 국회 활동을 하면서 내외문제연구소를 설립하여 남덕우나 박현채 교수와 같은 경제학자들을 거기에 참여하게 하고, 국회도서관을 자주 찾아 국회의원 중 도서관을 가장 많이 이용한 의원으로 알려지게 되기도 하였다. 그리고 1967년과 1969년에 두 권의 저서를 출간했다. 대통령 후보로서 출마가 결정된 후였지만, 1971년에는 『김대중 씨의 대중경제 100문 100답』을 출간하였다. 이렇게 하여 그는 계속적으로 지적인 자산을 쌓아 가고 이것을 세상에 알렸다.

1967년에는 윤보선 선생이 대통령에 출마하였으나 낙선하였다. 김대중 의원은 같은 해의 국회의원 선거에 다시 출마하였다. 온갖 방해 공작에도 불구하고 그는 목포에서 다시 당선되었다. 그의 강연에는 인산인해를 이루는 청중이 모였다. 박정희 대통령이 목포에까지 여당 지원 연설을 하러 내려왔던 것을 보면, 이것은 김대중 의원의 성가聲價가 올라가고 있었다는 것을 말하는 것으로 생각된다. "김대중이 대통령감"이라는 소문이 있어서, 박정희 정부에서 그를 낙선하게 하려고 광분했다고 한다.(191페이지) 그 자신도 당선 이후 대통령에 출마하겠다는 생각을 가지게 되었다고 말하고 있다.(197페이지)

7) 1968년과 1969년의 김신조 사건, 북한에 의한 미군기 격추 사건이 있은 후 박정희 정부는 3선을 위한 개헌을 계획하였다. 격렬한 반대 운동

이 일어났다. 김대중 의원은 신민당의 주도한 3선개헌반대범국민투쟁원회에 적극 참여하였다. 그의 연설은 열렬한 대중적 지지를 받았다. 그러나 3선 개헌은 여당만이 참석한 국회에서 그대로 통과되고 국민 투표에 부쳐졌으나 거기에서도 그대로 통과되었다. 이때의 대통령 선거에서 김대중 의원은 대통령 출마의 계기를 가지게 된다. 이때의 신민당 총재는 유진오 박사였고, 그의 출마가 고려되기도 하였으나, 김영삼 의원이 40대 기수론을 내세워, 보다 젊은 후보자의 출마 가능성이 열리게 되었다. 그러한 주장이 통할 수 있었던 것은 어쩌면 시대의 요청이 그러했기 때문이라고 할 수 있다. 날로 강화되는 독재 또 급격한 산업화 속에서의 더욱 가중된 민생고 등이 강력한 투사를 지도자로 요구하게 되었던 것이 아닌가 한다. 1970년 9월 20에 열린 전당대회에서의 첫 투표에는 김영삼 의원이 다수 표를 얻었으나 과반수를 넘지 못하여 다시 투표를 하게 되고 김대중 의원은 이철승 후보와 협약하고 그 지지자들의 표를 얻어 후부로 선출되었다. 그리하여 그는 그야말로 정치 지도자로서 대표적인 자리에 설 수 있게 된다. "못살겠다 갈아치자"라는 선거 구호는 가장 간단한 말이면서, 국민의 많은 사람의 심정을 대표하는 것이었다고 할 수 있다. 탄압, 부패, 그리고 생활고 등이 겹친 사회 분위기는 국민들로 하여금 새로운 체제의 도래를 절실하게 소망하게 하였다. 이러한 분위기는 여러 단체들의 활동을 자극하였다. 민주수호국민협의회, 민주수호전국청년학생연맹, 민주수호청년협의회 등이 조직되고 국제펜클럽 한국본부까지도 언론의 자유와 공명선거를 옹호하는 성명을 발표하였다.

선거 유세가 시작된 1971년 4월 18일 장충단에 모인 청중은 100만에 이르렀다. 그 규모는 "우리 역사에, 아니 세계 선거운동사에 남을" 만한 것이라 김대중 후보는 쓰고 있다.(242페이지) 이때의 감격을 김 후보는 "장충단공원 일대는 환호와 흥분의 도가니였다. 독재에 대항하는, 민권이 살아 있음을 보여 준 거대한 축제였다. 나에게는 영원한 감격이었다." (245페이지) 그러나 공정함을 기대할 수 없는 군사독재의 조건하에서 선거에 승리할 수는 없는 것이었다. 개표 결과는 박정희 6,342,828 대 김대중 5,395,900이었다. 불법, 부정을 감안하여, 김대중 후보는 "나는 선거에서 이기고 투개표에서 졌다."라고 썼다. 또 이어서 기록하고 있다. "내가 졌다는 뉴스를 보고 듣고 수많은 사람들이 눈물을 흘렸다. 나는 표면적으로 패배했지만 민심을 얻었으니 분명 승리한 선거였다."(250-251페이지)

이러한 과정에서 김대중 대통령은 대중적 지지에서 그렇고 자신의 내적 심리에서도 국민적 지도의 위치에 올랐다. 이러한 대중적 모임은 정치 지도자를 진정으로 국민과 하나가 되게 하는 기능을 한다.

3. 국제적 민주투사 · 고난의 역정

1) 김대중 후보는 대통령 선거 패배 후 5월 25일에 있었던 국회의원 선거에서 전국구 후보로서 다시 국회의원이 된다. 그런데 선거 지원 연설을 위해 여러 군데를 다녔는데, 목포에 내려갔다가 비행기를 타기 위하여 광주로 향하던 중 트럭과 충돌하여 팔의 동맥이 끊기고 다리에 찰과상을 입는다. (충돌이 진정으로 사고인지 의도된 것이었는지는 분명치 않았다.) 1971년 10월 17일에 박정희 대통령은 유신 체제를 위하여 대통령 특별 선언으로, 비상계엄령을 선포하고 국회를 해산하고 정치활동을 금하는 조치를 취하였다. 이때 김대중 의원은 일본에 체류하고 있었다. 그는 대통령 선거 얼마 전에 미국과 함께 일본을 방문하였고, 또 전국구 당선 후에도 일본과 다른 나라들을 여행하여 해외 접촉의 기회를 가진 바 있었다. 일본에 간 것은 10월 11일이었는데, 18일에 귀국할 예정이었다. 방일 목적은 게이오대학 고토 유이치로(五島雄一郎) 교수로부터 다리 치료를 받기 위한 것이었다.(284페이지) 그러나 17일의 대통령 특별 담화가 있은 다음 서울로부터 그 소식을 전해 듣고 그는 일본에 남아 있기로 결심했다. 부인과의 전화에서 귀국하지 않는 것이 좋겠다는 권고가 있었다. 그의 판단으로는 한국에서는 아무도 말을 할 수가 없게 될 것이고 저항의 일을 떠맡고 나설 민주 인사도 별로 없을 것이므로 해외에서 자유롭게 의사를 피력하며 국제적인 저항 조직이라도 만드는 것이 좋겠다고 생각했다. 그는 성명서 발표, 인터뷰, 기고를 통하여 일본의 대중매체에 한국의 사정을 널리 알리기 시작했다. 그리하여 한국의 정치 사정과 김대중 선생의 역할이 일본의 주요 매체, 『주간아사히』, 『선데이 마이니치』, 『주간 포스트』, 『세카이』, 『주오고론』, 『아사히저널』 등을 통하여 널리 알려지게 되었다. 그는 얼마 안 있어, 일본에서 미국으로 건너갔다. 그리고 거기에서도 한국의 사정에 대하여 널리 알리기 시작했다. 라이샤워 교수, 민주당 원내총무 마이크 맨스필드, 공화당 원내총무 휴 스콧, 케네디 상원 의원 등을 만나서 한국 사정을 설명

5·18민중항쟁 당시 김대중 석방운동(서기문 그림)

하고, 컬럼비아대학, 미주리주립대학. 웨스트민스터대학, 워싱턴대학, 시카고대학 등에서 강연을 통하여 한국 민주화의 필요를 역설했다. 그러고는 다시 그는 일본으로 건너와 일본 정계의 요인들, 자민당을 포함한 국회의원, 기무라 다케오(木村武雄) 전 건설부장관, 아카기 무네노리(赤城宗德) 전 농림부 장관, 우쓰노미야 도쿠마(宇都宮德馬) 의원 등을 만나 사정을 호소했다. 한·일협정으로 하여 보내어지는 차관이 바르게 쓰이지 않는다는 것도 이야기하였다. 또 이시바시 마사시(石橋政嗣) 사회당 서기장을 만났다. 다른 한편,『독재와 나의 투쟁』을 집필하여 일본인 독자에게 호소하였다. 이것은 나중에『행동하는 양심으로』라는 제목의 한국어판으로 출간되었다. 그는 또다시 미국으로 건너가 샌프란시스코의 한인회를 비롯하여 강연회를 계속하는 한편, '한국민주회복통일촉진회의'를 조직하였다. 그는 다시 일본으로 돌아갔다. 한민통의 일본지부를 조직하려는 의도가 있었다. 그는 이것을 세계적으로 확대할 계획이었다. 그리하여 다시 그는 김재준 목사가 있는 캐나다를 방문할 계획이었다. 이렇게 하여 김대중 선생은 한국의 민주화를 세계에 알리면서, 국제적으로 민주주의 운동가로서의 위치를 확보하게 되었다. 그의 명성과 영역이 국제적으로 넓어지게 된 것이다.

일본과 미국을 왕래하면서 이러한 국제적 운동을 조직하고 있을 무렵에, 그는 일본의 자민당 의원을 통하여 박정희 대통령으로부터의 한 제안을 듣게 된다. 부통령의 자리를 줄 터이니 함께 일하자는 것이었다. 그는 자리가 아니라 민주주의가 자기에게 중요한 것이기 때문에 그것을 받아들일 수 없다고 "예의를 갖추어" 답하였다.(301페이지)

2) 그리고 있던 중 김대중 선생의 일생에 아마 가장 참혹했을 사건이 일어났다. 1973년 8월 8일 호텔에 침입한 대여섯 명의 남자들에 의하여 납치된 것이다. 그들은 마취제로 정신을 흐리게 한 후 지하로 데려 내려가 대기하고 있던 승용차에 싣고 어느 선착장으로 가서 보트에 태웠다. 그간 그들은 손발을 묶고 입을 틀어막았다. 배에 탈 때는 다시 보자기를 머리에 씌웠다. 처음에 탄 것은 모터보트였는데 다시 큰 배로 옮겨졌다. 배에서는 흉한들의 구타가 있었다. 배의 선실에서 그들은 김대중 선생을 다시 묶어 칠성판 같은 판자에 누여 마치 송장을 묶듯이 동여매었다. 그들이 주고받는 말, "이만하면 바다에 던지더라도 풀리지 않겠지?" 하는 말로 보아 바다에 던질 계획인 듯하였다.

그때 그는 특이한 체험을 가졌다. 죽음이 닥친다고 생각하는 때에, 예수의 모습이 보였다. 그것은, "성당에서 봤던 모습 그대로였고, 표정도 그대로였(고) (…) 옷도 똑같았다."(313페이지) 그는 예수의 옷소매를 붙들고 살려 달라고 애원했다. 그러자 눈에 불빛이 지나갔고, 배가 요동을 치며 달리기 시작했다. 선실의 사내들이 비행기라고 외쳤다. 배는 달리다가 멈추어 섰다. 바닥에 쓰러져 있는 그에게, "김대중 선생이 아니십니까?" 하는 신분을 묻는 소리가 들렸다. 그리고 몸을 묶었던 밧줄들을 풀고 대우를 바르게 했다. 그렇게 하여 배는 한국의 항구로 향하여 가고, 이윽고 자동차로 갈아 태워진 김대중 선생은, 큰 우여곡절이 없이, 동교동의 자택 앞에서 방면되었다.

이 사건은, 나중에 밝혀진 바에 따라 자세히 설명되어 있는 것에 의하면, 박정희 대통령의 지시로, 조금은 주저했던 이후락 정보부장이 조직하여 김대중 선생을 제거하려 했던 음모였다. 구제된 것은 미국과 일본의 개입으로 인한 것이었다. 호텔에서 납치된 후 김대중 선생의 비서들이 일본 경찰에 연락하여 곧 수사가 시작되었다. 미국의 정보부에서도 사건을 곧 알게 되고, 또 다른 경로를 통하여 미국 국무장관 키신저에까지 보고되었다. 주한 미국대사는 납치 사실에 대하여 곧 한국 정부에 항의하였다. 그리고 일본 정부에도 사건을 통고하였다. 납치해 가는 배 위로 뜬 비행기는 주한국 미대사관으로부터 통고를 받은 일본 정부에서 보낸 것이었다.

이 사건은 국제, 국외에 큰 파문을 일으켰다. 일본 정부는 여기에 관계된 주일 한국대사관의 김동운 서기관의 소환을 요구하고, 공식 사과와 함께 김대중 의원을 일본으로 송환하라고 주장했다. 예정되었던 한·일각료회의가 연기되었다. 한국 정부는 김종필 총리를 일본으로 보내 다나카 가쿠에이 수상에게 대통령의 사과의 뜻을 전했다. 한국에서는 사건의 보도가 통제되었지만, 『조선일보』의 선우휘 주필은 이 일의 부당성을 지적하는 논설을 쓰고 서울대학교 문리대 학생들이 선언문을 발표하고 시위를 벌였다.

3) 납치에서 생환한 후 김대중 선생은 가택연금 상태에 들어가 크게 정치활동을 하지는 못하게 된다. 그러나 얼마 안 있어 그는 정치활동에 다시 나서게 된다.

유신 체제 기간 중 내내 강화되는 탄압에도 불구하고 한국에서의 민주화운동의 열기는 조금도 줄지 않고 개인적 집단적 항의가 끊이지를 않았다. 인혁당 사건, 민청학련(한국민주청년학생연맹) 사건 등이 일어나고 저항운동자들에 대한 가혹한 처벌이 계속되었다. 날로 긴장되어 가는 정세 속에서 이를 더욱 가속화하는 사건들이 연발하였다. 1974년 6월 15일 재일 교포 청년 문세광에 의한 박정희 살해 기획이 대통령 부인 육영수 여사의 사망으로 끝났다.

박정희 정부는 1975년 1월에는 유신 체제에 대한 찬반을 묻는 국민투표를 제안하였다. 곧 신민당에서는 윤보선, 김영삼, 김대중 세 지도자가 서명한 국민투표 거부 행동강령을 발표했다. 2월 12일의 국민투표는 물론 정부 제안을 그대로 승인하였다. 그날 김대중 선생은 명동성당의 금식 기도에 참가하였다. 민주화운동은 계속되었다. 정부는 5월 13일 긴급조치 9호를 선포하여 언론과 집회의 자유를 극도로 제한하고 국회의원의 면책특권까지를 박탈하였다.

4. 수난과 그 의미

1) 민주화를 위한 저항운동 중에도 김대중 선생과의 관계에서 특별한 의미가 있는 것은 1976년 3월 1일의 민주 구국의 모임이 아니었던가 한다. 그날 명동성당에 모인 신구 기독교 관계 인사들이 3·1민주구국선언문을 발표했다. 이때의 경험은 김대중 선생에게 특별한 의미를 가졌던 것으로 해석할 수 있다. 그리고 이것은 김대중 선생을 특별한 지도자가 되게 한 사정을 이해하는 데에 핵심적인 의미를 갖는 것으로 생각된다. 이때의 일은 그간의 정치활동으로 겪었던 고통과 연결되는 것이었지만, 그것을 결정화하는 데에 크게 도움을 주었다고 할 수 있다. 그것은 그의 경험을 여러 가지 각도에서 큰 테두리 안에 자리하게 한 것이다.

3월 1일이라는 일자 자체가 그때의 행위에 역사적인 엄숙성을 부여하였다. 그날 이우정 교수가 읽었던 「민주구국선언」에도 이것이 언급되었다. "오늘로 3·1절 쉰일곱 돌을 맞으면서, 우리는 1919년 3월 1일 전 세계에 울려 퍼지던 이 민족의 함성, 자주독립을 부르짖던 그 아우성이 쟁쟁히 울려와서 이대로 앉아 있는 것은 구국선열들의 피를 땅에 묻어 버리는 죄와 같아 우리의 뜻을 모아 민주구국선언을 국내외에 선포하고자 한다."(351페이지)

김대중 대통령 재임 시 초상(서기문 그림)

또 모임에서 두드러진 것은 기독교의 신앙의 요소이다. 정치의 관점에서 볼 때, 1976년 3월 1일의 선언은 민주주의나 경제 발전의 방향 그리고 통일에 대한 입장을 밝힌 것이지만, 참가자들이 기독교 관계인이고 장소도 성당이었던 만큼 기독교적인 요소가 강한 것은 자연스러웠다고 할 수 있다. 그러나 우리가 생각하고자 하는 것은 그것이 김대중 선생의 마음가짐에서 차지한 의미이다. 기독교적이라는 것은 신앙의 문제이기도 하지만, 사람이 취하는 동기의 내면화에 관계되는 일이기도 하다. 내면화란 행동의 동기가 단순히 심리적 동인을 갖는다는 것을 뜻하는 것만은 아니다. 모든 행동에는 동기가 있다. 쉽게 생각할 수 있는 것은, 그것이 대의를 위한 것이라고 할 때, 그 동기가 한 가지 신념에서 나오는 경우이다. 동기가, 외곬으로 집착하는 한 가지 믿음이 아니라 여러 가지의 생각들이 잠겨 있는, 계속되는 마음의 움직임의 공간으로부터 나올 때, 그것은 참으로 내면성에서 나온다고 할 수 있다. 거기에서 이루어지는 행동은 내면적 과정에서 성립하게 되는 결단의 결과이다.

2) 선언문 낭독 바로 앞에 문동환 목사의 설교가 있었다. 설교는 이스라엘의 출애굽의 경험에서 모세의 지도권 이양에 관한 것이었다. 모세는 애굽을 벗어나는 유대인들의 지도자였지만, 일단 그 일이 해결된 다음에는 여호수아에게 그 지도자의 책임을 넘겨주었다는 것이었다. 이것은 물론 박정희 대통령을 향한 우화적인 권고를 담은 것이기도 하지만, 오늘의 일을 기독교의 역사, 인간의 역사 안에 놓이게 하는 설교였다고 할 수 있다.

3) 김대중 선생이 가톨릭에 입교한 것은 다른 영향들도 있었지만, 이미 말한 바와 같이, 정치적 맥락에서 장면 부통령이 이끌던 민주당 신파와 관계된 일이라 할 수 있을는지 모른다. 그는 국회의원에 당선하기 이전인 1956년에 장면 부통령이 대부가 된 자리에서 가톨릭교도가 되고, 중세 영국의 순교자 성인 토마스 모어의 이름을 세례명으로 얻었다. 그리고 일본에서 피랍되었을 때 그리스도를 보게 된 것은 피나는 경험을 통하여 확인하게 된 신앙 체험의 하나였을 것이다. 1976년의 명동성당의 모임에 관한 자서전의 기록에서 그는 특히 기도교적인 환경을 상기하고 있다. (이것은 모임 전이나 중간보다는 모임이 끝난 다음 집으로 돌아가면서 성당을 보고 생각했다는 것이지만, 이미 모임의 장소 자체가 그러한 느낌을 주었을 것으로 생각할 수 있다.) 그는, 1898년 성당이 세워졌을 때에, 대궐보다 높다 하여 말썽이 있었다는 것을 말하고 있다. 이것은 "권력의 야욕을 아프게 찌"르는 사실이었다. 즉 권력보다 더 위에 있어서 마땅한 것이 신앙과 정신의 드높음이었다는 것을 말한 것이다. 그리고 그것은 단순히 높음을 말하는 것이 아니라 그러한 높음이 이야기하는 넓은 윤리적 정신적 교훈을 가리키는 것이라고 할 수 있다. 그리하여 신앙의 확인은 곧 순결과 용서-박해자를 포함하는 적들을 용서하는 교훈으로 이어진다. 그중에도 가장 중요한 것은 주어지는 시련을 그대로 받아들이는 것이다. 그는 언제 끌려갈지 몰라도 "마음은 극히 편안했다."라고 쓰고 있다.(353페이지) 이

명동집회의 결과 김대중 선생은 다른 참여자 10명과 함께 구속되고 이때부터 시작하여 1978년까지 2년 10개월의 옥고를 치르게 된다.

4) 서울구치소에서의 생활은 매우 고통스러웠다. 감옥은 매우 춥고, 고관절병으로 앉기가 불편했고 자세를 여러 가지로 취해도 잠을 자기가 어려웠다. 그는 어떤 날은 너무 아파서 뜬눈으로 밤을 새웠다고 말한다. 그럴 때면 하느님에게 기도를 올렸다. 그러면 통증이 멎는 것 같았다고 한다.(353-354페이지)

첫 공판은 5월 4일에 있었다. 최후의 확정판결은 1977년 3월 22일에 있었다. 형량은 다른 18명의 피고와 함께 5년으로 확정되었다. 그러나 김대중 선생은 그 이전 12월 20일의 공판에서 최후 진술을 하였다. 그것도 강하게 기독교적 내용을 가진 것이어서, 김대중 선생의 심정의 향방을 이해하기 위해서 여기에서 자세히 살펴볼 만한 것이다.

첫 부분은 순교자적인 고통을 기쁘게 감수하겠다는 신앙의 고백이다. "나는 가톨릭에 입신한 지 20년이 됩니다. 그러나 옥중 10개월만큼 기독교 신자가 된 기쁨을 느끼고 하느님께 감사한 적이 없었습니다." 이렇게 시작하여 그다음은 "하느님께서 저를 감옥에 보내 주신 데 대해서 감사하고 있습니다."라고 수난을 오히려 감사하게 받아들인다는 말이 나온다. 그로부터 시작하여 감옥에 와 있게 된 것이 "내 경험과 양심으로 보아 마땅히 올 장소에 와 있"는 것이고 "불구속의 몸으로 이 법정에 서 있었다고 하면 얼마나 제 마음이 괴로웠겠습니까?"라고 말한다. 그리하여 수난의 체험에 대하여 해방감과 기쁨과 감사를 느낀다고 고백하는 것이다. 그러면서도 물론 신체적 고통은 극심한 것이었다. 그는 병에 시달리며 하룻밤에도 서너 차례 일어나서 약을 먹어야 했다.

5) 수난을 받아들이는 것에 못지않게, 또는 그 함축된 넓은 의미로 하여 더 중요한 것은, 그다음의 용서에 관한 진술이다. 그는 판결은 어떻게 되어도 상관이 없다고 말한다. 이 말은 이미 죽음의 고비를 넘긴 사람으로서 죽음도 각오되어 있다는 말일 것이다. 그러한 경우라도 그는 적들을 증오하지 않는다고 선언한다.

"나는 그 누구도 증오하지 않습니다. 그것은 제가 믿는 하느님께서 금지하고 있습니다. 면회하러 온 제 안사람이 『로마인들에게 보낸 편지』 제12장 제14절을 보여 주었습니다. 거긴 '여러분을 박해하는 사람들을 축복하십시오. 저주하지 말고 복을 빌어 주십시오.'라고 적혀 있었습니다."

이렇게 이야기한 다음, 이우정 교수가 낭독한 민주구국선언문도 그렇게 말하고 있지만, 박정희 대통령의 독재 체제도 스스로 뉘우치고 바른길로 돌아오게 되기를 바라는 기도를 드린다고 한다. "저는 매일 민주 회복을 위해서, 억압된 사람들의 해방을 위해서, 또 교회를 위해서, 또 대통령 이하 현 집권자가 민주주의와 양심과 정의에 입각하여 현 체제를 시정하도록 기도하고 있습니다."(357페이지)

최후진술의 마지막 부분은 그가 바라는바 사회에 대한 일반적인 희망을 요약한 것이다. 그가 바라는 것은 "국민의 인권이 보장되는 정치적 자유, 평등한 경제적 여건을 보장하는 새로운 경제 질서, 정직하고 근면하며 양심적인 사람들이 성공하고 양심, 학문, 신앙의 자유가 있는 그러한 정의 위에 서 있는 사회"이다.

6) 이 진술은 전체적으로 김대중 대통령의 신앙고백이면서 정치적 신조의 천명이지만, 그것에 못지않게 우리가 주목하여야 할 것은 그 핵심에 들어 있는 수난과 관용에 대한 심리적 전환의 증언이다. 수난자로서의 김대중 선생은, 이 진술로 보건대, 수난을 받아들이고 그것을 보다 넓은 정치와 인간에 대한 비전으로 전환하는 것이다. 그는 그에게 주어지는 수난에 동의同意한다. 그다음에 적을 용서한다. 이것은 이 동의로 인하여 가능하여진다. 기독교 신학에서 이 동의는 기쁨과 고통, 어떤 것이 주어지든지 간에 그것은 신의 뜻이기에 그에 절대적으로 순응하겠다는 중요한 심리적 전환을 나타내는 것이다. 이것을 세속적으로 확대하면 그것을 계기로 내가 겪게 되는 고통은 타자의 의지에 내가 굴복하는 것이 아니라 스스로가 원하는 것으로 바뀌게 된다. 그것은 내가 당하는 것이면서 동시에 내가 뜻하는 것이다. 이 동의를 통하여 나에게 아픔을 가하는 사람에 대하여 원한을 갖는 것은 정당한 계산이 아니다. 내가 뜻하는 것이 그것인데, 어찌 다른 사람의 잘못을 탓할 것인가. 그리고 이 동의는 보다 넓은 삶의 태도로 확대된다. 어찌 고통 없는 인생이 있겠는가. 나의 고통은

모든 사람이 겪는 고통의 한 가지 사례에 불과하다. 이러한 인식에서 한 발을 더 나간다면, 이 동의는 다른 많은 고통받는 사람에 대한 동정심으로 바뀔 수 있고 그것을 완화시키게 할 자비의 작업의 준비가 된다. 나에게 고통을 가하는 사람도 동정을 받아야 할 사람이다. 그는 인간으로서 잘못된 길고 들어서고, 종교적으로는 죄의 길로 들어선 사람이다. 그것이 어찌 괴로운 일이 아니겠는가.

7) 1977년의 진술을 보면, 위에서 말한 것처럼, 김대중 선생에게 민주화 투쟁의 성격은 정치를 넘어가는 것이 되었다고 할 수 있다. 이것도 이미 말한 것이지만, 그것은 민주구국선언의 환경이 종교적이었던 것에 관계되지만, 한 가지를 더 보탠다면, 그때 집회에 모인 사람들 자체가 종교에 관계된 사람들이라는 사실에 한 요인이 있다고 할 수 있다. 이것은 이때의 사람들이 정치에 직접적으로 발을 들여놓고 있는 사람들이 아니었고 그러니만큼 반드시 정치적 야심으로 움직이는 사람들이 아니었다는 것을 말한다. 김대중 선생에게는 이렇게 비정치인들과 함께 행동한 것은 처음이었던 것으로 보인다. 그는 이렇게 쓰고 있다.

"나는 이 사건으로 재야 종교인, 지식인들의 진면목을 알게 되었다. 그들의 순수한 열정은 내 마음에 깊이 각인되었다. 그들은 거의가 나와는 일면식도 없었다. 이 사건은 나와 재야 민주 인사들을 연결시킨 최초의 고리였다."(357페이지)

김대중 선생은 이들의 동기와 행동 방식이 정치인과는 다르다는 것을 알게 되었지만, 동시에 그들의 깊은 동지애에도 감명을 받았던 것으로 보인다. 재판이 열리는 매주 토요일에 열리는 재판에서, 호송 버스에서 함께 만났는데, 그 만남이 "그렇게 반가울 수가 없었다"고 기술하고 있다. 그들은 "서로의 안부를 묻고 서로를 위로했다. 차 안에는 뜨거운 기운이 감돌았다. 같이 있음이 용기이고 힘이었다."(354페이지) 이때의 동지애는 정치적 야심이나 권력에 기초한 것이 아니었다. 그것은 정신적 원리에 입각한 것이었다. 그리고 이 원리는 단순히 상호간의 유대를 말하는 것이 아니다. 그것은 각자가 정신의 바름을 위하여 희생을 무릅쓰는 것이다. 그것은 상호간의 수평적인 관계이면서, 각각 단독자로서 자신이 지켜야 하는 정신의 질서에 대한 수직적 관계를 포함하는 것이다. (이러한 상호 관계는 참으로 뜨거웠던 것으로 생각된다. 1979년 그때 함께 고초를 겪었던 고려대의 이문영 교수는 나와 이야기를 나누면서, 순천의 감옥에서 단식투쟁을 하면서 자기가 내건 요구가 김대중 선생에게 은수저를 주어 독살의 위험을 피할 수 있게 하려는 것이었다고 했다.)

5. 수난의 정치적 의미

1) 김대중 선생이 감옥에서 고통을 당하면서 용서와 관용을 깨닫는 것은 물론 개인적인 의미만이 아니라 넓은 정치적인 의미를 갖는 것이다. 그는 또 한 번의 옥고를 치러야 하는데, 그것은 사형선고를 포함한 것이었다. 그리고 또 가택연금, 망명을 포함한 다른 고난의 역정을 거쳐야 했다. 그러나 결국 대통령의 자리에 나아가게 된다. 그런데, 권력을 장악한 후의 정치 시책들에서 보복을 볼 수 없는 것, 그리고 국내뿐만 아니라 국외의 여러 관계에서도 화해와 타협을 추구한 것 등이 이러한 정신적 체험에 관계된다고 하지 않을 수 없다. 용서와 관용의 가장 유명한 예는 김대

동행-김대중 & 김정일(서기문 그림)

중 대통령이 박정희기념관 건립을 허가한 것일 것이다. 이러한 관용은 기념관 건립 허가 후에 박근혜 씨에게 보여 준 태도에서도 볼 수 있는 일이다. 여러 해가 지난 다음인 2004년에 한나라당의 대표인 박근혜 씨를 김대중도서관에서 만나게 되는데, 그때 그는 "진심으로 마음을 열어 박 대표의 손을 잡았"고 박 대표는 "뜻밖에" 아버지 일에 대해서 사과하였다.(385페이지) 심지어 관용과 용서는 정권 장악 후 자신을 일본에서 납치한 사건을 끝까지 파헤치지 않은 것에서도 볼 수 있다. 여기에 대한 그의 설명은 "권력이 개입된 사건을 또 다른 권력으로 파헤치면 안 된다는" 것이었다.(345페이지)

2) 용서의 입장은 국내외의 정책에 있어서 평화적인 방법에 의한 평화의 달성을 주안으로 한 것에도 연결되는 것이라고 할 수 있다. 민주화운동 과정에서 김대중 선생은 폭력을 반대하고 비폭력을 주장하였다. 1980년 5월의 극히 불안한 시점에서도 학생시위의 자제를 호소했다. 1986년 5월 3일의 신민당 주도의 시위가 과격해지는 것을 그는 비판적으로 보았다. "과격 시위는 국민의 호응을 이끌어 낼 수 없다"는 것이 그의 입장이었다.(500페이지), 그해 6월 10일의 시위도 비폭력의 시위였던 것이 효력을 발휘한 것이라고 생각했다. 그는 김재규의 박정희 총살도 찬성할 수 없다는 입장을 취했다.(386페이지) 가장 대표적인 비폭력, 또는 달리 말하면 평화 추구의 정책의 절정은 말할 것도 없이 햇볕정책이었다. 무력 포기, 긴장 완화, 언론·서신·체육 교류, 정치·경제 교류 등을 내용으로 하여 성취될 수 있는 남북 평화 관계에 대한 생각은 이미 1970년대부터 그가 가지고 있었던 것이지만 (278페이지) 이것이 공식화된 것은 2000년 6월의 남북정상회담이고 소위 6·15공동선언이다. 일본이나 미국과의 보다 평화적이고 적극적인 연대 관계를 강화하고자 했던 외교정책들도 김 대통령이 가졌던 기본적인 정신 정향이라는 범주 안에서 생각할 수 있을 것이다.

3) 물론 이러한 조처들은 단순히 정신적 순결성의 표현이 아니라고 할는지 모른다. 많은 관용과 화해 그리고 평화의 조처들은 정치 전략으로서의 뜻을 가지고 있는 것이라고 할 수 있다. 그러나 정치에서 완전한 정신의 구현을 기대할 수는 없다. 또한 그러한 경우 그것은 바른 현실 대책이 될 수도 없다. 그리고 김대중 대통령은 성인이 아니다. 그렇지 않다는 것

은, 지금의 글에서 주로 의지한 자서전에서도 많이 발견할 수 있다. 그러나 중요한 것은 정치의 대체적인 오리엔테이션이다. 우리는 김대중 대통령에게서 그러한 방향을 느낄 수 있다.

4) 정치의 최종 목표는 평화로운 삶이다. 그것은 삶의 모순의 해결을 요구한다. 그러나 동시에 그 목표에 이르는 데에는 혁명적 변화가 필요하고 그것을 위해서는 많은 경우 비평화적인 수법이 동원된다. 그리고 혁명론자는 삶의 끊임없는 모순을 지나치게 단순화함으로써 그것을 단시간에 폭력적 수단으로 해결할 수 있는 것으로 생각한다. 유토피아의 이상은 정치에 정향을 부여하는 데에 필요한 것이면서도 바르다고 할 수 없는 온갖 수단을 정당화하는 경향이 있다. 그리고 어떤 동기에서든지 일단 동원된 비평화적인 수법은 그칠 줄을 모른다. 레닌은 혁명가는 처음에 인민의 삶에 대한 고려에서 혁명을 시작하지만 스스로를 위해서 혁명을 삶의 목표로 또 직업으로 만든다고 말하여 혁명가의 유혹과 위험을 지적한 일이 있다. 나는 얼마 전 마오쩌둥의 전기에 관한 글에서 그로 인하여 희생된 중국인의 수가 7천만 명에 이르고 당내의 기율을 위하여 당원을 숙청하여 사형한 것만도 1만 5천 명이 된다는 것을 읽었다. 7천만 중 많은 사람들은 대약진운동이나 문화혁명으로 인하여 희생된 것인데, 그 동기는 그가 시작한 혁명이 제도로 정착하고 혁명적 열기를 잃게 되는 것을 싫어했기 때문이라고 한다. 물론 혁명적 열기의 감소는 그의 권력과 영향력의 감소를 의미하는 것이기도 했다. 또 제도가 관료 제도로 굳어지는 것이 커다란 문제를 갖는 것도 사실이다. 마오쩌둥의 걱정은 이해할 만하다. 의도가 어떤 것이든지 간에 이데올로기로 단순화된 혁명의 이상이 견디어낼 수 없는 희생을 가져온다는 것이 20세기의 여러 정치적 실험들의 교훈이다.

적어도 민주주의는 보통 사람의 삶의 평화를 보장하려고 하는 제도이다. 물론 그것은 관료 제도로 경직화할 수도 있고, 단순히 자기 이익을 추구하는 데에 혈안이 된 개인들의 임시의 타협을 표현하는 것일 수도 있다. 그것은 그 나름의 정신의 동역학을 갖는다. 모든 정치 변화가 그러하듯이 처음에 필요한 것은 혁명적 열기이다. 그러나 그것은 증오와 원한을 풀어 놓는다. 그것이 사회적 동력으로 오래 지속되는 사회가 참으로 인간적인 사회가 될 수는 없다. 그것은 화해로 나갈 수 있어야 한다. 위에서 김대중 대통령이 민주화 집회가 있었던 명동성당을 생각하면서, 신앙의 성당이 권력의 궁궐보다 더 높은 자리에 있는 것이 마땅하다고 느꼈다는 것을 보았다. 정치는 필요한 것이면서 그 절대화는 억압과 희생을 가져온다. 물론 신앙 또는 일반적 정신적 믿음의 교조화도 그 나름의 인간 희생을 가져온다. 세속적인 관점에서 신앙의 의미는 용서와 화해 그리고 평화의 이상 속에 많은 사람을 하나로 포용할 수 있게 한다는 데에 있다. 이 것은 신앙이 아니라도 일정한 정신문화를 요구한다. 여기에서 핵심이 되는 것은 자기를 넘어가는 정신 질서에 순응할 수 있는 겸허이다. 권력의 절대화가 여기에 대하여 장해가 되는 바와 같이 시장경제의 절대화가 여기에 대립되는 것도 사실이다. 물론 물질의 추구가 보통 사람의 추구로서 인정되지 않는다면, 그것 또한 보통 사람의 삶을 억압되고 위축되게 하는 것이 될 것이다. 그러나 그 위에 신앙이 아니라도 어떤 도덕과 윤리 그리고 정신이 있어서 인간적인 사회는 가능하다.

　김대중 대통령은, 다시 되풀이하건대, 개인적인 동기에서 정치에 투신하였더라도 민주화운동의 체험 끝에 정치 행동의 고통과 신앙과 정신의 체험을 경험했다. 그의 인간의 정치 질서에 대한 이해는 종교적 깊이를 가졌던 것으로 보인다. 그리고 그것을 통해 보다 넓은 인간에 대한 이해를 가지게 되었다. 위에서는 그가 이 단계에까지 이른 과정을 추구하여 보았다. 앞에서 말한 바와 같이 그가 성인이었다는 말은 아니다. 그러나 그가 정치와 정치의 야심을 보다 넓은 인간 화해의 비전으로 승화한 것은 사실일 것이다. 그리하여 참으로 우리의 근대 역사에서 보기 드문 정치 지도자가 되었다고 할 수 있다. 그러나 그의 모범은 아직 우리 현실에 완전히 인식되지 아니한 것으로 말하지 않을 수 없다. 우리의 정치를 지배하고 있는 것은, 또 우리의 정치 이해의 밑에 있는 것은, 원한과 힘 그리고 개인적으로나 집단적으로나 이점利點의 고지를 점유하기 위한 전략적 사고이다. 자기를 넘어 사회를 생각하고 그리고 사회를 넘어 겸허한 마음으로 인간의 정신적 본질을 생각하고 또 그에 순응하고 모든 사람을 너그럽게 포용하는 정치문화, 정신문화는 아직 존재하지 않는다. 정치에 깊이 있는 인간 이해의 바탕이 생기는 것은 요원한 것으로 보인다.

1992년 서교동 성당에서(조현수 그림)

김대중 전 대통령의 서거를 애도함

죽음은 누구에게나 오고 사람을 가리지 않고 오는 것이지만, 그리고 김 전 대통령께서 다시 일어서시기 힘들 병상에 누우시게 된 것은 전해 듣고 있는 일이었지만, 막상 숨을 거두시었다는 소식을 들음에, 아픈 마음이 새삼스럽다.

김대중 대통령은 이제 역사의 인물이 되셨다. 우리 현대사를 생각하면, 민주화를 생각하지 않을 수 없고 민주화하면, 김 전 대통령을 생각하지 않을 수 없다. 민주화는 우리 모두에게 주어진 과제였다. 역사는 그것을 거두어 모아 하나가 되게 하는 노력이 없이는 큰 흐름이 되지 못한다. 역사를 바른길로 가게 하는 데에 김 전 대통령은 순교자의 고통과 인내와 의지를 가지고 온 힘을 다하였다. 그러한 노력 가운데에 역사는 지도자를 탄생하게 한다. 하나가 되는 역사와 국민과 지도자의 신비를 새삼 실감하지 않을 수 없다.

민주화는 역사의 대전환, 대혁명을 의미하였음에도 불구하고 큰 유혈이 없이 이루어질 수 있었다. 민주화를 위하여 크고 작은 희생을 바친 분들이 많았음에도 불구하고 민주주의가 회복된 다음에는 사회 평화를 뒤흔들 만한 보복이 없었다. 이것은 우리가 다 같이 긍지를 가지고 생각할 만한 일이지만, 김 전 대통령의 깊은 사려와 큰 덕이 없었더라면, 이것은 이루어지기 어려운 일이었을 것이다.

사람들은 김 전 대통령의 가장 빛나는 업적으로 남북 관계를 크게 바꾸어 민족의 앞길에 평화와 통일을 바라볼 수 있게 한 일을 꼽을 것이다. 이것은 물론 큰 정치적 비전에서 나온 일이다. 동시에 그것은 평화와 화해의 이상에 대한 깊은 인간적 믿음에도 관계되는 것이었을 것이다. 지금 김 대통령이 열어 놓은 길의 저쪽이 잘 보이지 않는 것이 되었다고 하여도 그것은 첫 의도와 마지막 결과 사이, 굽이진 역사의 길에서 거치지 않을 수 없는 시련들을 말할 뿐이다.

김 전 대통령은 큰 정치의 지도자임에도 불구하고 자연스러운 인간의 부드러움을 잊지 않은 분이었다. 그리고 그 부드러움은 언제나 위엄을 잃지 않은 것이었다. 나는 1992년 가을에 마침 영국 케임브리지에서 김 전 대통령을 뵙게 되었다. 영국을 떠나면서 작별 인사를 드렸을 때, 멀리까지 배웅하면서 서 계시던 자상한 모습이 지금도 생생하다. 2000년 여름

대통령으로 재직하실 때에, 외국에서 온 작가들을 안내하여 나는 청와대를 방문하였다. 그때 외국인 방문객 가운데에는 프랑스의 저명한 사회학자 피에르 부르디외 교수가 있었다. 대통령 관저 방문 계획을 말했을 때, 부르디외 교수는 방문 의사가 없다고 말했다. 자신이 권력의 높은 자리에 있는 분을 만나야 할 이유가 없다는 것이었다. 그러나 설득의 결과 그는 방문에 동의했다. 대통령을 뵙게 되었을 때, 부르디외 교수는 김 대통령의 죽음의 직전에 이르렀던 개인적 체험, 한국 사회와 문화와 근대화의 관계, 경제에 대하여, 가장 많은 질문을, 정해진 시간을 넘겨 가며 내어놓았다. 김 전 대통령의 답은 자연스러우면서도 정연한 것이었다. 부르디외 교수는 청와대 현관을 나서면서, 당신들은 훌륭한 대통령을 가졌다고 말하였다. 그는 프랑스로 돌아간 다음 김 전 대통령이 노벨평화상을 수상하게 되었을 때, 축하 전보를 보내고 그것을 나에게 알려 주었다. 상냥하면서도 더없이 엄정한 부르디외 교수의 인품으로 보아 이것은 진정한 사려에서 나온 일이었을 것이다.

그렇다는 것은 우리 역사의 불행이기도 하고 우리 역사에 지워진 커다란 짐으로 인한 것이기도 하지만, 김 전 대통령은 역대의 대통령 가운데 진정한 의미에서 모든 국민의 애도 가운데 국장으로 편안하게 모시게 되는 최초의 대통령이다. 살아 계실 때 짊어지신 고통은 가장 큰 분이었다고 하겠지만, 이제 숨을 거두시고 난 그분의 장례는, 흔히 쓰는 말로, 호상 중에도 호상이 된다고 할 수 있다. 온갖 시련에도 불구하고 지상의 평화를 위하여 일하시고 떠나가심에, 이제 영원한 평화와 안식 속에 길이 잠드시기를 기원한다.

－ 한국일보, 2009년 8월 18일

김우창(고려대 명예교수)

주

1) 전적으로 삼인출판사의 『김대중자서전』(2010)을 참고했다. 참조한 것에 대한 각주는 없이 자서전의 페이지만을 표시하기로 한다. 여기에 인용된 것은 주로 자선전 1권이기 때문에 권수는 표시하지 아니하였다.
2) 나중에 김대중 대통령은 대통령 취임 후 방일 시에 퇴임 외교관이 되었던 그때의 교사 무쿠모토 이사부로(椋本伊三郎) 씨를 상면하게 된다.(47페이지)
3) 이후의 존칭은 그 당시의 사정에 따라서 바꾸어 쓰기로 한다.

제2절
민주주의와 평화의 길

1. 민주주의와 평화의 트랜스포머

김대중 대통령은 우리 모두가 잘 알고 있는 대로 평생 민주주의와, 인권, 평화통일을 위해 헌신했다. 40여 년간 다섯 번의 죽을 고비를 겪고, 6년의 감옥 생활, 망명, 연금 그리고 감시를 당하는 정치적 고난의 생활을 해야 했다. 이런 정치적 고난은 김대중 대통령 개인만이 아니라 가족들, 그리고 비서들과 그를 지원하고 도운 사람들에게까지 가해졌다. 특히 첫째 아들 김홍일 전 의원은 고문과 투옥으로 불치의 병과 평생 장애인으로 살아야 하는 고통 속에 있다. 김대중 대통령의 「옥중서신」을 보면 자신 때문에 이희호 여사와 아들들 그리고 비서들과 동지들이 당하는 고통을 너무도 아파했고, 미안해했다. 그러나 김대중 대통령은 불의한 세력에 한 번도 굴복하지 않았고 타협하지도 않았다.

김대중 대통령을 비난하는 사람들은 그가 권력욕과 대통령 병에 걸린 사람이라고 말하기도 했다. 그렇지만 김대중 대통령은 1980년 내란음모죄로 사형선고를 받았을 때, 협조만 하면 사형을 면해 주고 대통령직 외에는 무엇이든 원하는 것을 하도록 해 주겠다고 회유를 받았지만 "나도 인간이기에 죽음에 두려움이 없는 것이 아니다. 그러나 내가 살기 위해 타협하면 나는 국민과 역사 앞에 죄인이 되어 영원히 죽고, 지금 내가 죽으면 국민과 역사 앞에 영원히 살기 때문에 나는 그 제안을 거절한다."라고 했다. 또한 김영삼 전 대통령보다 먼저 노태우 전 대통령으로부터 3당 합당하면 대통령이 되도록 해 주겠다는 제안을 받았지만 민주주의의 정도가 아니라고 거절했다. 김대중 대통령은 국민을 신뢰하고 역사를 믿었.

1971년 대선후보(조현수 그림)

김대중 대통령은 내 개인적 경험으로나 본인의 말로써나 정이 많은 참으로 인간적인 분이었다. 그분은 자신의 삶을 회고하며 "나는 어릴 때 겁이 많아 측간에도 혼자 못 갔고, 사람에게 모질지 못했고, 성인이 되어서도 어려운 사람 만나면 어떻게 할까 가슴이 두근거렸다"고 말했다. 그래서 "내가 민주주의를 위해 투쟁한 것도 신념이 시켜서 한 것이지 결코 모질고 독해서 한 것이 아니다."라고 했다.

김대중 대통령은 산과 바다를 좋아했고, 문화 예술을 사랑했다. 동교동 집 뜰에서 꽃을 가꾸고 새들에게 모이를 주고 강아지와 노는 것을 즐겨했다. 바쁜 정치 일정과 국정 수행 과정에서도 짬을 내어 문화 예술 공연을 관람했고, 퇴임 후에는 가끔 이희호 여사와 함께 들녘에 나가 꽃들을 보며 행복해했다.

그러나 김대중 대통령은 그동안 국내보다 국제적으로 더 훌륭한 정치 지도자로 존경받으며 민주주의와 평화의 사도로 높은 역사적 평가를 받았다. 국내에서는 군사독재 정권의 정치적 모함과 조작에 의해 부정적인 이미지가 낙인되어 정당한 평가를 받지 못했다. 그러나 서거 이후 점차, 특히 올해 대선 정국에서 김대중 대통령에 대한 역사적 평가와 국민들의 존경심이 날로 높아가고 있다.

2019년 8월 18일 김대중 대통령이 서거했을 때, 『뉴스위크』지는 김대중 대통령을 "민주주의를 이룩했고, 아시아 외환위기를 성공적으로 극복했으며, 햇볕정책으로 남과 북의 화해와 협력을 증진시킨 위대한 트랜스포머"라고 추모했다. 『뉴스위크』지는 또한 이 해에 별세한 세계적 인물 중에서 인류에게 영원히 기억될 명사 36인의 한 사람으로 김대중 대통령을 선정했다.

김대중 대통령은 현직 대통령으로서 2000년 12월 10일 노벨평화상을 수상했다. 이때 노벨위원회는 김대중 대통령의 수상 이유를 "민주주의와 인권, 남과 북의 화해와 협력, 아시아 민주주의와 일본과의 화해, 세계 평화를 위해 평생 헌신"했기 때문이라고 밝혔다.

김대중 대통령이 노벨평화상 수상자로 발표되자 당시 세계 각 나라의 유력한 언론들은 "당연히 받아야 할 상"(Washington Post), "김대중 대통령의 행적은 한반도를 초월한다"(Los Angeles Time), "상을 받는 민주주의와 화해의 창달자"(International Herald Tribune), "폭풍우 속의 햇살"(The Time), "김대중 대통령, 햇볕의 예술"(Le Figaro), "용기와 투쟁 의지에 대한 환호"(Bergens Tidende, 노르웨이), "노벨평화상, 전 세계에 용기를 준 김대중 대통령"(아사히), "노벨평화상, 신념과 용기 있는 사람이 얻은 명예"(요미우리), "김대중 대통령 노벨평화상 수상, 전 세계에 용기를 주는 햇볕정책"(마이니치) 등의 사설로 그 의미를 부여하고 김대중 대통령에게 찬사를 보냈다.

김대중 대통령의 신념과 가치의 근본은 민주주의와 평화다. 이것은 그분의 신앙이며 삶이었다.

2. 김대중 대통령의 민주주의

1) 김대중 대통령의 정치 신조

"나는 정치를 하는 사람으로서 나의 신조를 가지고 있다. 그것은 지도자라는 사람의 가치가 도대체 어떻게 결정되느냐 하는 점이다. 위대한 지도자는 바로 그 사람이 얼마나 오랫동안 권력을 잡고 있었느냐 또는 얼마나 높은 지위를 차지하고 있었느냐, 그리고 얼마나 많은 업적을 남겼느냐에 따라 결정되는 것이 아니라,

어떤 자세로 국민을 대했느냐에 따라 결정되는 것이라고 생각한
다. 다시 말해서 그 사람이 얼마나 많이 자기 나라 국민을 존경하
고 사랑했느냐 그리고 국민들에게 이득이 되는 올바른 방향과 정
책들이 어떤 것이라고 생각했으며, 또 그런 정책을 실현시키기 위
해 노력했는가-즉 어느 정도로 충실하게 그리고 진심으로 국민을
대했으며 봉사했는가, 그 실적이 무엇보다도 중요하다고 생각한
다."

"이런 사고방식을 철저하게 가진 인물이라면 가령, 그 사람이
높은 지위에 앉았던 기간이 비록 짧았더라도 그리고 별로 대단한
업적을 남기지 않았다 하더라도 국민들은 역사 속에서 길이 기억
하며 존경하게 되리라고 생각한다. 그러므로 나는 국민에 대한 존
경과 애정을 정치의 기본 이념과 신조로 삼고 있다. 나는 국민을
높은 곳에서 내려다보거나, 국민에게 자비심을 베푸는 것과 같은
정치 자세를 경멸하며 또한 증오한다."

"나는 상당히 낙관주의자다. 캄캄한 어둠 속에서도 내일 아침이
면 태양이 다시 떠오르는 것을 의심치 않는다. 악마가 지배하는
지옥에 떨어지더라도 그래도 하느님이 있다는 것을 믿는다. 그리
고 나에 있어서의 신앙은 역사이다. 나는 역사에 있어서의 정의의
불패不敗를 신앙한다. 또한 나에게 있어서 유일한 영웅은 국민이
다. 국민은 최후의 승리자이며 양심의 근원이다. 나는 이 같은 신
념 아래 살고 있다. 나에게 있어서 신앙은 역사이다."

2) 무궁화여! 영원히 행복하라

"나는 지금까지 민족의 선두에 서서 목숨을 바치며 싸워 왔지
만, 앞으로도 민족의 자유와 행복과 통일을 위해 그리고 우리 한
민족의 낙원을 만들기 위해 나 자신을 한 줌의 흙으로 바치고 싶
은 것이다. 이것이야말로 나의 인생에서 가장 가치 있는 행위이며,
내가 국민과 함께 살아갈 수 있는 영원한 길이라고 확신한다. 나
의 경애하는 국민이 하루속히 자유를 회복하여 통일조국의 품 안
에 행복하게 안겨 영원무궁토록 행운이 이어지기를 간절히 빌어

마지않는다. 무궁화여 영원히 행복하라."(1973년 5월 일본 동경에서 망명 중)

"우리 국민은 매우 우수하며 끈기 있는 저항력을 가진 국민이다. 우리 국민은 총명하기 때문에 독재를 감수할 수 없을 뿐 아니라, 부조리나 악에 대해 묵과하지 못하는 예민한 비판력을 가지고 있지만 그러나 악을 제거하는 데 과감하게 참여하고 투쟁하는 면에 있어서는 참여 의식과 용기가 결핍되어 있다. 그러므로 우리 국민에 대해서는 계몽은 필요치 않다. 필요한 것은 참여 의식과 용기를 구가할 수 있도록 하는 일이다."

"나는 우리 민족이 훌륭한 장점을 지니고 있다는 것을 알고 있으며, 이처럼 훌륭한 국민을 위해 봉사할 수 있다는 데 대해 최상의 기쁨과 최고의 의무감, 그리고 그로 말미암아 삶의 보람을 느낀다. 국민을 경애하는 마음이야말로 나의 인생관과 세계관을 결정짓게 하였으며, 나는 정치적인 방향을 설정해 준 것이라고 할 수 있다."

사형수 김대중(서기문 그림)

"우리 국민은 근면하고도 총명하며 일반 교육 수준이 높은 데다 노동력의 질이 매우 우수한 것으로 알려지고 있다. 노동력의 질은 일본보다도 오히려 뛰어난 점이 있다고 말하는 사람도 있을 정도다. 이처럼 우수한 노동력을 가지고 있으면서 한국과 같이 경제적으로 대가를 받지 못하고 있는 불행한 나라는 세계 어느 곳에서도 그 예를 찾아볼 수 없다. 그 이유는 국민에게 있는 것이 아니라, 명백히 정치의 잘못에 있는 것이다. 지금까지의 정치는 이 같은 국민의 소질을 충분히 살릴 수가 없었다."

3) 코즈모폴리턴 민주주의

김대중 대통령은 "오늘의 민주주의는 국민국가 수준을 넘어 세계 곳곳에서 고통받는 사람들도 자유와 정의가 깃든, 세계적 차원의 민주주의가 되어야 한다. 나아가 인류의 형제인 모든 생명붙이에게도 평화가 깃들어야 한다. 지구 상의 모든 존재들, 자연의 생존권이 보장되는 전 지구적 민주주의가 되어야 한다"고 했다. 김대중 대통령은 이 민주주의를 '글로벌 데모크라시'(global democracy), '코즈모폴리턴 데모크라시'(cosmopolitan democracy)라고 했다.

김대중 대통령은 "민주주의는 한마디로 말하면 국민에 의한 정부이다. 참여의 정치이다. 참여의 정치란 국민이 주인이 되는 정치, 국민이 자기 운명을 스스로 결정하는 정치, 국민이 스스로 신이 나서 건설하고 나라를 지키는 정치, 국민이 그 속에서 발전하는 정치이다. 그래서 민주주의는 국민의 자유와 평등과 복지를 향상시키며 세계 각국과 평화로운 협력을 하는 것"이라고 말했다.

이렇게 김대중 대통령의 민주주의는 바로 자유, 평등, 복지, 평화의 민주주의였다. 이런 의미에서 유신 체제 때 주창되었던 '한국적 민주주의'나 싱가포르의 리콴유(李光耀) 수상이 '민주주의의 아시아적 가치'란 논리로 민주주의의 보편성을 제한하는 것을 비판했다.

"민주주의는 어떤 조건으로도 제한되어서는 안 된다. 아시아는 서양보다 더 일찍이 '사람이 곧 하늘이다'(人乃天)라는 민주주의와 인권의 사상을 가지고 있었다. 따라서 아시아는 서양보다 민주주의가 뒤늦게 발달되었기 때문에 민주주의와 인권을 제한해야 한다고 하는 리콴유(李光耀)의 주장은 잘못된 것이다."라고 했다.

> "경제 발전을 위해 민주주의를 희생시켜야 한다는 생각을 나는 갖고 있지 않다. 경제와 민주주의는 하나로 생각해야 한다. 군사적 독재로 경제 발전을 도모하려는 것은 모두 실패로 끝나고 있다. 또 반드시 실패하는 것이다."

먼저 정치적 민주주의 차원에서 김대중 대통령은 철저한 의회주의자였고, 풀뿌리 민주주의인 지방자치를 실현했고, 정경유착을 근절해서 정치 풍토를 정화시켰다.

대통령 재임 시에 과거 반세기 동안 지속되어 온 독재 체제의 적폐를 청산하고 우리나라를 진정으로 국민이 주인이 되고 인권이 보장되는 민주 인권국가로 발전시켰다. 인권법을 제정하였고 국가로부터 독립된 국가인권위원회를 설립했다. 청소년의 권리를 보장하는 청소년권리헌장을 제정하고, 장애인 차별을 금지하고 인권을 보장하는 장애인인권헌장도 제정했으며, 남녀 차별 금지 및 구제에 관한 법을 제정하고 여성부를 신설하여 양성평등 사회를 구현했다.

동시에 민주화운동을 위해 희생하고 헌신한 사람들의 명예를 회복시키고, 억울하게 의문의 죽임을 당한 사람들의 진실을 밝히고 국가가 보상하도록 했다. 또한 제주4·3특별법을 제정하여 공산주의 폭도로 몰려 죽임 당했던 제주도민의 진실을 밝혀 명예를 회복시켜 주고 이에 대해 정부가 사과했으며, 5·18광주민주화운동의 명예 회복 및 보상, 5·18민주묘역을 국립묘지로 승격시켜 광주5·18민주화운동을 대한민국의 민주화운동으로 세계에 알렸다.

그리고 언론과 집회 및 결사의 자유를 보장하여 국가로부터 독립된 방송위원회를 설립했고, 민주노총과 전교조를 합법화했으며, 집회와 시위의 자유를 보장하고 최루탄 사용을 금지시켜 평화적인 집회시위 문화를 정착시켰다.

이와 더불어 군사독재가 조장한 지역 차별 극복을 위해 동서 화합과 지역 균형 발전 정책을 적극적으로 추진하여 사회 통합과 국민 화합의 기반을 마련했다.

실제로 김대중 대통령 정부 이후 자라난 오늘의 젊은 세대들은 민주주의와 인권의 소중함을 실감하게 되었고, 이것은 대한민국의 대내외적 평화적 삶의 기반이 되었다.

다음으로 김대중 대통령은 민주주의와 시장경제의 병행 발전으로 민주적 시장경제체제 기반을 구축하고 정경 유착, 관치금융의 적폐를 청산했다. 헌법 제119조 2항의 경제민주화 원칙에 근거해서 기업, 금융, 공공, 노사 4대 개혁과 5+3원칙으로 재벌 개혁을 했다. 5+3원칙에서 5는 경영 투명성 제고, 상호지급보증 해소, 재무구조 개선, 업종 전문화(핵심역량 강화), 경영진 책임 강화 등이고, 3은 재벌의 제2금융권 지배 차단, 순환출자 억제를 위한 출자총액 제한 제도 부활, 부당 내부거래 및 변칙 상속 증여 차단 등이다.

1970년대 연설회장에서(조현수 그림)

　그리고 김대중 대통령은 대통령 직속 중소기업특별위원회를 신설해서 중소기업을 적극 육성하는 정책을 추진했다.

　김대중 대통령은 이런 경제민주화 정책으로 6·25전쟁 이후 최대 국란이었던 IMF외환위기를 조속히 극복하고 우리나라를 세계 10대 경제 대국으로 발전시켰다. 그래서 오늘 우리나라는 단군 이래 가장 잘사는 나라가 되었다.

　그럼에도 노무현 전 대통령 정부에 참여했던 진보를 가장한 일부 몰지각한 지식인들은 김대중 대통령이 신자유주의를 도입했다고 비판하고 있다. 그러나 도리어 노무현 정부가 김대중 정부 업적을 뒤집고 신자유주의를 도입했다. 그렇기 때문에 이들의 주장은 자신들의 잘못을 감추고 이것을 김대중 대통령에게 뒤집어씌우는 부도덕한 것이다.

　김대중 대통령은 경제민주화 개혁 정책만이 아니라 정보화 정책을 강력하게 추진해서 우리나라를 세계 최선두 IT 강국이 되게 했고, 신성장 동력으로 6T(IT, BT, NT, CT, ET, ST), 과학기술 산업, 벤처 산업, 문화 산업 및 문화 관광산업 등을 국가 전략산업으로 육성했다.

특히 "지원은 하되 간섭하지 않는" 민주적 문화 정책으로 한류의 바람을 일으켰고 이 한류 바람은 지금 전 세계에서 불고 있다.

그리고 김대중 대통령은 사회민주화 차원에서 빈부 격차를 해소하고, 차별을 극복하는 사회통합 정책을 적극 추진했다.

김대중 대통령은 "국가는 국민 누구도 굶어 죽지 않게 해야 하며, 돈이 없어 교육을 못 받거나 아파도 병원에 갈 수 없게 해서는 안 된다"고 했다. 이것이 생산적 복지의 실제 내용이 되었다.

생산적 복지는 무엇보다 빈곤의 원인이 개인에게도 있지만 불의한 사회체제 및 구조가 중요한 원인이 되기 때문에 빈곤 문제를 개인 책임으로만 돌리지 않고 사회정의에 근거하여 사회적, 국가적 책임으로 인식하는 철학에 근거한다. 그래서 국민은 누구도 빈곤선 아래 생활을 해서는 안 된다는 원칙에서 빈곤 문제 해결을 위해 모든 국민에게 기초생활을 보장하였다. 생계, 의료, 교육, 근로 등 생활의 전 영역에 걸쳐 최소한의 욕구를 제도적으로 충족시켰다.

이 제도를 '생산적 복지'라고 명명한 것은 무엇보다 복지가 소비가 아니라 생산적이라는 인식의 전환이 필요했기 때문이다. 그리고 최소한의 생활보장과 더불어 근로 능력이 있는 사람에게는 교육과 직업훈련 등을 통하여 자활, 자립할 수 있는 기회를 제공하는 적극적 복지라는 의미에서 '생산적 복지'가 된 것이다.

그리고 모든 국민을 질병, 노령, 실업, 재해, 등 사회적 위험으로부터 보호하기 위해 건강보험, 국민연금, 고용보험, 산재보험 등 4대 사회보험의 적용 대상을 전 국민으로 확대하고 복지 사각지대 해소를 위한 사회보장 시스템을 구축하였다.

또한 노인, 장애인, 여성, 아동, 청소년 등 취약 계층이나 국가를 위해 희생한 사람들이 경제적, 사회적 차별을 받지 않도록 비대상 저소득 노인에 대한 노인연금, 국가유공자 수당 인상, 장애 범위의 확대와 장애 수당 현실화, 모성 보호, 저소득 가정 아동 보육비 등을 지원하였다.

특히 교육이 빈곤으로부터 벗어날 수 있는 가장 중요한 길이기 때문에 그동안 헌법에 보장되어 있었지만 경제적 이유로 유보되었던 무상 의무교육을 중3까지 전국적으로 확대하였고, 유아교육 공교육화, 저소득 가정 자녀들의 학년 전 교육비 지원, 고등학교와 대학교 학자금 융자를 저리로 확대하는 동시에 정부가 그 이자의 1/2을 부담해 주는 정책을 실시하여 저소득층 가정의 자녀들이 교육 기회에서 소외당하지 않도록 했다.

이와 함께 지식정보화 시대에 빈부 격차는 '정보 격차'(digital divide)가 가장 큰 요인이 되기 때문에 정보 격차 해소를 위해 학교 정보화와 지역 주민센터에 정보화 체계를 구축, 저소득 가정 학생, 청소년, 장애인 등에게 컴퓨터 무료 제공과 인터넷 사용료를 지원하고, 노인들과 모든 국민들에게 인터넷 교육을 실시하였다.

또한 김대중 대통령은 우리나라의 빈곤 문제만이 아니라 북한의 빈곤, 그리고 아시아와 세계의 빈곤 문제를 해결하기 위해 ASEAN+3(아세안+한 · 중 · 일), APEC(아시아태평양경제협력체), ASEM(아시아 · 유럽정상회의), 노벨평화상수상자정상회의 등 여러 정상회의와 UN(국제연합)과 WTO(세계무역기구) 등 국제회의 그리고 세계 여러 나라 대학들의 초청 강연에서 적극적인 노력을 하였다.

3. 김대중 대통령의 평화

일반적으로 평화를 보는 관점은 평화의 성격에 따라 크게 '소극적 평화'(Negative Peace)와 '적극적 평화'(Positive Peace) 두 가지로 분류된다.

'소극적 평화'는 직접적인 폭력, 곧 전쟁이나 테러, 물리적, 신체적 폭력이 부재한 상태를 말한다. 이 '소극적 평화'는 기존 체제와 질서의 유지를 전제하는 것이기에 '현상 유지적인 평화'라고 말하기도 한다.

그런데 인류 역사를 보면 '소극적 평화'를 주창하는 사람들은 주로 기존 체제와 질서를 유지하고 확산시키려고 하는 지배 세력들이었다. 이들은 지배 체제의 불의를 폭로하고 이것을 정의로운 체제로 바꾸려는 사람들을 '폭도'와 '반평화주의자'로 취급했다.

우리의 역사 속에 생생히 살아 있는 사례가 있다. 1980년 불의하게 권력을 찬탈한 신군부는 광주5 · 18민주화운동을 '빨갱이들의 짓', '폭도들의 난동'으로 매도하고 짓밟았고, 평생 평화를 위해 헌신한 김대중 대통령을 '내란음모죄'로 죽이려고 했다.

대화-김대중과 만델라(서기문 그림)

　반면에 후자인 '적극적 평화'는 직접적 폭력만이 아니라 간접적 폭력, 곧 구조적, 잠재적으로 자행되는 폭력의 부재를 의미한다. 이러한 '적극적 평화'는 빈곤, 성차별, 인종차별, 무시 등 국가와 집단 간의 갈등과 분쟁의 모태가 되는 부정의를 정의롭게 변화시키는 것을 포함하기 때문에 '정의로운 평화'라 불리기도 한다.

　'적극적 평화'를 주장하는 사람들은 '소극적 평화'는 불의한 체제와 질서를 유지시키는 '거짓된 평화'라고 비판한다. 특히 구조적, 잠재적으로 자행되는 폭력은 폭력으로 인식되기가 쉽지 않기 때문에 '소극적 평화' 입장에서는 이런 문제가 해결되지 않을 뿐 아니라 정당화되는 문제를 지적한다.

　따라서 적극적인 입장에서 평화를 인식하는 사람들은 직접적인 폭력만을 억제하는 것을 넘어, 민주주의, 인권, 정의, 빈곤, 환경 등의 문제를 해결하는 것이 평화를 만드는 길이라고 생각한다.

　평화를 인식하는 관점에 따라 평화를 위해 일하는 사람들의 입장도 달라진다. 평화를 위해 일하는 사람들의 입장은 크게 다음의 세 가지로 분류된다.

　첫째는 '평화 만들기'(Peace Making)의 입장이다. '평화 만들기'는 분쟁 지역에 개입하여 폭력을 제거하고 평화를 만드는 전략 및 행위를 의미한다.

그러나 대부분의 경우 '평화 만들기'는 일단 갈등과 분쟁 당사자들 간에 발생한 직접적 폭력을 멈추고 소극적인 평화를 만드는 데에 집중되어 있다.

둘째는 '평화 지키기'(Peace Keeping)의 입장이다. '평화 지키기'는 '평화 만들기'를 통해 확보된 평화를 유지하는 전략 및 행위를 의미한다. 그동안 평화운동을 하는 사람들은 일반적으로 평화 지키기 차원에서 일을 했다.

그러나 직접적, 구조적 갈등 및 폭력이 자행되는 상황, 더 나아가 잠재적인 구조적 폭력의 상황에서 사회적, 국제적 약자들이 평화를 만들고 지킨다는 것은 거의 불가능하다. 따라서 '평화 만들기'와 '평화 지키기'는 도리어 강자들의 '군사 개입', '주권 침해', '현상 유지', '체제 안보' 논리를 강화하는 빌미가 되었고, 이에 따라 '목적에 필요한 적대화'(objective enemy)와 '군비 증강'의 명분을 제공하는 결과를 초래했다.

이 때문에 최근 '평화 구축'(Peace Building)의 필요성이 새롭게 제기되고 있다. '평화 구축'은 비폭력적으로, 직접적인 폭력만이 아니라 간접적인 폭력의 문제까지 해결하려는 것이고, 일방적인 것이 아니라 대화와 타협을 통해 갈등과 폭력의 문제를 해소(conflict resolution)하는 '과정의 평화'이기도 하다.

김대중 대통령의 평화는 폭력을 사회구조적으로 인식한 적극적인 평화이고, '평화 만들기'와 '평화 지키기'를 넘어선 '평화 구축'의 평화다. 김대중 대통령이 추구한 평화는 무엇보다 소극적, 현상 유지적인 것이 아니라 이에 저항하여 잠재적, 구조적 폭력과 불의까지 해결하려는 정의의 결실로서 이루어지는 평화였고, 평화 구축의 '과정의 평화'의 길이었다.

김대중 대통령에게 평화는 삶과 유리된 이론이나 사상이 아니라 삶 자체였다. 김대중 대통령은 진정으로 평화를 사랑했다. 예수의 평화를 실천하려 했다. 마하트마 간디와 마틴 루터 킹 목사를 존경했다. 김대중 대통령은 성경의 가르침대로 정의와 평화가 서로 입맞춤하는 정의로운 평화를 추구했다. 김대중 대통령은 평화는 "목적이고 과정이고 방법이다."라고 했다. 특히 김대중 대통령은 "평화를 이루려면 먼저 마음의 평화가 있어야 한다"고 했다.

김대중 대통령은 대통령 취임 후 햇볕정책으로 북한과 화해, 교류 협력의 관계를 적극 추진하였고, 2000년 남북정상회담과 6·15공동선언을 통해 한반도에 새로운 평화 역사의 장을 열었다. 김대중 대통령의 평화에 대한 신념은 일제 식민지와 분단 해방 그리고 6·25전쟁 과정에서 민족의 비참한 현실을 보고 겪은 체험에서 우러나왔다. 김대중 대통령은 특히 동족 간 전쟁의 비참함을 목도하고, 통일은 민족의 숙원이지만 전쟁을 통한 통일은 절대로 해서 안 된다는 생각을 하게 되었다. 이런 신념에서 김대중 대통령은 민주주의와 평화통일을 위해 헌신할 결심을 하고 정계에 입문하게 되었다. 따라서 김대중 대통령의 평화는 어떤 이론이나 특정 사상에 근거한 것이 아니라 우리 민족의 현실 문제 인식에서 비롯된 것이다.

김대중 대통령은 이런 현실 문제 인식에서 1971년 대통령 후보 공약을 통해 그동안 신념을 가지고 준비해 왔던 평화통일 방안, 곧 미·일·중·러 4대국 보장론과 평화공존, 평화교류, 평화통일의 3단계 평화통일 방안을 제시했다. 이 4대국 보장론과 3단계 평화통일 방안은 지금까지도 유효할 뿐만 아니라 앞으로도 이 길만이 전쟁이 아닌 평화의 방식으로 한반도에 평화체제를 구축하고 평화통일을 이루어 갈 수 있는 유일한 길임이 입증되고 있다.

6·15남북공동선언은 무엇보다도 오천 년 동안 한 민족으로 살아온 동족이 반세기 동안 주적主敵이 되었던 관계로부터 다시 동족 관계로 되돌아가는 역사적 전기를 만들었다. 인도주의적 지원과 교류 협력을 통해 남한 내에서 북한에 대한 이해가 제고되었고, 북한에서도 남한을 점점 좋게 생각하게 되었다. 그리고 자주적 평화통일의 기반을 마련했고, 동아시아와 세계 평화에 이바지했다. 또한 대한민국이 분단 리스크를 넘어 세계 10위권 경제로 발전하는 데 크게 기여했으며, 우리 국민들로 하여금 평화 의식을 가지고 세계로 뻗어 나가는 자신감을 갖게 했다.

6·15남북공동선언 이후 반세기 동안 적대감으로 얼어붙었던 분단의 장벽이 무너지고 갈라졌던 남북의 뱃길, 땅길, 하늘길이 열리고, 철도도 연결되었다. 이산가족 만남이 정례화되고, 사회 문화 교류가 다양하게 전개되고, 금강산 관광과 개성공단 건설 등을 통해 경제협력이 활성화되고, 남북 경제공동체 기반이 마련되었다. 이렇게 사회 문화 교류, 경제협력, 각급 장관급회담, 군사회담 등이 활발하게 전개되면서 한반도에는 국토 분단과 민족 분단을 넘어 평화 공존하고 평화적으로 교류하는 새로운 역사가 전개되었다.

노무현 정부가 남북정상회담에 대해 특검을 하지 않았다면 부산과 목포에서 출발한 기차가 경의선과 경원선 두 축으로 평양과 원산을 거쳐 만주, 중국과 러시아 시베리아를 통과해서 유럽까지 갈 수 있었을 것이다.

2008년 북경올림픽 때는 남북한 응원단이 함께 열차를 타고 북경으로 가는 합의를 하였지만 이명박 정부가 불허하여 성사되지 못했다. 남북한 철도가 개통되면 한반도는 중국 대륙의 끝에 붙어 있는 반도가 아니라 대양과 대륙을 잇는 세계의 중심축이 된다. 한반도가 대륙 끝에 붙은 반도가 아니라 대륙과 대양을 잇는 세계의 중심축이 되어 세계의 지도가 바뀌고 역사가 바뀌는 것이다. 김대중 대통령은 이것을 '철의 실크로드'라고 불렀다. 이 '철의 실크로드'는 바로 '평화의 실크로드'다.

한편 김대중 대통령의 햇볕정책은 북한에 대해서만 적용된 것이 아니었다. 국민의정부에서 총리를 지낸 한 인사는 김대중 대통령 퇴임 이후 전직 국무위원들과 같이 한 만찬 자리에서 "솔직히 우리는 대통령께서 우리를 등용하리라고 전혀 생각하지 못했습니다. 심지어 우리 국무위원들 중 대다수는 대통령을 몰랐고 만나 본 적도 없었고, 반대자들이었고, 비판자들이었는데도 불구하고 대통령께서는 우리에게 중책을 맡기셨습니다. 대통령의 관용과 포용의 큰 정치에 부끄러움을 느끼며 마음으로부터 우러나는 존경을 드립니다."라고 말한 바 있다. 그 인사는 또한 "햇볕정책은 북한에 대해서만이 아니라 우리 안에서 이미 이루어지고 있다"고 말했다.

김대중 대통령의 평화 비전은 한반도에만 국한되지 않았고 아시아와 세계를 향했다. 사실 김대중 대통령은 일찍부터 이 평화 비전을 가지고 있었다. 그래서 대통령 재임 이전에 '아시아태평양평화재단'(아태평화재단)과 '아시아태평양민주지도자회의'(아태민주지도자회의)를 설립하고 이를 통해 적극적으로 활동했다.

김대중 대통령은 대통령 취임 후 일본과 화해하고 일본 대중문화를 개방했다. 일본 대중문화 개방은 한류 열풍의 계기가 되었다. 그리고 미얀마와 동티모르의 민주주의와 인권을 위해 노력했다. 또한 한·중·일 동북아 3국의 정상회담을 정례화하고, 아세안과 연합한 ASEAN+3정상회담을 성사시키고 이를 또한 정례화했다. 아세안 10개국과 한·중·일 3국의 평화지역공동체 실현을 위해 학자들과 전문가들로 구성된 '비전그룹'을 제안하여 이를 성사시켰다. 동아시아 공동체 기틀을 마련한 것이다.

특히 김대중 대통령은 각국과의 정상회담이나 여러 세계정상회의 및 국제회의에서 기회가 있을 때마다 북한과 수교할 것을 적극적으로 권장하였고, 이것이 한반도만이 아니라 세계 평화에 중요한 길임을 역설했다.

5. 맺는말: 용서와 화해의 위대한 길

김대중 대통령이 갖가지 정치적 박해와 탄압 속에서도 끝까지 민주주의와 평화의 길을 갈 수 있었던 것은 그의 투철한 신념 때문이었다. 김대중 대통령은 "나는 두렵고 겁이 나더라도 할 일은 해야 한다고 생각하는 사람이다. 그런 신념이 용기 아닌 용기를 주었다. 그 믿음이 나의 타고난 소심함과 겁을 극복하게 해 주었던 것이다."라고 말했다.

"우리는 아무리 강해도 약하다. 그러나 두렵다고, 겁이 난다고 주저앉아만 있으면 아무것도 변화시킬 수 없다. 두렵지 않기 때문에 나서는 것이 아니다. 두렵지만 나서야 하기 때문에 나서는 것이다. 그것이 참된 용기이다. 그럴 때 우리는 아무리 약해도 강하다."

"캄캄한 밤이라도 내일 아침이면 반드시 태양이 다시 뜬다는 것은 의심할 여지가 없다. 나는 악마가 지배하는 지옥에 떨어져도 신이 있다는 것을 믿는다. 그리고 나의 신앙은 역사다. 나는 역사 안에서 정의는 절대로 패배하지 않는다는 것을 믿는다. 또한 나에게 유일한 영웅은 국민이다. 국민은 최후의 승리자이며 양심의 근원이다."

"우리는 개인적으로 설사 온 세상이 모두 도덕적으로 타락하더라도 나만은 끝까지 도덕을 지키겠다는 삶의 자세를 가져야 할 것이다. 우리가 하느님으로부터 얻은 자유의지가 있고 인격의 존엄이 있는 이상 세상으로 인해 나의 주체성을 상실할 수는 없을 것이다."

김대중 대통령은 예수 그리스도의 사랑과 평화의 마음으로 자신을 박해하고 죽이려 했던 전직 대통령들 그리고 자신을 모함했던 사람들을 모두 용서하고 화해했다. 김대중 대통령은 1980년 내란음모 주동자로 억울하게 사형선고를 받은 직후 아들에게 이런 편지를 보냈다.

"진정으로 관대하고 강한 사람만이 용서와 사랑을 보여 줄 수 있다. 항상 인내하고 우리가 우리의 적을 용서할 수 있는 힘을 가질 수 있도록 항상 기도하자. 그래서 사랑하는 승자가 될 수 있도록 하자."

그리고 김대중 대통령은 화해와 용서에 대해 이렇게 말했다.

"용기 있는 사람만이 용서할 수 있다. 국민 외에는 누구도 두려워하지 않는 사람, 올바른 사람은 반드시 승리한다는 확신을 가진 사람만이 진정한 용기를 낼 수 있다. 용서야말로 최대 승리라는 철학과 신념을 가진 자만이 자신 있게 용서할 수 있다. 그들에게는 권력의 칼을 빼앗긴 빈손의 독재자를 두려워할 이유가 없다."

"남을 용서하는 데 있어서 우리가 첫째로 알아야 할 것이 하나 있다. 그것은 자신이 용서받아야 할 대상이라는 것이다. 이것은 누구도 부인할 수 없는 사실이다. 그러므로 용서는 그 어떤 자선이

1999년 청와대 정원에서(조현수 그림)

나 권리가 아니고 의무다. 그러나 사람을 용서하는 것이지 그 죄악과 나쁜 제도를 용서하는 것은 아니다."

"남을 용서하지 않고 미워하는 것은 자기 자신의 마음을 증오와 사악으로 괴롭히는 자기 가해의 어리석은 행동이다. 용서하는 것은 인간의 권리가 아니라 의무이다. 그러므로 용서가 큰 미덕이라기보다는 용서하지 않는 것이 큰 잘못이다. 사실 용서할 수 있는 사람을 용서하는 것은 진정한 용서가 아니다. 용서할 수 없는 것을 용서하는 것이 참 용서요, 인간 승리의 극치다. 용서하는 삶, 그 삶은 용서받은 삶이요, 마음의 평화를 누리는 삶이다."

결론적으로 김대중 대통령은 진정한 민주주의와 평화의 트랜스포머였다. 특히 김대중 대통령은 높은 도덕성과 신앙을 가지고 용서와 화해로 '평화 구축'(Peace Building)의 모델이 되었다. 앞으로 김대중 대통령의 햇볕정책에 의한 한반도 평화 구축 모델은 중동의 갈등을 포함해서 세계 곳곳에서 일어나고 있는 갈등과 전쟁 문제를 해결하는 데 있어 모범이 되는 사례로 활용될 것이다.

김대중 대통령은 『행동하는 양심』이라는 책에서 "나는 내 일생이 고난에 찬 일생이었다고 생각하지만 결코 불행한 일생이라고는 생각하지 않는다. 나는 내 일생이 참으로 값있는 일생이라고 생각한다. 그것은 내가 무엇을 많이 성취했기 때문이 아니라 바르게 살려고 국민을 위해 충성을 다하려고 우리 국민뿐 아니라 세계의 모든 고통받는 사람들, 세계의 평화를 사랑하는 사람들, 세계의 모든 자유와 정의를 사랑하는 사람들을 위해서 충실하게 살려고 노력해 온 일생이었다고 스스로 믿기 때문이다. 나는 어떠한 대통령이나 어떠한 재벌과도 나의 일생을 바꿀 생각이 없고 열 번 다시 태어나서 이 일생을 되풀이한다 해도 기꺼이 되풀이할 용의가 있다."라고 말했다. 이 말은 김대중 대통령의 묘비명이 되었다.

김성재(김대중평화센터 상임이사, 전 문화부장관)

위대한 전라도의 역사와 문화

천하에 가을바람 일어나고 한 해가 저물어 가는 무상한 시절인연 앞에 서 있다. 가끔 지난날을 추억하는 시간을 걷다 보면 문득 역사와 문화에 박람강기博覽强記하지 못한 데 대한 아쉬움을 절감한다.

나는 누구인가, 전라도는 어떤 지역인가!

마침 2007년 6월민주항쟁 기념일에 즈음하여 출간한 『정의로운 역사, 멋스러운 문화』를 접接하였다. 기업을 운영하다 보니 속세간俗世間에 묻혀 경제, 경영 관련 서적 등에 익숙해 있었는데 뜻밖의 '벽력霹靂'이었다. 당장 독파하고 일백여 권을 구입해서 외지의 지인들에게 선사하였다. '열화熱火'의 반응이 왔다. 이따금 '주문'이 이어졌다. 그러나 절판되어 구하기가 어려웠고 방대한 규모의 책에, 출판 시장의 열악함으로 인해서 증쇄가 쉽지 않았다.

그러던 차에 지난해 '전라도 정도定道 1000년'을 기념하는 학술대회와 전남 나주의 전라도 정도 천 년의 역사를 전하는 다채로운 행사를 보면서 『정의로운 역사, 멋스러운 문화』가 언뜻 머릿속을 스쳤다. '재판'을 해야 겠구나! "가을 한밤중 등불 앞에서 만 리 길을 달려가는 마음"으로 '간행'의 책임을 자청하였다. 편집진과 상의하여 중복된 내용은 들어내고 2009년에 서거한 김대중 대통령 관련 글을 더 보탰다.

『중용中庸』에 "공자께서 말씀하셨다. 도道가 행하여지지 않는 것을 나는 알고 있다. 지혜 있는 자들은 거기에서 지나치고, 어리석은 자들은 거기에 미치지를 못한다. 도가 밝혀지지 않고 있음을, 나는 알고 있다. 현명한 자들은 거기에서 지나치고 못난 자들은 거기에 미치지를 못한다. 사람들은 먹고 마시지 않는 이가 없으나, 맛을 제대로 아는 사람은 드문 것이다."라는 구절이 있다.

간절히 바라는 바로, 위대한 전라도! 그 "정의로운 역사, 멋스러운 문화"에 담긴 큰 뜻을 깊이 새겨 가며 세심히 읽어 주시면 더없이 감사하겠다.

윤풍식(국민통신·산업 회장, 김대중평화센터 이사)

안종일

전남 함평 출생. 광주서중학교(6년제), 전남대학교 문리과대학에서 교육학 석사 학위를 취득하였고, 1997년 2월에는 전남대학교에서 명예교육학 박사 학위를 받았다. 1955년 광주여고 교사로 시작, 광주기계공고 교장, 무안·순천교육장, 전라남도 교육위원회 학무국장, 광주광역시 교육연수원장, 광주광역시 초대교육감을 역임하였다. 서훈으로는 국민훈장 모란장을 받았다.
저서로는 『구름 가듯 물흐르듯』이 있다.
현재는 광주전남백범김구선생기념사업협회 이사장, 광주학생독립운동기념사업회 명예회장, 광주전남 우리민족서로돕기 운동 상임고문, 전남대학교 총동창회 고문으로 활동하고 있다.

정진백

전남 함평 출생으로 1981년 도서출판 남풍을 설립한 이후 1991년 월간 사회평론 창간(서울), 1995년 월간 사회문화리뷰(사회문화원) 창간, 2014년 월간 아시아문화 창간 등을 통해 사회문화운동에 주력하고 있다. 발표한 글로는 김철수 李乙浩 趙邦元 閔斗基 李敦明 李康載 金重培 丁海淑 梁秀雅 姜連均 李敦興 朴幸甫선생 등의 연보와 인물기가 있다. 저서로 '성자의 삶−청화큰스님 일대기'가 있고 편저 및 직접 엮어 펴낸 책으로는 대중아 물이거꾸로 흐른다(불교사상서), 분단시선집, 茶山學論叢(다산학연구원), 조국은 하나다(김남주옥중시집), 조운문학전집, 진리의 길(淸華큰스님어록), 학정서예술 그리고 5·18민중항쟁 관련 도서, 위대한 한국민 전진하는 역사(박근혜탄핵선언문 모음), 김대중 어록, 김대중 대화록이 있다.
현재는 김대중광주전남추모사업회장, 월간 아시아문화 발행인으로 활동하고 있다.

正義로운 歷史
멋스러운 文化

1판 1쇄 · · · · ·2007년 6월 10일
2판 1쇄 · · · · ·2019년 12월 10일
편　자 · · · · ·안종일·정진백

발 행 인 · · · · ·정태영
편집교정 · · · · ·김효은
발 행 처 · · · · ·사회문화원
　　　　　　　광주광역시 동구 백서로 125번길 21−1(금동)
　　　　　　　전화 (062)232−5600
　　　　　　　출판등록 1995. 10. 12 제0172호
인 쇄 처 · · · · ·라인
　　　　　　　전화 (062)232−4747

Printed in Gwangju, Korea
ⓒ 안종일·정진백